EUROPA-FACHBUCHREIHE
für wirtschaftliche Bildung

Büro 2.1

Kaufmann/Kauffrau für Büromanagement

Informationsband

2. Ausbildungsjahr

Camin   Debus   Hochmuth   Keiser   Scholz

2. Auflage

VERLAG EUROPA-LEHRMITTEL
Nourney, Vollmer GmbH & Co. KG
Düsselberger Straße 23
42781 Haan-Gruiten

Europa-Nr.: 77127

Autoren

Britta Camin, 68775 Ketsch
Martin Debus, 45659 Recklinghausen
Ilona Hochmuth, 09399 Niederwürschnitz
Dr. Gerd Keiser, 45897 Recklinghausen
Annika Scholz, 45665 Recklinghausen

Verlagslektorat

Anke Hahn

2. Auflage 2020
Druck 5 4 3 2 1

ISBN 978-3-8085-2471-8

© 2020 by Verlag Europa-Lehrmittel, Nourney, Vollmer GmbH & Co. KG, 42781 Haan-Gruiten
Umschlag, Satz: Grafische Produktionen Jürgen Neumann, 97222 Rimpar
Umschlagkonzept: tiff.any GmbH, 10999 Berlin
Umschlagfoto: ©Vladitto–shutterstock.com
Druck: Printer Trento S. r. l., 38121 Trento (I)

Vorwort

Das vorliegende Unterrichtswerk ist ein Lehr- und Lernbuch für den Ausbildungsberuf **„Kaufmann/Kauffrau für Büromanagement"**. Der **Informationsband** ist Bestandteil des umfassenden Europa-Programms **Büro 2.1**. Dieses Programm wurde zur Entwicklung einer beruflichen Handlungskompetenz für die Bearbeitung von Geschäfts- und Büroprozessen in den kaufmännischen Abteilungen von Unternehmen der verschiedensten Wirtschaftsbereiche oder im öffentlichen Dienst erstellt.

Büro 2.1 ist ein **modernes Komplettprogramm**. Es folgt dem kompetenzorientierten Rahmenlehrplan nach dem Lernfeldkonzept. Die Unterrichtswerke des Programms (**Informationsbände** und **Arbeitsbücher mit Lernsituationen** für alle Jahrgangsstufen sowie die entsprechenden **Lehrerlösungen, Hefte zur Informationsverarbeitung** in Excel, Word und PowerPoint, **Lernspiele**, konventionelle und digitale **Prüfungsvorbereitung** für Teil 1 und Teil 2 der gestreckten Abschlussprüfung sowie **Office now!** inkl. digitalem Vokabeltrainer für den Englischunterricht) sind aufeinander abgestimmt. Sie sind gezielt an einer Didaktik ausgerichtet, die **Handlungsorientierung** betont und Lernende zu **selbstständigem Planen**, **Durchführen**, **Kontrollieren und Beurteilen** von Arbeitsaufgaben unter Berücksichtigung aller Kompetenzdimensionen führt. Dabei wird die berufliche Wirklichkeit als Ganzes mit ihren ökonomischen, ökologischen, rechtlichen und sozialen Aspekten erfasst.

Das Konzept von **Büro 2.1**, das handlungs- und fachsystematische Strukturen miteinander verschränkt, deckt alle Anforderungen des Ausbildungsberufes von der fachlichen Aufgabenerfüllung bis hin zu einem reflektierten Verständnis von Handeln in beruflichen Zusammenhängen ab. Ein Vorschlag für eine **kompetenzorientierte didaktische Jahresplanung** unterstützt die Arbeit im Bildungsgang.

Der **Informationsband** 2. Ausbildungsjahr umfasst die **Lernfelder 5 - 8** des Rahmenlehrplans:

Lernfeld 5: Kunden akquirieren und binden

Lernfeld 6: Werteströme erfassen und beurteilen

Lernfeld 7: Gesprächssituationen bewältigen

Lernfeld 8: Personalwirtschaftliche Aufgaben wahrnehmen

Die Inhalte entsprechen konsequent den **Aufgabenprofilen des modernen Büromanagements**. Die Informationen sind schülergerecht, übersichtlich und verständlich aufbereitet und **werden** anschaulich in zahlreichen Beispielen, Tabellen, Struktogrammen und kurzen, präzisen Zusammenfassungen präsentiert. **Aufgabenblöcke** nach jedem Teilkapitel ergänzen die informativen Darstellungen. Die ausdrückliche Einbeziehung kommunikativer Aspekte (**Fachsprache** und **Fremdsprache als integrative Bestandteile**) sowie der **Informationsverarbeitung im Anwendungszusammenhang** unterstützt die Entwicklung einer ganzheitlichen, prozessorientierten Handlungskompetenz.

Die systematisierenden Sachdarstellungen stellen zudem die zur Bewältigung der **Lernsituationen** von **Büro 2.1** notwendigen **Wissensbestände** vollständig bereit; sie greifen aber auch verallgemeinernd über die Situationsbezüge hinaus, z. B. durch zahlreiche Hinweise auf Gesetzestexte. Die Belege und Geschäftsbriefe dieser Auflage sind der aktuellen DIN 5008 angepasst.

Ihr Feedback ist uns wichtig!

Wenn Sie mithelfen möchten, dieses Buch für die kommenden Auflagen noch weiter zu optimieren, schreiben Sie uns unter *lektorat@europa-lehrmittel.de*.

Das Autorenteam freut sich auf Anregung und Unterstützung durch Kritik und wünscht erfolgreiches Arbeiten mit dem neuen Lehrwerk.

Sommer 2020   Autoren und Verlag

Inhaltsverzeichnis

Inhaltsverzeichnis

Inhaltsverzeichnis

Kunden akquirieren und binden

1 – Marketing zur Akquirierung und Bindung von Kunden planen

2 – Informationen mithilfe der Marktforschung gewinnen

Das werden Sie hier lernen …

3 – Marketinginstrumente einsetzen

4 – Einen Marketing-Mix entwickeln und kontrollieren

Kunden akquirieren und binden

LERNFELD 5

1 Marketing zur Akquirierung und Bindung von Kunden planen

©nickylarson974-fotolia.com

Der Begriff **Marketing** wird häufig mit unterschiedlichen Bedeutungen verwendet: „Telefonmarketing" z. B. kann situativ bedeuten, dass man mit mehr oder weniger aufdringlicher Werbung über neue oder verbesserte Produkte (z. B. Anbieter von Telefon- oder Internetdienstleistungen) konfrontiert wird, Auskunft geben soll über die Zufriedenheit mit seiner Kfz-Werkstatt oder über Lesegewohnheiten. „Marketinganstrengung" kann meinen, dass ein Ladenhüter nun mal wirklich an den Mann oder die Frau gebracht werden muss.

Für Unternehmen auf den heutigen wettbewerbsintensiven Märkten bedeutet Marketing, dass die **gesamte Denk- und Handlungsweise** (Unternehmensführung unter Marketingaspekten) konsequent auf die gegenwärtigen und zukünftigen Bedürfnisse und Anforderungen der Märkte ausgerichtet wird. Marketing wird damit zu einer Grundstrategie der Unternehmensführung: Es werden

©fotodo-fotolia.com

→ alle Funktionsbereiche wie z. B. Beschaffung, Produktion, Finanzierung und Personal sowie

→ die gesamte wirtschaftliche, rechtliche, kulturelle, technische und ökologische Umwelt

in die Gestaltung von marktbezogenen Aktivitäten einbezogen, um Kunden akquirieren bzw. binden zu können. Dazu sind Informationen notwendig, die insbesondere durch Marktforschung bereitgestellt werden.

Merke

Ein heute weitgehend akzeptiertes Marketingverständnis lässt sich unternehmensbezogen so formulieren:

Marketing bedeutet die bewusst **marktorientierte Führung** eines Unternehmens, in die alle Funktionsbereiche eingebunden sind und die sich auf die gesamte Umwelt bezieht.

Die Verankerung von Marketing als Denkhaltung (z. B. bei Mitarbeitern, Eigentümern und Managern), sich an den Bedürfnissen und Erwartungen des Marktes zu orientieren, sowie die Schaffung der unternehmensbezogenen Voraussetzungen für marktorientierte Entscheidungen bezeichnet man als **internes Marketing.**

Das auf die gesamte Unternehmensumwelt (z. B. Konkurrenten, Lieferanten, Staat, Öffentlichkeit und insbesondere Kunden) gerichtete Marketing zur Umsetzung der Unternehmensziele wird als **externes Marketing** bezeichnet.

Es kommt beim Marketing also darauf an, alle internen und externen Maßnahmen aufeinander abzustimmen, um die eigene Marktposition im Wettbewerb zu erhalten und zu verbessern.

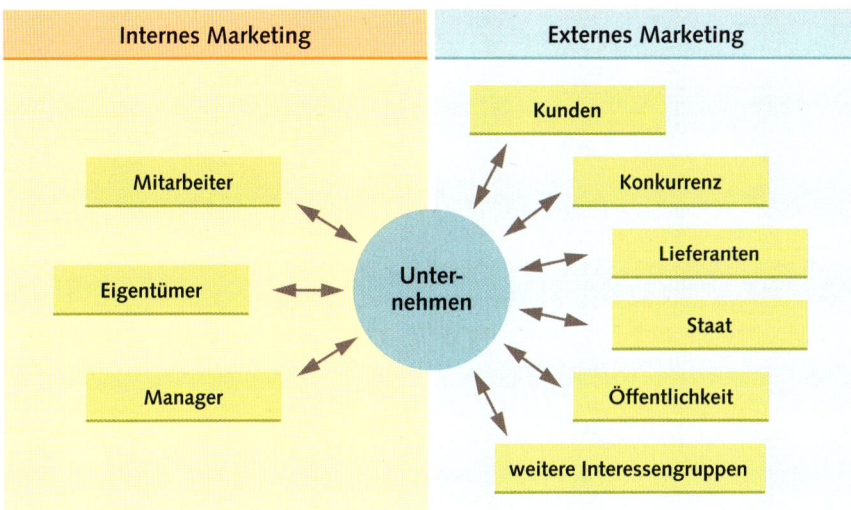

Internes Marketing	Externes Marketing
Mitarbeiter	Kunden
Eigentümer	Konkurrenz
Manager	Lieferanten
	Staat
Unternehmen	Öffentlichkeit
	weitere Interessengruppen

1.1 Marketing im Wandel der Zeit

Das Verständnis von Marketing ist dem Wandel unterworfen: Es ist ein Spiegel sich verändernder Marktverhältnisse und gesellschaftlicher Entwicklungen. Im Mittelpunkt des Interesses stand zunächst allein der Verbraucher. Dann rückte der Handel in den Vordergrund (Rolle des „Türöffners" beim Zugang zum Verbraucher). Dabei prägte sich eine zunehmende Konkurrenzorientierung aus („Ringen um Wettbewerbspositionen"). Im Laufe der Zeit gewannen Bezüge zur natürlichen und sozialen Umwelt immer mehr an Bedeutung (Aufnahme von Ansprüchen an ökologische und soziale Verträglichkeit).

1.1.1 Wandel von Verkäufermärkten zu Käufermärkten

Von herausragender Bedeutung ist dabei der Wandel von **Verkäufermärkten** zu **Käufermärkten.** In der Zeit nach dem Zweiten Weltkrieg war das Angebot an Waren und Dienstleistungen i. d. R. knapp. Der „Engpass" lag eher bei der Steigerung von Angebotsmöglichkeiten als auf der Nachfrageseite. Insofern bestimmten maßgeblich die Verkäufer das Marktgeschehen (Verkäufermarkt). In einer solchen Situation stellen Bemühungen um den Absatz grundsätzlich kein herausragendes Problem dar. Es geht vorrangig darum, knappe Güter auf den Markt zu bringen. Dabei kommt es i. d. R. zu steigenden Preisen.

©Denis Junker-fotolia.com

Merkmale des Verkäufermarktes

- Die Nachfrage ist größer als das Angebot (N > A).
- Die Anbieter (Verkäufer) bestimmen das Marktgeschehen.
- Es herrscht geringer Wettbewerb unter den Anbietern.
- Die Produktions- bzw. Einkaufsmöglichkeiten bestimmen den Absatzplan.
- Absatzmarktforschung ist nicht oder nur in geringem Umfang nötig.

Im Verlauf der weiteren Wirtschaftsentwicklung wuchs das Angebot tendenziell stärker als die Nachfrage, sodass der Absatz zum „Engpass" wurde und (Absatz-)Marketing mit der Zeit immer stärkere Bedeutung gewann (Käufermarkt). Der Wettbewerb verschärfte sich.

Merkmale des Käufermarktes

- Das Angebot ist größer als die Nachfrage (A > N).
- Die Nachfrager (Käufer) bestimmen das Marktgeschehen.
- Es herrscht starker Wettbewerb unter den Anbietern.
- Der Absatzplan bestimmt den Beschaffungs- und Produktionsplan.
- Das Nachfrageverhalten wird immer kritischer z. B. im Hinblick auf Preis, Nutzen, Umweltverträglichkeit.
- Marktforschung wird zunehmend zur zentralen Aufgabe und zur Grundlage von Marketingkonzeptionen, durch die das Unternehmen insgesamt gesteuert wird.

Auch wenn in einer marktwirtschaftlichen Wirtschaftsordnung Käufermärkte vorherrschen, so sind durch gezielte Einschränkungen oder Fehlplanungen – häufig vorübergehend – auf Teilmärkten Verkäufermärkte möglich.

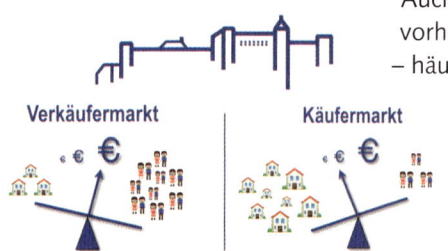

©www.lumpiimmosalzburg.com

Beispiel

In Großstädten wie Hamburg und München ist die Immobiliennachfrage größer als das Angebot mit der Folge von Preissteigerungen.

1.1.2 Marketingkonzepte im Wandel der Zeit

Das Marketing entwickelt sich über veränderte Problemstellungen. Die Marktanbieter müssen ihre Marketingaktivitäten den jeweiligen Marktverhältnissen (Verkäufer-/Käufermärkte) anpassen. Stand anfangs eher ein logistischer Aspekt (Verteilung) im Vordergrund, so gewannen Marketing-Instrumente zur Förderung des Absatzes (Marketing-Mix) mit der Zeit an Gewicht. Dabei entwickelte sich das Marketingverständnis zunehmend zu einer marktorientierten Konzeption der Unternehmensführung unter Berücksichtigung aller internen und externen Beziehungen.

Beim klassischen Marketing findet die Kommunikation z. B. über TV, Radio oder Printprodukte vom Unternehmen zum Kunden statt („one-to-one" Kommunikation). Es wird auch als **Outbound Marketing** bezeichnet.

Das Internet als Informations- und Kommunikationsmedium hat eine neue Form des Marketings hervorgebracht. Das sogenannte **Inbound Marketing** ist interaktiv („two-way" Kommunikation) und zielt darauf ab, sich von Kunden über z. B. Suchmaschinen oder Social Media (Facebook, Twitter, Google) finden zu lassen und die Kunden an die Marke zu binden.

Merke

Social Media

Begriff:

Soziale Medien dienen der – häufig profilbasierten – Vernetzung von Benutzern und deren Kommunikation und Kooperation über das Internet.

profilbasiert = auf das individuelle Nutzer-profil zugeschnitten

Ziele und Merkmale:

Mithilfe von sozialen Medien kann man sich austauschen. Man kann sich als Unternehmen mit Kunden vernetzen, zum Zweck des Marketings, der Marktforschung, des Kundensupports und -feedbacks.

(Quelle: Gabler Wirtschaftslexikon)

©Web Buttons Inc-fotolia.com

Marketingkonzepte im Wandel der Zeiten		
Phasen	**Trends**	**Merkmale**
1950er-Jahre	Produktions- und Distributionsorientierung	• Streben nach Massenfertigung • Verteilung von knappen Gütern
1960er-Jahre	Verkaufsorientierung	• Orientierung an Verbraucherbedürfnissen • gezielter Einsatz von Marketinginstrumenten (Marketing-Mix)
1970er-Jahre	Marktorientierung	• wachsende Marktbedeutung des Handels • Ausbau des handelsgerichteten Marketings (vertikales Marketing: über den Handel zum Verbraucher)
1980er-Jahre	Wettbewerbs-orientierung	• gesättigte Märkte; zunehmender Konkurrenzkampf; Verdrängungswettbewerb • Marktpositionierung des Unternehmens bzw. seiner Produkte durch Marketing, Schaffung von Wettbewerbsvorteilen (strategisches Marketing)
1990er-Jahre	Integriertes marktorientiertes Marketingkonzept	• funktionsübergreifende Sichtweise des Marketings innerhalb des Unternehmens • ganzheitliches Marketingkonzept: Betrachtung unter Einbeziehung von Konkurrenten, Öffentlichkeit, Staat (gesellschaftlicher Werte-wandel, Freizeit- und Ökologieorientierung)
2000er-Jahre	vernetztes Beziehungsmarketing	• Veränderung der Kommunikationsbeziehungen zwischen Käufer und Verkäufer (Internet als Hauptmedium von Kommunikation und Transaktion: Einfachheit und Effizienz von Suchmaschinen/Portalen sowie von Vertragsabschlüssen und Zahlungsmöglichkeiten) • Steigerung der Wettbewerbsintensität durch Globalisierung bei Er-höhung der Markttransparenz • verändertes Konsumentenverhalten (anspruchsvoller, selbstbewuss-ter, aber uneinheitlich und weniger kalkulierbar); Netzwerk-Marke-ting zum Aufbau von strategischen Netzwerken (Zusammenschluss von lokalen, regionalen bis hin zu globalen Allianzen zur Sicherung der Wettbewerbspositionen)

1.2 Marketingkonzeption

Die weitere Entwicklung von Marketingkonzepten macht deutlich, dass die Anforderungen an Marketingentscheidungen immer stärker gewachsen sind. Ohne einen **schlüssigen, ganzheitlichen Handlungsplan** ist es nicht möglich, Marketing erfolgreich zu konzipieren, zu gestalten und zu kontrollieren. Unternehmen entwickeln dafür **Konzeptionen** (Pläne), mit deren Hilfe sich ihre Vorstellungen umsetzen lassen.

Dabei spielen Informationen eine immer größere Rolle. Der Marketinginformationsbedarf einer Unternehmung ist deshalb grundsätzlich auf alle Ebenen der Marketingkonzeption (Ziele, Strategien, Instrumenteneinsatz) gerichtet.

1.2.1 Bausteine einer Marketingkonzeption

Eine **Marketingkonzeption** enthält Bausteine auf unterschiedlichen Konzeptionsebenen:

→ Es sind **(Marketing-)Ziele** zu formulieren, die vom Unternehmen angestrebt werden (z. B. hinsichtlich Marktanteil, Erschließung von Märkten).

→ Geeignete **Strategien** zur Realisierung dieser Ziele sind zu wählen (z. B. Qualitätsführerschaft, Preiskampf).

→ **Marketinginstrumente** zur Umsetzung der Strategie sind festzulegen (z. B. Werbekampagne, Sondermodelle).

Marketingkonzeption/„Fahrplan"

Marketingziele — „Wunschort"

Marketingstrategie — „Route"

Marketinginstrumente (Marketing-Mix) — „Beförderungs-Mittel"

Man kann dies mit einer Reiseplanung vergleichen, bei der man sich über den Wunschort klar wird (Ziel), dann eine Route auswählt (Strategie) und schließlich ein passendes Beförderungsmittel festlegt (Instrument).

Der Planungs- und Entwicklungsprozess, der zu einer Marketingkonzeption führt, ist „dynamisch" und durch vielfältige Rückkoppelungen und Durchläufe gekennzeichnet. Auch wenn Marketingkonzeptionen eher langfristig angelegt sind, so ist es für gute Erfolgschancen doch erforderlich, auf aktuelle Veränderungen der Unternehmens- bzw. Marktsituation flexibel zu reagieren.

■ Marketingziele

Ziel

Die Marketingziele sind in das Zielsystem der Unternehmung unter Berücksichtigung wirtschaftlicher, sozialer und ökologischer Dimensionen einzubinden und auf Kompatibilität zu überprüfen.

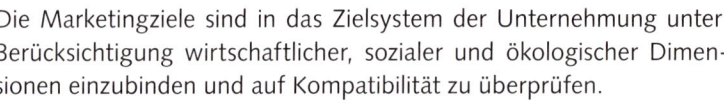

Beispiel

Hat sich eine Handelskette dem Umweltschutz verpflichtet, sollten keine Einwegverpackungen beworben und ggf. auch nicht angeboten werden.

Neben den **ökonomischen** (quantitativen) Zielen sind auch die **außerökonomischen** (qualitativen) Ziele für das Marketing bedeutsam.

Marketingziele sind so präzise zu formulieren, dass ihre Zielerreichung später hinreichend kontrolliert werden kann: konkret, erreichbar und messbar. Dazu kann z. B. die Zielgruppe angegeben werden oder ein Zeitpunkt.

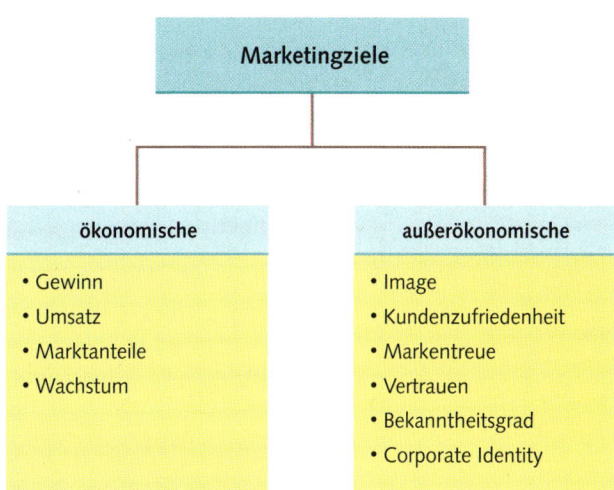

Marketingziele

ökonomische	außerökonomische
• Gewinn	• Image
• Umsatz	• Kundenzufriedenheit
• Marktanteile	• Markentreue
• Wachstum	• Vertrauen
	• Bekanntheitsgrad
	• Corporate Identity

Beispiel

Die Markgraf Brunnen GmbH, regionaler Getränkehersteller von Mineralwasser, Limonaden und Säften, stellt **allen Stammkunden im Laufe von 6 Wochen** ihr neues Produkt vor: **Markgraf BioFair.**

Bei quantitativen Zielen ist der Zielerreichungsgrad genau zu bezeichnen (z. B. Zuwachs in Prozent).

Beispiel

Die Markgraf Brunnen GmbH setzt sich zum Ziel, für die Marke Markgraf BioFair einen **Umsatz** von 250 000,00 EUR im ersten Jahr zu erreichen.

Insofern ist ausgehend von den allgemeinen Unternehmenszielen (z. B. Wachstum) das Marketingziel zu formulieren (z. B. Sortimentserweiterung durch eine neue Produktlinie) und über Teilziele zu präzisieren (z. B. Information der Stammkunden).

Strategie

©ArTo-fotolia.com

▪ Marketingstrategien

Marketingstrategien umfassen langfristige Verhaltenspläne, auf welche Weise die Marketingziele am Markt durch Auswahl, Gewichtung und Ausgestaltung der absatzpolitischen Instrumente realisiert werden sollen.

Grundlegende Marketingstrategien sind u. a.:

Wachstumsstrategien

Formen von Marketingstrategien, die auf ein Wachsen des Umsatzes/Absatzes oder des Marktanteils gerichtet sind

Marktsegmentierungsstrategien

Ansprache von Käufergruppen durch Aufteilung des Gesamtmarktes nach bestimmten Merkmalen

©Coloures-pic-fotolia.com

Wettbewerbsstrategien

Formen von Marketingstrategien, die auf die Erlangung von Wettbewerbsvorteilen gerichtet sind

Preispolitische Strategien

Einsatz unterschiedlicher Preisniveaus zur Positionierung eines Produktes am Markt

■ Wachstumsstrategien

Hat ein Unternehmen ein Wachstumsziel festgelegt, so stehen als Wachstumsstrategien vier Produkt-Markt-Kombinationen zur Verfügung:

→ **Marktdurchdringung:** stärkere Durchdringung des Marktes mit vorhandenen Produkten auf vorhandenen Märkten,

→ **Marktentwicklung:** neue Märkte für vorhandene Produkte,

→ **Produktentwicklung:** neue Produkte für bestehende Märkte durch z. B. Quasi-Innovationen (verbesserte Produkte) oder echte Innovationen,

→ **Diversifikation:** neue Produkte für neue Märkte.

Wachstumsstrategien		
Märkte \ Produkte	**vorhandene Produkte**	**neue Produkte**
vorhandene Märkte	**Marktdurchdringung** z. B. Verdrängung der Wettbewerber, Gewinnung von Neukunden, Erhöhung der Produktverwendung	**Produktentwicklung** z. B. Quasi-Innovationen (verbesserte Produkte) und echte Innovationen
neue Märkte	**Marktentwicklung** z. B. Erschließung von Zusatzmärkten, Internationalisierung	**Diversifikation** z. B. Aufbau neuer Handelsbeziehungen für innovative Produkte

Analyseraster für Wachstumsstrategien nach Ansoff

■ Marktsegmentierungsstrategien

Vor allem aus Kostengründen ist es notwendig, das Marketing möglichst genau auf die gewünschte Zielgruppe auszurichten. Dabei wird der Gesamtmarkt in Segmente aufgeteilt, u. a. nach folgenden Kriterien:

→ **geografisch:** z. B. Land oder Region;

→ **demografisch:** z. B. Alter, Geschlecht, Familienstand, Einkommen, Bildung;

→ **psychografisch:** z. B. sozialer Status, Persönlichkeitstyp;

→ **verhaltensabhängig:** z. B. Intensität der Produktnutzung, Nutzungsgewohnheiten.

LERNFELD 5

Bildung von Zielgruppen durch Marktsegmentierung

wohlhabende Zielgruppe

junge, sportliche Zielgruppe

■ Wettbewerbsstrategien

Mit der gewählten Wettbewerbsstrategie positioniert sich ein Unternehmen im Wettbewerb gegenüber der Konkurrenz entweder durch günstige Preise, besondere Produkte oder die Konzentration auf Marktnischen:

→ **Kostenführerschaft:** niedrigere Kosten als die Konkurrenz, günstigere Preise;

→ **Produktdifferenzierung:** Abheben der eigenen Produkte von Konkurrenzprodukten, z.B. durch Qualität, Service oder Innovationen;

→ **Nischenstrategie:** Fokussierung auf einen Teilmarkt (Marktnische), z.B. auf den Sportwagenmarkt statt Automarkt.

■ Preispolitische Strategien

Im Rahmen der Preispolitik (vgl. Kapitel 3.2) ist zu entscheiden, mit welchem Preis ein Produkt auf dem Markt angeboten wird und ob bzw. wie sich der Preis im Zeitablauf verändern soll. Dazu können als Grundstrategien

→ eine **Hochpreispolitik**,

→ eine **Niedrigpreispolitik** oder

→ eine **Mittelfeldpreispolitik**

verfolgt werden.

©EDEKA Zentrale AG & Co. KG, Hamburg

■ Marketinginstrumente

Nach Festlegung der Marketingziele und -strategien sind unter Berücksichtigung der Marktanalyse geeignete Instrumente für eine absatzorientierte Marketingkampagne auszuwählen. Die Instrumente sind in einem Marketing-Mix optimal aufeinander abzustimmen. Als klassische Elemente des Marketing-Mix haben sich (nach McCarthy) folgende Instrumente etabliert:

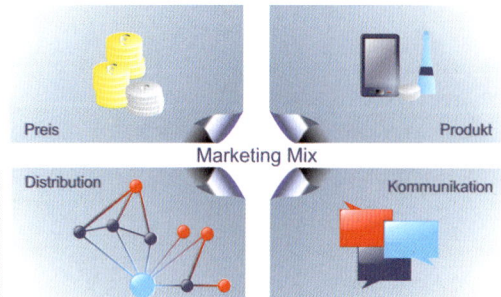

→ Produkt-, Sortiments- und Servicepolitik,

→ Preis- und Konditionenpolitik,

→ Distributionspolitik,

→ Kommunikationspolitik.

(Zu Details vgl. Kapitel 3 „Marketinginstrumente einsetzen" und Kapitel 4 „Einen Marketing-Mix entwickeln und kontrollieren".)

1.3 Marketinginformationsbedarf und Situationsanalyse

Die Realisierung einer Marketingkonzeption kann nur unter Beachtung der innerbetrieblichen und außerbetrieblichen Bedingungen gewährleistet werden. Deshalb erfordert ihre Festlegung eine fundierte **Situationsanalyse** der internen Unternehmenssituation sowie möglichst der gesamten Unternehmensumwelt einschließlich der Kundenbedürfnisse.

Marketinginformationen betreffen in erster Linie die Außenbeziehungen der Unternehmen zu **Abnehmern** und **Zulieferern** sowie zur **Konkurrenz** und auch die **Umweltbezüge** der Unternehmen (z. B. zu Staat, Interessengruppen, Öffentlichkeit). Entsprechend werden Analysen mit unterschiedlichen Schwerpunkten durchgeführt:

■ Marktanalyse

Bei einer **quantitativen Marktanalyse** werden die Marktgrößen mengen- und wertmäßig erfasst, um eine fundiertere Einschätzung der eigenen Marktstellung vornehmen zu können. Als Marktgrößen unterscheidet man das **Marktpotenzial**, das **Marktvolumen** und den **Marktanteil.**

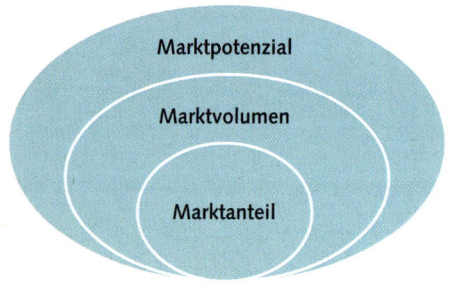

→ Unter **Marktpotenzial** versteht man die maximale Aufnahmefähigkeit eines Marktes für eine Sach- oder Dienstleistung.

→ Als **Marktvolumen** wird die tatsächliche Absatzmenge aller Anbieter bezeichnet.

→ Der **Marktanteil** ist der realisierte prozentuale Anteil eines Unternehmens am Marktvolumen.

Kundenanalyse

Für den Betrieb ist es wirtschaftlich nur sinnvoll, solche Güter und Dienstleistungen anzubieten, die auch am Markt verkauft werden können. Das gesamte Leistungsprogramm wird deshalb auf die Bedürfnisse des Marktes abgestimmt. Dazu müssen die Wünsche und Bedürfnisse der Kunden laufend erkundet werden. Anhand konkreter Fragestellungen können Hinweise über die Kundenstruktur sowie das Kunden- und Kaufverhalten analysiert werden, z. B.:

→ Wer sind die derzeitigen bzw. zukünftigen Kunden?

→ Wie sieht die genaue Kundenstruktur aus (z. B. Alter, Geschlecht)?

→ Welche Kunden sind besonders „wertvoll" (wichtige und weniger wichtige Kunden)?

→ Welche Erwartungen haben die Kunden (z. B. an Qualität, an das Sortiment)?

→ Wie zufrieden sind die Kunden?

Konkurrenzanalyse

Ihr Ziel ist es, die Konkurrenten hinsichtlich ihrer Produkte, Stärken und Schwächen besser einschätzen zu können und diese Informationen für die eigene Marketingstrategie zu nutzen. Bedeutsame Informationen über die Stellung der Konkurrenten im Wettbewerb sind z. B.:

→ Wie viele und welche relevanten Mitanbieter gibt es insgesamt?

→ Welches sind die wichtigsten Wettbewerber?

→ Mit welchen Strategien positionieren sich die Wettbewerber am Markt?

→ Welche Marketinginstrumente setzen sie ein?

→ Was sind die Stärken und Schwächen der Konkurrenten?

Unternehmensanalyse

Fundierten Marketingentscheidungen wird eine Analyse der gegenwärtigen und zukünftigen Unternehmenssituation vorausgehen. Dabei können unterschiedlichste Aspekte in den Fokus genommen werden, z. B. Mitarbeiter, Marktanteile, Finanzlage, Produktivität, Kostensituation, Forschung und Entwicklung, Standortqualität. Wichtige Fragen hierbei sind z. B.:

→ Wie ist unsere Marktstellung im Rahmen des Wettbewerbs zu bewerten?

→ Wie sind unsere Mitarbeiterpotenziale einzuschätzen?

→ Wie stellen sich unsere Finanzlage und die Kostensituation dar?

→ Wie gut ist unsere Standortqualität?

→ Wie zweckmäßig ist unsere Absatzorganisation?

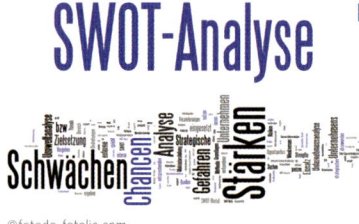

©fotodo-fotolia.com

■ SWOT-Analyse

Die **SWOT-Analyse** ist ein wichtiges Instrument zur Entwicklung von Marketingstrategien, bei dem unternehmensinterne Stärken (Strengths) und Schwächen (Weaknesses) reflektiert und in Beziehung gesetzt werden zu den Chancen (Opportunities) und Risiken (Threats) der externen Unternehmensumwelt. Sie setzt sich aus den folgenden Elementen zusammen:

SWOT-Analyse		
interne Einflussfaktoren	Strengths S Stärken	Weaknesses W Schwächen
externe Einflussfaktoren	Opportunities O Chancen	Threats T Risiken

Aus der Stärken/Schwächen- und Chancen/Risiken-Analyse können

→ die Ausgangssituation für die Formulierung von Marketingzielen geklärt,

→ die Herausforderungen an die Marketingstrategie eingeschätzt und

→ die Instrumente für das weitere Vorgehen beleuchtet werden.

Matrix einer SWOT-Analyse (Beispiel)	**Stärken (Strengths)** • Qualität • Preis-Leistungs-Verhältnis • Design	**Schwächen (Weaknesses)** • Vertrieb • Funktionalität • Umweltorientierung • unrentable Produktionsstätte
Chancen (Opportunities) • Wirtschaftssituation • demografische Veränderungen • neue Trends	Stärken einsetzen, um Chancen optimal zu nutzen Beispiel: Entwicklung eines kleinen SUVs auf der Basis eines erfolgreichen Pkws	An Schwächen arbeiten, um Chancen zu nutzen Beispiel: Entwicklung von sparsamen Motoren
Risiken (Threats) • neue Konkurrenz • gesetzliche Auflagen • Veränderung des Kundenverhaltens	Stärken einsetzen, um Risiken zu minimieren Beispiel: Eingehen eines Joint-Ventures mit einem japanischen Hersteller	An Schwächen arbeiten, um Risiken zu beherrschen Beispiel: Schließung einer unrentablen Produktionsstätte

1.4 Zusammenfassung und Aufgaben

Zusammenfassung

Marketingbegriff

Marketing bedeutet die bewusst marktorientierte Führung eines Unternehmens, in die alle Funktionsbereiche eingebunden sind und die sich auf die gesamte Umwelt bezieht.

Internes Marketing bezieht sich auf die Verankerung von Marketing als Denkhaltung (z. B. bei Mitarbeitern, Eigentümern und Managern) sowie auf die Schaffung der unternehmensbezogenen Voraussetzungen für marktorientierte Entscheidungen.

Externes Marketing ist auf die gesamte Unternehmensumwelt (z. B. Konkurrenz, Lieferanten, Staat, Öffentlichkeit und insbesondere Kunden) gerichtet.

Marketing im Wandel der Zeit

Merkmale des Verkäufermarktes:

- Die Nachfrage ist größer als das Angebot (N > A).
- Die Anbieter (Verkäufer) bestimmen das Marktgeschehen.
- Es herrscht geringer Wettbewerb unter den Anbietern.
- Die Produktions- bzw. Einkaufsmöglichkeiten bestimmen den Absatzplan.
- Absatzmarktforschung ist nicht oder nur in geringem Umfang nötig.

Merkmale des Käufermarktes:

- Das Angebot ist größer als die Nachfrage (A > N).
- Die Nachfrager (Käufer) bestimmen das Marktgeschehen.
- Es herrscht starker Wettbewerb unter den Anbietern.
- Der Absatzplan bestimmt den Beschaffungs- und Produktionsplan.
- Das Nachfrageverhalten wird immer kritischer z. B. im Hinblick auf Preis, Nutzen, Umweltverträglichkeit.
- Marktforschung wird zunehmend zur zentralen Aufgabe und zur Grundlage von Marketingkonzeptionen, durch die das Unternehmen insgesamt gesteuert wird.

Marketingkonzepte im Wandel der Zeiten:

- 1950er-Jahre → Produktions- und Distributionsorientierung
- 1960er-Jahre → Verkaufsorientierung
- 1970er-Jahre → Marktorientierung
- 1980er-Jahre → Wettbewerbsorientierung
- 1990er-Jahre → integriertes marktorientiertes Marketingkonzept
- 2000er-Jahre → vernetztes Beziehungsmarketing

Marketingkonzeption

Marketingkonzeption

Handlungsplan zur Planung, Umsetzung und Kontrolle von Marketingentscheidungen

Bausteine einer Marketingkonzeption

Marketingziele:

- ökonomische (z. B. Gewinn, Umsatz)
- außerökonomische (z. B. Image, Kundenzufriedenheit)

Marketingstrategien:

- Wachstumsstrategien
- Marktsegmentierungsstrategien
- Wettbewerbsstrategien
- preispolitische Strategien

Marketinginstrumente:

- Produkt-, Sortiments- und Servicepolitik
- Preis- und Konditionenpolitik
- Distributionspolitik
- Kommunikationspolitik

Marketinginformationsbedarf und Situationsanalyse

Marketinginformationsbedarf über:

- externe Unternehmensumwelt
- interne Unternehmenssituation

Situationsanalyse:

- Marktanalyse
- Konkurrenzanalyse
- Kundenanalyse
- Unternehmensanalyse

SWOT-Analyse: Instrument zur Entwicklung von Marketingstrategien (Stärken/Schwächen und Chancen/Risiken)

- interne Einflussfaktoren: S = Strenghts (Stärken) + W = Weaknesses (Schwächen)
- externe Einflussfaktoren: O = Opportunities (Chancen) + T = Threats (Risiken)

Aufgaben

1. Prüfen Sie folgende Aussagen auf ihre Richtigkeit. Die Antwort ist jeweils zu begründen.

   (1) Marketingentscheidungen beziehen sich ausschließlich auf den Funktionsbereich „Absatz" eines Unternehmens.

   (2) Die Verankerung von Marketing als Denkhaltung bei Mitarbeitern bezeichnet man als internes Marketing.

(3) Heutige Marketing-Konzepte gehen in der Regel von einer Marktsituation aus, die man als „Käufermarkt" bezeichnen kann.

(4) Preissenkungen sind typische Merkmale von Verkäufermärkten.

(5) Social Media Marketing wird auch als Outbound Marketing bezeichnet.

(6) Vernetztes Beziehungsmarketing war ein Trend der 80er Jahre.

(7) Image und Kundenzufriedenheit sind quantitative Marketingziele.

(8) Marktdurchdringung ist eine Form der Marktsegmentierungsstrategie.

(9) Die Kundenanalyse ist eine wesentliche Voraussetzung zur Realisierung einer Marketingkonzeption.

(10) Die SWOT-Analyse ist ein wichtiges Instrument zur ausschließlich internen Analyse des eigenen Unternehmens.

2. a) Weisen Sie anhand der jeweiligen Kriterien nach, dass für Pkws gegenwärtig eher ein Käufermarkt besteht, für günstigen Wohnraum in München-City aber zurzeit ein Verkäufermarkt herrscht.

b) Begründen Sie, warum Unternehmen auf Käufermärkten besondere Marketing-Anstrengungen unternehmen müssen.

3. Nennen Sie jeweils Zielgruppen des internen und externen Marketings.

4. Erklären Sie an einem Beispiel, was man unter einer Marktsegmentierungsstrategie versteht.

5. a) Beschreiben Sie präzise zwei Marketingziele Ihres Ausbildungsbetriebes: ein ökonomisches und ein außerökonomisches Marketingziel.

b) Erläutern Sie, mit welcher Marketingstrategie die genannten Ziele umgesetzt werden sollen.

c) Ordnen Sie der bevorzugten Marketingstrategie passende Marketinginstrumente zu.

6. Bezeichnen Sie zu den folgenden strategischen Maßnahmen die jeweilige Marketingstrategie:

- Erlangung von Wettbewerbsvorteilen durch Kostenführerschaft,
- Positionierung am Markt durch Skimming-Strategie,
- Aufteilung nach geografischen Merkmalen,
- Marktwachstum durch Diversifikation,
- gezielte Ansprache von Käufergruppen nach demografischen Merkmalen.

7. Ein Automobilhersteller wirbt mit dem Slogan:
„Der neue .... . Dinge hinterfragen. Dinge ändern. Neue Intelligenz."
Erörtern Sie, welche Marketingstrategie der Automobilhersteller verfolgt.

8. Überlegen Sie, welche Marketinginformationen für Ihren Ausbildungsbetrieb wichtig sind. Formulieren Sie jeweils 3 Fragestellungen für die Kundenanalyse, die Konkurrenzanalyse und die eigene Unternehmensanalyse.

9. Ermitteln Sie im Rahmen einer SWOT-Analyse für das Leistungsprogramm Ihres Ausbildungsbetriebes interne Stärken/Schwächen und externe Chancen/Risiken und leiten Sie daraus konkrete Maßnahmen ab.

2 Informationen mithilfe der Marktforschung gewinnen und auswerten

2.1 Gegenstand der Marktforschung und Marktforschungsprozess

Nach der **Art der Informationsgewinnung** wird zwischen Markterkundung und Marktforschung unterschieden. Ist die Informationsgewinnung eher zufällig und unsystematisch, bezeichnet man dieses Vorgehen als **Markterkundung**. Um **Marktforschung** handelt es sich dann, wenn bei der Informationsgewinnung planvoll, systematisch und gemäß anerkannter Standards vorgegangen wird.

©fotodo-fotolia.com

Merke

Marktforschung ist die **systematische Sammlung, Analyse und Interpretation von Daten** über Märkte **mit wissenschaftlichen Methoden** zum Zweck der Informationsgewinnung für Marketingentscheidungen.

2.1.1 Gegenstand der Marktforschung

Marktforschung soll Informationen bereitstellen,

→ die Aussagen über Hintergründe, Motive und Einstellungen im Zusammenhang mit dem jetzigen und voraussichtlich zukünftigen Nachfrageverhalten

→ sowie die Marktentwicklung (z. B. Umsetzung technologischer Entwicklungen)

als Einschätzung zulassen. Im Vordergrund stehen dabei die **Kundenanalyse**, die **Konkurrenzanalyse** und die **Analyse der eigenen Marktstellung**.

Die folgenden Beispiele, die gegebenenfalls als konkrete Fragestellungen für die jeweilige Marktforschungsaufgabe zu formulieren sind, können Gegenstand der Marktforschung sein und Aufschluss über den Einsatz und die Wirkung der marketingpolitischen Instrumente geben. Sie sind den Marketinginstrumenten zugeordnet.

Gegenstand der Marktforschung	
Produkt-, Sortiments- und Servicepolitik	**Kommunikationspolitik**
• Erwartungen und Wünsche der Verbraucher bezogen auf Produkte und Service	• Leistungsvermögen der Absatzwerbung
• Geschmackswert und Gebrauchswert der Produkte	• Auswahl von Werbemitteln und Beurteilung der Wirksamkeit von Werbemaßnahmen
• Verwendungsmöglichkeiten, Haltbarkeit und Lagerfähigkeit, Handhabung und Bedienungskomfort	• Möglichkeiten der gemeinsamen Werbung, nach Branchen, Zeit, Sortiments-, Orts- oder Gebietskriterien
• Umweltverträglichkeit	• Qualität der Beratung beim persönlichen Verkauf
• substitutive oder komplementäre Beziehungen zu anderen Produkten	• Erfolg von Maßnahmen zur Verkaufsförderung
	• Auswirkungen von Öffentlichkeitsarbeit und Sponsoring

Gegenstand der Marktforschung	
Preis- und Konditionenpolitik	**Distributionspolitik**
• Preisniveau und Preisstaffelung • Preis ähnlicher oder gleicher Produkte • Lieferungs- und Zahlungsbedingungen • Verhalten der Verbraucher bei Preis- oder Konditionen-änderung	• Überprüfung der Leistungsfähigkeit der Vertriebs-politik • Zentralisierung oder Dezentralisierung des Vertriebs • Entwicklung alternativer oder zusätzlicher Absatz-formen • Entscheidung über direkte oder indirekte Absatzwege

2.1.2 Marktforschungsprozess

Der Marktforschungsprozess vollzieht sich nach der Analyse der Ausgangsbedingungen in der Regel in unterschiedlichen Schritten. Je nach Marktforschungsaufgabe können diese vielfältig aufeinander abgestimmt sein. Häufig werden Marktforschungsinstitute beauftragt, den gesamten Prozess der Marktforschung unterstützend zu begleiten oder selbstständig durchzuführen.

Als Orientierungsrahmen können folgende zentrale Schritte, die aufeinander aufbauen, beschrieben werden.

Schritte im Marktforschungsprozess	Beispiele
Problemformulierung	**Fragestellung, die durch die Marktforschung beantwortet werden soll:** • Erwartungen und Wünsche der Verbraucher an ein Produkt • Verhalten der Verbraucher bei Preisänderungen
Wahl des Untersuchungsdesigns	**Festlegungen zum Konzept der Untersuchung:** • Dauer der Untersuchung • Zielgruppe • Erhebungsmethoden
Datenerhebung	**Durchführung der Erhebung mit:** • Marktanalyse oder Marktbeobachtung • Sekundär- oder Primärforschung • betriebsinternen oder betriebsexternen Quellen • Befragung, Beobachtung, Experiment oder Panel
Datenauswertung	**Aufbereitung der Daten und aussagekräftige Darstellung:** • Übertragung in EDV-gestützte Programme • Darstellung in Diagrammen, Schaubildern
Ergebnisinterpretation	**Analyse der Ergebnisse im Hinblick auf die Fragestellung:** • Herausfiltern von Kernaussagen • Ableitung von Konsequenzen für anstehende Entscheidungen
Kommunikation der Ergebnisse	**Darstellung der Ergebnisse für Entscheider:** • Präsentation • Forschungsbericht

2.2 Methoden der Marktforschung

Grundsätzlich müssen vor der Erhebung von Marktforschungsdaten der Umfang und die erforderliche Zuverlässigkeit, das heißt die Quantität und Qualität des Informationsbedarfs bestimmt werden. Bei allen Marktforschungsaufgaben stellt sich die Frage, auf welche Art und Weise diese Informationen beschafft werden sollen. Dabei sind auch die Kosten der Informationsbeschaffung zu berücksichtigen.

Durch punktuelle **Marktanalyse** und durch die periodische **Marktbeobachtung** wird versucht, Schlüsse auf Absatzchancen zu ziehen. Das Ergebnis dieses Verfahrens ist die **Marktprognose** (Aussagen über zukünftige Marktentwicklungen). Das Marktrisiko soll dadurch gemindert werden.

Tipp

Marktanalyse
= zeitpunktorientiert

Marktbeobachtung
= zeitraumorientiert

Marktprognose
= zukunftsorientiert

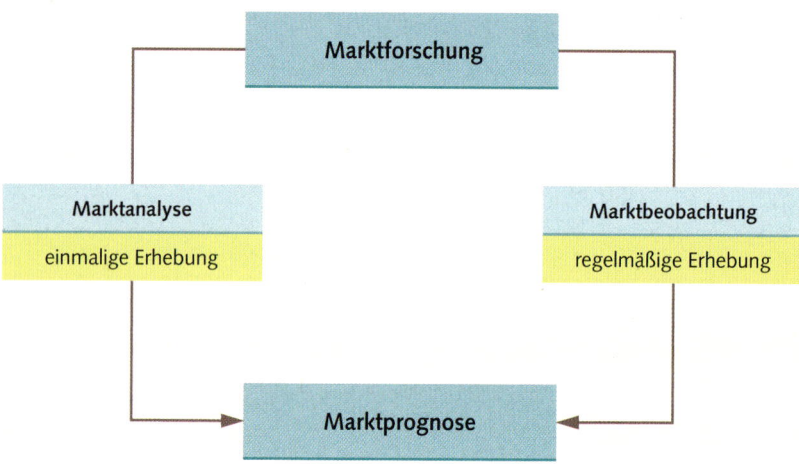

Tipp

Desk Research/
„Schreibtischforschung":
Marktforschung ohne Erhebung neuer Daten

Field Research/
„Feldforschung":
Sammlung neuer Daten durch primärstatistische Erhebungen

Weiterhin kann man die Methoden der Marktforschung nach der Art der Datenerhebung und Informationsgewinnung in **Sekundärforschung (Desk Research)** und **Primärforschung (Field Research)** unterscheiden. Ihnen sind jeweils bestimmte Quellen oder Verfahren zugeordnet.

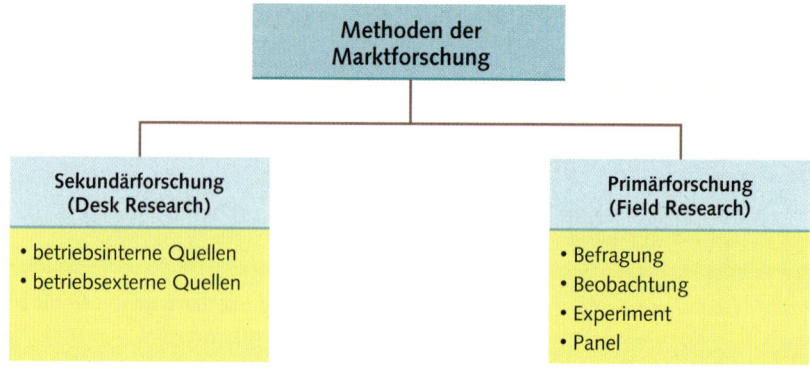

2.2.1 Sekundärforschung

Die Sekundärforschung stützt sich auf bereits vorhandenes Datenmaterial, das in der Vergangenheit als Entscheidungsgrundlage für andere Problemlösungen erstellt oder zusammengetragen wurde.

Schon allein aus **Kostengründen** ist es zweckmäßig, die Möglichkeiten der Sekundärforschung zu nutzen. Häufig wird durch die Auswertung des vorhandenen Materials der Informationsbedarf hinreichend gedeckt. Außerdem kann diese Auswertung für eine eventuell folgende Primärforschung als Ausgangsmaterial oder als Vorbereitung genutzt werden.

Nachteil der Sekundärforschung ist, dass die Daten oftmals veraltet und gegebenenfalls nicht passgenau sind. Außerdem hat auch die Konkurrenz Zugriff zumindest auf die betriebsexternen Quellen.

Das Material wird zunächst aus **betriebsinternen** und, falls erforderlich, aus **betriebsexternen** Quellen erhoben.

Betriebsinterne Quellen der Sekundärforschung sind Informationen aus statistischen Datensammlungen oder aus der Kostenrechnung sowie bereits erstellte Dokumentationen aus sonstigen Informationsquellen, die im Unternehmen regelmäßig oder für einen aktuellen Anlass erhoben worden sind.

Tipp

erst
Sekundärforschung

↓

dann
Primärforschung

Betriebsinterne Quellen der Sekundärforschung		
Statistik	**Kostenrechnung**	**sonstige Informationsquellen**
• Anfragenstatistik	Kosten nach:	• Kundendatei
• Angebotsstatistik		• Lagerstatistik
• Auftragseingangs-statistik	• Produkten	• Lieferantendatei
	• Produktgruppen	• allgemeines Berichtswesen
• Umsatzstatistik	• Kunden	
• Messestatistik	• Kundengruppen	• Messeberichte
• Reklamationsstatistik	• Verkaufsgebieten	• Kassenberichte

Betriebsexterne Quellen der Sekundärforschung sind zumeist Veröffentlichungen, die von Institutionen und Medienunternehmen entweder für die Allgemeinheit oder für bestimmte Interessengruppen zur Unterstützung ihrer Mitglieder veröffentlicht wurden. Sie sind daher für die Unternehmen als Informationsquelle verhältnismäßig leicht zugänglich. Als bedeutsamstes Medium erweist sich hier inzwischen das Internet (insbesondere Portale, Webseiten).

Betriebsexterne Quellen der Sekundärforschung	
Datenquellen	**Anbieter**
• Statistisches Jahrbuch • Fachbücher und Fachzeitschriften • Preislisten • Kataloge • Prospekte • Nachschlagewerke aller Art • Testberichte • Internet	• Wirtschaftsinstitute • Behörden/Staat • Verbände • Interessengemeinschaften • Gewerkschaften • Arbeitgeberverbände • Kammern • Auskunfteien

Beispiel

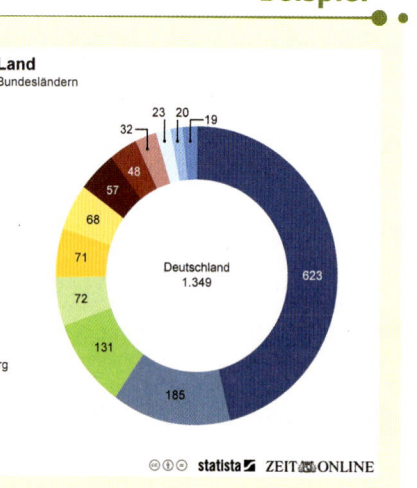

Bayern ist Brauereien-Land
Brauereien in Deutschland nach Bundesländern

- Bayern
- Baden-Württemberg
- Nordrhein-Westfalen
- Hessen
- Rheinland-Pfalz / Saarland
- Niedersachsen / Bremen
- Sachsen
- Berlin / Brandenburg
- Thüringen
- Mecklenburg-Vorpommern
- Schleswig-Holstein / Hamburg
- Sachsen-Anhalt

Deutschland 1.349

623, 185, 131, 72, 71, 68, 57, 48, 32, 23, 20, 19

Quelle: Statistisches Bundesamt

statista ZEIT ONLINE

Tipp

Betriebsexterne Quellen für Studien und Statistiken:

Statistisches Bundesamt
https://www.destatis.de/

Statistische Ämter des Bundes und der Länder
https://www.statistikportal.de/de

Statista – das Statistik-Portal
https://de.statista.com/

Internationales Statistisches Institut
https://isi-web.org

GfK – Gesellschaft für Konsumforschung
https://www.gfk.com/de-at/

Werben & Verkaufen
https://www.wuv.de/thema/studien

2.2.2 Primärforschung

Wenn Quellen der Sekundärforschung nicht vorhanden sind oder nicht ausreichen, ist eine Primärerhebung notwendig, um die Marktforschungsfragen zu klären.

Merke

Unter **Primärforschung** versteht man die **Sammlung, Analyse und Interpretation von neuen, noch nicht vorhandenen Daten.**

Sie ist zwar insgesamt aufwändiger und kostenintensiver, hat jedoch den **Vorteil** der Aktualität und Exklusivität für konkrete Fragestellungen. Man unterscheidet je nach Betrachtungsgegenstand unterschiedliche Arten der Datenerhebung, die mit den Methoden der Primärforschung kombiniert werden:

©Avanne-Troar-fotolia.com

Arten der Datenerhebung		
Kriterium	**Erhebung**	**Beispiel**
Bezugszeitraum der Datenerhebung	• einmalig/punktuell • regelmäßig/periodisch	• Befragung • Panel
Umfang der Datenerhebung	• Vollerhebung • Teilerhebung	• Erhebung aller infrage kommenden Daten • Erhebung nur zu einem bestimmten Prozentsatz
Forschungsmethode	• qualitative Erhebung • quantitative Erhebung	• Käuferverhalten • Marktanteile

In der Primärforschung werden die folgenden 4 Methoden angewandt:

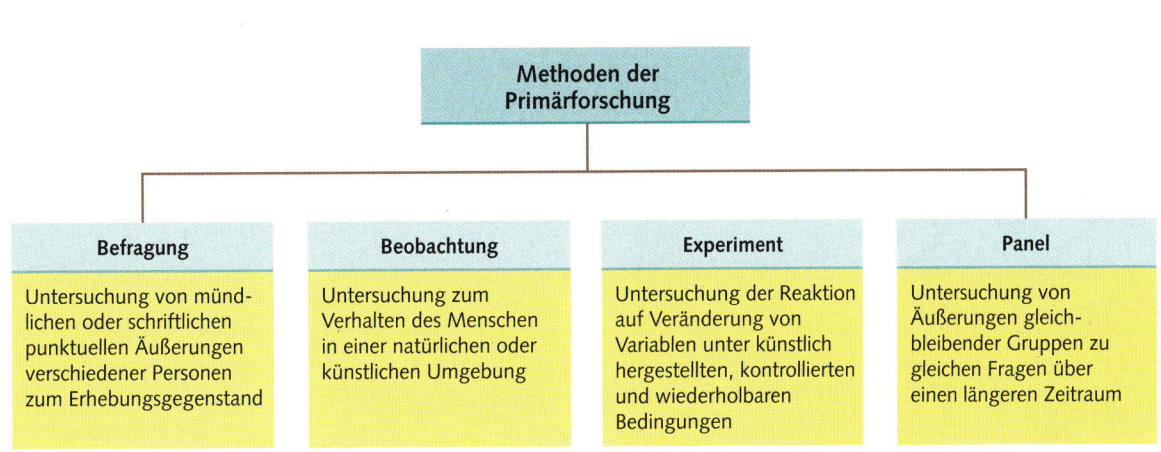

Methoden der Primärforschung

Befragung	**Beobachtung**	**Experiment**	**Panel**
Untersuchung von mündlichen oder schriftlichen punktuellen Äußerungen verschiedener Personen zum Erhebungsgegenstand	Untersuchung zum Verhalten des Menschen in einer natürlichen oder künstlichen Umgebung	Untersuchung der Reaktion auf Veränderung von Variablen unter künstlich hergestellten, kontrollierten und wiederholbaren Bedingungen	Untersuchung von Äußerungen gleichbleibender Gruppen zu gleichen Fragen über einen längeren Zeitraum

■ Befragung

Für eine Befragung kommen für die Marktforschung neben anderen möglichen Informationsträgern vor allem Zulieferer, Zwischenhändler, Experten und Konsumenten in Betracht. Durch gezielte, systematische Fragestellungen sollen die Befragten i. d. R. einmalig Ausk geben z. B. über:

→ das bisherige Verhalten,

→ das geplante zukünftige Verhalten,

→ Gewohnheiten,

→ Wünsche, Motive und Einstellungen.

© Andrey Popov - stock.adobe.com

Befragungen können schriftlich oder mündlich vorgenommen werden. Insbesondere Online-Befragungen gelten als vergleichsweise schnell und kostengünstig. Häufig werden Befragungen auch mit einem Anreiz versehen (z. B. Gewinnspiel), um einen repräsentativen (aussagefähigen) Rücklauf zu sichern.

©Gabriele Rohde-fotolia.com

Allerdings sind die Vorschriften im Rahmen des Verbraucherschutzes zu berücksichtigen, z. B.:

→ Die Anonymität des Befragten ist strikt zu wahren.

→ Bei Einholen der Einwilligung ist auf den Zweck und die Freiwilligkeit der Befragung in angemessener Weise hinzuweisen.

→ Bei Ablehnung ist eine nochmalige Kontaktaufnahme nicht zulässig.

→ Anrufe zu Werbe- oder Verkaufszwecken sind unzulässig, wenn keine Vertragsbeziehung besteht.

Formen der Befragung	Merkmale	Vorteile	Nachteile
mündlich ©Klekta Darya-fotolia.com	persönliche Befragung durch Interview ("unter vier Augen")	• hoher Rücklauf • weniger Missverständnisse durch zusätzliche Erläuterungen • Feststellung von Reaktionen	• zeitaufwändig • kostenintensiv • Beeinflussung durch Interviewer möglich
telefonisch ©Giovanni Cancemi-fotolia.com	persönliche Befragung durch telefonischen Anruf (häufig durch Call-Center)	• hoher Rücklauf • schnell • mehr Ehrlichkeit durch Anonymität	• geringe Bereitschaft • nur wenige und kurze Fragen möglich • Verhalten nicht beobachtbar
schriftlich ©VRD-fotolia.com	Einsatz von Fragebögen (häufig „Serienfragebögen" mit Zustellung durch Post)	• relativ kostengünstig • einfache Organisation • besseres Durchdenken der Fragen • gute Dokumentation • Anonymität	• geringe Rücklaufquote • hoher Aufwand für Teilnehmer • keine Erläuterungen möglich
online ©vege-fotolia.com	Befragung (ggf. anonym) über das Internet	• kostengünstig • einfache Auswertung durch Software • schnelle Erhebung • größere Stichproben möglich	• Internet/E-Mail erforderlich • ggf. Mehrfachteilnahme möglich

■ Beobachtung

Eine Beobachtung von Verhalten ist in manchen Fällen leichter, einfacher, schneller und kostengünstiger durchzuführen als eine Befragung. Dazu werden **Beobachtungspersonen** oder **technische Geräte** (z. B. elektronische Kassensysteme oder Videoaufnahmen) eingesetzt. Möglich ist dabei auch die **Selbstbeobachtung,** indem Personen gewonnen werden, die über einen gewissen Zeitabschnitt zum Beispiel bestimmte Verhaltensweisen oder Gewohnheiten aufzeichnen. Zu unterscheiden ist auch zwischen **verdeckter Beobachtung,** ohne dass die Beobachteten informiert sind, und **offener Beobachtung,** bei der die Beobachteten darüber Bescheid wissen, ohne dass es aber zu einem Kontakt mit dem Beobachter kommt. Sind die Versuchspersonen informiert, ist allerdings spontanes, unbewusstes Verhalten beeinträchtigt.

Bei einer **Feldbeobachtung** findet die Beobachtung in einer „natürlichen" Umgebung der Versuchspersonen statt (z. B. im Supermarkt oder Fitness-Center), während bei der **Laborbeobachtung** die Erforschung unter „kontrollierten" Bedingungen (z. B. Geschmackstest) stattfindet.

©alexmillos-fotolia.com

Beobachtung	
Vorteile	**Nachteile**
• keine Beeinflussung der beobachteten Personen	• zeitlich aufwändig
• unverfälschtes Verhalten (bei verdeckter Beobachtung)	• viele Tatbestände nicht beobachtbar (z. B. Kaufmotive)
• unabhängig von Auskunftsbereitschaft (bei verdeckter Beobachtung)	• Beschränkung auf das Wahrnehmbare
• objektiver als Befragung	• Fehlbarkeit des Beobachters (z. B. stärkerer Einfluss des ersten Eindrucks)

Neben Verhaltensweisen und Gewohnheiten können auch Reaktionen auf Veränderungen des Einsatzes marktpolitischer Instrumente beobachtet werden. So kann zum Beispiel festgehalten werden, wie und mit welchem Prozentsatz Verbraucher auf ein Werbemittel reagieren. Wünsche, Motive und Einstellungen sind mit diesem Verfahren allerdings nicht erfassbar.

Beispiel

Verhalten eines Kunden im Supermarkt:

■ Wie sieht der Laufweg des Kunden aus?

■ Wo bleibt der Kunde wie lange stehen?

■ Welche Produkte werden entnommen, wieder zurückgestellt bzw. in den Einkaufskorb gelegt.

©Gina Sanders-fotolia.com

■ Experiment

Beim Experiment handelt es sich in der Marktforschung meistens um einen Test mit einer gezielten Anordnung von Untersuchungen, die wiederum als Feld- bzw. Laborversuche durchgeführt werden.

Beispiel

Der Preis (unabhängige Variable) einer Ware wird gesenkt oder erhöht, die Auswirkung auf das Kaufverhalten (abhängige Variable) festgestellt.

Experimente sind gekennzeichnet durch die Einflussnahme auf i. d. R. eine unabhängige Variable, um die Wirkung auf eine abhängige Variable festzustellen. Damit können Ursache-Wirkungs-Zusammenhänge aufgedeckt werden.

Merke

Anforderungen an Messungen:

- Reliabilität (Verlässlichkeit)
- Validität (Gültigkeit)

Das Ergebnis muss

→ **verlässlich,** d. h. unabhängig von einem einmaligen Vorgang sein **(Reliabilität),**

→ es muss **gültig** sein, d. h. den Sachverhalt tatsächlich wiedergeben, der ermittelt werden sollte **(Validität).**

Experiment	
Vorteile	**Nachteile**
• Feststellung von Ursache-Wirkungs-Zusammenhängen • standardisierte Bedingungen	• relativ hohe Kosten und hoher Zeitaufwand • fragwürdige Verallgemeinerung der unter Testbedingungen erzielten Ergebnisse

Supermarkt-Experiment:
Forscher empfehlen Steuer auf ungesunde Lebensmittel

Was bringt Verbraucher dazu, gesündere Lebensmittel zu kaufen?

Im Experiment haben Forscher eine klare Antwort gefunden:

Nur eine Verteuerung ungesunder Produkte hat Erfolg, Preissenkungen bei gesunden Lebensmitteln führten dagegen wider Erwarten zu noch mehr Fett und Zucker im Einkaufswagen.

©Robert Kneschke-fotolia.com

Sind ungesunde Produkte teurer, werden sie weniger gekauft.

Nach: SpiegelOnline

Am häufigsten werden **Markt-, Preis-, Geschmacks- oder Qualitätstests** durchgeführt. Durch einen Preistest will man z. B. herausfinden, wie und in welchem Maße der Verbraucher auf eine Preisänderung reagiert.

Der Test kann sich auf einen **begrenzten Personenkreis**, eine **bestimmte Zeitspanne** oder auch auf ein **Verkaufsgebiet** richten. Die Ergebnisse des Tests, die nur einen Ausschnitt beleuchten, werden auf die Gesamtheit hochgerechnet. Man erhofft sich dadurch gesicherte Annahmen über die Auswirkungen bestimmter Maßnahmen.

■ Panel

Ein Panel ist eine über **einen längeren Zeitraum gleichbleibende repräsentative Teil-auswahl** von Erhebungseinheiten (z. B. Personen, Betriebe), die in **regelmäßigen Abständen** zum **gleichen Untersuchungsgegenstand** befragt bzw. beobachtet wird, um von der Auswahl auf die Gesamtheit zu schließen. Um Repräsentativität zu gewährleisten, ist die Zusammensetzung der Teilnehmergruppe so zu wählen, dass die Ergebnisse für die Grundgesamtheit verallgemeinerbar sind. Ein Panel stellt keine eigene Erhebungsmethode dar, sondern kann als besondere Form der Verknüpfung von Experiment und Befragung bzw. Beobachtung aufgefasst werden.

Dank der modernen Technologien kann die Datenerfassung elektronisch erfolgen.

Beispiel

Die Einschaltquote wird über ein Panel von Fernsehzuschauern ermittelt.

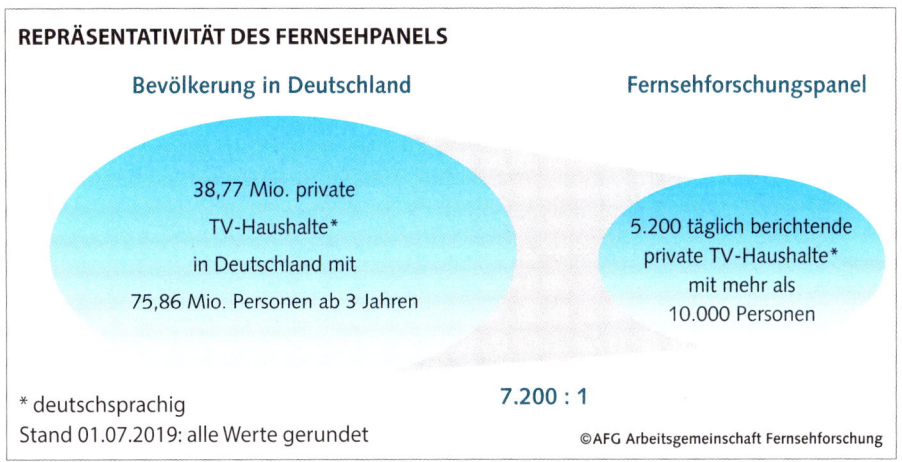

REPRÄSENTATIVITÄT DES FERNSEHPANELS

Bevölkerung in Deutschland

38,77 Mio. private
TV-Haushalte*
in Deutschland mit
75,86 Mio. Personen ab 3 Jahren

Fernsehforschungspanel

5.200 täglich berichtende
private TV-Haushalte*
mit mehr als
10.000 Personen

7.200 : 1

* deutschsprachig
Stand 01.07.2019: alle Werte gerundet

©AFG Arbeitsgemeinschaft Fernsehforschung

Die gebräuchlichsten Panels beziehen sich auf Einzelpersonen, Haushalte, Versicherungen, Banken, Händler und Industriebetriebe. Die Mitglieder eines **Haushaltspanels** zum Beispiel zeichnen wie in einem sehr ausführlichen Haushaltsbuch alle Einnahmen und Ausgaben auf. Dadurch wird ein genauer Überblick über die Verbrauchsausgaben nach dem Zeitpunkt, der Verwendung und der Höhe gewonnen. Die Auswertung erlaubt dann Aussagen über Verbrauchergewohnheiten und deren Veränderungen.

Panel	
Vorteile	**Nachteile**
• relativ schnelle Informationsgewinnung	• hoher Aufwand für Teilnehmerbetreuung
• Veränderungen von Marktverhalten im Zeitablauf sichtbar	• Grad der Marktabdeckung (ggf. nicht repräsentativ aufgrund geringer Teilnahmebereitschaft)
• standardisierte Bedingungen	• „Panelsterblichkeit" – Verlassen des Panels (z. B. durch Krankheit, Umzug); Ersatz durch „Reserve" mit gleichen Merkmalen nötig

2.2.3 Erstellung eines Fragebogens

Fragebögen müssen so eindeutig und verständlich formuliert sein, dass ihre Fragen von jedem so verstanden werden, wie sie von der Untersuchung gemeint sind (Validität). Bei unverständlichen Fragen besteht die Gefahr, dass sie falsch interpretiert werden, es zu einer Antwortverweigerung kommt oder eine Tendenz zur Mitte bevorzugt wird. Eine übersichtliche Gliederung des Fragebogens, Einfachheit, Kürze und Klarheit der Fragen sind Grundanforderungen der stilistischen und sprachlichen Gestaltung. Entsprechend sind z. B. unbekannte Begriffe zu vermeiden und die vorgegebenen Auswahlantworten müssen logisch und sinnvoll sein.

■ Checkliste für die Erstellung eines Fragebogens

Eine effiziente Erstellung eines Fragebogens erfordert einen strukturierten Ablauf. Die Festlegung der Ziele (z. B. in einem Brainstorming) hat entscheidenden Einfluss auf die Gestaltung und den Ablauf einer Fragebogenaktion bis hin zur Auswertung. Grundlegende Erarbeitungsschritte können sein:

©Rudie-fotolia.com

→ Ziele der Befragung festlegen (z. B. Kundenzufriedenheit feststellen),

→ Teilnehmer auswählen (z. B. Stammkunden),

→ Erhebungsumfang bestimmen (z. B. zufällige Auswahl von 20 % aller Stammkunden),

→ Fragebogendesign planen (z. B. Kombination von offenen und geschlossenen Fragen, Skalierung, Antwortmöglichkeiten, Layout),

→ Fragen entwerfen.

■ Aufbau eines Fragebogens

Die Konstruktion eines Fragebogens erfordert eine besondere Sorgfalt, da im Regelfall die Befragten keine Rückfragen stellen können. Den Befragten sind in klarer Form folgende Botschaften zu vermitteln:

→ freundliche Aufforderung (Anrede) der Teilnehmer zur Teilnahme mit Angabe der benötigten Zeit,

→ Ziele des Fragebogens,

→ Erläuterungen zur Bearbeitung (ggf. Rücksendetermin),

→ Hinweis auf Einhaltung der geltenden Datenschutzgrundverordnung (DSGVO),

→ Verwendungszweck der Auswertung,

→ Dank für die Teilnahme.

Kundenumfrage

Gefallen Ihnen unsere Produkte?
☒ Ja   ☐ Nein   ☐ Vielleicht

Haben Sie gefunden, was Sie gesucht ha
☒ Ja   ☐ Nein   ☐ Vielleicht

Wie oft besuchen Sie uns?
☐ Täglich   ☐ 1-2 Mal / Woche   ☐ 1-2

Sind Sie mit unserem Service zufrieden?
☐ Ja   ☐ Nein

©VRD-fotolia.com

■ Fragetypen und Darstellungsmöglichkeiten

Bei der Entwicklung eines Fragebogens kann man auf eine Vielzahl von Fragetypen und Darstellungsmöglichkeiten zurückgreifen. Deshalb ist vor der Erstellung zunächst zu klären, welche Informationen erhoben und wie die Antworten verwendet werden sollen. Außerdem muss der Zeitaufwand für die Auswertung berücksichtigt werden. Auch ist der Einsatz unterschiedlicher Fragetypen zur Auflockerung eines Fragebogens zu erwägen. Als Fragetypen kommen insbesondere offene, halboffene und geschlossene Fragen in Betracht.

■ Offene und halboffene Fragen

Offene Fragen überlassen es dem Teilnehmer, ohne vorgegebene Antwortalternativen seine Einstellung, Wahrnehmung oder Beurteilung frei zu formulieren. Sie stellen höhere gedankliche (kognitive) Anforderungen an die Befragten, erfordern einen höheren Zeitaufwand und sollten deshalb eher in geringem Maße eingesetzt werden. Häufig stellen sie den Abschluss einer Befragung dar, um den Teilnehmer noch einmal selbst zu Wort kommen zu lassen.

Antworten auf offene Fragen sind i. d. R. nicht quantifizierbar und häufig nur schwer vergleichbar. Ihre Auswertung erfordert einen hohen Aufwand durch Sammlung, Interpretation und Bündelung der Aussagen (Clusterung). Deshalb werden Fragen häufig auch so gestellt, dass nur wenige Antworten möglich sind. Man spricht dann von **halboffenen** Fragen. Als weitere Variante kann ein unvollständiger Satz vorgegeben werden, den die Befragten eigenständig sinnvoll ergänzen.

> „Wenn du eine weise Antwort verlangst, musst du vernünftig fragen."
> **Johann Wolfgang von Goethe**

> „Dem guten Frager ist schon halb geantwortet."
> **Friedrich Nietzsche**

> „Der Fragebogen muss klug sein, nicht der Interviewer."
> **Elisabeth Noelle-Neumann**

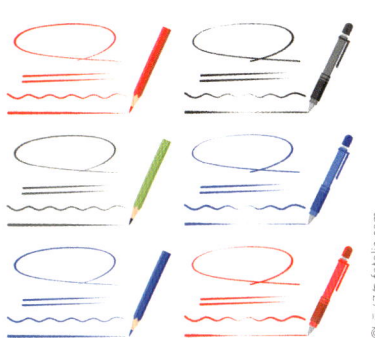
©ト・ラ・ラ・テ-fotolia.com

Beispiel

Die Markgraf Brunnen GmbH hat ihre Stammkunden zur Präsentation einer neuen Produktlinie eingeladen. Alle Teilnehmer erhalten einen Fragebogen zur Beurteilung der Veranstaltung. Mögliche Fragen könnten sein:

offene Fragen:

Was hat Ihnen an der Veranstaltung gefallen?

Was hat Ihnen an der Veranstaltung nicht gefallen?

Was haben Sie bei der Veranstaltung vermisst?

Was fanden Sie bei der Veranstaltung überflüssig?

Welche weiteren Anmerkungen/Anregungen möchten Sie zu der Veranstaltung machen?

halboffene Fragen:

Wie sind Sie auf die Veranstaltung aufmerksam geworden?

Welchen Wochentag bevorzugen Sie für die Durchführung der Veranstaltung?

Welches sind Ihre zwei Lieblingsgeschmacksrichtungen?

unvollständiger Satz:

Ich habe an der Veranstaltung teilgenommen, weil …

Mir gefällt/gefällt nicht an dem neuen Produkt, dass …

©Oliver Boehmer - bluedesign®-fotolia.com

■ Geschlossene Fragen

Geschlossene Fragen geben alle Antwortmöglichkeiten vor. Deshalb ist bei der Erstellung sorgfältig darauf zu achten, dass die wesentlichen Antwortkategorien erfasst sind, damit der Befragte auch seine zutreffende Antwort geben kann. Bei geschlossenen Fragen mit **„Einfachnennung"** ist immer nur eine Antwortvergabe möglich, d. h., dass sich die Antworten logisch ausschließen (ja/nein; sehr zufrieden/zufrieden/unzufrieden). Bei Fragen mit **„Mehrfachnennung"** können mehrere oder alle zutreffend sein.

Ein Vorteil geschlossener Fragen liegt in der einfacheren Beantwortung, wodurch die Motivation und Bereitwilligkeit zur Teilnahme gefördert wird. Zudem lassen sich die Antworten besser vergleichen, die Auswertung kann schneller und weniger aufwändig als bei offenen Fragen erfolgen.

Beispiel

Frage mit Einfachnennung:

War Ihnen unsere neue Produktlinie schon vorher bekannt?

☐ ja   ☐ nein

Frage mit Mehrfachnennung:

Welche Werbemittel empfehlen Sie für das neue Getränk?

☐ Anzeige   ☐ Zeitungsbeilage   ☐ Plakat
☐ Werbebrief   ☐ Rundfunkspot   ☐ Social Media

■ Darstellungsmöglichkeiten

Zur Darstellung von geschlossenen Fragen bieten sich unterschiedliche Möglichkeiten an: z. B. Tabelle/Matrix, Skala, Polaritätsprofil, Rangliste. Dabei gibt man eine bestimmte Anzahl von Abstufungen vor. Die Anzahl der Abstufungen sollte so bemessen sein, dass differenzierte Einschätzungen möglich sind. Erfahrungsgemäß ist es nicht sinnvoll, mehr als sieben Kategorien vorzugeben.

Entscheidet man sich für eine gerade Anzahl an Abstufungen, muss sich der Befragte für eine positive oder negative Tendenz entscheiden, sodass es zu einer falschen Angabe führt, wenn er eher eine neutrale Einstellung hat. Bei einer ungeraden Anzahl von Abstufungen gibt es den Nachteil der „Uneindeutigkeit" des mittleren Wertes. Einerseits kann es sein, dass der Befragte tatsächlich keine Tendenz hat, andererseits ist nicht auszuschließen, dass die Frage nicht verstanden wurde, der Befragte keine Meinung dazu hat oder sich damit nicht auseinandersetzen möchte.

©masterzphotofo-fotolia.com

Tabelle:

Wie zufrieden sind Sie mit der Veranstaltung?						
	sehr zufrieden	zufrieden	eher zufrieden	kaum zufrieden	unzufrieden	keine Antwort
Wie bewerten Sie den Informationsgehalt der Veranstaltung?	☐	☐	☐	☐	☐	☐
Wie beurteilen Sie die Präsentationen?	☐	☐	☐	☐	☐	☐

Skala:

Wie bewerten Sie den zeitlichen Rahmen für die Veranstaltung? Bewerten Sie auf der Skala nach Schulnoten, ob Sie den Zeitrahmen für angemessen halten.					
	1	2	3	4	5	
angemessen	☐	☐	☐	☐	☐	nicht angemessen

Polaritätsprofil:

Wie bewerten Sie die Eigenschaften des neuen Produktes für junge Käufer?					
	sehr	eher	weder, noch	eher	sehr	
minderwertig	☐	☐	☐	☐	☐	hochwertig
langweiliges Design	☐	☐	☐	☐	☐	ansprechendes Design
fade Geschmacksnote	☐	☐	☐	☐	☐	spritzige Geschmacksnote
künstlich	☐	☐	☐	☐	☐	natürlich

Rangliste:

Bitte bewerten Sie die Werbemittel für die Einführung der neuen Produktlinie nach ihrer Wichtigkeit? Ordnen Sie die Ziffern 1 (wichtig) bis 5 (weniger wichtig) zu.

Anzeige _____   Plakat _____   Rundfunkspot _____   Zeitungsbeilage _____   Werbebrief _____

■ Online-Fragebögen

Handschriftlich auszufüllende Fragebögen sind inzwischen von Online-Fragebögen fast völlig verdrängt. Das hat gute Gründe: Online-Fragebögen lassen sich nicht nur einfach per E-Mail verschicken oder auf der eigenen Webseite verlinken, sondern auch direkt am PC ausfüllen, übermitteln und automatisiert auswerten. Auch Textverarbeitungsprogramme bieten die Möglichkeit, solche Formulare zu erstellen.

Online-Formulare enthalten Inhaltssteuerelemente. Zur Verfügung stehen u. a. Elemente für Nur-Text, für Kontrollkästchen zum Ankreuzen, für Kombinationsfelder (ausrollende Liste, aus der ein Eintrag ausgewählt werden kann) und für eine Datumsauswahl (Wahl eines Datums anhand eines aufklappbaren Kalenders).

■ Steuerelemente einfügen

Mit folgenden Schritten können Sie Online-Formulare erstellen:

Schritt 1: Setzen Sie den Cursor an eine gewünschte Stelle im Dokument.

Schritt 2: Gehen Sie auf Entwicklertools – Steuerelemente und wählen das entsprechende Steuerelement aus, z. B.:

©kebox-fotolia.com

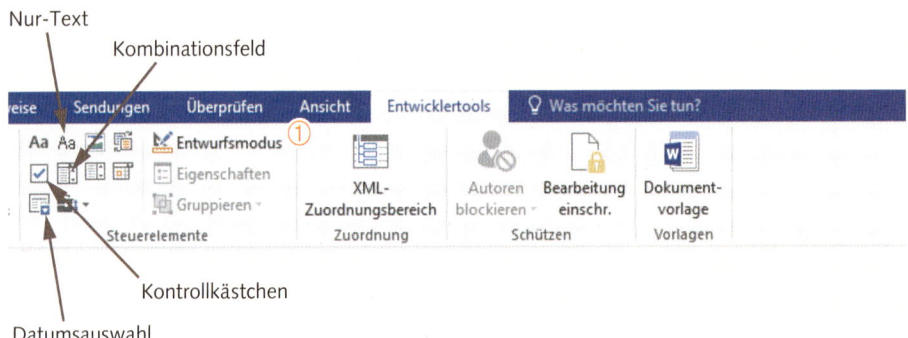

Nur-Text
Kombinationsfeld
Kontrollkästchen
Datumsauswahl

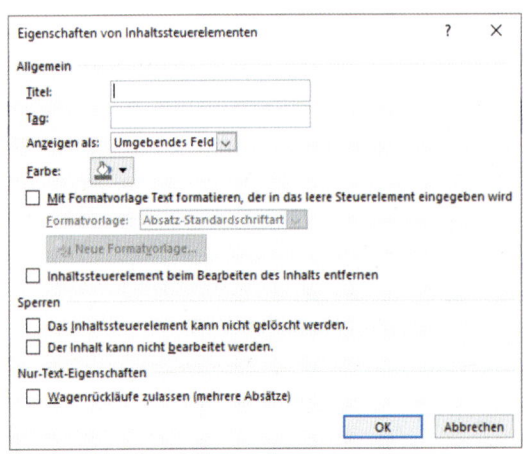

Schritt 3: Sie können das Element formatieren und anpassen, wenn Sie den **Entwurfsmodus** ① aktivieren.

Schritt 4: Aktivieren Sie unter Entwicklertools – Steuerelemente das Symbol Eigenschaften. Es öffnet sich ein Dialogfeld. Hier können Sie die Eigenschaften Ihres Steuerelements be-stimmen.

Beispiel für das **Dialogfeld Nur-Text:**

Unter Titel können Sie für dieses Feld einen Titel eingeben (müssen Sie aber nicht). Der Text erscheint im Beschriftungsfeld des Steuerelements.

Beispiel für das **Dialogfeld Kombinationsfeld:**

Um die Liste des Kombinationsfeldes zu füllen, klicken Sie auf den Button **Hinzufügen.** Es öffnet sich das Dialogfeld **Auswahl hinzufügen.** In **Anzeigename** geben Sie einen Listeneintrag ein, den Sie bestätigen. Wiederholen Sie den Schritt für alle Einträge.

Schritt 5: Deaktivieren Sie den Entwurfsmodus wieder. (Wichtig!) Nur so können Sie Ihr Formular vor Veränderungen schützen, wenn es von den Anwendern genutzt wird.

Um eine Manipulation durch Anwender gezielt auszuschließen, können Sie die Bearbeitungsmöglichkeiten weiter einschränken. Gehen Sie dafür über die Registerkarte Entwicklertools – Schützen – Bearbeitung einschränken. Es öffnet sich ein entsprechendes Dialogfenster.

2.2.4 Datenauswertung und Darstellung der Marktforschungsdaten

Zur Kommunikation von Marktforschungsdaten werden diese in Marktforschungsberichten und Präsentationen anschaulich aufbereitet. Dazu eignen sich z. B. Diagramme, die Daten übersichtlich, einfach und wirkungsvoll visualisieren. Neben dem Einsatz von spezieller Software bietet Excel verschiedene Standard-Diagrammtypen (z. B. Balken-, Linien-, Kreisdiagramme) zur Auswahl an.

©hywards-fotolia.com

Beispiel 1

Evaluation der Veranstaltung durch Teilnehmer						
	sehr zufrieden	zufrieden	eher zufrieden	kaum zufrieden	unzufrie-den	keine Antwort
Wie bewerten Sie den Informationsgehalt der Veranstaltung?	8	6	4	3	1	1
Wie beurteilen Sie die Präsentationen?	5	5	10	1	1	1

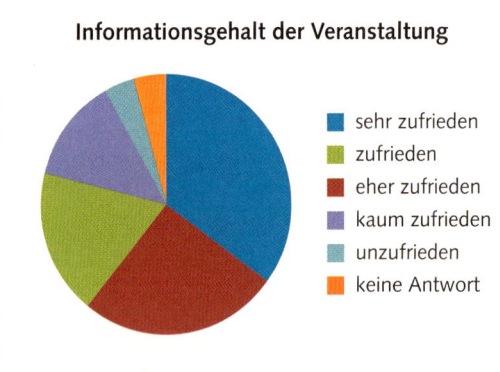

Informationsgehalt der Veranstaltung

- sehr zufrieden
- zufrieden
- eher zufrieden
- kaum zufrieden
- unzufrieden
- keine Antwort

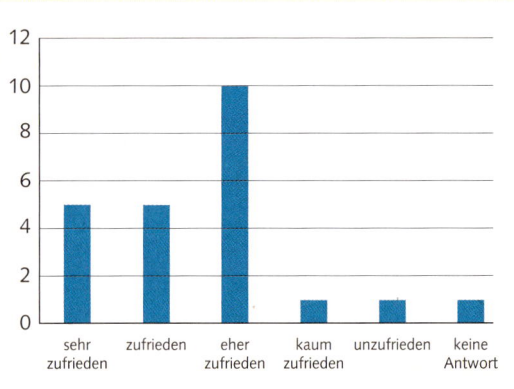

Beispiel 2

Bewertung des zeitlichen Rahmens der Veranstaltung auf einer Skala nach Schulnoten durch Teilnehmer						
angemessen	1	2	3	4	5	nicht angemessen
	8	6	2	4	3	

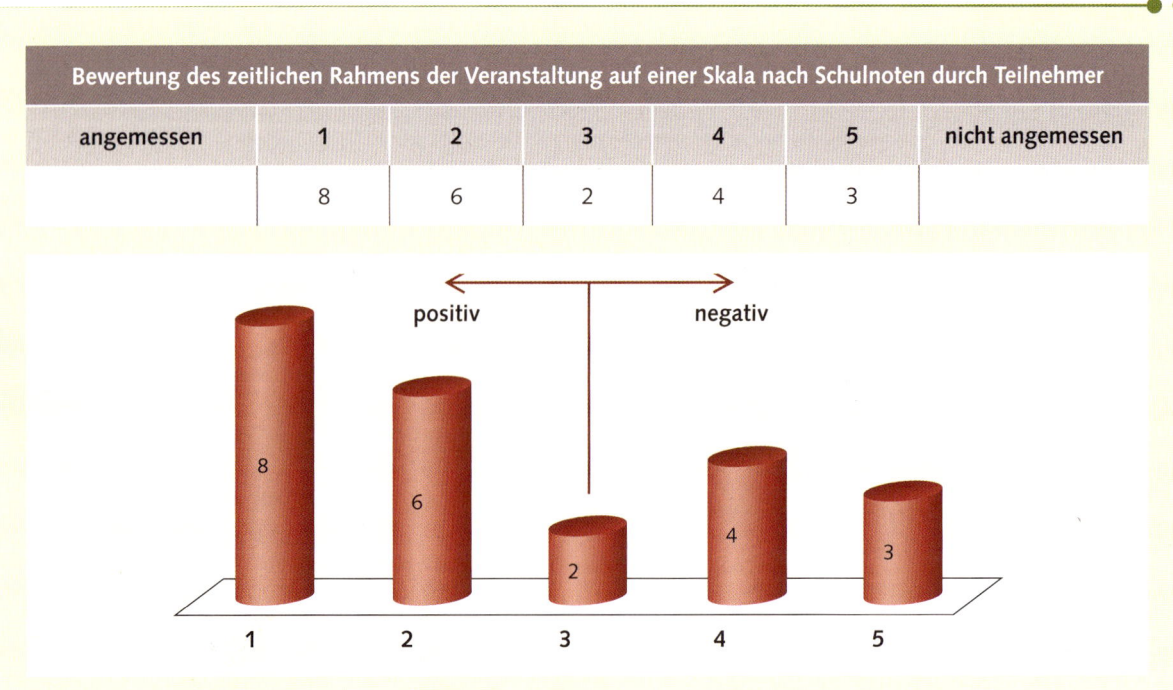

Beispiel 3

Bewertung von Produkteigenschaften durch zwei teilnehmende Gruppen						
	sehr	eher	weder, noch	eher	sehr	
minderwertig				●	●	hochwertig
langweiliges Design		●		●		ansprechendes Design
fade Geschmacksnote				●	●	spritzige Geschmacksnote
künstlich			● ●			natürlich

Beispiel 4

Bewertung von Werbemitteln nach ihrer Wichtigkeit 1 (wichtig) bis 5 (weniger wichtig)					
Rang	Anzeige	Plakat	Rundfunk	Zeitungsbeilage	Werbebrief
1	4	2	3	6	8
2	7	3	2	4	8
3	7	8	3	2	4
4	3	6	7	6	2
5	2	4	8	5	1

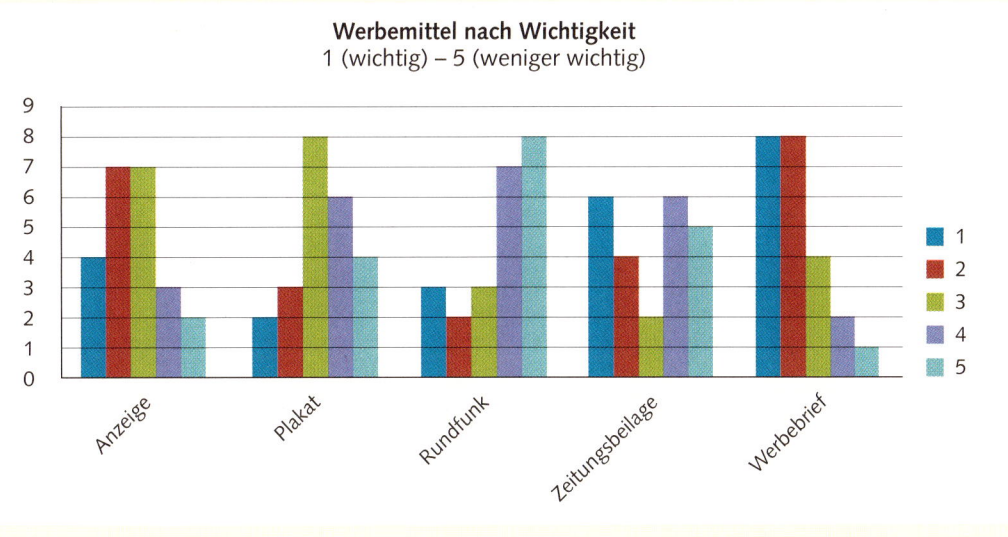

Werbemittel nach Wichtigkeit
1 (wichtig) – 5 (weniger wichtig)

2.3 Konjunkturzyklus

Alle Analysen zur Marktsituation, sei es zum Kundenverhalten oder zur Wettbewerbssituation, sind auch in Abhängigkeit von Konjunkturphasen zu interpretieren.

2.3.1 Konjunktur und Konjunkturphasen

Die Erfahrungen zeigen, dass es immer wieder Schwankungen der allgemeinen wirtschaftlichen Entwicklung gibt.

Setzt man das reale (inflationsbereinigte) Bruttoinlandsprodukt (BIP), also die in EUR bewertete Summe aller Waren und Dienstleistungen abzüglich der Vorleistungen, in Beziehung zum Zeitablauf, so ergeben sich Schwankungen unabhängig davon, ob man absolute Geldeinheiten oder die prozentuale Veränderung zum Vorjahr betrachtet. Alle Schwankungen folgen aber einem **Trend**, dem langfristigen **Wachstumspfad** der Volkswirtschaft.

Merke

Unter **Konjunktur** versteht man die Schwankungen der gesamtwirtschaftlichen Aktivitäten in einem Zeitraum von mehreren Jahren.

Idealtypischer Konjunkturzyklus

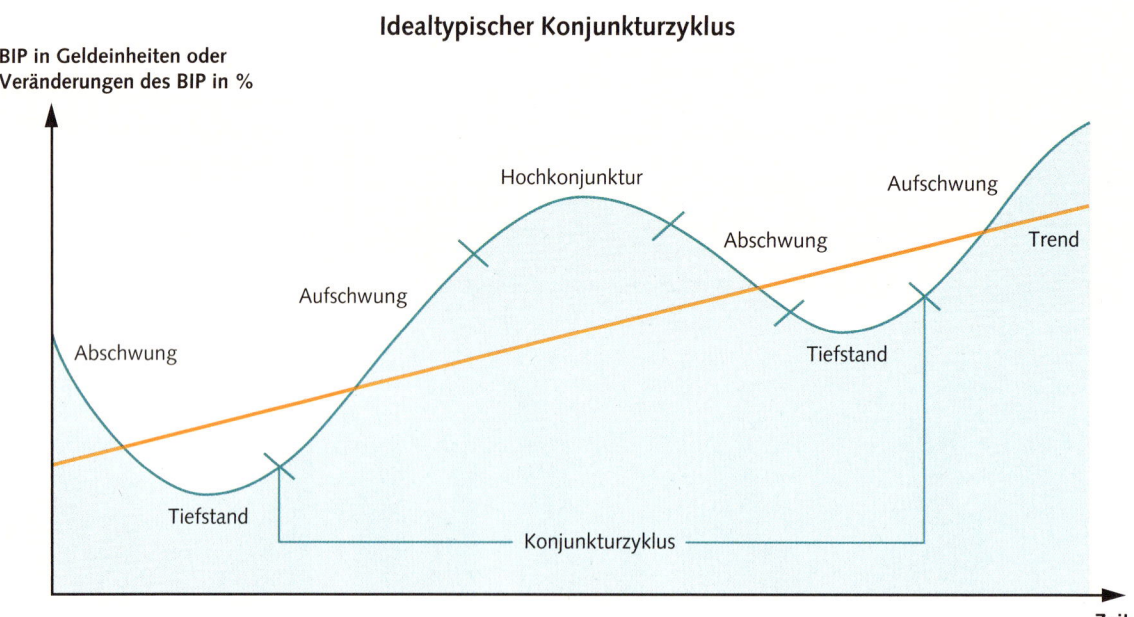

Innerhalb eines idealtypischen Konjunkturzyklus lassen sich **vier typische Phasen** unterscheiden, deren tatsächliche Ausprägung allerdings immer Besonderheiten aufweist (z. B. unterschiedliche Dauer und Stärke einer Phase).

Vier Phasen im idealtypischen Konjunkturzyklus	
Phasen	**Merkmale**
Phase des Aufschwungs (Expansion) Das reale Bruttoinlandsprodukt wächst zunächst überproportional, später weniger stark.	• **Kapazitätsauslastung** der Unternehmen nimmt zu. • **Gewinnaussichten** verbessern sich. • **Arbeitslosigkeit** nimmt tendenziell ab. • **Nachfrage nach Investitionsgütern** steigt zuerst. • **Nachfrage nach Konsumgütern** steigt später. • **Preise** und **Löhne** sind stabil, die **Zinsen** noch niedrig.
Phase der Hochkonjunktur (bei starker Ausprägung „Boom") Das reale Bruttoinlandsprodukt wächst zunächst noch, erreicht den oberen Wendepunkt und beginnt zu fallen.	• **Kapazitätsauslastung** der Unternehmen ist hoch. • **Gewinne** der Unternehmen sind hoch. • **Arbeitslosigkeit** ist gering. • **Investitionsbereitschaft** der Unternehmen nimmt ab. • **Nachfrage nach Konsumgütern** ist hoch. • **Preise**, **Löhne** und **Zinsen** steigen.
Phase des Abschwungs (in schwerwiegenden Fällen Rezession) Das reale Bruttoinlandsprodukt fällt zunächst überproportional, später weniger stark.	• **Kapazitätsauslastung** der Unternehmen sinkt. • **Gewinne** der Unternehmen gehen zurück. • **Arbeitslosigkeit** steigt. • **Nachfrage nach Investitionsgütern** sinkt. • **Nachfrage nach Konsumgütern** sinkt später. • Steigerung von **Preisen** und **Löhnen** nimmt ab, die **Zinsen** fallen.
Phase des Tiefstands (in schwerwiegenden Fällen Depression) Das reale Bruttoinlandsprodukt erreicht seinen unteren Wendepunkt und beginnt im Idealfall, wieder zu steigen.	• **Überkapazitäten** werden abgebaut (Insolvenzen). • **Gewinne** bleiben teilweise aus. • **Arbeitslosigkeit** steigt deutlich. • **Nachfrage nach Investitionsgütern** geht weiter zurück. • **Nachfrage nach Konsumgütern** sinkt. • **Löhne** und **Preise** sind relativ stabil, die **Zinsen** sinken weiter.

Tipp

Die einzelnen **Merkmale der unterschiedlichen Konjunkturphasen** lassen sich logisch ableiten und dann leichter merken, wenn man immer mit der Kapazitätsauslastung der Unternehmen beginnt.

Beispiel

In der Phase des Aufschwungs nimmt die Kapazitätsauslastung der Unternehmen zu. In Erwartung zusätzlicher Gewinne bauen Unternehmen ihre Kapazitäten aus, die Nachfrage nach Investitionsgütern steigt. In der Folge steigt die Nachfrage nach geeignetem Personal, die Konsumgüternachfrage wird allmählich angekurbelt. Noch moderate Preise und Löhne werden ebenso wie die Zinsen erst später tendenziell steigen.

2.3.2 Kundenorientierung und Wettbewerberverhalten im idealtypischen Konjunkturzyklus

■ Phase des Aufschwungs (Expansion)

Optimistische Zukunftserwartungen bei Wettbewerbern und Kunden kurbeln die Nachfrage nach Investitionsgütern und später nach Konsumgütern an. Die Rahmenbedingungen – Preisniveau und Zinsniveau – sind optimal für die Umsetzung größerer Anschaffungen. Neukundengewinnung muss oberstes Ziel im Verkauf sein.

■ Phase der Hochkonjunktur (evtl. „Boom")

Die Investitionsbereitschaft der Unternehmen lässt nach. Bei ausgelasteten Kapazitäten können Unternehmen die lukrativen Aufträge favorisieren. In der Folge steigen die Preise. Wer bei noch deutlich sinkenden Arbeitslosenzahlen und kräftiger Konsumgüternachfrage Neukunden binden kann, ist für die kommende Abschwungphase gut aufgestellt.

■ Phase des Abschwungs (evtl. Rezession)

Negative (wirtschaftliche) Zukunftserwartungen lassen die Investitionsgüternachfrage und später auch die Konsumgüternachfrage sinken. Es entstehen Überkapazitäten, die Arbeitslosigkeit steigt. Der Wettbewerb wird intensiver. Die Unternehmen, die in den vergangenen Phasen ihren Kundenstamm erweitern und binden konnten, sind nun die „Gewinner".

■ Phase des Tiefstandes (evtl. Depression)

„Survival oft the fittest", heißt die Devise. Bei schwacher Nachfrage nach Investitions- und Konsumgütern müssen Überkapazitäten abgebaut werden. Gewinne bleiben aus. Es drohen Insolvenzen. Wer es sich leisten kann, bindet Kunden je nach Branche mit deutlichen Zugeständnissen in der Preis- und Konditionenpolitik oder überzeugt z. B. mit technischen Neuerungen in der Produktpolitik.

2.4 Zusammenfassung und Aufgaben

Zusammenfassung

Gegenstand der Marktforschung
Marktforschung ist die **systematische Sammlung, Analyse und Interpretation von Daten** über Märkte **mit wissenschaftlichen Methoden** zum Zweck der Informationsgewinnung für Marketingentscheidungen.

Marktforschungsprozess:

- Problemformulierung	→ Fragestellung, die durch die Marktforschung beantwortet werden soll
- Wahl des Untersuchungsdesigns	→ Festlegungen zum Konzept der Untersuchung
- Datenerhebung	→ Durchführung der Erhebung
- Datenauswertung	→ Aufbereitung der Daten und aussagekräftige Darstellung
- Ergebnisinterpretation	→ Analyse der Ergebnisse im Hinblick auf die Fragestellung
- Kommunikation der Ergebnisse	→ Darstellung der Ergebnisse für Entscheider

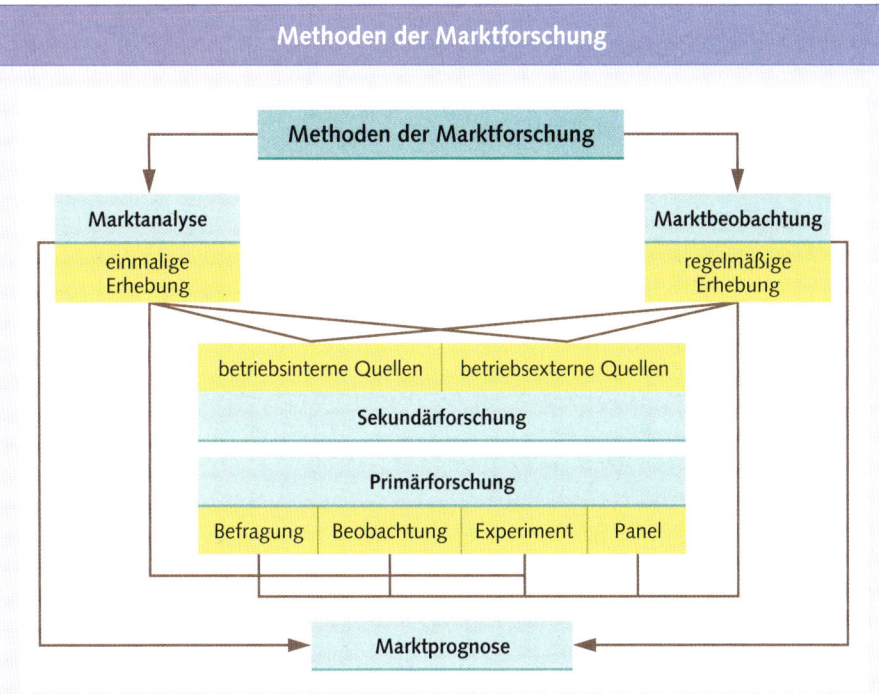

Sekundärforschung: Analyse von **bereits vorhandenem Datenmaterial** aus

- **internen Quellen** (z. B. Angebotsstatistik, Kostenberechnungen, Messeberichte)

- und/oder **externen Quellen** (z. B. statistisches Jahrbuch, Testberichte).

Primärforschung: Erhebung neuer Daten

Arten der Datenerhebung		
Bezugszeitraum	**Umfang**	**Forschungsmethode**
• einmalig/punktuell • regelmäßig/periodisch	• Vollerhebung • Teilerhebung	• qualitativ • quantitativ

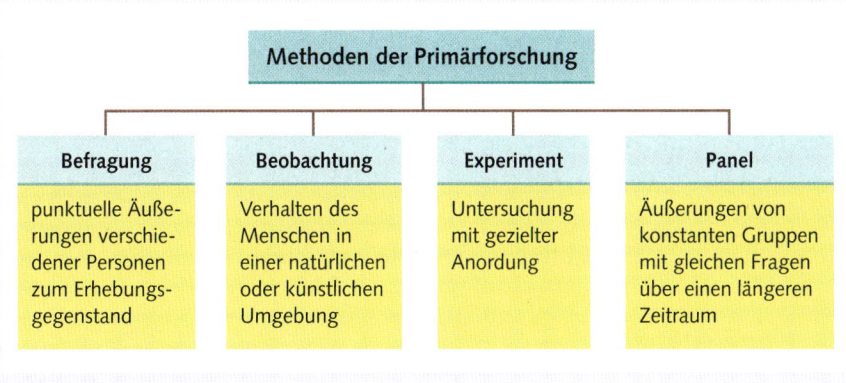

Formen der Befragung:

- mündlich
- schriftlich
- telefonisch
- online

Formen der Beobachtung:

- Feldbeobachtung
- Laborbeobachtung

Vor- und Nachteile von Sekundär- und Primärforschung		
	Sekundärforschung	Primärforschung
Vorteil	• kostengünstig • zeitsparend	• aktuelle Daten • passend zu individueller Fragestellung
Nachteil	• ggf. veraltete Daten • nicht ganz passgenaue Daten	• aufwändig • kostenintensiv

Erstellung eines Fragebogens

Checkliste:

- Ziele der Befragung festlegen (z. B. Kundenzufriedenheit feststellen)
- Teilnehmer auswählen (z. B. Stammkunden)
- Erhebungsumfang bestimmen (z. B. zufällige Auswahl von 20 % aller Stammkunden)
- Fragebogendesign planen (z. B. Kombination von offenen und geschlossenen Fragen, Skalierung, Antwortmöglichkeiten, Layout)
- Fragen entwerfen

Aufbau:

- freundliche Aufforderung (Anrede) potenzieller Teilnehmer zur Teilnahme mit Angabe der benötigten Zeit
- Ziele des Fragebogens
- Erläuterungen zur Bearbeitung (ggf. Rücksendetermin)
- Hinweis auf Geheimhaltung der Daten
- Verwendung der Auswertung
- Dank für die Teilnahme

Fragetypen:

- offene Fragen
- halboffene Fragen
- geschlossene Fragen

Darstellungsmöglichkeiten:

- Tabelle
- Skala
- Polaritätsprofil
- Rangliste

Datenauswertung und Darstellung der Marktforschungsdaten

Aufbereitung der Daten und aussagekräftige Darstellung, z. B.:

- Übertragung in EDV-gestützte Programme
- Darstellung in Diagrammen, Schaubildern
- Aufbereitung in Marktforschungsberichten und Präsentationen

Beispiele für Diagramme:

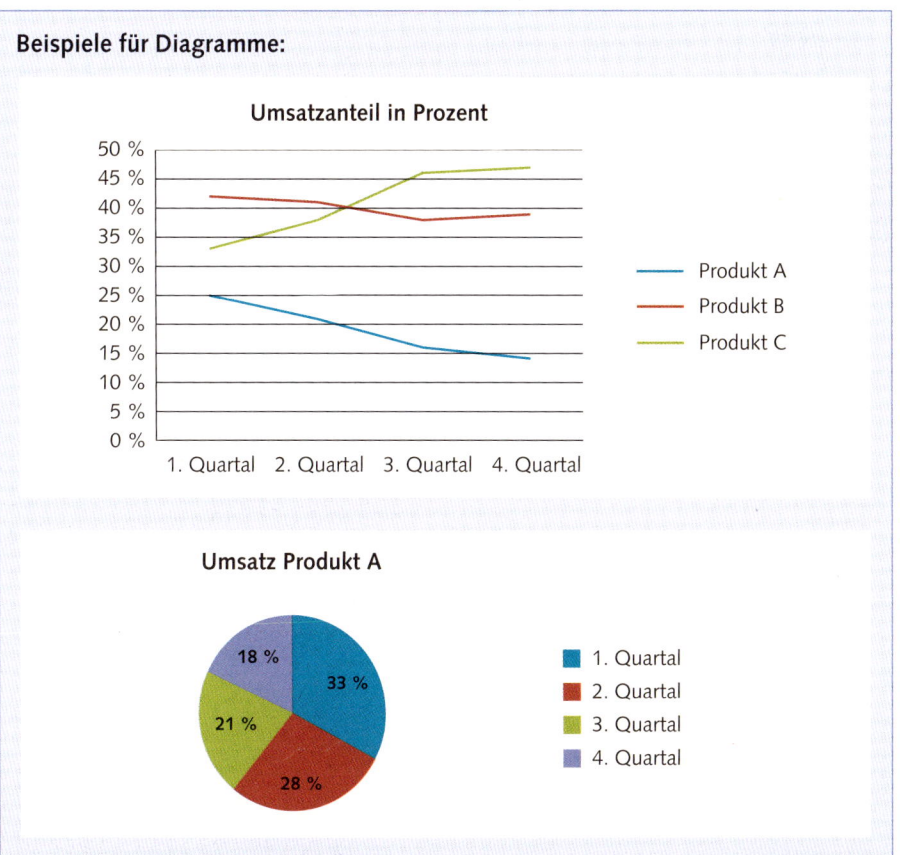

Umsatzanteil in Prozent

- Produkt A
- Produkt B
- Produkt C

1. Quartal 2. Quartal 3. Quartal 4. Quartal

Umsatz Produkt A

- 18 %
- 33 %
- 28 %
- 21 %

- 1. Quartal
- 2. Quartal
- 3. Quartal
- 4. Quartal

Konjunktur – Phasen des Konjunkturzyklus

Konjunktur beschreibt die Schwankungen der allgemeinen wirtschaftlichen Entwicklung. Daraus lässt sich ein Trend erkennen – der langfristige Wachstumspfad der Volkswirtschaft.

Konjunkturphasen:

Phase des **Aufschwungs** (Expansion)

Das reale Bruttoinlandsprodukt wächst zunächst überproportional, später weniger stark.

Phase der **Hochkonjunktur** (evtl. „Boom")

Das reale Bruttoinlandsprodukt wächst zunächst noch, erreicht den oberen Wendepunkt und beginnt zu fallen.

Phase des **Abschwungs** (evtl. Rezession)

Das reale Bruttoinlandsprodukt fällt zunächst überproportional, später weniger stark.

Phase des **Tiefstands** (evtl. Depression)

Das reale Bruttoinlandsprodukt erreicht seinen unteren Wendepunkt und beginnt im Idealfall, wieder zu steigen.

1. Prüfen Sie folgende Aussagen auf ihre Richtigkeit. Die Antwort ist jeweils zu begründen.

   (1) Marktforschung bezieht sich ausschließlich auf die systematische Sammlung von Kundendaten.

   (2) Nach der Datenerhebung und Datenauswertung endet regelmäßig der Marktforschungsprozess.

   (3) Die Begriffe „Marktforschung" und „Markterkundung" sind gleichbedeutend.

   (4) Marktforschung als Sekundärforschung bezieht sich auf betriebsinterne Quellen.

   (5) Nur wenn Quellen der Sekundärforschung nicht vorhanden sind oder nicht ausreichen, ist eine Primärforschung notwendig, um die Marktforschungsaufgabe zu lösen.

   (6) Telefonische Befragungen, die Werbezwecken dienen, sind grundsätzlich unzulässig, wenn keine Vertragsbeziehung besteht.

   (7) Eine Beobachtung zu Marktforschungszwecken im Supermarkt bezeichnet man als Feldforschung.

   (8) Im Experiment können Ursache-Wirkungszusammenhänge durch Einflussnahme auf die abhängige Variable aufgedeckt werden.

   (9) Das Erforschen von Fernsehgewohnheiten kann als Panel bezeichnet werden.

   (10) Befragungen mit geschlossenen Fragen sollten immer eine ungerade Anzahl von Antwortmöglichkeiten haben.

   (11) Die Konjunktur folgt immer genau dem langfristigen Wachstumspfad.

   (12) In der Phase des Aufschwungs steigt die Nachfrage nach Investitionsgütern.

2. Unterscheiden Sie „Marktanalyse" und „Marktbeobachtung".

3. Erläutern Sie, warum man die Sekundärforschung auch als „Desk-Research" bezeichnet.

4. a) Unterscheiden Sie die Arten der Datenerhebung nach dem Umfang.

   b) Beschreiben Sie jeweils ein Anwendungsbeispiel.

5. Ordnen Sie folgende Sachverhalte den Methoden der Primärforschung zu:
   - Eine Fernsehforschung umfasst im Jahr 5 500 repräsentativ ausgewählte deutsche Haushalte mit rund 12 000 Personen.
   - Eine Supermarkt-Kette testet die Auswirkungen einer Preissenkung bei Milchprodukten auf die Nachfrage.
   - Ein Einzelhändler erfasst das Kaufverhalten an der Kasse bei „Quengelware".
   - Ein Call-Center ermittelt die Kundenzufriedenheit für ein Zeitschriftenabonnement.

6. Ein Getränkehersteller hat sich im Zusammenhang mit einer Sortimentserweiterung für die Sekundärforschung und nicht für die Primärforschung entschieden.

   a) Erklären Sie mögliche Gründe, die zur Entscheidung für die Sekundärforschung geführt haben.

b) Erläutern Sie im Rahmen der Sekundärforschung zwei Möglichkeiten, mit denen festgestellt werden kann, ob das neue Produkt Marktchancen hat.

7. a) Formulieren Sie zwei geschlossene und eine offene Frage zur Beurteilung des Schwierigkeitsgrades und des Zeitumfangs einer Klassenarbeit.

   b) Führen Sie die Befragung für eine Klassenarbeit durch und stellen Sie das Ergebnis aussagekräftig in einem Diagramm dar.

8. Im Rahmen eines Wahlkurses sind Schülerinnen und Schüler als „Mitarbeiter" im Weltladen ihrer Schule tätig. Sie haben die Aufgabe, den jährlich stattfindenden Marktforschungsprozess vorzubereiten. Dabei geht es insbesondere um das Erscheinungsbild und um das Produktangebot des Weltladens. Konkretisieren Sie dazu die folgenden Schritte des Marktforschungsprozesses:
   - Problemformulierung,
   - Wahl des Untersuchungsdesigns,
   - Datenerhebung,
   - Ergebnisinterpretation,
   - Kommunikation der Ergebnisse.

9. Ein Geschmackstest für Soft-Drinks wird mit Personen unterschiedlichen Geschlechts und unterschiedlicher Altersgruppen durchgeführt.
   Stellen Sie die folgende Verteilung der Testpersonen anschaulich in unterschiedlichen Diagrammen dar:

Alter (Jahre)	16 – 25	26 – 35	36 – 45	46 – 55	56 – 65	66 – 75
männlich	80	140	90	105	70	40
weiblich	120	110	80	90	60	40
gesamt	200	250	170	195	130	80

10. Definieren Sie den Begriff Konjunktur.

11. Für welche Konjunkturphase sind die folgenden Merkmalsausprägungen typisch?
    a) hoher Beschäftigungsstand, stark steigende Löhne, hohe Konsumgüternachfrage
    b) steigende Auftragszahlen, zunehmende Kapazitätsauslastung, steigende Unternehmensgewinne bei recht stabilen Preisen
    c) optimistische Stimmung verbreitet sich, Güternachfrage steigt, BIP nimmt deutlich zu
    d) pessimistische Stimmung verbreitet sich, Investitionsneigung nimmt ab
    e) sehr hohe Arbeitslosigkeit, Verluste bei Unternehmen verbreitet, Zahl der Insolvenzen hoch
    f) Preis- und Zinsniveau sind hoch, Wachstumsraten des realen Bruttoinlandsproduktes nehmen ab
    g) Verschlechterung der Auftragslage und sinkende Kapazitätsauslastung, Arbeitslosigkeit nimmt zu
    h) Preise stabil bis rückläufig, Zinsen niedrig, Güternachfrage verharrt auf geringem Niveau

3   Marketinginstrumente[1] einsetzen

©waldemarus - stock.adobe.com

Für ein erfolgreiches Marketing ist ein Zusammenspiel sehr vieler verschiedener Maßnahmen nötig. Um ihre Marketingziele zu erreichen, setzen Unternehmen unterschiedliche Marketinginstrumente ein.

Dabei umfasst jedes der vier Marketinginstrumente wiederum Teilbereiche, die sinnvoll aufeinander abgestimmt werden müssen:

©RTimages-fotolia.com

Marketinginstrumente			
Produktpolitik	**Preispolitik**	**Kommunikations-politik**	**Distributions-politik**
• Produktpolitik • Sortiments-politik • Servicepolitik	• Preispolitik • Konditionen-politik	• Werbung • Verkaufs-förderung • Öffentlichkeits-arbeit	• Vertriebs-systeme • Absatzwege • Absatzformen

3.1   Produkt-, Sortiments- und Servicepolitik

©momius-fotolia.com

Neue Produkte und Produktvielfalt sind kennzeichnende Merkmale moderner Märkte. Was als neues Produkt bezeichnet werden kann, bestimmt der Markt, das heißt: Neu ist, was Verbraucher als neu akzeptieren. Auf gesättigten Märkten wird es immer schwieriger, im Wettbewerb um die Gunst des Kunden zu bestehen. Aufbauend auf den Erkenntnissen der Marktforschung werden Produkte und Leistungsangebote mit dem Ziel entwickelt, die Kundenbedürfnisse möglichst genau und umfassend zu befriedigen, um daraus Gewinn zu ziehen.

Merke

> Die **Produkt-, Sortiments- und Servicepolitik** umfasst alle Maßnahmen eines Unternehmens, das gesamte Angebot marktgerecht zu gestalten.

Maßnahmen und Entscheidungen im Rahmen der Produkt-, Sortiments- und Servicepolitik wirken sich auf die anderen Bereiche des Unternehmens aus: Sie haben z. B. wesentlichen Einfluss auf den Umsatz, die Kosten und die Wettbewerbsfähigkeit. Das Risiko hoher Verluste kann durch eine gute Produkt-, Sortiments- und Servicepolitik gemindert werden. In der Regel ist das Image des Unternehmens vom Markterfolg seiner Produkte abhängig.

An die Stelle der Produktpolitik und der Gestaltung des Absatzprogramms bei Industrieunternehmen tritt bei Handelsunternehmen die Sortimentspolitik, für die gleiche Überlegungen angestellt werden müssen. Für Hersteller wie für Händler gewinnen Serviceleistungen (Kundendienst) eine immer größere Bedeutung.

---

[1] Für einen vollständigen Überblick werden im folgenden Kapitel auch die Marketinginstrumente „Produktpolitik" und „Distributionspolitik" dargestellt. Sie sind aber derzeit nicht Gegenstand des Rahmenlehrplans.

3.1.1 Produktpolitik

Die Produkte und ihre Zusammenstellung in einem Produkt- oder Absatzprogramm müssen den sich ständig wandelnden Umweltbedingungen –
insbesondere Marktbedingungen – angepasst werden, wenn die Unternehmensziele erreicht werden sollen. Für die Produktpolitik stellt sich als
zentrale Frage, **ob, wann** und **in welcher Weise** Produkte bzw. das Absatzprogramm verändert werden sollen.

Merke

Unter **Produktpolitik** versteht man
die marktgerechte **Entwicklung**
und **Veränderung von Produkten.**

■ Produktgestaltung

Die Ergebnisse der Marktforschung können Hinweise auf die optimale
Gestaltung eines Produktes geben. Einerseits sind die Bedürfnisse der
Zielgruppe, die durch den Konsum oder Gebrauch an sich resultieren, zu
befriedigen, andererseits auch die Bedürfnisse, die sich aus der Bedeutung, der Symbolträchtigkeit, der Marke eines Produktes ergeben. Im
Kern muss bei der Gestaltung eines Produktes der **Grundnutzen** erkennbar sein, der im Normalfall vom Käufer erwartet wird.

Da sich heutzutage viele Produkte hinsichtlich der Funktions- und Ge-
brauchseigenschaften (Grundnutzen) kaum unterscheiden, ist für den
Markterfolg eines Produktes insbesondere der **Zusatznutzen,** (z. B. besondere Eigenschaften, Qualität, Image) von Bedeutung. Entscheidend ist
dabei die subjektive Wahrnehmung des Konsumenten.

Beispiel

Der **Grundnutzen** von Bio-Produkten liegt im Konsum von z. B. Gemü-
se und Früchten. Qualität, Unterstützung naturnaher Landwirtschaft
und insbesondere der Aspekt einer gesunden Ernährung könnten als
Zusatznutzen wahrgenommen werden.

Neben den zwingend erforderlichen Produkteigenschaften in der gewünschten **Qualität** zeigt sich der Wert eines Produktes in der Wahrnehmung der Kunden insbesondere
auch in der Gestaltung der Produktumgebung. Kein noch so qualitativ hochwertiges
Produkt wird ohne ein gelungenes **Design** (z. B. Form und Farbe), eine starke **Marke**
(z. B. Name, Symbol, Logo) und eine werbewirksame **Verpackung** erfolgreich sein.

Qualität

Die **Qualität** eines Produktes wird durch Merkmale festgelegt, die Anforderungen, Bedürfnisse und Erwartungen des Konsumenten widerspiegeln. Dazu zählen z. B.:

→ Verarbeitung,

→ Ausstattung,

→ Zusammensetzung,

→ Jahrgang,

→ Umweltfreundlichkeit,

→ Lieferfähigkeit,

→ Beratung,

→ Verwendbarkeit,

→ Lebensdauer,

→ Herkunft,

→ Güteklasse,

→ Sicherheit,

→ Zuverlässigkeit,

→ Servicequalität.

©www.bundesdesignpreis.de

Design

Das **Design** eines Produktes hat die Aufgabe, durch gefälliges Äußeres die Kaufbereitschaft des Verbrauchers zu beeinflussen. Design macht das Produkt erst marktfähig und grenzt es von der Konkurrenz ab. Bei der Gestaltung eines Produktdesigns sind vielfältige produktions- und kundenbezogene Anforderungen zu beachten, wie z. B.

→ Produktionsmöglichkeiten, → Kostenaspekte,
→ Funktionalität, → Benutzerfreundlichkeit,
→ Ästhetik, → Ergonomie.

Marke

§ 3 MarkenG

Beispiele für Eigenmarken:
- TIP (Real)
- GUT & GÜNSTIG (EDEKA)
- ja! (REWE)
- Balea (dm)

Die **Marke** (engl. brand) ist der Name eines Produktes in Verbindung mit allen Kennzeichen (z. B. Logo, Symbol, Abbildungen, Zeichen), die geeignet sind, die eigenen Produkte von denjenigen anderer Unternehmen zu unterscheiden. Die Marke kann auch das gesamte Unternehmen sein (z. B. Unternehmen: VW; Produkt: Golf). Mit der Marke profiliert sich der Anbieter am Markt; sie löst beim Konsumenten bestenfalls positive Reaktionen wie Vertrauen, Verbundenheit und positives Lebensgefühl aus. Sie trägt dazu bei, dass der Kunde der Marke treu bleibt, und verschafft dem Anbieter einen preispolitischen Spielraum. Mit gut positionierten **Eigenmarken** (Handelsmarken) zu häufig deutlich niedrigeren Preisen als große **Herstellermarken** heben sich Handelsunternehmen von der Konkurrenz ab.

Beispiel

© DB AG,
EDEKA Zentrale AG & Co. KG,
Deutsche Telekom

> **Bekannte Marken mit Kennzeichen:** Mercedes-Stern, Gelb-Rot der DHL, Flaschenform und Schriftzug von Coca-Cola, Streifen von Adidas, T der Telekom, Logo DB der Deutschen Bahn, Logo E von EDEKA, angebissener Apfel von Apple.

Die Entwicklung einer Marke wird als **Branding** bezeichnet. Mit der Wertschätzung eines Brands sind z. B. folgende Leistungsmerkmale verbunden:

→ Aufmachung, → Qualität,
→ Bekanntheitsgrad, → Prestige,
→ Kultstatus, → Werthaltung,
→ Internationalität, → Trend.

Best Global Brands 2019: Rang 1: Apple – Rang 10: Disney

Quelle: Stern.de, 30. September 2019
© Apple, Google, Coca-Cola Deutschland, IBM Deutschland, Microsoft Deutschland, GE Germany, McDonald's Deutschland Inc., Intel, Toyota

Verpackung

Der **Verpackung** kommt eine besondere Bedeutung zu. Sie kann unterteilt werden in die eigentliche **Verpackung als Behältnis,** in **werbende Umverpackung** und in schützende **Transportverpackung.** Oft lassen sich alle drei Funktionen auf ein Behältnis reduzieren. Dies entspricht der ökologischen Forderung nach Müllvermeidung. Die Verpackung muss sowohl den Anforderungen des Handels als auch der Verbraucher sowie den rechtlichen Bestimmungen genügen. Außerdem dient die Verpackung als Fläche für gesetzlich vorgeschriebene und ggf. darüber hinausgehende Produktkennzeichnung und Produktinformation; nicht zuletzt beeinflusst sie die Imagebildung.

©Picture-Factory-fotolia.com

Ziel der Verpackungspolitik ist es, die Aufmerksamkeit der Konsumenten auf das Produkt zu lenken, Bedürfnisse zu wecken und zum Kauf anzuregen. Die Verpackung muss die Marke repräsentieren.

Gestaltungsgesichtspunkte sind z. B.:

→ bedarfsgerechte Einheiten,

→ Funktionalität,

→ Sicherheit,

→ Haltbarkeit,

→ Originalität,

→ Lagerfähigkeit,

→ Transportfähigkeit,

→ Ökologie,

→ Präsentationswirkung,

→ Emotionalität.

■ Produktlebenszyklus

Neue Produkte werden entwickelt und in das Absatzprogramm aufgenommen; vorhandene Produkte werden gezielt verändert (erneuert), gegebenenfalls aber auch aus dem Absatzprogramm genommen. Produkte haben offenbar eine begrenzte „Lebensdauer" am Markt. Diese kann relativ lang sein und eher langsamen Änderungen unterliegen (z. B. eine Reihe von Investitionsgütern oder Medikamenten) oder aber grundsätzlich kurz und auf schnelle Veränderung angelegt sein (z. B. Modeartikel).

Beispiel

Produktlebenszyklus

Golf I	1974 – 1983
Golf II	1983 – 1991
Golf III	1991 – 1997
Golf IV	1997 – 2003
Golf V	2003 – 2008
Golf VI	2008 – 2012
Golf VII	2012 – 2019
Golf VIII	seit 2019

©Volkswagen Aktiengesellschaft

Das **Modell des Produktlebenszyklus** stellt die Entwicklung des mit einem Produkt zu erzielenden **Umsatzes** bzw. **Umsatzzuwachses** und **Gewinns** dar. Dabei werden typische Phasen unterschieden, denen man Maßnahmen der Produktpolitik zuordnen kann.

Der Verlauf dieses Produktlebenszyklus hat **Modellcharakter.** In der Wirtschaftswirklichkeit hat jedes Produkt seinen individuellen „Lebenslauf". Die Phasen können unterschiedlich lang sein; einige Produkte durchlaufen nicht alle Phasen, weil sie frühzeitig vom Markt genommen werden müssen.

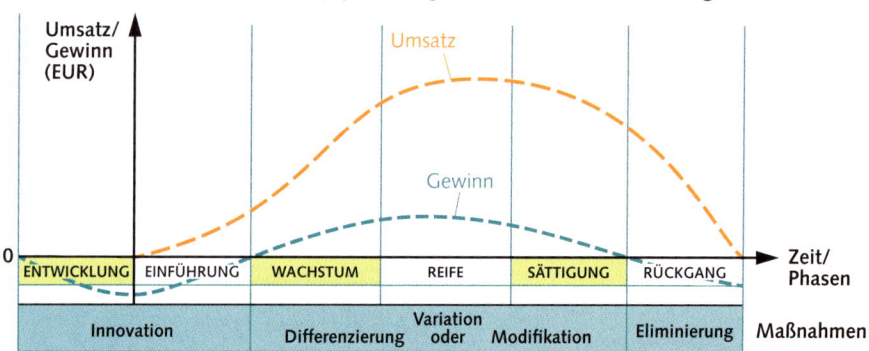

Produktlebenszyklus in grafischer Modelldarstellung

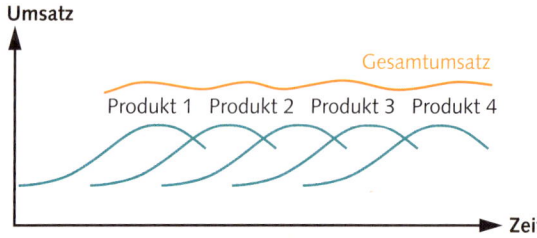

Produkte werden so frühzeitig und grundlegend differenziert, dass die Produktlebenszyklen ineinander übergehen oder sich überlappen, damit Umsatz bzw. Gewinn auf hohem Niveau annähernd gleich bleiben können (z. B. Golf I – Golf VIII). Außerdem beziehen sich die Maßnahmen der Produktpolitik nicht nur auf einzelne Produkte, sondern beeinflussen das gesamte Angebot des Unternehmens. (z. B. Polo, Golf, Passat, Tiguan).

Produktlebenszyklus in verbal-schematischer Darstellung	
Phasen	**Maßnahmen**
Einführungsphase Die Bearbeitung von Kaufwiderständen steht im Vordergrund. Die Umsätze sind noch gering, aber steigend. Gewinne werden noch nicht erzielt.	**Produktinnovation** Neue Produkte werden am Markt eingeführt. Gegebenenfalls sind „Kinderkrankheiten" abzustellen.
Wachstumsphase Die Nachfrage verstärkt sich, die Umsätze steigen stark, Gewinne erreichen das Maximum.	**Produktvariation** Veränderungen des Produkts werden vorgenommen, um das Produkt unterscheidbar zu machen gegenüber der Konkurrenz und im eigenen Angebot.
Reifephase Bei gesicherter Marktstellung steigt der Umsatz langsamer und strebt dem Maximum zu; der Gewinn nimmt ab.	• Produktmodifikationen und • Produktdifferenzierungen werden vorgenommen.
Sättigungsphase Der Umsatz sinkt, der Gewinn geht weiter zurück bis zum Eintritt in die Verlustzone.	(Überlegungen zur Produktdiversifikation sind angebracht.)
Rückgangsphase Die Umsätze sinken weiter; bleibt das Produkt auf dem Markt, entstehen Verluste.	**Produkteliminierung** Das Produkt wird aus dem Produktionsprogramm genommen.

■ Portfolio-Matrix

Eng an das Produktlebenszyklus-Modell angelehnt ist die **Portfolio-Matrix** der Boston-Consulting-Group. Diese Portfolio-Matrix stellt eine ausgewählte, unter Marketing-gesichtspunkten interessante Produktpalette in Abhängigkeit vom Marktwachstum und ihrem relativen Marktanteil grafisch dar. Dabei wird unterstellt, dass beide Größen Auskunft über die Marktchancen der Produkte geben können: Zeigt der Gesamtmarkt, in dem dieses Produkt angesiedelt ist, ein hohes Marktwachstum, so steigt die Chance, dass das konkrete Produkt eines Unternehmens an diesem Marktwachstum teilhaben kann. Der **relative Marktanteil** (Verhältnis des eigenen Marktanteils zu dem des größten Konkurrenten) soll Auskunft darüber geben, inwieweit durch einen Vorsprung an Erfahrung und eine bereits überdurchschnittliche Marktpräsenz ein Kosten-vorteil (und damit ein vermehrter Gewinn- und Geldzu-fluss) zu erwarten ist. Marktführer ist, wer einen relativen Marktanteil > 1 besitzt. Die **Kreisgröße** symbolisiert den Umsatz, der mit dem einzelnen Produkt erreicht wird.

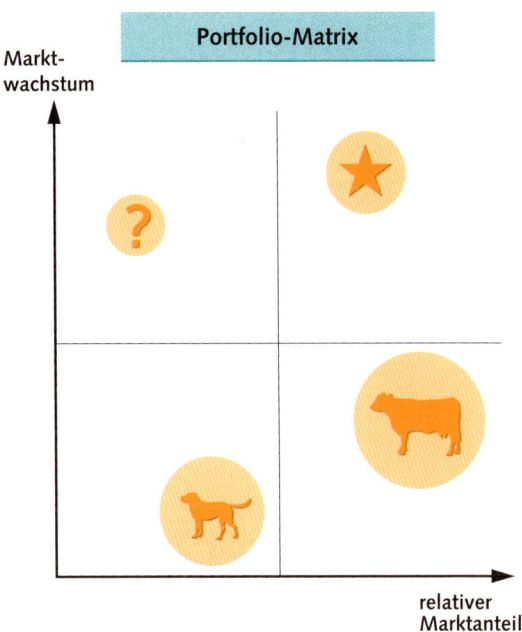

Markt-wachstum

Portfolio-Matrix

relativer Marktanteil

Die Felder dieser Matrix lassen sich folgendermaßen charakterisieren:

Fragezeichen (Question Marks)	**Sterne (Stars)**
Fragezeichen sind potenzielle **Nach-wuchsprodukte,** die auf einem schnell wachsenden Markt (hohes Marktwachs-tum) derzeit einen (noch) geringen re-lativen Marktanteil ausmachen. Zur Er-reichung eines hohen Marktanteils sind **erhebliche Investitionen** in das Marke-ting erforderlich; ein Unternehmen kann also nur wenige Fragezeichen **fördern**; die anderen sind zügig zu **eliminieren**.	Sterne werden auch als **Zukunftsprodukte** bezeichnet, da sie auf einem schnell wach-senden Markt bereits einen hohen relati-ven Marktanteil besitzen. Sie werfen **Ge-winne** ab und sollten zur Sicherung des Unternehmenswachstums ausgebaut bzw. mindestens gehalten werden. Dazu ist es i. d. R. erforderlich, in sie zu **investieren**.
Arme Hunde (Poor Dogs)	**Milchkühe (Cash Cows)**
Arme Hunde als alte Produkte auf Märkten ohne Wachstumschancen und ohne nennenswerten Marktanteil sind **Schwachstellen** eines Unternehmens. Investitionen lohnen nicht mehr, die Pro-dukte sollten grundsätzlich vom Markt genommen (eliminiert) werden. Bei dieser Entscheidung ist aber zu beachten, wel-chen Umsatz das Produkt noch erzielt und wie hoch der Deckungsbeitrag (vgl. Lernfeld 10) ist.	Milchkühe finden sich in Märkten mit ge-ringem Wachstum, in denen das Unter-nehmen einen hohen relativen Marktanteil besitzt. Entsprechend sind diese **Basispro-dukte** im Markt bekannt, **Investitionen** in das Marketing können geringgehalten werden und wären aufgrund der geringen Wachstumschancen auch **nicht lohnens-wert**. Die **finanziellen Überschüsse,** die diese Milchkühe abwerfen, können zur weiteren allgemeinen Entwicklung des Un-ternehmens genutzt werden.

Merke

relativer Marktanteil

$$= \frac{\text{eigener Marktanteil}}{\text{Marktanteil größter Konkurrent}}$$

Tipp

Marktwachstum (= unternehmensexter-ner Erfolgsfaktor)
→ Das Marktvolumen vergrößert sich. Der **Gesamtmarkt/Gesamt-umsatz wächst.**

relativer Marktanteil (= unternehmensinter-ner Erfolgsfaktor)
→ Das **einzelne Unter-nehmen** ist mit die-sem Produkt **stärker/ schwächer** am Markt vertreten als seine Konkurrenten.

■ Maßnahmen der Produktpolitik

Produktinnovation

Merke

Unter **Produktinnovation** versteht man die Entwicklung von Produkten und ihre Neueinführung auf dem Markt.

Untersuchungen zeigen, dass Umsatz- und Gewinnzuwächse häufig nur noch mit neuen oder neu gestalteten Produkten zu erzielen sind, die den Kundenbedürfnissen entsprechen. Deshalb ist die Entwicklung neuer Produkte für das Unternehmenswachstum und die Sicherung der Position im Wettbewerb von großer Bedeutung.

Anstöße zu produktpolitischen Maßnahmen können sich z. B. ergeben aus:

©fotodo-fotolia.com

→ Änderungen in der Zusammensetzung und der Zahl der Nachfrager oder Änderungen der Verbrauchergewohnheiten, des Geschmacks und des Bedarfs,

→ Maßnahmen der Konkurrenz,

→ vorhandenen oder drohenden Schwankungen der Wirtschaftsentwicklung,

→ fortschreitender technischer und gesellschaftlicher Entwicklung sowie Änderungen rechtlicher Regelungen.

Die Produktentwicklung unterscheidet zwischen der **technischen Entwicklung** und der **Entwicklung der Produktgestaltung** (z. B. Form, Farbe, Verpackung). Die technische Entwicklung ist nicht nur auf die einwandfreie Funktionsfähigkeit des Produktes gerichtet, sondern auch auf eine Verbesserung von Verwendbarkeit und Lebensdauer als Qualitätsmerkmale. Die Produktgestaltung bezieht sich auf die Festlegung von z. B. Form, Farbe, Namen, Verpackung.

Beispiel

©SG-design-fotolia.com

Erwartbare Produktinnovationen bei Smartphones:
- Rundum-Display oder faltbares Display
- Augmented Reality Anwendungen

Bei der **Produktentwicklung** ist zu klären:

→ Welche materiellen, technischen, gestalterischen und ökologischen Eigenschaften soll ein Produkt haben?

→ Soll das neue Produkt sich mehr oder weniger an schon vorhandene eigene oder fremde Produkte anlehnen oder sich deutlich davon unterscheiden?

→ Wird das Produkt einer überschaubar kleinen Gruppe von Spezialkunden angeboten oder muss es die Wünsche einer möglichst breiten Käuferschicht erfüllen?

→ Soll das Produkt nur einmal oder in einer Vielzahl von Ausführungen (Typen, Qualitäten, Größen, Mustern, Farben und Formen) produziert und verkauft werden?

Produktvariation als Modifikation oder Differenzierung

Merke

Produktvariation umfasst **alle Veränderungen der Produkte,** die zur Anpassung an den Markt vorgenommen werden.

Beispiel

Ein Automobilhersteller bietet ein Auto der Kompaktklasse mit einem Sonderausstattungspaket an, z. B. mit Leichtmetallrädern und Fahrkomfortpaket.

Die Produktvariation kann das Ausgangsprodukt ersetzen oder die Produktlinie bereichern.

→ Durch **Produktmodifikation** entsteht eine Variante, die das ursprüngliche Produkt ersetzt (z. B. „Nachfolgetyp" bei Automobilen).

→ Bei Varianten des Ausgangsprodukts, die nebeneinander bestehen, handelt es sich um **Produktdifferenzierung** (z. B. ein Kfz-Typ kommt nach einiger Zeit auch mit Elektromotor, als Cabrio, in Sonderausstattungsversionen auf den Markt).

Alle Maßnahmen dienen insbesondere dazu, die Produkte unterscheidbar zu machen – gegenüber Konkurrenzprodukten oder eigenen früheren Produkten beziehungsweise im Hinblick auf unterschiedliche Zielgruppen/Verwendungssituationen. Produktvariationen dienen dem Zweck, das Produkt den gewandelten Kundenanforderungen anzupassen. Modeprodukte unterliegen dementsprechend einer besonders schnellen Variation. Umfangreiche Produktvariationen, die i. d. R. zu einer Verlängerung des Produktlebenszyklus führen, bezeichnet man auch als **Relaunch.**

**Für alle, die mehr wollen.
Die CUP Sondermodelle.**

©Volkswagen Aktiengesellschaft

Umsatz

Relaunch

Zeit

Produkteliminierung

Wenn – gegebenenfalls trotz aufwändiger Marketingaktivitäten, z. B. durch Produktveränderungen und Werbeanstrengungen – Produkte nur noch in geringem Umfang (z. B. sinkender Umsatz, sinkender Marktanteil) verkauft werden können, sind sie veraltet. Aufgabe ist es dann, möglichst früh den Zeitpunkt zu erkennen, zu dem das Produkt vom Markt genommen werden muss, um drohende Verluste zu vermeiden.

Hier schließt sich der Kreis, denn spätestens zu diesem – besser zu einem früheren – Zeitpunkt müssen über Produktinnovation marktfähige Produkte zur Verfügung stehen.

Merke

Unter **Produkteliminierung** versteht man die **Herausnahme von Produkten** aus dem Angebotsprogramm.

LERNFELD 5

©stockphoto-graf-fotolia.com

Beispiel

Analoge Fotoapparate mit fotografischen Filmen finden im Prinzip keine Käufer mehr und sind fast vollständig durch Digitalkameras ersetzt.

Merke

Als **Produktdiversifikation** wird die gezielte **Ausweitung der Produktpalette um andersartige Produkte** auf verwandten oder neuen Märkten bezeichnet.

Produktdiversifikation

Die Produktdiversifikation bemüht sich nicht um Sortenvielfalt (Produktdifferenzierung), sondern um die Ausweitung des Leistungsprogramms durch **Artenvielfalt.** Es werden andersartige Produkte in das Produktangebot aufgenommen, die mit dem bisherigen Programm mehr oder weniger in Zusammenhang stehen. Dabei können die gleichen Absatzwege auf schon beschickten Märkten genutzt werden oder das Unternehmen beschreitet neue Absatzwege auf neuen Märkten. Durch die Ausweitung der angebotenen Produktpalette soll das Marktrisiko gesenkt werden.

Die Diversifikation kann auf drei Ebenen vorgenommen werden:

→ Aktivität auf gleicher Ebene = **horizontale Diversifikation:** Erweiterung des Leistungsprogramms durch Produkte, die in einem unmittelbaren Zusammenhang mit dem bisherigen Produktionsprogramm stehen (z. B. Konfitüre/Honig, Fahrräder/Spinning-Räder),

→ Aktivität auf vor- oder nachgelagerten Ebenen = **vertikale Diversifikation:** Integration vor- und/oder nachgelagerter Produkte in das Produktionsprogramm (z. B. Bekleidungsstoffe/Konfektion oder Forstwirtschaft/Möbelfabrik/Möbelhaus),

→ Aktivität auf zuvor nicht bearbeiteten Ebenen = **laterale Diversifikation:** Neue Produkte, die nicht unmittelbar in einem Zusammenhang mit dem bisherigen Leistungsprogramm stehen, werden in das Produktionsprogramm aufgenommen. Die Vermarktung dieser Produkte geschieht auf bisher nicht beschickten, neuen Märkten (z. B. Konfektion/Parfum, Zigaretten/Schuhe).

DR. AUGUST OETKER KG

OETKER-GRUPPE

Quelle: oetker-gruppe.de

GESCHÄFTSBEREICHE
Nahrungsmittel

Alles über die Dr. Oetker Markenartikel, den Dr. Oetker Food Service, die Martin Braun-Gruppe und das FrischeParadies. > mehr

GESCHÄFTSBEREICHE
Sekt, Wein und Spirituosen

Die Henkell & Co.-Gruppe zählt zu den führenden Anbietern von Sekt, Wein und Spirituosen in Europa. > mehr

GESCHÄFTSBEREICHE
Bank

Das Bankhaus Lampe hat ihren Stammsitz in Bielefeld. > mehr

GESCHÄFTSBEREICHE
Bier und alkoholfreie Getränke

Die Radeberger Gruppe versteht sich als Bewahrer deutscher Bierkultur: Mit einem klaren Bekenntnis zur Regionalität. > mehr

GESCHÄFTSBEREICHE
Weitere Interessen

Der Bereich umfasst Unternehmen aus der chemischen Industrie, dem Verlagswesen sowie der Luxushotelbranche. > mehr

Ökologische Aspekte produktpolitischer Entscheidungen

Als ökologieorientierte produktpolitische Maßnahmen können z. B. Anstrengungen gelten, die darauf gerichtet sind,

→ Rohstoffe im weitesten Sinn („Reichtum der Natur") sparsamer zu verwenden bzw. seltenere Rohstoffe durch reichlicher vorhandene zu ersetzen;

→ Abfälle zu reduzieren (z. B. auch durch Erhöhung der Nutzungsdauer) bzw. im Hinblick auf bessere Verträglichkeit (z. B. natürliche Abbaubarkeit) und Wiederverwertbarkeit (z B. Austausch von Modulen, Recyclingfähigkeit) zu verändern;

→ die gesamte Produktion und den Güterfluss auch unter diesen Gesichtspunkten zu organisieren und zu kontrollieren („Ökobilanzen").

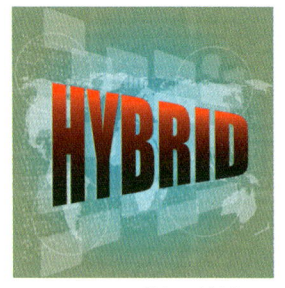

©fotoscool-fotolia.com

3.1.2 Sortimentspolitik

Die Überlegungen insbesondere zur Diversifikation gelten auch für die **Sortimentspolitik,** die sich vornehmlich auf den Handel bezieht. Das **Sortiment** umfasst die Summe aller Artikel, die von Handelsunternehmen angeboten werden.

Merke

Ziel der **Sortimentspolitik** ist es, durch die bedarfsgerechte Zusammenstellung des Sortiments die geplanten Umsätze und Gewinne zu erreichen.

Hinsichtlich der qualitativen und quantitativen Zusammensetzung des Sortiments werden zwei Sortimentsdimensionen unterschieden: Die **Sortimentsbreite** gibt an, wie viele unterschiedliche Artikelgruppen geführt werden, die **Sortimentstiefe** zeigt, wie viele unterschiedliche Artikel innerhalb einer Artikelgruppe angeboten werden.

©Nitr-fotolia.com

Sortimentsdimensionen		
	Sortimentsbreite (Anzahl der Artikelgruppen)	**Sortimentstiefe** (Anzahl unterschiedlicher Artikel innerhalb einer Artikelgruppe)
Fachgeschäft: schmales und tiefes Sortiment	**schmal** (wenige)	**tief** (viele)
Warenhaus: breites und flaches Sortiment	**breit** (viele)	**flach** (wenige)

Beispiel

Ein Blumenladen hat meist ein recht schmales Sortiment, er führt fast ausschließlich eine Artikelgruppe, nämlich Blumen. Dafür besitzt er ein sehr tiefes Sortiment: Im Angebot sind unterschiedlichste Arten von Blumen (viele verschiedene Schnittblumen und Topfpflanzen).

©Robert Kneschke - stock.adobe.com

Zusammensetzung und Umfang des Sortiments werden durch verschiedene Einflussgrößen bestimmt. Beispiele dafür sind: die Größe der Verkaufs- und Lagerfläche, das zur Verfügung stehende Kapital, der Bedarf des angesprochenen Kundenkreises, das Sortiment der Konkurrenz insgesamt beziehungsweise das Sortiment räumlich benachbarter Handelsunternehmen.

Sortimente werden nicht beliebig zusammengestellt, sondern sind zwecks besserer Orientierung an einem Gesichtspunkt oder an einer Kombination von mehreren Gesichtspunkten ausgerichtet, z. B.

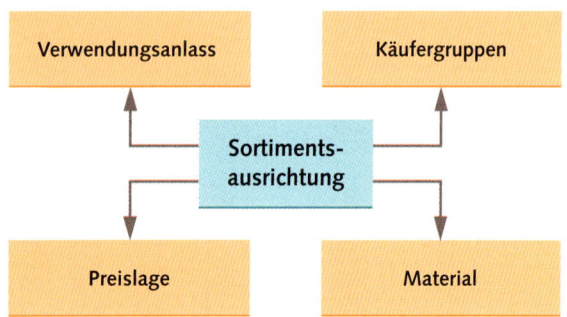

→ am **Verwendungsanlass:** Freizeit, Einrichtung, Bürobedarf, Sport;

→ an **Käufergruppen:** Bioladen, Brautmoden, Elektronik, Fanartikel;

→ an der **Preislage:** Discounter, Delikatessengeschäft, Niedrigpreis-Textilanbieter, Edelboutique;

→ am **Material der Waren:** Holzwaren, Lederwaren, Lebensmittel, Textilien.

3.1.3 Servicepolitik

Zu den eigentlichen Produktleistungen werden von Händlern und Herstellern häufig zusätzliche Leistungen angeboten; dies sind die sogenannten Kundendienstleistungen (Services). Es genügt in vielen Fällen nicht mehr, zum Beispiel technische Geräte zu verkaufen, sie müssen auch eingerichtet, gewartet und gegebenenfalls repariert werden. Einige Produkte erfüllen ohne die entsprechende Zusatzleistung (z. B. Speicherkarte für die Kamera) erst gar nicht ihren Zweck. In vielen Handwerksbetrieben steht die Servicefunktion sogar im Vordergrund: Als Fachbetrieb für „Anschlüsse" liefert z. B. ein Gas- und Elektroinstallationsbetrieb auch die entsprechenden Geräte und berät in Fragen von Energieeinsparmöglichkeiten. Insbesondere der Einzelhandel räumt teilweise Serviceaspekten herausragende Bedeutung ein:

Serviceaspekt	Beispiele
Verringerung des Beschaffungsaufwandes für den Kunden	Bestell- und Lieferservice
Information	Planungshilfen, Beratung, „Gewusst-wie"-Anleitungen
Vermeidung von Nutzungsschwierigkeiten	Installations- und Anpassungsleistungen von Hard- und Softwareanbietern, Kundentelefon/Hotline
Erhaltung der Produktlebensdauer	Wartung, Reparatur
Minderung des Kaufrisikos	Qualitäts-Garantie, Umtauschrecht, „Geld-zurück-Garantie"
Finanzierungsservice	Zahlungsziel, Kundenkredit

Kundendienstleistungen können vor, während und nach dem Kauf notwendig sein und angeboten werden. Einige Dienstleistungen sind kostenlos, andere hingegen werden berechnet. Sie können gesetzlich vorgeschriebene Leistungen, sog. **„Muss-Leistungen"** (z. B. Rücknahme von Batterien) beinhalten, erfolgen insbesondere aber freiwillig, wobei man zwischen üblicherweise erwarteten **„Soll-Leistungen"** (z. B. TÜV-Service der Autohändler) und so noch nicht erwarteten **„Kann-Leistungen"** (z. B. Fachvorträge im Heimwerkermarkt) unterscheiden kann.

©tashatuvango - stock.adobe.com

Nach dem Zeitpunkt der Kundendienstleistung unterscheidet man Leistungen

→ vor dem Kauf **(Pre-Sales-Service),**

→ nach dem Kauf **(After-Sales-Service).**

vor dem Kauf	z. B. • Beratung • Angebotserstellung
nach dem Kauf	z. B. • Wartung • Reparatur

Zu den Kundendienstleistungen zählen auch Einkaufserleichterungen, individuelles Entgegenkommen und nicht zuletzt Freundlichkeit und Hilfsbereitschaft. Alle Kundendienstleistungen haben einen mehr oder weniger großen Beratungsanteil. Einer guten **Beratung** kommt deshalb besondere Bedeutung zu. Die Kaufbereitschaft, die Kundentreue und Kundenzufriedenheit sind wesentlich davon abhängig. Eine gelungene Beratung erfordert nicht nur technische Kenntnisse und Fähigkeiten, sondern auch soziale und kommunikative Fähigkeiten.

Bei **Dienstleistern** (z. B. für medizinische Versorgung oder soziale Betreuung, bei Finanzdienstleistern oder Verkehrsdienstleistern) ist im Rahmen der Produkt- und Sortimentspolitik zu bestimmen, welche konkreten Leistungen in welcher Ausgestaltung und Kombination angeboten werden sollen. Auch hier lassen sich Kernleistungen (z. B. Zugfahrt von A nach B) um weitere Services über eine längere Leistungskette ergänzen (z. B. als Reisekette: Abhol- und Bring-Service für Personen und Gepäck, Bereitstellung von Hilfen für Gepäcktransport, Versorgungsmöglichkeiten bei Reiseantritt, während der Fahrt und bei Rückkehr, Informations- und Entspannungsangebote).

3.1.4 Zusammenfassung und Aufgaben

Zusammenfassung

Produktpolitik
Unter **Produktpolitik** versteht man die marktgerechte **Entwicklung** und **Veränderung** von Produkten.   **Produktgestaltung**   Bei der Produktgestaltung ist neben dem Grundnutzen (Funktions- und Gebrauchseigenschaften) insbesondere der Zusatznutzen für den Markterfolg bedeutsam. Dazu zählen insbesondere: - Qualität   - Design   - Image/Marke   - Verpackung mit Produktkennzeichnung und Produktinformation.

Produktlebenszyklus

Das Modell des Produktlebenszyklus stellt Entwicklungen des mit einem Produkt zu erzielenden Umsatzes bzw. Umsatzzuwachses und Gewinns in der Zeit dar. Dabei werden typische „Phasen" unterschieden, denen man Maßnahmen der Produktpolitik zuordnen kann.

- Einführungsphase   ⟶   Produktinnovation
- Wachstumsphase
- Reifephase   ⟶   Produktvariation
    (Modifikation/Differenzierung)
- Sättigungsphase
- Rückgangsphase   ⟶   Produkteliminierung

Portfolio-Matrix

Die Portfolio-Matrix stellt zur Analyse von Marktchancen Produkte in Abhängigkeit vom Marktwachstum und ihrem relativen Marktanteil dar.

- Fragezeichen (Question Marks) =
 Nachwuchsprodukte mit geringem Marktanteil auf Märkten mit hohem Marktwachstum
- Sterne (Stars) =
 Zukunftsprodukte mit hohem Marktanteil und deutlichem Marktwachstum
- Milchkühe (Cash Cows) =
 bekannte Basisprodukte mit hohem Marktanteil auf Märkten mit geringem Marktwachstum
- Arme Hunde (Poor Dogs) =
 alte Produkte ohne nennenswerten Marktanteil auf Märkten (fast) ohne Marktwachstum

Maßnahmen der Produktpolitik

- Produktinnovation
- Produktvariation (Modifikation oder Differenzierung)
- Produkteliminierung
- Produktdiversifikation

Sortiments- und Servicepolitik

Ziel der **Sortimentspolitik** ist es, durch die geeignete Zusammenstellung des Sortiments die geplanten Umsätze und Gewinne zu erreichen.

- Sortimentsbreite (breit/schmal) =
 Anzahl unterschiedlicher Artikelgruppen
- Sortimentstiefe (tief/flach) =
 Anzahl unterschiedlicher Artikel innerhalb einer Artikelgruppe

Im Rahmen der **Servicepolitik** werden von Händlern und Herstellern neben den eigentlichen Produktleistungen häufig zahlreiche zusätzliche Kundendienstleistungen (Serviceleistungen) angeboten (z. B. Beratung, Finanzierung).

Aufgaben

1. Prüfen Sie folgende Aussagen auf ihre Richtigkeit. Die Antwort ist jeweils zu begründen.

   (1) Qualität, Image und Design gehören zum Grundnutzen eines jeden Produktes.

   (2) Das Modell des „Produktlebenszyklus" beschreibt die Phasen der Entwicklung, die von jedem Produkt in der Realität genau so durchlaufen werden.

   (3) Cash Cows stellen in der Portfolio-Matrix Produkte mit hohem Wachstum und hohem relativen Marktanteil dar.

   (4) Die Begriffe „Produktdifferenzierung" und „Produktdiversifikation" bezeichnen unterschiedliche Maßnahmen der Produktpolitik.

   (5) Ein Fachgeschäft ist durch ein breites und tiefes Sortiment gekennzeichnet.

   (6) Die Rücknahme von Batterien ist im Handel eine freiwillige Kundendienstleistung.

2. Skizzieren Sie das Modell „Produktlebenszyklus", und erläutern Sie folgende Begriffe und Vorgänge (möglichst anhand selbst gewählter Beispiele):

   a) Produktinnovation,

   b) Produktvariation,

   c) Produkteliminierung.

3. Suchen Sie Beispiele für Produkte mit atypischem Lebenszyklus (z. B. „Flops" oder „Dauerbrenner"). Skizzieren Sie deren Produktlebenszyklen.

4. Verpackung hat viele Gesichter!

   a) Unterscheiden Sie Verpackungen nach deren Funktionen: Behältnis, Umverpackung, Transportverpackung. Nennen Sie auch Beispiele.

   b) Erklären Sie besondere Anforderungen dieser Verpackungen im Hinblick auf:

      - besondere Produkteigenschaften (z. B. Schutzfunktion),

      - Präsentation und werbende Wirkung,

      - Vermeidung von Verschwendung und Umweltbelastungen.

5. Erläutern Sie, warum ein falsch zusammengestelltes Sortiment den Unternehmenserfolg beeinträchtigt. Berücksichtigen Sie dabei folgende Aussage: Ein „Untersortiment" verärgert die Kunden, ein „Übersortiment" verursacht unnötige Kosten.

3.2 Preis- und Konditionenpolitik

Die Preispolitik ebenso wie die Konditionenpolitik sind weitere marketingpolitische Instrumente. Sie müssen ihren Beitrag zur Erreichung der Unternehmensziele in einem wirkungsvollen Zusammenspiel mit allen anderen Marketingmaßnahmen einbringen.

3.2.1 Marktpreisbildung im Modell

Der Preis ist ein wesentlicher Bestimmungsfaktor für das Käuferverhalten. Jede preispolitische Maßnahme und insbesondere jede Preisänderung wirkt sich direkt oder indirekt auf den Umsatz und den Gewinn aus. Inwieweit ein Unternehmen aktiv Preispolitik betreiben kann, hängt im Wesentlichen von der Marktsituation ab. Dabei orientiert sich die Preisbildung an **Modellen der Preistheorie,** die Hinweise und Erklärungen zur Festlegung von Preisen je nach **Markttypus** und **Marktform** liefern.

Wir alle kennen konkrete Märkte (z. B. Wochenmarkt oder Flohmarkt) oder haben zumindest schon davon gehört (z. B. Fischmarkt, Großmarkt, Waren- und Wertpapierbörsen). Volkswirtschaftlich versteht man unter **Markt** allgemein jedes **Aufeinandertreffen** von **Nachfrage** und **Angebot,** bezogen auf ein Gut/eine Gütergruppe. Aus diesem Aufeinandertreffen entsteht grundsätzlich der Preis des Gutes.

Es gibt verschiedene Gesichtspunkte zur **Unterscheidung von Märkten.** Üblich sind im Zusammenhang mit der Preisbildung die folgenden Einteilungen:

Gesichtspunkt	Modelle
Markttypen	• vollkommener Markt • unvollkommener Markt
Marktformen (Konkurrenzsituation)	• Monopol … • Oligopol … • Polypol …

Markttypen und Marktformen haben entscheidenden Einfluss auf die Möglichkeiten der Preisgestaltung und werden bei den folgenden Modellen zur Preisbildung näher erläutert.

■ Modell der Marktpreisbildung durch Angebot und Nachfrage

Eine **Modellkonstruktion**, von der Aussagen über betriebliche Preisbildungsprozesse erwartet werden, erfordert eine Beschränkung auf Gesichtspunkte, die im Vordergrund der Betrachtung stehen. Wenn alle Einflussgrößen, die sich gleichzeitig und in unterschiedlicher Richtung ändern können, berücksichtigt werden, lässt sich keine Erkenntnis mehr aus den vielfältigen Zusammenhängen ableiten. Für ein einfaches Modell zur Marktpreisbildung werden deshalb **Modellannahmen** getroffen, die in der Realität kaum anzutreffen sind.

Merke

Modelle werden gebildet für bestimmte Zwecke. Sie vereinfachen die komplexe Realität dadurch, dass sie aus der Vielzahl von Einflussgrößen einige herausgreifen und von anderen bewusst absehen (Abstraktion).

Für diese Modellkonstruktion setzt man zunächst alle Einflussfaktoren konstant (unverändert) bis auf einen: den **Preis des Gutes.**

Bei normalem Verhalten der Marktteilnehmer werden hinsichtlich der **Preis-Mengen-Kombinationen** folgende plausible Annahmen getroffen:

Nachfrager:

→ Bei **sinkendem Preis** wird die Nachfragemenge vermutlich steigen und bei steigendem Preis die Nachfragemenge zurückgehen. Denn zum einen werden die bisherigen Nachfrager bei niedrigerem Preis in der Regel geneigt sein, mehr von dem Gut zu kaufen; zum anderen wird das Gut für neue Nachfrager interessant.

→ Bei **steigendem Preis** werden Nachfrager den Konsum des Gutes in der Regel einschränken, zum anderen werden sie eher geneigt sein, auf andere Güter auszuweichen.

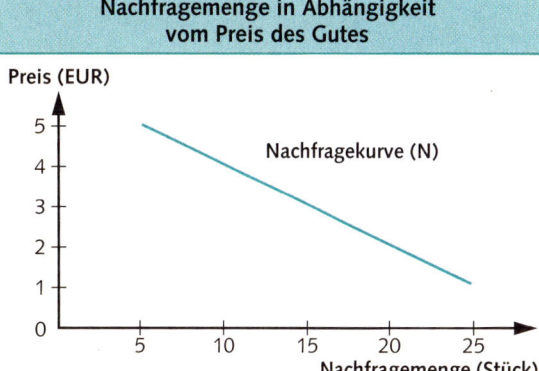

Merke

Je niedriger der Preis, desto größer die Nachfragemenge.

Je höher der Preis, desto geringer die Nachfragemenge.

Anbieter:

→ Bei **steigendem Preis** wird das Angebot eines bestimmten Gutes aufgrund der dann höheren Gewinnchancen insgesamt attraktiver: Es motiviert das einzelne Unternehmen zu einer Erhöhung der Produktion des betreffenden Gutes und zieht darüber hinaus weitere Anbieter an, dieses Gut anzubieten.

→ Bei **sinkendem Preis** wird das Angebot aufgrund der dann geringeren Gewinnchancen insgesamt unattraktiver und die Anbieter werden die Angebotsmenge senken bzw. ganz auf das Angebot dieses Gutes verzichten. Ihre Kosten übersteigen jetzt zum Teil die Erlöse, und sie scheiden deshalb von diesem Markt aus. Deshalb gilt hier:

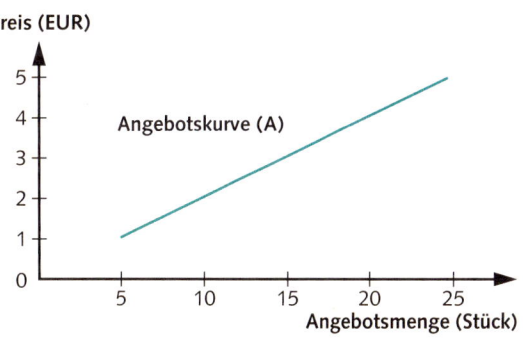

Merke

Je höher der Preis, desto größer die Angebotsmenge.

Je niedriger der Preis, desto geringer die Angebotsmenge.

Treffen nun eine Vielzahl von Nachfragern und Anbietern mit ihren (unterschiedlichen) Preisvorstellungen zusammen, ergibt sich im Marktmodell in einem sehr vereinfachten Beispiel folgende Marktlage:

Preis (EUR)	1,00	2,00	3,00	4,00	5,00
Nachfragemenge (Stück)	20	15	10	5	0
Angebotsmenge (Stück)	0	5	10	15	20

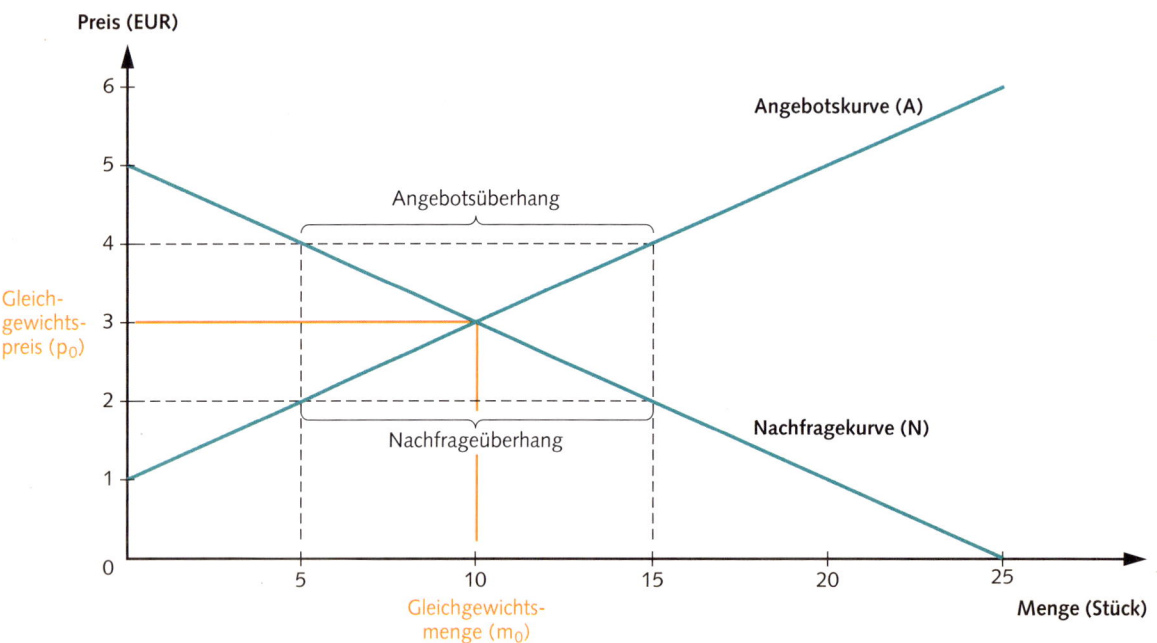

Angebotsüberhang

Situation bei der Preisvorstellung von 4,00 EUR

Die Anbieter würden bei diesem Preis 15 Stück verkaufen wollen, aber zu diesem Preis werden nur 5 Stück nachgefragt (Absatz: 5 Stück). Es besteht eine Nachfragelücke bzw. ein **Angebotsüberhang.** Müssen oder wollen die Anbieter ihre Ware loswerden (z. B. geringe Lagerfähigkeit), so werden sie sich gegenseitig unterbieten, der Preis fällt (Ungleichgewicht in Form eines **„Käufermarktes":** vorteilhaft für den Käufer).

Nachfrageüberhang

Situation bei der Preisvorstellung von 2,00 EUR

Die Nachfrager würden zu diesem Preis 15 Stück kaufen wollen, aber nur 5 Stück werden zu diesem Preis angeboten (Absatz: 5 Stück). Es besteht eine Angebotslücke bzw. ein **Nachfrageüberhang.** In der Regel werden die Nachfrager in dieser Situation sich gegenseitig überbieten, der Preis steigt (Ungleichgewicht in Form eines **„Verkäufermarktes":** vorteilhaft für den Verkäufer).

Gleichgewichtspreis

Situation bei einem Preis von 3,00 EUR

Durch Unterbietungskonkurrenz der Anbieter oder Überbietungskonkurrenz der Nachfrager bildet sich der **Gleichgewichtspreis** von 3,00 EUR. Zu diesem Preis stimmen die Nachfragemenge (10 Stück) und die Angebotsmenge (10 Stück) überein und die zugehörige Gleichgewichtsmenge (Marktversorgung) ist größer als in allen anderen Situationen. Der Markt wird geräumt.

Dies heißt aber nicht, dass zum Gleichgewichtspreis alle Nachfrager und Anbieter zum Zug gekommen sind. Ein Nachfrager, der den Preis von 3,00 EUR nicht zahlen kann oder will, geht leer aus. Ein Anbieter, der zu 3,00 EUR nicht verkauft, bleibt auf der Ware sitzen.

Andererseits hat ein Nachfrager, der mit einer Preisbewilligungsbereitschaft von 4,00 EUR auf den Markt gekommen ist, allen Grund zur Freude: Er erhält das Gut zum Gleichgewichtspreis billiger als erwartet und erzielt somit eine **„Konsumentenrente"**.

Umgekehrt kann sich ein Anbieter freuen, dessen Kalkulation einen Mindestpreis von 2,00 EUR ergibt. Er erzielt zum Gleichgewichtspreis einen Zusatzgewinn, eine soge- nannte **„Produzentenrente"**.

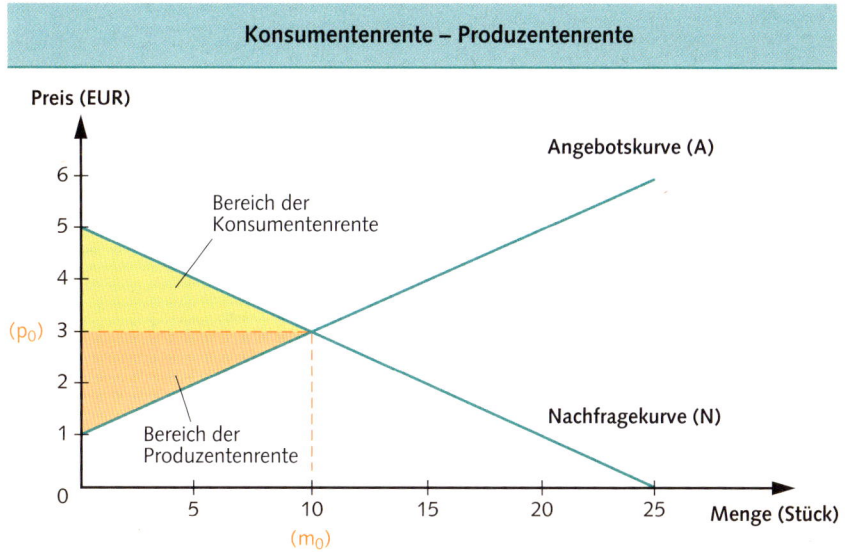

Zusammenfassend kann deshalb festgestellt werden:

Preissituation	Marktsituation und -verhalten
Preis oberhalb des Gleichgewichtspreises	• Angebotsüberhang (A > N) • Tendenz zur Preissenkung • Käufermarkt
Gleichgewichtspreis	• Angebot (A) = Nachfrage (N) • Gleichgewichtssituation • keine Preisveränderungen
Preis unterhalb des Gleichgewichtspreises	• Nachfrageüberhang (N > A) • Tendenz zur Preiserhöhung • Verkäufermarkt

©ThinMan-fotolia.com

■ Preisbildung bei vollständiger Konkurrenz

Bei (wissenschaftlichen) Erklärungen zur Preisbildung wird zunächst von einem Markt ausgegangen, auf dem **alle Marktteilnehmer nach rein wirtschaftlichen Überlegungen handeln** und dazu auch in der Lage sind. Diesen Markttypen bezeichnet man als **vollkommenen Markt.**

Modell des vollkommenen Marktes bzw. der vollständigen Konkurrenz

Das **Modell des vollkommenen Marktes** widerspricht fast vollständig der Realität von Kaufentscheidungen, womit sich die Frage stellt, was es bezwecken soll. Zur Erklärung wird zunächst anhand einer Beispielsituation das Kaufverhalten auf einem realen Markt betrachtet, der als **unvollkommener Markt** bezeichnet wird:

Beispiel

Der Gebrauchtwagenkauf

Ein älterer Herr, der in Dortmund wohnt, möchte sich einen Gebrauchtwagen kaufen. Samstags sucht er im Gebrauchtwagenmarkt der „Ruhr-Nachrichten" ein günstiges Angebot. Unter den Anzeigen, die sich auf das Stadtgebiet Dortmund beziehen, findet er auf Anhieb zwei Angebote, die ihm interessant erscheinen. Beide Fahrzeuge sind 2016 gebaut und zugelassen worden, 60 000 km gelaufen und unterscheiden sich auch sonst durch Farbe und Ausstattung nicht. Sie kosten jeweils 12 500,00 EUR bei gleichen Zahlungsbedingungen.

Wenig später sieht der Mann am Bahnhofskiosk in der „Süddeutschen Zeitung" durch Zufall, dass ein ähnlicher Gebrauchtwagen in München für 12 400,00 EUR angeboten wird. Dennoch nimmt er zunächst telefonisch Kontakt zu den beiden Dortmunder Anbietern auf und entscheidet sich nachmittags spontan für das erste Angebot, das ihm von einer überaus netten Dame unterbreitet wird. Am nächsten Tag wird dieses Entscheidungsverhalten von seiner Familie kopfschüttelnd kritisiert und gefragt, warum er sich nicht über ein Gebrauchtwagenportal im Internet informiert habe.

Die dargestellte Beispielsituation schildert eine durchaus realistische und damit auch sehr differenzierte und komplexe Entscheidungssituation. So verbergen sich in diesem Beispiel eine Reihe von realistischen Verhaltensweisen und Marktbedingungen:

→ Informationen nur zwei Zeitungen entnommen und kein Internetportal genutzt;

→ Beeinflussung durch die „nette" Anbieterin;

→ keine Entscheidung für das München-Angebot (zu hohe Reise- und Transportkosten);

→ offensichtlich kein physischer Vergleich der beiden Fahrzeuge aus Dortmund.

Werden nun die „Fehler"/Einflussgrößen der Beispielsituation in allgemeine Konstruktionsmerkmale umgewandelt, ergeben sich für den sogenannten **vollkommenen Markt** die folgenden Bedingungen:

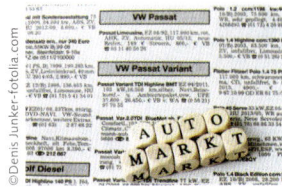

©Denis Junker-fotolia.com

Bedingungen des vollkommenen Marktes	
Merkmale	**Erläuterungen**
Markttransparenz (vollständige Marktübersicht)	Der Nachfrager/Anbieter besitzt Kenntnis über alle Informationen.
keine persönlichen Präferenzen (Bevorzugungen)	Eine Nachfrage-/Angebotsentscheidung wird nicht aufgrund persönlicher Beziehungen beeinflusst.
keine räumlichen Differenzierungen	Alle Angebote und Nachfragen befinden sich an einem Punkt (theoretisch: München liegt in Dortmund und umgekehrt), sodass keine Entfernungen zu berücksichtigen sind (Punktmarkt).
keine zeitlichen Differenzierungen	Aufgrund des Punktmarktes sind keine zeitlichen Verzögerungen zu berücksichtigen, und Anbieter reagieren ohne Zeitbedarf sofort auf das Nachfrageverhalten und umgekehrt.
Homogenität der Güter	Alle Güter sind gleichartig.

Stehen sich auf dem vollkommenen Markt eine große Anzahl von Anbietern und Nachfragern gegenüber, handelt es sich auch um eine **vollständige Konkurrenz.**

Sind alle diese Bedingungen erfüllt, spricht man von einem **vollkommenen Markt** bzw. **vollständiger Konkurrenz,** wird gegen eine oder mehrere Bedingungen verstoßen, sprechen wir von einem **unvollkommenen Markt.**

Tipp

Der Aktienmarkt erfüllt annähernd die Bedingungen des vollkommenen Marktes.

Merke

Bei **vollständiger Konkurrenz** ist der **Marktanteil** des einzelnen Anbieters bzw. Nachfragers so **unbedeutend,** dass keiner die Marktpreisbildung beeinflussen kann.

©psdesign1-fotolia.com

Im Modell des vollkommenen Marktes kann es für ein Gut nur **einen** Preis geben. Würde ein Anbieter seinen Preis erhöhen, verlöre er seine gesamte Nachfrage, denn es wird davon ausgegangen, dass der Nachfrager, der keine Präferenzen und die vollständige Marktübersicht hat, sich für das preisgünstigste Angebot entscheidet. Umgekehrt könnte der Anbieter bei einer Preissenkung die Gesamtnachfrage, die sich dann auf ihn konzentriert, nicht bedienen. Alle Marktteilnehmer können nur zum Marktpreis, auf den sie keinen Einfluss haben, kaufen bzw. verkaufen.

Dieser Sachverhalt zeigt sich nochmals in der folgenden Darstellung durch Zusammenführen der Angebots- und Nachfragekurve.

Annahme: Die Verschiebung der Nachfragekurve nach rechts sei durch eine Einkommenserhöhung verursacht.

Merke

Auf dem vollkommenen Markt gibt es für ein Gut nur **einen** Preis. Der Anbieter hat **keinen preispolitischen Spielraum.** Er kann lediglich seine **Angebotsmenge** variieren (Mengenanpasser).

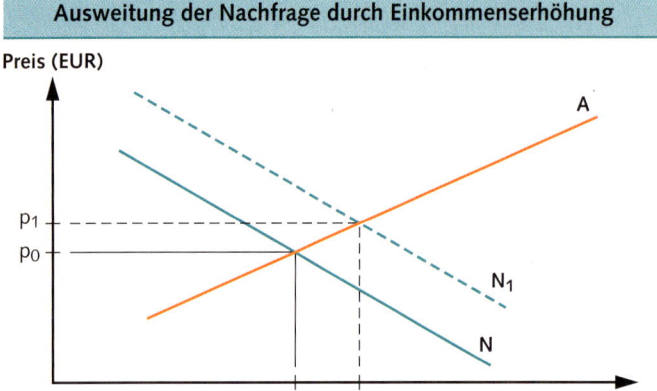

Ausweitung der Nachfrage durch Einkommenserhöhung

Preis (EUR)

p_1
p_0

A

N_1

N

m_0 m_1

Menge (Stück)

In der modellhaften Darstellung des Gesamtmarktes wurden die folgenden Annahmen unterstellt:

→ Alle Güter des betrachteten Produktes unterscheiden sich nicht in Qualität und Beschaffenheit (homogene Güter).

→ Falls sich eine der Größen verändert (Erhöhung des Einkommens und dadurch ausgelöst die Ausweitung der Nachfrage), verfügen alle Marktteilnehmer (Nachfrager und Anbieter) unverzüglich und zeitgleich über alle neuen Informationen.

→ Die **Erhöhung des Gleichgewichtspreises** von p_0 nach p_1 ergibt sich sprunghaft und ohne Zeitbedarf, sodass kein längerfristiger Anpassungsprozess stattfindet. (Einen Anstieg der Nachfrage können die Anbieter ohne Zeitbedarf durch zusätzliche Produkte bedienen.)

Aus diesen beispielhaften Formulierungen wird ersichtlich, dass die Modellvorstellung auf der Annahme basiert, dass ein vollkommener Markt vorliegt.

Merke

Existieren auf einem Markt für ein Gut **Preisunterschiede,** so sind diese auf **Marktunvollkommenheiten** zurückzuführen.

Bedeutung des Modells für die betriebliche Preispolitik

Obwohl das Modell des vollkommenen Marktes realitätsferne Annahmen unterstellt, liefert es wertvolle Erkenntnisse für die betriebliche Preisbildung. Seine Bedeutung liegt in der Umkehrung der Annahmen, die so einen Spielraum für preispolitische Maßnahmen eröffnen.

Beispiel

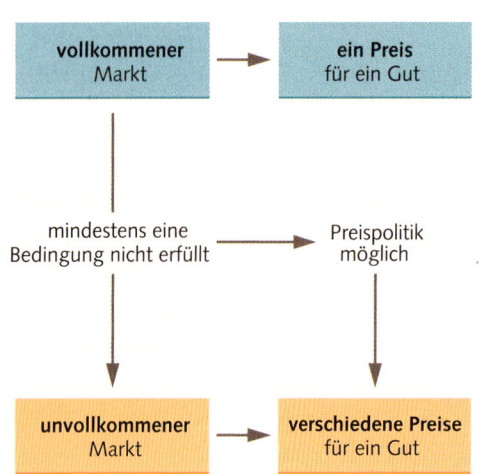

vollkommener Markt → ein Preis für ein Gut

mindestens eine Bedingung nicht erfüllt → Preispolitik möglich

unvollkommener Markt → verschiedene Preise für ein Gut

Ein Anbieter möchte aktiv **Preispolitik** betreiben. Auf einem vollkommenen Markt ist dies nicht möglich, also muss er **Marktunvollkommenheiten** schaffen. In Umkehrung der Bedingungen des vollkommenen Marktes könnte er folgende Maßnahmen treffen, um sich von der Konkurrenz abzusetzen:

■ bessere Information durch geeignete Werbung und besondere Hinweise auf die Qualität eines Gutes,

■ besonders freundliches Bedienungspersonal,

■ Angebot mit unterschiedlichen Preisen je nach Region,

■ schnellere Belieferung als Konkurrenten,

■ veränderte Gestaltung der Waren durch Verpackungen.

■ Preisbildung bei unvollständiger Konkurrenz

Die Möglichkeiten der Preisbildung sind nicht nur von der Beschaffenheit des Markttyps (vollkommen bzw. unvollkommen) abhängig, sondern insbesondere auch von der Anzahl der Marktteilnehmer sowohl auf der Anbieter- als auch auf der Nachfrageseite.

Zur Erklärung soll wiederum eine Beispielsituation betrachtet werden:

Beispiel

Mountainbike oder PC?

Ein Mitarbeiter im Ausbildungsbetrieb hat als Prämie eine Geldsumme erhalten: insgesamt 500,00 EUR. Er überlegt nun, welchen Konsumwunsch er sich damit am besten erfüllen könnte: ein tolles Mountainbike, gegenwärtiger Preis ca. 950,00 EUR, oder einen leistungsfähigen PC, zurzeit ca. 650,00 EUR. Sein Problem: Er hat davon gehört, dass sich in den nächsten Monaten die Preise für beide Produkte erheblich verändern könnten. Da er aber noch einige Monate sparen muss, um den Gesamtbetrag zusammenzuhaben, versucht er, eine Prognose zu erstellen, wie sich die Märkte und damit die Preise entwickeln werden.

Ihm liegen die folgenden Informationen vor:

PC-Markt: Zu den zahlreichen Anbietern drängen weitere Anbieter aus Südostasien.

Mountainbike-Markt: In der jüngeren Vergangenheit sind die Preise aufgrund starker Konkurrenzkämpfe leicht gesunken. Allerdings sind durch diese Konkurrenzkämpfe lediglich zwei Anbieter übrig geblieben – Bike-Man und Bike-Mind. Zudem hat Bike-Mind den bevorstehenden Aufkauf von Bike-Man angekündigt.

©Rudie-fotolia.com

In den Beispielüberlegungen geht es in erster Linie um die Anzahl der Anbieter und deren Veränderung:

→ Auf dem PC-Markt wird sich voraussichtlich die Anzahl der Anbieter erhöhen. Dadurch kann unterstellt werden, dass sich die Wettbewerbssituation verschärft und eine Tendenz für Preissenkungen ausgelöst werden könnte.

→ Auf dem Mountainbike-Markt stellt sich die umgekehrte Situation dar: Möglicherweise wird von zwei Anbietern aufgrund der Übernahme nur noch ein Anbieter auf dem Markt übrig bleiben. Die Wettbewerbssituation würde beträchtlich eingeschränkt, da dieser einzige Anbieter weitgehend die Preise bestimmen könnte, was vermutlich zu einer Preiserhöhungstendenz führen würde.

In beiden Beispielen wird die Anzahl der Anbieter zur Hauptgrundlage der Argumentation, sodass man davon ausgehen kann, dass Marktpreise auch ganz erheblich durch die Anzahl der Marktteilnehmer bestimmt werden. (Denn umgekehrt könnte ähnlich auch für die Nachfrageseite argumentiert werden.) Dabei kann unterstellt werden, dass die Einflussnahme auf den Marktpreis mit der wachsenden Marktmacht (Beispiel: Mountainbike-Markt) zunimmt.

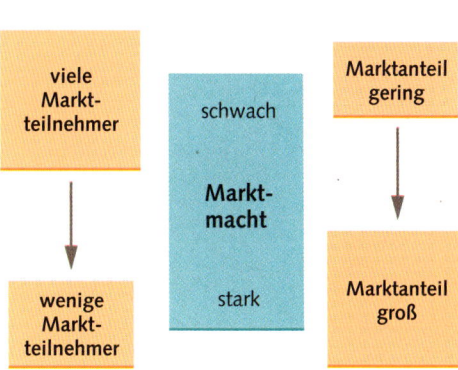

■ Marktformen

Wenn die verschiedenen Märkte nach diesem Prinzip der Anzahl der Marktteilnehmer unterschieden werden, erfolgt die Einteilung üblicherweise nach den folgenden Größenklassen: **einer, wenige, viele.** Durch die Kombination (Anbieter/Nachfrager) dieser Größenklassen ergibt sich das folgende Schema:

Marktformen			
Anbieter / Nachfrager	viele	wenige	einer
viele	Polypol	Angebotsoligopol	Angebotsmonopol
wenige	Nachfrage-oligopol	Oligopol	Angebotsmonopol mit oligopolistischer Nachfrage
einer	Nachfrage-monopol	Nachfragemonopol mit oligopolistischem Angebot	Monopol

Die Begriffsbildung in diesem Marktformenschema geht dabei von derjenigen Marktseite aus, die jeweils die größere Marktmacht besitzt, also über die geringere Anzahl der Marktteilnehmer verfügt, z. B.:

→ viele Anbieter/wenige Nachfrager: Hier geht die Begriffsbildung demnach von der Nachfrageseite aus, da es dort weniger Marktteilnehmer als auf der Angebotsseite gibt = Nachfrageoligopol.

→ ein Anbieter/viele Nachfrager: Hier geht die Begriffsbildung demnach von der Angebotsseite aus, da es dort weniger Marktteilnehmer als auf der Nachfrageseite gibt = Angebotsmonopol.

Preisbildung in unterschiedlichen Marktformen bei unvollkommener Konkurrenz

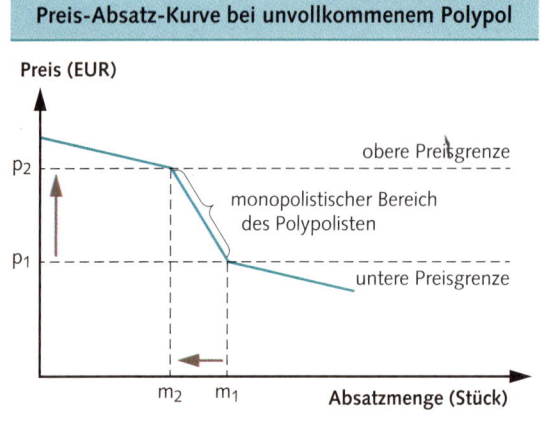

Preis-Absatz-Kurve bei unvollkommenem Polypol

Preis (EUR)

p_2 — obere Preisgrenze

monopolistischer Bereich des Polypolisten

p_1 — untere Preisgrenze

m_2 m_1 Absatzmenge (Stück)

Im **Polypol** (z. B. Einzelhandel, Börse) stehen sich viele Nachfrager und viele Anbieter mit jeweils kleinen Marktanteilen gegenüber. Unter den Voraussetzungen des vollkommenen Marktes können die Anbieter den Marktpreis nicht beeinflussen. In der Realität liegen aber fast immer unvollkommene Märkte vor. Gelingt es dem Anbieter, sich durch Präferenzen (z. B. Produktdifferenzierungen) von der Konkurrenz abzusetzen, so verschafft er sich in einem unvollkommenen Polypol zumindest einen kleinen preispolitischen Spielraum (monopolistischer Absatzbereich des Polypolisten).

Der Zusammenhang von Verkaufspreis und Absatzmenge lässt sich im Polypol durch die **doppelt geknickte Preis-Absatz-Kurve** veranschaulichen.

→ Innerhalb eines bestimmten Bereichs (einer sog. Preisklasse), kann der Polypolist seinen Preis anheben, ohne befürchten zu müssen, dass die Nachfrage in größerem Umfang sinkt. Man bezeichnet diesen Teilbereich der Preis-Absatz-Kurve auch als **„monopolistischen Bereich des Polypolisten".**

→ Erhöht der Polypolist den Preis über den monopolistischen Bereich hinaus, muss er mit einem starken Absatzrückgang rechnen. Bei einer Senkung des Preises unter diesen Bereich kann er die auf ihn entfallende zusätzliche Nachfrage nicht mehr bedienen.

In einem **Oligopol** herrscht Wettbewerb zwischen wenigen Anbietern, die um viele (z. B. Benzinmarkt) oder wenige (z. B. Markt für Verkehrsflugzeuge) Nachfrager konkurrieren. Betreibt ein Oligopolist Preispolitik, muss er damit rechnen, dass seine Mitbewerber darauf reagieren.

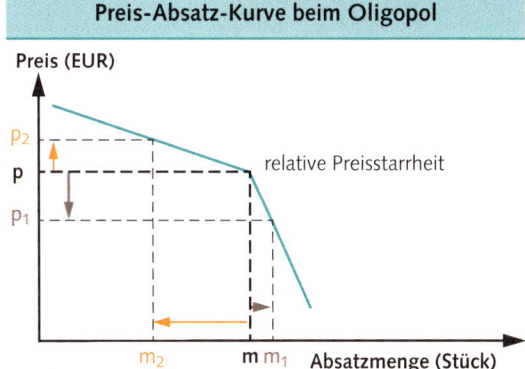

Preis-Absatz-Kurve beim Oligopol

→ Senkt er seinen Preis (von p auf p_1), ziehen die übrigen Anbieter nach. Er wird seinen Absatz kaum steigern (nur von m auf m_1), jedoch muss er trotz größerer Absatzmenge wegen des gesunkenen Preises mit Umsatzeinbußen rechnen.

→ Erhöht er seinen Preis (von p auf p_2), so verliert er viele Kunden (von m auf m_2), wenn die anderen mit der Preiserhöhung nicht nachziehen.

Typisch für Oligopole ist eine **relative Preisstarrheit.** Die Preise bleiben über einen längeren Zeitraum konstant, bzw. durch Parallelverhalten kommt es zu gleichförmigen Preisveränderungen.

Der **Monopolist** ist alleiniger Anbieter und kann seinen Preis aufgrund des fehlenden Wettbewerbs beliebig nach seinem eigenen Ermessen festsetzen. Er muss allerdings damit rechnen, dass Kunden ihre Nachfrage einschränken, wenn der Preis zu stark angehoben wird. Es ist naheliegend, dass der Monopolist seinen Preis so wählt, dass er einen **maximalen Gewinn** erzielt, d. h. die Differenz zwischen Gesamterlös und Gesamtkosten am größten ist.

Reine Monopole sind heutzutage in der Marktwirtschaft kaum anzutreffen. Auch ehemalige staatliche Monopol-Unternehmen wie Post und Bahn müssen sich mittlerweile dem Wettbewerb stellen. Aufgrund der starken Marktstellung mit dem Betriebssystem Windows wird Microsoft häufig als Quasi-Monopol angeführt.

3.2.2 Betriebliche Preispolitik

Die Preispolitik befasst sich mit Entscheidungen und Maßnahmen, die die Preisvorstellungen des Verkäufers am Markt durchsetzen sollen. Dabei sind alle Handelsstufen bis zum Endverbraucher einbezogen.

Daraus ergeben sich für Unternehmen folgende Aufgabenstellungen:

→ Einordnung des bestehenden und zukünftigen Leistungsprogramms in eine untere, mittlere oder obere Preisklasse,

→ Änderung der Preise für vorhandene Produkte oder Produktgruppen,

→ unterschiedliche Preissetzung (Preisdifferenzierung) für ein Produkt auf verschiedenen Märkten (Marktsegmentierung),

Tipp

Informationen zu **preispolitischen Strategien** siehe Teilkapitel 1.2.1

→ vertikale Preisbindung durch Einflussnahme oder Bestimmung der Preise auf den einzelnen Stufen des Handels (Großhandel, Einzelhandel),

→ Absicherung der eigenen Preispolitik durch Orientierung an der Konkurrenz.

Diese Aufgabenstellungen richten sich auf Einzelleistungen bzw. Einzelprodukte, auf Teilbereiche des Leistungsprogramms oder auch auf das Gesamtangebot.

■ Preisbildung

Die Preisfestlegung ist von verschiedenen Einflussfaktoren abhängig. Neben den Zielsetzungen der Unternehmenspolitik und der Marketingpolitik sowie den bestehenden staatlichen Preisvorschriften sind aus einer Vielzahl von weiteren Einflüssen unternehmensintern insbesondere die Kosten von Bedeutung, als unternehmensexterne Faktoren sind das Konkurrenz- und das Kundenverhalten wesentlich.

Entsprechend dieser Einflussfaktoren lassen sich folgende Arten der Preisbildung unterscheiden:

→ **kostenorientierte** Preisbildung
   - auf Vollkostenbasis mittels **Kalkulationsschema,**
   - auf Teilkostenbasis mittels **Deckungsbeitragsrechnung,**

→ **konkurrenzorientierte** Preisbildung,

→ **kundenorientierte** (nachfrageorientierte) Preisbildung.

Kostensituation des Unternehmens

Faktoren der Preisbildung

Konkurrenzverhalten

Kundenverhalten

Kostenorientierte Preisbildung

Langfristig soll jede Preissetzung grundsätzlich so erfolgen, dass die entstehenden Kosten gedeckt werden. Der Preis wird anhand der unternehmensspezifischen Kostensituation ermittelt. Grundlage der Preisforderungen auf Kostenbasis sind die **Selbstkosten;** rechnet man den kalkulierten **Gewinn** hinzu, so erhält man den Verkaufspreis.

Zur Preisermittlung dient das Kalkulationsschema, bei dem **alle Kosten** berücksichtigt werden. Es handelt sich also um eine Preisermittlung auf Basis einer **Vollkostenrechnung.**

Die folgende Abbildung zeigt vereinfacht (zusammenfassend und ohne Preisabzüge) das Schema zur Kalkulation der Verkaufspreise für Produktionsbetriebe bzw. Handelsbetriebe:

Tipp

Die **detaillierten Kalkulationsschemata** finden Sie in LF 3 und LF 10.

Kalkulationsschema – Verkaufskalkulation				
Produktionsbetrieb			**Handelsbetrieb**	
Materialkosten	80,00 EUR		Bareinkaufspreis	420,00 EUR
+ Fertigungskosten	150,00 EUR	+	Bezugskosten	20,00 EUR
= Herstellkosten	230,00 EUR	=	Bezugspreis	440,00 EUR
+ Vw-/Vt-Gemeinkosten	120,00 EUR	+	Handlungskosten	280,00 EUR
= Selbstkosten	350,00 EUR	=	Selbstkosten	720,00 EUR
+ Gewinnzuschlag 20 %	70,00 EUR	+	Gewinnzuschlag 25 %	180,00 EUR
= Barverkaufspreis	420,00 EUR	=	Barverkaufspreis	900,00 EUR

Dieses Verfahren ist wegen seiner Einfachheit beliebt, reicht aber für eine optimale Preispolitik nicht aus.

Bei der Kalkulation auf Basis der **Vollkostenrechnung** werden **alle Kosten** (Gesamtkosten) auf die Produkte verteilt. Die Vollkostenrechnung unterscheidet nicht zwischen variablen Kosten, die sich in Abhängigkeit von der Produktionsmenge verändern (z. B. Fertigungsmaterial oder Fertigungslöhne), und fixen Kosten, die unabhängig von der produzierten Menge anfallen (z. B. Gehälter der Verwaltung, Miete, Abschreibungen, Zinsen). Bei Anwendung der Vollkostenrechnung werden entsprechend die Gesamtkosten einer Periode durch die Produktionsmenge dieser Periode geteilt, um die Selbstkosten pro Stück zu ermitteln. Die Auswirkungen einer nachträglichen Änderung der Ausbringungsmenge bleiben dabei außer Acht: Die Vollkostenrechnung unterstellt also, dass die **Selbstkosten pro Stück** bei jeder **Ausbringungsmenge gleich bleiben**.

Die **Teilkostenrechnung** dagegen **unterscheidet fixe und variable Kosten** und berücksichtigt, dass sich die Selbstkosten pro Stück immer aus den variablen Stückkosten und den fixen Stückkosten zusammensetzen. Die variablen Stückkosten bleiben grundsätzlich gleich, aber die fixen Stückkosten verändern sich in Abhängigkeit von der Ausbringungsmenge: Sinkt die produzierte Menge, so steigt der Anteil der Fixkosten pro Mengeneinheit; steigt die produzierte Menge, so sinkt der Fixkostenanteil, der auf eine Mengeneinheit entfällt. Kurz: Die Teilkostenrechnung erkennt, dass die **Selbstkosten pro Stück bei steigender Ausbringungsmenge sinken** und umgekehrt **bei sinkender Ausbringungsmenge steigen.**

> **Merke**
>
> **Fixe Kosten** fallen **unabhängig von der Ausbringungsmenge** an. Werden die fixen Gesamtkosten (Fixkostenblock) auf die produzierte Stückzahl verteilt, nehmen die fixen Kosten pro Stück mit sinkender Ausbringungsmenge zu, bei steigender Ausbringungsmenge nehmen sie ab.
>
> **Variable Kosten** fallen **abhängig von der Ausbringungsmenge** an. Damit steigen bzw. fallen die variablen Gesamtkosten bei Veränderung der Ausbringungsmenge. Die variablen Kosten pro Stück sind grundsätzlich konstant.

> **Beispiel**
>
> - Bei einem **Absatzrückgang** müsste der **Preis** für ein Gut aufgrund der gestiegenen Kosten pro Mengeneinheit **erhöht** werden. Das hätte aber zur Folge, dass sich der **Absatzrückgang** noch weiter verstärken würde.
> - Bei einer **Absatzsteigerung** verringern sich die Kosten pro Mengeneinheit. Der **Preis könnte gesenkt** werden. Die aufgrund der gestiegenen Nachfrage entstandenen Preiserhöhungsspielräume (Gewinnchancen) blieben dann ungenutzt.

Der auf Basis der Stückkosten ermittelte Preis ist also nicht unbedingt marktgerecht. Die **Teilkostenrechnung (Deckungsbeitragsrechnung)** löst dieses Problem und berücksichtigt den erzielbaren Marktpreis, indem sie im Gegensatz zur Vollkostenrechnung dem Produkt nicht die kompletten Kosten, sondern zunächst nur seine variablen Kosten zurechnet.

Kurzfristig könnte ein Unternehmen sein Produkt zu einem **Preis** anbieten, der ausschließlich die **variablen Kosten** deckt. Die fixen Kosten würden bei der Preisfindung nicht berücksichtigt, da diese auch ohne Verkäufe bestehen bleiben und insofern kurzfristig nicht verändert werden können. Bei einem Verkauf zu den variablen Kosten entsteht allerdings ein Verlust in Höhe der fixen Kosten. Jeder Preis unterhalb der variablen Kosten vergrößert diesen Verlust noch, jeder Preis oberhalb der variablen Kosten leistet einen Beitrag zur Deckung der fixen Kosten.

> **Merke**
>
> Der **Deckungsbeitrag** zeigt, welcher Beitrag zur Deckung der fixen Kosten übrig bleibt.

> **Merke**
>
> **Kurzfristige Preisuntergrenze:**
> **Verkaufspreis = variable Stückkosten**
> Der Deckungsbeitrag ist gleich Null. Es entsteht ein Verlust in Höhe der fixen Kosten.

Verkaufspreis

– variable Kosten

= Deckungsbeitrag

Langfristig kann ein Unternehmen sich jedoch nur am Markt behaupten, wenn mindestens alle Kosten (variable und fixe Kosten) gedeckt sind (= langfristige Preisuntergrenze).

Merke

Langfristige Preisuntergrenze:
Verkaufspreis = variable Stückkosten + fixe Stückkosten
Der Deckungsbeitrag deckt genau die fixen Kosten. Der Gewinn beträgt Null.

Selbstverständlich haben Unternehmen großes Interesse daran, für ihre Produkte nicht nur die langfristige Preisuntergrenze zu verlangen, sondern über höhere Preise zusätzlich Gewinne zu erwirtschaften.

Beispiel

In einem Handelsbetrieb liegen für unterschiedliche Produkte folgende Daten vor:

Produkt A:
Absatzmenge 100 Stück
Verkaufspreis/Stück 50,00 EUR
Bezugspreis/Stück 30,00 EUR

Produkt B:
Absatzmenge 140 Stück
Verkaufspreis/Stück 40,00 EUR
Bezugspreis/Stück 40,00 EUR

Produkt C:
Absatzmenge 120 Stück
Verkaufspreis/Stück 45,00 EUR
Bezugspreis/Stück 50,00 EUR

Die fixen Kosten betragen für alle drei Produkte insgesamt 1000,00 EUR.

Deckungsbeitragsrechnung für ein Stück (Stückrechnung)			
Angaben in EUR	**Produkt A**	**Produkt B**	**Produkt C**
Umsatzerlös/Stück	50,00	40,00	45,00
– variable Kosten/Stück	30,00	40,00	50,00
= **Deckungsbeitrag/Stück**	20,00	0,00	– 5,00

Das Ergebnis der Deckungsbeitragsrechnung als Stückrechnung zeigt, welche Produkte einen positiven Beitrag zur Deckung der fixen Kosten leisten. Während Produkt A zur Deckung der fixen Kosten beiträgt, liegt Produkt B mit einem Deckungsbeitrag von Null an der kurzfristigen Preisuntergrenze und Produkt C erwirtschaftet einen negativen Deckungsbeitrag, da der Verkaufspreis nicht einmal die variablen Stückkosten deckt.

Deckungsbeitragsrechnung für den Gesamtumsatz (Periodenrechnung)				
Angaben in EUR	Produkt A	Produkt B	Produkt C	Gesamtbeträge
Umsatzerlöse	5 000,00	5 600,00	5 400,00	16 000,00
– variable Kosten	3 000,00	5 600,00	6 000,00	14 600,00
= **Deckungsbeitrag**	2 000,00	0,00	– 600,00	1 400,00
– fixe Kosten				1 000,00
= **Betriebsergebnis (Gewinn)**				400,00

Obwohl mit allen Produkten insgesamt ein Gewinn erzielt wird, zeigt das Ergebnis der Deckungsbeitragsrechnung, dass

→ alleine **Produkt A** zum positiven Betriebsergebnis beiträgt, weil es mehr als seine variablen Kosten erwirtschaftet und damit einen Beitrag zur Deckung der Fixkosten leistet,

→ **Produkt B** genau seine variablen Kosten deckt, aber keinen Beitrag zur Deckung der Fixkosten leistet und somit das Betriebsergebnis weder erhöht noch verringert,

→ der Verkaufspreis für das **Produkt C** zu niedrig liegt, weil die Umsatzerlöse noch nicht einmal dessen variablen Kosten decken und entsprechend jedes zu diesem Preis verkaufte Produkt den Gewinn vermindert.

Die Deckungsbeitragsrechnung liefert damit **Entscheidungshilfen** für preispolitische Maßnahmen in Abstimmung mit den weiteren Marketinginstrumenten:

→ Zur Absatzsteigerung könnte der Preis von **Produkt A** gesenkt werden, sodass zwar der Deckungsbeitrag/Stück sinkt, aber der insgesamt mit diesem Produkt erzielte Deckungsbeitrag möglichst zunimmt.

→ Unter Abwägung des Absatzrisikos wird der Preis von **Produkt B** vorsichtig erhöht, damit es zumindest einen geringen Beitrag zur Deckung der Fixkosten leistet.

→ Der Verkaufspreis für das **Produkt C** wird auf mindestens 50,00 EUR/Stück angehoben, damit es das Betriebsergebnis nicht belastet. Kann dieser Preis nicht erzielt werden, führt eine Sortimentsbereinigung zu Eliminierung von Produkt C.

Konkurrenzorientierte Preisbildung

Dass bei der Preisbildung die Mitbewerber (Konkurrenten) nicht außer Acht gelassen werden dürfen, versteht sich von selbst: Einen höheren Preis als die Mitbewerber kann nur durchsetzen, wer einen entsprechenden Zusatznutzen bietet und diesen kommunizieren kann. Wer deutlich niedrigere Preis als die Konkurrenten fordert, verzichtet (unnötig) auf Gewinn.

Auf Märkten mit sehr ähnlichen oder gleichartigen (homogenen) Gütern ist der Entscheidungsspielraum für die Preisfestlegung deshalb häufig sehr gering oder gar nicht vorhanden. Hier sind sogenannte **Branchenpreise vorherrschend,** an denen die Preisforderungen auszurichten sind. Dabei herrscht die Erkenntnis vor, dass Preiskämpfe zu ruinösem Wettbewerb führen können. Deshalb wird häufig **keine aktive Preispolitik** betrieben.

Wenn Unternehmen ihre Preisforderungen an einen marktbeherrschenden Anbieter anpassen, spricht man von einer Anpassung an die **dominierende Preisführerschaft.** Die freiwillige Anpassung an die Preisforderungen von wenigen, etwa gleich starken Mitbewerbern, wie wir sie zum Beispiel vom Mineralölmarkt her kennen, entspricht der **Preisführerschaft im Gleichklang.** Ziel dabei ist es, Preiskämpfe zu vermeiden, die bei derartigen Marktverhältnissen nicht zu gewinnen sind. Die Preisführerschaft wechselt unter den Marktanbietern.

©Klaus Eppele-fotolia.com

Gleichwohl kann es unter Konkurrenzorientierung zu **Preiskämpfen** von lokaler, regionaler oder überregionaler Bedeutung kommen: etwa wenn einige (freie) Tankstellen „ausscheren", ein (ausländischer) Handelskonzern seine Position am (deutschen oder europäischen) Markt verstärken will oder auf stagnierenden Märkten ein Hersteller im Kampf um die Erhaltung von Marktanteilen zum Mittel aggressiver Rabattgewährung greift.

Kundenorientierte (nachfrageorientierte) Preisbildung

Die Preisbildung muss in erster Linie am Markt ausgerichtet werden. Neben den Mitbewerbern sind die **Nachfrager,** die durch ihre Reaktion und ihr Verhalten das Marktgeschehen weitgehend beeinflussen, der wichtigste Orientierungspunkt, an dem sich alle preispolitischen Maßnahmen messen lassen müssen.

psychologische Preisgestaltung

©Style Media & Design-fotolia.com

Entscheidend für das Kaufverhalten ist das vom Käufer wahrgenommene **Preis-Leistungs-Verhältnis.** Deshalb versuchen Anbieter, durch **psychologische Preisgestaltung** den Absatz positiv zu beeinflussen. Dazu zählt die Orientierung an Preisschwellen (Preisoptik): Übersteigt der Preis eine emotionale Preisbarriere, sinkt die Kaufbereitschaft. Preise, deren Zahlenfolge unterhalb von „glatten" Preisen (z. B. 1,99 EUR statt 2,00 EUR) liegen oder abfallende Zahlen darstellen (z. B. 1243,00 EUR statt 1234,00 EUR), werden als deutlich günstiger empfunden.

Über alle theoretischen Überlegungen hinaus, die Reaktionen der Käufer auf preispolitische Maßnahmen zu ergründen, gibt in vielen Fällen der **Preistest** die besten Anhaltspunkte für die Preisgestaltung im Rahmen der Marketingpolitik. Beim Preis-Reaktionstest werden Käufern alternative Preishöhen vorgegeben und sie werden danach befragt, ob sie die einzelnen Preise als angemessen, zu hoch oder zu niedrig einschätzen.

©hainichfoto-fotolia.com

Weder bei der konkurrenzorientierten noch bei der kundenorientierten Preisbildung kann auf kostenrechnerische Daten verzichtet werden. In einer sogenannten **„Misch-** oder **Ausgleichskalkulation"** versuchen Unternehmen deshalb häufig, Kostengesichtspunkte unterschiedlich stark zu berücksichtigen. Durch niedrige Verkaufspreise bei bestimmten Produkten will man z. B. Lagerbestände senken oder das Lager räumen, Aktivitäten der Konkurrenz begegnen oder zuvorkommen. Ein Ausgleich soll durch erhöhte Gewinnspannen bei anderen Artikeln erzielt werden. Z. B. lassen sich die oftmals höheren Kosten ökologieorientierter Produkte nicht immer ohne weiteres am Markt durchsetzen. In diesem Fall kann eine ökologisch ausgerichtete Mischkalkulation den Absatz der gewünschten Artikel unterstützen.

■ Preisstrategien

Neben der Orientierung an der Konkurrenz oder an der Preisbewilligungsbereitschaft der Kunden können Unternehmen auch aktiv Preispolitik betreiben. Sie nutzen **Preisstrategien.**

Eine Strategie ist ein genauer Plan des eigenen Vorgehens, der dazu dient, ein Ziel zu erreichen. Dabei wird versucht, möglichst viele Faktoren, welche das eigene Handeln beeinflussen können, zu berücksichtigen. Strategien werden für längerfristige Ziele entwickelt. Daher gilt eine Entscheidung für eine preispolitische Strategie über die Festlegung eines aktuellen Verkaufspreises hinaus.

©XXXXX-fotolia.com

Grundsätzlich lassen sich

→ **Hochpreisstrategien** von

→ **Mittelfeldpreisstrategien** und

→ **Niedrigpreisstrategien**

unterscheiden.

Bei den **Hochpreisstrategien** (Prämienpreisstrategie/Skimming-Strategie) verlangen Anbieter langfristig oder zumindest bei Verkaufsstart einen hohen Preis für ihre Produkte.

Die **Prämienpreisstrategie,** bei der ein Anbieter langfristig (dauerhaft) einen hohen Preis für seine Produkte verlangt, kann z. B. aufgrund von gleichbleibend hoher Produktqualität oder besonderem Image durchgesetzt werden.

Beispiel

Die Firma Miele kann seit Jahrzehnten wegen guter Produktqualität und dem entsprechenden Image eine Prämienpreisstrategie durchsetzen. Für den Namen und die Qualität der Produkte sind die Kunden bereit, eine „Prämie" zu zahlen.

Im Gegensatz zur Prämienpreisstrategie sind bei der **Skimming-Strategie** (Abschöpfungsstrategie) die hohen Preise nicht auf Dauer angelegt. Lediglich in der Einführungsphase wird ein hoher Preis aufgerufen. Analog zum Nachfragerückgang wird der Preis dann kontinuierlich gesenkt. Erfolgreich ist diese Strategie bei neuen, innovativen Produkten. Die Forschungs- und Entwicklungskosten werden so schnell amortisiert.

Beispiel

Das Unternehmen Apple nutzt bei fast jedem neuen Modell seines iPhones die Skimming-Strategie. Zahlt man zunächst einen sehr hohen Preis für das neueste Modell, so sinkt der Preis deutlich, sobald neuere Modelle (der Konkurrenten) auf den Markt kommen.

Eine **Mittelfeldpreisstrategie** wird ein Unternehmen wählen, wenn eigene Preisänderungen große Nachfrageverschiebungen auf dem Markt nach sich ziehen. Dies gilt insbesondere für transparente Märkte (Oligopole) und Märkte mit einem Preisführer. Das Unternehmen wird sich in seiner Preisgestaltung an einem Mittelpreis oder am Marktführer orientieren.

©patpitchaya-fotolia.com

Beispiel

Auf dem Benzinmarkt weichen die Preise der fünf größten Anbieter nur im Bereich von wenigen Cent voneinander ab. Die Preisführerschaft wechselt in dieser Branche von Zeit zu Zeit. Ein kleinerer regionaler Anbieter wird keine eigene aktive Preispolitik betreiben.

Bei den **Niedrigpreisstrategien** (Promotionspreisstrategie/Penetrationspreisstrategie) verlangen Anbieter langfristig oder zumindest bei Verkaufsstart einen niedrigen Preis für ihre Produkte.

Typisch für die **Promotionspreisstrategie** sind Niedrigpreise, die langfristig durchgehalten werden. Diese liegen entweder unter dem Preis vergleichbarer Produkte oder erscheinen in der Käufer-Wahrnehmung als besonders niedrig. Immer geht damit einher, dass das Image eines qualitativ hochwertigen Niedrigpreisgeschäftes erzeugt werden. Bei der Promotionspreisstrategie ist der Preis das wichtigste Werbeargument; Zielgruppe sind die preisbewussten Käufer.

Beispiel

Die Discounter Aldi oder Lidl ebenso wie z. B. Penny (REWE) oder NETTO (Edeka) bieten Markenware dauerhaft billiger an als die Konkurrenz (Supermärkte).

Die **Penetrationspreisstrategie** (Marktdurchdringungsstrategie) zielt darauf ab, mit relativ niedrigen Preisen für neue Produkte schnell Massenmärkte zu erschließen und große Absatzmengen bei niedrigen Stückkosten zu erzielen. Ist das Produkt bekannt (und beliebt), werden die Einführungspreise dann mit der Zeit schrittweise erhöht.

Beispiel

Die großen Telekommunikationsunternehmen bieten ein Abonnement im ersten Jahr zu einem besonders niedrigen Preis an und erhöhen die Preise nach dem ersten Jahr.

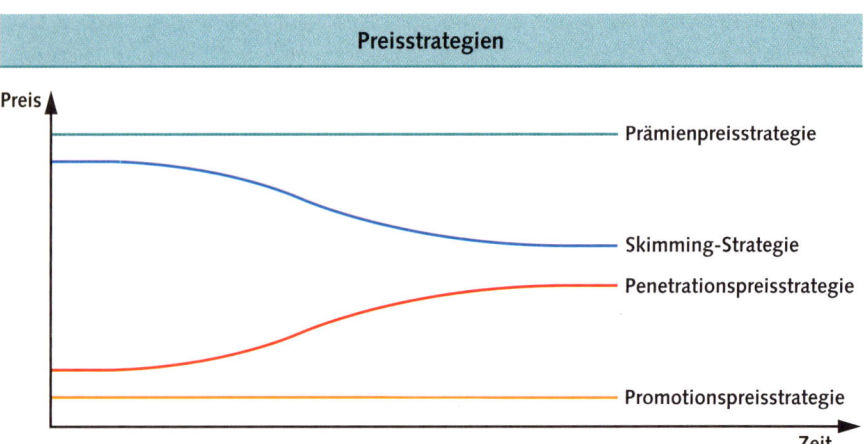

■ Preisdifferenzierung

Die Preisdifferenzierung nutzt (neben der eigentlichen Preisgestaltung) zusätzliche Möglichkeiten, um das vorhandene Marktpotenzial auszuschöpfen. Dabei geht man von der Tatsache aus, dass die Nachfrager unterschiedliche Nachfrageverhalten und Konsumgewohnheiten haben, die durch ihre individuellen und gesellschaftlich bedingten Lebenssituationen geprägt sind.

Die Konsumgewohnheiten, der Bedarf und die Nachfrage unterscheiden sich z. B. nach

→ Gebieten,

→ Verwendungszweck,

→ regionalen Gebräuchen und Gegebenheiten,

→ Käuferschichten,

→ Tages- und Jahreszeiten,

→ Berufsgruppen,

→ Lebensalter.

©Olivier Le Moal-fotolia.com

Aufgrund dieser Gegebenheiten werden Teilmärkte gebildet (Marktsegmentierung).

Merke

Preisdifferenzierung bedeutet, dass Anbieter für „gleiche" Produkte oder Dienstleistungen von unterschiedlichen Kunden bzw. zu unterschiedlichen Zeiten oder an verschiedenen Orten unterschiedliche Preise fordern.

Dies ist an folgende **Voraussetzungen** gebunden:

→ Möglichkeit der **Teilung von Märkten** in abgrenzbare Segmente: Die Nachfrager müssen sich in Gruppen einteilen lassen, also nach sachlichen, räumlichen, zeitlichen oder personellen Merkmalen unterscheiden lassen, z. B. in Haushalte und Wiederverkäufer, nach Preisbewusstsein und Geltungsstreben.

→ **Abgrenzung der Marktsegmente** untereinander: Ein Handel derjenigen Abnehmer, die niedrigere Preise zu zahlen haben, mit den Abnehmern, die höhere Preise entrichten, muss unterbunden sein (mangelnde Markttransparenz oder Verbote).

→ **Anpassung** an die spezifische **Konkurrenzsituation** des Marktsegments: Abweichende Preisforderungen müssen sich aufgrund der Machtverhältnisse gegenüber den Mitbewerbern und Kunden realisieren lassen (Marktmacht).

Formen der Preisdifferenzierung	Beispiele
räumliche Preisdifferenzierung	unterschiedliches Preisniveau für gleiche Güter auf unterschiedlichen Gebietsmärkten wie Stadt/Land, Inland/Ausland (z. B. Energie, Medikamente)
zeitliche Preisdifferenzierung	günstige Preise in absatzschwachen Zeiten (z. B. Wochenendtarife bei der Bahn, Frühbucherrabatte bei Reisen)
	Preiserhöhungen in nachfragestarken Zeiten (z. B. Benzinpreise zu Beginn der Urlaubszeit)
personelle Preisdifferenzierung	Preisnachlässe aufgrund des Alters oder des Familienstandes (z. B. Preisnachlass für Rentner, Familientarife)
sachliche Preisdifferenzierung (nach Produktvarianten)	unterschiedliche Preise für Produkte mit identischem Grundnutzen für unterschiedliche Ansprüche der Käufergruppen: Produkte in Standard-, Billig- und Luxusausführungen (z. B. Bücher, Fernseher, Bioprodukte, fairer Handel)
mengenmäßige Preisdifferenzierung (nach Nachfragemengen)	preisgünstigeres Angebot für Nachfrager von Großverpackungseinheiten (z. B. Kantinen, Behörden, Einkaufsgenossenschaften)
Preisdifferenzierung nach Verwendungszweck	unterschiedliche Preise je nach Verwendungszweck (z. B. Mineralöl als Dieselkraftstoff für Motoren oder als Heizöl; Sonnenblumenkerne als Lebensmittel oder als Vogelfutter)

Beispiel

Preisdifferenzierung bei Pkws

- **räumlich:** geringerer Preis in anderen europäischen Ländern (z. B.wegen höherer Umsatzsteuer)
- **zeitlich:** Preisnachlässe am Ende des Lebenszyklus
- **personell:** Preisnachlass für Schwerbehinderte
- **sachlich:** Preisbündelung für Sondermodelle mit unterschiedlichen Ausstattungsvarianten (Gesamtpreis ist günstiger als Grundpreis plus einzelne Ausstattung.)
- **nach Nachfragemengen:** Sonderrabatte für Autovermieter

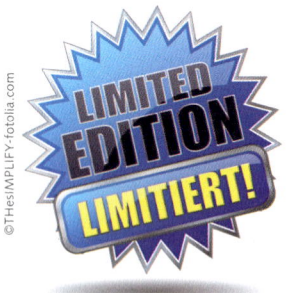

©THeSIMPLIFY-fotolia.com

Portfolio-Darstellung zur Dynamik und zur Individualisierung im Pricing

	gering	hoch
hoch	② Preise werden **nicht** nach Nachfrager **individuell**, aber **situativ** bestimmt (z. B. zeitlich differenziert oder nach Intensität der Nachfrage)	④ Preise werden je nach Nachfrager **individuell und situativ** bestimmt (1:1 Pricing in Echtzeit, d. h. zum Zeitpunkt der Anfrage bzw. des Geschäftsbesuchs)
gering	① Preise werden **nicht** nach Nachfrager **individuell** bestimmt, sondern als **Einheitspreis** für alle Nachfrager („posted price")	③ Preise werden je nach Nachfrager **individuell**, allerdings **nicht situativ** bestimmt (z. B. Kunden erhalten einen Gutschein mit einer bestimmten zeitlichen Gültigkeit)

Dynamik des Pricing

Individualbezug im Pricing

Aufgrund der verbesserten technischen Möglichkeiten gewinnen insbesondere im Online-Handel das sog. **dynamische** sowie das **individualisierte Pricing** an Bedeutung. Bei diesen Strategien zur Preisdifferenzierung wird der Preis für ein Gut in Abhängigkeit von unterschiedlichen situativen Faktoren (z. B. Tageszeit, Wetter, aktueller Wettbewerbspreis) und individuellen Faktoren (z. B. Einkaufskanal stationär oder online, Cookie-Einstellungen, (kein) Kundenkonto) variabel angepasst.

3.2.3 Konditionenpolitik

Die **Konditionenpolitik** ergänzt die Preispolitik durch die Gestaltung kundenfreundlicher Vertragsbedingungen. Sie befasst sich mit Vereinbarungen, zu welchen Bedingungen ein Unternehmen seine Leistungen anbietet. Durch Zuschläge bzw. Abschläge beeinflusst sie indirekt den festgelegten Preis und verfolgt damit das Ziel, die Zufriedenheit der Kunden zu stärken und ihre Kaufbereitschaft zu fördern.

Preis- und Konditionenpolitik zusammen werden auch als Kontrahierungspolitik bezeichnet.

Merke

Unter **Konditionenpolitik** werden alle Vereinbarungen zusammengefasst, die außer dem Preis Gegenstand von Vertragsverhandlungen sein können.

Man kann diese Konditionen z. B. einteilen als:

→ Rabatte,

→ Zahlungsbedingungen,

→ Lieferungsbedingungen,

→ Garantien und Kulanz.

■ Rabatte

Durch die Rabattpolitik kann der festgesetzte Preis herabgesetzt werden. Damit steht ein Instrument zur Verfügung, das insbesondere zwischen Hersteller und Handel wirkungsvoll zur Preisdifferenzierung eingesetzt werden kann, zunehmend aber auch bezogen auf den Endverbraucher Bedeutung gewinnt.

Merke

Rabatte sind sofort gewährte Preisnachlässe, die der Verkäufer dem Käufer aus „besonderem Anlass" anbietet.

Zwischen Hersteller und Händlern ist seit langem der Fantasie zur Festlegung von Rabattarten und -höhen kaum eine Grenze gesetzt. Meist werden solche **Rabatte** von „verhandlungsstarken" Großabnehmern gefordert, z. B. als

→ Mengenrabatt in Abhängigkeit vom Auftragswert oder der Auftragsmenge,

→ Treuerabatt für langjährige Kunden,

→ Saisonrabatt zu unterschiedlichen Jahreszeiten,

→ Sonderrabatt bei besonderen Anlässen (z. B. Geschäftsjubiläum),

→ Wiederverkäuferrabatt für den weiteren Verkauf (z. B. für den Einzelhandel),

→ Einführungsrabatt bei Produkteinführung bzw. Neuaufnahme in das Sortiment.

Ähnlich wie Rabatte funktionieren **Boni**, die als nachträgliche Preisnachlässe allerdings erst rückwirkend für das Erreichen eines bestimmten Umsatzes gewährt werden.

©JiSign-fotolia.com

©Daniel Ernst-fotolia.com

©VRD-fotolia.com

■ Zahlungsbedingungen

Mit der Festlegung der Zahlungsbedingungen wird über den Zeitpunkt der Zahlung verhandelt. Längere **Zahlungsfristen**, die Gewährung von **Skonto** oder attraktive **Finanzierungsangebote** können ausschlaggebend sein, warum sich ein Kunde für ein Produkt entscheidet.

Merke

Zahlungsbedingungen regeln Art und Weise sowie den Zeitpunkt der Zahlung unter Berücksichtigung von Preisnachlässen für vorzeitige Zahlung (Skonto).

Bei Zahlungsvereinbarungen mit **Zahlungsziel** wird in der Regel Skonto eingeräumt, um eine Zahlung innerhalb der Skontofrist attraktiv zu machen (z. B. Zahlung innerhalb von 10 Tagen unter Abzug von 2 % Skonto oder 30 Tage netto). Durch das Zahlungsziel gewährt der Verkäufer einen meist kurzfristigen Kredit (Liefererkredit), der es dem Käufer erlaubt, die erhaltene Ware erst später zu bezahlen.

Solche **Absatzkredite** können nicht nur vom Verkäufer selbst eingeräumt werden (z. B. Gewährung einer Zahlungsfrist), sondern sie werden auch häufig vermittelt (z. B. längerfristige Finanzierung über eine „Hausbank" beim Autokauf). Das Einräumen oder Vermitteln von Absatzkrediten (auch Teilzahlungen, Ratenzahlungen) ist geeignet, zusätzliche Kaufanreize zu geben. Es soll potenzielle Kunden zum – früheren – Kauf veranlassen.

■ Lieferungsbedingungen

Bei der Vereinbarung von **Lieferungsbedingungen** ist zu verhandeln, welchen Anteil der Liefer- und Verpackungskosten vom Käufer bzw. Verkäufer zu tragen sind. Das Ergebnis dieser Verhandlungen wirkt sich unmittelbar auf die Höhe des vom Käufer letztlich zu entrichtenden Bezugspreises aus.

Weitere spezifische Vereinbarungen zu Lieferbedingungen (z. B. kurze Lieferzeiten, Regelungen zur Eigentumsübertragung und Übergabe der Produkte, Regelungen bei Beschädigungen) tragen zur Gestaltung kundenfreundlicher Konditionen bei.

Merke

Lieferungsbedingungen regeln, welchen Anteil der Liefer- und Verpackungskosten die Vertragspartner jeweils zu tragen haben.

©mindscanner-fotolia.com

■ Garantie, Gewährleistung und Kulanz

Mit **Garantieversprechen,** die über die **gesetzlichen Gewährleistungsfristen** hinausgehen, verbessern sich die Konditionen für den Käufer. Bei der Vergabe von z. B. „lebenslanger Garantie" sollen Käufer dazu veranlasst werden, auch vergleichsweise höhere Preise wegen des Zusatznutzens „Garantie" zu akzeptieren. Auch **Kulanzzusagen** (z. B. Abholung im Garantiefall, großzügige Rücktrittsrechte) können den Ausschlag über eine Kaufentscheidung geben.

Merke

Eine Garantie ist eine freiwillige Selbstverpflichtung, die über die Gewährleistung als gesetzliche Verpflichtung hinausgeht. Kulanz ist ein fallweises, vollkommen freiwilliges Entgegenkommen.

3.2.4 Zusammenfassung und Aufgaben

Zusammenfassung

Marktpreisbildung im Modell

Unter **Preispolitik** versteht man Maßnahmen der Preisbildung zur Absatzförderung. Sie orientieren sich an Modellen der Preistheorie in Abhängigkeit von **Markttypen** (vollkommener/unvollkommener Markt) und **Marktformen** (Monopol, Oligopol, Polypol).

Marktpreisbildung auf dem Gesamtmarkt

Eine Modellkonstruktion über betriebliche Preisbildungsprozesse geht von folgenden Modellannahmen aus:

- Alle Einflussgrößen werden konstant gesetzt bis auf den **Preis**.
- Einfluss des Preises auf die **Nachfragemenge:** Bei sinkendem Preis steigt die Nachfragemenge; bei steigendem Preis geht die Nachfragemenge zurück.
- Einfluss des Preises auf die **Angebotsmenge:** Bei sinkendem Preis geht die Angebotsmenge zurück; bei steigendem Preis steigt die Angebotsmenge.
- Beim **Gleichgewichtspreis** stimmen Nachfragemenge und Angebotsmenge überein.

Preisbildung bei vollständiger Konkurrenz/Modell des vollkommenen Marktes

Auf dem vollkommenen Markt gibt es für ein Gut nur einen Preis. Der Anbieter hat **keinen preispolitischen Spielraum.** Er kann lediglich seine Angebotsmenge variieren **(Mengenanpasser).** Dazu müssen folgende Bedingungen erfüllt sein:

- Markttransparenz (vollständige Marktübersicht)
- keine persönlichen Präferenzen (Bevorzugungen)
- keine räumlichen Differenzierungen
- keine zeitlichen Differenzierungen
- Homogenität der Güter

Existieren auf einem Markt für ein Gut **Preisunterschiede,** so sind diese auf **Marktunvollkommenheiten** zurückzuführen. Hier kann das Marketing ansetzen.

Preisbildung bei unvollständiger Konkurrenz

Preisbildung ist abhängig von der Anzahl der Marktteilnehmer sowohl auf der Anbieter- als auch auf der Nachfrageseite (Marktform).

- **Polypol** = viele Anbieter, viele Nachfrager:
  aktive Preispolitik durch Schaffung von Präferenzen möglich (monopolistischer Bereich)
- **Oligopol** = wenige Anbieter, wenige Nachfrager:
  gleichförmige Preisbildung durch Parallelverhalten
- **Monopol** = ein Anbieter, ein Nachfrager:
  maximaler Gewinn als Maßstab für die Preisgestaltung

Betriebliche Preispolitik

Die **betriebliche Preisbildung** ist von verschiedenen Einflussfaktoren abhängig:

- **kostenorientierte** Preisbildung

  Ermittlung des mindestens **kostendeckenden Verkaufspreises** nach Vollkostenrechnung (Berücksichtigung aller Kosten im Kalkulationsschema)

  Ermittlung von **Preisuntergrenzen** nach Teilkostenrechnung/Deckungsbeitragsrechnung (Deckungsbeitrag = Umsatzerlöse – variable Kosten)

- **konkurrenzorientierte** Preisbildung zur Vermeidung von Preiskämpfen mit ruinösem Wettbewerb

- **kundenorientierte** Preisbildung unter Berücksichtigung psychologischer Effekte zur Beeinflussung des Käuferverhaltens

Preisstrategien

Neben der Orientierung an der Konkurrenz oder an der Preisbewilligungsbereitschaft der Kunden können Unternehmen auch aktiv Preispolitik betreiben, indem sie Preisstrategien nutzen.

Grundsätzlich lassen sich

- **Hochpreisstrategien** (Prämienpreisstrategie, Skimming-Strategie) von
- **Mittelfeldpreisstrategien** und
- **Niedrigpreisstrategien** (Promotionspreisstrategie, Penetrationspreisstrategie)

unterscheiden.

Preisdifferenzierung als zusätzliche Möglichkeit der Preisgestaltung bedeutet, dass Anbieter für „gleiche" Produkte oder Dienstleistungen von unterschiedlichen Kunden bzw. zu unterschiedlichen Zeiten oder an verschiedenen Orten unterschiedliche Preise fordern.

Formen der Preisdifferenzierung:

- räumlich
- zeitlich
- personell

- sachlich
- mengenmäßig
- nach Verwendungszweck

Konditionenpolitik

Die **Konditionenpolitik** ergänzt die Preispolitik durch die Gestaltung kundenfreundlicher Konditionen, z. B.

- **Rabatte** (z. B. Mengenrabatt, Treuerabatt, Saisonrabatt, Jubiläumsrabatt, Wiederverkäuferrabatt, Einführungsrabatt) und ggf. Boni
- **Zahlungsbedingungen** (z. B. Gewähren von Absatzkrediten: als Zahlungsziel – ggf. mit Möglichkeit zum Abzug von Skonto, als Teilzahlung oder als Ratenzahlung)
- **Lieferungsbedingungen** (z. B. Lieferkosten, Verpackungskosten, Lieferzeit)
- **Garantien** (freiwillige Selbstverpflichtungen) und **Kulanz** (fallweises, freiwilliges Entgegenkommen); Gewährleistung als gesetzliche Verpflichtung muss nicht gesondert vereinbart werden.

Aufgaben

1. Prüfen Sie folgende Aussagen auf ihre Richtigkeit. Die Antwort ist jeweils zu begründen.

   (1) Die Höhe der Nachfrage nach einem Produkt hängt ausschließlich vom Preis ab.

   (2) Je niedriger der Preis eines Gutes, desto größer ist das Angebot.

   (3) Im Marktgleichgewicht (Gleichgewichtspreis) erhalten alle Nachfrager das gewünschte Produkt.

   (4) Eine vollständige Marktübersicht ist das alleinige Kriterium für das Vorhandensein eines vollkommenen Marktes.

   (5) Auf dem vollkommenen Markt gibt es keinen preispolitischen Spielraum.

   (6) Existieren auf einem Markt wenige Anbieter und wenige Nachfrager, spricht man von einem Polypol.

   (7) Auf einem oligopolistischen Markt kommt es bei der Preisfestlegung häufig zu einem Parallelverhalten der Anbieter.

   (8) Bei konkurrenz- und kundenorientierter Preisbildung kann man auf Kostenüberlegungen verzichten.

   (9) Der „Preis-Reaktionstest" ist ein wichtiges Verfahren der Informationsbeschaffung für die Preispolitik.

   (10) Kulanz ist eine freiwillige Selbstverpflichtung, die über gesetzliche Garantien hinausgeht.

2. Erläutern Sie, welche Modellannahmen bei der Marktpreisbildung unterstellt werden.

3. Skizzieren Sie im Marktmodell die Angebots- und die Nachfragemenge in Abhängigkeit vom Preis und ordnen Sie folgende Begriffe zu: Gleichgewichtspreis, Gleichgewichtsmenge, Angebotsüberhang, Nachfrageüberhang, Konsumentenrente, Produzentenrente.

4. Stützen Sie die Behauptung, dass der Börsenhandel wesentliche Merkmale des vollkommenen Marktes aufweist.

5. Bestimmen Sie jeweils die Anzahl der Marktteilnehmer (einer, wenige, viele) bei folgenden Marktformen: Angebotsmonopol, Nachfrageoligopol, Polypol.

6. Erläutern Sie, was man bei der Preisbildung im Polypol unter dem monopolistischen Absatzbereich versteht.

7. Ermitteln Sie bei einer kostenorientierten Preisbildung den Barverkaufspreis: Bezugspreis 1200,00 EUR, Gewinnzuschlagssatz 40 %, Handlungskosten 60 %.

8. Unterscheiden Sie fixe und variable Kosten.

9. Erklären Sie an einem selbstgewählten Zahlenbeispiel mit Hilfe der Deckungsbeitragsrechnung, wo die langfristige und die kurzfristige Preisuntergrenze liegen.

10. Die Vollkostenrechnung liefert für die drei Produktgruppen eines Unternehmens folgende Daten:

(Angaben in EUR)	A	B	C	gesamt
Umsatzerlöse	500 000,00	260 000,00	620 000,00	1 380 000,00
− gesamte Kosten	380 000,00	300 000,00	530 000,00	1 210 000,00
= Betriebsergebnis	120 000,00	− 40 000,00	90 000,00	170 000,00

a) Welche Sortimentsentscheidung müsste aufgrund des Ergebnisses getroffen werden?

Die Teilkostenrechnung/Deckungsbeitragsberechnung liefert folgende Daten:

(Angaben in EUR)	A	B	C	gesamt
Umsatzerlöse	500 000,00	260 000,00	620 000,00	1 380 000,00
− variable Kosten	280 000,00	230 000,00	500 000,00	1 010 000,00
= Deckungsbeitrag	220 000,00	30 000,00	120 000,00	370 000,00
− fixe Kosten				200 000,00
= Betriebsergebnis				170 000,00

b) Überprüfen Sie Ihre Entscheidung aus Aufgabe a) anhand der Ergebnisse der Deckungsbeitragsrechnung.

11. Unterscheiden Sie die beiden Preisstrategien Prämienpreisstrategie und Skimming-Strategie.

12. a) Erklären Sie den Begriff Preisdifferenzierung.

b) Um welche Art von Preisdifferenzierung handelt es sich in folgenden Fällen:

- Auf einer Insel können die Einheimischen im Lebensmittelgeschäft preisgünstiger einkaufen als die Urlauber.
- Zu Beginn der Reisesaison steigen die Preise an den Tankstellen.
- Ein Reisender kommt am Sonntag zurück und kauft in einem Geschäft auf dem Bahnhofsgelände die notwendigen Lebensmittel ein. Dabei stellt er fest, dass die Preise deutlich höher liegen als in einem in der Nähe liegenden Feinkosthaus – obwohl beide Geschäfte vom selben Inhaber betrieben werden.
- Rentner und Schüler erhalten eine Preisermäßigung beim Eintritt in das Gartenschau-Gelände.
- An Autobahntankstellen werden höhere Kraftstoffpreise verlangt als an anderen Tankstellen.
- „Im Dutzend billiger."
- Ein Pkw wird als Sondermodell „Cup" mit einem bestimmten Ausstattungspaket und in drei Farben zu einem niedrigeren Preis verkauft als bei entsprechender Order aus dem regulären Angebot.

13. Definieren Sie die Begriffe Bonus, Rabatt und Skonto.

14. Unterscheiden Sie Gewährleistung und Garantie.

3.3 Kommunikationspolitik

Die Kommunikationspolitik ist ein weiteres Element der Marketinginstrumente. Sie beschäftigt sich mit der Frage, wie der Markt über die Leistungen des Unternehmens verkaufsfördernd und imagebildend informiert werden kann. Ziel ist die Beeinflussung und Steuerung von Konsumgewohnheiten, Einstellungen, Erwartungen, Meinungen und Verhaltensweisen bei Marktteilnehmern (z. B. Kunden, Lieferanten) und sonstigen Anspruchsgruppen (z. B. Öffentlichkeit, Staat).

©mopsgrafik-fotolia.com

Merke

Unter **Kommunikationspolitik** wird allgemein eine Informationsübermittlung verstanden, die das Ziel hat, Erwartungen, Einstellungen und Verhalten zu beeinflussen.

Um die Ziele der Kommunikationspolitik zu erreichen, können im Wesentlichen vier Instrumente eingesetzt werden.

Instrumente der Kommunikationspolitik			
Absatzwerbung	**Verkaufsförderung (Sales Promotion)**	**Öffentlichkeitsarbeit (Public Relations/PR)**	**moderne Instrumente**
Informationen über Produkte zur Beeinflussung des Kaufverhaltens	Förderung der am Verkaufsprozess Beteiligten (Händler, Verkäufer, Verbraucher)	Maßnahmen zur Stärkung des Ansehens und Vertrauens	Direkt Marketing, Social Media Werbung, Event Marketing

3.3.1 Absatzwerbung

Werbung ist ein wichtiger Schwerpunkt der Kommunikationspolitik. Mit einer gezielten Werbebotschaft sollen Kaufanreize potenzielle Kunden zum Kauf veranlassen.

©xuxmedia-fotolia.com

Merke

Die **Absatzwerbung** umfasst alle Maßnahmen, mit denen ein Unternehmen Interesse weckt, informiert, motiviert und Verhalten beeinflusst mit der Absicht, direkt oder indirekt den Absatz von Sachgütern oder Dienstleistungen zu begünstigen.

■ Ziele und Grundsätze der Absatzwerbung

Ziele der Absatzwerbung

Die Werbeziele beziehen sich auf

→ das Erlangen, Erhalten und Erhöhen des Bekanntheitsgrades von Produkten oder von Unternehmen,

Bekanntheit

→ die Information über Einsatzmöglichkeiten, Funktionen, Nutzen und Kosten des Produktes,

Wissen

→ die Stärkung des Vertrauens in ein Produkt, das Sortiment oder das Unternehmen,

Image

→ die Förderung und Unterstützung der Absatzchancen zur Erhöhung des Umsatzes, z. B. in bestimmten Regionen oder zu bestimmten Zeiten.

Käuferverhalten

Die konkrete Formulierung von Werbezielen kann immer nur bezogen auf bestimmte Zielgruppen erfolgen. Man kann bereits vorhandene Käuferschichten (z. B. Ersteinrichter von Wohnungen mit ökologischem Bewusstsein und Sicherheitsansprüchen) oder neue Käuferschichten (z. B. Einführung eines Büromöbelprogramms für Geschäftsleute bei einem Möbeldiscounter) anzielen.

Grundsätze der Absatzwerbung

Die **Werbebotschaft** muss die jeweilige **Zielgruppe** ansprechen (bei Anschaffung einer Basisausstattung für die Küche z. B.: günstig, modern, erweiterbar für die Zielgruppe „junge Familien"; Kauf auf Rechnung und Vermittlung von Service für das Aufstellen der Möbel für die Zielgruppe „Geschäftsleute"). Die Werbebotschaft kann sich grundsätzlich eher an den **Verstand** oder an **Gefühle** wenden. Sie muss wahrgenommen und verarbeitet werden, eine positive Stimmung erzeugen und den Konsumenten zum Handeln veranlassen.

Die Werbewirkung wird häufig mit der AIDA-Formel beschrieben:

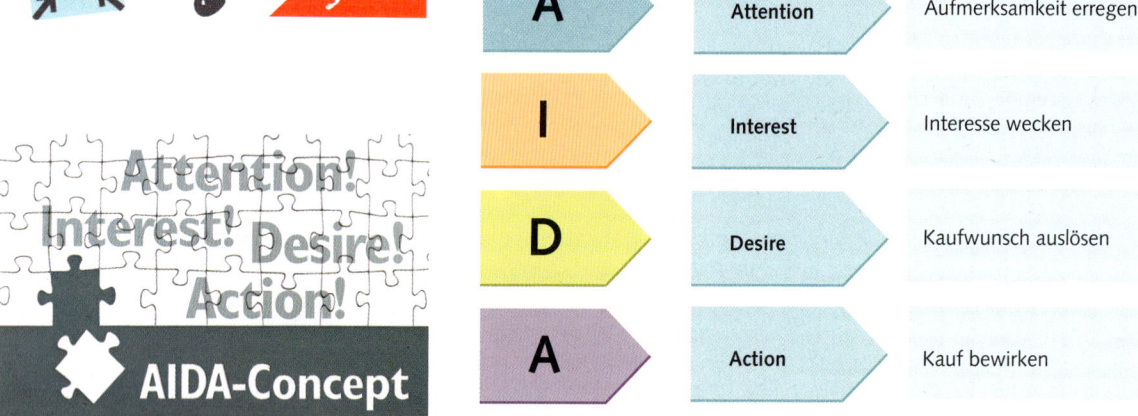

A	Attention	Aufmerksamkeit erregen
I	Interest	Interesse wecken
D	Desire	Kaufwunsch auslösen
A	Action	Kauf bewirken

Weiterhin sind Werbewirksamkeit, Werbeklarheit, Werbewahrheit und Wirtschaftlichkeit **Anforderungen**, die **an eine gute Werbung** gestellt werden.

→ **Werbewirksamkeit:** Damit die Werbung ihre Wirkung nicht verfehlt, muss sie sich von der Konkurrenz durch Originalität abheben. Die Nachfrager sollen durch geeignete Werbeinhalte und Werbemittel zu einem den Marketingzielen entsprechenden Verhalten veranlasst werden.

→ **Werbeklarheit:** Die Werbebotschaft soll leicht verständlich, schnell erfassbar, übersichtlich, unmissverständlich und eindeutig sein. Sie darf nicht erklärungsbedürftig sein und muss sich nachhaltig einprägen. Gelegentlich wird vom Grundsatz der Klarheit zugunsten der Originalität abgewichen.

→ **Werbewahrheit:** Die Werbeaussagen sollen der Wahrheit entsprechen, sie sollen sachlich richtig informieren. Irreführende Angaben sind nach dem Gesetz gegen den unlauteren Wettbewerb (UWG) verboten.

→ **Wirtschaftlichkeit:** Werbewirksamkeit, Werbeerfolg und Werbekosten müssen in einem vertretbaren Verhältnis stehen, damit die Wirtschaftlichkeit der Werbung gewährleistet ist. Der Erfolg einer Werbekampagne lässt sich in der Praxis allerdings schwer messen, da das Kaufverhalten vielen weiteren Einflussgrößen unterliegt (z. B. aktuelles Budget, Stimmung, Wetter).

> „50 Prozent bei der Werbung sind immer rausgeworfen. Man weiß bloß nicht, welche Hälfte das ist."
> **Henry Ford**

Bekannte und beliebte Werbesprüche

1. Nichts ist unmöglich.
2. Damit Sie auch noch morgen kraftvoll zubeißen können.
3. Waschmaschinen leben länger mit …
4. Die wahrscheinlich längste Praline der Welt.
5. Für das Beste im Mann.
6. …, dass es dich gibt.
7. Alles … oder was?
8. Have a break, have a …
9. Morgens halb zehn in Deutschland.
10. Vorsprung durch Technik.
11. Geiz ist geil.
12. Ich bin doch nicht blöd.
13. … macht Kinder froh.
14. Sind sie zu stark, bist du zu schwach.
15. Wohnst du noch oder lebst du schon?
16. Just do it.
17. Think different.
18. Alle reden vom Wetter. Wir nicht.
19. Quadratisch. Praktisch. Gut.
20. Wir geben Ihrer Zukunft ein Zuhause.
21. … verleiht Flügel.
22. Gute Preise. Gute Besserung.
23. Taste the feeling.
24. Geschmack ist King!
25. Große Marken, kleine Preise.

1. Toyota
2. Blend a med
3. Calgon
4. Duplo
5. Gillette
6. Merci
7. Müller-Milch
8. KITKAT
9. Knoppers
10. Audi
11. Saturn
12. MediaMarkt
13. Haribo
14. Fisherman's Friend
15. Ikea
16. Nike
17. Apple
18. Deutsche Bahn
19. Ritter Sport Schokolade
20. LBS Bausparkasse
21. Red Bull
22. Ratiopharm
23. Coca Cola
24. Burger King
25. dm

ratiopharm

Gute Preise. Gute Besserung.

© ratiopharm GmbH

■ Formen der Absatzwerbung

Die Vielfalt möglicher Formen der Absatzwerbung lässt sich unter den folgenden Gesichtspunkten systematisieren.

Unterscheidungs-gesichtspunkte	Formen	Erläuterungen
Ziele der Werbung	**Einführungswerbung**	Kunden sollen für ein neues Produkt geworben werden.
	Expansionswerbung	Umsätze oder Marktanteile sollen gesteigert werden.
	Erinnerungswerbung	Bekanntheitsgrad, Image und Kundenstamm sollen erhalten werden.

Unterscheidungs-gesichtspunkte	Formen	Erläuterungen
Gegenstand der Werbung	Produktwerbung	Einzelprodukte sind Gegenstand der
	Sortimentswerbung	Das Gesamtsortiment oder Teilsortimente stehen im Mittelpunkt der Werbung.
	Firmenwerbung	Der Bekanntheitsgrad und die Leistungsfähigkeit der Unternehmung als Ganzes sollen besonders gesteigert werden.
Zahl der Werbenden	Einzelwerbung	Ein Anbieter wirbt für seine Produkte.
	Kollektivwerbung	Mehrere Anbieter werben gemeinsam für ihr Leistungsangebot.
Zahl der Umworbenen	Direktwerbung	Die Werbung ist auf bestimmte, adressierte Personen gerichtet.
	Massenwerbung	Abgrenzbare, aber anonyme Kundengruppen werden zielgerichtet umworben, z. B. über Zeitungen, Zeitungsbeilagen, Wurfsendungen, Fernsehspots.
Werbebotschaft	informative Werbung	Informationen über z. B. Eigenschaften, Preis, Nutzen werden gegeben (rationale Werbung).
	suggestive Werbung	Es stehen Leitbilder im Vordergrund, die glauben machen sollen, dass der Besitz oder Gebrauch eines Produktes tiefer liegende Wünsche und Sehnsüchte wie Freiheit, Zuneigung und Anerkennung erfüllt (emotionale Werbung).
Art des Unternehmens	Herstellerwerbung	Die Werbung geht vom Hersteller aus, Händler und/oder Verbraucher sind Ziel der Werbeaktionen.
	Handelswerbung	Die Werbung geht vom Händler aus. Zielgruppen sind Verbraucher.

■ Werbeplan

Erfolgreich Werbung zu betreiben ist zeit- und kostenaufwändig. Es ist daher nicht sinnvoll, Werbung ohne sorgfältige Zielbestimmung, genaue Planung und Koordination mit den übrigen Marketinginstrumenten durchzuführen.

In der Werbeplanung werden alle Planungsprozesse für eine Werbemaßnahme koordiniert. Die Planung erfolgt unter Berücksichtigung eines definierten Werbeetats, der – nach Bereitstellung eines Budgets für die Gesamtmaßnahme – eine Verteilung der Geldmittel für die einzelnen Werbeaktivitäten vorsieht. Die Planung von konkreten Maßnahmen wird dabei durch zentrale Fragestellungen angeleitet. Diese Fragestellungen können nicht in einer strengen Reihenfolge abgearbeitet werden, sie sind „vernetzt" und fordern eine entsprechende Bearbeitung (z. B. Berücksichtigung von „Rückwirkungen").

Elemente des Werbeplans		
Fragestellungen	**Elemente**	**Erläuterungen (Beispiele)**
Wozu wird geworben?	**Werbeziel**	Da Werbung i. d. R. Kosten verursacht, sollte festgelegt sein, was man zu erreichen erhofft, also z. B. Produkt etablieren, Bekanntheitsgrad des Produktes steigern oder Produkt in Erinnerung bringen.
Wofür wird geworben?	**Werbeobjekt**	Nicht alle Produkte eines Unternehmens können gleichzeitig beworben werden. Deshalb ist zu klären: Für welches Produkt soll geworben werden? Oder soll für Produktgruppen bzw. für das Unternehmen als Ganzes geworben werden?
Wer soll umworben werden?	**Streukreis (Werbesubjekt)**	Damit die Werbung die „Richtigen" erreicht und Streuverluste so möglichst vermieden werden, ist die **Zielgruppe**, die umworben werden soll, festzulegen und möglichst genau zu definieren, z. B. Senioren, junge Väter, Besserverdienende, Freizeitsportler.
Was soll vermittelt werden?	**Werbebotschaft**	Hier ist zu entscheiden, was der Zielgruppe durch die Werbung mitgeteilt werden soll. Das Produkt sollte vom potenziellen Nachfrager eindeutig identifiziert werden können, z. B. durch einen einprägsamen Namen, durch ein Markenzeichen, ein Logo bzw. Symbol oder einen Slogan. Gleichzeitig muss der Zielgruppe durch die Werbebotschaft ein besonderer Nutzen (Grund- und Zusatznutzen) des Produktes mitgeteilt werden. Ebenso ist zu bestimmen, wie die Botschaft präsentiert werden soll, z. B. durch Auswahl geeigneter Sprache, Farben oder Sounds.
Welche Werbeformen sollen in welchen **Medien** genutzt werden?	**Werbemittel** und **Werbeträger**	Mit **Werbemitteln** werden die Werbebotschaften an die Abnehmer herangetragen. Mögliche Werbemittel sind z. B. Anzeigen/Inserate/Beilagen, Fernseh-, Kino- und Rundfunkspots, Plakate, Prospekte, Kataloge, Werbebriefe, Bandenwerbung bei Sportveranstaltungen etc. Die **Medien**, die die Werbemittel an die Zielgruppen herantragen, heißen **Werbeträger**. Durch sie sollen die in den Werbemitteln enthaltenen Werbebotschaften gestreut werden. Als Werbeträger stehen entsprechend zur Auswahl z. B. Internetseiten, Printmedien, Plakatwände/Litfaßsäulen, Schaufenster, Fernsehen, Radio.
Wann, wie oft und **wie lange** soll geworben werden?	**Streuzeit**	Zur Definition der Streuzeit werden u. a. Beginn und Dauer sowie Häufigkeit der Werbung kalendermäßig festgelegt, z. B. jedes Wochenende während der Saison, Gelegenheitswerbung/Dauerwerbung.
Wo soll geworben werden?	**Streugebiet**	Der geographische Raum, in dem die Werbung geschaltet wird, ist einzugrenzen (z. B. bundesweit oder begrenzte Region). Häufig bestimmt das Streugebiet die Auswahl der Werbemittel.
Welche **Geldmittel** stehen zur Verfügung?	**Werbeetat**	Bei der Aufstellung des Werbeplans muss berücksichtigt werden, welcher Finanzrahmen (Budget) zur Verfügung steht, sonst läuft jeder noch so gute Plan ins Leere!

©Coca-Cola Deutschland

■ Werbemittel und Werbeträger

Die Entscheidung für eine bestimmte Werbeform ist auch für die Auswahl der Werbemittel und Werbeträger bedeutsam. So werden die Autohändler einer Stadt/Straße in der Regel nicht in überregionalen Zeitungen und Zeitschriften, Rundfunk und Fernsehprogrammen werben – wohl aber möglicherweise in Regionalbeiträgen oder im Regionalfunk/-fernsehen.

Werbemittel und **Werbeträger** sind eng miteinander verbunden, denn die Auswahl des Werbeträgers wird wesentlich durch das Werbemittel bestimmt. Auf Werbemitteln (z. B. Anzeigen, Plakate) ist die Werbebotschaft platziert, die durch Werbeträger (z. B. Zeitungen, Litfaßsäulen) zu den Konsumenten getragen wird. Werbemittel und Werbeträger sind nicht immer trennscharf voneinander zu unterscheiden, z. B. kann ein Prospekt sowohl Werbemittel als auch Werbeträger sein.

Beispiel

Werbemittel mit möglichen Werbeträgern:

Werbemittel	Werbeträger	Werbemittel	Werbeträger
Plakat	Litfaßsäulen, Plakatwände	Firmenaufdruck	Einkaufstasche, Lieferfahrzeug
Hörfunkspot, Fernsehspot	Radio, Fernsehen	Werbefilme	Kino
Anzeige	Internetseiten, Zeitungen, Zeitschriften	Warenauslage	Schaufenster
		Webseiten, Pop-Ups	Internet
Werbebriefe, Mailings	Briefsendungen, Internet	Social Media	Internet

Werbung in Deutschland

**Werbeeinnahmen der Medien
2019: 32,6 Milliarden Euro
(+ 1,9 % gegenüber 2018)**
davon

*Veränderung gegenüber
2018 in Prozent*

Fernsehen	15,6 Mrd. €	+ 0,6 %
Zeitungen	4,9	- 0,1
Online*	3,8	+ 7,9
Publikumszeitschriften	3,2	- 2,2
Plakat u. a.	2,5	+ 13,1
Radio	2,0	+ 1,6
Fachzeitschriften	0,4	- 3,9
Kino	0,2	+ 16,2

NEU!
Angebot!
-20%!
Aktion

Quelle: Nielsen   *vorläufig   Stand Januar 2020   © **Globus** 13745

■ Gestaltung eines Werbebriefs als Serienbrief[1]

Ein professionell gestalteter Werbebrief erzielt Aufmerksamkeit bei den Umworbenen und löst positive Reaktionen aus. Sein grundlegendes Ziel ist es, Umsätze zu steigern oder bei angespannter Marktlage zumindest zu stabilisieren. Dazu kann ein Umwerben des Kundenstamms oder von Neukunden beitragen.

Aufgrund seines guten Preis-Leistungs-Verhältnisses stellt der **Werbebrief** ein **kostengünstiges, effektives Werbemittel** dar. Als Serienbrief kann er computerbasiert an viele Empfänger versendet werden.

Beispiel

Die Markgraf Brunnen GmbH bewirbt bei ihren Stammkunden als Produktneuheit eine ökologisch produzierte und fair gehandelte Orangenlimonade.

Da an alle Stammkunden der gleiche Text verschickt werden soll, entscheidet sich die Markgraf Brunnen GmbH für einen Serienbrief. Nur die Anschrift, die Anrede und eine geschlechtsspezifische Bezeichnung im Text sind variabel. Der endgültige Serienbrief an die drei beispielhaften Kunden sieht folgendermaßen aus:

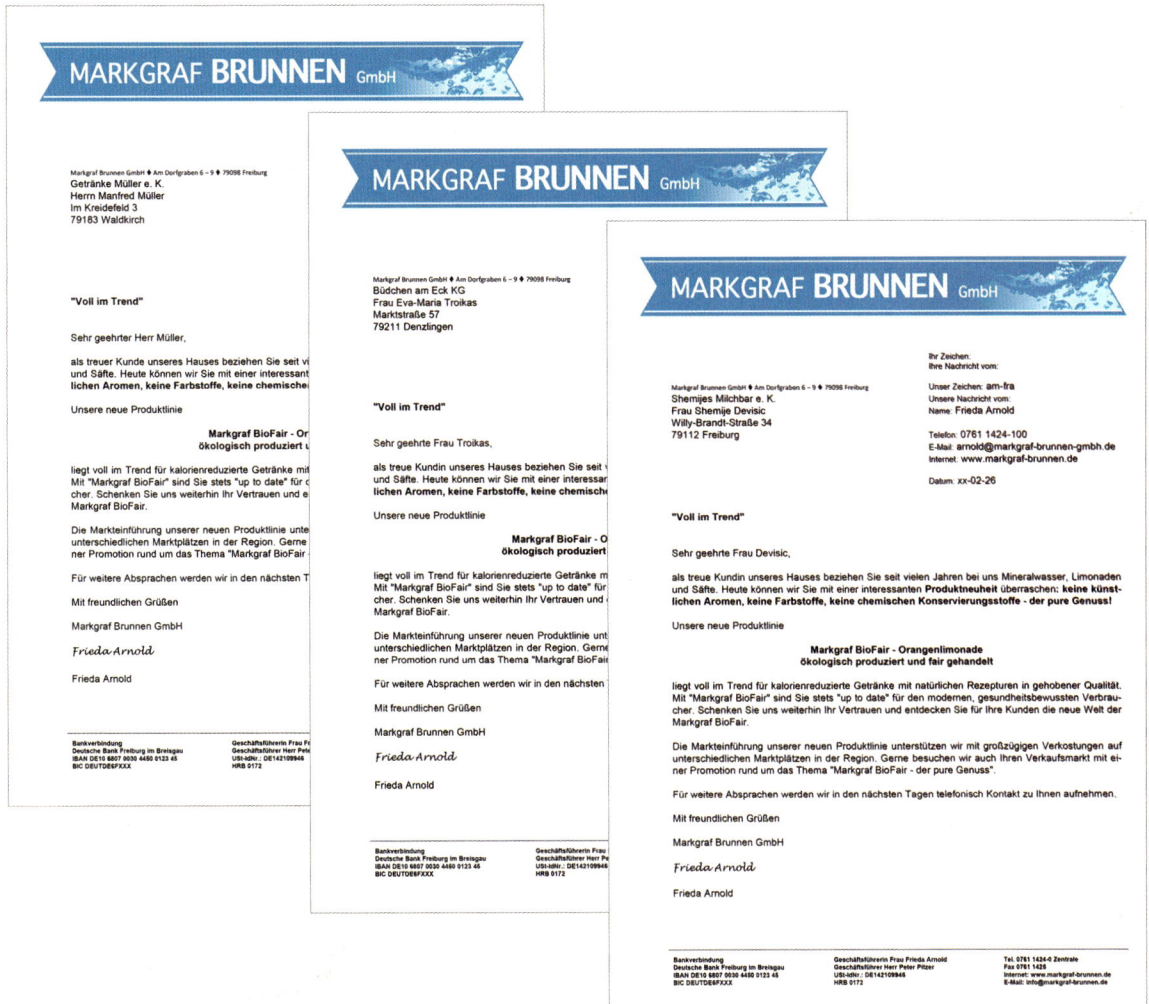

---

[1] Eine ausführlichere Anleitung zur Erstellung von Serienbriefen enthält der ebenfalls in der Reihe „Büro 2.1" erschienene Band „Informationsverarbeitung Word – PowerPoint".

Vorgehensweise

Ein Serienbrief besteht aus zwei Dateien, die zusammengeführt werden. Die **Datenquelle** enthält alle **variablen Angaben** (z. B. Anrede, Vorname, Nachname), das **Hauptdokument** den eigentlichen Brieftext.

Es ist sinnvoll, die Datenquelle vorab zu erstellen und zu speichern. Wenn Sie dann den Seriendruck (Kartenreiter: Sendungen) starten, können Sie (unter Empfänger auswählen – Vorhandene Liste verwenden …) auf die vorhandene Datenquelle zugreifen.

Beispiel

Beispiel für eine **Datenquelle** in Word oder Excel:

Firma	Vorname	Name	Geschlecht	Straße	PLZ	Ort	
							← Seriendruckfelder
Getränke Müller e. K.	Manfred	Müller	m	Im Kredefeld 3	79183	Waldkirch	← 1. Datensatz
Büdchen am Eck KG	Eva-Maria	Troikas	w	Marktstraße 57	79211	Denzlingen	← 2. Datensatz
Shemijes Milchbar e. K.	Shemije	Devisic	w	Willy-Brandt-Straße 34	79112	Freiburg	← 3. Datensatz

In Zeile 1 der Datenquelle werden Spaltenbezeichnungen (z. B. Firma, Vorname und Name) festgelegt, die im Hauptdokument als Seriendruckfelder eingefügt werden. Ab Zeile 2 werden in der Datenquelle die sogenannten Datensätze erfasst. Für jeden **Datensatz** wird eine Zeile verwendet.

Der eigentliche Brieftext wird als Hauptdokument in Word erstellt. Dazu öffnen Sie den Geschäftsbriefvordruck und erstellen den gewünschten Text. Die variablen Angaben werden als stellvertretende Seriendruckfelder (Kartenreiter: Sendungen, Schreib- und Einfügefelder, Seriendruckfelder einfügen) in das Hauptdokument eingefügt. Word ersetzt die Seriendruckfelder beim Druck der Briefe automatisch durch Informationen aus der sogenannten Datenquelle (= Datenbank in Word, Excel oder Access) oder einer Outlook-Kontaktliste (gehen Sie über „Empfänger auswählen – Aus Outlook-Kontakten auswählen").

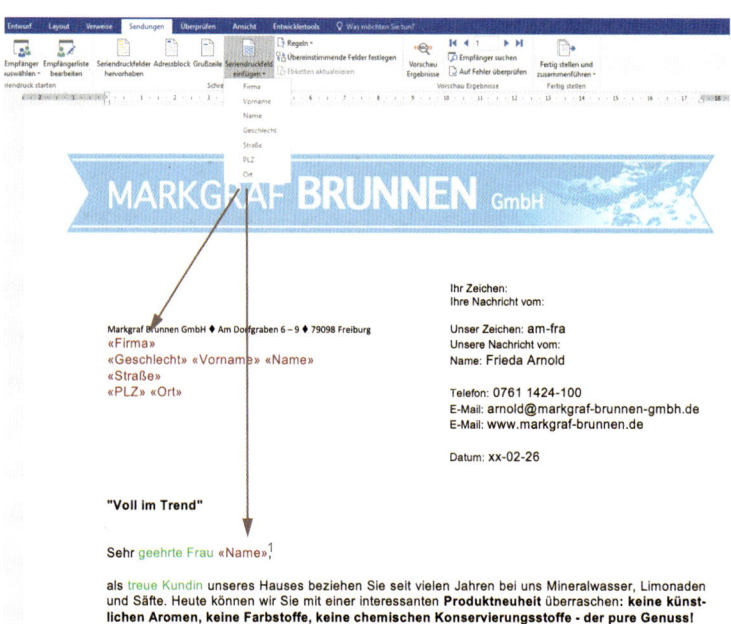

---

[1] Bei der abgebildeten Ansicht handelt es sich um die Darstellung bei aktivierten Feldfunktionen. Aus Gründen der Übersichtlichkeit wird auf die genaue Darstellung der Bedingungsfelder verzichtet. Eine genaue und vollständige Darstellung befindet sich in Kapitel 5 des Lehrwerks „Büro 2.1 Informationsverarbeitung Word – PowerPoint".

©Syda Productions-fotolia.com

Für eine rationelle Bearbeitung der Anrede im Hauptdokument wird mit der Bedingung „Wenn ... Dann ... Sonst" gearbeitet.

In unserem Beispiel ist die Anrede in der Anschrift (wahlweise Herrn/Frau) und die Anrede im Brieftext (wahlweise geehrter Herr/geehrte Frau) so bearbeitet.

Wählen Sie den Menüpunkt Sendungen – Schreib- und Einfügefelder – Regeln – Wenn-dann-sonst. Wählen Sie unter Feldname „Geschlecht" ①, als Vergleich geben Sie „gleich" ② ein. Ihr Vergleichskriterium ist „m" ③. Sollte sich „m" für männlich im entsprechenden Datenfeld befinden (→ Dann), wird automatisch der Text „Herrn" ④ eingefügt. In allen anderen Fällen (→ Sonst) wird „Frau" ⑤ eingefügt.

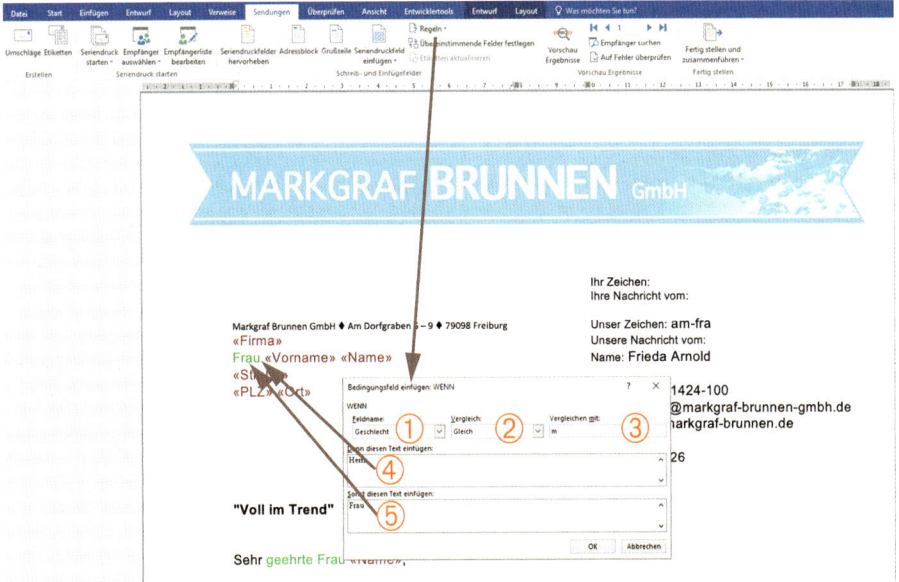

Zusammenfassung

Zusammenfassung zur Serienbriefbearbeitung

- Geschäftsbriefvordruck öffnen und Serienbrieffunktion aufrufen (Sendungen – Seriendruck starten – Briefe).
- Geschäftsbrief mit Datenquelle verbinden (Sendungen – Seriendruck starten – Empfänger auswählen – Vorhandene Liste verwenden ... – im entsprechenden Verzeichnis die Datenquelle auswählen).
- Seriendruckfelder für die Anschrift einfügen. Für die Anrede eine Bedingung formulieren.
- Info-Block im Geschäftsbriefvordruck normgerecht ausfüllen.
- Betreff formulieren und normgerecht gestalten.
- Anrede (mit Bedingung) im Text erstellen.
- Nach der Anrede den Brieftext erfassen bzw. formulieren. Auf normgerechte Absatzgestaltung und Randausgleich achten.
- Evtl. weitere Seriendruckfelder einfügen.
- Fertigen Brief als Hauptdokument (Word-Datei) speichern.
- Seriendruck an alle Empfänger über „Fertig stellen und zusammenführen" anfertigen.
- Druck eines einzelnen Datensatzes: Datensatz auswählen und einen normalen Dokumentendruck einleiten.

„Wenn Sie einen Dollar in Ihr Unternehmen stecken wollen, so müssen Sie einen weiteren bereithalten, um das bekannt zu machen."
Henry Ford

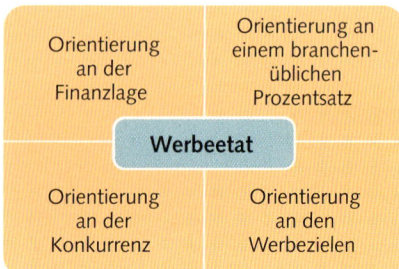

■ Werbeetat

Für Planung und Durchführung von einzelnen Werbemaßnahmen ist häufig der Werbeetat die ausschlaggebende Richtgröße. Der Werbeaufwand muss in einem wirtschaftlich sinnvollen Verhältnis zu den Werbezielen stehen. Die Praxis hat aber in der Regel keine oder nur ungenügende Anhaltspunkte für die ursächlichen Wirkungsverhältnisse von Werbeaufwand und Werbeerfolg.

Aufgrund der Werbeforschung vermutet man, dass bis zu 80 % des Werbeerfolgs durch 20 % des eingesetzten Werbeaufwands erzielt werden.

Die besonders erfolgreichen Teile zu ermitteln, um mit geringeren Werbekosten den annähernd gleichen Erfolg zu erzielen, fällt aber schwer. Deshalb werden andere Orientierungsgrößen gesucht, an denen die Höhe des Werbeetats auszurichten ist (vgl. Grafik links).

■ Werbeerfolgskontrolle

Nach Durchführung einer Werbeaktion soll die Werbeerfolgskontrolle darüber Aufschluss geben, ob die Werbemaßnahme den gewünschten Erfolg erzielt hat. Maßstab sind die bereits in der Werbeplanung festgelegten Sollwerte (Werbeziele).

Eine Werbeerfolgskontrolle ist in der Praxis schwierig, weil kaum nachvollziehbar ist, welche Maßnahmen sich wie, in welchem Zeitraum und in welcher Höhe in der jeweiligen Situation ausgewirkt haben. Andere Ereignisse, die z. B. von Gesetzesänderungen oder Wirtschaftsentwicklungen (Konjunktur, Konkurrenz), von Wertewandel oder abrupten Verhaltensänderungen der Konsumenten oder von der Werbung der Konkurrenz ausgehen, sind kaum zu quantifizieren. Sie wirken jedoch auf den Werbeerfolg.

Werbeerfolg (Werberendite)

$$= \frac{\text{Umsatzsteigerung}}{\text{Werbekosten}} \cdot 100$$

In der Werbeerfolgskontrolle lassen sich nur solche Tatbestände messen, die zuvor als quantifizierbare Ziele präzise formuliert wurden. Solche Ziele sind z. B.

→ Umsatzsteigerung von 5 Prozent in den nächsten sechs Monaten,

→ Steigerung der Kundenkontakte auf der Frühjahrsmesse um 100 Kunden,

→ Erhöhung des Artikelumsatzes auf 8 Prozent vom Gesamtumsatz,

→ Erlangen der Marktführerschaft für den neu einzuführenden Artikel innerhalb von 2 Jahren,

→ Erhalten des Marktanteils angesichts einer Werbeoffensive der Konkurrenz.

Vergleichszahlen erhält man dazu aus eigenen oder externen Statistiken, Aufzeichnungen oder aus der Branchenberichterstattung.

Einige Werbeziele richten sich auf Einstellungsänderung der Verbraucher; diese Ziele sind nicht in Zahlen zu messen. Die dadurch auch nicht unmittelbar in Zahlen messbaren Auswirkungen können durch Meinungsumfragen und Imageanalysen im Rahmen der Marktforschung untersucht werden.

3.3.2 Verkaufsförderung (Sales Promotion)

Die Verkaufsförderung nimmt im Rahmen der Kommunikationspolitik neben der Werbung einen immer wichtigeren Platz ein. Der Kosten-Nutzen-Vergleich scheint hier besser messbar und effektiver zu sein als bei anderen Maßnahmen zur Steigerung des Absatzes.

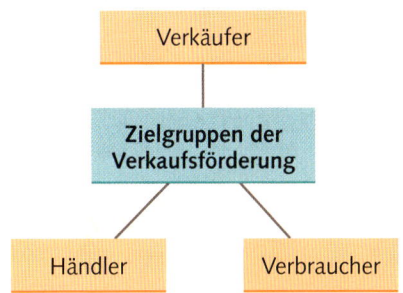

Merke

Unter **Verkaufsförderung** (Sales Promotion) versteht man alle Maßnahmen zur Förderung und Unterstützung der am Verkaufsprozess Beteiligten. Es geht darum, die Bedingungen des Verkaufs oder der Vertragsverhandlungen positiv zu beeinflussen.

Die Verkaufsförderung erstreckt sich vornehmlich auf drei Gruppen:

■ Verkäuferpromotion

Der Verkäufer muss sich als hilfreicher Vermittler bei der Erfüllung der Kundenwünsche verstehen. Deshalb werden Maßnahmen getroffen, um die Leistungsfähigkeit der Mitarbeiter, die im direkten Kontakt mit dem Kunden stehen, zu verstärken.

Beispiel

Schulungen für Verkäufer vermitteln absatzfördernde Kenntnisse und Fertigkeiten; Muster, Proben und Prospekte werden bereitgestellt und Prämien- bzw. Provisionssysteme aufgebaut.

■ Händlerpromotion

Die Hersteller sind bemüht, ihre Produkte in die Regale der Händler zu bringen. Dass Händler bzw. Handelsketten die Produkte kaufen gelingt eher, wenn zu den Produkten umfangreiche Unterstützungsleistungen für die Händler angeboten werden.

Beispiel

Es werden Informations- und Schulungsveranstaltungen für den Händler durchgeführt, Werbematerialen oder auffällige Displays zur Verfügung gestellt und gesonderte Preis- und Lieferkonditionen bzw. Alleinvertriebsrechte angeboten.

■ Verbraucherpromotion

Die Absatzwerbung versucht im Allgemeinen, den Kunden an die Ware heranzuführen. Verbraucherpromotion verfolgt in erster Linie den umgekehrten Weg, sie bringt die Ware direkt mit den Kunden in Kontakt.

Beispiel

Waren des Lebensmittelbereichs werden an Probierständen angeboten. Produktproben werden verteilt. Oder: Es wird versucht, Kaufanreize durch Gewinnspiele, Verlosungen und Werbegeschenke zu schaffen.

3.3.3 Öffentlichkeitsarbeit (Public Relations)

©xxxxx

Die **Öffentlichkeitsarbeit** ist als absatzpolitisches Instrument in die Kommunikationspolitik eingebunden und soll die Absatzwerbung zur Gewinnung von Vertrauen und Wohlwollen verstärken. Sie wird auch als **Imagewerbung** bezeichnet.

Merke

Unter Öffentlichkeitsarbeit (Public Relations) sind alle Maßnahmen zu verstehen, die das Ansehen des Unternehmens und das Vertrauen in dieses als Ganzes und in das jeweilige Betätigungsfeld in der Öffentlichkeit stärken und pflegen.

DEICHMANN-Förderpreis für Integration – Die Idee

Junge Menschen brauchen einen Beruf, der ihnen eine Perspektive bietet. Deshalb sind eine frühzeitige Unterstützung bereits im Schulalter sowie die Schaffung von Ausbildungs- und Arbeitsplätzen von elementarer Bedeutung. Auch in diesem Jahr hat der Unternehmer Heinrich Deichmann den Förderpreis ausgeschrieben. „Die Tatsache, dass immer mehr Kinder und Jugendliche mit Migrationshintergrund ihren Lebensweg in unserer Gesellschaft suchen, bringt ganz neue Herausforderungen mit sich." Darum wurde der DEICHMANN-Förderpreis in seiner Stoßrichtung erweitert und umbenannt: DEICHMANN-Förderpreis für Integration heißt der Wettbewerb jetzt. Das Preisgeld beträgt insgesamt 100.000 Euro.

Die gezielte Unterstützung junger Menschen steht ganz im Zeichen der Firmenphilosophie von DEICHMANN: Das Unternehmen muss dem Menschen dienen – so das Leitbild der Firma. 3.000 Auszubildende beschäftigt DEICHMANN derzeit.

xxxxxxx
xxxxx

Mit der Öffentlichkeitsarbeit bemüht sich das Unternehmen z. B. um den Einsatz für den Umweltschutz über sein eigenes Leistungsangebot hinaus.

Etabliert hat sich auch ein gesellschaftliches Engagement, das sich z. B. in Unterstützung von Vereinen, Schulen oder durch karitative Spenden zeigen kann.

Die **Firmenwerbung** ist von der **Öffentlichkeitsarbeit** nicht immer leicht zu unterscheiden. Doch gilt allgemein, dass bei der Öffentlichkeitsarbeit die Firma zwar häufig genannt wird, ihr Absatzziel aber bewusst in den Hintergrund tritt.

Um das Ansehen über die Produktleistungen des Unternehmens hinaus zu fördern oder zu stärken, werden nicht nur die Verbraucher angesprochen, sondern auch einzelne Personen oder Personengruppen, Vereinigungen und Institutionen, die in irgendeiner Weise in Verbindung zum Unternehmen stehen. Dazu zählen z. B. Konkurrenzunternehmen, Zulieferer, Kapitalgeber, Behörden, Kammern, Verbände, Vereine, Parteien.

Eine weitere Gruppe sind die eigenen Mitarbeiter, die über die Öffentlichkeitsarbeit Anerkennung, Motivation und Sozialprestige erlangen können, aber als Mitglieder des Unternehmens auch selbst großen Einfluss auf dessen öffentliches Ansehen haben.

Zu den Maßnahmen der Öffentlichkeitsarbeit zählen damit unter anderem:

„Tue Gutes und rede darüber!"

→ **Förderung des Gemeinwohls** durch Spenden oder Stiftungen: Mögliche Empfänger sind z. B. Vereine, Hilfefonds aller Art, Bildungswesen, Forschung, Umweltschutz, Tierschutz, Sport, Kultur, Politik;

→ **Pressearbeit** in Printmedien und Online-Medien, z. B. sozialen Netzwerken: Berichte und Reportagen über Unternehmensentwicklung, Sozial- und Umweltengagement sowie Förderprogramme und Fördereinrichtungen;

→ **Öffnung des Unternehmens:** Informationen durch Betriebsbesichtigungen, Ausstellungen, Jubiläumsfeiern, Vorträge, Vorführungen, Bildungs- und Fortbildungsveranstaltungen aus dem Tätigkeitsbereich des Unternehmens oder darüber hinaus, Beteiligung an Veranstaltungen der Berufsschule, bei Stadtteilfesten.

Beispiel

Einblicke und Erlebnisse, die Sie nicht vergessen werden

Tauchen Sie mit uns ein in die faszinierende Welt der Fahrzeugproduktion und erleben Sie im Stammwerk Wolfsburg die perfekte Symbiose aus Tradition und Moderne. Auf unseren maßgeschneiderten WerkTouren durch verschiedene Bereiche der Fertigung zeigen wir Ihnen exklusiv und hautnah, wie ein Volkswagen entsteht. Zudem bieten wir Ihnen die besten Voraussetzungen für eine erfolgreiche Veranstaltung. Nutzen Sie unsere Räumlichkeiten für ein besonderes Event – egal ob Pressekonferenz, Kongress oder Workshop.

https://www.volkswagen.de/de/marke-und-erlebnis/werkbesichtigung/werk-wolfsburg.html

Im Überschneidungsbereich von Firmenwerbung und Öffentlichkeitsarbeit ist das Sponsoring angesiedelt.

■ Sponsoring

©DOC RABE Media-fotolia.com

Sponsoring meint ein **Vertragsverhältnis** zwischen einer Unternehmung auf der einen Seite und einer Einrichtung, einem Verein oder auch einer Person auf der anderen Seite, von denen das Unternehmen eine Werbewirksamkeit (Imagewerbung) erwartet.

Sport und **Kultur** sind bisher die am stärksten etablierten Betätigungsfelder, in denen die Unternehmen mit ihren Geldern Werbekraft kaufen. So setzen Autohersteller z. B. auf Fußball, Tennis oder Segeln.
Neben dem Sportsponsoring ist auch das Kultursponsoring besonders beliebt (z. B. Fernsehsender sponsert die „Internationalen Filmfestspiele" in Berlin). Zunehmend spielt auch die Ethik in Form von **Öko- und Soziosponsoring** eine Rolle, wodurch die Unternehmen umweltbewusstes und soziales Engagement beweisen (wollen). Im Zusammenhang von Öko-Sponsoring, das eine offene Identifikation von Sponsor und Gesponsertem voraussetzt, haben sich inzwischen zahlreiche tragfähige Kooperationen zwischen Unternehmen und Umweltschutzorganisationen ausgebildet (z. B. mit der Umweltschutzorganisation WWF). Allerdings gerät ökologisch orientiertes Sponsoring gelegentlich – und leider häufig nicht zu unrecht – unter den Verdacht, sog. „Greenwashing" zu betreiben, also einen äußeren Schein z. B. von Nachhaltigkeit zu erwecken, der den ökologischen Tatsachen letztlich nicht entspricht.

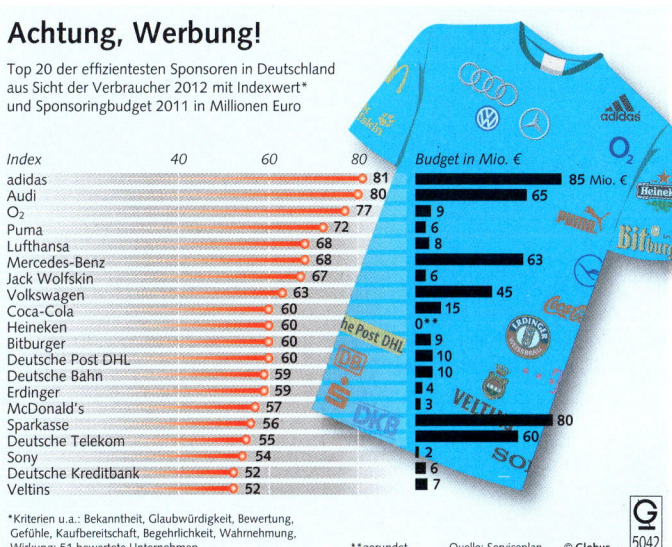

Achtung, Werbung!

Top 20 der effizientesten Sponsoren in Deutschland aus Sicht der Verbraucher 2012 mit Indexwert* und Sponsoringbudget 2011 in Millionen Euro

Index	40	60	80		Budget in Mio. €
adidas				81	85 Mio. €
Audi				80	65
O₂				77	9
Puma			72		6
Lufthansa			68		8
Mercedes-Benz			68		63
Jack Wolfskin			67		6
Volkswagen			63		45
Coca-Cola			60		15
Heineken			60		0**
Bitburger			60		9
Deutsche Post DHL			60		10
Deutsche Bahn			59		10
Erdinger			59		4
McDonald's			57		3
Sparkasse			56		80
Deutsche Telekom			55		60
Sony			54		2
Deutsche Kreditbank			52		6
Veltins			52		7

*Kriterien u.a.: Bekanntheit, Glaubwürdigkeit, Bewertung, Gefühle, Kaufbereitschaft, Begehrlichkeit, Wahrnehmung, Wirkung; 51 bewertete Unternehmen

**gerundet   Quelle: Serviceplan   © Globus 5042

Insbesondere **im regionalen Bereich** ist bei der Öffentlichkeitsarbeit und beim Sponsoring auch die **persönliche Repräsentanz** von erheblicher Bedeutung (z. B. Mitgliedschaft von Firmenrepräsentanten in Vereinen, persönliches Überreichen von Spendenschecks).

www.autobild.de

©Peggy Blume-fotolia.com

3.3.4 Moderne Marketinginstrumente der Kommunikations-politik

Die Vielfalt von Marketingmaßnahmen erfordert eine optimale Nutzung der Marketinginstrumente, damit die Streuverluste gering bleiben und das Marketingbudget gezielt eingesetzt wird. Die Auseinandersetzung mit modernen Marketinginstrumenten, die vergleichsweise wenig Kosten verursachen, wird deshalb immer wichtiger.

■ Direkt Marketing (Direct Marketing)

Unter **Direkt Marketing** versteht man eine Form der Kommunikationspolitik, die durch die gezielte **individuelle Ansprache von Kunden** gekennzeichnet ist. Unternehmen nutzen die persönliche Kundenansprache in Verbindung mit einer Aufforderung bzw. Bitte zur Antwort, um durch einen kontinuierlichen Dialog bessere Kenntnisse über ihre Kunden zu gewinnen und die Kundenbindung von Bestandskunden zu festigen.

Beispiel

Ein Getränkehersteller informiert in einem Werbebrief alle Stammkunden über eine Produktneuheit und lädt zu einer Präsentation mit Verkostung ein.

Durch den persönlichen Kontakt können auch Informationen zu speziellen Bedürfnissen von potenziellen Kunden erworben und erfolgreich zur Neukundengewinnung eingesetzt werden.

Beispiel

Ein Hersteller für Medizintechnik hat ein neues, verschleißfreies Hüftgelenk (Endoprothese) entwickelt. Alle Chefärzte von Spezialkliniken erhalten ein Probeexemplar mit Informationen und der Bitte zur Vereinbarung eines Termins mit einem Außendienstmitarbeiter.

Die **Vorteile** des Direkt Marketings liegen in der Vermeidung von Streuverlusten und der Möglichkeit einer eindeutigen Erfolgskontrolle der Maßnahmen. Entscheidend ist, dass die Zielgruppe genau identifiziert ist und die Werbemaßnahme adäquat ausgewählt wird.

Für das Direkt Marketing bieten sich vielfältige Maßnahmen an, die insbesondere entsprechend den Merkmalen der Zielgruppe (z. B. Verbraucher, Händler) ausgewählt werden. Dazu zählen u. a.:

→ Telefonwerbung,

→ E-Mail Werbung,

→ App Werbung,

→ persönlich adressierte Werbebriefe,

→ Zusendung von Warenproben,

→ Terminvereinbarungen eines Vertreters.

■ Social Media Werbung

Social Media Werbung steht für eine Form des Online Marketings, die zur Vermarktung von Produkten und zur Öffentlichkeitsarbeit soziale Netzwerke (z. B. Facebook, Twitter, Xing, Instagram, Blogs) und Plattformen (z. B. YouTube) im Internet nutzt: Sie stellt eine effektive und kostengünstige Maßnahme der Kommunikationspolitik dar.

Mithilfe sozialer Netzwerke können sich Unternehmen und Kunden vernetzen und miteinander kommunizieren, wobei der Kunde – wie bei klassischen Maßnahmen des Direktmarketings – als individuelle Persönlichkeit wahrgenommen wird. Beiträge von Unternehmen werden kommentiert, mit anderen Nutzern ausgetauscht und ggf. mit einem Feedback beantwortet. Beteiligte sind damit gleichzeitig Sender und Empfänger. Leiten Nutzer eine „besondere" Botschaft weiter, verbreitet sich diese in kurzer Zeit wie ein „Virus" im Internet: Man bezeichnet diesen Vorgang deshalb auch mit dem Begriff **„Virales Marketing".**

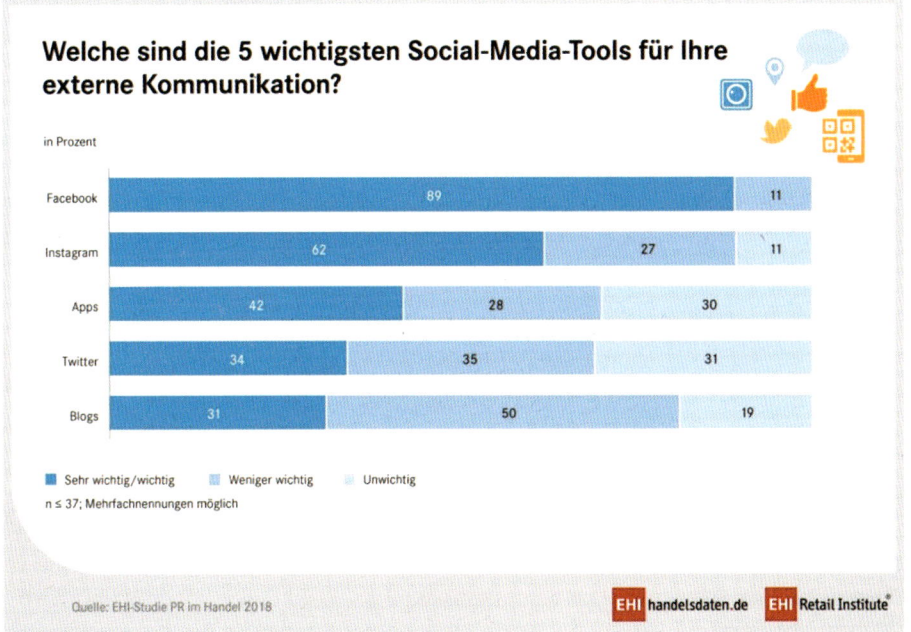

Welche sind die 5 wichtigsten Social-Media-Tools für Ihre externe Kommunikation?

in Prozent

	Sehr wichtig/wichtig	Weniger wichtig	Unwichtig
Facebook	89		11
Instagram	62	27	11
Apps	42	28	30
Twitter	34	35	31
Blogs	31	50	19

■ Sehr wichtig/wichtig   ■ Weniger wichtig   □ Unwichtig

n ≤ 37; Mehrfachnennungen möglich

Quelle: EHI-Studie PR im Handel 2018

EHI handelsdaten.de   EHI Retail Institute®

Von ihrem Social Media Marketing erhoffen sich Unternehmen in der Regel ein hohes User-Engagement, Viralität, Retweets, Likes, Shares und Follower.

Die Bewertung der Nutzer wirkt sich stark auf das Image einer Unternehmung aus. Meinungen, auch negative, können sich unkontrolliert ausbreiten. Es ist deshalb wichtig, dass Beiträge von Unternehmen aktuell und zielgruppenbezogen eingestellt werden, Kritik mit den Kunden konstruktiv kommuniziert und zu Verbesserungen genutzt wird.

©Trueffelpix-fotolia.com

Internet-Nutzer verwenden häufig Suchmaschinen (z. B. Google), um auf Webseiten aufmerksam zu werden. Unternehmen nutzen diese Vorgehensweise für ihre Marketing-Aktivitäten, indem sie mittels einer **Suchmaschinenoptimierung (SEO = Search Engine Optimization)** die eigene Webseite auf einem vorderen Platz positionieren. Durch die bessere Platzierung erreichen sie eine Steigerung der Seitenbesucher, stärken ihr Image und verschaffen sich auf diese Weise Wettbewerbsvorteile.

■ Event Marketing

©Trueffelpix-fotolia.com

Unter Event Marketing (auch Live Marketing) versteht man die systematische Planung und Durchführung von **Veranstaltungen mit einem hohen Erinnerungswert** zur Imagebildung und zur Verkaufsförderung von Produkten und Dienstleistungen. Dazu eigenen sich z. B. Messen, Verkaufsveranstaltungen und Pressekonferenzen. Typisch für ein Event Marketing sind aber neben den **informierenden Anteilen** insbesondere auch die **unterhaltenden und erlebnisorientierten Ereignisse.** Dabei handelt es sich häufig um Rahmenprogramme mit Inszenierungen aus Sport, Kultur und Showbusiness, die zu Jubiläen, Neueröffnungen, Produktvorstellungen, Tagen der offenen Tür, Mitarbeiterfesten, Jahresauftakt-Meetings, Stadtfesten u. v. a. m. veranstaltet werden. Event Marketing ist immer zielgruppenbezogen, z. B.

→ unternehmens**interne** Events (z. B. Schulungen, Seminare) für Mitarbeiter,

→ unternehmens**externe** Events (z. B. Roadshows, Sportveranstaltungen) für Kunden.

Event Marketing ist in das Gesamtkonzept der Marketing-Kommunikation eingebunden und zielt insbesondere auf die Emotionalisierung der Kunden für die Unternehmung bzw. für die Marke. Es fällt durch seine Ungewöhnlichkeit und Einzigartigkeit auf und ermöglicht so besondere Aufmerksamkeits- und Erinnerungswerte. Die aktive Einbeziehung in das Geschehen vermittelt ein gutes Gefühl, Begeisterung und Zufriedenheit und verstärkt so die **emotionale Bindung der Kunden** an das Unternehmen.

Beispiel

©ullstein bild–Nowosti

Red Bull ist eine der bekanntesten Marken mit einem unvergleichlichen Event Marketing. Der Brausehersteller veranstaltet immer wieder überraschende Events mit einer eigenen Sportwelt, mit denen der Energy-Drink in Szene gesetzt und die Marke erlebbar gemacht wird. Bekannt sind z. B. die Red Bull Flugtage: „Red Bull verleiht Flügel." Seit Jahren dominiert der Red Bull Rennstall die Formel 1. Der größte Coup des Unternehmens war aber der 2012 weltweit verfolgte Stratosphärensprung des Österreichers Felix Baumgartner aus 39 km Höhe.

3.3.5 Grenzen der Werbefreiheit

Allgegenwärtigkeit, Fülle und Vielfältigkeit von Werbung führen dazu, dass Unternehmen sich immer ausgefallenere und auffälligere Werbekampagnen einfallen lassen (müssen), damit Konsumenten sie überhaupt wahrnehmen. Werbemaßnahmen mit falschen, provozierenden, aggressiven, sexistischen oder extrem schockierenden Inhalten scheinen grenzenlos zu sein und stoßen nicht selten an rechtliche und ethische Grenzen bzw. überschreiten sie.

Die Einhaltung rechtlicher Regeln und moralischer Standards werden durch das **Wettbewerbsrecht** begrenzt und vom **Deutschen Werberat** als freiwillige Kontrollinstanz der Unternehmen überwacht.

©www.foodwatch.e.V.

Die gemeinnützige Verbraucherschutzorganisation Foodwatch lässt jedes Jahr die größte Werbelüge bestimmen und verleiht den Negativpreis **„Goldener Windbeutel".**

→ Regelungen des Wettbewerbsrechts (z. B. UWG) haben den Zweck, ungerechtfertigte Ungleichgewichte im wirtschaftlichen Wettbewerb zu verhindern und den Verbraucher gegen Irreführungen und Täuschungen zu schützen.

→ Der Deutsche Werberat befasst sich mit Beschwerden über Werbemaßnahmen, die zwar rechtlich nicht zu beanstanden sind, aber aus ethischer Sicht als verletzend empfunden werden (können).

■ Gesetz gegen den unlauteren Wettbewerb (UWG)

Das Gesetz gegen den unlauteren Wettbewerb dient dem **Schutz der Mitbewerber, der Verbraucher sowie der sonstigen Marktteilnehmer** vor unlauteren geschäftlichen Handlungen. Es schützt zugleich das Interesse der Allgemeinheit an einem unverfälschten Wettbewerb.

Merke

Unlautere geschäftliche Handlungen sind unzulässig. [...] Unlauter handelt, wer einer gesetzlichen Vorschrift zuwiderhandelt, die auch dazu bestimmt ist, im Interesse der Marktteilnehmer das Marktverhalten zu regeln, und der Verstoß geeignet ist, die Interessen von Verbrauchern, sonstigen Marktteilnehmern oder Mitbewerbern spürbar zu beeinträchtigen.

§ 3, 3a UWG

Unlautere Handlungen

§ 4 und 4a UWG beschreiben in allgemeiner Form Handlungen, die als unlauter gelten. Dazu zählen u. a.:

§ 4, 4a UWG

→ Beeinträchtigung der Entscheidungsfreiheit durch unsachliche Beeinflussung,

→ Ausnutzung eines beeinträchtigten Urteilsvermögens, z. B. bei geistiger oder körperlicher Beeinträchtigung, geschäftlicher Unerfahrenheit oder Zwangslagen,

→ gezielte Behinderung von Mitbewerbern,

→ Herabsetzung von Konkurrenten durch unwahre Behauptungen (Verunglimpfung),

→ Nachahmung eines Mitbewerbers.

©Matthias Buehner-fotolia.com

Beispiel

Verunglimpfung:
Ein Unternehmen verbreitet öffentlich, in den Obstbränden des Mitbewerbers sei der gesetzlich zugelassene Gehalt an Methylalkohol überschritten. Neutrale Laboruntersuchungen ergeben jedoch, dass die Chargen aller untersuchten Obstbrände deutlich unter den gesetzlichen Grenzwerten liegende Methylalkoholgehalte aufweisen.

Beeinträchtigung der Entscheidungsfreiheit durch unsachliche Beeinflussung:
Ein Unternehmen wirbt mit hohen Preisnachlässen wegen Geschäftsaufgabe, obwohl eine Geschäftsaufgabe nicht beabsichtigt ist.

§ 5 UWG

§ 5 Irreführungsverbot

§§§

„Unlauter handelt, wer eine irreführende geschäftliche Handlung vornimmt [...]. Eine geschäftliche Handlung ist irreführend, wenn sie unwahre Angaben [...] oder sonstige zur Täuschung geeignete Angaben [...] enthält."

Tipp

Die Rechtsprechung zur **Warenbevorratung** ist uneinheitlich. Als Richtwert gilt, dass die Bevorratung zur Befriedigung der voraussichtlichen Nachfrage für 2 Tage ausreichen muss. Andernfalls muss der Verkäufer die Angemessenheit nachweisen.

Irreführende Angaben können z. B. die Art, Ausführung, Zusammensetzung, Herkunft von Waren oder besondere Preisvorteile betreffen.

Beispiel

Ein Fahrradhändler wirbt mit einer Preissenkung. Der ursprüngliche Preis wurde allerdings nur für eine unangemessen kurze Zeit gefordert.

Zu irreführender Werbung zählt auch **Lockvogelwerbung.** Von Lockvogelwerbung spricht man, wenn günstige Waren, die im Rahmen eines Sonderverkaufs angeboten werden, nicht in angemessener Menge zur Befriedigung der zu erwartenden Nachfrage vorgehalten werden.

Beispiel

Ein Lebensmittel-Discounter bietet E-Bikes zu einem Sonderpreis von 699,00 EUR an. Es stehen aber nur 2 Räder zum Verkauf zur Verfügung.

§ 6 UWG

§ 6 Vergleichende Werbung

§§§

„Vergleichende Werbung ist jede Werbung, die [...] einen Mitbewerber oder die von einem Mitbewerber angebotenen Waren oder Dienstleistungen erkennbar macht."

Nicht jede vergleichende Werbung ist unlauter. Unter bestimmten Voraussetzungen ist vergleichende Werbung erlaubt, z. B. wenn der Vergleich sich auf Waren oder Dienstleistungen für den gleichen Bedarf oder dieselbe Zweckbestimmung bezieht, nachprüfbare und typische Eigenschaften miteinander verglichen werden, der Preisvergleich keine Verwechslungsgefahr birgt und der Mitbewerber nicht herabgesetzt wird.

Beispiel

Verbotene (unlautere) vergleichende Werbung
Ein Möbelhändler wirbt in der Tageszeitung: „Kaufen Sie bei uns. Unser Mitbewerber kann nur heiße Luft. Keine Beratung, keinen Service."

§ 7 Unzumutbare Belästigung

§§§

§ 7 UWG

„Eine geschäftliche Handlung, durch die ein Marktteilnehmer in unzumutbarer Weise belästigt wird, ist unzulässig. Dies gilt insbesondere für Werbung, obwohl erkennbar ist, dass der angesprochene Marktteilnehmer diese Werbung nicht wünscht."

Beispiel

Es ist verboten, Werbung in den Briefkasten zu legen, wenn ein deutlicher Hinweis „Keine Werbung!" dies verbietet.

Werbeanrufe gegenüber einem Verbraucher ohne dessen vorherige ausdrückliche Einwilligung sind nicht erlaubt.

Rechtsfolgen von Verstößen gegen das UWG

§ 8 UWG

§ 9 UWG

Wer vorsätzlich oder fahrlässig gegen das UWG verstößt, ist den Mitbewerbern zum **Ersatz des daraus entstehenden Schadens** verpflichtet. Weiterhin kann er zur **Beseitigung bzw. Unterlassung** gezwungen werden.

■ Werberat

Der **Deutsche Werberat** ist eine 1972 **freiwillig gegründete Institution** der werbenden Wirtschaft, des Handels, der Medien, der Agenturen, der Forschung sowie der Werbeberufe. Er hat die Aufgabe, ordnend einzugreifen, wenn Werbemaßnahmen, die nicht gegen die gesetzlichen Wettbewerbsbestimmungen verstoßen, von Verbrauchern z. B. als anstößig, herabwürdigend, diskriminierend oder religiös verletzend empfunden werden und daher unerwünscht sind. Darüber hinaus entwickelt er **grundsätzliche Verhaltensregeln** zum verantwortungsvollen Umgang mit Werbung für spezielle Bereiche (z. B. Kinder, Lebensmittel, Alkohol, Glücksspiele).

Privatpersonen, gesellschaftliche Gruppierungen oder auch politische Instanzen können sich mit Beschwerden an den Werberat wenden; er kann aber auch von sich aus tätig werden, wenn er Missstände feststellt, und schaltet bei vermuteten **Rechtsverstößen** rechtsverfolgende Instanzen ein (z. B. die Zentrale zur Bekämpfung unlauteren Wettbewerbs oder eine Staatsanwaltschaft).

Bei einer **Beanstandung** wendet sich der Werberat aber zunächst an das werbende Unternehmen mit der Aufforderung, die Kampagne entweder aus der Öffentlichkeit zu nehmen oder sie entsprechend abzuändern. Zeigt diese Aufforderung keine Wirkung, erteilt der Werberat eine **öffentliche Rüge** über die Berichterstattung der Massenmedien. Diese – aufgrund der Prangerwirkung – empfindliche Sanktion wird jedoch sehr selten eingesetzt, da die Unternehmen in der Regel schon der ersten Aufforderung Folge leisten.

Beschwerdebilanz 2019

514	279	793
Werberatsfälle	Werberat nicht zuständig	Fälle geprüfter Werbung

Beschwerdegründe 2019/2018

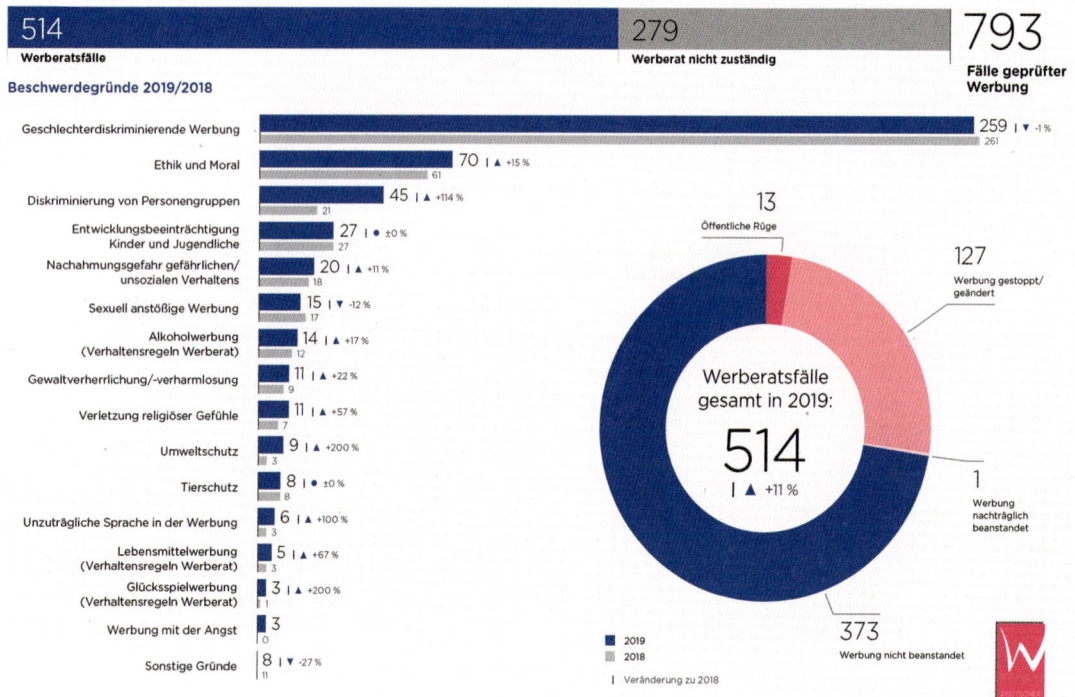

Geschlechterdiskriminierende Werbung — 259 | ▼ -1 % / 261

Ethik und Moral — 70 | ▲ +15 % / 61

Diskriminierung von Personengruppen — 45 | ▲ +114 % / 21

Entwicklungsbeeinträchtigung Kinder und Jugendliche — 27 | ● ±0 % / 27

Nachahmungsgefahr gefährlichen/ unsozialen Verhaltens — 20 | ▲ +11 % / 18

Sexuell anstößige Werbung — 15 | ▼ -12 % / 17

Alkoholwerbung (Verhaltensregeln Werberat) — 14 | ▲ +17 % / 12

Gewaltverherrlichung/-verharmlosung — 11 | ▲ +22 % / 9

Verletzung religiöser Gefühle — 11 | ▲ +57 % / 7

Umweltschutz — 9 | ▲ +200 % / 3

Tierschutz — 8 | ● ±0 % / 8

Unzuträgliche Sprache in der Werbung — 6 | ▲ +100 % / 3

Lebensmittelwerbung (Verhaltensregeln Werberat) — 5 | ▲ +67 % / 3

Glücksspielwerbung (Verhaltensregeln Werberat) — 3 | ▲ +200 % / 1

Werbung mit der Angst — 3 / 0

Sonstige Gründe — 8 | ▼ -27 % / 11

Öffentliche Rüge — 13

Werbung gestoppt/ geändert — 127

Werberatsfälle gesamt in 2019: 514 | ▲ +11 %

Werbung nachträglich beanstandet — 1

Werbung nicht beanstandet — 373

■ 2019
■ 2018
| Veränderung zu 2018

©Deutscher Werberat, Berlin

Beschwerdefälle nach Werbemitteln 2019/2018

Plakat (print/digital) — 108 | ▲ +4 % / 104

TV-Spot/TV-Trailer — 75 | ▼ -6 % / 80

Anzeige (print) — 60 | ▲ +36 % / 44

Soziale Netzwerke/Plattformen* — 55 | ▲ +22 % / 45

Fahrzeugwerbung — 39 | ▲ +15 % / 34

Display-Werbung (Internet)* — 23 | ▲ +92 % / 12

Broschüre/Prospekt/Katalog — 21 | ▲ +40 % / 15

Flyer/Postkarte/Werbebriefe — 21 | ▼ -16 % / 25

Unternehmenseigene Internetseite* — 20 | ▼ -9 % / 22

Video-Werbung (Internet)* — 19 | ▲ +19 % / 16

Radio-Spot/Radio-Trailer — 17 | ▼ -11 % / 19

Mobile-Werbung/App* — 13 | ▲ +160 % / 5

Schaufensterwerbung — 9 | ▲ +80 % / 5

Werbeaufsteller — 9 | ▲ +80 % / 5

E-Mail-Werbung — 8 | ● ±0 % / 8

Sonstige — 17 | ▼ -26 % / 23

■ 2019
■ 2018
| Veränderung zu 2018

514 Beschwerdefälle in 2019
462 in 2018

*Die verschiedenen Formen der Online-Werbung (insgesamt 130 Beschwerdefälle in 2019 gegenüber 100 in 2018) werden in fünf verschiedene Rubriken ausgewiesen: Soziale Netzwerke/Plattformen, Unternehmenseigene Internetseite, Video-Werbung, Display-Werbung (z.B. Banner) und Mobile-Werbung/App.

©Deutscher Werberat, Berlin

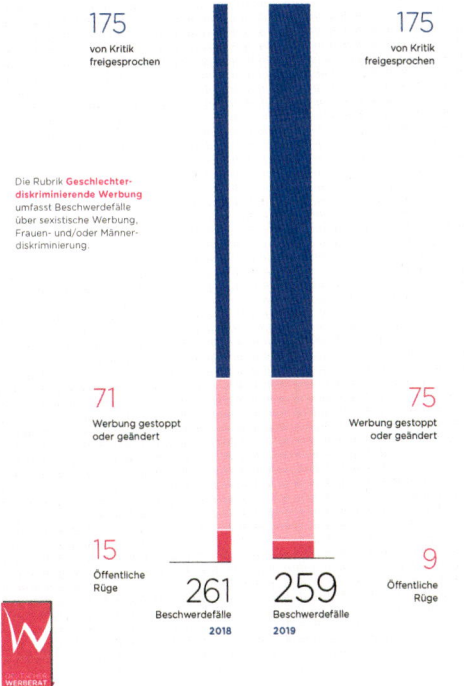

Beschwerdegrund Geschlechter-
diskriminierende Werbung 2018/2019

175
von Kritik
freigesprochen

175
von Kritik
freigesprochen

Die Rubrik **Geschlechter-
diskriminierende Werbung**
umfasst Beschwerdefälle
über sexistische Werbung,
Frauen- und/oder Männer-
diskriminierung.

71
Werbung gestoppt
oder geändert

75
Werbung gestoppt
oder geändert

15
Öffentliche
Rüge

9
Öffentliche
Rüge

261
Beschwerdefälle
2018

259
Beschwerdefälle
2019

©Deutscher Werberat, Berlin

Beispiel

Ausgewählte Beschwerdefälle aus 40 Jahren Werberat

1970er: Anzeigenwerbung für ein Automobil: „Ich träumte, ich hätte mit dem neuen Opel Manta dem Champion den Grand Prix abgejagt." Das schüre Raserei auf den Straßen. Der Hersteller stellte die Werbung nach Beanstandung durch den Werberat ein.

1980er: In einem Werbekatalog für Autozubehör war eine wenig bekleidete Frau abgebildet, kniend inmitten von Autozubehörteilen. Der Anzeigentext beschränkte sich auf die Überschrift: „Verschleißteile". Es kamen viele Proteste. Der Werberat: frauendiskriminierend.

1990er: „Lieber einen Vogel in der Anzeige als ein Tauber vor dem Radio" – Werbespruch eines Radiosenders, der wegen Diskriminierung gehörloser Mitmenschen eingestellt wurde.

2000er: Gezielt doppeldeutig war der werbende Text in einem Möbelhausprospekt „Wir nehmen Ihre 'Alte' in Zahlung und schicken sie in die Wüste." – eine Eintauschaktion gebrauchter Möbel gegen neue. Groß abgebildet war neben dem Text eine ältere Frau neben einer Sitzgarnitur. Diskriminierung älterer Menschen, befand der Werberat. Der Prospekt wurde zurückgezogen.

2010er: Mit einem gefüllten Bierglas und dem Slogan „Löscht personenbezogene Daten, zum Beispiel den Geburtstag deiner Freundin" warb eine Brauerei auf ihrem Social-Media-Kanal. Die Beschwerdeführer waren der Auffassung, die Werbung verharmlose missbräuchlichen Alkoholkonsum. Der Verweis auf die „datenlöschenden" Eigenschaften des Biers würde einen Rausch mit eventuellem Gedächtnisverlust suggerieren und auf diese Weise ebenso Alkoholmissbrauch verharmlosen wie die Bestrebungen um einen Genuss in Maßen konterkarieren. Die Brauerei nahm die virale Werbung daraufhin aus dem Umlauf.

Quellen: werberat.de/beschwerdefaelle-aus-40-jahren; werberat.de/beschwerdefalle-aus-2018

3.3.6 Zusammenfassung und Aufgaben

Absatzwerbung

Die **Absatzwerbung** umfasst alle Maßnahmen, mit denen die Unternehmung Interesse weckt, informiert, motiviert und Verhalten beeinflusst mit der Absicht, direkt oder indirekt den Absatz von Sachgütern oder Dienstleistungen zu begünstigen.

Ziele:

- Erlangen, Erhalten und Erhöhen des Bekanntheitsgrades (Bekanntheit)

- Information über Einsatzmöglichkeiten, Funktionen, Nutzen und Kosten des Produktes (Wissen)

- Stärkung des Vertrauens (Image)

- Förderung und Unterstützung der Absatzchancen (Käuferverhalten)

Grundsätze:

AIDA-Formel:

- A = Attention (Aufmerksamkeit erregen)

- I = Interest (Interesse wecken)

- D = Desire (Kaufwunsch auslösen)

- A = Action (Kauf bewirken)

Weitere Anforderungen:

- Werbewirksamkeit,

- Werbeklarheit,

- Werbewahrheit und

- Wirtschaftlichkeit.

Formen:

- Einführungswerbung, Expansionswerbung, Erinnerungswerbung

- Produktwerbung, Sortimentswerbung, Firmenwerbung

- Einzelwerbung, Kollektivwerbung

- Direktwerbung, Massenwerbung

- informative, suggestive Werbung

- Herstellerwerbung, Handelswerbung

Werbeplanung, Werbeetat und Werbeerfolgskontrolle

Elemente des Werbeplans:

- Werbeobjekt
- Werbebotschaft
- Streukreis
- Streugebiet

- Werbeziel
- Werbemittel/Werbeträger
- Streuzeit
- Werbeetat

Orientierungsgrößen für den Werbeetat:

- Finanzlage
- Branche

- Konkurrenz
- Werbeziele

Werbeerfolg: i. d. R. nur bei quantifizierbaren Zielen messbar (z. B. Werbekosten im Verhältnis zu Umsatzsteigerungen)

Verkaufsförderung (Sales Promotion)

Unter **Verkaufsförderung** (Sales Promotion) versteht man alle Maßnahmen zur Förderung und Unterstützung der am Verkaufsprozess Beteiligten:

- **Verkäuferpromotion:** Maßnahmen zur Steigerung der Leistungsfähigkeit der Verkäufer mit direktem Kundenkontakt (z. B. Schulungen)

- **Händlerpromotion:** besondere Unterstützungsangebote für die Händler (z. B. Informationsveranstaltungen, Werbematerial)

- **Verbraucherpromotion:** Maßnahmen, mit denen die Ware in Kontakt mit den Käufern gebracht wird (z. B. Probierstände)

Öffentlichkeitsarbeit (Public Relations)

Unter **Öffentlichkeitsarbeit** (Public Relations) sind alle Maßnahmen zu verstehen, die das Ansehen des Unternehmens und das Vertrauen in dieses als Ganzes und in das jeweilige Betätigungsfeld in der Öffentlichkeit stärken und pflegen:

- Förderung des Gemeinwohls durch Spenden oder Stiftungen,

- Pressearbeit (z. B. Sozial- und Umweltengagement),

- Öffnung des Unternehmens (z. B. Betriebsbesichtigungen).

Sponsoring meint ein Vertragsverhältnis zwischen einem Unternehmen auf der einen und einer Einrichtung, einem Verein oder auch einer Person auf der anderen Seite, von denen das Unternehmen eine Werbewirksamkeit (Imagewerbung) erwartet, z. B.:

- Öko- und Soziosponsoring

- Sportsponsoring

- Kultursponsoring

Moderne Marketinginstrumente der Kommunikationspolitik

Unter **Direkt Marketing** versteht man eine Form der Kommunikationspolitik, die durch die gezielte individuelle Ansprache von Kunden gekennzeichnet ist.

Maßnahmen z. B.:

- Telefonwerbung
- persönlich adressierte Werbebriefe
- E-Mail Werbung
- App Werbung
- Zusendung von Warenproben
- Terminvereinbarungen eines Vertreters

Social Media Werbung steht für eine Form des Online-Marketings, die zur Vermarktung von Produkten und zur Öffentlichkeitsarbeit soziale Netzwerke und Plattformen im Internet einsetzt, z. B.:

- Facebook
- Twitter
- Xing
- Instagram
- YouTube
- Google (mit Suchmaschinenoptimierung)

Unter **Event Marketing** versteht man Veranstaltungen mit einem hohen Erinnerungswert zur Imagebildung und zur Verkaufsförderung, z. B.:

- unternehmensinterne Events für Mitarbeiter (z. B. Schulungen, Seminare an besonderen Orten)

- unternehmensexterne Events für Kunden (z. B. Roadshows, Sportveranstaltungen)

Grenzen der Werbefreiheit

Gesetz gegen den unlauteren Wettbewerb (UWG)

Das Gesetz dient dem Schutz der Mitbewerber, der Verbraucher sowie der sonstigen Marktteilnehmer.

- Unzulässigkeit von unlauteren Handlungen (z. B. Herabsetzung von Konkurrenten durch unwahre Behauptungen)

- Irreführungsverbot (z. B. unwahre Angaben über Herkunft der Ware)

- vergleichende Werbung (z. B. bei Herabsetzung des Mitbewerbers verboten, bei Preisvergleichen ohne Verwechslungsgefahr erlaubt)

- Verbot unzumutbarer Belästigung (z. B. Werbeanrufe ohne Einwilligung)

Werberat

Der **Deutsche Werberat** hat die Aufgabe, ordnend einzugreifen, wenn Werbemaßnahmen, die nicht gegen die gesetzlichen Wettbewerbsbestimmungen verstoßen, von Verbrauchern z. B. als anstößig, herabwürdigend, diskriminierend oder religiös verletzend empfunden werden und daher unerwünscht sind.

Aufgaben

1. Prüfen Sie folgende Aussagen auf ihre Richtigkeit. Die Antwort ist jeweils zu begründen.

   (1) Werbeziele sind vornehmlich auf den Bekanntheitsgrad von Produkten ausgerichtet.

   (2) Bei der Firmenwerbung stehen Einzelprodukte als Gegenstand der Werbung im Vordergrund.

   (3) Die Begriffe „Werbemittel" und „Werbeträger" haben die gleiche Bedeutung.

   (4) Der Werbeetat orientiert sich ausschließlich an der Finanzlage.

   (5) Im Zusammenhang mit einem Werbeplan versteht man unter Streukreis die Zielpersonen bzw. Zielgruppen der Werbemaßnahme.

   (6) Der Werbeerfolg einer Werbemaßnahme ist i. d. R. eindeutig messbar.

   (7) Öffentlichkeitsarbeit ist auch unter dem Begriff „Sales Promotion" bekannt.

   (8) Firmenwerbung, Verkaufsförderung und Öffentlichkeitsarbeit eines Unternehmens lassen sich nicht immer klar voneinander abgrenzen.

   (9) E-Mail Werbung ist eine Form des Direkt Marketings.

   (10) Unternehmen nutzen für Werbemaßnahmen verstärkt soziale Netzwerke.

   (11) Das UWG schützt nur Verbraucher, nicht Unternehmer.

   (12) Der Werbeslogan eines Herstellers von PCs empfiehlt: „Drei Dinge soll man nicht verleihen. Freundin, Auto und den X." Dieser Slogan ist unter wettbewerbsrechtlichen Gesichtspunkten unbedenklich.

2. Erklären Sie die AIDA-Formel und nennen Sie zwei weitere Grundsätze der Absatzwerbung.

3. Bestimmen Sie jeweils, um welche Form der Werbung es sich handelt:
   - Kunden sollen für ein neues Produkt geworben werden.
   - Die Werbung ist auf bestimmte, adressierte Personen gerichtet.
   - Die Werbung geht vom Händler aus.
   - Bekanntheitsgrad, Image und Kundenstamm sollen erhalten werden.

4. Beschreiben Sie für eine Werbemaßnahme Ihres Ausbildungsbetriebes die Werbemittel und Werbeträger.

5. Unterscheiden Sie die folgenden Begriffe eines Werbeplans: Streukreis, Streuzeit und Streugebiet.

6. Erläutern Sie, wie man Werbeerfolg messen kann.

7. Schildern Sie Maßnahmen von Sales Promotion in Ihrem Ausbildungsbetrieb.

8. Finden Sie heraus, von welchen Unternehmen Ihr Lieblingsverein (z. B. Bundesliga Fußball) gesponsert wird.

9. Nennen Sie konkrete Beispiele für Maßnahmen des Direkt Marketings.

10. Erklären Sie im Zusammenhang mit Social Media Werbung die Begriffe „Virales Marketing" und „Suchmaschinenoptimierung".

11. Prüfen Sie, ob in den folgenden Fällen ein Verstoß gegen Wettbewerbsbestimmungen vorliegt:

    - Werbeaussage eines Anbieters: „Kaufen Sie das Original, nicht die Kopie."
    - Durch Anzeigenkampagne herausgestellte Sonderangebote, die nur für einen Montag von 8:00 Uhr bis 8:30 Uhr gelten
    - Gewinnspiel mit einem Kassenbon als Teilnahmelos
    - Unaufgeforderte werbende Telefonanrufe
    - Werbung eines Elektrogeräte-Händlers mit dem Slogan: **„WIR** liefern nicht nur frei Haus, **WIR** stellen Ihre Geräte auch auf und schließen sie an – natürlich kostenfrei für Sie."

12. Erläutern Sie, welche Maßnahmen der Werberat bei diskriminierender Werbung ergreifen kann.

13. Beanstandungen über Werbemaßnahmen werden häufig dem Deutschen Werberat vorgelegt. Nehmen Sie eine begründete Einschätzung vor, wie der Deutsche Werberat die folgenden Beschwerdefälle beurteilt hat.

    a) „Wir können alles, außer Hochdeutsch." Diese Werbung für den Wirtschaftsstandort Baden-Württemberg stuften Kritiker aus der Bevölkerung als Verunglimpfung der deutschen Sprache ein.

    b) Schaufensterwerbung eines Tattoo-Studios: Das Unternehmen wirbt in seinem Schaufenster mit der Darstellung eines mehrfach tätowierten Babys. Die Abbildung ist erkennbar fiktional.

    c) TV-Spot eines Kreditinstituts: Ein seriös gekleideter Mann springt von der Brücke; es sieht nach Selbstmord offensichtlich wegen finanzieller Nöte aus – bis am Schluss deutlich wird, dass es ein Bungee-Springer ist.

    d) In einem Kinospot eines Elektronikfachmarkts flüstert ein alter Mann auf dem Sterbebett dem herbeigeeilten Priester ins Ohr: „Bei XY gibt es Sonderangebote."

    e) Ein Elektronikfachmarkt versprach: „Wenn Sie Ihre Multimedia-Anlage bei uns kaufen, sparen Sie genug Geld, um sich vor Freude sinnlos zu betrinken."

3.4 Distributionspolitik

Die Distributionspolitik befasst sich mit Entscheidungen über Vertriebswege von Produkten oder Dienstleistungen. Deshalb wird sie häufig auch als **Vertriebspolitik** bezeichnet. Die Distributionspolitik hat somit die Aufgabe, alle Maßnahmen vorzubereiten und vorzunehmen, um die räumliche und zeitliche Distanz zwischen Anbieter und Verwender zu überbrücken.

Im Zusammenhang mit den anderen Marketinginstrumenten leistet die Distributionspolitik einen Beitrag zur Vermarktung und Präsentation, indem sie durch eine hohe Verfügbarkeit dafür sorgt, dass der Käufer das **gewünschte Produkt zur richtigen Zeit am richtigen Ort** erwerben kann.

Hauptaufgaben sind Entscheidungen über **Absatzwege** und **Absatzformen**. Die Entscheidungen sind nicht getrennt voneinander zu treffen, sie sind voneinander abhängig und beeinflussen sich gegenseitig.

Mit der **Organisation des Vertriebssystems** wird darüber entschieden, ob die Produkte von einem Ort oder von verschiedenen Orten aus zum Verkauf angeboten werden, ob also zentraler oder dezentraler Absatz stattfindet.

> **Merke**
>
> **Distributionspolitik** umfasst alle Entscheidungen, die den Weg eines Produktes bis zum Ort des Gebrauchs oder Verbrauchs betreffen.

■ Zentraler Absatz

Zentral erfolgt der Absatz grundsätzlich, wenn der **Verkauf von einem Standort aus** – durch die Geschäftsleitung selbst oder durch eine (zentrale) Verkaufsabteilung – vorgenommen wird, z. B. Lieferung ab Fabrik. Diese Organisationsform wird häufig bezogen auf Großkunden oder bei einzelnen Aufträgen mit großem Volumen angewandt. Beispiele hierfür sind Investitionsgüter oder Staatsaufträge über Rüstungsgüter.

■ Dezentraler Absatz

Dezentral erfolgt der Absatz grundsätzlich, wenn der **Verkauf von mehreren Standorten aus** vorgenommen wird, um die Vielzahl der Verbraucher oder Anwender zu erreichen (mehr Marktnähe).

3.4.1 Absatzformen und Absatzorgane

Die richtige Wahl der Absatzform ist wesentliche Voraussetzung für den Absatzerfolg. Absatzformen lassen sich grundsätzlich untergliedern in unternehmenseigene und unternehmensfremde. Den Absatzformen können **Absatzorgane** zugeordnet werden, die den Vertrieb der Produkte auf dem Weg zum Käufer vollziehen. Dabei sind die rechtliche Stellung und die wirtschaftliche Abhängigkeit der Absatzorgane letztlich ausschlaggebend für die Einflussmöglichkeiten des Herstellers.

→ **Unternehmenseigene Absatzorgane** gehören dem Unternehmen an und sind **weisungsgebunden**.

→ **Unternehmensfremde Absatzorgane** treten entweder als rechtlich selbstständige Absatzmittler oder als rechtlich selbstständige Handelsbetriebe auf und sind insofern **nicht weisungsgebunden**. Sie sind grundsätzlich **wirtschaftlich unabhängig**.

Allerdings ist diese Unterscheidung nicht immer trennscharf: Als Sonderformen gelten solche Absatzorgane, die sich nicht eindeutig zuordnen lassen. Sie werden auch als **„quasi-unternehmenseigene" Absatzform** bezeichnet, weil sie zwar rechtlich selbstständig sind, ein solches Erscheinungsbild aber **nicht** abgeben und wirtschaftlich an den Hersteller gebunden sind.

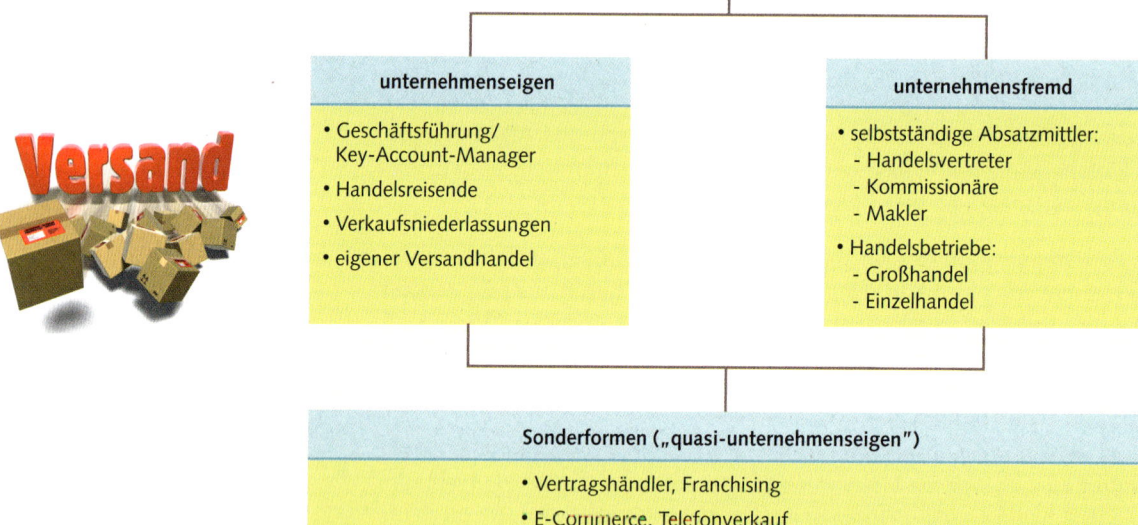

Absatzformen

unternehmenseigen
- Geschäftsführung/ Key-Account-Manager
- Handelsreisende
- Verkaufsniederlassungen
- eigener Versandhandel

unternehmensfremd
- selbstständige Absatzmittler:
  - Handelsvertreter
  - Kommissionäre
  - Makler
- Handelsbetriebe:
  - Großhandel
  - Einzelhandel

Sonderformen („quasi-unternehmenseigen")
- Vertragshändler, Franchising
- E-Commerce, Telefonverkauf
- Marktveranstaltungen: Messen, Börsen, Auktionen

■ Unternehmenseigene Absatzformen

Geschäftsführung/Key-Account-Manager

Mitglieder der **Geschäftsführung** oder eine zentrale Verkaufsabteilung übernehmen häufig dann den Verkauf, wenn es sich um Aufträge mit großem Volumen handelt, was zum Beispiel in der Investitionsgüterindustrie der Fall ist.

Als **Key-Accounts** werden die wichtigsten Kundengruppen bezeichnet. Sogenannte Key-Account-Manger mit hoher Kompetenz in Kommunikation und Verhandlungsgeschick betreuen insbesondere Großkunden mit hoher Bedeutung für das Unternehmen.

Handelsreisende

Handelsreisende sind **Angestellte des Unternehmens**, die entweder als Handlungsgehilfen ohne Abschlussvollmacht Verträge vermitteln oder – mit **Abschlussvollmacht** ausgestattet – Geschäfte für das Unternehmen abschließen. Werden die Aufträge zunächst nur vermittelt, kommt das Geschäft erst durch Auftragsbestätigung zustande.

Handelsreisende erhalten ein **Gehalt (Fixum),** das im Einzelfall durch umsatzbezogene **Prämien** oder **Provisionen** ergänzt wird.

Verkaufsniederlassungen

Verkaufsniederlassungen oder Verkaufsbüros werden von Großunternehmen eingerichtet, um **ohne Zwischenhandel ein großes Verkaufsgebiet abdecken** zu können. Verkaufsniederlassungen werden gelegentlich auch vom Versandhandel eingerichtet, z. B. die Outlet Stores von Zalando. Als neuer Trend ist die zunehmende Verbreitung von **Factory Outlets** zu verzeichnen.

Eigener Versandhandel

In manchen Fällen vertreibt der Hersteller seine Produkte direkt über einen eigenen **Versandhandel.** Aufgrund von Katalogen, Prospekten, Anzeigen (gedruckt oder im Internet) oder durch Vermittlung eines Vertreters werden die Waren bestellt und durch Transportdienste zugestellt.

©Kadmy-fotolia.com

■ Unternehmensfremde Absatzformen

Selbstständige Absatzmittler

Handelsvertreter sind **selbstständige Kaufleute,** die in **fremdem Namen** und für **fremde Rechnung** ständig damit betraut sind, für andere Unternehmen Verträge abzuschließen oder zu vermitteln. Der Handelsvertreter erhält für seine Dienste, die er unter Sorgfaltspflicht, Benachrichtigungspflicht sowie Schweigepflicht ausübt, eine **Provision** auf den Absatz- oder Umsatzerfolg. Handelsvertreter können für mehrere Unternehmen tätig sein (Mehrfirmenvertreter). Wird er dagegen nur für ein Unternehmen tätig (Einfirmenvertreter), so ist er mehr den unternehmenseigenen Absatzformen zuzuordnen.

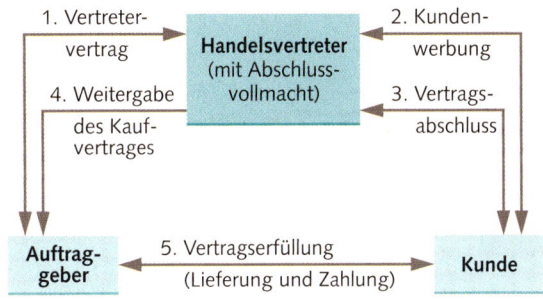

Handelsvertreter, die nicht mit einer **Abschlussvollmacht** ausgestattet sind, können Verträge nur vermitteln. Damit ein gültiger Vertrag zustande kommt, ist dann eine Willenserklärung des Auftraggebers (z. B. Auftragsbestätigung) erforderlich.

Kommissionäre verkaufen oder kaufen als selbstständige Kaufleute Waren im **eigenen Namen** und **für fremde Rechnung** (§ 383 HGB ff.). In manchen Fällen betreibt der Kommissionär auch ein Auslieferungslager (Kommissionslager). Er ist an die Weisungen des Lieferanten gebunden. Der Verkaufskommissionär kann nicht verkaufte Waren an den Auftraggeber (Kommittent) zurückgeben. Er erhält eine **umsatzabhängige Provision** vom Auftraggeber.

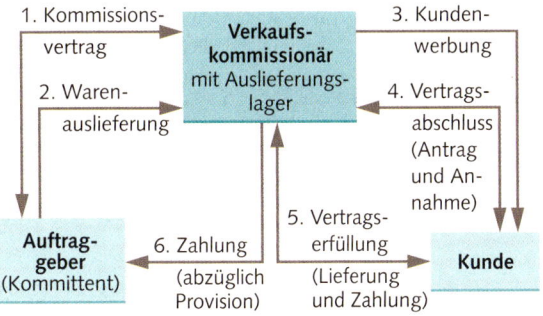

Ein **Handelsmakler** ist nicht ständig für ein Unternehmen tätig. Er wird **von Fall zu Fall** sowohl vom Verkäufer als auch Käufer beauftragt, **in fremdem Namen** und für **fremde Rechnung** tätig zu werden. Er wird sowohl vom Verkäufer als auch Käufer beauftragt, Geschäfte zu vermitteln. Hierfür erhält er einen **Maklerlohn (Courtage).**

LERNFELD 5

Handelsbetriebe

Zu den Handelsbetrieben zählen als selbstständige Unternehmen der **Großhandel** und der **Einzelhandel** in seinen unterschiedlichen Organisationsformen – einschließlich der selbstständigen Versandhandelsunternehmen. Sie handeln **im eigenen Namen** und **für eigene Rechnung.**

■ Sonderformen („quasi-unternehmenseigene" Absatzformen)

Neben den eindeutig unternehmenseigenen und eindeutig unternehmensfremden Absatzformen bestehen eine Reihe von Sonderformen, die sich nicht einer dieser beiden Kategorien zuordnen lassen.

Vertragshändler

Vertragshändler sind **selbstständige Kaufleute,** die in **wirtschaftlicher Abhängigkeit** zu einem anderen Unternehmen Waren **im eigenen Namen** und auf **eigene Rechnung** verkaufen. Einem Vertragshändler wird neben der Absatzfunktion oft noch der Kundendienst, die Lagerhaltung, der Reparaturdienst, die Systemberatung und -betreuung übertragen. Vertragshändler gelten als „quasi-unternehmenseigene" Absatzform. Sie verpflichten sich häufig durch Vertrag, die Marketingkonzeption des Herstellers umzusetzen. Es entsteht nicht selten nach außen hin der **Eindruck eines Filialsystems.** Im Autohandel kann man dies noch deutlich feststellen. Bei Brauereien/Gaststätten ist die Bindung nach außen meist weniger erkennbar (deshalb aber nicht unbedingt weniger wirksam bezogen auf die wirtschaftliche Abhängigkeit). Ein weiteres Beispiel für verbreiteten Vertragshändlerstatus ist der Mineralölhandel/Benzinabsatz.

Franchising

Das Franchising ist eine aus den USA stammende Absatzform, bei der der Vertrieb über einen **rechtlich selbstständigen Unternehmer** erfolgt. Das Betriebsfranchising ist eines von vielen Franchising-Systemen. Der Hersteller überträgt den Absatz seiner Produkte oder Dienstleistungen an den Franchisenehmer, der durch starke vertragliche Bindung ein fertiges und oft schon erfolgreiches Absatzsystem mit Warenzeichen, Symbolen, Namen, Marken etc. bis hin zur Gestaltung der Verkaufsräume übernimmt. Dafür hat er eine monatliche Franchise-Gebühr zu entrichten. Für den Betrachter entsteht der **Eindruck eines perfekten Filialsystems.**

Franchisegeber sind in der Regel bereits gut bekannte Handelsmarken mit einem erprobten Geschäftskonzept.

©Nick Freund-fotolia.com

©jaaaksworks · stock.adobe.com

DEUTSCHE FRANCHISEWIRTSCHAFT 2019
BRANCHENAUFTEILUNG

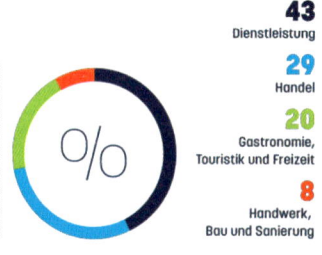

43
Dienstleistung

29
Handel

20
Gastronomie,
Touristik und Freizeit

8
Handwerk,
Bau und Sanierung

©Deutscher Franchiseverband

DEUTSCHE FRANCHISEWIRTSCHAFT 2019
AUF EINEN BLICK

SYSTEME	- 3,3 % zu 2018	**960**
PARTNER	+ 4,2 % zu 2018	**133.424**
BETRIEBE	+ 2,3 % zu 2018	**171.824**
BESCHÄFTIGTE	+ 0,2 % zu 2018	**716.935**
UMSATZ (MRD C)	+ 5,1 % zu 2018	**129,0**

©Deutscher Franchiseverband

Beispiel

Bekannte Weltmarken sowie wichtige deutsche Unternehmen sind mit dem Franchise-Konzept am Markt etabliert: z. B. McDonald's, Burger King, Pizza Hut, Subway, Extrablatt, Vodafone, Jack Wolfskin, Hertz, Schülerhilfe, Fressnapf, Apollo Optik, Sunpoint, Bäckereien von Kamps, Backwerk u. v. a. m.

E-Commerce

Unter **E-Commerce** (elektronischer Handel) versteht man das „Online-Shopping" bzw. den „Verkauf von Waren und Dienstleistungen über das Internet". Internet-Nutzer können per E-Commerce im World Wide Web überall auf der Welt einkaufen. Zwischen Anbieter und Interessenten besteht die Möglichkeit zu einem Informationsaustausch über die Ware und weitere Kaufvertragsbedingungen, um eine Kaufentscheidung vorzubereiten. Kunden suchen sich aus dem Angebot im Internet ein Produkt aus, nehmen online eine Bestellung als Antrag zum Abschluss eines Kaufvertrages vor und zahlen die Rechnung i. d. R. auf elektronischem Weg.

Der elektronische Handel ist eine zunehmend wichtiger werdende Absatzform, für die in Deutschland im Jahr 2020 bereits ein Umsatz von knapp 70 Milliarden EUR erwartet wird. (Zum Vergleich: für die USA wird ein E-Commerce Volumen von knapp 330 Milliarden EUR, für China von knapp 770 Milliarden EUR prognostiziert.) Man unterscheidet insbesondere folgende Business-modelle:

→ **B2B / Business-to-Business:** Kommunikation und Geschäftsbeziehungen zwischen mindestens zwei Unternehmen,

→ **B2C / Business-to-Consumer:** Kommunikation und Geschäftsbeziehungen zwischen Verbrauchern und Unternehmen,

→ **C2C / Consumer-to-Consumer:** Kommunikation und Geschäftsbeziehungen zwischen mindestens zwei Verbrauchern.

Der Schwerpunkt des E-Commerce liegt im B2C- und im B2B-Handel.

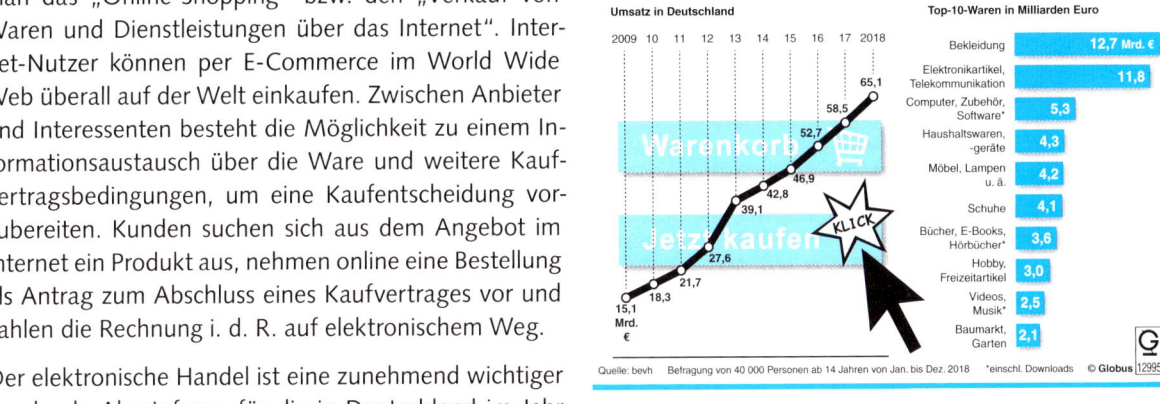

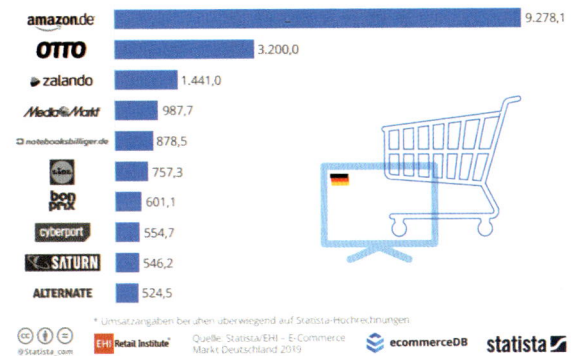

Telefonverkauf

Der **Telefonverkauf** (ggf. über Call Center) ist eine Form des Direkt Marketings. Durch das Direkt Marketing können alle Zwischeninstanzen vom Hersteller bis zum Verbraucher ausgeschaltet werden. Der Kontakt zwischen Anbieter und Abnehmer lässt sich intensiver, oft auch kostengünstiger und effektiver gestalten. Diese Form findet sich neben der ursprünglichen Anwendung bei Investitionsgütern und Bauprojekten inzwischen auch im Konsumgüterbereich (z. B. bei Haushaltsgeräten, Zeitschriften, Versicherungen und Tiefkühlkost aller Art) und im Dienstleistungsbereich (z. B. Bankgeschäfte).

Marktveranstaltungen

Marktveranstaltungen sind auch dadurch gekennzeichnet, dass sie keine ständigen Einrichtungen darstellen, sondern von Zeit zu Zeit in festen oder zeitlich unterschiedlichen Abständen stattfinden. Solche Marktveranstaltungen sind **Messen, Börsen, Auktionen** und **Verkaufsausstellungen** unterschiedlichster Art. Sie können sich direkt an den Endverbraucher wenden oder indirekt z. B. an Händler/Wiederverkäufer.

3.4.2 Absatzwege

Merke

Die **Absatzwege** zeigen die möglichen Wegführungen bis zum Endverbraucher oder Verwender auf. Ausgangspunkt ist dabei üblicherweise der Hersteller.

Der Hersteller oder auch ein Wiederverkäufer muss aus der Menge möglicher Absatzwege denjenigen Absatzweg festlegen, der die spezifischen Gegebenheiten des Marktes, der Produkte und der Verbrauchererwartungen am besten berücksichtigt.

Es lassen sich dann grundsätzlich zwei Formen unterscheiden: **direkter** und **indirekter** Absatz.

Direkter Absatz	Indirekter Absatz
Von direktem Absatz (Direktverkauf, Direktvertrieb) spricht man, wenn das Produkt oder die Dienstleistung **unmittelbar an den Konsumenten oder Verwender verkauft wird** bzw. wenn der **Hersteller ein hohes Maß an wirtschaftlicher Einflussnahme** auf den Absatzmittler geltend machen kann.	Um indirekten Absatz handelt es sich immer dann, wenn der Hersteller bei **mehreren Instanzen auf dem Weg zum Kunden keinen unmittelbaren Einfluss** auf das letzte Glied des Absatzweges ausüben kann bzw. darf.

©Daniel Ernst-fotolia.com

©Sonja Birkelbach-fotolia.com

■ Wahl der Absatzwege

Die Entscheidung über einen Absatzweg ist von einer Vielzahl von Faktoren abhängig. Produkte des täglichen Bedarfs (z. B. Lebensmittel) werden in der Regel auf dem indirekten Absatzweg über Groß- und Einzelhändler vertrieben. Aber: Möchte sich ein Hersteller z. B. mit einer Premiummarke eines Produktes, das normalerweise vom Handel angeboten wird, vom allgemeinen Standard abheben, so könnte er einen direkten Absatzweg wählen (z. B. Vorwerk Staubsauger, Apple Stores, Nespresso Stores, eigener Hofladen). Auch für erklärungsbedürftige Produkte in einem hohen Preissegment ist eher der direkte Absatzweg geeignet (z. B. Industrieroboter).

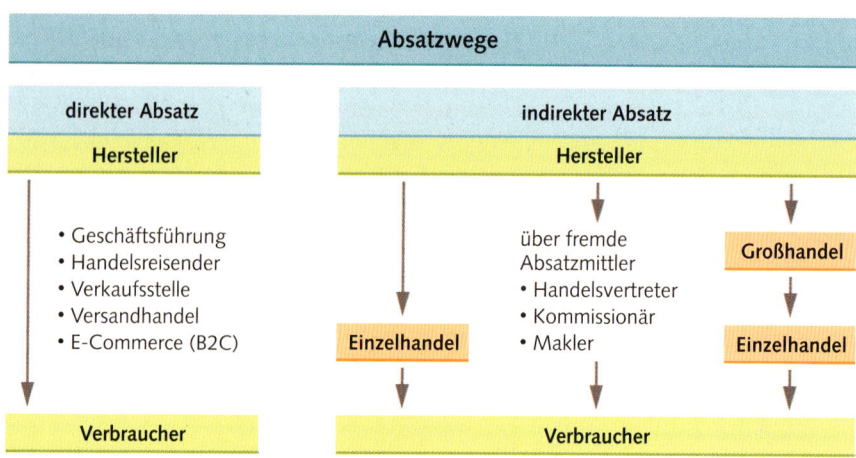

Weiterhin sind die Bedingungen beim Hersteller zu berücksichtigen – wie z. B. die grundlegende Marketingkonzeption, die Erfahrung mit der Vertriebsorganisation oder das Budget. Auch die Einkaufsgewohnheiten der Konsumenten sind relevant (z. B. stetig wachsende Bedeutung von Online-Käufen).

Eine Entscheidung für einen Absatzweg ist nicht zuletzt von den jeweiligen Vor- und Nachteilen abhängig.

Absatzwege	Vorteile	Nachteile
direkter Absatz	• unmittelbarer Kundenkontakt und Kundennähe • Kontrolle über Preisgestaltung • zuverlässige Kundenberatung	• keine vollständige Abdeckung des Marktes • hohe Kosten der Vertriebsorganisation
indirekter Absatz	• Nutzung der Absatzfunktionen des Handels (z. B. Raum- und Zeitüberbrückung, Sortimentsbildung) • Inanspruchnahme von Know-how der weiteren Instanzen • keine großflächige eigene Vertriebsorganisation (niedrige Vertriebskosten)	• niedrigere Verkaufspreise, Provisionszahlungen • geringerer Einfluss auf Marktauftritt bzw. Marketingmaßnahmen • kein direkter Kundenkontakt

Je nach Kunden- und Produktgruppen entscheiden sich Unternehmen auch für eine Kombination der Absatzwege. Während Verbraucher Produkte über den Handel indirekt beziehen, werden Firmenkunden direkt vom Hersteller beliefert.

3.4.3 Zusammenfassung und Aufgaben

Zusammenfassung

Distributionspolitik

Die Distributionspolitik umfasst alle Entscheidungen, die den Weg eines Produktes bis zum Ort des Gebrauchs oder Verbrauchs betreffen.

Vertriebssysteme:

- **zentraler Absatz:** Anbieten der Leistung von einem Standort (Zentrale) aus

- **dezentraler Absatz:** Anbieten der Leistung über eine räumlich verteilte Mehrzahl von Verkaufsstellen

Absatzformen:

- **unternehmenseigene Absatzformen:** Geschäftsführung, Handelsreisende, eigene Verkaufsniederlassungen, eigener Versandhandel

- **unternehmensfremde Absatzformen:** Handelsvertreter, Kommissionäre, Makler, Großhandel, Einzelhandel

- **Sonderformen** („quasi-unternehmenseigen"): Vertragshändler, Franchising, E-Commerce („Online-Shopping"), Telefonverkauf, Marktveranstaltungen

Absatzwege:

- **direkter Absatz:** unmittelbarer Verkauf an den Verbraucher

  (Vorteil z. B. unmittelbarer Kundenkontakt)

- **indirekter Absatz:** Verkauf an den Verbraucher über mehrere Instanzen ohne unmittelbaren Einfluss des Herstellers

  (Vorteil z. B. Inanspruchnahme von Know-how der weiteren Instanzen)

Aufgaben

1. Prüfen Sie folgende Aussagen auf ihre Richtigkeit. Die Antwort ist jeweils zu begründen.

   (1) Beim indirekten Absatz hat der Hersteller ein hohes Maß an wirtschaftlicher Einflussnahme auf alle Instanzen bis zum Verbraucher.

   (2) In der Vertriebspolitik fallen „zentraler Absatz", „direkter Absatz" und „betriebseigener Absatz" nicht immer zusammen.

   (3) Vertragshändler und Franchisenehmer gelten als „unternehmenseigene" Absatzform.

   (4) Wenn ein Unternehmen Handelsreisende einsetzt, bedeutet das, dass es sich immer um einen direkten Absatz handelt. Setzt sie Handelsvertreter ein, so handelt es sich grundsätzlich um einen indirekten Absatz.

2. Erläutern Sie die Absatzwege und Absatzformen Ihres Ausbildungsbetriebes.

3. Erörtern Sie Gesichtspunkte für eine Entscheidung zwischen Handelsreisendem und Handelsvertreter.

4. Stellen Sie fest, welchen Umfang der elektronische Geschäftsverkehr (E-Commerce) in Deutschland aktuell erreicht hat.

4 Einen Marketing-Mix entwickeln und kontrollieren

Bei der Vielfalt der Marketinginstrumente ist unter Berücksichtigung der Markt- und Wettbewerbssituation eine möglichst **effektive** und **kostengünstige Kombination** zur Erreichung der Absatzziele zu entwickeln.

Merke

Unter **Marketing-Mix** versteht man die **Kombination der Marketinginstrumente**, die ein Unternehmen zur Erreichung seiner Marketingziele einsetzt.

4.1 Elemente des Marketing-Mix

Auf der Ebene der Marketinginstrumente lassen sich verschiedene Entscheidungs- bzw. Gestaltungsbereiche unterscheiden, die insgesamt aufeinander abzustimmen sind (Marketing-Mix). Dabei umfasst jeder Bereich wiederum Teilbereiche, die ebenfalls sinnvoll aufeinander bezogen werden müssen:

→ **Produktpolitik:** Produkt-, Sortiments- und Servicepolitik,

→ **Preispolitik:** Preis- und Konditionenpolitik,

→ **Kommunikationspolitik:** Werbung, Verkaufsförderung, Öffentlichkeitsarbeit,

→ **Distributionspolitik:** Vertriebssysteme, Absatzwege, Absatzformen.

Tipp

Das 4P-Modell des Marketing-Mix
- Product
- Price
- Promotion
- Place

Allerdings lassen sich nicht alle Problem- bzw. Gestaltungsanforderungen hinreichend eindeutig einem Segment des Marketing-Mix zuordnen.

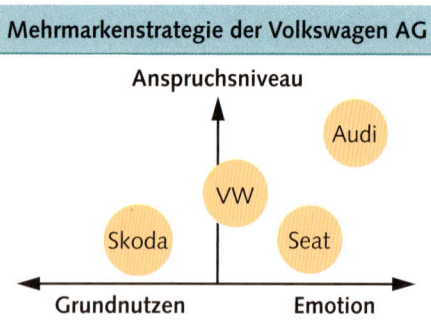

Mehrmarkenstrategie der Volkswagen AG

So wird die **Markenpolitik** zwar häufig dem Produktmix zugerechnet, aber die damit verbundene Vorstellung, dass sich die Marke allein aus einem Merkmalbündel der Produkte ergibt, ist verengt. Stellt man den Gesichtspunkt einer besonderen Vermarktungsproblematik heraus, so treten neben produktpolitische Aspekte (z. B. Qualität, Aufmachung) auch Distributionsaspekte (z. B. Exklusivität des Händlernetzes bei einer „Spitzenmarke") und insbesondere Kommunikationsaspekte (z. B. Markenauftritt, Bekanntheit und Image). Die Positionierung einer Marke gibt dabei grundsätzlich einen Preiskorridor vor und schränkt z. B. Spielräume für Rabatte und Finanzierungskonditionen ein. Markenpolitik kann deshalb als **„mixübergreifend"** gelten.

Im Überschneidungsbereich von Kommunikations- und Produktpolitik ist z. B. die Innen- und Außengestaltung von Läden bzw. Geschäftsstellen als „Produkt" im weiteren Sinne angesiedelt: einheitliches Erscheinungsbild, angenehme Atmosphäre, Kundenführung und -information, Servicestandards (z. B. Einkaufswagen) und Serviceangebote (z. B. „Bringdienst"), Kundenklingel zur Anforderung weiterer Kassenöffnung.

4.2   Kombination der Marketinginstrumente

Bei der Abstimmung der Marketinginstrumente ist es wichtig, die optimale Kombination zu finden: Passt ein Instrument nicht zu den anderen oder wird es vom Markt nicht angenommen, ist der gesamte Erfolg einer Marketingkampagne gefährdet.

Beispiel

Der Hersteller einer Kosmetiklinie wählt Produktverpackungen aus kompostierbaren Bio-Kunststoffen mit einer gräulichen Oberfläche, die von der Zielgruppe „junge Frauen unter 30" nicht angenommen werden. Ein Fehler in der Produktgestaltung kann genügen, um die gesamte Marketingkampagne scheitern zu lassen.

Besondere Bedeutung für einen maßgeschneiderten Marketing-Mix kommt dabei der **Zielgruppenanalyse** mit der Identifizierung von Zielgruppensegmenten zu. Anhaltspunkte können objektive Merkmale oder ähnliche Bedürfnisse einer Gruppe sein: z. B. Männer, Frauen, Kinder; Alte, Junge; Wohlhabende, Durchschnittsverdiener; Bestandskunden, Neukunden. Auch Größe und Wachstumschancen sind Kriterien zur Beurteilung von Kundensegmenten.

Weiterhin ist zu beachten, dass die Marketinginstrumente auf verschiedene **Produktgruppen** unterschiedlich wirken. So hat z. B. die Preisgestaltung im Lebensmittelhandel sowie bei weiteren Produkten des täglichen Bedarfs eine hervorgehobene Bedeutung. Handelt es sich dabei um „Frischware", steht eher die Distribution im Vordergrund. Bei Autos wiederum kommt es insbesondere auf die Produktpolitik an.

Beispiel

Ein Hersteller von Mineralwasser stellt für seine Premium Marke einen Marketing-Mix vor:

Marketingaktivitäten	Elemente des Marketing-Mix
Produktpolitik	**Innovation:** Premiummarke **Produktgestaltung:** modern gestylte Glasflaschen in den Größen 0,33 und 1,0 Liter **Produktvariation:** stilles Wasser, Medium, Classic; Einführung weiterer Geschmacksrichtungen **Sortiment:** zwei weitere Produktlinien **Garantie:** Qualitäts-Zertifikate **Kundendienstleistung:** Bestell- und Lieferservice
Preispolitik	**Preisstrategie:** Einordnung in eine obere Preisklasse aufgrund von Qualität **Preisdifferenzierung:** Einheitspreise im gesamten Absatzgebiet **Konditionen:** Einführungs- und Mengenrabatte, grundsätzlich Zahlungsziele
Kommunikations-politik	**Werbung:** Werbebriefe für Hotels und Restaurants, Anzeigen in Fachpublikationen des Gaststättengewerbes **Verkaufsförderung:** Produktpräsentationen **Öffentlichkeitsarbeit:** Veranstaltung von Kunstauktionen, Sponsoring von Golfturnieren
Distributionspolitik	**Vertriebssystem:** zentraler Absatz vom Hersteller **Absatzwege:** direkte Belieferung von Hotels und Restaurants, indirekter Absatz über Getränkehandel **Absatzform:** eigene Belieferung der Abnehmer nach Bestellung (schriftlich, telefonisch, E-Mail, Internet)

4.3 Marketing-Controlling

Die Wirksamkeit und Wirtschaftlichkeit einer durchgeführten Marketingkampagne ist zu kontrollieren und gegebenenfalls zu verändern und zu optimieren. Es ist wichtig zu wissen, ob die Höhe und Verteilung des Budgets effektiv und effizient waren und die richtigen Marketingmaßnahmen gewählt wurden. Eine besondere Schwierigkeit besteht darin, dass sich der Erfolg der meisten Maßnahmen erst zu einem deutlich späteren Zeitpunkt herausstellt.

Tipp

Effektivität:
Wirksamkeit der Marketingmaß-nahmen – oder: „Die richtigen Dinge tun."

Effizienz:
Wirtschaftlichkeit der Marketingmaß-nahmen – oder: „Die Dinge richtig tun."

LERNFELD 5

©Coloures-pic-fotolia.com

Das Marketing-Controlling stellt notwendige Informationen zur Verfügung. Diese beziehen sich z. B. auf

→ Umsatzsteigerungen für einzelne Produkte,

→ Umsatzanteil am Gesamtmarkt,

→ Zufriedenheit der Kunden,

→ Bekanntheit der Marke,

→ Einhaltung des Werbebudgets,

→ Produktqualität,   → Image beim Kunden,

→ Web-Controlling (User-Frequenz),   → Reaktionen auf Werbemaßnahmen,

→ Anzahl der Kunden,   → Analyse von Verkaufsgebieten,

→ Anteil der Neukunden,   → Servicequalität,

→ Analyse der Kundenstruktur,   → Verkaufsanteil E-Commerce.

Die Informationen geben Hinweise für alle strategischen und operativen Entscheidungen. **Strategisches Marketing** betrifft die **langfristige Ausrichtung** der Marketingaufgabe. Es gibt die Richtung mit der Entwicklung einer Marketingkonzeption vor, während das **operative Marketing** sich mit der **konkreten Umsetzung** dieser Vorgaben beschäftigt.

→ Im **strategischen Marketing-Controlling** werden dann z. B. die Marketingziele und Marketingstrategien, die Marktposition, das Marktportfolio und der Lebenszyklus zur Sicherung zukünftiger Erfolgspotenziale analysiert.

→ Im **operativen Marketing-Controlling** wird dagegen der zielgerichtete Einsatz aller Marketing-Instrumente (Marketing-Mix), die sich auf den konkreten Verkauf bzw. auf den Vertragsabschluss richten, betrachtet.

Zur **Informationsgewinnung** dienen unterschiedliche Instrumente wie z. B.

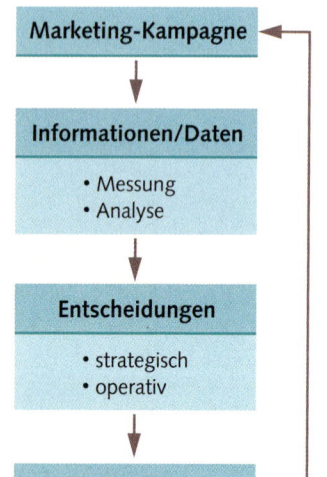

→ die SWOT-Analyse: Stärken-Schwächen-Analyse,

→ Scoring Modelle: Nutzwertanalysen (Gewichtung und Vergleich unterschiedlicher Bewertungskriterien),

→ Portfolioanalyse: Zusammenhang von Marktwachstum und relativem Marktanteil,

→ Lebenszyklusanalyse: Phasen der Umsatzentwicklung von Produkten,

→ Frühwarnsysteme: Prognosen über zukünftige Entwicklungen, Warnindikatoren.

Für messbare Ziele (z. B. Umsatz, Deckungsbeitrag, Kosten) kann die Zielerreichung mit unterschiedlichen **Kennzahlen** ermittelt werden. Dazu eignen sich

→ Soll-Ist-Vergleiche: Vergleich mit Planwerten,

→ Zeitvergleiche: Vergleich mit Werten aus vorherigen Perioden,

→ Branchenvergleiche: Vergleich mit Marktdaten relevanter Unternehmen der Branche,

→ Benchmarking: Vergleich mit Best-Practice Beispielen.

4.4   Zusammenfassung und Aufgaben

Zusammenfassung

Marketing-Mix

Abstimmung der Marketinginstrumente im Marketing-Mix:

- **Produktpolitik:** Produkt-, Sortiments- und Servicepolitik
- **Preispolitik:** Preis- und Konditionenpolitik
- **Kommunikationspolitik:** Werbung, Verkaufsförderung, Öffentlichkeitsarbeit
- **Distributionspolitik:** Vertriebssystem, Absatzwege, Absatzformen

Marketing-Controlling

Aufgaben des Marketing-Controllings:

Kontrolle der Wirksamkeit (Effektivität) und Wirtschaftlichkeit (Effizienz) von Marketingmaßnahmen:

- Bereitstellung von Information durch Messung und Analyse von Daten
- operative und strategische Entscheidungen zur Optimierung von Marketingmaßnahmen

Instrumente, z. B.:

- SWOT-Analyse
- Nutzwertanalyse
- Portfolioanalyse
- Lebenszyklusanalyse

Aufgaben

1. Prüfen Sie folgende Aussagen auf ihre Richtigkeit. Die Antwort ist jeweils zu begründen.

   (1) Im Marketing-Mix werden alle Marketing-Instrumente aufeinander bezogen.

   (2) Unter Kommunikationspolitik versteht man die Verkaufsförderung und die Öffentlichkeitsarbeit.

   (3) Beim Verkauf von Brot hat die Distributionspolitik eine herausragende Bedeutung.

   (4) Das strategische Marketing-Controlling bezieht sich insbesondere auf Entscheidungen zur Preispolitik.

2. a) Beschreiben Sie Elemente eines Marketing-Mix für ein ausgewähltes Produkt bzw. eine Dienstleistung Ihres Ausbildungsbetriebes.

   b) Erörtern Sie, welche Informationen Sie für eine Bewertung von Marketingmaßnahmen für das ausgewählte Produkt benötigen.

   c) Schlagen Sie entsprechende Instrumente zur Informationsgewinnung vor und erläutern Sie diese.

LERNFELD **5**

3. Im Rahmen des Marketingziels „Neukundengewinnung und -bindung" versendet ein Garten- und Baucenter Werbemails an alle Landschaftsgärtner in einem Umkreis von 50 km. Überlegen Sie, mit welchen Kennzahlen der Werbeerfolg gemessen werden kann.

4. Kreuzworträtsel Marketing

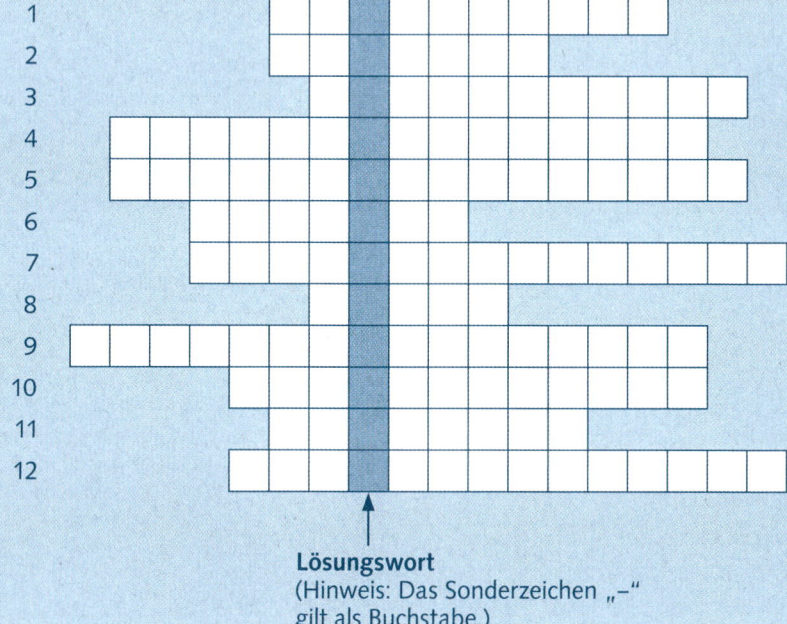

Lösungswort
(Hinweis: Das Sonderzeichen „–"
gilt als Buchstabe.)

1 Methode der Primärforschung

2 Instrument der Kommunkationspolitik

3 Werbebriefe mit identischem Text an unterschiedliche Empfänger

4 Wachstumsstrategie: neue Produkte für neue Märkte finden

5 Absatzmittler, selbstständiger Kaufmann

6 Marktform mit vielen Anbietern

7 Preis einer Strategie mit dauerhaft niedrigen Preisen

8 Bezeichnung eines Sortiments mit wenigen Artikelgruppen

9 Matrix der Boston-Consulting-Group

10 Instrument zur Informationsgewinnung für die Entwicklung von Marketing-Strategien

11 Marktform mit wenigen Anbietern

12 Systematische Sammlung, Analyse und Interpretation von Daten

Werteströme erfassen und beurteilen

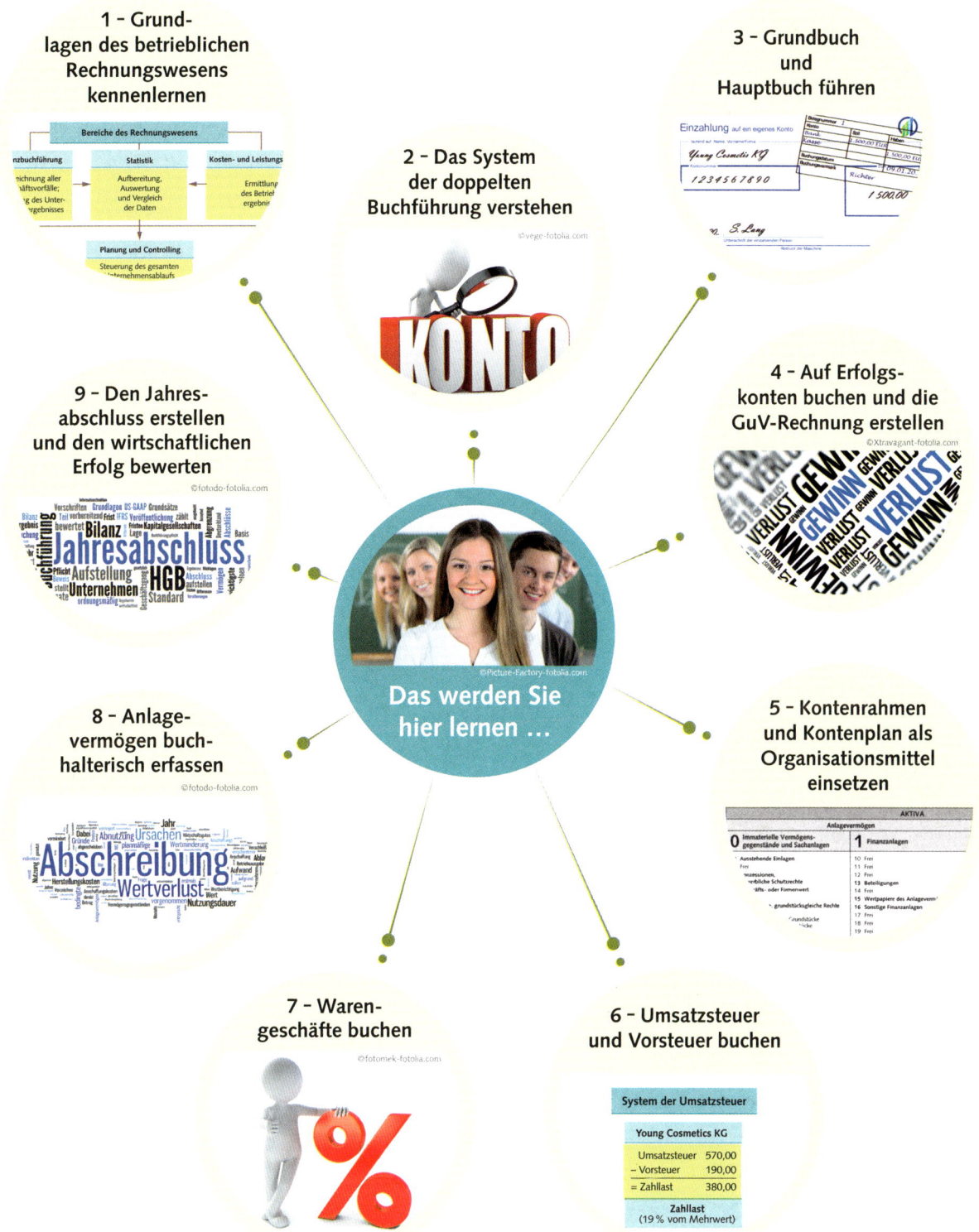

1 – Grund-lagen des betrieblichen Rechnungswesens kennenlernen

2 – Das System der doppelten Buchführung verstehen

3 – Grundbuch und Hauptbuch führen

4 – Auf Erfolgs-konten buchen und die GuV-Rechnung erstellen

5 – Kontenrahmen und Kontenplan als Organisationsmittel einsetzen

6 – Umsatzsteuer und Vorsteuer buchen

7 – Waren-geschäfte buchen

8 – Anlage-vermögen buch-halterisch erfassen

9 – Den Jahres-abschluss erstellen und den wirtschaftlichen Erfolg bewerten

Das werden Sie hier lernen …

Werteströme erfassen und beurteilen

1 Grundlagen des betrieblichen Rechnungswesens kennenlernen

Aufgaben des Rechnungswesens:
- Dokumentation
- Information
- Kontrolle und Planung

Eine zentrale Aufgabe der Unternehmensführung ist die optimale Verwirklichung der Unternehmensziele. Das **betriebliche Rechnungswesen** leistet dazu einen Beitrag, indem es **alle Vorgänge** in den Funktionsbereichen eines Unternehmens **wertmäßig erfasst** (dokumentiert), aufbereitet und auswertet. Die dabei gewonnenen Ergebnisse dienen der Information über den Ist-Zustand, der Überprüfung von getroffenen Maßnahmen und zur Vorbereitung zukünftiger Entscheidungen.

1.1 Güterströme, Geldströme und Informationsströme im Unternehmen

©bluedesign-stock.adobe.com

Im Rechnungswesen werden alle Geschäftsprozesse in Euro erfasst, die durch **Güter-** und **Geldströme** im Unternehmen entstehen. Dabei stehen Güter- und Geldströme in wechselseitiger Abhängigkeit zueinander. Die mit den Geschäftsprozessen verbundenen Aufgaben (z. B. die Beschaffung von Materialien/Waren, Betriebsmitteln oder Arbeitskräften bzw. der Verkauf von Fertigerzeugnissen, Waren oder Dienstleistungen) können nur dann optimal gelöst werden, wenn ausreichende **Informationen** über den Absatz- und Beschaffungsmarkt vorhanden sind und eine sinnvolle Kommunikation untereinander stattfindet.

Informationen ⬌	**Leitung/Verwaltung**		⬌ Informationen
Arbeitskräfte/ Dienstleistungen →	**Beschaffung** mit Material- lager	**Leistungs- erstellung**	**Absatz** mit Fertigteile- lager → fertige Erzeugnisse
Betriebsmittel (z. B. Maschinen, PCs) →			→ Dienstleistungen
Materialien/ Waren →			→ Waren
Faktorentgelte (z. B. Bezahlung der Mitarbeiter, der Materialien/ Waren, der Maschinen) ⬅	**Finanzierung**		⬅ Umsatzerlöse

Geldkapital

Legende:
→ Güterstrom
--→ Geldstrom
····→ Informationsstrom

LERNFELD 6

Der Beschaffungsmarkt stellt den Unternehmen die für die Leistungserstellung notwendigen Arbeitskräfte/Dienstleistungen, Betriebsmittel und Materialien/Waren **(Güterstrom)** zur Verfügung und erhält für das Bereitstellen dieser Produktionsfaktoren im Gegenzug Faktorentgelte **(Geldstrom)**. Die mit den Produktionsfaktoren erstellten Leistungen **(fertige Erzeugnisse, Dienstleistungen, Waren = Güterstrom)** werden auf dem Absatzmarkt zum erzielbaren Preis **(Umsatzerlöse = Geldstrom)** verkauft.

Da Einnahmen und Ausgaben nicht zeitgleich erfolgen, ist es **Aufgabe der Finanzierung**, ständig für ausreichendes Geldkapital zu sorgen bzw. für frei werdende Gelder Anlagemöglichkeiten zu suchen.

©fotomek-stock.adobe.com

Merke

Bei der betrieblichen Leistungserstellung steht jedem Güterstrom ein Geldstrom gegenüber.

1.2 Aufgabenbereiche des betrieblichen Rechnungswesens

Die unterschiedlichen Teilbereiche des Rechnungswesens verfolgen unterschiedliche Zielsetzungen. Zu unterscheiden sind insbesondere die **Finanzbuchführung** (auch Geschäftsbuchhaltung oder nur Buchhaltung genannt) als **externes Rechnungswesen** und die **Kosten- und Leistungsrechnung** als **internes Rechnungswesen**.

→ Die **Finanzbuchführung** ist durch zahlreiche gesetzliche Vorschriften geregelt und muss die lückenlose Aufzeichnung aller Geschäftsfälle einer Rechnungsperiode anhand von Belegen zur Ermittlung des Unternehmensergebnisses sicherstellen. Sie verschafft nicht nur dem Unternehmen selbst einen Überblick über die wirtschaftliche Situation, sondern gibt auch anderen Interessenten (z. B. Finanzamt, Eigentümern, Banken, weiteren Kapitalgebern und Mitarbeitern) einen Einblick in die Vermögens- und Ertragslage des Unternehmens.

→ Die **Kosten- und Leistungsrechnung** ist eine rein innerbetriebliche Angelegenheit und nicht an gesetzliche Vorgaben gebunden. Sie bereinigt das Unternehmensergebnis um betriebsfremde, periodenfremde und außerordentliche Geschäftsfälle und ermittelt so das Betriebsergebnis (Ergebnis der gewöhnlichen betrieblichen Tätigkeit einer Geschäftsperiode, vgl. LF 10). Sie dient primär der Festlegung von marktgerechten Verkaufspreisen. Mithilfe der Kosten- und Leistungsrechnung lassen sich auch die Wirtschaftlichkeit und Rentabilität des betrieblichen Leistungsprozesses überwachen.

©fotodo-stock.adobe.com

Merke

Finanzbuchführung = externes Rechnungswesen

Kosten- und Leistungsrechnung = internes Rechnungswesen

LERNFELD 6

©Marco2811-stock.adobe.com

Ergänzt werden diese beiden Teilbereiche des Rechnungswesens durch die **Statistik**, die sich insbesondere mit der Aufbereitung, Auswertung und dem Vergleich von betrieblichen Daten mittels Kennziffern, Übersichten, Diagrammen und Schaubildern befasst. Diese liefern dem Unternehmen wertvolle Erkenntnisse für betriebliche Entscheidungen.

Die im Rechnungswesen ermittelten Werte sind ebenfalls Grundlage für den weiteren Teilbereich **Planung und Controlling**, der einen Beitrag zur Aufstellung betrieblicher Pläne (z. B. Beschaffungsplan, Absatzplan) und zur Steuerung des gesamten Unternehmensablaufs leistet.

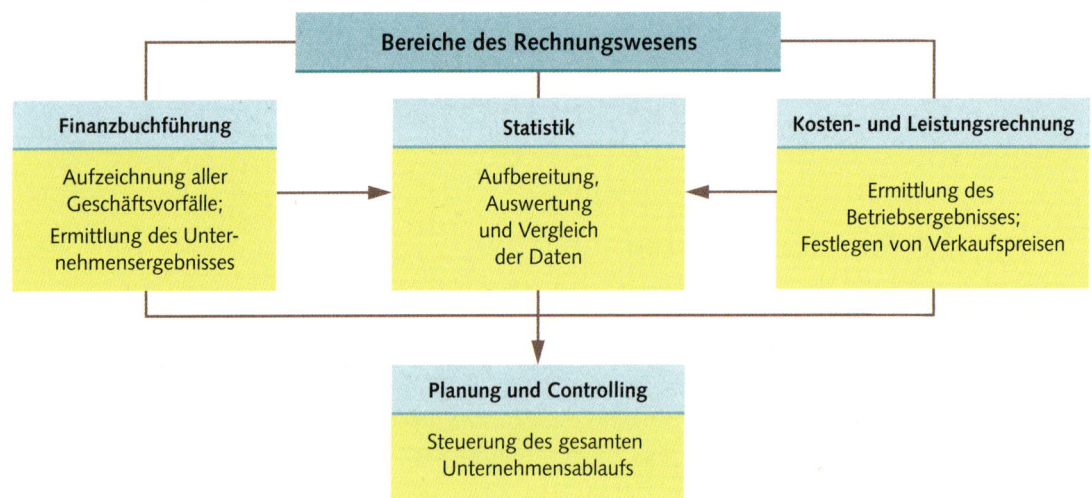

Bereiche des Rechnungswesens

Finanzbuchführung	Statistik	Kosten- und Leistungsrechnung
Aufzeichnung aller Geschäftsvorfälle; Ermittlung des Unternehmensergebnisses	Aufbereitung, Auswertung und Vergleich der Daten	Ermittlung des Betriebsergebnisses; Festlegen von Verkaufspreisen

Planung und Controlling

Steuerung des gesamten Unternehmensablaufs

1.3 Kaufmännische Buchführungspflicht

©rcx-stock.adobe.com

Neben den **Eigentümern** und den **Mitarbeitern** (interne Adressaten) sind auch Personen und Institutionen außerhalb des Unternehmens (externe Adressaten) an einer ordnungsgemäßen Aufzeichnung aller Geschäftsvorfälle des Unternehmens interessiert. Dazu zählen insbesondere **Kreditgeber**, die Rückzahlungen (Tilgungen) und Zinszahlungen erwarten, sowie der **Staat** bzw. das **Finanzamt** mit dem Anspruch auf einwandfreie Unterlagen zur Berechnung der Steuern. Deshalb regeln **Gesetze** und **Verordnungen** die Buchführung.

Beispiel

Handelsrechtliche Vorschriften:
- Handelsgesetzbuch (HGB)

Steuerrechtliche Vorschriften:
- Abgabenordnung (AO)
- Umsatzsteuergesetz (UStG)
- Einkommensteuergesetz (EStG)
- Körperschaftsteuergesetz (KStG)
- Gewerbesteuergesetz (GewStG)

Rechtsformspezifische Vorschriften:
- Aktiengesetz (AktG)
- GmbH-Gesetz (GmbHG)
- Genossenschaftsgesetz (GenG)

■ Gesetzliche Vorschriften

Grundlegende gesetzliche Bestimmungen zur Buchführung für Kaufleute enthalten das **Handelsgesetzbuch** (HGB), das **Steuerrecht** und **rechtsformspezifische Vorschriften** (z. B. GmbHG – Gesetz betreffend die Gesellschaften mit beschränkter Haftung).

© Michael Möller-stock.adobe.com

§§§

> **§ 238 I HGB**
>
> Jeder **Kaufmann** ist verpflichtet, Bücher zu führen und in diesen seine Handelsgeschäfte und die Lage seines Vermögens nach den Grundsätzen ordnungsmäßiger Buchführung ersichtlich zu machen.

Aufgrund der Buchführungspflicht nach Steuerrecht verpflichtet die Abgabenordnung als allgemeines Steuergesetz zudem auch alle **gewerblichen Unternehmer**, die keine Kaufleute sind, sowie **Land- und Forstwirte** zur Buchführung. Einzelkaufleute und gewerbliche Unternehmer einschließlich Land- und Forstwirte sind jedoch bei **Umsätzen von nicht mehr als 600 000,00 EUR** und einem **Gewinn von nicht mehr als 60 000,00 EUR** von der **Buchführungspflicht befreit**.

■ Grundsätze ordnungsmäßiger Buchführung (GoB)

Die Grundsätze ordnungsmäßiger Buchführung (GoB) stellen ein System von Regeln dar, die bei der Ausübung von Buchführungsarbeiten zu beachten sind. Die Buchführung entspricht diesen **Regeln**, wenn sie so beschaffen ist, dass sich

→ ein **sachverständiger Dritter** (z. B. Steuerberater, Betriebsprüfer des Finanzamtes)

→ innerhalb **angemessener Zeit** (abhängig vom Umfang der Buchführung)

→ einen **Überblick** über die **Geschäftsfälle** und über die **wirtschaftliche Lage** des Unternehmens verschaffen kann.

Diese allgemeinen Vorgaben werden durch folgende Grundsätze nach Handelsgesetzbuch und Abgabenordnung präzisiert (Beispiele):

Grundsätze ordnungsmäßiger Buchführung (GoB)	
Grundsatz	**Erläuterung**
Klarheit, Übersichtlichkeit und **Nachprüfbarkeit** (formeller Grundsatz)	• Die Aufzeichnungen und Bücher sind in einer lebenden Sprache zu führen. Für Abkürzungen, Ziffern, Buchstaben und Symbole ist die Bedeutung genau festzulegen. • Steuererklärungen und Jahresabschlüsse sind in deutscher Sprache einzureichen. • Eine Eintragung oder Aufzeichnung darf nicht so verändert werden, dass der ursprüngliche Inhalt nicht mehr nachprüfbar oder erkennbar ist. Deshalb sind Radieren, Rasieren, Überkleben, Löschen, Bleistifteintragungen nicht erlaubt. • Unbeschriebene Zwischenräume sind durch sogenannte Buchhalternasen auszufüllen, um nachträgliche Eintragungen auszuschließen. • Die Aufzeichnungen und Bücher sind in der Bundesrepublik Deutschland entsprechend den gesetzlichen Vorschriften aufzubewahren.

LERNFELD 6

Grundsätze ordnungsmäßiger Buchführung (GoB)	
Grundsatz	**Erläuterung**
Vollständigkeit, Rechtzeitigkeit und **Richtigkeit** (materieller Grundsatz)	• Die Eintragungen in den Büchern und Aufzeichnungen sind vollständig, wahrheitsgemäß, rechtzeitig und geordnet vorzunehmen. • Es dürfen keine Belege und Buchungen fehlen. Die Aufzeichnungen sind lückenlos und zeitlich geordnet zu führen. • Die Buchungen und Bücher müssen mit dem ursprünglichen Inhalt der Belege übereinstimmen; sie müssen wahr sein. • Kasseneinnahmen und Kassenausgaben sind täglich aufzuzeichnen. • Die Buchungen sind zeitgerecht vorzunehmen, d. h., zwischen Geschäftsfall und Buchung darf nur eine kurze Zeit liegen.

GoBD

© domoskanons-stock.adobe.com

Die Regelungen zu den **GoBD** (**G**rundsätze zur **o**rdnungsmäßigen Führung und Aufbewahrung von **B**üchern, Aufzeichnungen und Unterlagen in elektronischer Form sowie zum **D**atenzugriff) übertragen die Grundsätze ordnungsmäßiger Buchführung in die Welt der elektronischen Datenverarbeitung. Die GoBD traten zum 01.01.2015 in Kraft und sollen eine reibungslose Betriebsprüfung bei Verwendung von EDV in der Buchführung sicherstellen. Dies bedeutet, dass alle Anforderungen, die für die GoB formuliert sind, auch für eine Buchführung mittels Datenverarbeitungssystemen gelten.

Mit der Einführung der GoBD dürfen Buchführungsunterlagen und Belege auf digitalen Speichermedien aufbewahrt werden, wenn die spätere Datenwiedergabe mit den Buchungsbelegen und Handelsbriefen bildlich und inhaltlich übereinstimmt.

Die Unterlagen müssen

→ während der Dauer der Aufbewahrungsfrist jederzeit verfügbar sein und

→ unverzüglich lesbar gemacht werden können.

Die wichtigsten Neuerungen bei der Überarbeitung der GoBD zum 01.01.2020 sind:

→ Das Abfotografieren von Belegen mittels Smartphone ist jetzt erlaubt.

→ Buchhaltungssoftware als Cloudlösung darf verwendet werden.

Gesetzliche Aufbewahrungsfristen

Jeder Kaufmann ist verpflichtet, die Unterlagen der Buchführung geordnet und unter Einhaltung gesetzlicher Fristen aufzubewahren. Diese Aufbewahrungspflicht dient zur Sicherung der Verfügbarkeit von Buchführungsunterlagen

→ für Prüf- und Beweiszwecke,

→ für die Besteuerung und

→ bei Rechtsstreitigkeiten.

Aufbewahrungsfristen

10 Jahre
- Bücher der Buchführung
- Inventare
- Eröffnungsbilanzen
- Jahresabschlüsse
- Lageberichte
- Buchungsbelege

6 Jahre
- empfangene Handelsbriefe (z. B. Angebote)
- Kopien/Zweitschriften abgesandter Handelsbriefe (z. B. Bestellungen)

Die gesetzlichen Aufbewahrungsfristen betragen zehn und sechs Jahre, wobei alle bedeutenden Buchführungsunterlagen generell zehn Jahre aufzubewahren sind.

Aufgrund ihrer besonderen Bedeutung müssen **Jahresabschlüsse** (Bilanz und Gewinn- und Verlustrechnung) und Eröffnungsbilanzen in **Papierform** ausgedruckt aufbewahrt werden.

Merke

Die **Aufbewahrungsfrist** beginnt mit dem **Ende des Kalenderjahres**, in dem der Vorgang entstanden ist.

Beispiel

Die Buchhaltung der Young Cosmetics KG erhält von einem Lieferanten am 06.02.2020 noch eine Rechnung für das vergangene Jahr. Die Rechnung wird am 08.02.2020 gebucht und am gleichen Tag bezahlt.

Beginn der Aufbewahrungspflicht: 31.12.2020 (24:00 Uhr)

Ende der Aufbewahrungspflicht: 31.12.2030 (24:00 Uhr)

1.4 Zusammenfassung und Aufgaben

Zusammenfassung

Güter-, Geld- und Informationsströme im Unternehmen

Aufgaben des Rechnungswesens:
- Dokumentation
- Information
- Kontrolle und Planung

Die betriebliche Leistungserstellung erfordert **Güter- und Geldströme**.

Güterströme führen Betriebsmittel, Arbeitskräfte, Waren und andere notwendige Vorräte zum Unternehmen hin. Nach betrieblicher Leistungserstellung verlassen Güterströme in Form von fertigen Erzeugnissen, Waren oder Dienstleistungen das Unternehmen.

Entgegengesetzt zum Güterstrom verläuft der **Geldstrom** (z. B. Zahlungseingänge für den Verkauf von Waren, Zahlungsausgänge für den Einkauf von Waren).

Informations- und Kommunikationsströme unterstützen die optimale Verwirklichung der betrieblichen Ziele.

Aufgabenbereiche des betrieblichen Rechnungswesens

Die **Finanzbuchführung** als **externes Rechnungswesen** ist für die lückenlose, zeitlich und sachlich geordnete Aufzeichnung aller Geschäftsfälle zuständig. Unter Berücksichtigung **gesetzlicher Vorschriften** erhalten sowohl **interne** als auch **externe Interessenten** Einblick z. B. in die Vermögens- und Ertragslage des Unternehmens.

Die **Kosten- und Leistungsrechnung** ist nicht an gesetzliche Vorgaben gebunden und damit **als internes Rechnungswesen** eine innerbetriebliche Angelegenheit.

Sie ermöglicht u. a. die Festlegung von marktgerechten Verkaufspreisen sowie eine Kontrolle der Wirtschaftlichkeit.

Die **Statistik** vergleicht betriebliche Daten mittels **Kennziffern, Übersichten** und **Grafiken** und liefert so Entscheidungsgrundlagen.

Planung und **Controlling** unterstützen die Steuerung des gesamten Unternehmensablaufs durch Aufstellen betrieblicher Pläne.

LERNFELD 6

Kaufmännische Buchführungspflicht

Jeder Kaufmann ist verpflichtet, Bücher zu führen. Kaufleute haben dabei unterschiedliche gesetzliche Vorschriften zu beachten:

handelsrechtliche (z. B. HGB), steuerrechtliche (z. B. AO) und rechtsformspezifische (z. B. GmbHG) Vorschriften.

Es sind die **Grundsätze ordnungsmäßiger Buchführung** (GoB bzw. GoBD) einzuhalten, z. B.

- Grundsatz der Klarheit, der Übersichtlichkeit und Nachprüfbarkeit und
- Grundsatz der Vollständigkeit, Rechtzeitigkeit und Richtigkeit.

Die **Aufbewahrung** der Buchführungsunterlagen erfolgt

- für alle bedeutenden Unterlagen (z. B. Buchungsbelege, Bilanzen) 10 Jahre und
- für alle nachrangigen Belege (z. B. Kopien von Angeboten, Bestellungen) 6 Jahre.

Die Aufbewahrungsfrist beginnt stets mit dem Ende des Kalenderjahres (31.12., 24:00 Uhr).

Eröffnungsbilanzen und Jahresabschlüsse sind in **Papierform** aufzubewahren.

Aufgaben

1. Prüfen Sie folgende Aussagen auf ihre Richtigkeit. Die Antwort ist jeweils zu begründen.
   (1) Güter- und Geldströme können sich wertmäßig unterscheiden.
   (2) Die Finanzbuchführung beschäftigt sich insbesondere mit der Aufbereitung, Auswertung und dem Vergleich von Unternehmensdaten.
   (3) Das Handelsgesetz verpflichtet Kaufleute, nach den Grundsätzen ordnungsmäßiger Buchführung Bücher zu führen.
   (4) Bilanzen und Handelsbriefe müssen 10 Jahre aufbewahrt werden.
   (5) Belege dürfen auf digitalen Datenträgern gespeichert werden.

2. Nennen Sie Beispiele für Güterströme in Ihrem Ausbildungsunternehmen.

3. Nennen Sie Beispiele für Geldströme in Ihrem Ausbildungsunternehmen.

4. Erklären Sie die Unterschiede zwischen der Finanzbuchführung und der Kosten- und Leistungsrechnung.

5. Nennen Sie fünf Gesetze, die bei der Erstellung der Buchführung beachtet werden müssen.

6. Erläutern Sie die folgenden Grundsätze ordnungsmäßiger Buchführung: Klarheit, Übersichtlichkeit und Nachprüfbarkeit.

7. Erklären Sie, warum es für die Buchführung einheitliche Grundsätze gibt.

8. Geben Sie den Beginn und das Ende der Aufbewahrungsfrist einer Rechnung mit dem heutigen Datum an.

9. Geben Sie für folgende Unterlagen die Aufbewahrungsfrist an. Entscheiden Sie dabei auch, ob eine Aufbewahrung ausschließlich auf Datenträgern erlaubt ist:
   - Eingangsrechnungen
   - Lieferscheine
   - Angebotsbriefe
   - Bilanzen
   - Kontoauszüge

2 Das System der doppelten Buchführung verstehen

Das System der doppelten Buchführung ist die zentrale Methode der Buchführung, bei der jeder Geschäftsvorfall doppelt erfasst wird – auf einem Konto und einem Gegenkonto.

Die doppelte Buchführung benutzen buchführungspflichtige Unternehmen zur Gewinnermittlung durch Aufstellen von Bilanz und Gewinn- und Verlustrechnung.

2.1 Bilanz als Dokumentation von Vermögen und Kapital

Die Buchführung kommt ihrer Verpflichtung zur Dokumentation der Vermögens- und Ertragslage unter Berücksichtigung der gesetzlichen Vorschriften durch eine zusammenfassende Darstellung von **Vermögen** und **Kapital** zu bestimmten Zeitpunkten (i. d. R. zum Geschäftsjahresende) nach.

Jegliches **Vermögen** eines Unternehmens muss durch Kapital (Eigenkapital oder Fremdkapital) finanziert worden sein. Andersherum gedacht bedeutet das: Das **Kapital** eines Unternehmens muss „irgendwo" im Vermögen des Unternehmens investiert worden sein. Daraus ergibt sich, dass Vermögen und Kapital immer einander entsprechen, also wertmäßig stets gleich groß sind.

Die Gegenüberstellung von Vermögen und Kapital wird deshalb als Bilanz bezeichnet (italienisch: bilancia = Waage). Diese Waage befindet sich definitionsgemäß immer im Gleichgewicht.

© Orlando Florian Rosu-stock.adobe.com

§§§

§ 242 HGB

(1) Der Kaufmann hat zu Beginn seines Handelsgewerbes und für den Schluss eines jeden Geschäftsjahrs einen das Verhältnis seines Vermögens und seiner Schulden darstellenden Abschluss (Eröffnungsbilanz, Bilanz) aufzustellen.

■ Inhalt und Aufbau der Bilanz

§ 266 HGB

Die Bilanz ist grundsätzlich in **Kontenform** zu erstellen. Die linke Seite wird als **Aktivseite** (Aktiva) bezeichnet und gliedert das Vermögen in **Anlagevermögen** und **Umlaufvermögen**. Die rechte Seite wird als **Passivseite** (Passiva) bezeichnet und gliedert das Kapital in **Eigenkapital** und **Fremdkapital**. Das Eigenkapital ergibt sich aus der Differenz zwischen Vermögen und Schulden (Fremdkapital).

Die Bilanz dokumentiert

→ auf der Aktivseite die Verwendung des Kapitals (Mittelverwendung, Investition),

→ auf der Passivseite die Quellen des Kapitals (Mittelherkunft, Finanzierung).

LERNFELD 6

Beispiel

Aktiva	Bilanz der Young Cosmetics KG zum 31.12.20.. (in EUR)		Passiva

I. Anlagevermögen

1. Bebaute Grundstücke	85 000,00
2. Gebäude	40 000,00
3. Techn. Anlagen/Maschinen (TAM)	8 000,00
4. Fuhrpark	34 000,00
5. Büromaschinen/Kommunikationsanlagen (BMKA)	12 000,00
6. Büromöbel/Geschäftsausstattung (BGA)	28 000,00

II. Umlaufvermögen

1. Rohstoffe	7 000,00
2. Hilfs-/Betriebsstoffe	4 000,00
3. Waren	15 000,00
4. Fertige Erzeugnisse	5 000,00
5. Forderungen aus Lieferungen und Leistungen	17 000,00
6. Kasse	2 000,00
7. Bank	15 000,00
	272 000,00

I. Eigenkapital

1. Samia Lang	90 000,00
2. Selina Lang	55 000,00

II. Fremdkapital

1. Langfristige Bankverbindlichkeiten (Darlehen)	109 000,00
2. Verbindlichkeiten aus Lieferungen und Leistungen	15 000,00
3. Sonstige Verbindlichkeiten	3 000,00
	272 000,00

Ordnung nach steigender Liquidität

Ordnung nach steigender Fälligkeit

Dresden, 28. April 20..

Samia Lang

Aus der Bilanz der Young Cosmetics KG lassen sich einige schematische Zusammenhänge ableiten, die immer Gültigkeit haben:

© stockpics – stock.adobe.com

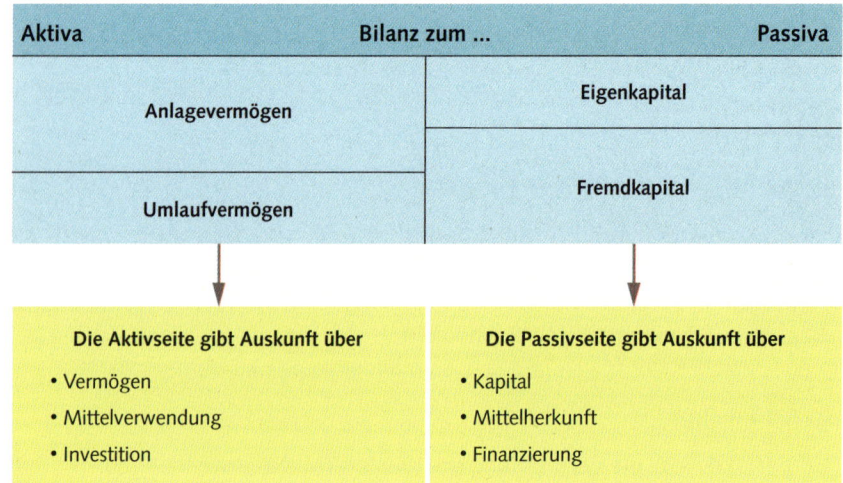

Aktiva	Bilanz zum ...	Passiva
Anlagevermögen		Eigenkapital
Umlaufvermögen		Fremdkapital

Die Aktivseite gibt Auskunft über
- Vermögen
- Mittelverwendung
- Investition

Die Passivseite gibt Auskunft über
- Kapital
- Mittelherkunft
- Finanzierung

Aus der wertmäßigen Übereinstimmung von Aktiva (Vermögen) und Passiva (Kapital) lassen sich verschiedene Bilanzgleichungen ableiten:

Bilanzgleichungen	
Grundgleichung	Summe Aktiva = Summe Passiva Vermögen = Kapital
abgeleitete Bilanzgleichungen (Beispiele)	Eigenkapital = Vermögen – Fremdkapital Fremdkapital = Vermögen – Eigenkapital Vermögen = Eigenkapital + Fremdkapital

© fotomek-stock.adobe.com

LERNFELD 6

■ Gliederungsprinzipien der Bilanz

Die Anordnung der **Vermögensposten** erfolgt nach **steigender Liquidität** (Flüssigkeit).

Zuerst werden die Vermögensposten aufgeführt, die tendenziell schwieriger in Geld umzuwandeln sind.

Beispiel

Betriebsgrundstücke dienen dem Unternehmen langfristig. Eine Veräußerung bedarf einer notariellen Beurkundung.

Im Anschluss folgen nach und nach die Vermögensposten, die prinzipiell einfacher (bzw. schneller) in flüssige Mittel umgewandelt werden können. Die höchste Liquidität weist das Bankguthaben auf, über das im Rahmen von Online-Banking in vollem Umfang jederzeit verfügt werden kann.

Beispiel

Forderungen aus Lieferungen und Leistungen sind i. d. R. nach wenigen Tagen fällig und führen damit zeitnäher zu einem Anstieg der flüssigen Mittel als z. B. der Bestand an Waren/Vorräten, für die ja erst noch ein Käufer gefunden werden muss.

Das **Kapital** ist nach **steigender Fälligkeit** (Dringlichkeit der Rückzahlung) geordnet.

Nach dem Eigenkapital, das dem Unternehmen dauerhaft zur Verfügung steht, werden langfristige Schulden zuerst aufgeführt (z. B. Verbindlichkeiten gegenüber Kreditinstituten/Darlehen). Danach folgen die kurzfristigen Schulden (z. B. Verbindlichkeiten aus Lieferungen und Leistungen).

Beispiel

Eigenkapital steht dem Unternehmen i. d. R. am langfristigsten zur Verfügung, da es erst bei Auflösung des Unternehmens zurückgezahlt wird. Verbindlichkeiten aus Lieferungen und Leistungen müssen dagegen i. d. R. sehr kurzfristig beglichen werden.

■ Unterzeichnung der Bilanz

Die Bilanz ist mit Ort und Datum zu versehen und zu unterzeichnen:

→ bei einem Einzelunternehmen (e. K.) durch den Inhaber,

→ bei der KG durch alle persönlich haftenden Gesellschafter (Komplementäre),

→ bei der GmbH durch alle Geschäftsführer.

Eine Delegierung der Unterschriftsleistung an Dritte (Prokurist, Steuerberater, Wirtschaftsprüfer, Familienangehörige) ist nicht statthaft.

2.2 Veränderung der Bilanz durch erfolgsneutrale Geschäftsfälle

2.2.1 Geschäftsfälle und Belege

■ Geschäftsfälle

Die Schlussbilanz stellt eine Momentaufnahme der Lage des Unternehmens am Abschlussstichtag dar. Eine Vielzahl von Bewegungen in den Güter- und Geldströmen des Unternehmens verändert die Struktur des Vermögens bzw. des Kapitals täglich. Jede dieser Veränderungen wird als **Geschäftsfall** (Geschäftsvorfall) bezeichnet.

Vor der lückenlosen Erfassung der Geschäftsfälle eines Geschäftsjahres muss zunächst festgestellt werden, wie hoch Vermögen und Kapital zu Beginn des Geschäftsjahres sind. Deshalb wird zu Beginn eines jeden Geschäftsjahres eine **Eröffnungsbilanz** erstellt, die die Werte der **Schlussbilanz** des vorausgegangenen Jahres übernimmt (Grundsatz der Bilanzidentität, § 252 HGB).

■ Belege

Die Erfassung von Geschäftsfällen darf gemäß gesetzlicher Vorschriften und kaufmännischer Erfordernisse nur auf der Grundlage von Belegen erfolgen. Der **Beleg** ist das Dokument, das Auskunft gibt über die **Art des Geschäftsfalls**, die **Höhe des Betrags** in EUR und den **Zeitpunkt**. Die Belege sind Beweis für die Richtigkeit und Vollständigkeit der Geschäftsbuchführung.

■ Belegarten

Man unterscheidet nach der Herkunft zwischen Fremdbelegen und Eigenbelegen:

→ **Fremdbelege** (externe Belege) erhält das Unternehmen von seinen Geschäftspartnern. Dazu zählen z. B. Eingangsrechnungen, Bankbelege (Kontoauszüge), Quittungen und Handelsbriefe.

LERNFELD 6

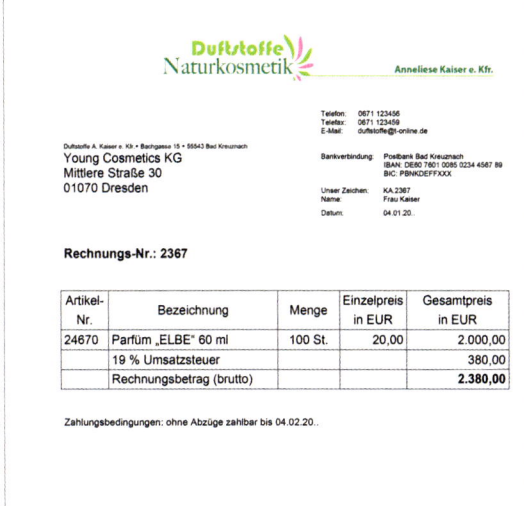

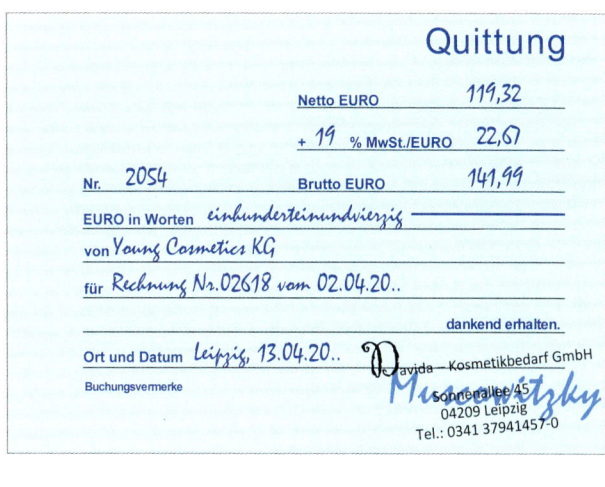

Girokonto 1234567890	BLZ 900 080 00		Kontoauszug	3
Sparbank Dresden, USt-IdNr. DE170135071			Blatt	1
Datum Erläuterungen				Betrag
Kontostand 17.01.20.., Auszug Nr. 2				718,00 +

19.01.	Ina Schöne R.-Nr. 14-00115	Wert: 19.01	2.193,17 +
19.01.	Miete incl. Nebenkosten Januar 20..	Wert: 19.01	1.866,00 -
20.01.	Telekom R.-Nr. 40576 incl. 19 % USt	Wert: 20.01	93,80 -
20.01.	Beauty and more R.-Nr. 14-00173 abzgl. 3 % Skonto	Wert: 20.01	2.885,75 +

Young Cosmetics KG
Mittlere Str. 30
01070 Dresden

Int. Bank Account Number:
DE60 9000 8000 1234 5678 90
BIC: STDDDE81XXX

LERNFELD 6

→ **Eigenbelege** (interne Belege) erstellt das Unternehmen selbst. Dazu zählen z. B. Ausgangsrechnungen, Gehaltslisten, Kassenbücher, Materialentnahmescheine, Reisekostenabrechnungen und Umbuchungen.

Gehaltsliste - Monat Februar

Young Cosmetics KG
Mittlere Str. 30
01070 Dresden

Name, Vorname	Bruttogehalt	Steueranteil	AN-Anteil zur SV	Gesamtabzüge	Nettobezüge/ Auszahlung	AG-Anteil zur SV
Krüger, Sophia	2 100,00 EUR	238,15 EUR	434,18 EUR	672,33 EUR	1 427,67 EUR	434,18 EUR
Genau, Gisela	1 600,00 EUR	322,56 EUR	330,80 EUR	653,36 EUR	946,64 EUR	330,80 EUR
Richter, Monika	1 550,00 EUR	78,91 EUR	320,47 EUR	399,38 EUR	1 150,62 EUR	320,47 EUR
Schneider, Christoph	1 500,00 EUR	93,75 EUR	310,13 EUR	403,88 EUR	1 096,12 EUR	310,13 EUR
Neubert, Stephanie	1 500,00 EUR	96,30 EUR	313,88 EUR	410,18 EUR	1 089,82 EUR	313,88 EUR
Lindner, Alisa	620,00 EUR	0,00 EUR	128,19 EUR	128,19 EUR	491,81 EUR	128,19 EUR
Summe	**8 870,00 EUR**	**829,67 EUR**	**1 837,65 EUR**	**2 667,32 EUR**	**6 202,68 EUR**	**1 837,65 EUR**

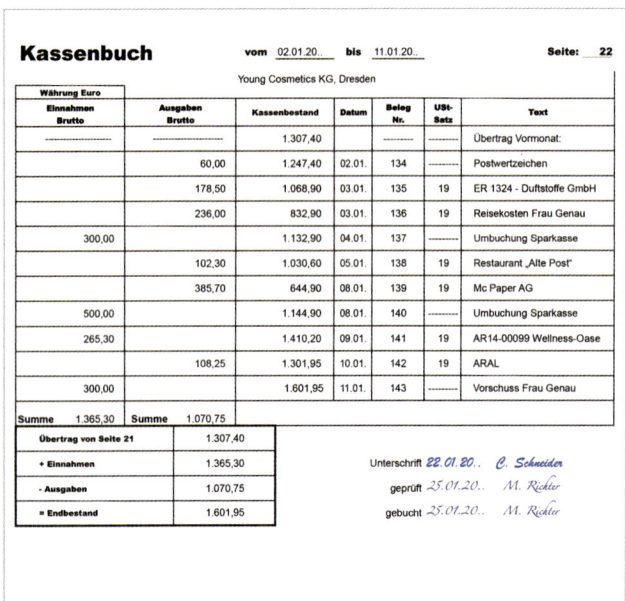

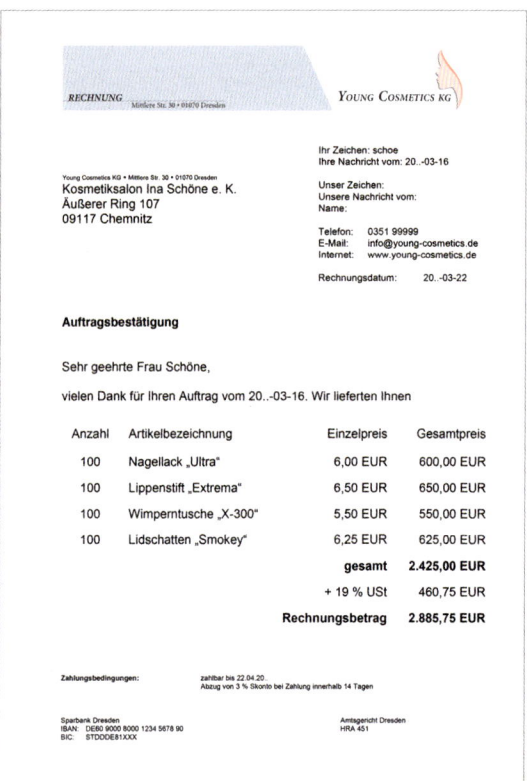

Ein **Not-** oder **Ersatzbeleg** als besondere Form des Eigenbelegs ist auszustellen, wenn ein Fremdbeleg als Originalbeleg nicht zu erhalten ist oder wenn er verloren gegangen ist.

■ Belegarten am Beispiel der Rechnung

Anhand der Rechnung, einem der häufigsten Belege im Rechnungswesen, können die Belegarten exemplarisch aufgezeigt werden.

Zunächst ist jede Rechnung ein Eigenbeleg, denn sie wird in einem Unternehmen erstellt und als Ausgangsrechnung verschickt.

Für das einzelne Unternehmen ist es aber enorm wichtig, zwischen **erhaltenen Rechnungen** (Eingangsrechnungen) und **verschickten Rechnungen** (Ausgangsrechnungen) zu unterscheiden.

Merke

Lieferer
= Gläubiger
= Kreditor

↓

buchendes
Unternehmen

↓

Käufer
= Schuldner
= Debitor

→ Die **Eingangsrechnung** stellt einen **Fremdbeleg** für eine erhaltene Leistung (Güterstrom) dar. Dafür fordert der Lieferer den Rechnungsbetrag (Geldstrom).

→ Die **Ausgangsrechnung** ist ein **Eigenbeleg** und zeigt einen entgegengesetzten Geschäftsprozess. Für die erbrachte Leistung (Güterstrom) wird das entsprechende Entgelt gefordert (Geldstrom).

Eingangsrechnungen stellen aus Sicht des buchenden Unternehmens **Verbindlichkeiten** aus Lieferungen und Leistungen dar. Der Lieferer (Gläubiger) wird im Rechnungswesen auch als Kreditor bezeichnet (lat. „credere" = „glauben"); er räumt bis zur Begleichung der Rechnung einen Kredit ein.

Ausgangsrechnungen bedeuten dagegen **Forderungen** aus Lieferungen und Leistungen an den Käufer (Schuldner). Dieser wird im Rechnungswesen auch als Debitor bezeichnet (lat. „debere" = „schulden"); er schuldet dem buchenden Unternehmen die Zahlung bis zum Ausgleich der Rechnung.

2.2.2 Bilanzveränderungen durch Geschäftsfälle

Jeder Geschäftsfall weist bezüglich der **Änderung von Aktiv- und Passivposten** und der **Wirkung auf die Bilanzsumme** bestimmte Merkmale auf.

Die folgende Übersicht zeigt die unterschiedlichen **Arten der Bilanzveränderung**. Dabei wird zunächst die vereinfachende Annahme getroffen, dass ausschließlich erfolgsneutrale Geschäftsfälle vorliegen.

© DOC RABE Media-stock.adobe.com

Alle Geschäftsfälle verändern mindestens zwei Posten der Bilanz und die Summe der Vermögensseite (Aktivseite) entspricht wertmäßig immer der Summe der Kapitalseite (Passivseite). Daraus folgt, dass es prinzipiell vier Arten der Bilanzveränderung gibt.

4 Arten der Bilanzveränderung				
Nr.	**Geschäftsfälle**	**betroffene Bilanzposten**	**Wertveränderungen der Bilanzposten**	**Art der Bilanzveränderung**
1.	Wir zahlen 200,00 EUR aus der Geschäftskasse auf unser Bankkonto ein.	Bank Kasse	Aktivposten/Mehrung + Aktivposten/Minderung −	**Aktivtausch**
2.	Wir wandeln eine Liefererschuld (Verbindlichkeiten aus Lieferungen und Leistungen) in ein einjähriges Bankdarlehen um.	Darlehen Verbindlichkeiten aus LL	Passivposten/Mehrung + Passivposten/Minderung −	**Passivtausch**
3.	Wir kaufen einen Lkw auf Ziel (Rechnungsbetrag fällig in 30 Tagen).	Fuhrpark Verbindlichkeiten aus LL	Aktivposten/Mehrung + Passivposten/Mehrung +	**Aktiv-Passiv-Mehrung**
4.	Wir bezahlen eine offene Liefererrechnung durch Banküberweisung.	Bank Verbindlichkeiten aus LL	Aktivposten/Minderung − Passivposten/Minderung −	**Aktiv-Passiv-Minderung**

Diese vier Grundfälle weisen folgende Merkmale auf:

Merkmale der 4 Arten von Bilanzveränderungen	
Aktivtausch	**Passivtausch**
Die Wertveränderungen betreffen **nur** die **Aktivseite**. Ein Aktivposten nimmt zu, ein anderer nimmt in gleichem Maße ab. Die **Bilanzsumme** bleibt **unverändert**.	Die Wertveränderungen betreffen **nur** die **Passivseite**. Ein Passivposten nimmt zu, ein anderer nimmt in gleichem Maße ab. Die **Bilanzsumme** bleibt **unverändert**.
Aktiv-Passiv-Mehrung	
Die Wertveränderungen betreffen die **Aktivseite** und die **Passivseite**. Ein Aktiv- und ein Passivposten **nehmen** in gleichem Maße **zu**. Die **Bilanzsumme** wird dadurch **erhöht** (Bilanzverlängerung).	
Aktiv-Passiv-Minderung	
Die Wertveränderungen betreffen die **Aktivseite** und die **Passivseite**. Ein Aktiv- und ein Passivposten **nehmen** in gleichem Maße **ab**. Die **Bilanzsumme** wird dadurch **verringert** (Bilanzverkürzung).	

LERNFELD 6

2.3 Erfassen von Geschäftsfällen auf Bestandskonten

Jeder Geschäftsfall ändert die Höhe von einzelnen Bilanzpositionen. Aus diesem Grunde wäre eigentlich nach jedem Geschäftsfall die Bilanz zu ändern. Es ist offensichtlich, dass diese Vorgehensweise zu aufwändig und nicht praktikabel ist. Deshalb werden die Veränderungen für alle Bilanzpositionen getrennt auf eigenen Konten aufgezeichnet.[1] Ausgangspunkt sind jeweils die Anfangsbestände der unterschiedlichen Bilanzpositionen, die der Eröffnungsbilanz entnommen werden können.

■ Bestandskonten

Die Buchhaltung erfasst alle Geschäftsfälle auf sogenannten „Konten". D. h., für jede Bilanzposition muss ein eigenes Konto eingerichtet und geführt werden. Ausgehend von den beiden Seiten der Bilanz (Aktiva/Passiva) werden die Konten unterschieden in

→ **Vermögenskonten/Aktivkonten (aktive Bestandskonten)** und

→ **Kapitalkonten/Passivkonten (passive Bestandskonten)**.

Zu Beginn des Geschäftsjahres werden diese Konten mit dem jeweiligen **Anfangsbestand** eröffnet. Durch Erfassen (Buchen) der Geschäftsfälle im Laufe des Geschäftsjahres verändern sich die Werte der Konten ständig. Erst am Ende des Geschäftsjahres wird für jedes Bestandskonto der **Schlussbestand** ermittelt.

Der Vorteil der Buchung auf Konten besteht darin, dass die Bilanz nicht nach jedem Geschäftsfall geändert werden muss. Erst am Ende einer Rechnungsperiode (z. B. Monat, Quartal, Jahr) erfolgt die Aufstellung einer Zwischenbilanz bzw. Schlussbilanz.

Die linke Seite eines Kontos wird immer mit dem Begriff **„Soll"** (S), die rechte Seite immer mit dem Begriff **„Haben"** (H) bezeichnet.

Soll	Konto	Haben

■ Buchungsregeln

Nach festgelegten Buchungsregeln werden alle Geschäftsfälle im Soll und im Haben gebucht.

Vermögenskonten (Aktivkonten):
Anfangsbestand und **Mehrungen** stehen auf der **Sollseite**, **Minderungen** und **Schlussbestand** auf der **Habenseite**.

Kapitalkonten (Passivkonten):
Anfangsbestand und **Mehrungen** stehen auf der **Habenseite**, **Minderungen** und **Schlussbestand** auf der **Sollseite**.

Merke

Soll	Aktivkonto	Haben
Anfangsbestand	Minderungen (–)	
Mehrungen (+)	Schlussbestand	

Soll	Passivkonto	Haben
Minderungen (–)	Anfangsbestand	
Schlussbestand	Mehrungen (+)	

Tipp

Alle **Aktiva** stehen in der Bilanz auf der „linken" Seite – entsprechend werden bei Aktivkonten der Anfangsbestand und alle Mehrungen ebenfalls auf der „linken" Seite erfasst.
Alle **Passiva** stehen in der Bilanz auf der „rechten" Seite – entsprechend werden bei Passivkonten der Anfangsbestand und alle Mehrungen ebenfalls auf der „rechten" Seite erfasst.
Minderungen und Schlussbestände erscheinen auf der jeweils anderen Kontenseite.

---

[1] Grundbuch und Hauptbuch werden grundsätzlich in EUR geführt; die Angabe EUR wird daher nicht gesondert ausgewiesen.

Die **Anfangsbestände der Konten** werden der Eröffnungsbilanz entnommen.

Die **Schlussbestände der Konten** werden durch Saldieren ermittelt. Als **Saldo** bezeichnet man die Differenz zwischen der größeren und der kleineren Kontenseite.

Der Schlussbestand der vergangenen Periode ist zugleich der **Anfangsbestand** der nächsten Periode: Schlussbestand 31.12.01 = Anfangsbestand 01.01.02.

Beispiel

Auf dem **Aktivkonto** „Kasse" sind folgende Geschäftsfälle einzutragen:

(1) Anfangsbestand (bei Aktivkonten immer im Soll)	560,00 EUR
(2) Ein Kunde zahlt eine Rechnung bar	840,00 EUR
Kasse: Aktivkonto/Mehrung ⟶	**Soll**
(3) Kauf eines Computers bar	610,00 EUR
Kasse: Aktivkonto/Minderung ⟶	**Haben**
(4) Abhebung vom Bankkonto und Einzahlung in Kasse	500,00 EUR
Kasse: Aktivkonto/Mehrung ⟶	**Soll**
(5) Schlussbestand (bei Aktivkonten immer im Haben)	???

Soll		Kasse			Haben
(1)	**Anfangsbestand**	**560,00**	(3)	Barauszahlung für Computer	610,00
(2)	Barzahlung des Kunden	840,00	(5)	**Schlussbestand**	**1290,00**
(4)	Bareinzahlung vom Bankkonto	500,00			
		1 900,00			1 900,00

Beispiel

Auf dem **Passivkonto** „Verbindlichkeiten aus Lieferungen und Leistungen" sind folgende Geschäftsfälle einzutragen:

(1) Anfangsbestand (bei Passivkonten immer im Haben)	60 000,00 EUR
(2) Erhalt einer Eingangsrechnung (ER) für einen Schreibtischstuhl	1 280,00 EUR
Verbindlichkeiten aus LL: Passivkonto/Mehrung ⟶	**Haben**
(3) Begleichen einer Eingangsrechnung (ER) durch Überweisung	4 000,00 EUR
Verbindlichkeiten aus LL: Passivkonto/Minderung ⟶	**Soll**
(4) Schlussbestand (bei Passivkonten immer im Soll)	???

Soll		Verbindlichkeiten aus LL			Haben
(3)	Begleichen der ER	4 000,00	(1)	**Anfangsbestand**	**60 000,00**
(4)	**Schlussbestand**	**57 250,00**	(2)	Erhalt der ER	1 250,00
		61 250,00			61 250,00

Tipp

In 4 Schritten zum Schlussbestand:

1. Ermitteln Sie die wertmäßig größere Kontenseite.
2. Reservieren Sie auf der wertmäßig kleineren Kontenseite eine Zeile für den Schlussbestand.
3. Berechnen Sie auf der wertmäßig größeren Kontenseite die Summe und übertragen Sie diese Summe auf die wertmäßig kleinere Seite.
4. Ermitteln Sie den Schlussbestand als verbleibende Differenz auf der wertmäßig kleineren Seite.

LERNFELD 6

Merke

Nicht vermeidbare Leerräume auf den Konten werden durch eine sogenannte „Buchhalternase" entwertet.

2.4 Buchen auf Bestandskonten

Bisher haben wir bei den Geschäftsfällen nur jeweils **ein** Konto in den Blick genommen. Jeder Geschäftsfall verändert jedoch mindestens **zwei** Positionen der Bilanz.

■ Prinzip der doppelten Buchführung

© FM2-stock.adobe.com

Aufgrund der Festlegung, dass

→ bei **Aktivkonten Mehrungen im Soll** und **Minderungen im Haben** gebucht werden

und

→ bei **Passivkonten Mehrungen im Haben** und **Minderungen im Soll**,

ergeben sich folgende, allgemeingültige Regeln für jede Buchung:

→ Jeder Geschäftsfall wird **doppelt** (auf Konto und Gegenkonto) erfasst und berührt damit immer mindestens zwei Konten.

→ Es erfolgt mindestens **eine Buchung im Soll** und mindestens **eine Buchung im Haben**.

→ Der **Wert der Sollbuchungen** entspricht dem **Wert der Habenbuchungen**.

Die bisher nur auf **einem** Konto gebuchten Geschäftsfälle werden folglich durch die Buchung auf **dem zugehörigen Gegenkonto** vervollständigt.

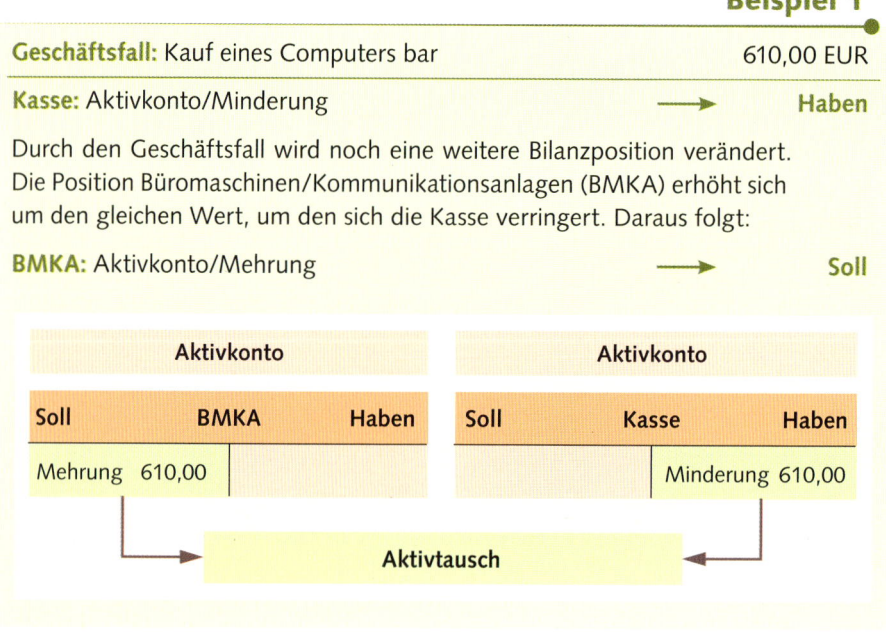

Beispiel 1

Geschäftsfall: Kauf eines Computers bar	610,00 EUR
Kasse: Aktivkonto/Minderung	→ **Haben**

Durch den Geschäftsfall wird noch eine weitere Bilanzposition verändert. Die Position Büromaschinen/Kommunikationsanlagen (BMKA) erhöht sich um den gleichen Wert, um den sich die Kasse verringert. Daraus folgt:

BMKA: Aktivkonto/Mehrung → **Soll**

Der Geschäftsfall des Beispiels 1 ist nun auf den beiden betroffenen Konten vollständig erfasst (gebucht). Auf der Sollseite des Aktivkontos „Büromaschinen/Kommunikationsanlagen" wurde die Mehrung gebucht und auf der Habenseite des Aktivkontos „Kasse" wurde die Minderung erfasst. Es handelt sich somit um einen Aktivtausch.

Beispiel 2

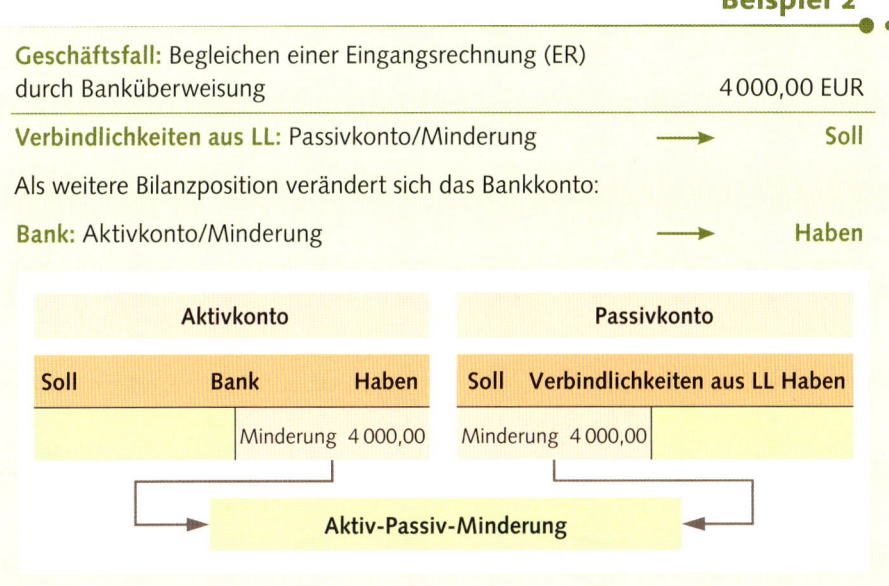

Geschäftsfall: Begleichen einer Eingangsrechnung (ER)
durch Banküberweisung   4 000,00 EUR

Verbindlichkeiten aus LL: Passivkonto/Minderung   ⟶   **Soll**

Als weitere Bilanzposition verändert sich das Bankkonto:

Bank: Aktivkonto/Minderung   ⟶   **Haben**

Aktivkonto		
Soll	**Bank**	**Haben**
		Minderung 4 000,00

Passivkonto		
Soll	**Verbindlichkeiten aus LL**	**Haben**
	Minderung 4 000,00	

Aktiv-Passiv-Minderung

Im zweiten Beispiel sind ein Aktivkonto und ein Passivkonto betroffen. Auf der Sollseite des Passivkontos „Verbindlichkeiten aus LL" wurde die Minderung erfasst. Da
es sich beim Konto „Bank" um ein Aktivkonto handelt, wird die Minderung hier im
Haben erfasst.

■ Vorüberlegungen zur Buchung auf Bestandskonten

Vor der Buchung eines Geschäftsfalles sind stets folgende Überlegungen notwendig:

1. **Welche Konten** werden durch den Geschäftsfall angesprochen:
   (z. B. Bank, Kasse, BMKA, Verbindlichkeiten aus LL)?

2. Um welche Kontenart handelt es sich:
   Ist das jeweilige Konto ein **Aktivkonto** oder ein **Passivkonto**?

3. Welche Wertveränderungen ergeben sich:
   Entsteht eine **Mehrung** oder eine **Minderung**?

4. Auf welcher Kontoseite wird nach den Buchungsregeln gebucht:
   im **Soll** oder im **Haben**?

Beispiel

Vorüberlegungen			
Geschäftsfall	**betroffene Konten**	**Kontenart Mehrung/Minderung**	**Kontoseite**
Kauf eines Pkw auf Ziel (Eingangsrechnung mit Zahlungsziel 30 Tage)	Fuhrpark Verbindlichkeiten aus LL	Aktivkonto/Mehrung Passivkonto/Mehrung	Soll Haben
Kunde zahlt Ausgangsrechnung durch Banküberweisung	Bank Forderungen aus LL	Aktivkonto/Mehrung Aktivkonto/Minderung	Soll Haben
Umwandlung einer Verbindlichkeit aus Lieferungen und Leistungen in ein Darlehen	Verbindlichkeiten aus LL Darlehen	Passivkonto/Minderung Passivkonto/Mehrung	Soll Haben

LERNFELD 6

2.5 Zusammenfassung und Aufgaben

Zusammenfassung

Bilanz als Dokumentation von Vermögen und Kapital

Die **Bilanz** ist eine kurzgefasste, **wertmäßige** Darstellung von **Vermögen** und **Kapital** des Unternehmens in Kontenform.

Die linke Bilanzseite nennt man **Aktiva**. Sie stellt das **Vermögen** (Anlagevermögen und Umlaufvermögen) dar, in das investiert wurde, und zeigt so die Mittelverwendung (Investition). Ordnungskriterium der Aktivseite ist die **steigende Liquidität**.

Die rechte Bilanzseite nennt man **Passiva**. Sie zeigt das **Kapital** (Eigenkapital und Fremdkapital), das zur Finanzierung dient, und klärt so die Mittelherkunft. Ordnungskriterium der Passivseite ist die **steigende Fälligkeit**.

Beide Bilanzseiten sind wertmäßig gleich **(bilancia = Waage)**.

Bilanzveränderungen durch erfolgsneutrale Geschäftsfälle

Güter- und Geldströme lösen Geschäftsfälle aus, die zu Bilanzveränderungen führen.

Geschäftsfälle werden durch Belege dokumentiert. Es können drei Belegarten unterschieden werden:

- Eigenbelege (ggf. als Notbelege)
- Fremdbelege

Jeder Geschäftsfall verändert mindestens zwei Bilanzposten.

Es existieren vier **Arten der Bilanzveränderung:**

- Aktivtausch
- Passivtausch
- Aktiv-Passiv-Mehrung
- Aktiv-Passiv-Minderung

Erfassen von Geschäftsfällen auf Bestandskonten

In der Finanzbuchhaltung werden alle Geschäftsfälle des laufenden Geschäftsjahres auf separaten Konten erfasst. Die Konten werden geführt als

- Vermögenskonten/aktive Bestandskonten **(Aktivkonten)**,
- Kapitalkonten/passive Bestandskonten **(Passivkonten)**.

Die linke Seite eines Kontos wird mit „**Soll**" bezeichnet, die rechte Seite mit „**Haben**".

Buchen auf Bestandskonten – doppelte Buchführung

Jeder Geschäftsfall wird doppelt (auf Konto und Gegenkonto) erfasst:

- Es erfolgt mindestens eine Soll-Buchung und eine Haben-Buchung.
- Der Wert aller Soll-Buchungen entspricht dem Wert aller Haben-Buchungen.

Buchungsregeln für Bestandskonten

Soll	Aktivkonto	Haben
Anfangsbestand	Minderungen (–)
Mehrungen (+)	Schlussbestand

Soll	Passivkonto	Haben
Minderungen (–)	Anfangsbestand
Schlussbestand	Mehrungen (+)

LERNFELD 6

Aufgaben

1. Prüfen Sie folgende Aussagen auf ihre Richtigkeit. Die Antwort ist jeweils zu begründen.

    (1) Das in der Bilanz ausgewiesene Eigenkapital gibt Auskunft über die Mittelherkunft, das Fremdkapital über die Mittelverwendung.

    (2) Das Eigenkapital in der Bilanz kann auch als Differenz von Vermögen und Fremdkapital aufgefasst werden.

    (3) Die Aktivseite einer Bilanz gibt Auskunft über die Mittelherkunft.

    (4) Die Passivseite einer Bilanz ist nach abnehmender Fälligkeit geordnet.

    (5) Die Bilanz muss vom Eigentümer oder ersatzweise vom Prokuristen unterschrieben werden.

    (6) Bei einem Aktivtausch nehmen beide Aktivposten zu.

    (7) Bei einem Passivtausch erfolgt keine Änderung der Bilanzsumme.

    (8) Bei einer Aktiv-Passiv-Mehrung nimmt ein Aktivposten zu und ein Passivposten nimmt um den gleichen Betrag ab.

    (9) Bei einer Aktiv-Passiv-Minderung nehmen Aktiv- und Passivposten gleichmäßig ab.

    (10) Das Prinzip der doppelten Buchführung besagt, dass auf einem Konto im Soll und auf dem zugehörigen Gegenkonto im Haben gebucht wird.

    (11) Bei aktiven Bestandskonten wird der Anfangsbestand im Soll gebucht und bei passiven Bestandskonten im Haben.

    (12) Bei passiven Bestandskonten steht der Schlussbestand (Saldo) im Haben.

Passivkonten

Zugänge (Mehrung)
im Haben,
Abgänge (Minderung)
im Soll

Aktivkonten
werden Zugänge
Mehrungen im
Soll Abgänge
(Minderungen)
im Haben ein-
getragen

2. Bilanz

 a) Beschreiben Sie den Aufbau einer Bilanz und die Gliederungsprinzipien für die Aktiv- und Passivposten.

 b) Geben Sie für die folgenden Bilanzpositionen an, ob sie den Aktiva oder Passiva zuzuordnen sind: Fuhrpark, Bank, Verbindlichkeiten aus LL, Forderungen aus LL, Verbindlichkeiten ggü. Kreditinstituten (Darlehen), Eigenkapital, Büromöbel und sonstige Geschäftsausstattung (BGA).

 c) Begründen Sie, warum in der Bilanz das Eigenkapital vor dem Fremdkapital aufgeführt wird und die fertigen Erzeugnisse vor den Forderungen stehen müssen.

3. Stellen Sie möglichst viele verschiedene Bilanzgleichungen auf. Verwenden Sie dabei die Begriffe: Kapital, Eigenkapital, Fremdkapital, Vermögen, Anlagevermögen, Umlaufvermögen.

4. a) Ermitteln Sie die Höhe des Eigenkapitals:

 Anlagevermögen 77 500,00 EUR

 Umlaufvermögen 112 500,00 EUR

 Fremdkapital 98 000,00 EUR

 b) Ermitteln Sie die Höhe des Anlagevermögens:

 Umlaufvermögen 178 500,00 EUR

 Eigenkapital 205 900,00 EUR

 Fremdkapital 207 600,00 EUR

5. Nennen Sie die Buchungsregeln für aktive und passive Bestandskonten.

6. Beschreiben Sie, welche Vorüberlegungen einer Buchung vorausgehen.

7. Stellen Sie für die aufgeführten Geschäftsfälle fest, auf welchen Konten und auf welcher Kontenseite (Soll/Haben) jeweils zu buchen ist. Bestimmen Sie auch die Art der Bilanzveränderung.

 a) Kauf eines Lkw auf Ziel

 b) Aufnahme eines Darlehens bei der Bank

 c) Kauf von Büromöbeln gegen Bankscheck

 d) Umwandlung von Verbindlichkeiten aus LL in ein Darlehen

 e) Verkauf eines Pkw auf Ziel

 f) Kunde begleicht eine Rechnung per Online-Überweisung

 g) Begleichung einer Verbindlichkeit mit Banküberweisung

8. Ermitteln Sie, welcher Geschäftsfall den folgenden Kontenveränderungen zugrunde liegen könnte. Bezeichnen Sie auch die jeweilige Art der Bilanzveränderung.

 a) Büromöbel und sonstige Geschäftsausstattung (BGA): Haben; Kasse: Soll

 b) Darlehen: Haben; Verbindlichkeiten aus LL: Soll

 c) Verbindlichkeiten aus LL: Soll; Bank: Haben

 d) Fuhrpark: Soll; Verbindlichkeiten aus LL: Haben

 e) Forderungen aus LL: Haben; Bank: Soll

3 Grundbuch und Hauptbuch führen

Ein erfahrener Buchhalter wird die Vorüberlegungen, auf welchen Konten und auf welcher Kontenseite zu buchen ist, in der Praxis nur gedanklich vollziehen. Das Ergebnis teilt er in einer knappen Buchungsanweisung mit, die als **Buchungssatz** bezeichnet wird. Die Auflistung aller Buchungssätze nennt man **Grundbuch**.

Die Buchungssätze werden anschließend in T-Konten übertragen; die Aufstellung aller T-Konten wird als **Hauptbuch** bezeichnet.

© skywalk154 – stock.adobe.com

3.1 Buchungssatz (Grundbuch)

Der **Buchungssatz** ist die **kurzgefasste Anweisung** für die Erfassung des Geschäftsfalls in der Finanzbuchführung. Er enthält die Kontenbezeichnungen und die Beträge der Soll- und Habenseite. Da es in jedem Buchungssatz immer mindestens zwei Konten mit mindestens einer Buchung im Soll und einer Buchung im Haben gibt, die wertmäßig einander entsprechen, hat man folgende Vereinbarung getroffen:

→ Das Konto, auf dem die Buchung im **Soll** erfolgt, wird **zuerst** genannt.

→ **Danach** wird das Konto genannt, auf dem die Buchung im **Haben** erfolgt.

→ Zur eindeutigen Unterscheidung wird zwischen Soll-Buchung und Haben-Buchung das Wörtchen **„an"** gesetzt.

→ Ein **Buchungssatz** lautet also stets: „Konto mit Sollbuchung" an „Konto mit Haben-buchung".

Der vollständige Buchungssatz ist noch um die im Soll bzw. Haben zu buchenden Beträge ergänzt.

Merke

„Soll" an „Haben"

LERNFELD 6

Beispiel

Geschäftsfall:	
1. Kauf eines Pkw auf Ziel	25 000,00 EUR

Vorüberlegung:

Nr.	Konten	Kontenart/ Mehrung oder Minderung	Kontoseite
1	Fuhrpark Verbindlichkeiten aus LL	Aktivkonto/Mehrung Passivkonto/Mehrung	Soll Haben

Buchung:

Nr.	Buchungssatz	Beträge	
		Soll	Haben
1	Fuhrpark	25 000,00	
	an Verbindlichkeiten aus LL		25 000,00

■ Einfacher Buchungssatz

Ein Geschäftsfall, der auf **genau zwei Konten** mit je einer Soll- und einer Haben-buchung erfasst wird, erfordert nur einen **einfachen Buchungssatz**.

Beispiel

Geschäftsfälle:

1. Ausgleich einer Liefererrechnung (Eingangsrechnung)
   durch Banküberweisung   5 000,00 EUR
2. Kauf eines Lagerregals auf Ziel   800,00 EUR

Vorüberlegung:

Nr.	Konten	Kontenart/ Mehrung oder Minderung	Kontoseite
1	Verbindlichkeiten aus LL	Passivkonto/Minderung	Soll
	Bank	Aktivkonto/Minderung	Haben
2	BGA	Aktivkonto/Mehrung	Soll
	Verbindlichkeiten aus LL	Passivkonto/Mehrung	Haben

Buchung:

Nr.	Buchungssatz	Beträge Soll	Beträge Haben
1	Verbindlichkeiten aus LL	5 000,00	
	an Bank		5 000,00
2	BGA	800,00	
	an Verbindlichkeiten aus LL		800,00

■ Zusammengesetzter Buchungssatz

In der Praxis sind oftmals **zusammengesetzte Buchungssätze** notwendig, um einen Geschäftsfall zu erfassen. Dabei wird auf mehr **als zwei Konten** gebucht.

Beispiel

Geschäftsfälle:

1. Ausgleich einer Liefererrechnung (Eingangsrechnung)
   durch Banküberweisung   4 000,00 EUR
   und Barzahlung   1 000,00 EUR

2. Ein Kunde begleicht eine Ausgangsrechnung
   durch Banküberweisung   2 500,00 EUR
   und Barzahlung   1 500,00 EUR

Vorüberlegung:

Nr.	Konten	Kontenart/ Mehrung oder Minderung	Kontoseite
1	Verbindlichkeiten aus LL	Passivkonto/Minderung	Soll
	Bank	Aktivkonto/Minderung	Haben
	Kasse	Aktivkonto/Minderung	Haben
2	Bank	Aktivkonto/Mehrung	Soll
	Kasse	Aktivkonto/Mehrung	Soll
	Forderungen aus LL	Aktivkonto/Minderung	Haben

Buchung:

Nr.	Buchungssatz	Beträge	
		Soll	Haben
1	Verbindlichkeiten aus LL	5 000,00	
	an Bank		4 000,00
	an Kasse		1 000,00
2	Bank	2 500,00	
	Kasse	1 500,00	
	an Forderungen aus LL		4 000,00

LERNFELD 6

■ Vorkontierung der Belege für die Buchung

Buchungssätze werden aufgrund von **Belegen** gebildet, anhand derer die Richtigkeit der Buchung überprüfbar ist.

Nach einer sachlichen und rechnerischen Prüfung der Belege werden diese nach Belegarten vorsortiert (z. B. Eingangsrechnungen oder Ausgangsrechnungen). Jeder Beleg erhält eine laufende Nummer und einen Vermerk mit den beteiligten Konten und Beträgen. Dieser Vermerk wird mittels eines **Kontierungsstempels** auf dem Beleg angebracht.

Dem Kontierungsvermerk ist zu entnehmen, auf welchem Konto welcher Betrag im Soll und auf welchem Konto welcher Betrag im Haben gebucht werden soll.

Merke

„Keine Buchung ohne Beleg!"

153

3.2 Grundbuch und Hauptbuch

Nach den Grundsätzen ordnungsmäßiger Buchführung (GoB) ist eine **zeitliche** und **sachliche** Gliederung aller Geschäftsfälle in sogenannten „Büchern" vorzunehmen.

Im **Grundbuch** (Synonyme: Journal, Primanota) werden alle Geschäftsfälle in **zeitlicher Reihenfolge** (chronologisch) lückenlos erfasst, sodass ein schnelles Auffinden und Überprüfen eines Geschäftsfalles sichergestellt ist. In das Grundbuch gehören das Datum, die Belegnummer, der Buchungssatz und die Beträge.

Beispiel

Grundbuch				
Datum	**Beleg-Nr.**	**Buchungssatz**	**Beträge**	
			Soll	**Haben**
09.01.20..	1	Bank	1 500,00	
		an Kasse		1 500,00

Allerdings lässt sich dem Grundbuch nicht der jeweilige Stand des Vermögens und des Kapitals entnehmen. Deshalb werden alle Geschäftsfälle nach **sachlichen Gesichtspunkten** auch auf sogenannten **T-Konten** (Sachkonten) erfasst. Dies erfolgt im **Hauptbuch**. Das Grundbuch bildet die Grundlage für die Buchungen im Hauptbuch.

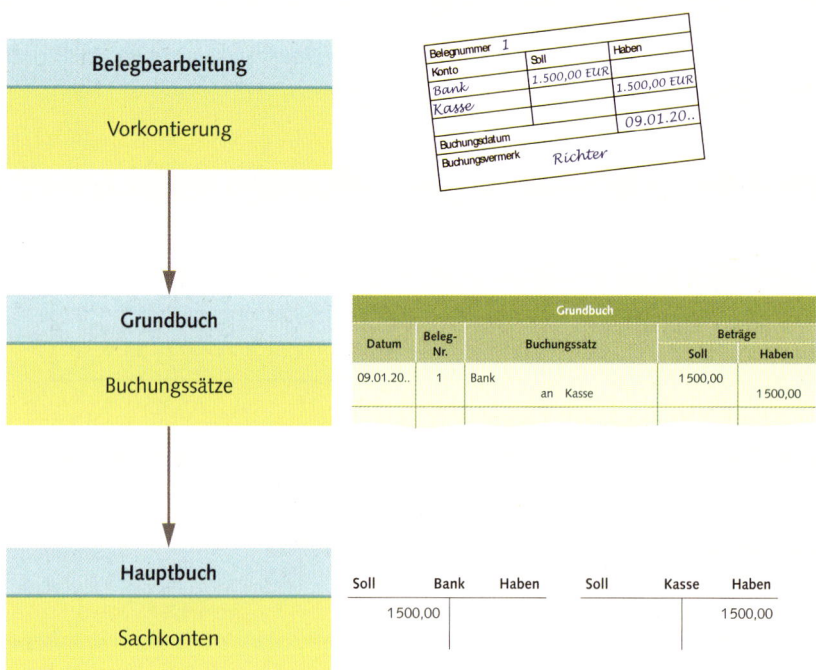

3.3 Eröffnung und Abschluss der Bestandskonten

Die doppelte Erfassung aller Geschäftsfälle auf Bestandskonten entspricht erst vollständig den Buchungsregeln und Vorschriften der GoB, wenn

→ die **Anfangsbestände** aus dem Eröffnungsbilanzkonto auf die jeweiligen Aktiv- und Passivkonten **gebucht** werden,

→ die durch Saldieren ermittelten **Schlussbestände** der Aktiv-und Passivkonten in das Schlussbilanzkonto **gebucht** werden.

Dann ist nach den festgelegten Buchführungsregeln **jeder** Buchungsvorgang in doppelter Weise buchhalterisch erfasst.

3.3.1 Eröffnungsbilanzkonto

Für die Eröffnung der Bestandskonten ist deshalb die vereinfachende Vorgehensweise der bloßen Übertragung der Anfangsbestände in die Konten aufzugeben und ein entsprechender Buchungssatz zu bilden. Dazu wird ein Gegenkonto benötigt. Dieses Konto wird als **Eröffnungsbilanzkonto (EBK)** bezeichnet.

Nach den Buchungsregeln werden die **Anfangsbestände (AB)** auf **Aktivkonten** im **Soll** gebucht, auf **Passivkonten** im **Haben**.

Für das **Eröffnungsbilanzkonto** als Gegenkonto zu den Bestandskonten ergibt sich dann z. B. folgendes Bild:

LERNFELD 6

Beispiel

Soll	Eröffnungsbilanzkonto (EBK)		Haben
Eigenkapital	AB	Gebäude	AB
langfr. Bankverbindlichkeiten		Fuhrpark	AB
(Darlehen)	AB	BGA	AB
Verbindlichkeiten aus LL	AB	Waren	AB
		Forderungen aus LL	AB
		Kasse	AB
		Bank	AB
	Summe		Summe

Merke

Alle **Aktivkonten** stehen im **Eröffnungsbilanzkonto** auf der **Habenseite**.

Alle **Passivkonten** stehen im **Eröffnungsbilanzkonto** auf der **Sollseite**.

Der allgemeine Buchungssatz für die **Eröffnung** der **Aktivkonten** lautet:

> Aktivkonto
>   an   Eröffnungsbilanzkonto (EBK)

Der allgemeine Buchungssatz für die **Eröffnung** der **Passivkonten** lautet:

> Eröffnungsbilanzkonto (EBK)
>   an   Passivkonto

Das Beispiel oben zeigt, dass das **Eröffnungsbilanzkonto** das **Spiegelbild** der **Eröffnungsbilanz** darstellt: Die Positionen, die in der Eröffnungsbilanz „links" (auf der Aktivseite) stehen, tauchen im Eröffnungsbilanzkonto „rechts" (auf der Habenseite) auf. Auch die Bilanzpositionen der Passivseite erscheinen im EBK auf der entgegengesetzten Seite. Das Eröffnungsbilanzkonto wird allein aus Gründen des in sich geschlossenen Regelwerkes der doppelten Erfassung aller Buchungsvorgänge benötigt und gilt deshalb als Hilfskonto. Das Eröffnungsbilanzkonto kann als „Vermittler" zwischen Eröffnungsbilanz und den einzelnen Bestandskonten aufgefasst werden. Die Werte für das Eröffnungsbilanzkonto werden aus dem Schlussbilanzkonto des Vorjahres übernommen.

Das **Eröffnungsbilanzkonto** ist deshalb stets **„von alleine" wertmäßig ausgeglichen.**

Merke

Das **Eröffnungsbilanzkonto** (EBK) ist das **Gegenkonto** zur Buchung der Anfangsbestände in die Bestandskonten (Aktivkonten/Passivkonten).

Nach Eröffnung der Bestandskonten kann mit der Erfassung der laufenden Geschäftsfälle begonnen werden.

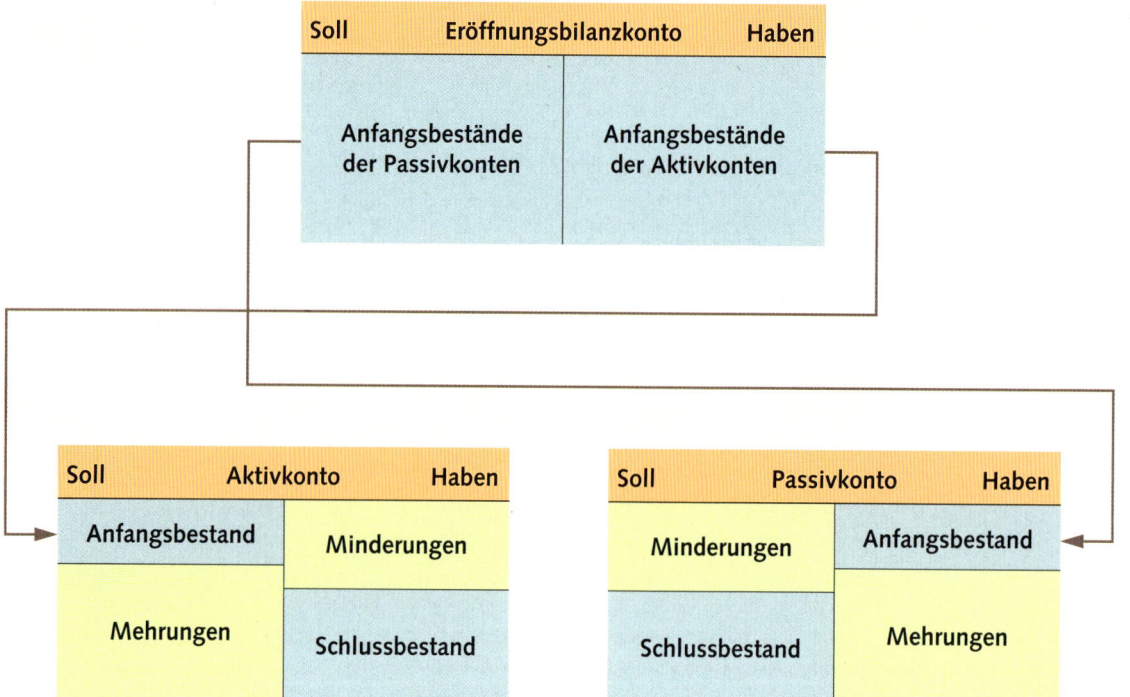

3.3.2 Schlussbilanzkonto

Nach Eröffnung der Bestandskonten und Erfassung aller laufenden Geschäftsfälle im Grund- und Hauptbuch sind die Konten am Ende der Rechnungsperiode (z. B. zum 31.12.) abzuschließen. Dazu wird ein Konto benötigt, das die Gegenbuchung für die Schlussbestände der Bestandskonten aufnimmt.

Dieses Konto bezeichnet man als **Schlussbilanzkonto** (SBK). Die Schlussbestände (SB) der **Aktivkonten** stehen im Schlussbilanzkonto auf der **Sollseite** und die Schlussbestände der **Passivkonten** auf der **Habenseite**. Damit ergibt sich für das Schlussbilanzkonto z. B. folgendes Bild:

Schlussbilanz
Schlussbilanzkonto

Beispiel

Soll		Schlussbilanzkonto		Haben
Gebäude	SB	Eigenkapital		SB
Fuhrpark	SB	langfr. Bankverbindlichkeiten		
BGA	SB	(Darlehen)		SB
Waren	SB	Verbindlichkeiten aus LL		SB
Forderungen aus LL	SB			
Kasse	SB			
Bank	SB			
	Summe		Summe	

Merke

Alle **Aktivkonten** stehen im **Schlussbilanzkonto** auf der **Sollseite.**

Alle **Passivkonten** stehen im **Schlussbilanzkonto** auf der **Habenseite.**

Die Positionen der Schlussbilanz werden im Schlussbilanzkonto also nicht „seitenverkehrt" abgebildet.

Der allgemeine Buchungssatz für den **Abschluss** der **Aktivkonten** lautet:

Schlussbilanzkonto (SBK)
an   Aktivkonto

Der allgemeine Buchungssatz für den **Abschluss** der **Passivkonten** lautet:

Passivkonto
an   Schlussbilanzkonto (SBK)

Merke

Das **Schlussbilanzkonto** (SBK) ist das **Gegenkonto** für den **Abschluss** der **Bestandskonten** (Aktivkonten/Passivkonten)**.**

Bei korrekter Anwendung aller Buchungsregeln ist auch das **Schlussbilanzkonto „von alleine" wertmäßig ausgeglichen**. Eine Differenz zwischen Soll- und Habenseite des Schlussbilanzkontos belegt, dass beim Buchen (mindestens) ein Fehler unterlaufen ist, der selbstverständlich zu suchen und zu korrigieren ist.

LERNFELD 6

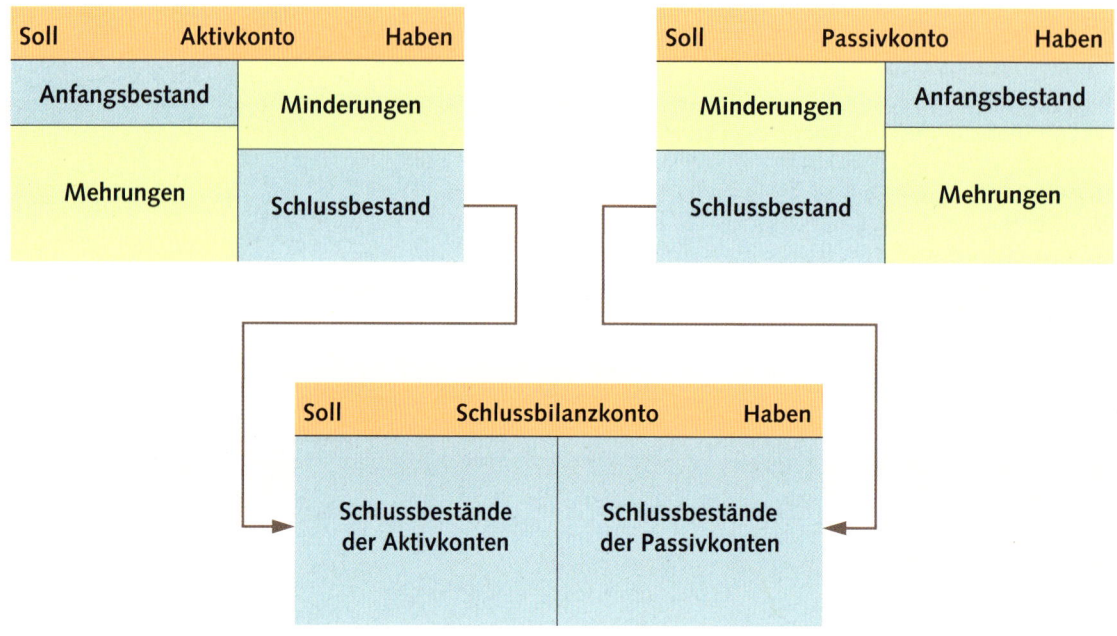

3.3.3 Vom Eröffnungsbilanzkonto zum Schlussbilanzkonto

Das Regelwerk der Buchführung führt stets zu ausgeglichenen Konten. Damit ist es stabil, aber fehlerintolerant.

In der Praxis kann es aus unterschiedlichen Gründen (z. B. nicht erfasster Verderb, Diebstahl) vorkommen, dass die **Sollwerte** der Buchführung nicht mit den tatsächlichen **Istwerten** des Unternehmens übereinstimmen.

Der Gesetzgeber sieht vor, dass die tatsächlichen **Istwerte** mindestens einmal im Jahr durch eine Bestandsaufnahme **(Inventur)** ermittelt werden. Die Ergebnisse dieser Bestandsaufnahme werden in der **Schlussbilanz** dokumentiert.

Die **Schlussbilanz** steht aus diesem Grund **außerhalb** des **geschlossenen Systems der Buchführung.** Das **Schlussbilanzkonto** dagegen stellt das Ergebnis aller im Kontensystem der Buchführung erfassten **Sollwerte** dar.

Entsprechen die Sollwerte der Buchführung im Schlussbilanzkonto nicht den Istwerten der Schlussbilanz, so sind die Differenzen durch **Korrekturbuchungen** auszugleichen.

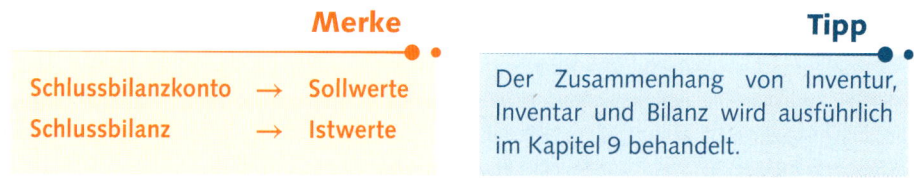

Merke	**Tipp**
Schlussbilanzkonto → Sollwerte Schlussbilanz → Istwerte	Der Zusammenhang von Inventur, Inventar und Bilanz wird ausführlich im Kapitel 9 behandelt.

Die folgende schematische Darstellung zeigt noch einmal die **Zusammenhänge** vom **Eröffnungsbilanzkonto** über die **Erfassung der Geschäftsfälle auf Bestandskonten** bis zum **Schlussbilanzkonto.**

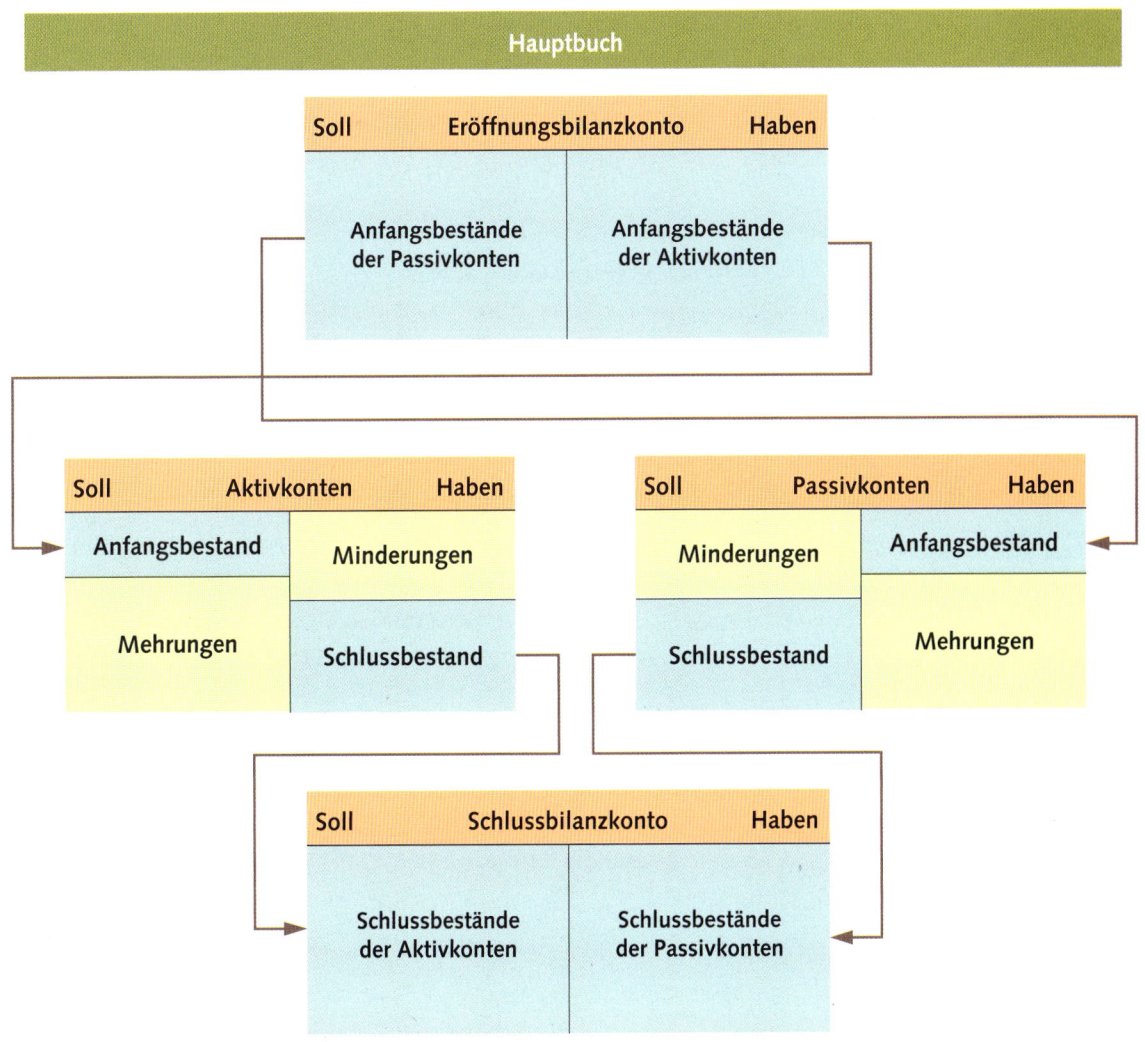

Vollständiger Buchungsgang mit Grundbuch und Hauptbuch

Anfangsbestände:

Gebäude	100 000,00 EUR	Kasse	1 000,00 EUR
Fuhrpark	40 000,00 EUR	Bank	19 000,00 EUR
BGA	35 000,00 EUR	Eigenkapital	140 000,00 EUR
Waren	30 000,00 EUR	Darlehen	80 000,00 EUR
Forderungen aus LL	20 000,00 EUR	Verbindlichkeiten aus LL	25 000,00 EUR

Geschäftsfälle:

1. Ein Kunde zahlt eine bereits gebuchte Rechnung bar.   3 000,00 EUR
2. Wir kaufen einen Geschäftswagen auf Ziel.   25 000,00 EUR
3. Wir überweisen die monatliche Tilgungsrate für ein Darlehen.   2 000,00 EUR
4. Wir zahlen Geld aus der Tageskasse auf das Bankkonto.   1 500,00 EUR

Buchungssätze im Grundbuch:

		Grundbuch		
Beleg-Nr.	**Buchungssatz**		**Beträge**	
			Soll	**Haben**
	Eröffnungsbuchungen (schematisch):			
	Aktivkonten		245 000,00	
		an EBK		245 000,00
	EBK		245 000,00	
		an Passivkonten		245 000,00
1	Kasse		3 000,00	
		an Forderungen aus LL		3 000,00
2	Fuhrpark		25 000,00	
		an Verbindlichkeiten aus LL		25 000,00
3	Darlehen		2 000,00	
		an Bank		2 000,00
4	Bank		1 500,00	
		an Kasse		1 500,00
	Abschlussbuchungen (schematisch):			
	SBK		268 000,00	
		an Aktivkonten		268 000,00
	Passivkonten		268 000,00	
		an SBK		268 000,00

Hauptbuch

Soll		Eröffnungsbilanzkonto		Haben
Eigenkapital	140 000,00	Gebäude	100 000,00	
Darlehen	80 000,00	Fuhrpark	40 000,00	
Verbindlichkeiten aus LL	25 000,00	BGA	35 000,00	
		Waren	30 000,00	
		Forderungen aus LL	20 000,00	
		Kasse	1 000,00	
		Bank	19 000,00	
	245 000,00		245 000,00	

> **Merke**
>
> Bei Eintragungen im Hauptbuch ist vor jedem Betrag das Gegenkonto anzugeben.

Soll	Gebäude		Haben
EBK	100 000,00	SBK 100 000,00	
	100 000,00	100 000,00	

Soll	Fuhrpark		Haben
EBK	40 000,00	SBK 65 000,00	
Vbk	25 000,00		
	65 000,00	65 000,00	

Soll	BGA		Haben
EBK	35 000,00	SBK 35 000,00	
	35 000,00	35 000,00	

Soll	Waren		Haben
EBK	30 000,00	SBK 30 000,00	
	30 000,00	30 000,00	

Soll	Forderungen aus LL		Haben
EBK	20 000,00	Ka 3 000,00	
		SBK 17 000,00	
	20 000,00	20 000,00	

Soll	Kasse		Haben
EBK	1 000,00	Ba 1 500,00	
Fo	3 000,00	SBK 2 500,00	
	4 000,00	4 000,00	

Soll	Bank		Haben
EBK	19 000,00	Darl. 2 000,00	
Ka	1 500,00	SBK 18 500,00	
	20 500,00	20 500,00	

Soll	Eigenkapital		Haben
SBK	140 000,00	EBK 140 000,00	
	140 000,00	140 000,00	

Soll	Darlehen		Haben
Ba	2 000,00	EBK 80 000,00	
SBK	78 000,00		
	80 000,00	80 000,00	

Soll	Verbindlichkeiten aus LL		Haben
SBK	50 000,00	EBK 25 000,00	
		Fuhrp 25 000,00	
	50 000,00	50 000,00	

Soll		Schlussbilanzkonto		Haben
Gebäude	100 000,00	Eigenkapital	140 000,00	
Fuhrpark	65 000,00	Darlehen	78 000,00	
BGA	35 000,00	Verbindlichkeiten aus LL	50 000,00	
Waren	30 000,00			
Forderungen aus LL	17 000,00			
Kasse	2 500,00			
Bank	18 500,00			
	268 000,00		268 000,00	

LERNFELD 6

161

3.4 Zusammenfassung und Aufgaben

Zusammenfassung

Buchungssatz

Alle Belege erhalten vor der eigentlichen Buchung einen **Kontierungsvermerk** mit Datum, laufender Belegnummer, den im Soll bzw. Haben beteiligten Konten und Beträgen.

Der Buchungssatz ist eine **kurzgefasste Anweisung** für die Erfassung eines Geschäftsfalls im System der Buchführung.

Ein **einfacher Buchungssatz** besteht aus **einer Soll-** und **einer Haben-Buchung** mit den entsprechenden Beträgen.

Bei einem **zusammengesetzten Buchungssatz** wird auf mehr als zwei Konten gebucht. Zu beachten ist dann, dass die Summe der Soll-Buchungen der Summe der Haben-Buchungen entspricht.

Grundbuch und Hauptbuch

Im System der Buchführung wird jeder Geschäftsfall
zeitlich geordnet (chronologisch) im **Grundbuch** als **Buchungssatz** und
sachlich geordnet im **Hauptbuch** auf **T-Konten** erfasst.

Bei der Buchung auf Sachkonten wird vor dem Betrag das **Konto der Gegenbuchung**, mindestens jedoch die **laufende Nummer** des Geschäftsfalls angegeben, um eine Zuordnung von Geschäftsfall und Buchung auf dem Sachkonto zu ermöglichen.

Eröffnungsbilanzkonto und Schlussbilanzkonto

Das **Eröffnungsbilanzkonto** (EBK) ist ein Hilfskonto für die Buchung der **Anfangsbestände** auf den Aktiv- und Passivkonten.

Die entsprechenden allgemeinen Buchungssätze zur Eröffnung der Aktiv- und Passivkonten lauten:

- **Aktivkonto an EBK** und

- **EBK an Passivkonto**.

Durch seine Funktion als Gegenkonto für die Anfangsbestände aller Bestandskonten zeigt das **Eröffnungsbilanzkonto** ein **Spiegelbild der Eröffnungsbilanz.**

Am Jahresende werden alle **Schlussbestände** (Salden) der Bestandskonten auf das **Schlussbilanzkonto (SBK)** gebucht.

Die entsprechenden allgemeinen Buchungssätze für den Abschluss der Aktiv- und Passivkonten lauten:

- **SBK an Aktivkonto** und

- **Passivkonto an SBK**.

Aufgaben

1. Prüfen Sie folgende Aussagen auf ihre Richtigkeit. Die Antwort ist jeweils zu begründen.

   (1) Das Eröffnungsbilanzkonto ist ein Hilfskonto und dient der Eröffnung der passiven Bestandskonten.

   (2) Doppelte Buchführung bedeutet, dass mindestens auf einem Konto im Soll und einem Gegenkonto im Haben gebucht wird.

   (3) Das Grundbuch stellt die Sachkonten dar und das Hauptbuch die Buchungssätze.

   (4) Bei aktiven und passiven Bestandskonten wird der Anfangsbestand jeweils im Soll gebucht.

   (5) Im Schlussbilanzkonto stehen die Salden der aktiven Bestandskonten im Haben und die Salden der passiven Bestandskonten im Soll.

   (6) Das Schlussbilanzkonto dokumentiert die Istwerte am Ende des Geschäftsjahres.

2. Beschreiben Sie die Schritte und Vorüberlegungen, die zu einem ordnungsgemäßen Buchungssatz führen.

3. Erklären Sie den Aufbau eines vollständigen Eröffnungsbilanzkontos.

4. Buchen Sie die folgenden Geschäftsfälle im Grundbuch:

   1. Wir zahlen auf unser Geschäftskonto bar ein   150,00 EUR

   2. Ein Kunde zahlt eine Ausgangsrechnung per Überweisung auf unser Postbankkonto   700,00 EUR

   3. Wir begleichen eine Eingangsrechnung über unser Geschäftskonto   600,00 EUR

   4. Wir verkaufen eine gebrauchte Computeranlage auf Ziel   2 500,00 EUR

   5. Wir kaufen eine Maschine auf Ziel   4 500,00 EUR

   6. Wir erwerben ein bebautes Grundstück und finanzieren über Darlehen   100 000,00 EUR
      und Überweisung   15 000,00 EUR

   7. Wir kaufen einen Bürocomputer mit Drucker auf Ziel   2 000,00 EUR

   8. Ein Kunde begleicht eine Rechnung durch Banküberweisung   3 000,00 EUR

   9. Wir wandeln eine Liefererschuld (Verbindlichkeit aus LL) in ein Darlehen um   10 000,00 EUR

   10. Wir zahlen eine Eingangsrechnung
       durch Banküberweisung   5 000,00 EUR
       durch Barzahlung   2 000,00 EUR

Verbindlichkeit Passivkonto
Minderung Soll

5. Überlegen Sie, welche Geschäftsfälle durch die folgenden Buchungssätze abgebildet werden könnten. *unbezahlte Rechnung*

1.	Verbindlichkeiten aus LL	an	Bank *- haben*
2.	Bank	an	Darlehen
3.	Kasse	an	Bank
4.	Forderungen aus LL	an	Fuhrpark
5.	Fuhrpark	an	Verbindlichkeiten aus LL
6.	Postbank	an	Bank
7.	BGA	an	Verbindlichkeiten aus LL
		an	Kasse
8.	Kasse		
	Bank	an	Forderungen aus LL

6. Erstellen Sie einen vollständigen Geschäftsgang mit Grundbuch und Hauptbuch.

a) Eröffnen Sie die Konten im Grundbuch und im Hauptbuch.

b) Buchen Sie die Geschäftsfälle zuerst im Grundbuch und erfassen Sie die
Buchungen dann im Hauptbuch.

c) Schließen Sie die Konten im Grundbuch und im Hauptbuch ab.

I. Anfangsbestände:

Grundstücke	175 000,00 EUR	Forderungen aus LL	7 000,00 EUR
Geschäftsbauten	45 000,00 EUR	Kasse	500,00 EUR
Maschinen	60 000,00 EUR	Bank	10 000,00 EUR
Fuhrpark	80 000,00 EUR	Eigenkapital	? EUR
BGA	25 000,00 EUR	Darlehen	67 500,00 EUR
Waren	30 000,00 EUR	Verbindlichkeiten aus LL	75 000,00 EUR

II. Geschäftsfälle:

1.	Verkauf einer gebrauchten Maschine zum Buchwert, auf Ziel	5 000,00 EUR
2.	Kauf eines neuen Pkw, mit Darlehen finanziert	25 000,00 EUR
3.	Bankabhebung für die Geschäftskasse	2 000,00 EUR
4.	Banküberweisung vom Kunden zum Ausgleich einer Rechnung	2 000,00 EUR
5.	Tilgung eines Bankdarlehens vom Bankkonto	3 000,00 EUR
6.	Überweisung einer Eingangsrechnung	2 500,00 EUR
7.	Verkauf eines Grundstückes gegen Bankscheck	50 000,00 EUR

4 Auf Erfolgskonten buchen und die Gewinn- und Verlustrechnung erstellen

Alle bisherigen Geschäftsfälle haben ausschließlich Bestandskonten berührt, deshalb hat sich das Eigenkapital in seiner Höhe nicht verändert. Allein durch die Umschichtung von Vermögen und Kapital können weder **Gewinne noch Verluste** erzielt werden. Der Unternehmer (Eigenkapitalgeber) ist jedoch besonders an einem **Gewinn** interessiert: Er stellt Eigenkapital zur Verfügung und rechnet natürlich mit einer angemessenen **Verzinsung**, für seine Tätigkeit im Unternehmen erwartet er eine **Entlohnung** und für sein Risiko eine **Risikoprämie.** Gewinne sind darüber hinaus **Grundlage für neue Investitionen** und ein zentraler Maßstab für den Markterfolg des Unternehmens.

Im Geschäftsleben sind deshalb vor allem die Geschäftsfälle von Bedeutung, die **erfolgswirksam** sind, d. h. das **Eigenkapital erhöhen** oder **mindern**.

4.1 Erfolgskonten

Mehrungen des Eigenkapitals werden als **Erträge**, Minderungen des Eigenkapitals werden als **Aufwendungen** bezeichnet.

Das folgende Schaubild zeigt einige Beispiele für erfolgswirksame Vorgänge und verdeutlicht deren Auswirkung auf das Eigenkapital.

Soll	Eigenkapital	Haben
Aufwendungen mindern das Eigenkapital, z. B.:		**Anfangsbestand**
Aufwendungen für Waren **Löhne und Gehälter** **Zinsaufwendungen** **Mieten, Pachten** **Aufwendungen für Energie** **Fremdinstandhaltung** ...		**Erträge** mehren das Eigenkapital, z. B.: **Umsatzerlöse für Waren** **Umsatzerlöse für eigene Erzeugnisse** **Mieterträge** **Zinserträge** ...
Schlussbestand		

Alle Aufwendungen und Erträge könnten direkt auf dem Eigenkapitalkonto gebucht werden. Das hätte aber den Nachteil, dass bei einer i. d. R. großen Anzahl von erfolgswirksamen Geschäftsfällen

→ das **Eigenkapitalkonto unübersichtlich** würde und

→ die **Quellen des Erfolgs nicht** hinreichend **erkennbar** wären.

LERNFELD 6

165

LERNFELD 6

Deshalb erfolgt **keine direkte Buchung** der erfolgswirksamen Geschäftsfälle **auf dem Eigenkapitalkonto**, sondern eine Erfassung auf **Unterkonten** des Eigenkapitals. Gemäß ihrer Erfolgswirksamkeit werden diese Konten als **Aufwandskonten** oder als **Ertragskonten** bezeichnet. Aufwands- und Ertragskonten bilden gemeinsam die **Erfolgskonten.**

Merke

Aufwandskonten und Ertragskonten sind Unterkonten des Eigenkapitalkontos. Sie werden gemeinsam auch als Erfolgskonten bezeichnet.

Erfolgskonten haben grundsätzlich **keine Anfangsbestände**, da der Erfolg eines Unternehmens jährlich neu ermittelt wird. Aufwendungen und Erträge dürfen nicht miteinander verrechnet werden.

Das folgende Schaubild zeigt die Zusammenhänge:

Soll	Eigenkapitalkonto	Haben
Minderungen = Aufwendungen	Anfangsbestand	
Schlussbestand	Mehrungen = Erträge	

Erfolgskonten

Soll	Aufwandskonten	Haben
Aufwendungen	Saldo	

Soll	Ertragskonten	Haben
Saldo	Erträge	

■ Buchen auf Erfolgskonten

Als Unterkonten des Eigenkapitalkontos gelten für die Erfolgskonten die Buchungsregeln für passive Bestandskonten. Das bedeutet, dass

→ alle **Aufwendungen** (Minderungen des Eigenkapitals) im **Soll** gebucht werden und

→ alle **Erträge** (Mehrungen des Eigenkapitals) im **Haben** erfasst werden.

Merke

■ Aufwendungen werden im Soll gebucht.

■ Erträge werden im Haben gebucht.

Eine Buchung auf einem Erfolgskonto führt gleichzeitig zu einer Veränderung auf (mindestens) einem Bestandskonto (doppelte Buchführung).

Beispiel

Geschäftsfälle:

1.	Wir kaufen Büromaterial (z. B. Papier) bar.	200,00 EUR
2.	Wir zahlen Miete durch Banküberweisung.	800,00 EUR
3.	Wir verkaufen Waren auf Ziel	1 500,00 EUR
	und gegen Barzahlung.	150,00 EUR

Vorüberlegung:

Nr.	Konten	Kontenart/ Mehrung oder Minderung	Kontoseite
1	Büromaterial	Aufwandskonto/Mehrung	Soll
	Kasse	Aktivkonto/Minderung	Haben

Grundbuch			
Beleg-Nr.	Buchungssatz	Beträge	
		Soll	Haben
1	Büromaterial	200,00	
	an Kasse		200,00
2	Mieten, Pachten	800,00	
	an Bank		800,00
3	Forderungen aus LL Kasse	1 500,00 150,00	
	an Umsatzerlöse		1 650,00

■ Abschluss der Erfolgskonten

Nach Buchung aller erfolgswirksamen Geschäftsfälle auf den jeweiligen Aufwandskonten bzw. Ertragskonten müssen die Salden aller Erfolgskonten wieder dem Eigenkapitalkonto zugeführt werden. Aus Gründen der Übersichtlichkeit werden jedoch zunächst alle Salden der Erfolgskonten auf ein **Sammelkonto** gebucht. Dieses Konto wird als **Gewinn- und Verlustkonto (GuV-Konto)** bezeichnet.

Der allgemeine Buchungssatz für den **Abschluss der Aufwandskonten** lautet:

Der allgemeine Buchungssatz für den **Abschluss der Ertragskonten** lautet:

GuV
an Aufwandskonto

Ertragskonto
an GuV

©fotomek-fotolia.com

■ Gewinn- und Verlustkonto

Auch das Gewinn- und Verlustkonto muss abgeschlossen werden: Es ergibt sich entweder ein Saldo im Soll (= Gewinn) oder ein Saldo im Haben (= Verlust). Der **Saldo des Gewinn- und Verlustkontos** wird auf das **Eigenkapitalkonto** gebucht.

Der allgemeine Buchungssatz für den **Abschluss des GuV-Kontos** bei einem **Gewinn** lautet:

GuV		
	an	Eigenkapital

Der allgemeine Buchungssatz für den **Abschluss des GuV-Kontos** bei einem **Verlust** lautet:

Eigenkapital		
	an	GuV

Beispiel

Das Beispiel zeigt das Hauptbuch für die Erfolgskonten, nachdem die 3 Geschäftsfälle aus dem obigen Beispiel verbucht und die Erfolgskonten abgeschlossen sind.

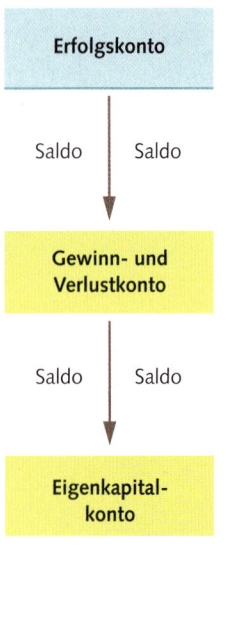

Erfolgskonto

Saldo | Saldo

Gewinn- und Verlustkonto

Saldo | Saldo

Eigenkapital-konto

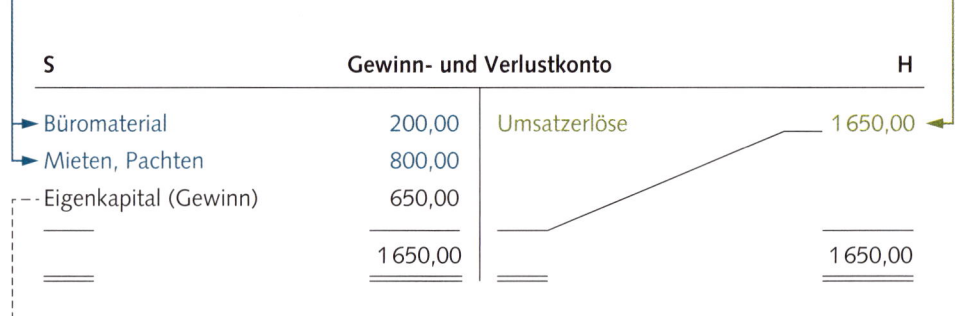

S	Büromaterial		H
Kasse	200,00	GuV	200,00
	200,00		200,00

S	Mieten, Pachten		H
Bank	800,00	GuV	800,00
	800,00		800,00

S	Umsatzerlöse		H
GuV	1 650,00	Fo/Ka	1 650,00
	1 650,00		1 650,00

S	Gewinn- und Verlustkonto		H
Büromaterial	200,00	Umsatzerlöse	1 650,00
Mieten, Pachten	800,00		
Eigenkapital (Gewinn)	650,00		
	1 650,00		1 650,00

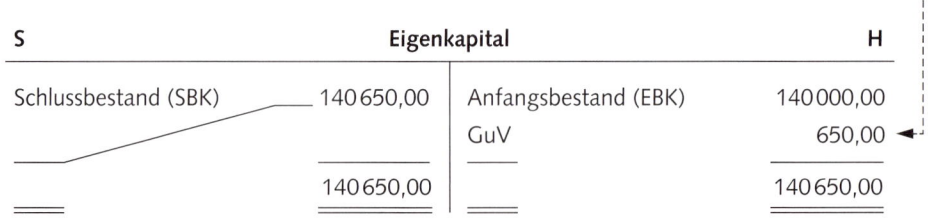

S	Eigenkapital		H
Schlussbestand (SBK)	140 650,00	Anfangsbestand (EBK)	140 000,00
		GuV	650,00
	140 650,00		140 650,00

4.2 Überblick: Das System der doppelten Buchführung mit Bestands- und Erfolgskonten

■ Bestands- und Erfolgskonten im Hauptbuch

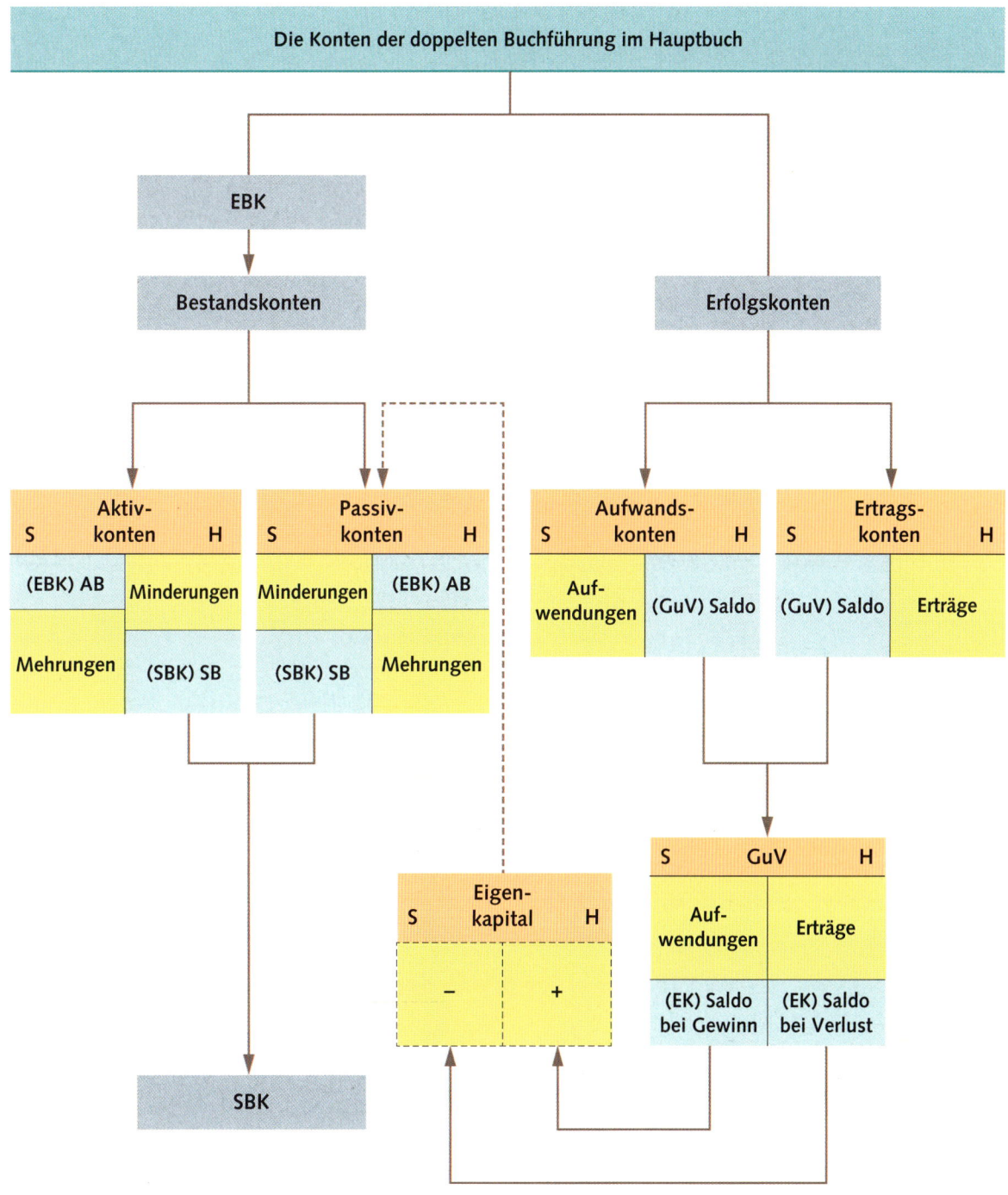

LERNFELD 6

- Vorgehensweise zur buchhalterischen Erfassung von Geschäftsfällen auf Bestands- und Erfolgskonten

1. **Vorbereitung:**
   1.1 Vorüberlegungen treffen
   1.2 Buchungssätze im Grundbuch bilden

2. **Durchführung:**
   2.1 Konten im Hauptbuch einrichten
   2.2 Anfangsbestände auf die Bestandskonten buchen (eintragen)
   2.3 Buchungssätze für die Geschäftsfälle auf alle Konten übertragen

3. **Abschluss der Konten:**
   3.1 Alle Erfolgskonten über GuV abschließen
   3.2 GuV über EK abschließen
   3.3 EK und alle anderen Bestandskonten über SBK abschließen

4.3   Zusammenfassung und Aufgaben

Zusammenfassung

Erfolgskonten

Erfolgskonten (Aufwands- und Ertragskonten) sind **Unterkonten** des Kontos **Eigenkapital.** Erfolgskonten haben **keinen Anfangsbestand.**

Aufwendungen und Erträge bucht man entsprechend ihrer Auswirkungen auf das Eigenkapitalkonto (Passivkonto), also:
Aufwendungen (Eigenkapital-Minderungen) **im Soll** und
Erträge (Eigenkapital-Mehrungen) **im Haben.**

Gewinn- und Verlustkonto

Das GuV-Konto nimmt die **Salden aller Aufwands- und Ertragskonten** auf.

Buchung der Salden:
- **Ertragskonto** an **GuV**
- **GuV** an **Aufwandskonto**

Das GuV-Konto wird über das **Eigenkapitalkonto** abgeschlossen.

- Erträge > Aufwendungen = **Gewinn**
  Buchung des GuV-Saldos:
  GuV an **EK**

- Erträge < Aufwendungen = **Verlust**
  Buchung des GuV-Saldos:
  EK an **GuV**

1. Sie folgende Aussagen auf ihre Richtigkeit. Die Antwort ist jeweils zu begründen.

   (1) Auf Erfolgskonten werden Geschäftsfälle gebucht, die das Vermögen betreffen.

   (2) Erfolgsbuchungen mindern oder erhöhen das Eigenkapital.

   (3) Die Unterkonten des Eigenkapitals nennt man Aufwands- und Erfolgskonten.

   (4) Aufwendungen und Erträge werden miteinander verrechnet.

   (5) Durch Aufwendungen erfolgt eine Minderung des Eigenkapitals.

   (6) Aufwands- und Ertragskonten werden über das Eigenkapitalkonto abgeschlossen.

   (7) Die Salden der Aufwandskonten stehen im Haben des GuV-Kontos und die Salden der Erträge stehen im Soll des GuV-Kontos.

   (8) Der Anfangsbestand auf einem Aufwandskonto steht immer im Soll.

2. Bilden Sie die Buchungssätze für folgende Geschäftsfälle:

1.	Barkauf von Büromaterial	50,00 EUR
2.	Überweisung unseres Mieters für die Büromiete	400,00 EUR
3.	Lastschrift unseres Energieversorgers	120,00 EUR
4.	Eingang der Rechnung für die Reparatur des Kopierers	45,00 EUR
5.	Verkauf von Waren auf Ziel	450,00 EUR
6.	Unsere Provisionszahlung an Handelsvertreter, bar	200,00 EUR
7.	Barzahlung von Postgebühren	15,00 EUR
8.	Banküberweisung der Gehälter	5 000,00 EUR
9.	Tilgung eines Darlehens	1 000,00 EUR
	und Zinszahlung	250,00 EUR
	durch Banküberweisung	
10.	Verkauf von Waren	
	gegen Bankscheck	300,00 EUR
	und Barzahlung	30,00 EUR

3. Buchen Sie die folgenden Geschäftsfälle im Grundbuch. Führen Sie im Hauptbuch nur die Erfolgskonten und schließen Sie diese über das GuV-Konto bis zum Eigenkapital ab.

1.	Gehaltsüberweisung	5 800,00 EUR
2.	Abbuchung der Zinszahlung für ein Darlehen	300,00 EUR
3.	Provisionsertrag für die Vermittlung eines Auftrages, bar	450,00 EUR
4.	Barverkauf von Waren	1 500,00 EUR
5.	Kauf von Büromaterial auf Ziel	350,00 EUR
6.	Verkauf von Waren auf Ziel	8 500,00 EUR
7.	Banküberweisung für eine bereits gebuchte Eingangsrechnung	2 000,00 EUR
8.	Überweisung eines offenen Rechnungsbetrages durch einen Kunden	500,00 EUR

LERNFELD 6

5 Kontenrahmen und Kontenplan als Organisationsmittel einsetzen

Für die Buchung der Geschäftsfälle stehen als Organisationsmittel der **Kontenrahmen** und der **betriebliche Kontenplan** zur Verfügung. Sie sind der Leitfaden zur **einheitlichen Erfassung** aller Geschäftsfälle und ermöglichen dadurch **Zeit- und Betriebsvergleiche.**

Industriekontenrahmen (IKR) – Auszug für den Schulgebrauch

AKTIVA		
Anlagevermögen		**Umlaufvermögen**
0 Immaterielle Vermögensgegenstände und Sachanlagen	**1** Finanzanlagen	**2** Umlaufvermögen und aktive Rechnungsabgrenzung
00 Ausstehende Einlagen	10 Frei	20 Roh-, Hilfs- und Betriebsstoffe
01 Frei	11 Frei	2000 Rohstoffe/ Fertigungsmaterial
02 Konzessionen, gewerbliche Schutzrechte	12 Frei	2001 Bezugskosten
03 Geschäfts- oder Firmenwert	13 Beteiligungen	2002 Nachlässe
04 Frei	14 Frei	2010 Vorprodukte/ Fremdbauteile
05 Grundstücke, grundstücksgleiche Rechte und Bauten	15 Wertpapiere des Anlagevermögens	2011 Bezugskosten
0500 Unbebaute Grundstücke	16 Sonstige Finanzanlagen	2012 Nachlässe
0510 Bebaute Grundstücke	17 Frei	2020 Hilfsstoffe
0530 Betriebsgebäude	18 Frei	2021 Bezugskosten
06 Frei	19 Frei	2022 Nachlässe
07 Technische Anlagen und Maschinen		2030 Betriebsstoffe
0720 Anlagen und Maschinen der Materialbearbeitung, -verarbeitung		2031 Bezugskosten
		2032 Nachlässe
0790 Geringwertige Anlagen und Maschinen		**21** Unfertige Erzeugnisse
		2100 Unfertige Erzeugnisse
		22 Fertige Erzeugnisse und Waren

Neben dem **Industriekontenrahmen**, der im Folgenden verwendet wird, gibt es in der Wirtschaft weitere spezielle Kontenrahmen (z. B. DATEV Standardkontenrahmen SKR 03/04).

Der **Kontenrahmen** bildet das Grundgerüst für eine betriebsindividuelle Anpassung in Form eines Kontenplans. Der **Kontenplan** enthält nur genau die Konten, die tatsächlich im Unternehmen geführt werden.

Merke

Der **Kontenrahmen** ist ein allgemeines, auf die **Branche** bezogenes Organisationsmittel für die Kontierung von Geschäftsfällen.

Der **Kontenplan** ist ein nach **betriebsindividuellen** Gesichtspunkten angepasster Kontenrahmen.

©Style Media & Design-fotolia.com

5.1 Aufbau des Industriekontenrahmens

Der Grundaufbau jedes Kontenrahmens ist gleich. Nach dem dekadischen System (Zehnersystem) enthält jeder Kontenrahmen **zehn Kontenklassen** (Kontenklasse 0 bis Kontenklasse 9).

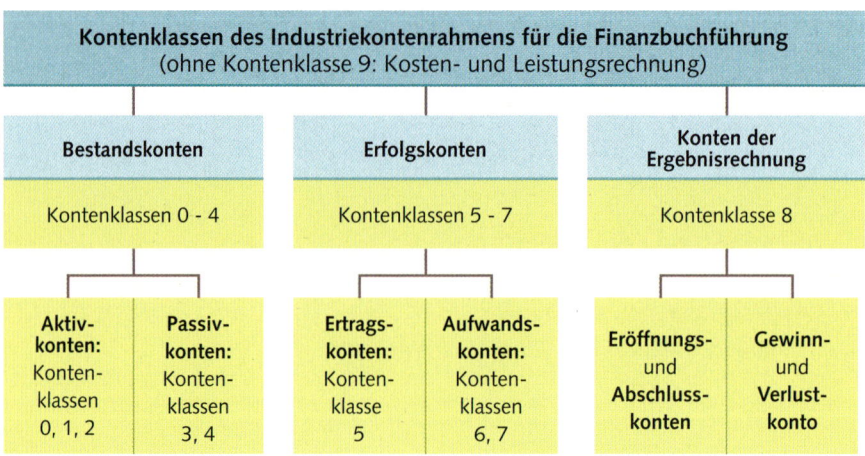

Kontenklassen des Industriekontenrahmens für die Finanzbuchführung (ohne Kontenklasse 9: Kosten- und Leistungsrechnung)		
Bestandskonten	**Erfolgskonten**	**Konten der Ergebnisrechnung**
Kontenklassen 0 - 4	Kontenklassen 5 - 7	Kontenklasse 8
Aktivkonten: Kontenklassen 0, 1, 2 / **Passivkonten:** Kontenklassen 3, 4	**Ertragskonten:** Kontenklasse 5 / **Aufwandskonten:** Kontenklassen 6, 7	**Eröffnungs- und Abschlusskonten** / **Gewinn- und Verlustkonto**

Im Industriekontenrahmen bilden die **Kontenklassen 0 - 8** das Ordnungssystem für die Finanzbuchführung, die **Kontenklasse 9** übernimmt diese Aufgabe für die **Kosten- und Leistungsrechnung.** Die Reihenfolge der Kontenklassen richtet sich im Industriekontenrahmen nach der Gliederung der Bilanz- und GuV-Rechnung **(Abschlussgliederungsprinzip).**

Jede **Kontenklasse** gliedert sich in **Kontengruppen** (maximal 10 je Kontenklasse), **Kontenuntergruppen (Kontenart)** und **Konten (Kontenunterart).** Zur eindeutigen Unterscheidung sind jeder Ebene unterschiedlich viele Ziffern zugeordnet.

Aufbau des IKR am Beispiel der Kontenklasse 2		
Aufbau des IKR		**Beispiel (Kontenklasse 2)**
Kontenklasse ↓	einstellig	**2** Umlaufvermögen
Kontengruppe ↓	zweistellig	**28** Flüssige Mittel
Kontenuntergruppen (Kontenart) ↓	dreistellig	**280** Guthaben bei Kreditinstituten (Bank)
Konto (Kontenunterart)	vierstellig	Im betrieblichen Kontenplan werden die Konten i. d. R. vierstellig geführt. **2800** Sparbank Dresden

Jeder Geschäftsfall wird durch mindestens eine **vierstellige Kontennummer** im Soll und eine vierstellige Kontennummer im Haben abgebildet. Eine solche Kontierung unterstützt z. B.

→ die **einheitliche, vergleichbare** und **numerische Zuordnung** der Geschäftsfälle,

→ die **rechnerische Aufbereitung** für die **GuV-Rechnung** und **Bilanz,**

→ **innerbetriebliche Auswertungen,**

→ die Möglichkeit von **außerbetrieblichen Kontrollen** (z. B. durch Bank, Finanzamt),

→ die Durchführung von **Zeitvergleichen** und **Betriebsvergleichen/ Branchenvergleichen** (Benchmarking).

©lculig-fotolia.com

Eine **elektronische Buchführung** ist ohne genau definierten Kontenplan nicht möglich.

LERNFELD 6

Überblick: Die Kontenklassen des IKR				
Konten-klasse	Bezeichnung	Bestands-/ Erfolgskonten	Beispiel mit Kontonummer	
0	Immaterielle Vermögensgegen-stände und Sachanlagen	Aktivkonten	0840	Fuhrpark
1	Finanzanlagen	Aktivkonten	1500	Wertpapiere des Anlage-vermögens
2	Umlaufvermögen und aktive Rechnungsabgrenzung	Aktivkonten	2400	Forderungen aus Lieferungen und Leistungen
3	Eigenkapital und Rückstellungen	Passivkonten	3000	Eigenkapital
4	Verbindlichkeiten und passive Rechnungsabgrenzung	Passivkonten	4400	Verbindlichkeiten aus Liefe-rungen und Leistungen
5	Umsatzerlöse und sonstige Erträge	Ertragskonten	5100	Umsatzerlöse für Waren
6	Betriebliche Aufwendungen	Aufwandskonten	6200	Löhne
7	Weitere Aufwendungen	Aufwandskonten	7030	Kraftfahrzeugsteuer
8	Ergebnisrechnungen	Eröffnungs- und Abschlusskonten	8010	Schlussbilanzkonto
9	Kosten- und Leistungsrechnung	vorgesehen für KLR (Rechnungskreis II)	9300	Kostenstellen

5.2 Zusammenfassung und Aufgaben

Zusammenfassung

Kontenrahmen und Kontenplan
Der **Kontenrahmen** stellt eine geordnete **Übersicht aller Konten** einer Branche dar. Er ist ein **Leitfaden** für die ordnungsgemäße und einheitliche Kontierung von Geschäftsfällen.
Der **betriebliche Kontenplan** ist die **betriebsindividuelle** Ausgestaltung des Kontenrahmens.
Aufgrund der einheitlichen Anwendung von **Kontennummern** können innerbetriebliche **Zeitvergleiche** und außerbetriebliche **Kontrollen** von Dritten (Finanzamt, Kreditinstitute, Behörden) vorgenommen werden.

Industriekontenrahmen (IKR)

Der Industriekontenrahmen ist nach dem **Abschlussgliederungsprinzip** geordnet.

Der Kontenrahmen beinhaltet **10 Kontenklassen** mit **10 Kontengruppen, Kontenuntergruppen** und **Konten.**

Jede Kontennummer ist vierstellig und wie folgt aufgebaut:

0840 Fuhrpark

→ Kontenklasse

→ Kontengruppe

→ Kontenuntergruppe (Kontenart)

→ Konto

Jeder Geschäftsfall wird mit mindestens einer **vierstelligen Kontennummer** im Soll und einer vierstelligen Kontennummer im Haben im Buchungssystem erfasst.

LERNFELD 6

Aufgaben

1. Prüfen Sie folgende Aussagen auf ihre Richtigkeit. Die Antwort ist jeweils zu begründen.

   (1) Der Kontenrahmen stellt eine Systematik von Konten zur ordnungsmäßigen und einheitlichen Buchung aller Geschäftsfälle dar.

   (2) In der Buchhaltung eines Betriebes sind stets ein Kontenrahmen und ein Kontenplan einzusetzen.

   (3) Der Industriekontenrahmen (IKR) sieht für die Finanzbuchführung 10 Kontenklassen vor.

   (4) Im Industriekontenrahmen gibt es 10 Kontenklassen (Kontenklasse 0 bis Kontenklasse 10) mit mindestens 10 Kontengruppen.

   (5) Büromaterial wird auf dem Konto 0870 gebucht.

2. Ordnen Sie den folgenden Positionen die vierstellige Kontennummer des IKR zu.

   a) Bank

   b) Forderungen aus LL

   c) Umsatzsteuer

   d) Vorsteuer

   e) Gehälter

   f) Gewinn- und Verlustkonto

   g) Aufwendungen für Waren

   h) Kasse

   i) Fuhrpark

   j) Verbindlichkeiten aus LL

   k) Eigenkapital

   l) Umsatzerlöse für Waren

   m) Büromaterial

3. Buchen Sie im Grund- und im Hauptbuch vom Eröffnungsbilanzkonto bis zum Schlussbilanzkonto. Verwenden Sie dabei neben den Kontenbezeichnungen auch die Kontennummern des IKR.

I. Anfangsbestände:

0500	Unbebaute Grundstücke	80 000,00 EUR
0510	Bebaute Grundstücke	102 000,00 EUR
0840	Fuhrpark	45 000,00 EUR
0870	Betriebs- und Geschäftsausstattung	31 000,00 EUR
2280	Waren (Handelswaren)	35 000,00 EUR
2400	Forderungen aus LL	77 000,00 EUR
2800	Bank	12 000,00 EUR
2850	Postbank	6 500,00 EUR
2880	Kasse	1 500,00 EUR
4200	Kurzfristige Bankverbindlichkeiten	120 000,00 EUR
4250	Langfristige Bankverbindlichkeiten	100 000,00 EUR
4400	Verbindlichkeiten aus LL	40 000,00 EUR

II. Geschäftsfälle:

1. Wir verkaufen Waren auf Ziel.	2 000,00 EUR
2. Wir überweisen eine Provision per Bank für die Vermittlung eines Auftrages.	3 500,00 EUR
3. Die Bank belastet uns mit Zinsen.	900,00 EUR
4. Wir bezahlen eine Lieferantenrechnung durch Banküberweisung.	11 000,00 EUR
5. Wir zahlen eine Werbeanzeige bar.	110,00 EUR
6. Lastschrift für Telefon- und Faxnutzung wird abgebucht.	350,00 EUR
7. Wir begleichen eine Reparaturrechnung für den Kopierer per Postbank.	400,00 EUR
8. Kfz-Steuer für die Geschäftswagen wird per Lastschrift abgebucht.	1 500,00 EUR
9. Ein Kunde zahlt per Banküberweisung.	8 000,00 EUR
10. Wir verkaufen Waren bar	500,00 EUR
auf Ziel.	15 000,00 EUR
11. Wir erhalten eine Eingangsrechnung der Reinigungsfirma.	850,00 EUR
12. Wir heben Geld vom Bankkonto ab und legen es in die Geschäftskasse.	2 000,00 EUR
13. Ein Kunde zahlt eine Ausgangsrechnung bar.	3 500,00 EUR
14. Wir tilgen ein Darlehen bar.	4 000,00 EUR
15. Wir verkaufen ein unbebautes Grundstück gegen Bankscheck.	20 000,00 EUR
16. Wir erhalten Zinsen auf unser Postbankkonto.	300,00 EUR

6 Umsatzsteuer und Vorsteuer buchen

Die **Umsatzsteuer,** auch „**Mehrwertsteuer**" genannt, ist eine Gemeinschaftssteuer, die sowohl Bund und Ländern als auch Gemeinden zugute kommt. Sie gehört mit einem Anteil von etwa einem Drittel am gesamten Steueraufkommen zu den bedeutenden Einnahmequellen des Staates.

Der **Umsatzsteuer unterliegen** nach § 1 Umsatzsteuergesetz (UStG) unter anderem

→ alle **Umsätze aus Waren** und **Leistungen** (Güter, Dienstleistungen) eines Unternehmers gegen Entgelt,

→ **Wareneinfuhren aus Drittländern,**

→ **innergemeinschaftliche Erwerbe.**

Beim Bezug von Waren aus dem Ausland muss das importierende deutsche Unternehmen die Umsatzsteuer (Einfuhr-Umsatzsteuer) an das deutsche Finanzamt zahlen.

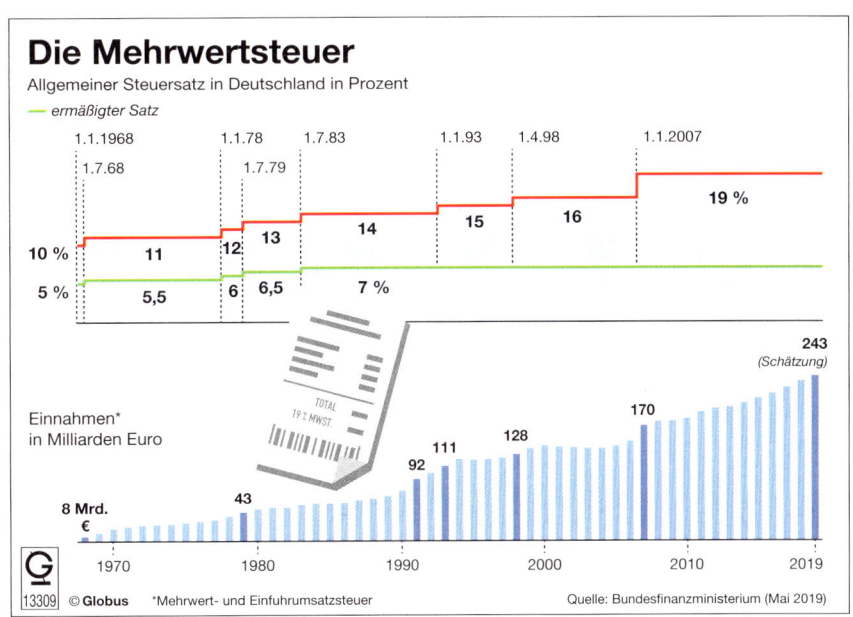

Die Mehrwertsteuer
Allgemeiner Steuersatz in Deutschland in Prozent
— ermäßigter Satz

Einnahmen* in Milliarden Euro

© Globus 13309   *Mehrwert- und Einfuhrumsatzsteuer   Quelle: Bundesfinanzministerium (Mai 2019)

LERNFELD 6

Von der **Steuerpflicht befreit** sind z. B. Warenausfuhren, Umsätze im Geld- und Kapitalverkehr, Umsätze der Binnenschifffahrt und Umsätze aus Vermietung und Verpachtung von Grundstücken und Gebäuden sowie Standardleistungen (Briefmarken) für die Beförderung von Ansichtskarten, Briefen, Einschreiben und Päckchen.

Besteuerungsgrundlage sind die vereinbarten Entgelte. Werden diese durch nachträgliche Nachlässe (z. B. Skonti, Boni) vermindert, ist die berechnete Umsatzsteuer zu korrigieren.

Der **Verbraucher** entrichtet beim **Kauf** die **Umsatzsteuer.** Dabei spielt seine persönliche Leistungsfähigkeit – anders als z. B. bei der Lohn- und Einkommensteuer – grundsätzlich keine Rolle. Allerdings hat der Gesetzgeber für die wichtigsten Güter des täglichen Lebens einen geringeren Steuersatz vorgesehen.

Der **Regelsteuersatz** für Lieferungen und sonstige Leistungen beträgt **19 %**. Dem **ermäßigten Steuersatz** von **7 %** unterliegen nur einige ausgewählte Waren, z. B. viele Lebensmittel, lebende Pflanzen und Tiere sowie Bücher (vgl. Anlage 2 zum Umsatzsteuergesetz: Liste der dem ermäßigten Steuersatz unterliegenden Gegenstände). Auch bestimmte Leistungen (z. B. Hotelübernachtungen oder Essen zum Mitnehmen) werden durch den ermäßigten Steuersatz von 7 % begünstigt.

Tipp

Der ermäßigte Steuersatz von 7 % gilt z. B. für:
Backwaren, Bücher, Eier, Gewürze, Milch, Milchgetränke, Schokolade, Speisesalz, Kaffee, Tee, Wurstwaren.

6.1 Das System der Umsatzsteuer

Das Unternehmen hat die von Kunden eingenommene Umsatzsteuer an das Finanzamt abzuführen. Die **wirtschaftliche Belastung trägt** jedoch der **Endverbraucher**.

■ Umsatzsteuer, Vorsteuer und Umsatzsteuerzahllast/Vorsteuerüberhang

Bemessungsgrundlage für die Umsatzsteuer ist das Entgelt **ohne** Umsatzsteuer (Nettobetrag). Der Käufer hat den Rechnungsbetrag **einschließlich** Umsatzsteuer (Bruttobetrag) zu begleichen. Auf der **Rechnung** sind

→ das Entgelt für die Leistung (netto),
→ der Umsatzsteuerbetrag,
→ der Steuersatz in Prozent und
→ die Gesamtsumme (brutto)

gesondert auszuweisen.

Bei **Kleinbetragsrechnungen** bis **250,00 EUR** (brutto) darf der Rechnungsbetrag auch ausschließlich als Gesamtsumme mit Angabe des Steuersatzes (7 % oder 19 %) angegeben werden.

Sehr geehrte Frau Schwarz,

vielen Dank für Ihren Auftrag vom 20..-12-02. Wir lieferten Ihnen

Anzahl	Artikelbezeichnung	Einzelpreis	Gesamtpreis
10	Schminkkoffer „Glamour"	135,00 EUR	1350,00 EUR
30	Creme „Exotic"	40,00 EUR	1200,00 EUR
10	Körpermilch „Sinne"	45,00 EUR	450,00 EUR
		gesamt	3000,00 EUR
		+ 19 % USt	570,00 EUR
		Rechnungsbetrag	3570,00 EUR

Beim Verkauf von Leistungen erstellt ein Unternehmen eine **Ausgangsrechnung** (3570,00 EUR). Es erhält von seinen Kunden ein Entgelt für die Leistung (3000,00 EUR) und für die anteilige Umsatzsteuer (570,00 EUR). Die **Umsatzsteuer** (570,00 EUR) muss das Unternehmen an das Finanzamt abführen.

Beim Einkauf von Leistungen erhält ein Unternehmen eine **Eingangsrechnung** (z. B. 1190,00 EUR). Es hat ein Entgelt für die Leistung (1000,00 EUR) und ebenso den Umsatzsteueranteil (190,00 EUR) zu bezahlen. Unternehmen sollen die Steuerlast aber nicht tragen. Deshalb wird die von Unternehmen gezahlte Umsatzsteuer (= **Vorsteuer**) vom Finanzamt erstattet.

Tipp

Als **Vorsteuer** wird die auf **Eingangsrechnungen** ausgewiesene Umsatzsteuer bezeichnet.

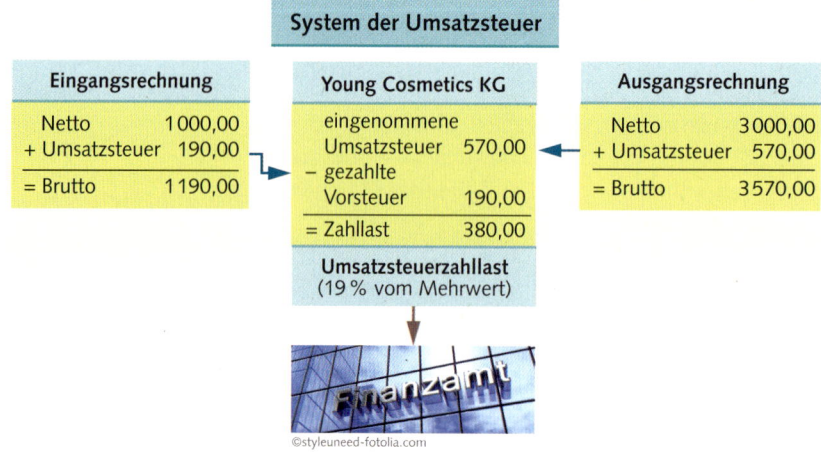

Vorsteuerabzugsberechtigt ist ein Unternehmen nicht nur beim Einkauf von Waren, die weiterveräußert werden, sondern auch für erworbene Güter und Leistungen, die im eigenen Unternehmen in den Leistungsprozess eingehen (z. B. Anschaffung von Büroausstattung). Im Ergebnis bewirkt der Vorsteuerabzug damit, dass **Unternehmen alle Leistungen**, die in den Leistungsprozess eingehen, **ohne Umsatzsteuerbelastung** erwerben.

Um unnötige Geldströme zwischen Finanzamt und Unternehmen zu vermeiden, wird die eingenommene **Umsatzsteuer** (570,00 EUR = Verbindlichkeit gegenüber dem Finanzamt) mit der gezahlten **Vorsteuer** (190,00 EUR = Forderung an das Finanzamt) bereits im Unternehmen verrechnet. Die **Zahllast** (380,00 EUR = Verbindlichkeit gegenüber dem Finanzamt) entspricht damit 19 % des vom Unternehmen geschaffenen Mehrwerts von 2 000,00 EUR.

Als **Mehrwert** bezeichnet man den Wertzuwachs, den das Unternehmen durch seine Leistung geschaffen hat (Wert der Leistung bei Verkauf 3 000,00 EUR – Wert der Leistung bei Einkauf 1 000,00 EUR = Mehrwert 2 000,00 EUR).

Damit ergibt sich folgendes **System**:

→ Jeder **Verkauf** führt bei Unternehmen zu einer **Einnahme von Umsatzsteuer** (und damit zu einer Steuerschuld/Verbindlichkeit gegenüber dem Finanzamt).

→ Jeder **Einkauf** führt bei Unternehmen zu **einer Zahlung von Vorsteuer** (und damit zu einer Forderung an das Finanzamt).

©vege-fotolia.com

LERNFELD 6

Merke

| Eingangsrechnung | → | **Vorsteuer** (Forderung an das Finanzamt) |
| Ausgangsrechnung | → | **Umsatzsteuer** (Verbindlichkeit an das Finanzamt) |

Die Umsatzsteuer-Verbindlichkeit wird mit der Vorsteuer-Forderung verrechnet:

→ Ist die eingenommene Umsatzsteuer größer als die gezahlte Vorsteuer, muss das Unternehmen die dadurch entstandene **Umsatzsteuerzahllast** an das Finanzamt **überweisen.**

→ Ist die Vorsteuer größer als die Umsatzsteuer (**Vorsteuerüberhang**), erstattet das Finanzamt dem Unternehmen den zu viel geleisteten Betrag.

Merke

Umsatzsteuerzahllast:
Umsatzsteuer > Vorsteuer
Vorsteuerüberhang:
Vorsteuer > Umsatzsteuer

Somit entsteht **Unternehmen** aus der Einnahme von Umsatzsteuer und aus der Zahlung von Vorsteuer **kein Aufwand;** sie verwalten diese Zahlungsströme lediglich. Die Umsatzsteuer ist aus Unternehmenssicht also ein **durchlaufender Posten.**

Die **Steuerlast trägt** allein der **Endverbraucher:** Er bezahlt den Bruttoverkaufspreis, bekommt die darin enthaltene Umsatzsteuer aber nicht vom Finanzamt zurück.

Beispiel

Die Young Cosmetics KG kauft Waren im Wert von **2 000,00 EUR** (netto).
Die Vorsteuer beträgt **380,00 EUR**. Zu zahlen sind entsprechend 2 380,00 EUR.

Die Ware wird zu einem Preis von **4 500,00 EUR** (netto) weiterverkauft.
Die anteilige Umsatzsteuer beträgt **855,00 EUR.**
Eingenommen werden entsprechend 5 355,00 EUR.

Die Umsatzsteuerzahllast ergibt sich aus der Differenz von Umsatzsteuer und Vorsteuer:

	eingenommene Umsatzsteuer	855,00 EUR
−	gezahlte Vorsteuer	380,00 EUR
=	**Umsatzsteuerzahllast**	**475,00 EUR**

Auf dieser Umsatzstufe wurde ein Mehrwert von 2 500,00 EUR geschaffen:

	Verkauf (netto)	4 500,00 EUR
−	Einkauf (netto)	2 000,00 EUR
=	**Mehrwert**	**2 500,00 EUR**

Die an das Finanzamt abzuführende Umsatzsteuerzahllast (475,00 EUR) entspricht genau der Steuer vom Mehrwert, den die Young Cosmetics KG geschaffen hat (19 % von 2 500,00 EUR = 475,00 EUR).

LERNFELD 6

Eingangsrechnung

Ausgangsrechnung

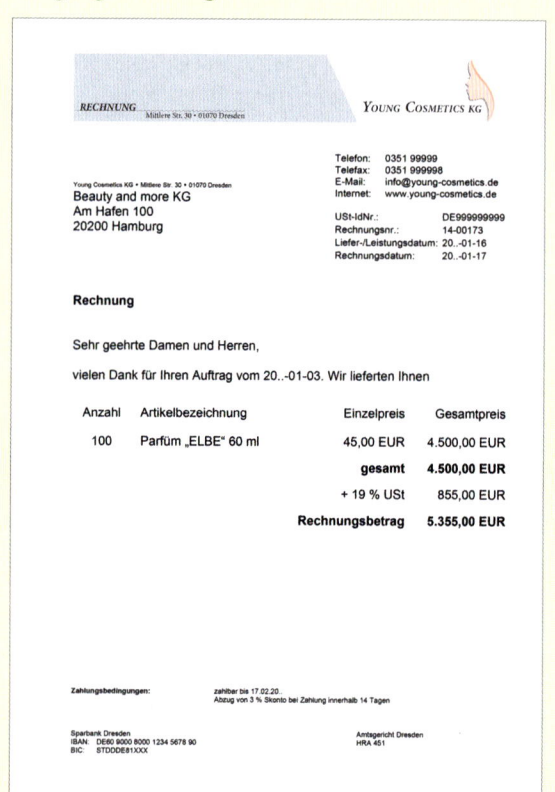

■ Umsatzsteuervoranmeldung

Das Unternehmen hat bis zum 10. Tag nach Ablauf eines Voranmeldezeitraums (in der Regel spätestens am 10. Tag des Folgemonats) dem Finanzamt eine **Umsatzsteuervoranmeldung** nach amtlich vorgeschriebenem Vordruck auf elektronischem Wege zu übermitteln und gleichzeitig die Umsatzsteuerzahllast zu überweisen. Bei nicht fristgerechter Einreichung sind Verspätungszuschläge und bei nicht fristgerechter Zahlung Säumniszuschläge fällig.

In jedem Voranmeldezeitraum wird aus der vereinnahmten Umsatzsteuer und der gezahlten Vorsteuer die **Umsatzsteuerzahllast** ermittelt, die als Vorauszahlung auf die Jahressteuerschuld zu leisten ist. Übersteigt die gezahlte Vorsteuer die vereinnahmte Umsatzsteuer ergibt sich ein **Vorsteuerüberhang,** der auf Antrag vom Finanzamt erstattet wird. Vorsteuerüberhänge entstehen z. B. bei Saisongeschäften oder Neugründungen von Unternehmen, wenn durch Einkäufe für Lagerbestände bereits viel Vorsteuer angefallen ist, aber noch kein Verkauf (und damit keine Einnahme von Umsatzsteuer) stattgefunden hat. Gleiches gilt für Unternehmen mit hohen Exporten: Exporte sind umsatzsteuerbefreit, ein Zufluss von Umsatzsteuer fehlt entsprechend.

Am Jahresende wird unter Anrechnung der bereits geleisteten Zahlungen (Umsatzsteuerzahllasten) bzw. erhaltenen Erstattungen (Vorsteuerüberhänge) eine **Umsatzsteuer-Jahreserklärung** erstellt.

6.2 Buchhalterische Erfassung der Umsatzsteuer

Das System der Umsatzsteuer hat gezeigt, dass sich die **Umsatzsteuerzahllast** bzw. der **Vorsteuerüberhang** aus der **Umsatzsteuer der Ausgangsrechnungen** abzüglich der **Vorsteuer der Eingangsrechnungen** ergibt. Daraus folgt:

→ Die **auf Eingangsrechnungen ausgewiesene Umsatzsteuer (Vorsteuer)** stellt eine **Forderung** des Unternehmens gegenüber dem Finanzamt dar. Sie wird deshalb auf einem Forderungskonto (Aktivkonto) mit der Bezeichnung **„Vorsteuer"** gebucht.

→ Die **auf Ausgangsrechnungen ausgewiesene Umsatzsteuer** stellt eine **Verbindlichkeit** gegenüber dem Finanzamt dar. Sie wird deshalb auf einem Verbindlichkeitenkonto (Passivkonto) mit der Bezeichnung **„Umsatzsteuer"** gebucht.

Merke

Das Konto
2600 Vorsteuer
ist ein **Aktivkonto.**

Das Konto
4800 Umsatzsteuer
ist ein **Passivkonto.**

■ Die Konten Umsatzsteuer und Vorsteuer

Die buchhalterische Erfassung der gezahlten bzw. eingenommenen Umsatzsteuer auf den entsprechenden Konten erfolgt nach den bekannten Buchungsregeln für Bestandskonten:

→ bei **Eingangsrechnungen:** Buchung der Umsatzsteuer auf dem Konto **Vorsteuer im Soll** (Aktivkonto/Mehrung der Forderungen),

→ bei **Ausgangsrechnungen:** Buchung der Umsatzsteuer auf dem Konto **Umsatzsteuer im Haben** (Passivkonto/Mehrung der Verbindlichkeiten).

LERNFELD 6

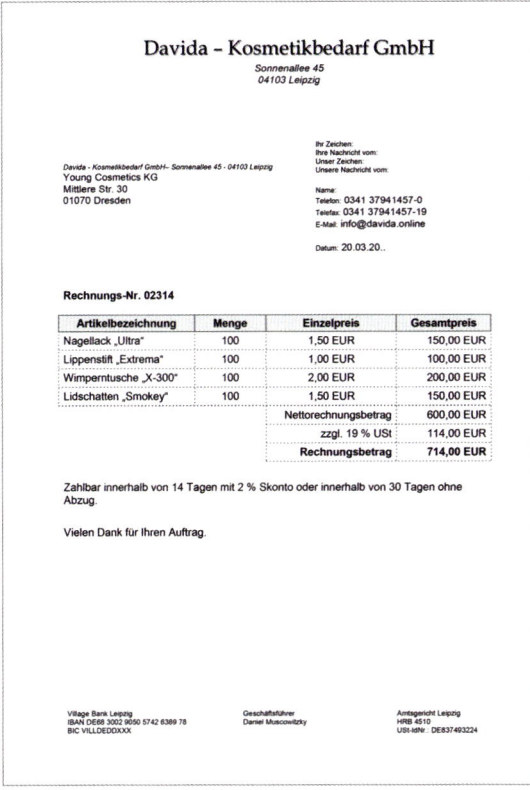

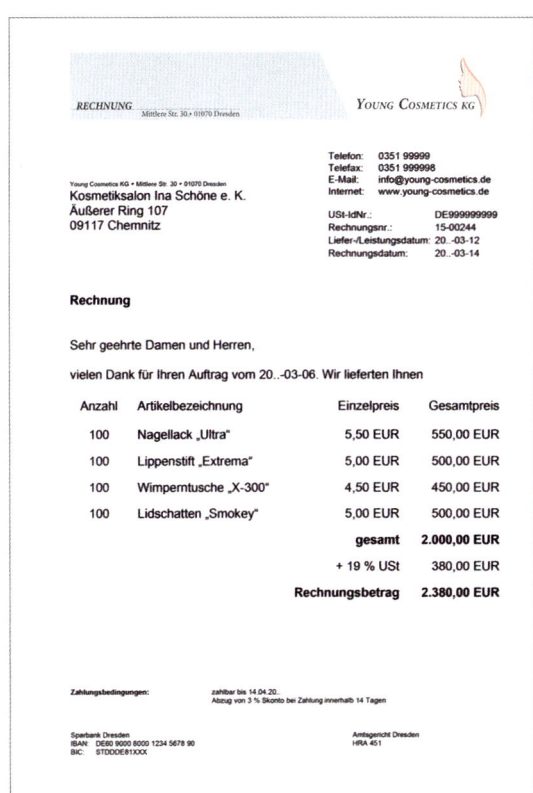

Die Young Cosmetics KG erfasst die **Eingangsrechnung** (1) bzw. die **Ausgangsrechnung** (2) wie folgt:

Grundbuch				
			Beträge	
Nr.	Buchungssatz		Soll	Haben
1	6080 Aufwendungen f. Waren 2600 Vorsteuer an 4400 Verbindlichkeiten aus LL		600,00 114,00	 714,00

2	2400 Forderungen aus LL
	    an 5100 Umsatzerlöse f. Waren
	    an 4800 Umsatzsteuer
			2 380,00	
				2 000,00
				380,00

```
S      4400 Verbindlichkeiten aus LL    H          S           2400 Forderungen aus LL        H
                        │ 6080/2600  714,00          5100/4800  2 380,00 │


S       6080 Aufwendungen f. Waren      H          S       5100 Umsatzerlöse f. Waren     H
4400         600,00 │                                                      │ 2400     2 000,00


S              2600 Vorsteuer           H          S            4800 Umsatzsteuer         H
4400         114,00 │                                                      │ 2400       380,00
```

■ Buchhalterische Ermittlung der Zahllast

Im **Regelfall** ergibt sich eine **Umsatzsteuerzahllast** an das Finanzamt. Die erzielten Umsatzerlöse des Unternehmens waren dann im Abrechnungszeitraum höher als die Aufwendungen für die eingekauften Waren und die bezogenen Leistungen.

Für den Abschluss der Konten Vorsteuer und Umsatzsteuer gilt grundsätzlich: Zuerst wird das Konto mit dem kleineren Saldo über das Konto mit dem größeren Saldo abgeschlossen. Bei einer **Umsatzsteuerzahllast** weist das Konto „Vorsteuer" den kleineren Saldo aus. Eine buchhalterische Ermittlung der Zahllast erfordert deshalb zunächst den **Abschluss** des Kontos „**Vorsteuer**" über das Konto „**Umsatzsteuer**". Der **Saldo** beim Abschluss des **Umsatzsteuerkontos** entspricht dann der **Umsatzsteuerzahllast**. Diese wird innerhalb der vorgesehenen Frist vom Bankkonto an das Finanzamt überwiesen.

LERNFELD 6

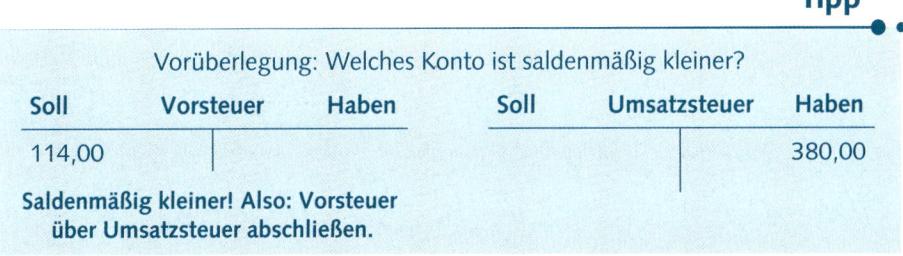

Tipp

Vorüberlegung: Welches Konto ist saldenmäßig kleiner?

Soll	Vorsteuer	Haben		Soll	Umsatzsteuer	Haben
114,00						380,00

Saldenmäßig kleiner! Also: Vorsteuer über Umsatzsteuer abschließen.

S	2600 Vorsteuer		H	S	4800 Umsatzsteuer		H
4400	114,00	4800	114,00 →	2600	114,00	2400	380,00
	114,00		114,00	2800	266,00		
					380,00		380,00

Nr.	Buchungssätze zur Ermittlung und Überweisung der Umsatzsteuerzahllast	Beträge	
		Soll	Haben
1	4080 Umsatzsteuer	114,00	
	an 2600 Vorsteuer		114,00
2	4080 Umsatzsteuer	266,00	
	an 2800 Bank		266,00

Beim Jahresabschluss ist die **Zahllast** i. d. R. noch nicht an das Finanzamt überwiesen, da sie ja erst zum 10. des Folgemonats fällig ist. Sie stellt deshalb zum Zeitpunkt des Jahresabschlusses eine Verbindlichkeit dar und ist zu **passivieren.** In diesem Fall bildet das Schlussbilanzkonto das Gegenkonto für die Abschlussbuchung des Kontos „Umsatzsteuer".

Buchungssatz bei Passivierung der Zahllast am 31.12.	Beträge	
	Soll	Haben
4080 Umsatzsteuer	266,00	
an 8010 SBK		266,00

■ Vorsteuerüberhang

Im Ausnahmefall kann in einer Abrechnungsperiode die gezahlte **Vorsteuer höher als** die vereinnahmte **Umsatzsteuer** sein. In diesem Fall ergibt sich der kleinere Saldo auf dem Konto „Umsatzsteuer", das entsprechend über das Konto „Vorsteuer" abzuschließen ist. Der Abschlusssaldo im Konto „Vorsteuer" zeigt dann die Höhe des Vorsteuerüberhangs, der vom Finanzamt zu erstatten ist.

Beispiel

Die Summe aller Buchungen auf dem Umsatzsteuerkonto beträgt 12 000,00 EUR; die Summe aller Buchungen auf dem Vorsteuerkonto beträgt 15 000,00 EUR.

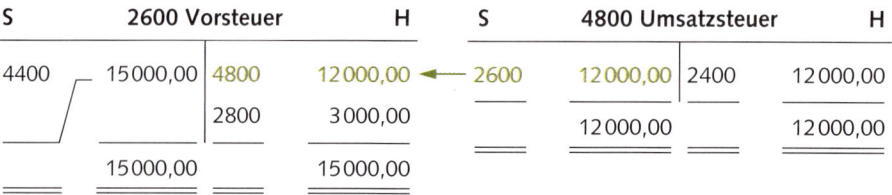

S	2600 Vorsteuer	H		S	4800 Umsatzsteuer	H
4400	15 000,00	4800	12 000,00 ← 2600	12 000,00	2400	12 000,00
		2800	3 000,00	12 000,00		12 000,00
	15 000,00		15 000,00			

Nr.	Buchungssätze zur Ermittlung und Erstattung des Vorsteuerüberhangs	Beträge	
		Soll	Haben
1	4080 Umsatzsteuer	12 000,00	
	an 2600 Vorsteuer		12 000,00
2	2800 Bank	3 000,00	
	an 2600 Vorsteuer		3 000,00

Beim Jahresabschluss ist der **Vorsteuerüberhang** vom Finanzamt i. d. R. noch nicht beglichen worden. Diese Forderung gegenüber dem Finanzamt ist deshalb zum Zeitpunkt des Jahresabschlusses entsprechend zu **aktivieren.** Auch in diesem Fall bildet das Schlussbilanzkonto das Gegenkonto für die Abschlussbuchung.

Buchungssatz bei Aktivierung des Vorsteuerüberhangs am 31.12.	Beträge	
	Soll	Haben
8010 SBK	3 000,00	
an 2600 Vorsteuer		3 000,00

Merke

Die **buchhalterische Ermittlung einer Umsatzsteuerzahllast** (bzw. eines Vorsteuerüberhangs) erfolgt grundsätzlich in zwei Schritten:

1. Das **saldenmäßig kleinere** Konto wird über das **saldenmäßig größere** Konto abgeschlossen.

2. Das verbleibende (saldenmäßig größere) Konto wird über Bank bzw. SBK abgeschlossen. Es weist als **Saldo** die **Umsatzsteuerzahllast** (bzw. den Vorsteuerüberhang) aus.

6.3 Zusammenfassung und Aufgaben

Zusammenfassung

Das System der Umsatzsteuer

Die **Umsatzsteuer (Mehrwertsteuer)** ist eine Gemeinschaftssteuer. Der Besteuerung unterliegen z. B. **Umsätze** aus Waren und Leistungen.

Es werden Umsätze mit dem **Regelsteuersatz von 19 %**, dem **ermäßigten Steuersatz von 7 %** und Umsätze mit **Steuerbefreiungen** (z. B. Warenausfuhren) unterschieden.

Die Umsatzsteuer wird vom **Endverbraucher** getragen.

Das Unternehmen zahlt Vorsteuer an seine Vorlieferanten und behält die von sei- nen Kunden gezahlten Umsatzsteuerbeträge ein. Diese Umsatzsteuer wird saldiert mit den Vorsteuerbeträgen der Eingangsrechnungen. Der Saldo aus vereinnahmter Umsatzsteuer und geleisteter Vorsteuer ergibt i. d. R. die **Umsatzsteuerzahllast**, die an das Finanzamt abzuführen ist. In Ausnahmefällen entsteht ein **Vorsteuer- überhang,** der vom Finanzamt erstattet wird.

Durch das System der Verrechnung von Umsatzsteuer bzw. Vorsteuer mit dem Finanzamt ist die Umsatzsteuer für das Unternehmen ein **durchlaufender Posten (erfolgsneutral).**

Bis zum **10. des Folgemonats** ist eine Umsatzsteuervoranmeldung auf elektroni- schem Weg zu übermitteln und die Zahlung an das zuständige Finanzamt zu über- weisen.

Die Buchung von Umsatzsteuer und Vorsteuer

Die eingenommene **Umsatzsteuer** stellt eine **Verbindlichkeit** gegenüber dem Fi- nanzamt dar.
Die Umsatzsteuer-Mehrung wird im **Haben** des Passivkontos Umsatzsteuer gebucht.

Die gezahlte **Vorsteuer** stellt eine **Forderung** gegenüber dem Finanzamt dar.
Die Vorsteuer-Mehrung wird im **Soll** des Aktivkontos Vorsteuer gebucht.

Im Regelfall ist die **Umsatzsteuer größer** als die Vorsteuer **(Umsatzsteuerzahllast).**
Die **Abschlussbuchungen** lauten dann:
1. Umsatzsteuer   an   Vorsteuer
2. a) Umsatzsteuer   an   SBK (bei Passivierung der Zahllast)
    oder
   b) Umsatzsteuer   an   Bank (bei Überweisung der Zahllast)

Im Ausnahmefall ist die **Vorsteuer größer** als die Umsatzsteuer **(Vorsteuerüberhang).**
Die **Abschlussbuchungen** lauten dann:
1. Umsatzsteuer   an   Vorsteuer
2. a) SBK   an   Vorsteuer (bei Aktivierung des Vorsteuerüberhangs)
    oder
   b) Bank   an   Vorsteuer (bei Erstattung des Vorsteuerüberhangs).

Aufgaben

1. Prüfen Sie folgende Aussagen auf ihre Richtigkeit. Die Antwort ist jeweils zu begründen.
   (1) Eine Erhöhung des Umsatzsteuersatzes belastet den Gewinn des Unter- nehmens.
   (2) Ist die vereinnahmte Umsatzsteuer größer als die abziehbare Vorsteuer, entsteht eine Zahllast.
   (3) Der Zeitpunkt der Überweisung der monatlichen Zahllast an das Finanz- amt kann durch die Buchhaltung des Unternehmens selbst bestimmt werden.
   (4) Der Abschluss des Kontos Umsatzsteuer erfolgt über das Schlussbilanz- konto mit dem Buchungssatz: SBK an Umsatzsteuer.

(5) Ist die gezahlte Vorsteuer größer als die vereinnahmte Umsatzsteuer, erfolgt eine Erstattung des Vorsteuerüberhangs durch das Finanzamt.

(6) Umsätze aus Vermietung und Verpachtung sind mit dem ermäßigten Steuersatz von 7 % umsatzsteuerpflichtig.

2. In einem Betrieb sind im Monat Dezember folgende Geschäftsfälle zu berücksichtigen. Alle Vorgänge werden über das Bankkonto beglichen.

Aufgaben zu a), b) und c):

1. Buchen Sie die Geschäftsfälle im Grundbuch.

2. Stellen Sie die Konten Umsatzsteuer und Vorsteuer im Hauptbuch dar.

3. Schließen Sie die Konten Umsatzsteuer und Vorsteuer im Hauptbuch ab.

4. Bilden Sie die Abschlussbuchungssätze für diese beiden Konten im Grundbuch.

5. Geben Sie jeweils an, ob sich eine Zahllast oder ein Vorsteuerüberhang ergibt.

a) Kauf eines Pkw (netto)	15 000,00 EUR
Kauf von Büromaterial (brutto)	595,00 EUR
Verkauf von Waren (brutto)	14 280,00 EUR
Reparatur des Kopierers (brutto)	142,80 EUR
Verkauf von Waren (brutto)	26 180,00 EUR
Lastschrift für Telekommunikation (netto)	750,00 EUR
Werbungskosten (netto)	1 500,00 EUR
b) Einkauf von Waren (netto)	25 000,00 EUR
Kauf von Büromaterial (netto)	1 500,00 EUR
Verkauf von Waren (netto)	4 000,00 EUR
Energierechnung (brutto)	190,40 EUR
Verkauf von Waren (netto)	6 000,00 EUR
Verkauf von Waren (brutto)	26 180,00 EUR
Einkauf von Fachbüchern (brutto)	428,00 EUR
Kauf von Geschäftsausstattung (netto)	11 000,00 EUR
c) Kauf einer neuen PC-Anlage (netto)	7 000,00 EUR
Verkauf von Waren (brutto)	23 800,00 EUR
Rechnung für Internetnutzung (brutto)	47,60 EUR
Verkauf von Waren (netto)	8 500,00 EUR
Einkauf von Fachbüchern (netto)	200,00 EUR
Rechnung des Steuerberaters (netto)	3 500,00 EUR

3. Die Young Cosmetics KG feiert Firmenjubiläum. Es werden eingekauft:

- Kuchen für 80,00 EUR netto,

- Sekt und Bier für 180,00 EUR netto,

- Kekse und Schokolade für 42,80 EUR brutto,

- Luftballons, Laternen und Gartenfackeln für 35,70 EUR brutto.

a) Welcher Betrag muss insgesamt bezahlt werden?

b) Wie hoch sind der Umsatzsteuer-Betrag und der Nettobetrag?

7 Warengeschäfte buchen

In Handelsunternehmen kommt den Warengeschäften eine besondere Bedeutung für die Erreichung der wirtschaftlichen Ziele zu. Den **Aufwendungen für Waren** stehen die **Umsatzerlöse aus Warenverkäufen** gegenüber. Die Differenz aus dem i. d. R. höheren Verkaufspreis und dem niedrigeren Einkaufspreis wird als **Rohgewinn** bezeichnet.

Merke

Umsatzerlöse für Waren (Nettoverkaufserlöse)

– tatsächliche Aufwendungen für Waren (Wareneinsatz)

= **Rohgewinn**

LERNFELD 6

Waren, die nicht verkauft wurden, verbleiben im Lager. Der Lagerbestand wird mindestens einmal im Jahr durch eine körperliche Bestandsaufnahme (Inventur) festgestellt (weitere Informationen zur Inventur s. Kapitel 9).

Für Buchungen im Einkaufs- und Verkaufsbereich einschließlich der Lagerhaltung werden **drei Konten** benötigt – zwei Erfolgskonten und ein Bestandskonto:

➔ **6080 Aufwendungen für Waren** (Aufwandskonto),

➔ **5100 Umsatzerlöse für Waren** (Ertragskonto) und

➔ **2280 Waren (Handelswaren)** (Aktivkonto).

©Style Media & Design-fotolia.com

7.1 Aufwandsorientierte Buchung des Wareneinkaufs

Beim **aufwandsorientierten** Verfahren werden die Wareneinkäufe grundsätzlich sofort als Aufwand erfasst. Diesem Verfahren liegt der Gedanke zugrunde, dass Lagerhaltung mit hohen Kosten verbunden ist und Waren deshalb weitgehend erst bei Bedarf angeliefert werden (Just-in-Time Konzept). Lieferung und Verbrauch (Aufwand) fallen dann theoretisch zusammen und es werden deshalb i. d. R. nur noch kleine Lager gehalten.

©Marco2811-fotolia.com

Wenn zunächst alle **Wareneinkäufe** pauschal als **Aufwand** erfasst und somit auf dem Konto „6080 Aufwendungen für Waren" im Soll gebucht werden, muss entsprechend zum Bilanzstichtag festgestellt werden, ob die Annahme korrekt war, dass alle eingekauften Waren in den Leistungsprozess eingegangen sind, also verkauft wurden. Dazu ist im Bestandskonto „2280 Waren" zu prüfen, ob sich der Lagerbestand verändert hat. Drei Varianten sind hier möglich:

1. Der **Schlussbestand** an Waren ist **gleich** dem **Anfangsbestand.** Dann sind tatsächlich alle in der Abrechnungsperiode eingekauften Waren auch abgesetzt (in den Leistungsprozess eingebracht) worden. Eine Korrektur des beim Einkauf erfassten Warenaufwandes ist nicht erforderlich.

LERNFELD 6

Merke

Aufwendungen für Waren lt. ER (Wareneinkäufe)
+ Bestandsminderungen oder
– Bestandsmehrungen

= **Wareneinsatz**

In der Regel wird in der Praxis aber einer der beiden anderen Fälle vorkommen.

2. Der **Schlussbestand** ist **höher** als der **Anfangsbestand (Bestandsmehrung):** Das bedeutet, dass (entgegen der ursprünglichen Annahme) doch nicht alle Waren, die eingekauft wurden, auch verkauft worden sind. Diese Waren befinden sich noch im Lager, sie sind also fälschlicherweise als Aufwand erfasst worden. Die zuvor für den Wareneinkauf gebuchten **Aufwendungen** müssen deshalb um die Bestandsmehrung **gekürzt** werden.

3. Der **Schlussbestand** ist **niedriger** als der **Anfangsbestand (Bestandsminderung):** Das zeigt, dass neben den eingekauften Waren zusätzlich Waren dem Lager entnommen und verkauft wurden. Das Einbringen des Lagerbestandes in den Leistungsprozess muss als Aufwand erfasst werden. Die **Aufwendungen** sind entsprechend um die Bestandsminderung zu **erhöhen**.

Im Hauptbuch sieht das folgendermaßen aus:

Bestandsmehrung (Schlussbestand > Anfangsbestand)

Soll	2280 Waren	Haben
Anfangsbestand		Schlussbestand
Bestandsmehrung		

Soll	6080 Aufwendungen f. Waren	Haben
Wareneinkäufe		Wareneinsatz
		Korrektur des Aufwandes

Bestandsminderung (Schlussbestand < Anfangsbestand)

Soll	2280 Waren	Haben
Anfangsbestand		Schlussbestand
		Bestandsminderung

Soll	6080 Aufwendungen f. Waren	Haben
Wareneinkäufe		Wareneinsatz
Erfassen des zusätzlichen Aufwandes		

Buchungssatz:
(Umbuchung der Bestandsmehrung)
2280 Waren
   an 6080 Aufwendungen f. Waren

Buchungssatz:
(Umbuchung der Bestandsminderung)
6080 Aufwendungen f. Waren
   an 2280 Waren

Buchungssatz: (Abschluss des Kontos „6080 Aufwendungen f. Waren")
8020 GuV
   an 6080 Aufwendungen f. Waren

Merke

Der Saldo des Kontos „6080 Aufwendungen für Waren" geht in das Gewinn- und Verlustkonto und zeigt den **Wareneinsatz.** D. h., in die Gewinn- und Verlustrechnung gehen durch Berücksichtigung von Veränderungen des Lagerbestandes nur die **tatsächlichen Aufwendungen** ein.

■ Buchung einer Bestandsmehrung

Beispiel

Geschäftsfälle:

1.	Anfangsbestand an Waren: 500 Stück zu je 20,00 EUR	10 000,00 EUR
2.	Wareneinkäufe auf Ziel (netto): 800 Stück zu je 20,00 EUR	16 000,00 EUR
3.	Warenverkäufe auf Ziel (netto): 700 Stück zu je 30,00 EUR	21 000,00 EUR
4.	Schlussbestand an Waren: 600 Stück zu je 20,00 EUR	12 000,00 EUR
5.	Bestandsmehrung: 100 Stück zu je 20,00 EUR	2 000,00 EUR
6.	Abschluss der Erfolgskonten (6080 und 5100)	? EUR

Kontendarstellung (nur Warenkonten und GuV):

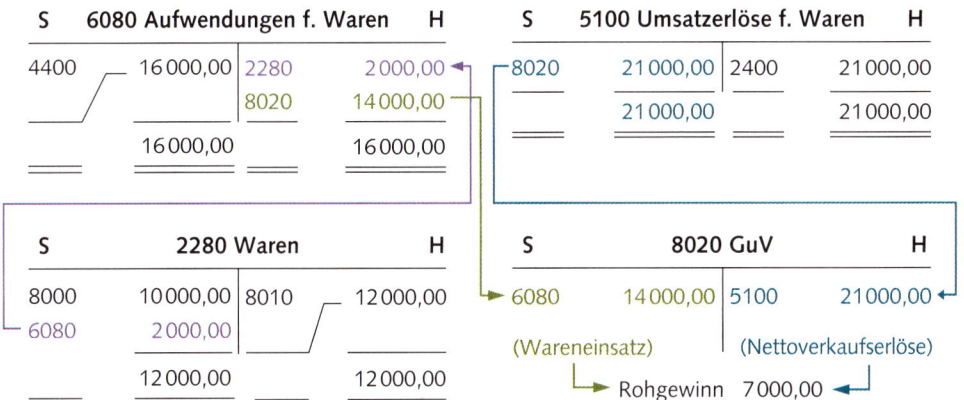

Das Konto „6080 Aufwendungen f. Waren" zeigt, dass der beim Wareneinkauf gebuchte Aufwand (16 000,00 EUR) um den Betrag der Bestandsmehrung (2 000,00 EUR) korrigiert wurde. Tatsächlich ist nur ein **Wareneinsatz** von 14 000,00 EUR entstanden. Der **Rohgewinn** (Nettoverkaufserlöse - Wareneinsatz) beträgt 7 000,00 EUR.

Nr.	Buchungssatz	Beträge	
		Soll	Haben
1	2280 Waren	10 000,00	
	an 8000 EBK		10 000,00
2	6080 Aufwendungen f. Waren	16 000,00	
	2600 Vorsteuer	3 040,00	
	an 4400 Verbindlichkeiten aus LL		19 040,00
3	2400 Forderungen aus LL	24 990,00	
	an 5100 Umsatzerlöse f. Waren		21 000,00
	an 4800 Umsatzsteuer		3 990,00
4	8010 SBK	12 000,00	
	an 2280 Waren		12 000,00
5	2280 Waren	2 000,00	
	an 6080 Aufwendungen f. Waren		2 000,00
6	8020 GuV	14 000,00	
	an 6080 Aufwendungen f. Waren		14 000,00
	5100 Umsatzerlöse f. Waren	21 000,00	
	an 8020 GuV		21 000,00

LERNFELD 6

■ Buchung einer Bestandsminderung

Beispiel

Geschäftsfälle:

1. Anfangsbestand an Waren: 500 Stück zu je 20,00 EUR — 10 000,00 EUR
2. Wareneinkäufe auf Ziel (netto): 400 Stück zu je 20,00 EUR — 8 000,00 EUR
3. Warenverkäufe auf Ziel (netto): 600 Stück zu je 30,00 EUR — 18 000,00 EUR
4. Schlussbestand an Waren: 300 Stück zu je 20,00 EUR — 6 000,00 EUR
5. Bestandsminderung: 200 Stück zu je 20,00 EUR — 4 000,00 EUR
6. Abschluss der Erfolgskonten (6080 und 5100) — ? EUR

Kontendarstellung (nur Warenkonten und GuV):

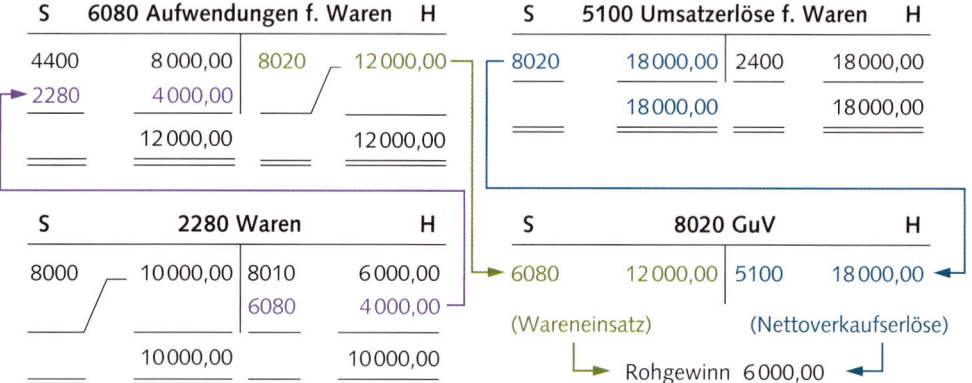

Das Konto „Aufwendungen f. Waren" zeigt, dass zusätzlich zu den Wareneinkäufen (8 000,00 EUR) auch die Entnahme von Waren aus dem Lager (Bestandsminderung 4 000,00 EUR) als Aufwand erfasst wird. Damit ergibt sich ein **Wareneinsatz** von 12 000,00 EUR. Der **Rohgewinn** (Nettoverkaufserlöse - Wareneinsatz) beträgt 6 000,00 EUR.

Nr.	Buchungssatz	Beträge	
		Soll	Haben
1	2280 Waren	10 000,00	
	an 8000 EBK		10 000,00
2	6080 Aufwendungen f. Waren	8 000,00	
	2600 Vorsteuer	1 520,00	
	an 4400 Verbindlichkeiten aus LL		9 520,00
3	2400 Forderungen aus LL	21 420,00	
	an 5100 Umsatzerlöse f. Waren		18 000,00
	an 4800 Umsatzsteuer		3 420,00
4	8010 SBK	6 000,00	
	an 2080 Waren		6 000,00
5	6080 Aufwendungen f. Waren	4 000,00	
	an 2280 Waren		4 000,00
6	8020 GuV	12 000,00	
	an 6080 Aufwendungen f. Waren		12 000,00
	5100 Umsatzerlöse f. Waren	18 000,00	
	an 8020 GuV		18 000,00

7.2 Warenrücksendungen und Skonti im Einkauf und Verkauf

Beim Einkauf und Verkauf von Waren sind Besonderheiten wie z. B. **Rücksendungen und nachträgliche Nachlässe** in Form von Skonti buchhalterisch gesondert zu erfassen.

7.2.1 Warenrücksendungen

Falschlieferungen oder mangelhafte Lieferungen können zu Rücksendungen von Waren sowohl im Einkauf als auch im Verkauf führen. Eine Rücksendung bewirkt eine Gutschrift und erfordert eine Korrektur der ursprünglichen Buchung.

Die Rücknahme bzw. Rückgabe wird in der Buchhaltung durch eine **Stornobuchung** (Korrekturbuchung) dokumentiert: Durch **Umkehrung des ursprünglichen Buchungssatzes** werden alle zuvor beteiligten Positionen korrigiert.

©bofotolux-fotolia.com

LERNFELD 6

Rücksendungen an Lieferer

Ursprünglicher Buchungssatz bei Wareneinkauf:
6080 Aufwendungen f. Waren
2600 Vorsteuer
        an   4400 Verbindlichkeiten aus LL

Buchungssatz für Rücksendung an Lieferer:
4400 Verbindlichkeiten
        an   6080 Aufwendungen f. Waren
        an   2600 Vorsteuer

Rücksendungen von Kunden

Ursprünglicher Buchungssatz bei Warenverkauf:
2400 Forderungen aus LL
        an   5100 Umsatzerlöse f. Waren
        an   4800 Umsatzsteuer

Buchungssatz für Rücksendung von Kunden:
5100 Umsatzerlöse f. Waren
4800 Umsatzsteuer
        an   2400 Forderungen aus LL

■ Warenrücksendungen an Lieferer

Beispiel

Auf eine bereits gebuchte **Eingangsrechnung** über 1 000,00 EUR (netto) wird nachträglich ein Nachlass von 100,00 EUR gewährt, weil 10 % der **Ware** versteckte Mängel aufweisen und an den Lieferer **zurückgesendet** werden.

Durch eine Umkehrbuchung sind die Aufwendungen für Waren und die Vorsteuer jeweils um 10 % zu korrigieren, auch die Verbindlichkeiten aus LL vermindern sich entsprechend.

©vege-fotolia.com

Buchungssatz bei Wareneinkauf	Beträge	
	Soll	Haben
6080 Aufwendungen f. Waren	1 000,00	
2600 Vorsteuer	190,00	
an 4400 Verbindlichkeiten aus LL		1 190,00

Buchungssatz bei Warenrücksendung an Lieferer	Beträge	
	Soll	Haben
4400 Verbindlichkeiten aus LL	119,00	
an 6080 Aufwendungen f. Waren		100,00
an 2600 Vorsteuer		19,00

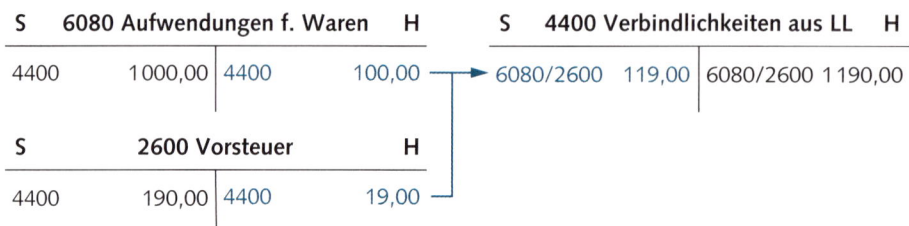

S	6080 Aufwendungen f. Waren		H		S	4400 Verbindlichkeiten aus LL		H
4400	1 000,00	4400	100,00	→	6080/2600	119,00	6080/2600	1 190,00

S	2600 Vorsteuer		H
4400	190,00	4400	19,00

■ Warenrücksendungen von Kunden

Beispiel

©iQoncept-fotolia.com

Auf eine bereits gebuchte **Ausgangsrechnung** über 2 000,00 EUR (netto) erteilen wir unserem Kunden aufgrund einer Falschlieferung nachträglich eine Gutschrift von 20 %. Die **Ware** wurde bereits **zurückgesendet**.

Durch eine Umkehrbuchung sind die Umsatzerlöse für Waren und die Umsatzsteuer jeweils um 20 % zu korrigieren, auch die Forderungen aus LL vermindern sich entsprechend.

Buchungssatz bei Warenverkauf	Beträge	
	Soll	Haben
2400 Forderungen aus LL	2 380,00	
an 5100 Umsatzerlöse f. Waren		2 000,00
an 4800 Umsatzsteuer		380,00

Buchungssatz bei Warenrücksendung von Kunden	Beträge	
	Soll	Haben
5100 Umsatzerlöse f. Waren	400,00	
4800 Umsatzsteuer	76,00	
an 2400 Forderungen aus LL		476,00

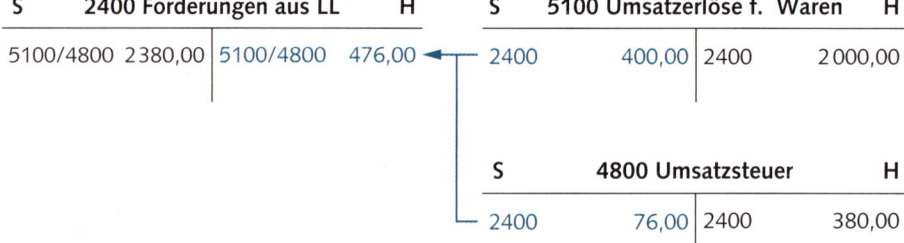

S	2400 Forderungen aus LL		H		S	5100 Umsatzerlöse f. Waren		H
5100/4800	2 380,00	5100/4800	476,00	←	2400	400,00	2400	2 000,00

S	4800 Umsatzsteuer		H
2400	76,00	2400	380,00

7.2.2 Skonti

Skonti sind **nachträgliche Preisnachlässe,** die bei Zahlung innerhalb einer bestimmten Frist vom Rechnungsbetrag abgezogen werden. Die Inanspruchnahme von **Skonto vermindert den ursprünglichen Zahlungsbetrag** und damit die Aufwendungen im Einkaufsbereich bzw. die Umsatzerlöse im Verkaufsbereich. Die Skontogewährung wird auf **Unterkonten** erfasst.

→ Nachträgliche **Nachlässe beim Einkauf** von Waren (Eingangsrechnungen) sind auf dem Konto **„6082 Nachlässe"** (Unterkonto von 6080 Aufwendungen f. Waren) zu buchen.

→ Nachträgliche **Nachlässe beim Verkauf** von Waren (Ausgangsrechnungen) sind auf dem Konto **„5101 Erlösberichtigungen"** (Unterkonto von 5100 Umsatzerlöse f. Waren) zu buchen.

Mit der Überweisung des Rechnungsbetrages unter Abzug von Skonto erfolgt auch ein Ausbuchen der Verbindlichkeiten aus LL bzw. Forderungen aus LL und eine Korrektur des Vorsteuer- bzw. Umsatzsteuerbetrages in entsprechender Höhe.

Zum Schluss sind die **Unterkonten abzschließen**:

→ **6082 Nachlässe** über **6080 Aufwendungen f. Waren** und

→ **5101 Erlösberichtigungen** über **5100 Umsatzerlöse f. Waren**.

©fotomek-fotolia.com

LERNFELD 6

Tipp

Auch bei der **Erfassung von Skonti** wird der ursprüngliche **Buchungssatz „umgedreht"**. Allerdings sind hier noch zwei Besonderheiten zu beachten:

1. Das Konto „6080 Aufwendungen f. Waren" wird ersetzt durch das **Unterkonto** „6082 Nachlässe"; das Konto „5100 Umsatzerlöse f. Waren" wird ersetzt durch das Unterkonto „5101 Erlösberichtigungen".

2. Gleichzeitig mit der Korrekturbuchung findet der **Zahlungsausgleich über Bank oder Kasse** statt.

Liefererskonto

Ursprünglicher Buchungssatz bei Wareneinkauf:
6080 Aufwendungen f. Waren
2600 Vorsteuer
an   4400 Verbindlichkeiten aus LL

Kundenskonto

Ursprünglicher Buchungssatz bei Warenverkauf:
2400 Forderungen aus LL
an   5100 Umsatzerlöse f. Waren
an   4800 Umsatzsteuer

Buchungssatz für die Zahlung an Lieferer unter Abzug von Skonto:
4400 Verbindlichkeiten aus LL
an   2080 Bank
an   6082 Nachlässe
an   2600 Vorsteuer

Buchungssatz für die Zahlung vom Kunden unter Abzug von Skonto:
2080 Bank
5101 Erlösberichtigungen
4800 Umsatzsteuer
an   2400 Forderungen aus LL

Abschluss des Kontos „Nachlässe":
6082 Nachlässe
an   6080 Aufwendungen f. Waren

Abschluss des Kontos „Erlösberichtigungen":
5100 Umsatzerlöse f. Waren
an   5101 Erlösberichtigungen

Bei dem dargestellten Verfahren handelt es sich um das sogenannte **Nettoverfahren**: Die entsprechende Korrektur der Steuer wird jeweils **direkt** auf dem Konto **Vorsteuer bzw. Umsatzsteuer** vorgenommen.

■ Liefererskonto

Beispiel

Wir bezahlen eine bereits gebuchte **Eingangsrechnung** über 2 000,00 EUR (netto) unter Abzug von 2 % Skonto.

	Rechnungsbetrag	Korrekturbetrag/ Nachlass (2 %)	Überweisungsbetrag
netto (Warenwert)	2 000,00	**40,00**	1 960,00
Vorsteuer	380,00	**7,60**	372,40
brutto	**2 380,00**	47,60	**2 332,40**

Die Tabelle zeigt in übersichtlicher Form die Korrekturbeträge für Warenwert und Vorsteuer sowie den noch verbleibenden Überweisungsbetrag für den Ausgleich der Rechnung.

Buchungssatz zur Überweisung an Lieferer mit Skontoabzug	Beträge	
	Soll	**Haben**
4400 Verbindlichkeiten aus LL	2 380,00	
an 2800 Bank		2 332,40
an 6082 Nachlässe		40,00
an 2600 Vorsteuer		7,60

Buchungssatz zum Abschluss des Kontos „Nachlässe"	Beträge	
	Soll	**Haben**
6082 Nachlässe	40,00	
an 6080 Aufwendungen f. Waren		40,00

S	6080 Aufwendungen f. Waren	H		S	6082 Nachlässe	H
4400	2 000,00	6082 40,00 ←	— 6080	40,00	4400	40,00 ⌐

S	2600 Vorsteuer	H		S	4400 Verbindlichkeiten aus LL	H
4400	380,00	4400 7,60 →	2800/...	2 380,00	6080	2 380,00

S	2800 Bank	H
	4400	2 332,40

■ Kundenskonto

Ein Kunde zahlt eine bereits gebuchte **Ausgangsrechnung** über 4 000,00 EUR (netto) unter Abzug von 3 % Skonto.

©Uwe Bumann-fotolia.com

	Rechnungsbetrag	Korrekturbetrag/ Erlösberichtigung (3 %)	Überweisungsbetrag
netto (Warenwert)	4 000,00	**120,00**	3 880,00
Umsatzsteuer	760,00	**22,80**	737,20
brutto	**4 760,00**	142,80	**4 617,20**

Die Tabelle zeigt in übersichtlicher Form die Korrekturbeträge für Warenwert und Umsatzsteuer sowie den noch verbleibenden Überweisungsbetrag für die Zahlung des Kunden.

Buchungssatz zur Überweisung vom Kunden mit Skontoabzug	Beträge	
	Soll	Haben
2800 Bank	4 617,20	
5101 Erlösberichtigungen	120,00	
4800 Umsatzsteuer	22,80	
an 2400 Forderungen aus LL		4 760,00

Buchungssatz zum Abschluss des Kontos „Erlösberichtigungen"	Beträge	
	Soll	Haben
5100 Umsatzerlöse f. Waren	120,00	
an 5101 Erlösberichtigungen		120,00

S	5100 Umsatzerlöse f. Waren	H
5101	120,00	2400 4 000,00

S	5101 Erlösberichtigungen	H
2400	120,00	5100 120,00

S	4800 Umsatzsteuer	H
2400	22,80	2400 760,00

S	2400 Forderungen aus LL	H
5100/4800 4 760,00		2800/... 4 760,00

S	2800 Bank	H
2400	4 617,20	

7.3 Zusammenfasssung und Aufgaben

Zusammenfassung

Erfassung von Einkauf und Verkauf auf Warenkonten

Die Buchungen beim Einkauf und Verkauf von Waren erfordern drei Warenkonten:

- **6080 Aufwendungen für Waren** (Aufwandskonto)
- **5100 Umsatzerlöse für Waren** (Ertragskonto)
- **2280 Waren** (Aktivkonto)

Zusätzlich ist die Vorsteuer/Umsatzsteuer zu erfassen.

Beim **aufwandsorientierten** Verfahren wird jeder **Einkauf** von Waren direkt auf dem **Konto „6080 Aufwendungen für Waren"** gebucht.

Eine Veränderung der Lagerbestände wird erst zum Geschäftsjahresende festgestellt. Buchhalterisch werden **Bestandsveränderungen** erfasst, indem der Saldo aus dem Konto „2280 Waren" in das Konto „6080 Aufwendungen f. Waren" umgebucht wird.

Jeder **Verkauf** von Waren wird auf dem Konto **„5100 Umsatzerlöse f. Waren"** erfasst.

Bestandsveränderungen bei aufwandsorientierter Buchung

Ist der **Schlussbestand** an Waren **kleiner** als der **Anfangsbestand** an Waren, handelt es sich um eine **Bestandsminderung**; für den Verkauf wurden Waren dem Lager entnommen. Die Bestandsminderung **erhöht** die **Aufwendungen** für Waren bzw. den tatsächlichen Wareneinsatz und wird bei Abschluss des Kontos „2280 Waren" auf dem Gegenkonto „6080 Aufwendungen für Waren" im Soll erfasst:
6080 Aufwendungen f. Waren   an   2280 Waren

Ist der **Schlussbestand** an Waren **größer** als der **Anfangsbestand** an Waren, handelt es sich um eine **Bestandsmehrung**; ein Teil der Wareneinkäufe wurde nicht verkauft, sondern ins Lager gestellt. Die Bestandsmehrung **mindert** die **Aufwendungen** für Waren bzw. den tatsächlichen Wareneinsatz. Die Bestandsmehrung wird bei Abschluss des Kontos „2280 Waren" auf dem Gegenkonto „6080 Aufwendungen für Waren" im Haben erfasst.
2280 Waren   an   6080 Aufwendungen f. Waren

Rohgewinn = Nettoverkaufserlöse – Wareneinsatz

Der **Wareneinsatz** zeigt an, welcher Warenwert (bewertet mit Einkaufspreisen) nach Berücksichtigung von Bestandsveränderungen, Rücksendungen und Skonti tatsächlich für den Verkauf eingesetzt wurde.

Der Verkauf von Waren erfolgt in einem Handelsbetrieb i. d. R. zu einem Preis, der über dem Einkaufspreis liegt. Die **Nettoverkaufserlöse** zeigen, welchen Verkaufswert die abgesetzte Ware nach Berücksichtigung von Rücksendungen und Skonti tatsächlich erzielt hat.

Die Differenz zwischen den **Nettoverkaufserlösen** (Saldo des Kontos „5100 Umsatzerlöse f. Waren") und dem **Wareneinsatz** (Saldo des Kontos „6080 Aufwendungen f. Waren") bezeichnet man als **Rohgewinn.**

Buchung von Rücksendungen und Skonti

Wareneinkauf

Jeder Wareneinkauf wird auf dem Konto „6080 Aufwendungen f. Waren" im Soll gebucht.

Buchung der **Eingangsrechnung für Waren:**

6080 Aufwendungen f. Waren			
2600 Vorsteuer	an	4400 Verbindlichkeiten aus LL	

Für **Rücksendungen** an den Lieferer wird eine **Stornobuchung** erstellt; der ursprüngliche Buchungssatz wird umgekehrt:

4400 Verbindlichkeiten aus LL	an	6080 Aufwendungen f. Waren
	an	2600 Vorsteuer

Nachträgliche Nachlässe im Einkauf (z. B. **Liefererskonti**) werden bei Rechnungsausgleich auf dem Unterkonto **„6082 Nachlässe"** im Haben gebucht.

4400 Verbindlichkeiten aus LL		
	an	2800 Bank
	an	6082 Nachlässe
	an	2600 Vorsteuer

Das Unterkonto „6082 Nachlässe" ist über das Konto „6080 Aufwendungen f. Waren" abzuschließen.

6082 Nachlässe	an	6080 Aufwendungen f. Waren

Diese Buchung zeigt, dass Nachlässe von Lieferern die Aufwendungen f. Waren mindern.

Warenverkauf

Jeder Warenverkauf führt zu Umsatzerlösen. Der Zugang der Umsatzerlöse wird durch eine Buchung auf dem Konto **„5100 Umsatzerlöse f. Waren"** im Haben erfasst.

Buchung der **Ausgangsrechnung für Waren:**

2400 Forderungen aus LL	an	5100 Umsatzerlöse f. Waren
	an	4800 Umsatzsteuer

Rücksendungen von Kunden werden durch eine **Stornobuchung** berücksichtigt; der ursprüngliche Buchungssatz wird umgekehrt:

5100 Umsatzerlöse f. Waren		
4800 Umsatzsteuer	an	2400 Forderungen aus LL

Die Buchung von Nachlässen im Verkauf (z. B. **Kundenskonti**) erfolgt auf dem Unterkonto **„5101 Erlösberichtigungen"** im Soll:

2800 Bank		
5101 Erlösberichtigungen		
4800 Umsatzsteuer	an	2400 Forderungen aus LL

Das Unterkonto „5101 Erlösberichtigungen" ist über das Konto „5100 Umsatzerlöse f. Waren" abzuschließen.

5100 Umsatzerlöse f. Waren	an	5101 Erlösberichtigungen

Die Buchung zeigt, dass Nachlässe an Kunden die Umsatzerlöse schmälern.

1. Prüfen Sie folgende Aussagen auf ihre Richtigkeit. Die Antwort ist jeweils zu begründen.

   (1) Der Bestand an Waren gehört zum Vermögen eines Unternehmens und zwar zum Anlagevermögen.

   (2) Beim aufwandsorientierten Verfahren werden die Wareneinkäufe direkt auf dem Konto „Aufwendungen für Waren" gebucht.

   (3) Ein Minderbestand ergibt sich, wenn der Schlussbestand an Waren größer ist als der entsprechende Anfangsbestand.

   (4) Der Rohgewinn ist die Differenz zwischen Umsatzerlösen und Waren-einkauf.

   (5) Die Wareneinkäufe plus Bestandsmehrung ergeben den Wareneinsatz.

   (6) Skonto ist ein nachträglicher Preisnachlass für vorzeitige Zahlung.

   (7) Erhaltene Skonti (Liefererskonti) erhöhen die Aufwendungen für Waren.

   (8) Gutschriften für an den Lieferer zurückgesandte Waren werden auf dem Konto „Aufwendungen für Waren" im Soll gebucht.

   (9) Liefererskonti werden auf dem Konto „6082" im Soll gebucht.

   (10) Gewährte Skonti (Kundenskonti) werden auf dem Konto „6082" im Haben gebucht.

   (11) Für Rücksendungen von Kunden wird ein Umkehrbuchungssatz gebildet. Der Betrag für die zurückgesandte Ware wird auf dem Konto „5100 Um-satzerlöse für Waren" im Haben gebucht.

   (12) Kundenskonti werden direkt im Gewinn- und Verlustkonto erfasst.

   (13) Lieferanten- und Kundenskonti dürfen miteinander verrechnet werden.

2. Die Bilanz weist am 31. Dezember folgende Bestände aus:

0870 BGA	80 000,00 EUR
2280 Waren	220 000,00 EUR
2400 Forderungen aus LL	55 000,00 EUR
2800 Bank	70 000,00 EUR
2880 Kasse	25 000,00 EUR
3000 Eigenkapital	? EUR
4400 Verbindlichkeiten aus LL	260 000,00 EUR

   II. Geschäftsfälle

1. Wareneinkauf auf Ziel (netto)	5 000,00 EUR
2. Kunden zahlen Rechnungen mit Banküberweisung	30 000,00 EUR
3. Warenverkauf auf Ziel (netto)	25 000,00 EUR
4. Abbuchung der Telefongebühren (netto)	180,00 EUR
5. Warenverkauf bar (netto)	10 000,00 EUR
6. Kauf einer Scannerkasse gegen Rechnung (brutto)	13 920,00 EUR
7. Kauf von Fachbüchern bar (netto, 7 % USt)	180,00 EUR
8. Gehaltszahlung per Banküberweisung	3 000,00 EUR

Der zum 31. Dezember durch Inventur ermittelte Warenbestand beträgt 214 000,00 EUR.

a) Ermitteln Sie die Höhe des Eigenkapitals.

b) Buchen Sie alle Geschäftsfälle im Grundbuch.

c) Stellen Sie die Konten „2280 Waren", „6080 Aufwendungen f. Waren", „5100 Umsatzerlöse f. Waren" und „8020 GuV" im Hauptbuch dar.

d) Schließen Sie die Konten im Hauptbuch ab und führen Sie das Grundbuch für die Umbuchung der Bestandsveränderung und für die Abschlussbuchungen.

e) Ermitteln Sie den Wareneinsatz und den Rohgewinn.

3. Buchen Sie aus der Sicht der Young Cosmetics KG die folgenden Geschäftsfälle:

a) Die Young Cosmetics KG kauft Kosmetikartikel im Wert von 20 000,00 EUR (netto) auf Ziel ein.

b) Nach Sichtung der gelieferten Kosmetikartikel stellt die Chefeinkäuferin der Young Cosmetics KG unerwartete Qualitätsmängel fest. Daraufhin werden Waren im Nettowert von 2 000,00 EUR an den Lieferer zurückgesandt.

c) Der restliche Rechnungsbetrag wird unter Abzug von 3 % Skonto über das Bankkonto beglichen.

4. Buchen Sie aus der Sicht der Young Cosmetics KG die folgenden Geschäftsfälle:

a) Die Young Cosmetics verkauft an die Wellness-Oase Berlin Kosmetikwaren auf Ziel im Wert von 4 224,50 EUR (brutto).

b) Die Wellness-Oase sendet der Young Cosmetics KG beschädigte Artikel im Wert von 3 570,00 EUR (brutto) zurück.

c) Die Wellness-Oase überweist unter Inanspruchnahme von 2 % Skonto den restlichen Rechnungsbetrag auf das Bankkonto der Young Cosmetics KG.

5. Buchen Sie aus Sicht der Young Cosmetics KG folgende Geschäftsfälle:

a) Die Young Cosmetics KG kauft bei einem neuen Lieferanten Waren im Wert von 14 280,00 EUR (brutto) gegen Banküberweisung ein. Zahlungsbedingung 10 Tage 3 % Skonto oder 30 Tage netto.

b) Die Young Cosmetics KG bezahlt nach 30 Tagen per Banküberweisung.

c) Berechnen Sie, welcher Skontobetrag der Young Cosmetics KG entgangen ist, da sie erst nach 30 Tagen an den neuen Lieferanten gezahlt hat.

d) Die Young Cosmetics KG verkauft an die Wellness-Oase Pflegeprodukte für 1 785,00 EUR (brutto) auf Ziel; Zahlungsbedingung 8 Tage 2,5 % Skonto oder 30 Tage netto.

e) Die Wellness-Oase überweist die Rechnung unter Abzug von 2,5 % Skonto.

LERNFELD 6

8 Anlagevermögen buchhalterisch erfassen

Ein Unternehmen benötigt für den Vertrieb von Waren oder für die Produktion von eigenen Leistungen und Erzeugnissen, die es auf dem Markt anbietet, ein entsprechendes Anlagevermögen. Dazu zählen u. a. Grundstücke, Betriebsgebäude, Maschinen und Anlagen, Fuhrpark und Büro- und Geschäftsausstattung.

©fischer-cg.de-fotolia.com

Das Anlagevermögen wird zum Zeitpunkt der Anschaffung mit den **Anschaffungskosten aktiviert,** d. h., es wird auf den entsprechenden Aktivkonten (z. B. Fuhrpark) als Mehrung im Soll erfasst. **Ein Aufwand entsteht zum Anschaffungszeitpunkt nicht.** Im Laufe der Nutzung verliert das Anlagevermögen aber i. d. R. an Wert. Damit der aktuelle Wert auf den Anlagekonten richtig dargestellt wird, ist die **Wertminderung** jeweils am Jahresende buchhalterisch als **Aufwand** zu erfassen.

8.1 Einkauf von Anlagevermögen – Ermittlung der Anschaffungskosten

Anschaffungskosten sind Zahlungen, die einmalig geleistet werden, um einen Vermögensgegenstand zu erwerben und das Wirtschaftsgut in einen betriebsbereiten Zustand zu versetzen.

Neben dem eigentlichen **Anschaffungspreis** (Zieleinkaufspreis) sind **nachträgliche Preisminderungen** (z. B. durch Mängelrügen oder Skonti), **Anschaffungsnebenkosten** (z. B. Transportkosten, Transportversicherung, Verpackung) und gegebenenfalls **nachträgliche Anschaffungskosten** (z. B. nach dem Kauf angeschaffte Zubehörteile, Um- und Einbauten) zu berücksichtigen.

Nicht zu den Anschaffungskosten zählen regelmäßig anfallende Kosten des laufenden Betriebes (z. B. Energiekosten, Finanzierungskosten, Wartung).

Merke

§ 255, I HGB

Die Anschaffungskosten für Anlagegüter werden mit folgenden Nettowerten berechnet:

    Anschaffungspreis (Zieleinkaufspreis)

–   **Anschaffungspreisminderungen**

+   **Anschaffungsnebenkosten**

+   **nachträgliche Anschaffungskosten**

=   **Anschaffungskosten**

Tipp

Skonto wird i. d. R. ausschließlich auf den **Zieleinkaufspreis** gewährt.

Beispiel

Anschaffung einer Büroausstattung auf Ziel:

Zieleinkaufspreis (netto) (10 Tage 2 %, 30 Tage netto Kasse)	6 500,00 EUR
Transport (Barzahlung an Spediteur)	200,00 EUR
Montage (Barzahlung an Spediteur)	100,00 EUR

Nr.	Buchung von Anschaffungspreis, Transport und Montage	Beträge	
		Soll	Haben
1	0870 BGA	6 500,00	
	2600 Vorsteuer	1 235,00	
	an 4400 Verbindlichkeiten aus LL		7 735,00
2	0870 BGA	300,00	
	2600 Vorsteuer	57,00	
	an 2880 Kasse		357,00

Durch Rechnungsausgleich unter Abzug von Skonto vermindern sich die Anschaffungskosten. Entsprechend sind Überweisungsbetrag und Vorsteuer zu korrigieren.

Tipp

Das Konto „6082 Nachlässe" darf nur für Nachlässe auf Waren genutzt werden.

Nachlässe für Gegenstände des **Anlagevermögens** sind direkt **im Haben des** entsprechenden **Aktivkontos** zu **erfassen.**

LERNFELD 6

	Rechnungsbetrag	Korrekturbetrag/ Nachlass (2 %)	Überweisungsbetrag
netto	6 500,00	130,00	6 370,00
Vorsteuer	1 235,00	24,70	1 210,30
brutto	7 735,00	154,70	7 580,30

Buchung des Rechnungsausgleichs unter Abzug von Skonto	Beträge	
	Soll	Haben
4400 Verbindlichkeiten aus LL	7 735,00	
an 2800 Bank		7 580,30
an 0870 BGA		130,00
an 2600 Vorsteuer		24,70

Berechnung der Anschaffungskosten:

	Anschaffungspreis (Zieleinkaufspreis)	6 500,00 EUR
–	Anschaffungspreisminderungen	130,00 EUR
+	Anschaffungsnebenkosten	300,00 EUR
=	**Anschaffungskosten**	**6 670,00 EUR**

S	0870 BGA		H
4400	6 500,00	4400	130,00
2880	300,00	8010	6 670,00
	6 800,00		6 800,00

S	4400 Verbindlichkeiten aus LL		H
2800/...	7 735,00	0870/	
		2600	7 735,00
	7 735,00		7 735,00

S	2600 Vorsteuer		H
4400	1 235,00	4400	24,70
2880	57,00		

S	2800 Bank		H
		4400	7 580,30

S	2880 Kasse		H
		0870/ 2600	357,00

8.2   Abschreibung auf Sachanlagen

Die meisten Gegenstände des Anlagevermögens unterliegen im Laufe ihrer Nutzungsdauer einer **Wertminderung. Gründe** für den Wertverlust sind z. B.:

→ Abnutzung durch **Gebrauch** (z. B. Motorverschleiß),

→ **natürlicher Verschleiß** (z. B. Materialermüdung, Korrosion),

→ **technischer Fortschritt** (Veralten, Ablösung durch Neuentwicklungen).

Die Wertminderung muss buchhalterisch erfasst werden, damit die Schlussbilanz die tatsächlichen Werte des Anlagevermögens ausweist. Um die Wertminderung vereinfacht zu berechnen, werden die **Anschaffungskosten** auf die **Nutzungsdauer** verteilt.

Jeweils zum Ende des Geschäftsjahres wird die Wertminderung auf dem Aufwandskonto **„6520 Abschreibungen auf Sachanlagen"** im Soll erfasst; die Gegenbuchung findet auf dem Anlagenkonto (Aktivkonto) im Haben statt.

In der Finanzbuchführung sind **Abschreibungen Aufwendungen,** die über das Gewinn- und Verlustkonto (GuV) abgeschlossen werden und demzufolge zu einer Verringerung des Erfolgs führen.

Die angenommene Nutzungsdauer beeinflusst somit den Erfolg (Gewinn/Verlust) des Unternehmens: Eine **kürzere Nutzungsdauer** führt zu höheren jährlichen Abschreibungen (Aufwendungen) und damit zu einer **höheren Gewinnminderung.**

Da wiederum der Gewinn die wesentliche Größe für die Berechnung der zu entrichtenden Gewinnsteuern darstellt, hat die Finanzverwaltung ein Interesse an Regulierung: Sie legt für die Nutzungsdauer von Anlagegütern **amtliche Abschreibungstabellen** (sogenannte AfA-Tabellen: **A**bsetzung **f**ür **A**bnutzung) fest, die die anzusetzende Nutzungsdauer grundsätzlich regeln.

Merke

Die **Abschreibung** ist das Verfahren, mit dem die Anschaffungskosten auf die Nutzungsdauer verteilt werden und die jährliche Wertminderung buchmäßig erfasst wird.

Merke

Abschreibungen sind **Aufwendungen** und wirken **erfolgsmindernd.**

Amtliche Abschreibungstabelle (Auszug)	
Anlagegüter	**Nutzungsdauer (Jahre)**
Pkw	6
Lkw	9
Büromöbel	13
Kopiergeräte	7
Drucker, Scanner	3
PC	3
Kassen	6
Kreditkartenleser	8

8.2.1 Berechnung der Abschreibung

Das Handelsgesetz schreibt vor, dass bei Vermögensgegenständen des **Anlagevermögens**, deren **Nutzung zeitlich begrenzt** ist, die Anschaffungskosten um **planmäßige Abschreibungen** zu vermindern sind. Im **Abschreibungsplan** werden die Anschaffungskosten auf die Nutzungsdauer lt. AfA-Tabelle verteilt.

§ 255 III HGB

Für die wertmäßige Verteilung der Anschaffungskosten stehen unterschiedliche Berechnungsmethoden zur Verfügung, z. B. die lineare und die degressive Abschreibung.

→ **Lineare Abschreibung:** Bei dieser Methode werden die **Anschaffungskosten gleichmäßig auf** die **Nutzungsjahre** laut AfA-Tabelle verteilt.

→ **Degressive Abschreibung:** Bei dieser Methode wird jährlich ein **bestimmter Prozentsatz vom** jeweils aktuellen **Buchwert** des Vermögensgegenstandes abgeschrieben. Dadurch werden die ersten Jahre der Nutzung stärker belastet, denn mit sinkendem Buchwert sinkt auch der Abschreibungsbetrag pro Jahr der Nutzungsdauer. Die degressive Abschreibung entspricht damit eher der tatsächlichen Wertminderung. Mit der degressiven Abschreibung können aufgrund der höheren Abschreibungsbeträge in den ersten Jahren erhebliche Steuervorteile in Anspruch genommen werden. Deshalb erlaubt der Gesetzgeber die degressive Abschreibung nicht ständig, sondern nur in Zeiten abflauender Konjunktur zur Wachstumsförderung. Laut Steuerrecht darf die degressive Abschreibung seit dem 01.08.2008 (Ausnahmen: 2009 und 2010) nicht mehr angewendet werden.

LERNFELD 6

©fotodo-fotolia.com

■ Berechnung der linearen Abschreibung

Anschaffungskosten und **Nutzungsdauer** bestimmen die Höhe des jährlichen linearen Abschreibungsbetrages, da die Anschaffungskosten gleichmäßig auf die Nutzungsjahre zu verteilen sind.

Merke

$$\text{Abschreibungsbetrag (in EUR)} = \frac{\text{Anschaffungskosten}}{\text{Nutzungsdauer}}$$

$$\text{Abschreibungssatz (in \%)} = \frac{100}{\text{Nutzungsdauer}}$$

Beispiel

Anschaffung eines Pkws mit Anschaffungskosten von 36 000,00 EUR; laut AfA-Tabelle wird der Pkw über 6 Jahre linear abgeschrieben.

$$\text{Abschreibungsbetrag} = \frac{36\,000,00\text{ EUR}}{6\text{ Jahre}} = 6\,000,00\text{ EUR/Jahr}$$

$$\text{Abschreibungssatz} = \frac{100\,\%}{6\text{ Jahre}} = 16\,^2/_3\,\%\text{/Jahr}$$

Die folgende Tabelle zeigt die Verteilung der Anschaffungskosten auf die Nutzungsjahre und die Auswirkung der jährlichen Abschreibung auf den Buchwert (Schlussbestand in der Bilanz) am Ende jeden Nutzungsjahres.

Finanzstruk... und Verlustrechnung Jahresabschlusses.

Buchwert
Der Buchwert eines Wesentlichen aus Bilanz zusammen

©papalapapp-fotolia.com

Abschreibungsplan	
Anschaffungskosten	36 000,00 EUR
− Abschreibung Ende 1. Jahr	6 000,00 EUR
= **Buchwert Ende 1. Jahr**	**30 000,00 EUR**
− Abschreibung Ende 2. Jahr	6 000,00 EUR
= **Buchwert Ende 2. Jahr**	**24 000,00 EUR**
− Abschreibung Ende 3. Jahr	6 000,00 EUR
= **Buchwert Ende 3. Jahr**	**18 000,00 EUR**
− Abschreibung Ende 4. Jahr	6 000,00 EUR
= **Buchwert Ende 4. Jahr**	**12 000,00 EUR**
− Abschreibung Ende 5. Jahr	6 000,00 EUR
= **Buchwert Ende 5. Jahr**	**6 000,00 EUR**
− Abschreibung Ende 6. Jahr	6 000,00 EUR
= **Buchwert Ende 6. Jahr**	**0,00 EUR**

Wird das Anlagegut am Ende der Nutzungsdauer lt. AfA-Tabelle noch weiter genutzt, so ist dies i. d. R. nicht mehr in der Bilanz, aber in einer Anlage zur Buchführung (dem sogenannten „Anlagenverzeichnis") ersichtlich. Es ist aber ebenso erlaubt, das Anlagegut mit einem „Erinnerungswert" von 1,00 EUR in der Bilanz stehen zu lassen.

■ Zeitanteilige Abschreibung

Bisher wurde unterstellt, dass das Anlagegut zu Beginn des Jahres gekauft wird und somit im ersten Nutzungsjahr vollständig zur Verfügung steht. Das ist unrealistisch: Unternehmen tätigen während des gesamten Geschäftsjahres Anschaffungen, sodass lt. § 7 EStG zeitanteilig mit vollen Monaten abgeschrieben werden muss. Beim **Kauf** ist der **Monat der Anschaffung** voll zu berücksichtigten.

©Wolfilser-fotolia.com

Beispiel

Ein Pkw mit Anschaffungskosten von 36 000,00 EUR wird am 20. April des Jahres gekauft. Laut AfA-Tabelle wird der Pkw über 6 Jahre linear abgeschrieben. Der Abschreibungsbetrag pro Jahr beträgt damit 6 000,00 EUR.

Im **ersten Nutzungsjahr** wird die **zeitanteilige Abschreibung** für 9 Monate berücksichtigt; entsprechend sind 9/12 des jährlichen Abschreibungsbetrages anzusetzen:

$$\text{Abschreibungsbetrag (Jahr 1)} = \frac{6\,000{,}00\ \text{EUR} \cdot 9\ \text{Monate}}{12\ \text{Monate}} = 4\,500{,}00\ \text{EUR}$$

Die am Ende verbleibende Abschreibung für 3 Monate wird im 7. Nutzungsjahr nachgeholt. Die gesamte Nutzungsdauer beträgt weiterhin 6 Jahre.

Merke

Für den **Kaufmonat** ist **abzuschreiben,** für den **Verkaufmonat** ist **nicht abzuschreiben.**

Nutzungsdauer 6 Jahre

1. April   30. März

Nutzungsjahr	1	2	3	4	5	6	7
AfA-Betrag	4 500	6 000	6 000	6 000	6 000	6 000	1 500

Der Abschreibungsplan des obigen Beispiels ändert sich wie folgt:

Abschreibungsplan	
Anschaffungskosten	36 000,00 EUR
– Abschreibung Ende 1. Jahr (9/12)	4 500,00 EUR
= Buchwert Ende 1. Jahr	**31 500,00 EUR**
– Abschreibung Ende 2. Jahr (12/12)	6 000,00 EUR
= Buchwert Ende 2. Jahr	**25 500,00 EUR**
– Abschreibung Ende 3. Jahr (12/12)	6 000,00 EUR
= Buchwert Ende 3. Jahr	**19 500,00 EUR**
– Abschreibung Ende 4. Jahr (12/12)	6 000,00 EUR
= Buchwert Ende 4. Jahr	**13 500,00 EUR**
– Abschreibung Ende 5. Jahr (12/12)	6 000,00 EUR
= Buchwert Ende 5. Jahr	**7 500,00 EUR**
– Abschreibung Ende 6. Jahr (12/12)	6 000,00 EUR
= Buchwert Ende 6. Jahr	**1 500,00 EUR**
– Abschreibung Ende 7. Jahr (3/12)	1 500,00 EUR
= Buchwert Ende 7. Jahr	**0,00 EUR**

©Jonnystockphoto-fotolia.com

LERNFELD 6

8.2.2 Buchung der Abschreibungen

Die buchhalterische Erfassung der Abschreibungen erfolgt am Geschäftsjahresende auf dem Aufwandskonto **„6520 Abschreibungen auf Sachanlagen"** im Soll. Die Gegenbuchung findet auf dem entsprechenden Anlagenkonto (Aktivkonto) im Haben statt und mindert damit den buchhalterischen Wert des Anlagegutes.

Beispiel

Der Pkw aus dem vorherigen Beispiel wird auf Ziel gekauft und am Ende des 1. Jahres zeitanteilig mit 4 500,00 EUR abgeschrieben.

Buchung des Kaufs		Beträge	
		Soll	Haben
0840 Fuhrpark		36 000,00	
2600 Vorsteuer		6 840,00	
an 4400 Verbindlichkeiten aus LL			42 840,00

Buchung der Abschreibung		Beträge	
		Soll	Haben
6520 Abschreibungen a. S.		4 500,00	
an 0840 Fuhrpark			4 500,00

Nr.	Abschluss der Konten	Beträge	
		Soll	Haben
1	8010 SBK	31 500,00	
	an 0840 Fuhrpark		31 500,00
2	8020 GuV	4 500,00	
	an 6520 Abschreibungen a. S.		4 500,000

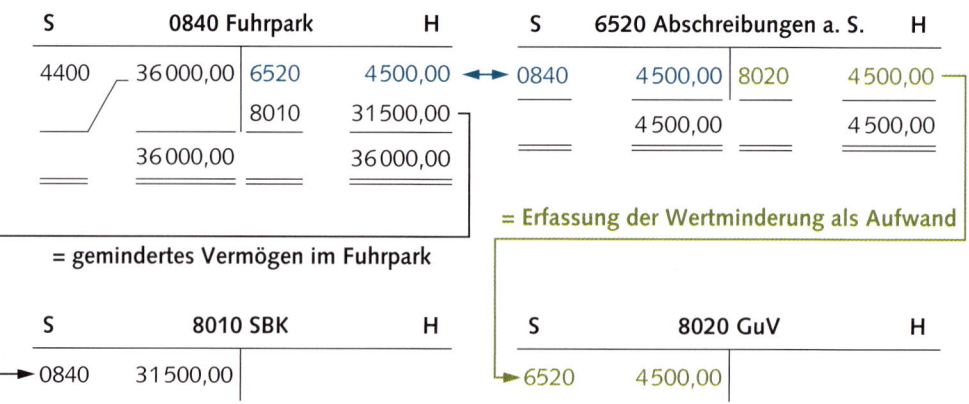

Das Hauptbuch zeigt, dass die Erfassung der **Abschreibung** zu einer Aufwandsmehrung im Gewinn- und Verlustkonto und damit zu einer **Gewinnminderung** führt und gleichzeitig der **Buchwert** des Pkws (Schlussbestand im SBK) angepasst/**vermindert** wurde.

◦•• 8.3 Zusammenfassung und Aufgaben

Zusammenfassung

Anschaffungskosten von Anlagegütern

Gegenstände des Anlagevermögens werden mit den tatsächlichen **Anschaffungskosten** auf dem jeweiligen Aktivkonto im Soll erfasst (aktiviert) und auf einem anderen Bestandskonto (Kasse, Bank oder Verbindlichkeiten aus LL) gegengebucht. Im Zeitpunkt der Anschaffung entsteht damit **kein Aufwand.**

Anschaffungskosten sind Zahlungen, die einmalig geleistet werden, um einen **Vermögensgegenstand** zu **kaufen** und das Wirtschaftsgut in einen **betriebsbereiten Zustand** zu versetzen.

Die **Anschaffungskosten** setzen sich aus folgenden **Nettowerten** zusammen:

Anschaffungspreis (Zieleinkaufspreis)

– Anschaffungspreisminderungen (z. B. Skonto)

+ Anschaffungsnebenkosten (z. B. Transportkosten, Transportversicherung)

+ nachträgliche Anschaffungskosten (z. B. Zubehörteile, Um- und Einbauten)

= Anschaffungskosten

Die Anschaffungskosten sind Bemessungsgrundlage für die Abschreibung.

Abschreibung auf Sachanlagen

Abschreibungen erfassen den jährlichen **Werteverlust** des Anlagevermögens, der durch **Gebrauch, natürlichen Verschleiß und technischen Fortschritt** entsteht.

Die Buchung der Abschreibung erfolgt im **Soll** auf dem Aufwandskonto **„6520 Abschreibung auf Sachanlagen“.** Abschreibungen erhöhen damit die Aufwendungen und mindern den Gewinn.

Die Gegenbuchung erfolgt im **Haben** auf dem **Aktivkonto** des jeweiligen **Anlagegutes** (z. B. Fuhrpark) und erfasst so die Minderung des Vermögens.

Buchung der Abschreibung am Geschäftsjahresende:
6520 Abschreibung a. S.   an   0840 Fuhrpark

Für die **Abschreibung** in der Finanzbuchführung wird die **Nutzungsdauer** von Anlagegütern durch amtliche **Abschreibungstabellen** (AfA-Tabellen) der Finanzverwaltung festgelegt.

Die **lineare** Abschreibungsmethode führt zu **gleichbleibenden Abschreibungsbeträgen:**

$$\textbf{jährlicher Abschreibungsbetrag in EUR} = \frac{\text{Anschaffungskosten}}{\text{Nutzungsdauer}}$$

$$\textbf{Abschreibungssatz in \%} = \frac{100}{\text{Nutzungsdauer}}$$

Im Jahr der Anschaffung erfolgt eine **zeitanteilige (monatsgenaue)** Abschreibung; für den **Kaufmonat** ist bereits **abzuschreiben.**

LERNFELD 6

1. Prüfen Sie folgende Aussagen auf ihre Richtigkeit. Die Antwort ist jeweils zu begründen.

   (1) Skonti verändern die Anschaffungskosten von Anlagegütern nicht.

   (2) Alle Anlagegüter müssen planmäßig abgeschrieben werden.

   (3) Die Anschaffungskosten zuzüglich der jährlichen Betriebskosten sind die Bemessungsgrundlage für die Abschreibung.

   (4) Durch Abschreibung wird die Wertminderung eines Anlagegutes als Aufwand erfasst.

   (5) Abschreibungen führen zu einer Erhöhung der Steuerlast.

   (6) Die Nutzungsdauer eines Anlagegutes wird den amtlichen Abschreibungstabellen der Finanzverwaltung entnommen.

   (7) Es ist stets der Jahresbetrag abzuschreiben.

   (8) Der lineare jährliche Abschreibungsbetrag errechnet sich aus dem Zieleinkaufspreis geteilt durch die Nutzungsdauer des Wirtschaftsgutes.

   (9) Monatsgenaue Abschreibung bedeutet, dass für den Verkaufsmonat, nicht aber für den Kaufmonat abzuschreiben ist.

   (10) Der Restbuchwert entspricht den Anschaffungskosten minus Abschreibungsbeträgen.

2. Die Young Cosmetics KG kauft am 12.11. des Jahres eine neue Geschäftsausstattung zum Bruttorechnungspreis von 59 500,00 EUR. Die Rechnung wird unter Abzug von 3 % Skonto bezahlt. Für die Bezahlung wird ein Darlehen bei der Sparbank Dresden aufgenommen. Die Finanzierungskosten für den Kredit belaufen sich im ersten Jahr auf 1 300,00 EUR.

   a) Ermitteln Sie die tatsächlichen Anschaffungskosten der Geschäftsausstattung.

   b) Buchen Sie die Anschaffung der Geschäftsausstattung auf Ziel.

   c) Buchen Sie die Bezahlung der Anschaffung über die Aufnahme eines Darlehens.

   d) Ermitteln und buchen Sie die Abschreibung der Geschäftsausstattung für das Jahr der Anschaffung, wenn die Nutzungsdauer 13 Jahre beträgt.

   e) Ermitteln Sie den Restbuchwert für die Geschäftsausstattung zum 31.12. des 1. Nutzungsjahres.

3. Die Young Cosmetics KG kauft zwecks schnellerer Auslieferung am 3. April einen Kleinwagen von einem befreundeten Autohaus. Im Zusammenhang mit dem Kauf des Pkw liegen folgende Angaben vor:

Nutzungsdauer des Fahrzeuges:	6 Jahre
Listeneinkaufspreis (netto):	10 000,00 EUR
Firmenlogo und Sonderausstattung (netto):	300,00 EUR

Im Januar des Folgejahres wird der Pkw mit einer Anhängerkupplung für 500,00 EUR (netto) versehen.

a) Ermitteln Sie die tatsächlichen Anschaffungskosten des Fahrzeuges im Anschaffungsjahr.

b) Buchen Sie den Kauf des Fahrzeugs gegen Bankscheck.

c) Ermitteln und buchen Sie die lineare Abschreibung für das erste Nutzungsjahr.

d) Ermitteln Sie den Restbuchwert am Ende des ersten Nutzungsjahres.

e) Ermitteln Sie den Restbuchwert des Fahrzeuges am Ende des zweiten Nutzungsjahres.

4. Die Young Cosmetics KG erwirbt am 15. August fünf neue Laptops zum Listeneinkaufspreis von je 1100,00 EUR (netto). Als guter Kunde erhält die Young Cosmetics KG auf den gesamten Einkauf einen Skontoabzug von 3 %. Die betriebsgewöhnliche Nutzungsdauer für PC-Technik beträgt 3 Jahre.

a) Buchen Sie den Einkauf der Laptops auf Ziel.

b) Buchen Sie die Bezahlung der Laptops unter Inanspruchnahme des Skontoabzuges.

c) Ermitteln Sie den Abschreibungsbetrag und den Buchwert am Ende des ersten Jahres.

5. Die Young Cosmetics KG hat im Anschaffungsjahr zum 31. Januar einen repräsentativen Firmenwagen für die Inhaberinnen erworben.

Als Anschaffungskosten wurden 88 000,00 EUR verbucht.

Zu **Beginn des vierten Abschreibungsjahres** betrug die bis dahin aufgelaufene (kumulierte) Abschreibung 33 000,00 EUR.

Ermitteln Sie

a) den jährlichen Abschreibungsbetrag (EUR),

b) die betriebsgewöhnliche Nutzungsdauer,

c) den Abschreibungssatz (%),

d) den Buchwert zum Ende des 4. Jahres,

e) wie viel Prozent zu Beginn des 5. Jahres noch abzuschreiben sind.

LERNFELD 6

LERNFELD 6

9 Den Jahresabschluss erstellen und den wirtschaftlichen Erfolg bewerten

Die bisherigen Darstellungen haben gezeigt, dass das **Kontensystem der doppelten Buchführung** eine in sich **geschlossene Einheit** bildet, die bei Einhaltung des Regelwerkes fehlerfrei funktioniert. Das Schlussbilanzkonto z. B. weist die Werte aus, die aufgrund der Anfangsbestände und Mehrungen bzw. Minderungen als Schlussbestand vorhanden sein sollten **(Sollwerte)**. Aufgrund von Unregelmäßigkeiten wie z. B. Diebstahl, Verderb, Beschädigungen oder auch Berechnungsfehlern stimmen die tatsächlichen Werte **(Istwerte)** aber nicht immer mit den Sollwerten überein.

©fotodo-fotolia.com

Der Istbestand an Vermögen und Schulden ist deshalb nach gesetzlichen Vorschriften mindestens einmal im Jahr mittels Inventur zu erheben, zu dokumentieren und mit den Sollwerten zu vergleichen. **Differenzen** zwischen Soll- und Istwerten werden buchhalterisch ausgeglichen.

Das Handelsgesetzbuch verpflichtet jeden Kaufmann

vgl. § 240 HGB

→ bei der **Gründung** seines Handelsgewerbes,

→ für den **Schluss eines jeden Geschäftsjahres,**

→ bei **Aufgabe** der **Geschäftstätigkeit** und

→ bei **Verkauf** des Unternehmens

sein **Vermögen** und seine **Schulden** genau zu verzeichnen.

Das Verfahren zur Ermittlung der tatsächlichen Bestände **(Istwerte)** wird als **Inventur** bezeichnet. Als Ergebnis der Inventur entsteht das **Inventar,** ein ausführliches Bestandsverzeichnis, das die Mengen und Werte der Vermögenspositionen und der Schulden ausweist.

Die **Bilanz** nimmt die Werte des Inventars nur in Kurzform auf und dient der Information von internen und externen Interessenten.

9.1 Inventur

Bei der Inventur werden alle Vermögensteile und Schulden mengen- und wertmäßig aufgenommen, d. h., alle körperlichen Vermögensgegenstände sowie nicht körperliches Vermögen (z. B. Forderungen) und alle Schulden sind zu erfassen und zu dokumentieren (vgl. § 240 HGB).

Merke

Die **Inventur** ist die **mengen- und wertmäßige** Bestandsaufnahme aller **Vermögensteile** und aller **Schulden** eines Unternehmens zu einem bestimmten **Zeitpunkt.**

©Style Media & Design-fotolia.com

9.1.1 Durchführung der Inventur und Inventurarten

Inventurarbeiten sind grundsätzlich mit einem hohen personellen und zeitlichen **Aufwand** verbunden. Es bedarf deshalb einer guten Vorbereitung und Organisation der Inventur. Für die praktische Abwicklung ist es ratsam, eine Inventurleitung einzusetzen. Diese erstellt spezielle Anweisungen und Ablaufpläne, aus denen ersichtlich ist, in welchen Zeiträumen welche Bestände und betrieblichen Gegenstände zu erfassen sind. Unter Umständen ist eine Teilschließung von Unternehmensbereichen und der Einsatz zusätzlicher Arbeitskräfte notwendig.

©carmenbobo – stock.adobe.com

■ Körperliche Inventur

Die Inventur der **körperlichen Vermögensgegenstände** erfordert zwei Arbeitsschritte:

→ Zunächst sind alle Waren (in Produktionsunternehmen auch Roh-, Hilfs- und Betriebsstoffe, unfertige und fertige Erzeugnisse) sowie alle anderen körperlichen Vermögensgegenstände des Unternehmens (z. B. Maschinen, Fahrzeuge, Büro- und Geschäftsausstattung) durch eine **körperliche Bestandsaufnahme** nach Art, Menge und Beschaffenheit aufzunehmen. Das erfolgt je nach Art der Gegenstände durch **Zählen, Messen** oder **Wiegen** und gegebenenfalls auch durch **Schätzen** (z. B. bei großen Mengen mit geringem Wert).

→ Nach der mengenmäßigen Aufnahme sind die Gegenstände zu **bewerten,** d. h., ihr Wert in EUR ist zu ermitteln.

©Bacho Foto-fotolia.com

Inventur

| Zählen | Messen | Wiegen |

Young Cosmetics KG	Datum:			
Inventur-Aufnahmeliste Nr.: Warengruppe:	Abteilung/Lager:			
Körperliche Aufnahme durchgeführt:			Bewertung durchgeführt:		
Nr.	Bezeichnung	Artikel-Nr.	Menge	Einstandspreis	Wertabschläge	Wert gesamt

■ Buchinventur

Nicht jedes Vermögen des Unternehmens kann körperlich erfasst werden. Der Wert der nicht körperlichen Vermögensposten (z. B. Forderungen aus LL, Bankguthaben) und des Fremdkapitals (z. B. Verbindlichkeiten aus LL, Darlehen) muss den Büchern (Konten) entnommen werden. Eine **Buchinventur** erfasst entsprechend nur die **Buchwerte.** Diese können aber über Bankbelege, Rechnungen oder Verträge nachgewiesen werden.

LERNFELD 6

9.1.2 Inventurverfahren/Inventurvereinfachungsverfahren

Für die **zeitliche Abwicklung** der Inventur kann sich das Unternehmen für folgende Inventurverfahren (häufig auch als Inventurvereinfachungsverfahren bezeichnet) entscheiden:

→ **Stichtagsinventur** (zeitnahe Inventur),

→ **verlegte Inventur** (vor- oder nachverlegte Inventur),

→ **permanente Inventur** (fortlaufende Inventur).

©fotomek-fotolia.com

Alle Inventurverfahren besitzen sowohl Vor- als auch Nachteile. Zu beachten ist: Je weiter die Zeitspanne für die körperliche Bestandsaufnahme vom Bilanzstichtag entfernt ist, umso fehleranfälliger sind die Inventurwerte. Denn für die Mengen- und Wertangaben, mit denen bis zum Stichtag fortgeschrieben oder zurückgerechnet wird, muss auf Sollwerte zurückgegriffen werden.

Inventur-verfahren	Merkmale	Zu- und Abgänge	Vorteile	Nachteile
Stichtags-inventur	Bestandsaufnahme innerhalb einer Frist von **10 Tagen vor** und bis zu **10 Tagen nach** dem Bilanzstichtag	mengen- und wertmäßige Fortschreibung und Rückrechnung	zeitliche Nähe zum Abschlussstichtag, geringe Fehlerquote	starke Zeitbegrenzung, hoher personeller Aufwand, ggf. Betriebsunterbrechungen
verlegte Inventur	Bestandsaufnahme innerhalb einer Frist von **3 Monaten vor** und bis zu **2 Monaten nach** dem Bilanzstichtag	nur wertmäßige Fortschreibung und Rückrechnung	freie Zeiteinteilung, kaum zusätzlicher personeller Aufwand, meist keine Betriebsunterbrechung notwendig	ggf. höhere Fehlerquote aufgrund von Fortschreibung und Rückrechnung mit Sollwerten
permanente Inventur	**fortlaufende** Inventur mittels Warenwirtschaftssystem, aber: einmal **jährlich** eine **körperliche Bestandsaufnahme** zur Ermittlung der Ist-Werte erforderlich	permanente Aufzeichnung aller Zu- und Abgänge	tägliche Verfügbarkeit der Sollbestände, freie Zeiteinteilung bei der körperlichen Inventur, keine Betriebsunterbrechung notwendig, geringe Fehlerquote	Warenwirtschaftssystem erforderlich, hohe Sorgfaltsanforderung an die Bestandsfortschreibung
Stichproben-inventur	Die sogenannte **Stichprobeninventur** ist ein Verfahren zur Optimierung der dargestellten Inventurverfahren. Anhand von Stichproben wird mithilfe mathematisch-statistischer Methoden auf den Bestand hochgerechnet. So lässt sich Zeit einsparen und Ungenauigkeiten beim Zählen großer Mengen können vermieden werden.			

Findet die Inventur nicht genau am Bilanzstichtag statt, müssen die zwischenzeitlichen Zu- und Abgänge berücksichtigt werden und der Bestand zum Geschäftsjahresende muss ausgehend von den Inventurwerten rechnerisch ermittelt werden. Bei **Inventur vor dem Bilanzstichtag** ist eine **Wertfortschreibung** durchzuführen: Alle Zugänge bis zum Bilanzstichtag werden noch addiert, alle Abgänge subtrahiert.

Bei **Inventur nach dem Bilanzstichtag** ist eine **Wertrückrechnung** durchzuführen: Die Zugänge nach dem Bilanzstichtag müssen wieder rausgerechnet (subtrahiert) werden, die Abgänge nach dem Bilanzstichtag müssen addiert werden, denn am Bilanzstichtag selbst waren diese Abgänge ja noch da.

Wertfortschreibungen bzw. Wertrückrechnungen werden anhand von Belegen oder Aufzeichnungen vorgenommen.

Beispiel

Inventur **vor** dem Bilanzstichtag		Inventur **nach** dem Bilanzstichtag	
Wertfortschreibung:		**Wertrückrechnung:**	
Bestand am Tag der Inventur (01.10.)	32 800 EUR	Bestand am Tag der Inventur (20.02.)	43 600 EUR
Wert der Zugänge (01.10. – 31.12.)	58 300 EUR	Wert der Abgänge (01.01. – 20.02.)	22 800 EUR
Wert der Abgänge (01.10. – 31.12.)	76 300 EUR	Wert der Zugänge (01.01. – 20.02.)	15 200 EUR
Berechnung des Inventurbestands:		**Berechnung des Inventurbestands:**	
Bestand am Tag der Inventur (01.10.)	32 800 EUR	Bestand am Tag der Inventur (20.02.)	43 600 EUR
+ Wert der Zugänge (01.10. – 31.12.)	58 300 EUR	– Wert der Zugänge (01.01. – 20.02.)	15 200 EUR
– Wert der Abgänge (01.10. – 31.12.)	76 300 EUR	+ Wert der Abgänge (01.01. – 20.02.)	22 800 EUR
= Bestand am 31.12.	**14 800 EUR**	**= Bestand am 31.12.**	**51 200 EUR**

LERNFELD 6

9.2 Inventar

Nachdem die körperliche Bestandsaufnahme und die Buchinventur durchgeführt sind, werden alle Vermögensposten und Schulden in einem Bestandsverzeichnis, dem **Inventar,** systematisch geordnet.

©fotodo-fotolia.com

Die Ordnung der einzelnen Posten des Inventars entspricht den **Gliederungsprinzipien** der Bilanz:

→ **Vermögen:** Ordnung nach steigender **Liquidität** (Flüssigkeit der Mittel),

→ **Schulden:** Ordnung nach steigender **Fälligkeit** (Dringlichkeit der Rückzahlung).

Allerdings erfolgt die Aufstellung des Inventars in **Staffelform** und es erscheinen **Mengenangaben** sowie **Einzel- und Gesamtwerte.**

Aus der Differenz zwischen Vermögen (Rohvermögen) und Schulden wird das **Reinvermögen (Eigenkapital)** errechnet.

Das Inventar ist damit folgendermaßen gegliedert:

A. **Vermögen**

B. **Schulden**

C. **Ermittlung des Reinvermögens (Eigenkapital)**

Merke

§ 240 HGB

Das **Inventar** stellt das Ergebnis der Inventur in einem **ausführlichen Bestandsverzeichnis** aller Vermögenswerte und Schulden dar. Die Auflistung erfolgt in **Staffelform.** Üblicherweise wird im Inventar auch das Reinvermögen ermittelt.

YOUNG COSMETICS KG

Mittlere Str. 30 • 01070 Dresden

Inventar zum 31.12.20..

	Einzelwert (EUR)	Gesamtwert (EUR)
A. Vermögen		
I. Anlagevermögen		
1. Grundstücke und Bauten		115 000,00
2. Maschinen und Anlagen		8 000,00
3. Fuhrpark		
Pkw 1	14 000,00	
Pkw 2	20 000,00	34 000,00
4. Betriebs- und Geschäftsausstattung		
Abt. Verwaltung lt. Inventurliste	10 000,00	
Abt. Verkauf lt. Inventurliste	18 000,00	
Abt. Lager lt. Inventurliste	12 000,00	40 000,00
II. Umlaufvermögen		
1. Waren		
Warengruppe I	12 000,00	
Warengruppe II	30 500,00	
Warengruppe III	5 500,00	48 000,00
2. Forderungen aus LL		17 000,00
3. Kassenbestand		300,00
4. Bankguthaben		
Sparbank Dresden	8 500,00	
Postbank	1 200,00	9 700,00
Summe des Vermögens (Rohvermögen)		**272 000,00**
B. Schulden		
I. Langfristige Schulden		
1. Hypothekenschulden	76 500,00	
2. Darlehen	34 000,00	110 500,00
II. Kurzfristige Schulden		
1. Verbindlichkeiten aus LL	16 000,00	
2. Sonstige Verbindlichkeiten	700,00	16 700,00
Summe der Schulden		**127 200,00**
C. Ermittlung des Reinvermögens (Eigenkapital)		
Summe Vermögen		**272 000,00**
- Summe Schulden		**127 200,00**
= Reinvermögen (Eigenkapital)		**144 800,00**

9.3 Zusammenhang von Buchführung und Bilanz

Nachdem die Inventur durchgeführt und das Inventar erstellt ist, wird die **Bilanz** – ausgehend von den Werten des Inventars – aufgestellt. Sie ist eine **kurzgefasste, wertmäßige Darstellung** von Vermögen und Kapital in Kontenform (siehe auch Kapitel 1.4).

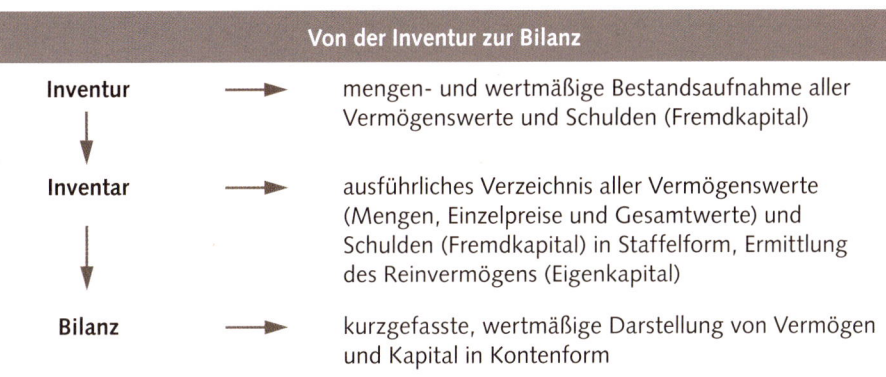

Von der Inventur zur Bilanz	
Inventur →	mengen- und wertmäßige Bestandsaufnahme aller Vermögenswerte und Schulden (Fremdkapital)
Inventar →	ausführliches Verzeichnis aller Vermögenswerte (Mengen, Einzelpreise und Gesamtwerte) und Schulden (Fremdkapital) in Staffelform, Ermittlung des Reinvermögens (Eigenkapital)
Bilanz →	kurzgefasste, wertmäßige Darstellung von Vermögen und Kapital in Kontenform

Der Zusammenhang zwischen Inventur, Inventar und Bilanz verdeutlicht, dass die Bilanz am Ende des Geschäftsjahres die tatsächlich vorhandenen Werte aufzeigt. Die **Bilanz** als Dokumentation der **Istwerte** von Vermögen und Schulden steht damit **außerhalb des geschlossenen Systems** der Buchführung.

Die Ergebnisse der in sich geschlossenen Buchführung sind darauf zu überprüfen, ob sie den tatsächlichen Beständen entsprechen.

Stimmen die **Sollwerte** der Buchführung mit den in der Inventur ermittelten **Istwerten** nicht überein, so entstehen **Inventurdifferenzen.** Die Ursachen dafür können vielfältig sein:

→ Ein **zu hoher Sollwert** (Buchbestand) entsteht z. B. durch nicht erfasste Warenabgänge (Diebstahl, Ausbuchung vergessen, …).

→ Ein **zu niedriger Sollwert** (Buchbestand) entsteht z. B. durch nicht erfasste Warenzugänge (Einbuchung von Wareneingang oder von Kundenretouren vergessen, …).

Inventurdifferenzen sind in Art, Menge und Wert aufzuklären. Ist eine Aufklärung nicht möglich, muss die Buchhaltung korrigiert werden, denn **maßgeblich** sind die durch **Inventur** ermittelten Bestände. Der Buchbestand (Sollwert) ist durch **Berichtigungsbuchungen** an den Istbestand anzupassen: Ein durch Inventur festgestellter Minderbestand muss buchhalterisch als außerordentlicher Aufwand nacherfasst werden, ein Mehrbestand ist entsprechend als außerordentlicher Ertrag zu buchen.

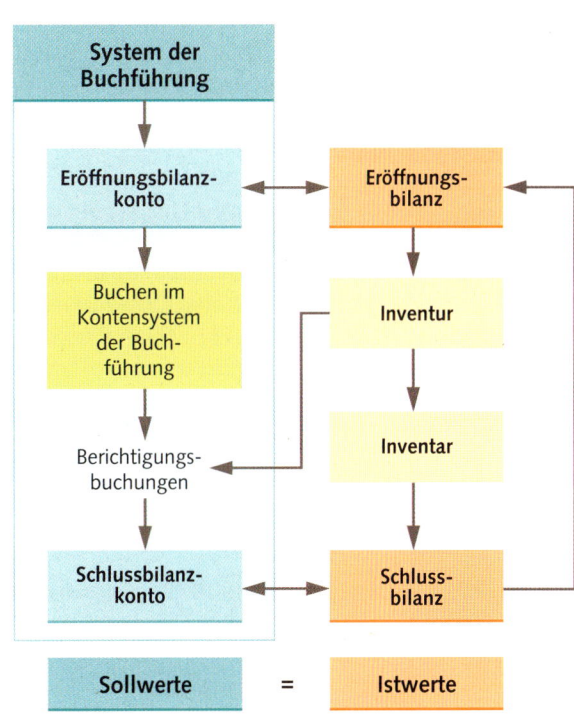

LERNFELD 6

Beispiel

1. In der Kasse ergibt sich ein Fehlbetrag von 100,00 EUR.
2. Beim Warenbestand ergibt sich ein Überschuss von 160,00 EUR.

Die Differenzen zum Buchbestand können nicht aufgeklärt werden.

Merke

Der Buchbestand (Soll-bestand) ist an den Ist-bestand anzupassen.

Nr.	Berichtigungsbuchungen	Beträge	
		Soll	Haben
1	6170 Sonstige Aufwendungen	100,00	
	an 2880 Kasse		100,00
2	2280 Waren	160,00	
	an 5430 Sonstige Erträge		160,00

Nach Durchführung der Berichtigungsbuchungen weisen alle Konten die Istbestände aus. **Schlussbilanzkonto** und **Schlussbilanz** sind dann wertmäßig **identisch**. Die **Schlussbilanz** am **Ende des Geschäftsjahres** ist gleichzeitig die **Eröffnungsbilanz** des **folgenden Geschäftsjahres**.

9.4 Bewertung des wirtschaftlichen Erfolgs

Der **Jahresabschluss** in Form von **Bilanz** und **Gewinn- und Verlustrechnung** ist Grundlage für die Analyse und Auswertung der betrieblichen Werteströme. Aufbereitete Daten von Bilanz und Gewinn- und Verlustrechnung zeigen die **Vermögens-, Finanz-** und **Erfolgslage** des Geschäftsjahres.

Die **Entscheidungsträger des Unternehmens** (Eigentümer) erhalten Informationen zu betrieblichen Stärken und Schwächen und treffen notwendige Entscheidungen für die zukünftige Entwicklung auf Basis gesicherter Daten.

©fotogestoeber-fotolia.com

Externe Interessenten wie Banken, Lieferanten, Gläubiger und Finanzbehörden werden aufgrund einer umfassenden Bilanzanalyse ebenfalls die wirtschaftliche Situation des Unternehmens beurteilen können.

Betriebswirtschaftliche Auswertungen können in vielfältiger Weise erfolgen (z. B. durch Kennziffernanalyse, Statistiken, Bilanzbericht und Lagebericht). Alle Auswertungen werden durch das aufbereitete Datenmaterial der Finanzbuchführung erst möglich bzw. unterstützt.

■ Wirtschaftlichkeit

Die **Gewinn- und Verlustrechnung** mit allen Aufwendungen und Erträgen weist als Ergebnis den Erfolg (Gewinn/Verlust) des Unternehmens aus. Das **Gewinn- und Verlustkonto** beinhaltet aber nicht nur Aufwendungen und Erträge, die im engeren Sinne mit der betrieblichen Leistungserstellung verbunden sind, sondern auch neutrale Aufwendungen und Erträge, die nicht in direktem Zusammenhang mit der betrieblichen Hauptaufgabe stehen.

©fotodo-fotolia.com

LF 10

Merke

Wirtschaftlichkeit

$= \dfrac{\text{Leistungen}}{\text{Kosten}}$

Für die Berechnung der Wirtschaftlichkeit kommen nur die gewöhnlichen betrieblichen Erträge **(Leistungen)** und gewöhnlichen betrieblichen Aufwendungen **(Kosten)** der Abrechnungsperiode in Betracht und werden zueinander ins Verhältnis gesetzt.

Die **Wirtschaftlichkeit** gibt an, welche Leistungen (z. B. in Form von Umsatzerlösen) pro eingesetztem Euro Kosten erzielt wurden.

Das Ergebnis sollte **größer als 1** sein, andernfalls überstiegen die Kosten die Leistungen.

Beispiel

Die Leistungen betragen   286 462,03 EUR,
die Kosten   263 512,07 EUR.

$$\text{Wirtschaftlichkeit} = \frac{286\,462,03 \text{ EUR}}{263\,512,07 \text{ EUR}} = \mathbf{1,09} \text{ (keine Einheit)}$$

Das Ergebnis der Wirtschaftlichkeit besagt, dass auf 1,00 EUR Kosten ein Erlös von 1,09 EUR und damit ein Gewinn von 0,09 EUR entfallen ist.

■ Rentabilität

Die **Rentabilität** ist eine weitere wichtige Kennzahl zur Bewertung des wirtschaftlichen Erfolgs. Unter Rentabilität wird das prozentuale Verhältnis des Gewinns zu einer Bezugsgröße (z. B. zum eingesetzten Kapital) verstanden. Die benötigten Werte entstammen der Bilanz (z. B. Eigenkapital oder Gesamtkapital) und der Gewinn- und Verlustrechnung (Gewinn, ggf. auch Verlust).

In Abhängigkeit vom betrachteten Kapital kann die Rentabilität als Eigenkapitalrentabilität oder als Gesamtkapitalrentabilität berechnet werden.

Die **Eigenkapitalrentabilität** gibt Auskunft darüber, ob und in welcher Höhe sich das eingesetzte Eigenkapital verzinst hat. Als Berechnungsgrundlage wird üblicherweise das durchschnittlich eingesetzte Eigenkapital zugrunde gelegt, bei fehlenden Daten vereinfachend auch nur das Eigenkapital am Anfang des Geschäftsjahres. Das Ergebnis kann mit alternativen marktgängigen Finanzanlagen (z. B. Bankzinsen) verglichen werden, um so einschätzen zu können, ob sich die Investition des Eigenkapitals in das Unternehmen gelohnt hat.

©textune-fotolia.com

Merke

Eigenkapital-
rentabilität

$= \dfrac{\text{Gewinn}}{\varnothing \text{ EK}} \cdot 100$

Beispiel

Gewinn am Ende des Geschäftsjahres	22 300,00 EUR
Eigenkapital am Anfang des Geschäftsjahres	136 300,00 EUR
Eigenkapital am Ende des Geschäftsjahres	144 800,00 EUR

Ø EK (136 300,00 EUR + 144 800,00 EUR) : 2 = 140 550,00 EUR

$$\text{Eigenkapitalrentabilität} = \frac{22\,300,00 \text{ EUR}}{140\,550,00 \text{ EUR}} \cdot 100 = \mathbf{15,8\,\%}$$

Das Ergebnis der Eigenkapitalrentabilität besagt, dass sich das durchschnittlich eingesetzte Eigenkapital mit 15,8 % verzinst hat bzw. dass auf 1,00 EUR Eigenkapital 0,16 EUR (gerundet) Gewinn entfallen sind.

LERNFELD 6

Die **Gesamtkapitalrentabilität** gibt die Verzinsung des gesamten Kapitals (Eigen- und Fremdkapital) an. Bei der Berechnung der Gesamtkapitalrentabilität sind neben dem in der GuV ausgewiesenen **Gewinn** deshalb auch die **Fremdkapitalzinsen** zu berücksichtigen. Denn auch die Zinsen für die Bereitstellung von Fremdkapital wurden vom Unternehmen erwirtschaftet; diese Fremdkapitalzinsen sind im Gewinn aber nicht mehr sichtbar, weil sie im Laufe des Geschäftsjahres bereits als Zinszahlungen (Zinsaufwendungen) an die Geldgeber abgeflossen sind. Soll die Verzinsung des **Gesamtkapitals** ermittelt werden, muss deshalb der Gewinn lt. GuV zuzüglich der Fremdkapitalzinsen ins Verhältnis zum Gesamtkapital gesetzt werden.

Merke

Gesamtkapital-
rentabilität

$$= \frac{\text{Gewinn + FK-Zinsen}}{\varnothing \text{ EK} + \varnothing \text{ FK}} \cdot 100$$

Beispiel

Gewinn am Ende des Geschäftsjahres	22 300,00 EUR
gezahlte Fremdkapitalzinsen	12 600,00 EUR
durchschnittlich gebundenes Eigenkapital	98 500,00 EUR
durchschnittlich gebundenes Fremdkapital	200 000,00 EUR

$$\text{Gesamtkapitalrentabilität} = \frac{22\,300,00 + 12\,600,00}{98\,500,00 + 200\,000,00} \cdot 100$$

$$= \mathbf{11,69\ \%}$$

Das Ergebnis der Gesamtkapitalrentabilität besagt, dass sich das Gesamtkapital mit 11,69 % verzinst hat bzw. dass auf 1,00 EUR Kapitaleinsatz 0,12 EUR (gerundet) Gewinn entfallen.

■ Bilanzkennziffern

Um eine umfassende Aussage über die Unternehmenslage zu ermöglichen, ist es ratsam, weitere Kennziffern in die Analyse mit einzubeziehen. Dazu zählen vorrangig **horizontale** und **vertikale Bilanzkennziffern,** in denen Aktivposten bzw. Passivposten zueinander ins Verhältnis gesetzt werden.

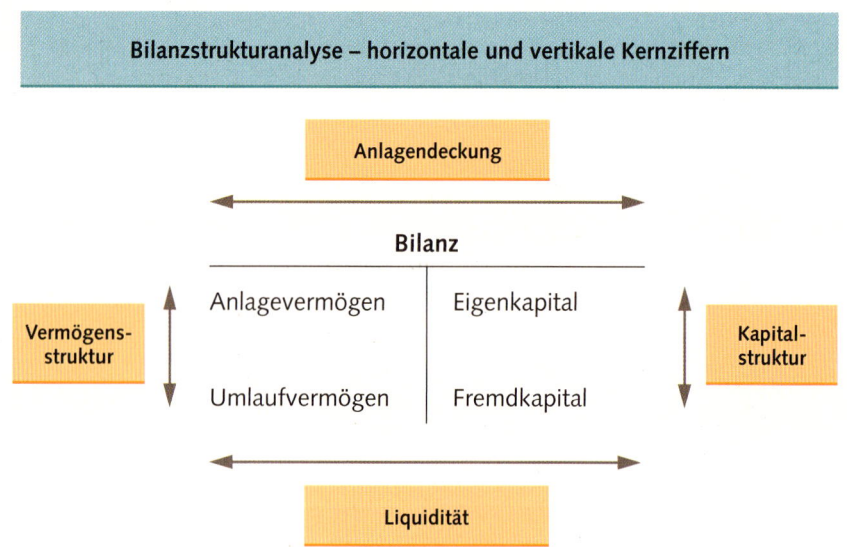

Liquidität

Als **horizontale Bilanzkennziffer** gibt die **Liquidität** Auskunft über die Zahlungsfähigkeit des Unternehmens.

Für die Barliquidität **(Liquidität 1. Grades)** werden die Vermögenspositionen Bank und Kasse (flüssige Mittel) zum kurzfristigen Fremdkapital (kurzfristige Verbindlichkeiten) ins Verhältnis gesetzt. Das Ergebnis zeigt, wie viel Prozent der kurzfristigen Verbindlichkeiten unmittelbar (aus Bank und Kasse) beglichen werden können. Hier beträgt der Zielwert zwischen 10 % und 30 %. Dieser Zielwert gilt als ausreichend, denn es stehen auch Forderungen aus LL und ggf. noch Vorräte zur Deckung der kurzfristigen Verbindlichkeiten zur Verfügung.

Die **Liquidität 2. Grades** sollte für eine ausreichende Liquiditätslage mindestens den Wert von 100 % erreichen. Das bedeutet: Bank- und Kassenbestand müssen zusammen mit den noch ausstehenden Forderungen ausreichen, um die kurzfristigen Verbindlichkeiten vollständig zu begleichen.

Merke

Liquidität 1. Grades

$$= \frac{\text{flüssige Mittel}}{\text{kurzfristiges Fremdkapital}} \cdot 100$$

Merke

Liquidität 2. Grades

$$= \frac{\text{flüssige Mittel} + \text{Forderungen}}{\text{kurzfristiges Fremdkapital}} \cdot 100$$

Anlagedeckung

Die **Anlagedeckung I** als **weitere horizontale Kennziffer** zeigt, inwieweit das Anlagevermögen durch Eigenkapital gedeckt ist. Eigenkapital steht dem Unternehmen zeitlich unbegrenzt zur Verfügung, muss also nicht im laufenden Betrieb zurückgezahlt werden, während Kredite von den Gläubigern gekündigt werden können. Wird das Anlagevermögen zu 100 % durch Eigenkapital abgedeckt, ist die Betriebsbereitschaft des Unternehmens dauerhaft gesichert.

Merke

Anlagedeckung I

$$= \frac{\text{Eigenkapital}}{\text{Anlagevermögen}} \cdot 100$$

Eigenkapitalquote/Fremdkapitalquote (Kapitalstruktur)

Die **vertikalen Kennziffern** zur Kapitalstruktur geben an, zu welchem Prozentsatz das Unternehmen mit Eigenkapital bzw. Fremdkapital ausgestattet ist.

Eine hohe Fremdkapitalquote kann problematisch sein: **Fremdkapital** schmälert den Erfolg durch die anfallenden Zinsaufwendungen und belastet die Liquidität bzw. Flexibilität des Unternehmens durch Zins- und Tilgungszahlungen, die zwingend zu leisten sind. Weiterhin besteht eine Abhängigkeit von Kreditgebern, die i. d. R. einen Nachweis über die Kreditverwendung und Sicherheiten fordern.

Eine hohe Eigenkapitalquote ist i. d. R. vorteilhaft: Ein hohes Maß an **Eigenkapital** (Haftungskapital) stabilisiert das Unternehmen, sorgt für Flexibilität (z. B. bei risikobehafteten Investitionen sowie bei Gewinnausschüttungen) und lässt Spielraum für weitere Kreditaufnahmen.

Merke

Fremdkapitalquote

$$= \frac{\text{Fremdkapital}}{\text{Gesamtkapital}} \cdot 100$$

Merke

Eigenkapitalquote

$$= \frac{\text{Eigenkapital}}{\text{Gesamtkapital}} \cdot 100$$

Anlagenintensität (Vermögensstruktur)

Auf der Aktivseite der Bilanz gibt die **vertikale Kennziffer Anlagenintensität** Auskunft über den Anteil des Anlagevermögens am Gesamtvermögen.

Eine hohe Anlagenintensität vermindert die Anpassungsfähigkeit des Unternehmens an Kapazitätsschwankungen, da es hohe Fixkosten (hohe Abschreibungen und i. d. R. auch Zinsbelastungen) verkraften muss.

Merke

Anlagenintensität

$$= \frac{\text{Anlagevermögen}}{\text{Gesamtvermögen}} \cdot 100$$

LERNFELD 6

9.5 Zusammenfassung und Aufgaben

Zusammenfassung

Zusammenhang von Inventur, Inventar und Bilanz

Die **Inventur** ist die **mengen-** und **wertmäßige Bestandsaufnahme** aller Vermögensteile und Schulden.

Inventurverfahren:
- Stichtagsinventur/zeitnahe Inventur
  (ab 10 Tage vor und bis 10 Tage nach Bilanzstichtag)
- verlegte Inventur (ab 3 Monate vor und bis 2 Monate nach Bilanzstichtag)
- permanente Inventur

Inventurarten:
- körperliche Inventur
- Buchinventur

Das **Inventar** ist ein **geordnetes Verzeichnis** aller Vermögensteile (Mengen, Einzel- und Gesamtwerte) und Schulden in **Staffelform:**

	A. Vermögen
–	B. Schulden
=	C. Reinvermögen (Eigenkapital)

Die **Bilanz** ist die kurzgefasste, wertmäßige Darstellung von Vermögen und Kapital in Kontenform.

Zusammenhang von Buchführung und Bilanz

Die **Bilanz** weist am Ende des Geschäftsjahres die durch Inventur ermittelten **Istwerte** von Vermögen und Kapital aus.

Im **geschlossenen Konten-System der Buchführung** werden die **Sollwerte** ermittelt.

Bei **Abweichungen** von Soll- und Istwerten (z. B. aufgrund von nicht ausgebuchtem Verderb, Diebstahl) sind die **Sollwerte** durch Berichtigungsbuchungen zu **korrigieren**, sodass auch die Buchführung am Ende die tatsächlich vorhandenen Istwerte ausweist.

Schlussbilanzkonto und **Schlussbilanz** entsprechen einander am Ende des Geschäftsjahres wertmäßig.

Erfolgskennziffern

Wichtige Bewertungskriterien für den Erfolg eines Unternehmens sind die **Wirtschaftlichkeit** und die **Rentabilität.**

$$\text{Wirtschaftlichkeit} = \frac{\text{Leistungen}}{\text{Kosten}}$$

Ein Ergebnis größer als 1 zeigt an, dass Gewinn erwirtschaftet wurde.

$$\text{Eigenkapitalrentabilität} = \frac{\text{Gewinn}}{\varnothing\,\text{EK}} \cdot 100$$

$$\text{Gesamtkapitalrentabilität} = \frac{\text{Gewinn} + \text{FK-Zinsen}}{\varnothing\,\text{EK} + \varnothing\,\text{FK}} \cdot 100$$

Die Rentabilität zeigt, mit wie viel Prozent das durchschnittlich eingesetzte Kapital (Eigenkapital bzw. Gesamtkapital) verzinst wurde.

Bilanzkennziffern

$$\text{Liquidität 1. Grades} = \frac{\text{flüssige Mittel}}{\text{kurzfristiges Fremdkapital}} \cdot 100$$

$$\text{Liquidität 2. Grades} = \frac{\text{flüssige Mittel} + \text{Forderungen}}{\text{kurzfristiges Fremdkapital}} \cdot 100$$

Die **Liquidität** gibt Auskunft darüber, zu welchem Prozentsatz kurzfristige Verbindlichkeiten durch die flüssige Mittel (Bank und Kasse) kurzfristig beglichen werden können. Die Liquidität 2. Grades sollte nicht unter 100 % liegen.

$$\text{Anlagendeckung I} = \frac{\text{Eigenkapital}}{\text{Anlagevermögen}} \cdot 100$$

Die **Anlagendeckung** gibt an, inwieweit die Finanzierung des Anlagevermögens durch Eigenkapital gesichert ist.

$$\text{Eigenkapitalquote} = \frac{\text{Eigenkapital}}{\text{Gesamtkapital}} \cdot 100$$

$$\text{Fremdkapitalquote} = \frac{\text{Fremdkapital}}{\text{Gesamtkapital}} \cdot 100$$

Die **Kapitalstruktur** eines Unternehmens gibt an, in welchem Maße das Unternehmen mit Eigenkapital bzw. Fremdkapital ausgestattet ist.

$$\text{Anlagenintensität} = \frac{\text{Anlagevermögen}}{\text{Gesamtvermögen}} \cdot 100$$

Die **Anlagenintensität** zeigt, welchen Anteil das Anlagevermögen am Gesamtvermögen hat, und gibt damit einen Hinweis auf die Anpassungsfähigkeit des Unternehmens.

LERNFELD 6

1. Prüfen Sie folgende Aussagen auf ihre Richtigkeit. Die Antwort ist jeweils zu begründen.

   (1) Jeder Kaufmann hat regelmäßig eine Inventur durchzuführen.

   (2) Die Inventur ist die wertmäßige Bestandsaufnahme aller Vermögensteile und Schulden (Fremdkapital).

   (3) Die mengenmäßige Bestandsaufnahme einer Inventur besteht aus Zählen, Messen und Wiegen.

   (4) Die Stichtagsinventur hat am Bilanzstichtag stattzufinden.

   (5) Bei der verlegten Inventur kann die körperliche Bestandsaufnahme bis zu zwei Monate vor und drei Monate nach dem Bilanzstichtag erfolgen.

   (6) Die Aufstellung eines Inventars ist bei einer ordnungsgemäß durchgeführten Inventur nicht notwendig.

   (7) Die Bilanz wird in Staffelform aufgestellt, wobei Angaben als Einzel- und Gesamtwerte erfolgen.

   (8) Das Reinvermögen errechnet sich aus Anlagevermögen plus Umlaufvermögen plus Schulden (Fremdkapital).

   (9) Für die Berechnung der Wirtschaftlichkeit benötigt man Angaben zum Eigenkapital.

   (10) Bei der Berechnung der Gesamtkapitalrentabilität wird der Gewinn ins Verhältnis zum Gesamtkapital gesetzt.

2. Zählen Sie Vermögensteile eines Betriebes auf, die

   a) einer körperlichen Inventur,

   b) ausschließlich einer Buchinventur

   unterliegen.

3. Erläutern Sie Vor- und Nachteile der permanenten Inventur.

4. Beschreiben Sie den zeitlichen und sachlichen Zusammenhang zwischen Bilanz, Inventar und Inventur.

5. Ordnen Sie die Begriffe Inventur, Inventar und Bilanz den folgenden Aussagen zu:

   a) geordnetes Verzeichnis aller Vermögensgegenstände und Schulden (Fremdkapital) in Staffelform,

   b) kurzgefasste, wertmäßige Darstellung von Vermögen und Kapital in Kontenform,

   c) wert- und mengenmäßige Bestandsaufnahme aller Vermögensteile und Schulden (Fremdkapital).

6. Im Zeitraum vom 23. Dezember bis zum 10. Januar des Folgejahres erfolgt in der Young Cosmetics KG (Bilanzstichtag 31. Dezember) die jährliche Inventur. Es werden von der Inventurleitung am 23. Dezember zu folgenden Artikeln Daten aufgenommen:

Artikel	Stück	Einkaufspreis/Stück
Körpermilch „Wolke"	17	12,20 EUR
Körperlotion „Sinne"	11	17,50 EUR
Parfum „Citrus"	21	19,90 EUR

Bis zum 10. Januar des Folgejahres sind noch folgende Vorgänge angefallen:

Datum	Stück	Stück
24. Dezember	Verkauf Körpermilch „Wolke" Verkauf Körperlotion „Sinne" Lieferung Körpermilch „Wolke"	2 5 5
27. Dezember	Verkauf Parfum „Citrus" Verkauf Körperlotion „Sinne"	1 2
28. Dezember	Lieferung Körpermilch „Wolke" Lieferung Körperlotion „Sinne"	3 3
29. Dezember	Verkauf Parfum „Citrus" Verkauf Körperlotion „Sinne"	1 3

a) Welches Inventurverfahren hat das Unternehmen genutzt?

b) Welcher Bestand ergibt sich mengen- und wertmäßig jeweils für die Kosmetikprodukte „Wolke", „Sinne" und „Citrus" zum Bilanzstichtag am 31. Dezember?

7. Ermitteln Sie

a) die Höhe des Anlagevermögens und des Eigenkapitals:

Vermögen	370 000,00 EUR
Umlaufvermögen	266 000,00 EUR
Fremdkapital	147 000,00 EUR

b) die Höhe des Umlaufvermögens und des Eigenkapitals:

Gesamtkapital	1 121 000,00 EUR
Anlagevermögen	467 000,00 EUR
Fremdkapital	659 000,00 EUR

c) die Höhe des Umlaufvermögens und des Fremdkapitals:

Bilanzsumme	4 267 322,00 EUR
Anlagevermögen	2 518 423,00 EUR
Fremdkapital	3 001 452,00 EUR

LERNFELD 6

8. Die Young Cosmetics KG hat zum 31. Dezember des Jahres folgende Bestände ermittelt. Erstellen Sie das Inventar!

Posten	Werte (EUR)
Anlagevermögen	
Bebautes Grundstück	240 000,00
1 Pkw Geschäftsleitung	17 500,00
1 Pkw Vertriebsleiter	10 000,00
Büro- und Geschäftsausstattung	87 000,00
Umlaufvermögen	
Waren:	
50 Creme „Exotic"	je 53,00
50 Geschenkset „Furore"	je 50,00
300 Körperlotion „Sinne"	je 17,50
100 Parfüm „Elbe"	je 25,00
100 Körpermilch „Wolke"	je 12,20
100 Parfüm „Citrus"	je 19,90
30 Schminkkoffer „Glamour"	je 39,99
200 Deo-Spray „Modern"	je 5,00
Forderungen aus LL:	
Firma Schwarz, Hannover	10 500,00
Kosmetiksalon Schöne, Chemnitz	2 940,00
Mode und Kosmetik, Leipzig	2 800,00
Zeit-für-Mich Salon, Hamburg	6 400,00
Wellness-Oase, Berlin	4 400,00
Kassenbestand:	350,00
Bankguthaben:	
Postbank Dresden	2 200,00
Sparbank Dresden	41 000,00
Bank 2100 Berlin	6 600,00
Schulden	
Darlehen:	
Sparbank Dresden	115 000,00
Volksbank Berlin	40 000,00
Verbindlichkeiten aus LL:	
Beautychemie GmbH, Köln	15 500,00
Duftstoffe, Bad Kreuznach	8 700,00
Kosmetik Großhandel, München	13 000,00
Weingut Keller, Meißen	100,00

9. Erstellen Sie anhand des Inventars (Aufgabe 8) die Bilanz zum 31. Dezember für die Young Cosmetics KG Dresden (Gesellschafterin Samia Lang).

10. Ermitteln Sie die Eigenkapital- und die Gesamtkapitalrentabilität der Young Cosmetics KG, wenn der Gewinn 52 000,00 EUR und die Zinsaufwendungen des Jahres 18 000,00 EUR betragen. Interpretieren Sie Ihre Ergebnisse.

11. Berechnen Sie aus den Werten der Bilanz (Aufgabe 9) die folgenden Bilanz-kennziffern und interpretieren Sie die Ergebnisse. Geben Sie auch jeweils die Berechnungsformel an.
    - Liquidität 1. Grades, Liquidität 2. Grades,
    - Anlagendeckung I,
    - Eigenkapitalquote/Fremdkapitalquote,
    - Anlagenintensität.

12. Die Römer & Koch KG weist zum 31.12.20.. die folgende Bilanz (mit Vor-jahreswerten) auf:

Bilanz der Römer & Koch KG		
Aktiva	Berichtsjahr (EUR)	Vorjahr (EUR)
Betriebs- u. Geschäftsausstattung	100 400,00	120 000,00
Fuhrpark	120 200,00	150 000,00
Anlagevermögen	**220 600,00**	**270 000,00**
Waren	80 500,00	60 700,00
Forderungen aus LL	35 000,00	25 000,00
Flüssige Mittel	24 500,00	20 600,00
Umlaufvermögen	**140 000,00**	**106 300,00**
Gesamtvermögen	**360 600,00**	**376 300,00**
Passiva	Berichtsjahr (EUR)	Vorjahr (EUR)
Kapital Römer (Komplementär)	60 000,00	60 000,00
Kapital Koch (Kommanditist)	84 000,00	55 000,00
Eigenkapital	**144 000,00**	**115 000,00**
langfr. Bankverbindlichkeiten	111 600,00	146 500,00
langfr. Fremdkapital	**111 600,00**	**146 500,00**
kurzfr. Bankverbindlichkeiten	20 000,00	14 800,00
Verbindlichkeiten aus LL	85 000,00	100 000,00
kurzfr. Fremdkapital	**105 000,00**	**114 800,00**
Gesamtkapital	**360 600,00**	**376 300,00**

LERNFELD 6

a) Berechnen Sie die Eigenkapitalquote, die Anlagendeckung I sowie die Anlagenintensität und die Liquidität ersten und zweiten Grades für das Berichtsjahr und das Vorjahr.

b) Interpretieren Sie Ihre Ergebnisse. Beachten Sie auch die Veränderungen zum Vorjahr.

c) Die Römer & Koch KG weist zum 31.12.20.. folgende Umsatz- und Gewinnzahlen (mit Vorjahreswerten) aus:

(Angaben in EUR)	Berichtsjahr	Vorjahr
Umsatz	552 500,00	520 000,00
Gewinn	44 200,00	39 000,00

Berechnen Sie die Umsatzrendite und interpretieren Sie Ihr Ergebnis.

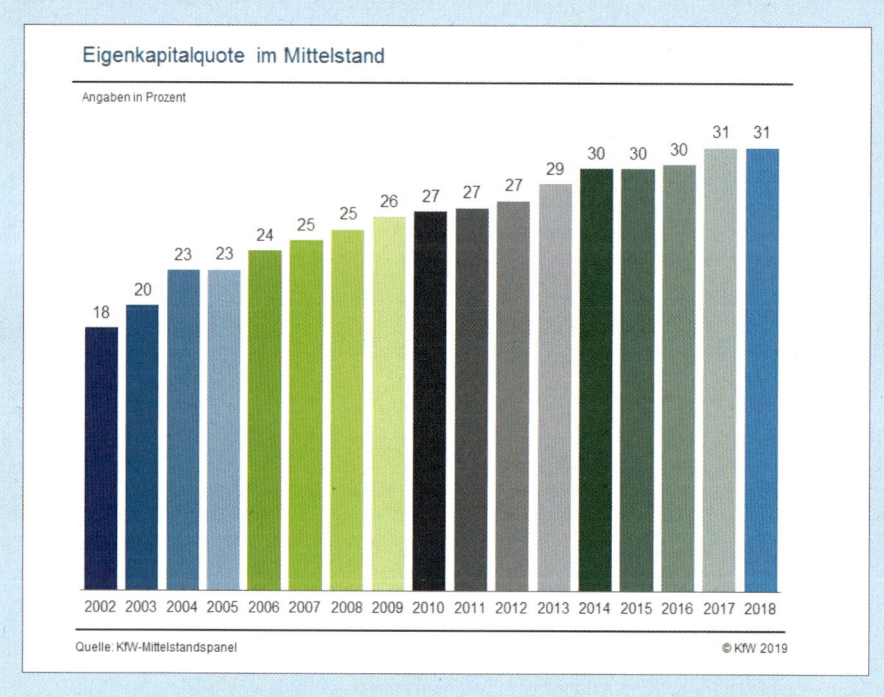

Eigenkapitalquote im Mittelstand

Angaben in Prozent

2002: 18 · 2003: 20 · 2004: 23 · 2005: 23 · 2006: 24 · 2007: 25 · 2008: 25 · 2009: 26 · 2010: 27 · 2011: 27 · 2012: 27 · 2013: 29 · 2014: 30 · 2015: 30 · 2016: 30 · 2017: 31 · 2018: 31

Quelle: KfW-Mittelstandspanel

© KfW 2019

Gesprächssituationen bewältigen

1 – Grundlagen der Kommunikation erfassen

2 – Techniken und Regeln der Gesprächsführung anwenden
©Jeanette Dietl-fotolia.com

6 – Exkurs: Gespräche beurteilen
©r0b_-fotolia.com

©Picture-Factory-fotolia.com

Das werden Sie hier lernen ...

3 – Informations- und Beratungsgespräche vorbereiten
©JiSign-fotolia.com

5 – Mit schwierigen Gesprächssituationen umgehen
©DDRockstar-fotolia.com

4 – Informations- und Beratungsgespräche durchführen
©pressmaster-fotolia.com

Gesprächssituation bewältigen

•1 Grundlagen der Kommunikation erfassen

LF 2

Für die Leistungsfähigkeit eines Unternehmens ist es nicht nur von großer Bedeutung, dass die Kommunikation zwischen den Mitarbeitern gut funktioniert, entscheidend ist auch, dass die Mitarbeiter in **Gesprächssituationen mit Geschäftspartnern** angemessen und sachgerecht handeln. Die Basis hierfür ist in diesen Fällen ebenfalls, dass die Regeln der Gesprächsführung befolgt werden und ein Bewusstsein dafür vorhanden ist, welche Wirkung Sprache auf den Menschen hat.

•1.1 Gesprächssituationen und -arten

Je nach Gesprächssituation entscheidet es sich, welche Regeln der Gesprächsführung von besonderer Bedeutung sind und mithilfe welcher Techniken man angemessen auf den Gesprächspartner eingehen sollte. Bei Gesprächen mit Geschäftspartnern lassen sich aus den Gesprächssituationen verschiedene Gesprächsarten ableiten:

Gesprächsarten		
Bezeichnung	**Erläuterung**	**Beispiele**
Informationsgespräch	Informationen werden weitergegeben.	Die Verkaufsleiterin der FanGusto GmbH, Melanie Rath, informiert Frank Möller, Inhaber des Hotels „Zum Kronprinzen" und Kunde der FanGusto GmbH, über das Röstverfahren, das die FanGusto GmbH für die Kaffees anwendet.
Beratungsgespräch	Im Hinblick auf eine bestimmte Situation werden Empfehlungen oder Ratschläge erteilt.	Frank Möller möchte eine weitere Kaffeesorte in sein Sortiment aufnehmen. Frau Rath lässt sich seine Wünsche und Ideen schildern und gibt darauf aufbauend ihre Empfehlungen ab.
Beschwerdegespräch	Beschwerden werden vorgebracht und im Gespräch wird versucht, eine Lösung zu finden.	Eine Kundin beschwert sich über die Unfreundlichkeit des Verkaufspersonals im Ladengeschäft. Im Gespräch schildert die Kundin die Situation und es wird nach einer Lösung zur Zufriedenheit aller gesucht.
Reklamationsgespräch	Bei der Reklamation spielt ein juristischer Hintergrund eine Rolle.	Eine Kundin beschwert sich darüber, dass das Dekor der Espressotassen, die sie bei der FanGusto GmbH gekauft hat, nach kurzer Zeit zu verblassen beginnt. Die Kundin erhält Ersatz für die Ware.

•1.2 Ebenen der Kommunikation

LF 2

Nicht nur im Unternehmen findet Kommunikation zwischen Personen entweder auf der gleichen oder auf verschiedenen Hierarchieebenen statt, auch bei Gesprächen mit Geschäftspartnern ist diese Unterscheidung zu treffen.

LERNFELD 7

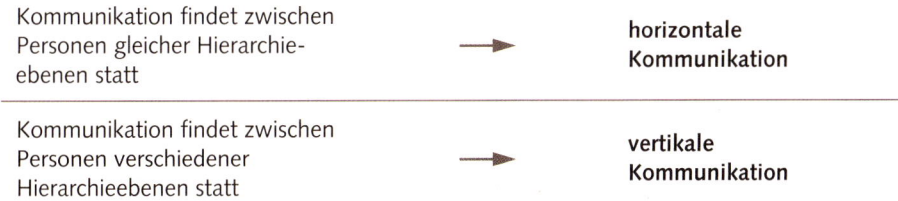

Kommunika-tionsebene	Beispiel	Erläuterung
horizontale Kommunikation	Die Verkaufsleiterin Melanie Rath der FanGusto GmbH unterhält sich mit Markus Mein, Verkaufsleiter der Kaffeerösterei „Meins", über die neuesten Trends der Branche.	Beide Personen befinden sich auf der gleichen Hierarchieebene.
vertikale Kommunikation	Die Verkaufsleiterin der FanGusto GmbH informiert Frank Möller, Inhaber des Hotels „Zum Kronprinzen" und Kunde der Fan-Gusto GmbH, über die neuesten Trends der Kaffeebranche.	Durch das Verhältnis Mitarbeiter – Kunde ergeben sich zwei Hierarchieebenen. Zwar hat Frau Rath einerseits einen Wissensvorsprung, andererseits muss sie auf die Wünsche ihres Kunden eingehen, um beispielsweise einen Verkaufsabschluss zu erreichen.

Beispiel

1.3 Formen der Kommunikation

Nicht nur das, **was gesagt wird,** ist Bestandteil der Kommunikation, sondern auch **wie etwas gesagt wird,** hat entscheidenden Einfluss.

Das **„Was"** findet Ausdruck im Rahmen der verbalen Kommunikation. Bei Gesprächen zwischen Geschäftspartnern ist hier die mündliche verbale Kommunikation von besonderer Bedeutung.

Das **„Wie"** lässt sich unterteilen in die nonverbale und in die paraverbale Kommunikation.

LERNFELD 7

Merke

„Der Ton macht die Musik!" D. h., der Sinn des Gesagten lässt sich entscheidend über die paraverbale Kommunikation steuern.

Kommunikationsformen im Rahmen von Gesprächssituationen und Beispiele		
verbal	**nonverbal**	**paraverbal**
• Gespräch • Telefonat • Vortrag	• Gestik • Mimik • Körperhaltung • Blickkontakt	• Tonhöhe • Lautstärke • Sprechtempo • Pausen • Modulation (Betonung)

1.4 Kommunikationsmodelle

Nicht nur das „Was" und das „Wie" spielen in der Kommunikation eine entscheidende Rolle, sondern auch die Beziehung der Gesprächspartner untereinander beeinflusst deren Kommunikation.

1.4.1 Eisbergmodell der Kommunikation

Paul Watzlawick (1921 – 2007), Kommunikationsforscher und Psychotherapeut, unterscheidet die Sach- und Beziehungsebene in der Kommunikation.

Merke

Ob die Kommunikation der Gesprächspartner gelingt oder nicht, hängt davon ab, ob beide Ebenen übereinstimmen oder nicht.

→ Auf der **Sachebene** zeigt sich das, was man sagt.

→ Auf der **Beziehungsebene** spiegeln sich die Faktoren wider, die die Interpretation des Gesagten beeinflussen.

Auf der Unterscheidung zwischen Sach- und Beziehungsebene basiert auch das Eisbergmodell der Kommunikation. Hiernach macht die Sachebene für das Gelingen der Kommunikation gerade einmal 20 Prozent aus, wohingegen die Beziehungsebene zu ca. 80 Prozent Einfluss auf das Gelingen der Kommunikation hat.

Beispiel

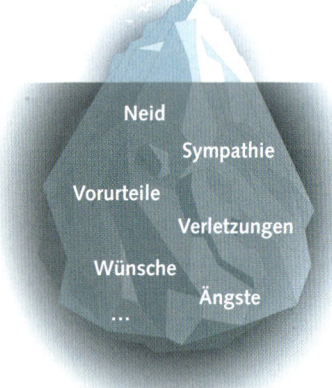
©depictu-fotolia.com

Sachebene

Neid
Sympathie
Vorurteile
Verletzungen
Wünsche
Ängste
…

Beziehungsebene

Die Frage eines Verkäufers an den Kunden: „Kann ich Ihnen helfen?", kann in Abhängigkeit von der Beziehungsebene vom Kunden unterschiedlich interpretiert werden.

Findet der Kunde den Verkäufer sympathisch, so wird er sich über seine Frage freuen und sich gerne von ihm helfen lassen.

Hat der Kunde bislang überwiegend schlechte Erfahrungen mit Verkäufern gemacht, weil sie ihm beispielsweise Ware aufgedrängt haben, so wird er vermuten, dass der Verkäufer ihm nicht helfen, sondern etwas „aufschwatzen" will.

1.4.2 Schulz von Thun: 4-Ohren-Modell

Friedemann Schulz von Thun erweiterte die Sach- und Beziehungsebene von Paul Watzlawick um zwei weitere Ebenen:

→ die **Selbstkundgabe** und

→ den **Appell**

und schuf damit das 4-Ohren-Modell. Danach enthält jede Äußerung vier verschiedene Botschaften. Entscheidend für das Gelingen des Gesprächs ist somit, dass die Aussagen der „vier Münder" des Senders von den „vier Ohren" des Empfängers möglichst genauso verstanden werden.

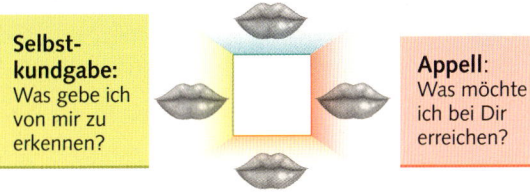

Sachinformation: Worüber informiere ich?

Selbst-kundgabe: Was gebe ich von mir zu erkennen?

Appell: Was möchte ich bei Dir erreichen?

Beziehungshinweis: Was halte ich von Dir?

Sachinformation: Worüber werde ich informiert?

Selbst-kundgabe: Was gibst Du von Dir preis?

Appell: Was willst Du bei mir erreichen?

Beziehungshinweis: Was hälst Du von mir?

Beispiel

Die Verkäuferin Nina Kaufmann spricht im Verkaufsraum der FanGusto GmbH einen Kunden mit der Frage an: „Wie kann ich Ihnen helfen?"

Bedeutungsebene	Erläuterung	Bedeutung
Sachinformation	Eine sachliche Information wird übermittelt.	*Ich möchte wissen, wie ich helfen kann.*
Selbstkundgabe	Der Sender teilt etwas über sich selbst mit.	*Ich bin kompetent – ich kann helfen.*
Beziehungs-hinweis	Der Sender zeigt beispielsweise durch den Tonfall seiner Äußerung oder die Formulierung, was er vom Empfänger hält.	*Ich glaube, Sie kennen sich nicht so gut aus und benötigen deshalb meine Hilfe.*
Appell	Der Sender möchte den Empfänger zu etwas veranlassen.	*Lassen Sie sich von mir helfen.*

LERNFELD 7

Tipp

Kommunizieren Sie so genau und deutlich wie möglich.

Machen Sie sich klar, auf welchem der „vier Ohren" Sie und Ihr Gesprächspartner am meisten hören und am empfindlichsten reagieren.

Beispiel

Hört der Empfänger (Kunde) die Äußerung des Senders mit seinen „vier Ohren" genauso, wie der Sender (Verkäuferin) sie mit seinen „vier Mündern" gesprochen hat, so wird er sachlich auf die Frage antworten und sagen, wie die Verkäuferin ihm helfen kann.

Hört er jedoch auf einem Ohr, z. B. auf dem Selbstkundegabeohr, „mehr" als der Sender damit aussagen wollte, so kann es zu Störungen in der Kommunikation kommen, weil er dann auf dieser Ebene vielleicht versteht: „Ich will dir auf jeden Fall etwas verkaufen.", und gegebenenfalls ablehnend reagieren wird.

••1.5   Zusammenfassung und Aufgaben

Gesprächssituationen und -arten

Aus Gesprächssituationen lassen sich folgende **Gesprächsarten** ableiten:

- Informationsgespräch, wenn Informationen weitergegeben werden

- Beratungsgespräch, wenn im Hinblick auf eine bestimmte Situation Empfehlungen oder Ratschläge erteilt werden

- Beschwerdegespräch, wenn eine Beschwerde vorgebracht wird und man im Gespräch versucht eine Lösung zu finden

- Reklamationsgespräch, wenn bei der Beschwerde ein juristischer Hintergrund eine Rolle spielt.

Ebenen der Kommunikation

Kommunikation kann auf **zwei Hierarchieebenen** stattfinden:

Von **horizontaler Kommunikation** spricht man, wenn sich die Gesprächspartner auf der gleichen Hierarchieebene befinden.

Vertikale Kommunikation bezeichnet die Verständigung zwischen Personen auf verschiedenen Hierarchieebenen.

Formen der Kommunikation

Drei Formen der Kommunikation lassen sich unterscheiden:

- **verbale** Kommunikation: z. B. in Form des Gesprächsinhaltes,

- **nonverbale** Kommunikation: z. B. erkennbar über die Gestik,

- **paraverbale** Kommunikation: z. B. im Hinblick auf die Lautstärke des Gesagten.

Kommunikationsmodelle

Eisbergmodell der Kommunikation:
unterscheidet zwischen Sach- und Beziehungsebene.

Auf das **Gelingen der Kommunikation** hat die Sachebene nur ca. 20, die Beziehungsebene jedoch ca. 80 Prozent Einfluss.

4-Ohren-Modell von Schulz von Thun gliedert sich in:
- Sachinformation: enthält die sachliche Information.
- Beziehungshinweis: zeigt, was der Sender vom Empfänger hält.
- Selbstkundgabe: verdeutlicht das, was der Sender über sich preisgibt.
- Appell: drückt einen Aufruf an den Empfänger aus.

Wichtig ist eine **genaue und zielgerichtete Kommunikation,** damit Missverständnisse zwischen den Gesprächspartnern vermieden werden.

Aufgaben

1. Prüfen Sie folgende Aussagen auf ihre Richtigkeit. Die Antwort ist jeweils zu begründen.

   (1) Es ist wichtig, Gesprächsarten zu unterscheiden.

   (2) Die Formen der Kommunikation basieren auf der Unterscheidung zwischen dem, was gesagt wird, und dem, wie es gesagt wird.

   (3) Für das Gelingen der Kommunikation hat die Sachebene einen Einfluss von ca. 80 Prozent.

   (4) Der Mensch hört nicht nur mit „vier Ohren", sondern er spricht auch mit „vier Mündern".

2. Führen Sie zu jeder Gesprächsart ein Beispiel aus dem Alltag Ihres Ausbildungsbetrieb auf.

3. Ordnen Sie die folgenden Beispiele der entsprechenden Kommunikationsebene zu.

   a) Melanie Rath, Verkaufsleiterin der FanGusto GmbH, hält einen Vortrag über die neuesten Verfahren der Kaffeeröstung vor den Kunden des Unternehmens.

   b) Melanie Rath, Verkaufsleiterin, und Mario Gusto, Geschäftsführer der Fan-Gusto GmbH, beraten sich über die Unternehmensziele für das kommende Geschäftsjahr.

   c) Die Sachbearbeiter der Abteilung Verkauf, Nicole Rapp und Dirk Dörr, beraten sich darüber, wie sie beim morgigen Verkaufsgespräch vorgehen wollen.

4. Führen Sie folgende Sprechübungen durch.

   a) Sprechen Sie die folgenden Sätze mit entgegengesetzter Mimik. Was ist Ihr Fazit?

   - Du bist ein Mistkerl!

   - Solche Frechheiten lasse ich mir nicht bieten!

   - Die Arbeit ist heute nicht zu schaffen!

   b) Sprechen Sie die folgenden Sätze mit unterstützender Gestik und Mimik. Was ist Ihr Fazit?

   - Ich begrüße dich herzlich!

   - Nein! So geht das nicht!

   - Mir ist kalt!

   c) Sprechen Sie den folgenden Satz mit den unterschiedlichen Betonungen mehrmals (Die Betonung liegt dabei jeweils auf dem fettgedruckten Wort). Was ist Ihr Fazit?

   - **Willst** du mir helfen?

   - Willst **du** mir helfen?

   - Willst du **mir** helfen?

   - Willst du mir **helfen**?

5. Ihre Ausbilderin sagt zu Ihnen: „Wenn Sie sich nicht mehr Mühe geben, wird das nichts werden."

   Was hören Sie mit Ihren „vier Ohren"?

2 Techniken und Regeln der Gesprächsführung anwenden

LF 2

Genaues Kommunizieren und Zuhören ist gar nicht so einfach. Die Anwendung bestimmter Techniken und Regeln kann hierbei hilfreich und bei der Gesprächsführung von Nutzen sein.

2.1 Aktives Zuhören

LF 2

Nicht immer wird der Gesprächspartner klar und deutlich seine Wünsche und Befindlichkeiten äußern. Kenntnisse darüber sind aber notwendig, um erfolgreich Informations-, Beratungs-, Beschwerde- oder Reklamationsgespräche zu führen. Über das aktive Zuhören gelingt es, dem Gesprächspartner zu signalisieren, dass man Interesse an ihm hat und abzusichern, ob man ihn richtig verstanden hat:

Interesse signalisieren	**Gute Beziehung herstellen**	**Gehörtes zusammenfassen**
• positive Körpersprache (z. B. Lächeln, Kopfnicken) • Bestätigungslaute wie z. B. „hm" oder „ja" • gezieltes Nachfragen	• verbale Rückmeldungen wie z. B. „Das kann ich verstehen." (aber keine Wertungen!)	• dient der Feststellung, ob man den Gesprächspartner richtig verstanden hat, z. B. „Habe ich Sie richtig verstanden, dass ...?"

2.2 Ich-Botschaften

Gerade in schwierigen Gesprächssituationen, wie z. B. bei Reklamations- oder Beschwerdegesprächen, ist es wichtig, dass die meist angespannte Situation zwischen den Gesprächspartnern nicht noch weiter eskaliert. Aussagen wie: „Da haben Sie mich völlig falsch verstanden." kann der Gesprächspartner besonders schnell in den „falschen Hals" bekommen und sie so interpretieren, dass man ihm die Fähigkeit abspricht, Dinge richtig zu verstehen.

Ich-Botschaften hingegen sind viel **neutraler:** „Ich habe mich wohl leider nicht verständlich genug ausgedrückt." Durch den Ich-Bezug nimmt man dem Gesagten von vornherein die Aggressivität und es wirkt **höflicher,** wenn man beispielsweise sagt: „Ich bitte Sie, die Sache einmal von diesem Standpunkt aus zu betrachten." als die Aussage: „Denken Sie noch einmal darüber nach."

Aber nicht jeder Satz, der ein „Ich" enthält, ist auch eine Ich-Botschaft. Eine Grundvoraussetzung ist, dass die Botschaft authentisch ist. Außerdem sollte sie nach Möglichkeit aus **drei Elementen** bestehen:

→ Beschreibung des **Verhaltens,** das man erlebt und/oder das einen stört,

→ das **Gefühl,** das durch die Störung ausgelöst wird,

→ ein **Lösungsvorschlag,** der zur Veränderung der Situation führen soll.

„Ich habe Schwierigkeiten, Ihren Ausführungen zu folgen und bin deshalb besorgt, dass ich Sie nicht richtig verstehe. Bitte nennen Sie mir noch einmal ganz genau Ihre Beschwerde, damit ich sie mir auch notieren kann."

Ich-Botschaften können gut im Zusammenhang mit dem aktiven Zuhören eingesetzt werden. Sie helfen zusätzlich, dem Gesprächspartner zu signalisieren, dass man seine Gefühle wahrgenommen hat.

2.3 Fragetechniken

Es ist nicht nur wichtig, dem Gesprächspartner aktiv zuzuhören, um seine Wünsche, Bedürfnisse, Erwartungen und Ziele in Erfahrung zu bringen. Genauso wichtig ist der Einsatz von Fragetechniken, die zusätzlich dem Mitarbeiter die Möglichkeit geben, die Führung oder die Kontrolle über den Dialog zu behalten.

Unter dem Begriff Fragetechnik versteht man hierbei den Einsatz verschiedener Frageformen zur Informationsbeschaffung und zur Gesprächssteuerung.

Typische Fragetechniken, die in Gesprächen mit Geschäftspartnern eingesetzt werden, sind:

Fragetechniken			
Bezeichnung	**Erläuterung**	**Beispiele**	**Tipp**
offene Fragen	• beginnen immer mit einem Fragewort • fordern zu ausführlicheren Antworten auf • liefern Informationen über Befindlichkeiten und Ziele des anderen	„Was kann ich für Sie tun?"	Setzen Sie offene Fragen v. a. zu Beginn eines Gespräches ein: Der Kunde fühlt sich von Ihnen wertgeschätzt und wird Ihnen deshalb ausreichend Informationen liefern.
geschlossene Fragen	• beginnen mit einem (Hilfs-) Verb • lassen nur kurze Antworten zu (ja, nein oder Sachangabe) • fordern eine Entscheidung vom Gefragten • helfen das Gespräch zu steuern, Informationen abzusichern	„Kennen Sie unsere neueste Produktlinie „Cremissimo"?"	Setzen Sie geschlossene Fragen am Ende von Bedarfsermittlungen ein. So sichern Sie ab, dass Sie Ihren Geschäftspartner richtig verstanden haben.
Entscheidungsfragen (Alternativfragen)	• fordern den anderen durch die Vorgabe von zwei oder mehr Antwortmöglichkeiten zu einer Entscheidung auf • weitere Alternativen werden ausgeschlossen • helfen das Gespräch zu steuern, einen Abschluss herbeizuführen	„Möchten Sie den Termin am Dienstag oder am Donnerstag wahrnehmen?"	Häufig bleibt die letztgenannte Alternative am besten im Gedächtnis des Gesprächspartners hängen. Insbesondere bei Terminvereinbarungen ist die Alternativfrage besser geeignet als die offene Frage.
Kontrollfragen	• dienen der Absicherung, ob man bestimmte Sachverhalte richtig verstanden hat • meist in Form einer geschlossenen Frage	„Habe ich Sie richtig verstanden, dass ...?"	Setzen Sie Kontrollfragen insbesondere auch im Rahmen des aktiven Zuhörens ein, um sich abzusichern, dass Sie Ihren Gesprächspartner richtig verstanden haben.

LERNFELD 7

Fragetechniken			
Bezeichnung	**Erläuterung**	**Beispiele**	**Tipp**
reflektierende Fragen	• verdeutlichen dem Gesprächspartner, wie man seine Äußerung interpretiert • weisen oft auch einen bestimmten Weg auf, den man mit dem Gesprächspartner einschlagen möchte • die Äußerung des anderen wird umformuliert bzw. mit eigenen Worten interpretiert	„Da Ihnen die Siebträgermaschine ‚Profi-Cappuccissimo' zu teuer ist, tendieren Sie eher zu einem günstigeren Modell wie unserer ‚Premium-Cappuccissimo'?"	Gerade in Situationen, in denen der Gesprächspartner für seine Situation keine Lösung sieht, helfen reflektierende Fragen, um ihn zum Nachdenken z. B. über Alternativen anzuregen.
Suggestivfragen	• geben dem anderen bereits die Antwort vor • schränken die Entscheidungsfreiheit des Gesprächspartners stark ein • entsprechen in der Form der geschlossenen Frage	„Als Kaufmann sind Sie doch sicher auch der Meinung, dass es sich wirtschaftlich in jedem Fall für Ihr Unternehmen auszahlen wird, wenn Sie für ein Jahr den Kaffee ausschließlich von der FanGusto GmbH beziehen würden?"	Mit Suggestivfragen manipulieren Sie Ihren Gesprächspartner. **Verzichten Sie auf diese Fragetechnik!**

➠•• 2.4 Sprache und Verhalten

LF 2

Die Technik des aktiven Zuhörens, die Verwendung von Ich-Botschaften und der Einsatz von Fragetechniken helfen, Gesprächssituationen angemessen zu bewältigen. Es ist aber genauso wichtig, nicht nur das „Richtige" an der richtigen Stelle zu sagen bzw. zu fragen, sondern es auch so zu sagen, dass der Gesprächspartner gerne in die Kommunikation einsteigt. Entscheidend ist hierbei v. a., dass die verbalen Äußerungen so formuliert werden, dass Sie für den Gesprächspartner verständlich sind und dass sie mit dem nonverbalen Verhalten übereinstimmen, um Missverständnisse oder ggf. sogar Konflikte zu vermeiden.

©Jeanette Dietl-fotolia.com

LERNFELD 7

Anforderungen an Sprache und Verhalten		
Einflussfaktor	**Tipp**	**Wirkung**
Wortwahl, Fachtermini	**Sprechen Sie verständlich!** (Verwenden Sie Fachbegriffe nur dann, wenn Sie sicher sind, dass Ihr Gesprächspartner sie versteht.)	Ihr Gesprächspartner fühlt sich ernstgenommen und versteht Sie. Er fühlt sich verstanden.
	Sprechen Sie abwechslungsreich! (Benutzen Sie verschiedene Ausdrücke und Formulierungen.)	Ihr Gesprächspartner bleibt aufmerksam und langweilt sich nicht.
Satzbau	**Bilden Sie kurze Sätze!** (Vermeiden Sie Füllwörter wie z. B. irgendwie, gewissermaßen, vielleicht.)	Ihre Äußerung ist überschaubar. Ihr Gesprächspartner kann Ihnen besser folgen.
	Bilden Sie vollständige Sätze! (Vermeiden Sie zu kurze Antworten.)	Sie wirken konzentrierter und können besser überzeugen.

Anforderungen an Sprache und Verhalten		
Einflussfaktor	**Tipp**	**Wirkung**
Aussprache, Lautstärke	Sprechen Sie deutlich! Sprechen Sie in einer angenehmen mittleren Lautstärke!	Ihr Gesprächspartner kann Sie dann gut verstehen, auch wenn Nebengeräusche vorhanden sind.
Betonung, Sprechtempo	Betonen Sie wichtige Punkte und gute Argumente! Sprechen Sie nicht zu schnell und legen Sie wirkungsvolle Pausen ein!	So lenken Sie die Aufmerksamkeit auf die wesentlichen Punkte und halten das Interesse wach. Ihr Gesprächspartner kann Ihnen folgen und Ihre Äußerungen überdenken.
Mimik, Gestik, Körperhaltung	Machen Sie ein freundliches, interessiertes Gesicht und achten Sie auf Ihre Haltung! (Halten Sie eine angemessene Körperspannung.) Unterstützen Sie Ihre Aussagen durch die passende Gestik!	Die nichtsprachlichen Elemente unterstützen Ihre Sprache. Ihr Gegenüber fühlt sich angesprochen, wenn Sie ihm so Ihr Entgegenkommen signalisieren.
räumliche Distanz	Halten Sie die angemessene räumliche Distanz zu Ihrem Geschäftspartner! (Je nach Gesprächssituation und Gesprächspartner ist diese unterschiedlich. Berücksichtigen Sie die Gesprächssituation und die Beziehung, die Sie zu Ihrem Gesprächspartner haben.)	Eine zu geringe räumliche Distanz kann dazu führen, dass sich Ihr Gesprächspartner bedrängt fühlt.

Tipp

Achten Sie auch auf die nonverbalen Reaktionen Ihres Gesprächspartners:

- Wie ist seine Mimik? Schaut er freundlich, skeptisch oder überrascht?
- Wie ist seine Körperhaltung - offen oder verschlossen?
- Schaut er Sie an oder wendet er sich von Ihnen ab?
- Stimmen nonverbales Verhalten und verbale Äußerungen überein?
- Wahrt er die notwendige räumliche Distanz zwischen ihm und Ihnen?

Gibt es auf Ihrer Seite Unsicherheiten, können Sie sein Verhalten nicht deuten? Dann wenden Sie auch in diesen Fällen die Technik des aktiven Zuhörens oder Ich-Botschaften an.

2.5 Argumentation

Ob im privaten oder beruflichen Alltag, immer wieder gerät man in Situationen, in denen man seinen Standpunkt vertreten muss und sein Gegenüber hiervon überzeugen möchte. Dies gelingt umso mehr, je professioneller und sachlicher man argumentiert und diese Argumente dem anderen verdeutlichen kann.

Daraus ergibt sich, dass eine logische Argumentation immer aus drei Elementen besteht:

→ **These** (Behauptung): Sie entspricht dem Standpunkt, den man vertritt.

→ **Argument** (Beweis): Argumente sollen die Behauptung belegen.

→ **Schlussregel:** Diese beweist den logischen Zusammenhang (muss aber nicht ausdrücklich erwähnt werden).

Für eine überzeugende Argumentation ist es meist notwendig, den eigenen Standpunkt mit mehreren Argumenten zu untermauern. In einem Gespräch wird u. U. der Gesprächspartner Gegenargumente vorbringen, dann ist es notwendig, diese mit passenden eigenen Argumenten zu entkräften.

2.5.1 Vorbereitung der Argumentation

In Gesprächssituationen mit Geschäftspartnern, z. B. in Verkaufsgesprächen, ist oft nur wenig Zeit, um den anderen von einer Idee, z. B. einem Produkt, zu überzeugen und zu einer Handlung zu bewegen, hier dem Kauf des Produktes.

Um diese Ziele zu erreichen, sollte die Argumentation gründlich vorbereitet werden. Hilfreich ist dabei die Beachtung der folgenden Schritte:

Ziel(e) formulieren	• Das Ziel, das erreicht werden soll, wird festgelegt. • Wenn möglich, werden Interessen des Gesprächspartners berücksichtigt.
Argumentations-bereich bestimmen	• Es wird festgelegt, aus welchen Bereichen Argumente formuliert werden sollen.
Informationen sammeln	• Die Informationen dienen als Basis für die Argumentation.
Informationen auswerten	• Es werden die Informationen ausgewählt, die die These am besten untermauern.
Argumentation aufbauen	• Argumente werden formuliert. • Die Argumentation wird im Hinblick auf Überzeugungskraft oder inhaltliche Bedeutung strukturiert. • Mögliche Gegenargumente des Gesprächspartners werden berücksichtigt.
Bedeutung prüfen	• Die vorbereiteten Argumente werden überprüft: Sind sie für die These, den Gesprächspartner von Bedeutung? Sind sie verständlich und nachvollziehbar?
ggf. Konzept erstellen	• Die Kerninformationen werden in Form von Stichwörtern festgehalten.

2.5.2 Argumenttypen

Hilfreich bei der Argumentation kann auch die Verwendung bestimmter Argumenttypen sein, die aufgrund ihrer Eigenschaften, Stichhaltigkeit und Unstrittigkeit dabei helfen können, den Gesprächspartner schnell und beweiskräftig zu überzeugen.

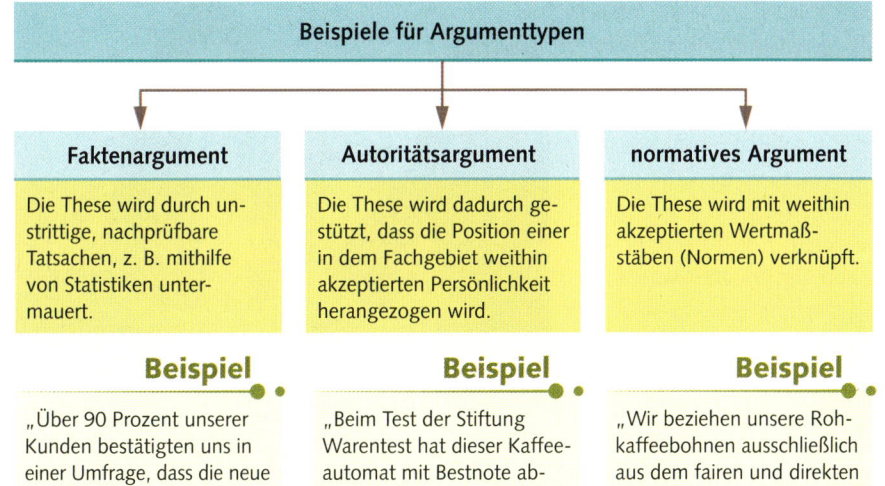

Beispiele für Argumenttypen

Faktenargument	Autoritätsargument	normatives Argument
Die These wird durch unstrittige, nachprüfbare Tatsachen, z. B. mithilfe von Statistiken untermauert.	Die These wird dadurch gestützt, dass die Position einer in dem Fachgebiet weithin akzeptierten Persönlichkeit herangezogen wird.	Die These wird mit weithin akzeptierten Wertmaßstäben (Normen) verknüpft.

Beispiel

„Über 90 Prozent unserer Kunden bestätigten uns in einer Umfrage, dass die neue Kaffeesorte „Cremissimo" überaus bekömmlich ist."

Beispiel

„Beim Test der Stiftung Warentest hat dieser Kaffeeautomat mit Bestnote abgeschnitten."

Beispiel

„Wir beziehen unsere Rohkaffeebohnen ausschließlich aus dem fairen und direkten Handel."

Tipp

Der Einsatz von Argumenttypen ist hilfreich bei der Nutzenargumentation im Rahmen von Informations- und Beratungsgesprächen.

2.5.3 Aufbau einer Argumentation

Bei Informations- und Beratungsgesprächen mit Geschäftspartnern spielt die Argumentation eine große Rolle: Grundsätzlich hängt der Erfolg dieser Gespräche davon ab, ob der Gesprächspartner vom Nutzen des Angebots überzeugt werden kann und ggf. seine Einwände entkräftet werden können. Neben der Stichhaltigkeit der Argumente spielt hierbei auch ein schlüssiger Aufbau der Argumentation eine entscheidende Rolle. Die Basis des Aufbaus von Argumentationstechniken, z. B. bei der Nutzen-, Preisargumentation oder der Einwandbehandlung, ist meist die sogenannte 5-Satz-Technik.

©Jeanette Dietl-fotolia.com

LERNFELD 7

5-Satz-„Bauplan"

Die fünf Sätze der Argumentation gliedern sich in folgende Bereiche:

→ **Einleitungssatz:** Man formuliert einen Einstieg in die Argumentation oder greift beispielsweise ein bereits genanntes Argument auf.

→ **Drei Argumente:** Da der Mensch in der Regel nur in der Lage ist, sich drei Argumente zu merken, werden drei zur These passende Argumente formuliert. Sie müssen nicht zwangsläufig aufeinander aufbauen, jedoch sollte das stärkste Argument am Ende stehen.

→ **These oder Zielsatz:** Entweder wird hier die These genannt (Wovon soll der Gesprächspartner überzeugt werden?) oder das Ziel formuliert (Welche Reaktion soll bei ihm erreicht werden?).

Beispiel

1. Die Piccolo-Cappuccissimo ist eine hervorragende Siebträgermaschine.

2. Sie heizt sich innerhalb kürzester Zeit auf.

3. Durch die Produktwahltasten ist sie leicht bedienbar.

4. Von unseren Kaffeemaschinen dieser Bauart ist sie das günstigste Modell.

5. Daher ist sie das geeignete Gerät für Ihre Ansprüche.

2.6 Gesprächsregeln

All die in den Kapiteln zuvor beschrieben Techniken der Gesprächsführung zielen darauf hin, Gespräche mit anderen, z. B. Geschäftspartnern, kompetent zu führen und auch in schwierigen Gesprächssituationen angemessen reagieren zu können.

Aus diesen Techniken lassen z. B. aufgrund der bezweckten Wirkungen Gesprächsregeln ableiten, die eingehalten werden sollten. Zur eigenen Kontrolle bzw. zur Erinnerung an die Regeln kann eine Checkliste z. B. folgender Art dienen, die je nach Gesprächsanlass angepasst werden kann:

©Photographee.eu-fotolia.com

Beispiel

©fotomek-fotolia.com

LERNFELD 7

Checkliste: Einhaltung von Regeln der Gesprächsführung

- **Ich signalisiere Interesse an meinem Gesprächspartner.**
  - → Ich höre aktiv zu.
  - → Ich zeige ihm meine uneingeschränkte Aufmerksamkeit.
  - → Ich halte Blickkontakt beim Sprechen.

- **Ich verhalte mich wertschätzend, respektvoll und tolerant meinem Gesprächspartner gegenüber.**
  - → Ich formuliere Ich-Botschaften.
  - → Ich lasse meinen Gesprächspartner ausreden.
  - → Meine Äußerungen sind ehrlich und wahrheitsgemäß.
  - → Mein Verhalten gegenüber meinem Gesprächspartner ist echt (authentisch).

- **Bei Unklarheiten frage ich nach.**

- **Ich rede nicht zu lange.**

2.7 Zusammenfassung und Aufgaben

Zusammenfassung

Aktives Zuhören

Die Technik des aktiven Zuhörens dient v. a. der Herstellung einer guten **Beziehung** zum Gesprächspartner.

Sie gliedert sich in drei Phasen:
Interesse signalisieren → gute Beziehung herstellen → Gehörtes zusammenfassen

Ich-Botschaften

Durch den **Ich-Bezug** nimmt man dem Gesagten die Aggressivität, die Aussage wirkt höflicher. Ich-Botschaften dienen der **Deeskalation** in angespannten Gesprächssituationen.

Sie bestehen aus **drei Elementen:**
- Beschreibung der **Störung**
- Beschreibung des davon ausgelösten **Gefühls**
- **Lösung**svorschlag

Fragetechniken

Fragetechniken **erleichtern** es dem Mitarbeiter, den **Dialog** zu führen bzw. unter Kontrolle zu halten.

Typische Fragetechniken, die man anwenden sollte, sind offene Fragen, geschlossene Fragen, Entscheidungsfragen, Kontrollfragen und reflektierende Fragen.

Sprache und Verhalten

Verbale Äußerungen und nonverbales Verhalten müssen **übereinstimmen** und sich gegenseitig **unterstützen,** damit Missverständnisse zwischen den Gesprächspartnern vermieden werden.

Argumentation

Eine logische Argumentation besteht aus drei Elementen:
These (Behauptung), **Argument** (Beweis) und **Schlussregel.**

Die **Vorbereitung der Argumentation** sollte folgende Schritte beinhalten:
Ziel(e) formulieren, Argumentationsbereich bestimmen, Informationen sammeln, Informationen auswerten, Argumentation aufbauen, Bedeutung prüfen und (ggf.) Konzept erstellen.

Der Einsatz von **Argumenttypen** ist hilfreich für eine schnelle und beweiskräftige Argumentation. Beispiele für Argumenttypen sind:
Faktenargument, Autoritätsargument, normatives Argument.

Hilfreich bei dem **Aufbau einer Argumentation** ist die Anwendung der **5-Satz-Technik.** Ihr „Bauplan" gliedert sich in folgende **Elemente:**
Einleitungssatz → drei Argumente → These oder Zielsatz

Gesprächsregeln

Gesprächsregeln helfen dabei, ein **Gespräch angemessen und kompetent zu führen.** Je nach Gesprächsanlass können z. T. unterschiedliche Regeln gelten.

LERNFELD 7

241

1. Prüfen Sie folgende Aussagen auf ihre Richtigkeit. Die Antwort ist jeweils zu begründen.

(1) Durch Bestätigungslaute wie z. B. „hm" oder „ja" zeigt man seinem Gesprächspartner, dass man aktiv zuhört.

(2) Ich-Botschaften sollte man in schwierigen Gesprächssituationen vermeiden.

(3) Mithilfe von Suggestivfragen lassen sich Gespräche sehr gezielt lenken und sollten deshalb unbedingt eingesetzt werden.

(4) Die gezielte Vorbereitung einer Argumentation ist für Verkaufsgespräche wichtig.

2. Formulieren Sie zu folgenden Äußerungen Reaktionen gemäß den Grundsätzen des aktiven Zuhörens. Überprüfen Sie die Angemessenheit Ihrer Reaktionen in einem Rollenspiel.

a) „Können Sie mir vielleicht mal weiterhelfen!?!"

b) „Kennt sich hier im Geschäft jemand mit den angebotenen Kaffees aus?"

c) „Ich glaube, ich habe meine Geldbörse bei Ihnen im Geschäft verloren ..."

3. Wandeln Sie folgende Aussagen in Ich-Botschaften um. Zeigen Sie anhand der Ich-Botschaften deren Bedeutung für die Kommunikation.

a) „Es nutzt doch nichts, wenn Sie sich jetzt auch noch aufregen."

b) „Da sind Sie aber auch selbst schuld, wenn Sie nicht besser auf Ihre Geldbörse aufpassen."

c) „Sie sehen doch, dass ich gerade viel zu tun habe."

4. Welche Fragetechniken werden im Folgenden beschrieben?

a) Die Technik ist gut geeignet, um zu einer Entscheidung zu kommen.

b) Mit dieser Technik kann ein Gespräch in Gang gebracht werden.

c) Dem Gesprächspartner wird eine Antwort vorgegeben.

d) Der Gesprächspartner erhält zwei Antworten zur Auswahl.

e) Der Gesprächspartner kann eine ausführliche Antwort geben.

5. Bauen Sie mithilfe der 5-Satz-Technik eine Argumentation zu den folgenden Thesen auf.

a) Die intensive Vorbereitung der Argumentation im Rahmen eines Beratungsgespräches ist wichtig, um mit dem Gesprächspartner kompetent zu kommunizieren.

b) Die Berücksichtigung von Gesprächsregeln hilft Gespräche auch in schwierigen Situationen angemessen zu führen.

3 Informations- und Beratungsgespräche vorbereiten

Für Unternehmen mit Kundenkontakt sind Informations- und Beratungsgespräche von besonderer Bedeutung, wenn es darum geht, ihre Produkte bzw. Dienstleistungen vorzustellen, die Kunden von ihren Leistungen zu überzeugen und sie letztendlich zum Kauf zu bewegen.

Merke

Informations- und Beratungsgesprche finden häufig im Rahmen von Verkaufsgesprächen statt.

3.1 Organisatorische Voraussetzungen

Handelt es sich um ein **Informations- und Beratungsgespräch mit den Geschäftspartnern eines anderen Unternehmens,** wird in der Regel im Vorfeld ein Termin für dieses Gespräch vereinbart. Das bedeutet, dass man sich als Gesprächspartner gezielt darauf vorbereiten kann und auch sollte.

Möglich sind aber auch Situationen, in denen ein **Informations- und Beratungsgespräch** spontan, d. h. ohne vorherige Terminabsprache, stattfindet. Dann kann die Vorbereitung auf den Kunden nicht so gezielt geschehen wie im erstgenannten Fall. Dennoch oder gerade deshalb ist es in diesen Fällen auch wichtig, sich auf solche Gespräche vorzubereiten.

3.1.1 Terminierte Informations- und Beratungsgespräche

Im Vorfeld des Gesprächs wird in der Regel zwischen Geschäftspartnern vereinbart:

➡ der Zweck des Gesprächs (worüber informiert und beraten werden soll),

➡ der Ort des Gesprächs (in den eigenen Räumen oder in denen des Geschäftspartners).

Sind diese Voraussetzungen geklärt, kann mit den Vorbereitungen auf das Gespräch begonnen werden.

Tipp

Planen Sie ausreichend Zeit für die organisatorische Vorbereitung ein!

LERNFELD 7

Organisatorische Vorbereitungsmaßnahmen bei Informations- und Beratungsgesprächen		
Planungsaspekte	**Gespräch im eigenen Unternehmen**	**Gespräch im Unternehmen des Geschäftspartners**
Termin/ zeitlicher Rahmen	• Festlegung des Termins in Abstimmung mit dem Gesprächspartner • Festlegung der voraussichtlichen Dauer des Gesprächs	• Festlegung des Termins in Abstimmung mit dem Gesprächspartner, des Anfahrtsweges und ggf. des Vorbereitungsaufwandes vor Ort • Festlegung der voraussichtlichen Dauer des Gesprächs
Ort	• ggf. Reservierung des Raumes	• Information über die genaue Adresse einholen

Organisatorische Vorbereitungsmaßnahmen bei Informations- und Beratungsgesprächen		
Planungsaspekte	**Gespräch im eigenen Unternehmen**	**Gespräch im Unternehmen des Geschäftspartners**
Raumgestaltung	in Abhängigkeit vom Gesprächsinhalt • z. B. Platzierung der Produkte • Aufbau und Anschluss von Medien (Laptop, Beamer, Flipchart u. Ä.)	• Informationen über die Ausstattung einholen • rechtzeitige Vorbereitung des Materials/der Medien
Bewirtung	in Abhängigkeit von der geplanten Dauer des Gespräches • Organisation von Getränken (z. B. Wasser, Säfte, Heißgetränke) • evtl. kleines Catering (z. B. Fingerfood bei etwas längeren Gesprächen)	liegt in den Händen des Gesprächspartners
Unterlagen	• Vorbereitung und Bereitstellung z. B. von Produktmustern, Preislisten, Produktinformationen • evtl. Vorbereitung eines Handouts mit allen relevanten Informationen für den Gesprächspartner	

©fotomek-fotolia.com

Beispiel

Die Verkaufsleiterin Melanie Rath der FanGusto GmbH hat mit Frank Möller, Inhaber des Hotels „Zum Kronprinzen", einen Termin für ein Beratungsgespräch vereinbart. Frau Rath möchte in diesem Gespräch die neue Produktlinie „Cremissimo" vorstellen. Die beiden haben vereinbart, dass das Gespräch bei der FanGusto GmbH stattfinden soll. Frau Rath rechnet mit einer Gesprächsdauer von ca. einer Stunde.

Vor der Terminvereinbarung hat sich Frau Rath versichert, dass ein Besprechungsraum an den Terminen, die sie Herrn Möller vorschlagen will, frei ist und unmittelbar nach der Terminbestätigung durch Herrn Möller hat sie einen Raum reserviert. Vor der Besprechung hat Frau Rath dafür gesorgt, dass die Ausstattung des Raumes vollständig ist und die Sorten des neuen Kaffees im Raum platziert. Außerdem steht dort eine hochwertige Kaffeemaschine, damit der Kaffee während der Besprechung frisch zubereitet und verkostet werden kann. Sie hat die Unterlagen wie Produktinformationen und Preisliste bereitgelegt.

Videokonferenzen

©Andrey Popov-fotolia.com

Bei der Vorbereitung von **Videokonferenzen** verhält es sich ähnlich wie bei der Vorbereitung von Gesprächen im eigenen Unternehmen. Folgende Besonderheiten sind jedoch zu beachten:

→ Die technische Ausstattung für die Durchführung der Videokonferenz muss vorhanden und funktionstüchtig sein.

→ Produkte, über die informiert werden soll, müssen zur Präsentation mithilfe der Kamera in Reichweite sein.

→ Die Unterlagen sollten dem Gesprächspartner entweder vor, während oder gleich im Anschluss an die Konferenz zukommen, z. B. per E-Mail.

3.1.2 Spontane Informations- und Beratungsgespräche

Beispiel

Die Kaffeerösterei FanGusto GmbH betreibt neben der Rösterei noch ein kleines Ladengeschäft, in dem die Kunden Kaffees der Rösterei kaufen, aber auch probieren können.

Das Ladengeschäft hat feste Öffnungszeiten. In dieser Zeit kümmert sich das Verkaufspersonal um die Besucher. Wichtig ist der Verkaufsleiterin Frau Rath neben der fachkundigen Beratung auch, dass die Räumlichkeiten die Philosophie des Unternehmens, den Genuss von hochwertigem Kaffee, widerspiegeln und die Kunden sich in angenehmer Atmosphäre über das Sortiment informieren können. Deshalb wird vor Ladenöffnung genau darauf geachtet, dass die Ware ordentlich platziert und das Geschäft mit dem Verkaufs- und Verkostungstresen sowie den Sitzecken ordentlich und einladend ist. Während der Öffnungszeiten wird regelmäßig Ware nachgelegt und, wenn nötig, werden Reinigungen, z. B. der Kaffeemaschinen und des Geschirrs, vorgenommen.

©contrastwerkstatt-fotolia.com

Die organisatorische Vorbereitung von spontan stattfindenden Informations- und Beratungsgesprächen ist weniger planbar und kann sich deshalb nur auf die Gesamtheit des Kundenstamms beziehen. Deshalb nimmt die **Warenplatzierung** einen besonderen Stellenwert ein; d. h., wenn die Kunden die Geschäftsräume betreten, sollten ihnen die Produkte des Unternehmens gleich ins Auge fallen. Denn eine **gelungene Warenpräsentation** weckt die Aufmerksamkeit der Kunden und gibt Verkaufsimpulse.

Merke

Ein für die Kunden ansprechend gestalteter Verkaufsraum erleichtert das Führen von Informations- und Beratungsgesprächen.

3.1.3 Informations- und Beratungsgespräche am Telefon

Wenn Kunden im Unternehmen anrufen und Informationen über Produkte und Dienstleistungen einholen möchten, so kann man sich wie bei spontanen Informations- und Beratungsgesprächen nur allgemein auf diese Situationen einstellen. Wichtig ist v. a., dass es für die Kunden einen telefonischen **Ansprechpartner** gibt bzw. dass man, wenn der Ansprechpartner für den Kunden gerade nicht erreichbar ist, einen Termin vereinbart, an dem der Kunde verlässlich zurückgerufen wird.

Im Rahmen von **besonderen Verkaufsaktionen** nutzen Unternehmen häufig das Telefon, um bei ihren Bestandskunden anzurufen und sie über Neuerungen zu informieren. Hier sollte man im Vorfeld planen, wann die Telefonate durchgeführt werden sollen.

©Art3D-fotolia.com

LERNFELD 7

Merke

Ansprechpartner von Unternehmen erreicht man i. d. R. am besten zu den üblichen Geschäftszeiten. Verbraucher hingegen sind eher in den späten Nachmittagsstunden bzw. frühen Abendstunden erreichbar.

Eine Besonderheit bzw. Schwierigkeit bei Telefongesprächen ist, dass man dem Kunden die **Ware nicht visuell vorstellen** kann. Deshalb ist es besonders wichtig, dass alle Informationen über die Produkte oder Dienstleistungen bzw. die Produkte selber in greifbarer Nähe sind, um sachgerecht und anschaulich formulieren zu können.

Tipp

Richten Sie Ihren Arbeitsplatz so ein, dass Sie alle wichtigen Informationen für Telefonate in erreichbarer Nähe haben.

3.2 Berücksichtigung von betrieblichen und rechtlichen Regelungen

Häufig gibt es in Unternehmen festgelegte Kriterien, die bestimmen, in welchen Fällen Informations- und Beratungsgespräche face to face, also von Angesicht zu Angesicht, telefonisch oder per Videokonferenz stattfinden.

Solche Kriterien können beispielsweise sein:

→ die Beziehung zum Kunden (z. B. im Hinblick auf die Dauer der Geschäftsbeziehung oder den Umsatz, der in der Vergangenheit mit ihm erzielt wurde),

→ Vorlieben des Kunden (ablesbar aus der Kundenhistorie),

→ das Produkt selber, über das informiert werden soll.

Die Entscheidung für oder gegen eine Videokonferenz richtet sich in erster Linie nach Kriterien, die innerbetrieblich festgelegt werden. Die Möglichkeit per Telefon hingegen ist stark abhängig von den gesetzlichen Vorgaben.

3.2.1 Betriebliche Regelungen bei Videokonferenzen

Ein Kriterium beispielsweise für die Entscheidung eines Gespräches vor Ort oder per Videokonferenz kann die räumliche Entfernung der Gesprächspartner sein. Je größer die Entfernung zwischen den Gesprächspartnern ist, desto höher sind die anfallenden Reisekosten und auch die Reisezeit, sodass ein Unternehmen hier Bestimmungen über den Einsatz von Videokonferenzen getroffen haben kann.

Tipp

Informieren Sie sich über die Gepflogenheiten in Ihrem Ausbildungsbetrieb im Hinblick auf die Regelungen zu den Kommunikationsmöglichkeiten bei Informations- und Beratungsgesprächen.

3.2.2 Rechtliche Regelungen bei Telefongesprächen

§ 7 I UWG

Fernmündliche Informations- und Beratungsgespräche bieten Unternehmen die Möglichkeit, in kurzer Zeit eine hohe Zahl von Kunden anzusprechen. Auf der anderen Seite besteht jedoch die Gefahr, dass sich Personen durch solche Anrufe in ihrem Privatleben oder Arbeitsalltag belästigt fühlen. Deshalb hat der Gesetzgeber über das **Gesetz gegen den unlauteren Wettbewerb (UWG)** Regelungen getroffen, die insbesondere die Verbraucher **vor unzumutbarer Belästigung** schützen sollen.

■ Fernmündliche Informations- und Beratungsgespräche mit Privatkunden

Anrufe bei Privatkunden zu Werbe- oder Verkaufszwecken, wozu Informations- und Beratungsgespräche gehören, sind nur zulässig, wenn der Kunde **ausdrücklich** in die konkrete Maßnahme zur telefonischen Information bzw. Beratung **eingewilligt** hat. Das bedeutet, dass das Unternehmen diese ausdrückliche Einwilligung auch nachweisen muss. Deshalb kann diese vom Verbraucher auch nur durch einen **aktiven Willensakt** erteilt werden. Wichtig ist auch, dass diese Bestätigung **unabhängig von der Einwilligung in die Allgemeinen Geschäftsbedingungen** erfolgen muss.

§ 7 II Nr. 2 UWG

Beispiel

Fall 1

Die Kaffeerösterei FanGusto GmbH verschickt an ihre Privatkunden ein Angebot über die Produkte der neuesten Produktlinie „Cremissimo". In dem beiliegenden Antwortschreiben können die Kunden ankreuzen, wenn sie eine weitere telefonische Beratung wünschen und dieses Schreiben dann unterschrieben zurücksenden.

Wenn ein Kunde das Antwortschreiben mit dem von ihm gesetzten Kreuz zurücksendet, **liegt die Einwilligung vor**.

Fall 2

Die Kaffeerösterei FanGusto GmbH verschickt an ihre Privatkunden ein Sonderangebot für Produkte aus ihrem Standardprogramm „FanGusto". In dem beiliegenden Bestellschein, den die Kunden unterschrieben zurückschicken, steht folgender Vermerk: „Ich bin damit einverstanden, über weitere Angebote der FanGusto GmbH telefonisch informiert zu werden."

Auch wenn die Kunden den Bestellschein zurücksenden, liegt **keine Einwilligung** vor, da die Handlung **kein aktiver Willensakt** war.

©pico-fotolia.com

■ Fernmündliche Informations- und Beratungsgespräche mit Geschäftskunden

Anrufe bei Unternehmen zu Werbe- oder Verkaufszwecken sind dann rechtens, wenn von einer **mutmaßlichen Einwilligung** auszugehen ist.

§ 7 II Nr. 2 UWG

Mutmaßliche Einwilligung ...	
... bei bestehender Geschäftsbeziehung	**... ohne bisherige Geschäftsbeziehung**
Die telefonische Information erfolgt zu Produkten oder Dienstleistungen, die im Zusammenhang mit der bisherigen Geschäftsbeziehung stehen.	Der Anruf bezieht sich auf die eigentliche geschäftliche Tätigkeit des Unternehmens.

LERNFELD 7

Beispiel

Fall 1

Ein Mitarbeiter der FanGusto GmbH ruft beim Feinkostladen „Exquisit" in Weinheim an. Der Geschäftsinhaber kauft immer wieder Kaffee bei der FanGusto GmbH. Der Mitarbeiter möchte in diesem Telefonat über die neue Kaffee-Produktlinie „Cremissimo" informieren.

Von einer Einwilligung kann in diesem Fall ausgegangen werden.

Fall 2

Der Tee- und Kaffeeladen „Heiße Kanne" in Ladenburg, der bisher noch nicht Kunde der FanGusto GmbH war, wird von einem Mitarbeiter angerufen und über die Kaffeeprodukte des Unternehmens informiert.

Von einer Einwilligung kann ausgegangen werden, da sich der Anruf auf das Geschäftsfeld des Unternehmens bezieht.

Fall 3

Ein Mitarbeiter der FanGusto GmbH möchte Unternehmen in der Umgebung anrufen, um ihnen Kaffeeautomaten anzubieten, die in den Pausenräumen der Betriebe für die Mitarbeiter aufgestellt werden könnten.

Hier kann nicht von einer mutmaßlichen Einwilligung ausgegangen werden, da sich das Angebot nicht auf die Haupttätigkeit der Unternehmen bezieht.

3.3 Vorbereitung der Gesprächsinhalte: Gesprächsziele und Argumente

Die Vorbereitung der Gesprächsinhalte ist eines der wichtigsten Voraussetzungen für das Gelingen von Informations- und Beratungsgesprächen. Je bewusster man sich im Vorfeld über seine Ziele und Argumente ist, umso kompetenter wirkt man im Gespräch.

Bei Informations- und Beratungsgesprächen geht es häufig darum, den Kunden vom Nutzen der ihm angebotenen Leistung zu überzeugen, ihn z. B. zum Kauf eines Produktes zu motivieren oder für das eigene Unternehmen ein möglichst gutes Angebot auszuhandeln, wenn es beispielsweise um die Konditionen des Lieferanten geht. Hierbei gilt es, für beide Seiten eine Lösung zu finden, die alle zufriedenstellt, um so eine **langfristige Geschäftsbeziehung** zu gewährleisten.

LF 5

Tipp

Berücksichtigen Sie die Vorgaben des Unternehmensleitbildes bzw. der entsprechenden Leitlinien Ihres Ausbildungsbetriebes beim Führen von Gesprächen.

Gesprächsziele

Gerade bei der Vorbereitung von Gesprächen, bei denen es um größere Aufträge geht, ist es wichtig, die Ziele des Unternehmens im Hinblick auf das Verhandlungsergebnis festzulegen. Aber auch die Unternehmensphilosophie bzw. das Unternehmensleitbild kann Hinweise auf Ziele des Unternehmens, z. B. hinsichtlich des Umgangs mit den Kunden, geben.

Eine genaue Zieldefinition ermöglicht es, während des Gesprächs Kompromisse zu schließen oder Zugeständnisse zu machen und trotzdem einen Erfolg zu erzielen.

Eine Möglichkeit besteht darin, die Verhandlungsziele in unterschiedliche **Hierarchiestufen** einzuordnen:

Tipp

Bestimmen Sie die Ziele im Vorfeld!

Beispiele für die Zielpyramide

Idealziele

entsprechen dem Wunschangebot des Unternehmens.

Kernziele

sind die Ziele, die im Normalfall in einer Verhandlung mindestens erreicht werden sollten.

Minimalziele

sollten mindestens erreicht werden. Sie stellen die noch vertretbare Untergrenze dar.

Beispiel

Die Verkaufsleiterin Melanie Rath der FanGusto GmbH hat mit Frank Möller, dem Inhaber des Hotels „Zum Kronprinzen", einen Termin für ein Beratungsgespräch vereinbart. Frau Rath möchte in diesem Gespräch die neue Produktlinie „Cremissimo" vorstellen.

Idealziel: Frank Möller verpflichtet sich zunächst auf ein Jahr, den Kaffee ausschließlich von der FanGusto GmbH zu beziehen. Frau Rath gewährt ihm einen Rabatt von 15 Prozent auf die regulären Angebotspreise.

Kernziel: Herr Möller kauft für seinen Hotelbetrieb 20 Kilogramm der Kaffeesorte „Cremissimo"; das entspricht der Menge, die durchschnittlich zu dieser Jahreszeit in seinem Hotel in einem Monat verbraucht wird. Frau Rath gewährt ihm einen Preisnachlass von 10 Prozent auf den ursprünglichen Angebotspreis.

Minimalziel: Herr Möller erklärt sich bereit, die neue Kaffeesorte in seinem zum Hotel gehörenden Café zu testen, und erhält hierfür 3 Kilogramm gratis.

Argumente

Aufbauend auf die Ziele des Unternehmens sind die **Argumente** festzulegen, mithilfe derer es gelingen kann, den Verhandlungspartner zum Kauf zu motivieren (aber nicht ihn zu überreden). Diese Argumente gehen über diejenigen hinaus, die für das Produkt an sich sprechen.

Beispiel

Die Argumentation von Frau Rath gegenüber Herrn Möller für das oben genannte Idealziel:

„Abgesehen davon, dass Ihre Gäste in Zukunft nicht nur von der Qualität unserer bisher bei Ihnen angebotenen Kaffeesorten begeistert sein werden, sondern auch die besondere Milde und das fruchtige Aroma unseres neuen Kaffees ‚Cremissimo' schätzen werden, erleichtern Sie sich durch die Konzentration auf uns als Kaffeelieferanten auch den Einkaufsprozess. Sie bestellen bei uns bequem per Internet, E-Mail oder Telefon und wir beliefern Sie spätestens am nächsten Werktag. Und das noch zu einem deutlich reduzierten Preis."

©r0b_–fotolia.com

Tipp

Notieren Sie die Argumente vor dem Gespräch!

LERNFELD 7

3.4 Gesprächspartner

Nicht nur die vorherige Auseinandersetzung mit dem Inhalt des Informations- und Beratungsgesprächs ist ein wichtiger Erfolgsfaktor, sondern auch die Beschäftigung mit dem Gesprächspartner. Jeder Mensch hat bestimmte Vorlieben und das gilt auch für die Kommunikation. Manchmal kennt man den Kunden schon aus früheren Geschäftskontakten, dann kann man den Umgang mit ihm schon gut im Vorfeld planen. Wenn das nicht der Fall ist, muss man während des Gesprächs herausfinden, wie man so auf ihn eingeht, dass er sich gut informiert und beraten fühlt.

3.4.1 Gesprächs- und Kundentypen

Obwohl jeder Mensch ein Individuum ist, lassen sich doch bestimmte Kundentypen charakterisieren, die Gemeinsamkeiten besitzen. Folgende Kundentypen kommen sehr häufig vor.

„Klassische" Gesprächs- und Kundentypen				
Der Aggressive	**Der Besserwisser**	**Der Vielredner**	**Der Misstrauische**	**Der Ja-Sager**
©Anatoly Maslennikov-fotolia.com	©psdesign1-fotolia.com	©fotomek-fotolia.com	©fotomek-fotolia.com	©Stuart Miles-fotolia.com
Beschreibung Dieser Typ wirkt gereizt und herausfordernd. Er gibt nur kurze, grobe Antworten und achtet nicht besonders auf Höflichkeit und Stil.	Er weiß alles vor allem besser. Er tritt manchmal in der Variante „Nörgler" auf, der an allem etwas auszusetzen hat. Er hat eine feste Meinung, von der er sich nur schwer abbringen lässt.	Er hat zu jedem Thema etwas zu sagen. Gerne spricht er auch private Dinge an. Er möchte nur ungern unterbrochen werden – unterbricht aber andere.	Dieser Typ traut v. a. keinem Verkäufer. Er redet wenig, schaut skeptisch drein und prüft die Produkte sehr genau.	Ihn gibt es in zwei Varianten: Entweder sagt er Ja, weil er Sie einfach schnell loswerden möchte oder weil er tatsächlich (zu) schnell begeistert ist. In beiden Fällen besteht die Gefahr, dass Sie keinen verbindlichen Gesprächsabschluss herbeiführen können.
typische Aussagen • „Erzählen Sie mir nichts …" • „Toller Laden seid Ihr!" • „Lassen Sie mich in Ruhe!" • „Brauche ich nicht!"	• „Ich erzähle Ihnen mal, wie das wirklich ist." • „Mit so was kenne ich mich aus." • „Das ist doch nichts Neues!" • „Habe ich schon mal gemacht."	• „Erst letztens habe ich …" • „Da habe ich mal was erlebt …" • „Da kann ich Ihnen aber was erzählen." • „Wussten Sie, dass …"	• „Sind Sie wirklich sicher, dass…?" • „Ist die Produktqualität auch wirklich gut?" • „Können Sie mir garantieren, dass …?" • „Wieso sollte ich Ihnen das glauben?"	• „Das finde ich gut." • „Ja, ja …" • „Super." • „Das können wir so machen."

„Klassische" Gesprächs- und Kundentypen				
Der Aggressive	**Der Besserwisser**	**Der Vielredner**	**Der Misstrauische**	**Der Ja-Sager**
Lassen Sie sich auf keinen Fall provozieren. Beste Möglichkeit: freundlich, ruhig und gelassen bleiben. Finden Sie ein Thema, das ihn interessiert. Evtl. muss ein Beschwerdemanagement durchgeführt werden.	Bitten Sie den Kunden um Unterstützung. Stellen Sie Fragen wie z. B.: „Was kann an dem Produkt verbessert werden?" Sobald er sich genug bestätigt fühlt, wird er evtl. auch die Ausführung der Gegenseite akzeptieren.	Lassen Sie sich nicht beirren. Streben Sie gezielte Unterbrechungen an. Evtl. geschlossene Fragen und zwischenzeitliche Zusammenfassungen können helfen, um zum eigentlichen Thema zurückzukehren.	Der Kunde soll sich selbst von Ihren Aussagen überzeugen: Lassen Sie ihn die Ware testen und prüfen.	Finden Sie heraus, wie echt sein Ja ist. Testen Sie ihn. Stellen Sie ihm offene Fragen, damit er sich Gedanken machen muss. Diskutieren Sie mit ihm. Finden Sie dann einen verbindlichen Verkaufsabschluss.

Strategien für das Gespräch

3.4.2 Gesprächsverhalten in unterschiedlichen Kulturen

Kommt der Kunde aus einem anderen Land oder einer anderen Kultur, so gibt es weitere Aspekte in der Kommunikation, die unter Umständen von unseren Gepflogenheiten abweichen und die man kennen sollte, um Missverständnisse zu vermeiden.

Beispiel

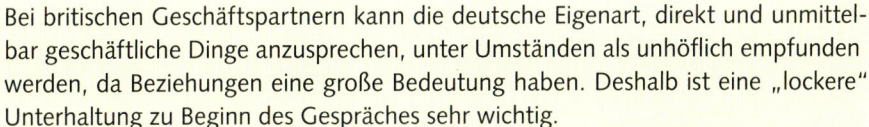

Bei britischen Geschäftspartnern kann die deutsche Eigenart, direkt und unmittelbar geschäftliche Dinge anzusprechen, unter Umständen als unhöflich empfunden werden, da Beziehungen eine große Bedeutung haben. Deshalb ist eine „lockere" Unterhaltung zu Beginn des Gespräches sehr wichtig.

Spaniern ist ein persönliches Verhältnis zu ihren Gesprächspartnern wichtig. Wechselnde Kontaktpersonen sind deshalb nicht besonders willkommen, da mit jedem wieder aufs Neue eine persönliche Beziehung hergestellt werden muss.

Schweden sind genau wie Deutsche eher aufgabenorientiert. Der Austausch von sachlichen Informationen steht unter Kollegen im Vordergrund, persönliche Angelegenheiten kommen im Arbeitskontext kaum zur Sprache. Vertrauen ergibt sich aufgrund von Fachwissen. Deshalb sollte man fachlich sehr gut vorbereitet in ein Gespräch gehen.

LERNFELD 7

LF 3

251

••• 3.5 Zusammenfassung und Aufgaben

Organisatorische Voraussetzungen

Typische **Vorbereitungsmaßnahmen bei terminierten Gesprächen:**
- Festlegung des Termins und der voraussichtlichen Gesprächsdauer
- Bestimmung des Gesprächsortes
- Vorbereitung des Meetingraumes
- Organisation der Bewirtung
- Vorbereitung der benötigten Materialen und Unterlagen

Besonderheiten bei **Videokonferenzen:**
- das Vorhandensein der entsprechenden technischen Ausstattung
- Informationsmaterial muss in Reichweite der Kamera bereitliegen
- der Gesprächspartner sollte wichtige Unterlagen vor, während oder gleich nach der Konferenz erhalten

Spontane Informations- und Beratungsgespräche: Die Ware sollte im Verkaufsraum gut platziert und präsentiert werden.

Bei **telefonischen Informations- und Beratungsgesprächen** sollte man bei Geschäftskunden die Geschäftszeiten des Unternehmens berücksichtigen.

Betriebliche und rechtliche Regelungen

Videokonferenzen sind v. a. dann sinnvoll, wenn die räumliche Entfernung zwischen den Gesprächspartnern sehr groß ist.

Telefonate: Es müssen die rechtlichen Regelungen des Gesetzes gegen den unlauteren Wettbewerb (UWG) beachtet werden. Hierbei muss zwischen **Privatkunden** und **Geschäftskunden** unterschieden werden.

Vorbereitung der Gesprächsinhalte

Verhandlungsziele des Unternehmens: Sie müssen im Vorfeld festgelegt werden. Sinnvoll ist eine Einteilung in **Ideal-, Kern-** und **Minimalziele.**

Passende **Argumente:** Sie müssen bestimmt werden, um den Gesprächspartner zu überzeugen.

Gesprächspartner

Kundentypen: Diese Klassifizierung hilft beim Umgang mit dem Gesprächspartner. Beispiele sind: der Aggressive, der Besserwisser, der Vielredner, der Misstrauische oder der Ja-Sager.

Erkennbar sind die Typen v. a. an **bestimmten Aussagen und Verhaltensweisen.** Mit den entsprechenden **Strategien** kann man mit schwierigen Gesprächspartnern besser umgehen.

Andere Kulturen: Sie unterscheiden sich durch ihre Gepflogenheiten mit Menschen zu kommunizieren. Diese sollte man kennen und berücksichtigen.

Aufgaben

1. Prüfen Sie folgende Aussagen auf ihre Richtigkeit. Die Antwort ist jeweils zu begründen.

   (1) Bei Informations- und Beratungsgesprächen muss zuvor immer ein Termin vereinbart worden sein.

   (2) Eine gründliche Vorbereitung trägt wesentlich zum Erfolg des Informations- und Beratungsgespräches bei.

   (3) Spontane Informations- und Beratungsgespräche kann man nicht vorbereiten.

   (4) Privatkunden dürfen nur dann telefonisch zu Informations- und Beratungszwecken kontaktiert werden, wenn sie in diese Art der Kontaktaufnahme ausdrücklich eingewilligt haben.

   (5) Die telefonische Kontaktaufnahme zu Unternehmen ist auch ohne ausdrückliches Einverständnis möglich, wenn sich die Information auf ein Produkt oder eine Dienstleistung bezieht, die im Zusammenhang mit der bisherigen Geschäftsbeziehung steht.

   (6) In der Zielhierarchie sind Kernziele die Ziele, die man mindestens erreichen sollte.

   (7) Wichtig ist, dass man mit jedem Kunden in gleicher Art und Weise kommuniziert.

2. Nennen Sie die Planungsaspekte für die organisatorische Vorbereitung auf terminierte Informations- und Beratungsgespräche.

3. Beschreiben Sie organisatorische Vorbereitungsmaßnahmen auf spontan stattfindende Informations- und Beratungsgespräche.

4. Wie sollte man sich in Unternehmen auf telefonische Informations- und Beratungsgespräche vorbereiten?

5. Erläutern Sie die rechtlichen Bestimmungen bei telefonischen Informations- und Beratungsgesprächen.

6. Beschreiben Sie die Hierarchiestufen, in die man Gesprächsziele unterteilen kann.

7. Ordnen Sie die folgenden Äußerungen dem entsprechenden Kundentypen zu.

   a) „Ich habe letztens erst einen Artikel über die Kaffeeplantagen in Südamerika gelesen. Aber auch afrikanische Sorten sind ja immer mehr im Kommen. Da gibt es ja auch Sorten, die wild wachsen. Das ist ja sehr interessant. Wussten Sie …?"

   b) „Über die Bekömmlichkeit von nicht industriell geröstetem Kaffee können Sie mir ja viel erzählen. Aber können Sie mir auch wirklich garantieren, dass ich mit meinem empfindlichen Magen da keine Probleme bekomme?"

   c) „Oh, super! Diese Espresso-Siebträgermaschine ist ja wirklich toll. Die muss ich haben!"

   d) „Toll, dass Sie auch endlich mal Zeit haben, mich zu beraten. Es ist doch immer wieder dasselbe in diesem Laden … Ich frage mich ernsthaft, warum ich mir das bei Ihnen überhaupt noch antue …"

   e) „Also, ich habe ja gehört, dass es da noch ganz andere und viel bessere Röstverfahren gibt. Die Technik wandelt sich ja enorm schnell, da sollten Sie schon schauen, dass Sie immer auf dem Laufenden bleiben."

LERNFELD 7

4 Informations- und Beratungsgespräche durchführen

4.1 Gesprächsphasen

Informations- und Beratungsgespräche durchlaufen typischerweise bestimmte Phasen in einer relativ festgelegten Reihenfolge. Im Folgenden werden diese Phasen und ihre Besonderheiten vorgestellt.

4.1.1 Begrüßung und Gesprächseinstieg

Die Begrüßung des Gesprächspartners ist der Einstieg in ein erfolgreiches Informations- und Beratungsgespräch.

Tipp

Heißen Sie Ihren Gesprächspartner willkommen, sprechen Sie ihn, wenn möglich, mit Namen an und begrüßen Sie ihn mit freundlicher und kräftiger Stimme.

Merke

Die Begrüßung und der Gesprächseinstieg sind für den weiteren Verlauf des Gesprächs von entscheidender Bedeutung! Gewinnen Sie hier schon die Sympathie Ihres Gesprächspartners!

4.1.2 Bedarfsermittlung

Hat man sich zu einem fest vereinbarten Termin mit seinem Kunden getroffen, so wurde meist auch im Vorfeld vereinbart, was Inhalt des Informations- und Beratungsgesprächs sein soll. Ist dies nicht der Fall, wie zumeist bei spontanen Verkaufsgesprächen, muss der Kundenwunsch oft erst ermittelt werden. Ohne genau zu wissen, was der Kunde möchte, kann es zu keiner optimalen Beratung kommen. Dabei ist das Ziel, möglichst viel darüber zu erfahren, wozu der Kunde das Produkt nutzen möchte. Dazu dienen **gezielte Fragen** an den Kunden:

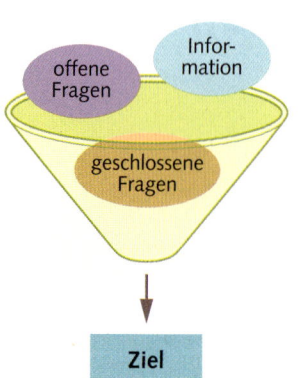

→ Man beginnt mit **offenen Fragen:** Das signalisiert dem Gesprächspartner, dass er ernst genommen wird und man an ihm interessiert ist. Außerdem liefern die ausführlichen Antworten des Kunden erste Erkenntnisse über sein Kaufmotiv.

→ Im Verlauf des Gesprächs erfolgt der Wechsel zu **geschlossenen Fragen.** Damit lässt sich das Gespräch gezielt lenken und der Kaufwunsch des Kunden genauer einengen.

→ Wichtig ist auch die Technik des **aktiven Zuhörens.**

→ Es folgt die Auswertung der Bedarfsermittlung durch die **Zusammenfassung des Ergebnisses** für den Kunden. Ziel ist, mit dem Kunden gemeinsam abzusichern, dass seine Äußerungen und Wünsche richtig verstanden wurden.

4.1.3 Produktpräsentation

In **selbstbedienungsorientierten Verkaufsräumen** stehen die Produkte den Käufern meist von vornherein zur Verfügung. Wichtig ist es deshalb, bei der Produktpräsentation die Sinne des Kunden anzusprechen; d. h. die Produkte sollten nicht nur optisch ansprechend präsentiert werden, sondern auch andere Sinne berühren, die helfen, die Attraktivität des Artikels zu erhöhen.

Bei **bedienungsorientierten Verkaufsformen** orientiert sich die Produktpräsentation an der vorherigen Bedarfsermittlung. Erst wenn der Kundenwunsch bekannt ist, wird der passende Artikel vorgestellt. Hierbei sollte man die Bedürfnisse des Kunden, soweit möglich, einbeziehen.

4.1.4 Nutzenargumentation

Für eine angemessene Information und Beratung sind nicht nur Kenntnisse über die Bedürfnisse des Kunden wichtig, sondern auch die passenden Verkaufsargumente. Wichtig sind hierbei gute Produktkenntnisse und eine überzeugende Nutzenargumentation.

Welchen Nutzen ein Produkt für den Kunden bietet, kann je nach Kunde verschieden sein, auch wenn die Vorteile des Produktes immer die gleichen sind. Dieser Nutzen ist abhängig von den unterschiedlichen Kaufmotiven der jeweiligen Kunden.

©mopsgrafik-fotolia.com

4.1.5 Preisargumentation

Ein wichtiger Punkt im Verkaufsgespräch ist die Nennung des Preises. Oft ist der Preis Ansatzpunkt für Einwände des Kunden. Bei marktüblichen Preisen oder generell bei höheren Preisen ist es sinnvoll, den Preis z. B. zusammen mit dem Kundennutzen zu nennen, damit dem Käufer die Kosten-Nutzen-Relation bewusst wird und er das Produkt nicht als zu teuer empfindet.

LERNFELD 7

Beispielsweise können folgende Preisargumentationstechniken angewendet werden:

Preisargumentationstechniken		
Technik	**Erläuterung**	**Beispiel**
Sandwichtechnik ©macrovector-fotolia.com	Der Preis wird zwischen zwei Nutzenargumenten genannt.	„Die Latte-macchiato-Gläser mit ihrem modernen und dennoch zeitlosen Design, das Ihnen auch noch in einigen Jahren gefallen wird, kosten pro Stück 4,99 EUR. Sie sind spülmaschinenfest und recht robust, sodass Sie jahrelang daran Freude haben werden."
Verzögerungstechnik ©Bank-Bank -fotolia.com	Hier wird der Preis erst nach einer Reihe von Produktvorteilen genannt.	„Unsere Hausmarke „FanGusto" ist ein Fair-Trade-Produkt. Die Bohnen sind von Hand verlesen und geröstet und haben deshalb wie alle unsere Sorten eine hohe Qualität. 250 Gramm erhalten Sie für 5,88 EUR."
Differenztechnik VALUE PRICE ©coramax-fotolia.com	Der Preis des Produktes wird dem eines günstigeren Standardproduktes gegenübergestellt, indem die Differenz zwischen den beiden Preisen und der höhere Nutzen des angebotenen Produktes genannt werden.	„Für den Kaffee „African special" zahlen Sie bei der 250-Gramm-Packung mit 8,00 EUR nur gut 2,00 EUR mehr als für den „FanGusto". Dafür ist dieser Kaffee etwas ganz Besonderes. Er ist geschmacklich noch ausdrucksstärker und mit dem Kauf unterstützen Sie eine Initiative, die sich für bessere Lebensbedingungen in Äthiopien einsetzt."

4.1.6 Einwandbehandlung

Oftmals werden Kunden in den Gesprächen Einwände gegen die Verkaufsargumentation bringen. Ein Einwand bedeutet aber nicht zwangsläufig, dass der Kunde das angebotene Produkt ablehnt, sondern zeigt vielmehr, dass er gedanklich in die Argumentation einsteigt. Wichtig ist es deshalb, den Einwand des Gesprächspartners ernst zu nehmen und konstruktiv darauf zu reagieren.

■ Aufbau der Einwandbehandlung

Für den Umgang mit Einwänden empfiehlt sich folgende Vorgehensweise:

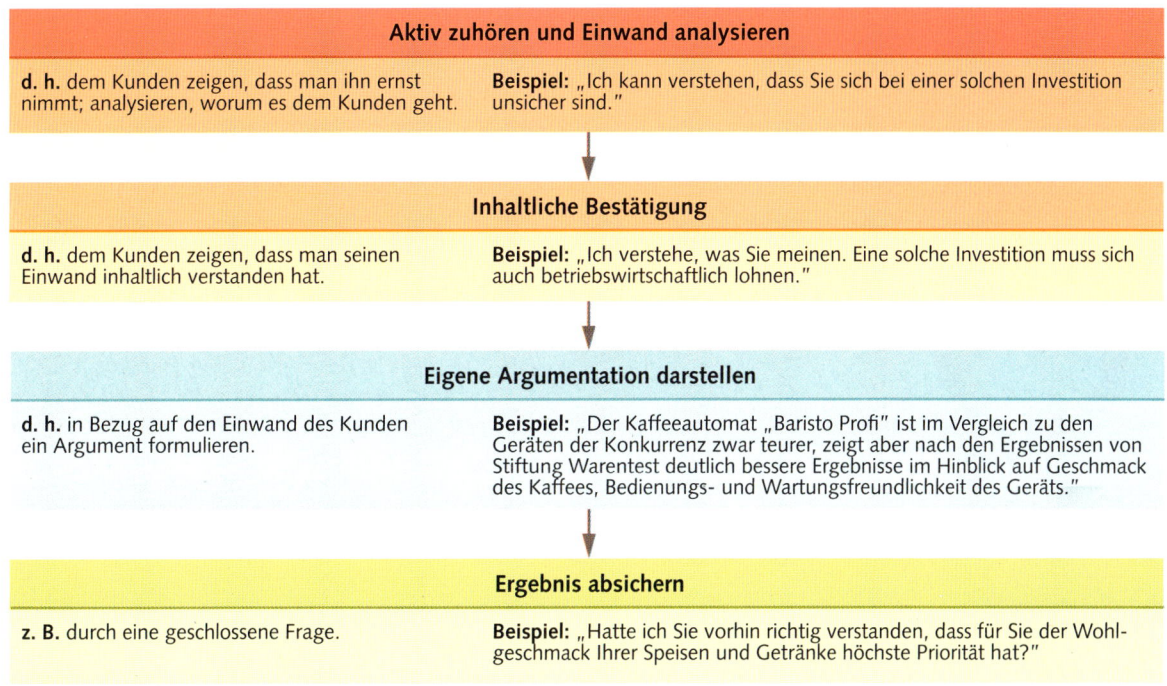

Aktiv zuhören und Einwand analysieren	
d. h. dem Kunden zeigen, dass man ihn ernst nimmt; analysieren, worum es dem Kunden geht.	**Beispiel:** „Ich kann verstehen, dass Sie sich bei einer solchen Investition unsicher sind."

Inhaltliche Bestätigung	
d. h. dem Kunden zeigen, dass man seinen Einwand inhaltlich verstanden hat.	**Beispiel:** „Ich verstehe, was Sie meinen. Eine solche Investition muss sich auch betriebswirtschaftlich lohnen."

Eigene Argumentation darstellen	
d. h. in Bezug auf den Einwand des Kunden ein Argument formulieren.	**Beispiel:** „Der Kaffeeautomat „Baristo Profi" ist im Vergleich zu den Geräten der Konkurrenz zwar teurer, zeigt aber nach den Ergebnissen von Stiftung Warentest deutlich bessere Ergebnisse im Hinblick auf Geschmack des Kaffees, Bedienungs- und Wartungsfreundlichkeit des Geräts."

Ergebnis absichern	
z. B. durch eine geschlossene Frage.	**Beispiel:** „Hatte ich Sie vorhin richtig verstanden, dass für Sie der Wohlgeschmack Ihrer Speisen und Getränke höchste Priorität hat?"

■ Techniken der Einwandbehandlung

Eine ausführliche Einwandbehandlung ist oft erfolgreich, da sie dem Gesprächspartner signalisiert, dass man sich intensiv seinem Problem annimmt. Allerdings bedarf sie auch großer Flexibilität und damit einiger Übung. Etwas einfacher ist der Umgang mit Kundeneinwänden mithilfe rhetorischer Techniken, von denen im Folgenden einige vorgestellt werden.

Techniken der Einwandbehandlung		
Technik	**Erläuterung**	**Beispiel**
Plus-Minus-Technik ©fotomek-fotolia.com	Dem stichhaltigen Argument des Gesprächspartners stimmt man zunächst zu, entkräftet es aber im Anschluss mit einem Gegenargument.	Kunde: „Ihre Kaffeesorten sind aber im Vergleich recht teuer." Reaktion: „Es stimmt, vergleicht man unseren Kaffee mit guten Sorten aus dem Supermarkt, so liegt unser Preis darüber. Allerdings achten wir zum einen darauf, dass die Bohnen qualitativ hochwertig und „Fair Trade" sind, zum anderen handelt es sich bei unserem Röstverfahren auch nicht um ein standardisiertes Verfahren, sondern es wird individuell auf die Bohnen abgestimmt."

LERNFELD 7

Techniken der Einwandbehandlung		
Technik	**Erläuterung**	**Beispiel**
Bumerangtechnik ©Nikolai Sorokin-fotolia.com	Der Einwand des Kunden wird umgewandelt in ein positives Argument für den Kauf des Produktes.	„Da ich kein Kaffee-Experte bin, merke ich Geschmacksunterschiede kaum." „Gut, dass Sie uns in unseren Verkaufsräumen besuchen. Wenn Sie nun einige von unseren Kaffees probieren, werden Sie deutliche Unterschiede herausschmecken und Ihren Lieblingskaffee finden."
Gegenfragetechnik ©NavTor-fotolia.com	Dem Einwand des Kunden wird zunächst mit einer Frage begegnet. Man erhält so weitere Informationen zum Einwand und gewinnt außerdem Zeit, um ein geeignetes Gegenargument zu finden.	„Da wir nur zu besonderen Gelegenheiten Kaffee trinken, wird der Kaffee bei einer einmal geöffneten Packung schnell sein Aroma verlieren." „Wie lange dauert es bei Ihnen durchschnittlich, bis eine 250-Gramm-Packung verbraucht ist?" „Ca. vier Wochen." „Für diese Fälle haben wir die Kaffee-Aromadosen, die das Aroma der Bohnen sechs bis acht Wochen lang bewahren."
Hypothesetechnik ©Trueffelpix-fotolia.com	Man entwickelt aus dem Einwand eine konkrete Situation, in die sich der Kunde hineinversetzen kann und die man für ein positives Argument nutzt.	„Wir hatten bisher noch nie einen festen Lieferanten für unseren Kaffee, sondern haben ihn immer im Großmarkt gekauft." „Stellen Sie sich vor, Sie müssen nun nicht mehr im Großmarkt nach geeigneten Kaffeesorten suchen, sondern kommen morgens in Ihr Café und unser Lieferant hat Ihnen die Arbeit schon abgenommen."
Referenztechnik ZERTIFIZIERT ZERTIFIZIERT ©jojje11-fotolia.com	Dem Einwand des Kunden begegnet man, indem man andere Personen oder Institutionen nennt, die bereits das Produkt verwenden oder es positiv getestet haben.	„Kaffeeröstereien schießen ja im Moment wie Pilze aus dem Boden. Woher soll man da noch wissen, welches Angebot man annehmen soll?" „Gerade vor zwei Monaten hat Ökotest private Kaffeeröstereien getestet, mit einem sehr guten Ergebnis für unsere Produkte."

LERNFELD 7

Tipp

Techniken der Einwandbehandlung sind gute Hilfsmittel, um gezielt auf Kundeneinwände zu reagieren. Bereiten Sie sich hierauf vor, indem Sie sich mögliche Kundeneinwände, die passende Technik und dazugehörigen Argumente vor dem Gespräch notieren.

4.1.7 Serviceangebote

Da Produkte und Dienstleistungen der Unternehmen immer ähnlicher werden, bieten Serviceangebote eine Möglichkeit, sich von den Mitbewerbern zu unterscheiden und abzusetzen. Zusätzlich lässt sich durch attraktive Serviceleistungen die Kundenbindung stärken, da die Kunden mit dem Angebot besonders zufrieden sind und gerne wiederkommen. Es lassen sich vier Kategorien unterscheiden:

Serviceangebote in Bezug auf			
... die Information	... die Bezahlung	... die Bequemlichkeit	... die Sicherheit
• Produkt- bzw. Sortimentsinformation, z. B. auf dem Produkt oder in einem Katalog	• Kartenzahlung, z. B. mit Kreditkarte	• Liefer- bzw. Versandservice	• technischer Service, z. B. Reparaturservice oder Wartung
• Unternehmensinformation, z. B. im Internet	• Finanzkauf, z. B. über eine Partnerbank des Unternehmens	• Montage	• unternehmensbezogene Garantieleistungen
• Anfahrtsskizze, z. B. im Internet	• Sonderkonditionen wie z. B. Rabatte	• kostenlose Parkmöglichkeiten	

Die Serviceleistungen können entweder vor dem Gespräch (z. B. Hinweis auf Anfahrtsskizze im Internet), während der Beratung (z. B. Sonderkondition in Form eines Rabatts) oder im Anschluss (z. B. Lieferservice) angeboten werden.

4.1.8 Zusatzleistungen

In einem Informations- und Beratungsgespräch erwarten die Kunden Problemlösungen. Manche Produkte sind erst durch bestimmte Ergänzungen funktionsfähig bzw. sinnvoll einsetzbar (z. B. Kaffeebohnen mit Kaffeemühle). Deshalb ist es wichtig, die Kunden auf diese Zusatzangebote hinzuweisen.

Wichtig ist eine angemessene Anpreisung der Zusatzleistung. Der Kunde soll nicht das Gefühl haben, dass ihm zusätzlich noch etwas aufgedrängt wird, sondern merken, dass für ihn mitgedacht wird.

Beispiel

„Diese Kaffeesorte eignet sich hervorragend für Latte macchiato. Wir haben hierfür sehr schöne Gläser, die ich Ihnen gerne noch vorstellen möchte."

„Sie haben Recht, dass das Mahlen mit dieser Handkaffeemühle bei größeren Mengen recht anstrengend ist. Mit der elektrischen Kaffeemühle mahlen Sie den Kaffee hingegen ohne jede Anstrengung."

LERNFELD 7

Tipp

Beziehen Sie Serviceangebote und Zusatzleistungen gezielt in die Kundengespräche ein.

Informieren Sie sich deshalb im Vorfeld genau über mögliche und passende Leistungen, die das Unternehmen anbietet.

Merke

Mit Zusatzleistungen helfen Sie den Kunden und steigern den Umsatz des Unternehmens.

©Herby Me-fotolia.com

4.1.9 Verkaufs- und Gesprächsabschluss

Wenn das Produkt bzw. die Dienstleistung präsentiert wurde, alle Einwände des Kunden ausgeräumt sind und ihm der Preis bekannt ist, ist es an der Zeit, zu einem erfolgreichen Verkaufsabschluss zu kommen. Nur selten wird dieser aktiv durch den Kunden eingeleitet. Daher gilt es für den Verkäufer,

→ zu erkennen, ob der Kunde zu einer Kaufentscheidung bereit ist **(Kaufsignal)**,

→ die Kaufentscheidung aktiv herbeizuführen **(Verkaufsabschluss)**.

■ Kaufsignale

Auch wenn der Kunde nicht direkt sein Einverständnis zum Kauf zum Ausdruck bringt, sendet er dennoch Signale, die dem Verkäufer zeigen, dass ein Abschluss möglich ist.

■ Verkaufsabschluss

Zeigt der Kunde Kaufsignale, sollte er bei seiner Entscheidung unterstützt werden. Hilfreich sind sogenannte **Abschlusstechniken**.

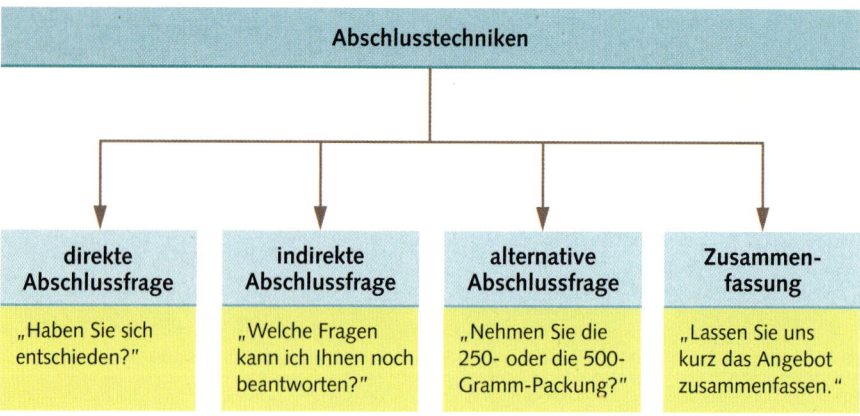

■ Gesprächsabschluss

Hat sich der Kunde für den Kauf eines Produktes entschieden, sind noch einige Schritte zu beachten:

→ Erklären Sie dem Kunden ggf. das weitere Vorgehen bzw. geben Sie ihm ggf. noch weitere Tipps zum Produkt.

→ Bedanken Sie sich für den Kauf bzw. das Vertrauen des Kunden.

→ Fragen Sie nach, ob der Kunde weitere Fragen hat oder ob Sie noch etwas für ihn tun können.

©coramax-fotolia.com

Trotz eines ausführlichen Beratungsgespräches kann der Fall eintreten, dass kein Verkauf stattfindet. Dies ist keine Niederlage. Manche Kunden brauchen länger, bis sie zu einer Verkaufsentscheidung kommen oder andere stellen fest, dass sich ihre Vorstellungen mit den vorgestellten Produkten nicht erfüllen lassen. Wichtig ist, dass sich die Kunden auch im Nachhinein noch gut beraten fühlen, denn dann besteht die große Chance, dass sie noch einmal wiederkommen. Deshalb:

→ Akzeptieren Sie das Nein des Kunden.

→ Sorgen Sie auch jetzt noch für eine positive Gesprächsatmosphäre.

→ Verabschieden Sie den Kunden freundlich.

4.1.10 Besonderheiten bei Telefongesprächen

Der Gesprächsablauf bei Telefonaten unterscheidet sich grundsätzlich nicht von dem bei Gesprächen, bei denen sich die Gesprächspartner sehen können. Dennoch gibt es einige Besonderheiten, die man bei telefonischen Beratungen beachten sollte:

©Art3D-fotolia.com

Telefonische Informations- und Beratungsgespräche	
Gesprächsphase	**Besonderheiten**
Begrüßung und Gesprächseinstieg	**Wenn der Kunde bei Ihnen anruft:** • Nutzen Sie eine professionelle Meldeformel, z. B.: „Herzlich willkommen bei der Kaffeerösterei FanGusto, mein Name ist Melanie Rath. Was kann ich für Sie tun?" • Achten Sie auf den Namen des Kunden und nennen Sie ihn im Verlauf des Gesprächs. • Sichern Sie die Beratung durch einen Abgleich wichtiger Kundendaten ab, z. B. Kundennummer und/oder Geburtsdatum. **Wenn Sie den Kunden anrufen:** • Verwenden Sie eine professionelle Meldeformel, z. B.: „Guten Tag. Sie sprechen mit Melanie Rath von der FanGusto GmbH." • Versichern Sie sich, dass Ihr gewünschter Ansprechpartner am Apparat ist, z. B.: „Spreche ich mit Herrn Frank Möller?" • Sorgen Sie für eine positive Gesprächsatmosphäre, indem Sie z. B. sagen: „Herr Möller, schön, dass ich Sie erreiche." • Wenn der Ansprechpartner nicht erreicht wird, vereinbaren Sie einen Rückruftermin: „Wann kann ich Herrn Möller am besten erreichen?"

LERNFELD 7

Telefonische Informations- und Beratungsgespräche	
Gesprächsphase	**Besonderheiten**
Bedarfs-ermittlung	**Wenn der Kunde bei Ihnen anruft:** gibt es keine Unterschiede zum traditionellen Verkaufsgespräch. **Wenn Sie beim Kunden anrufen:** ist diese Gesprächsphase dann besonders schwierig, wenn der Kunde nicht mit einem telefonischen Verkaufsgespräch rechnet. Oft wird der Verkäufer dann mit Einwänden konfrontiert wie: „Keine Zeit" oder „Kein Bedarf". Nutzen Sie deshalb eine der folgenden Möglichkeiten: • Finden Sie einen **Ansprachegrund.** Vielleicht wollen Sie dem Kunden eine Produktneuheit vorstellen oder im Vorfeld wurde bereits ein schriftliches Angebot an den Kunden verschickt. Gehen Sie gezielt darauf ein. • Nennen Sie den entscheidenden **Vorteil des Produktes und eine erste Information**, um das Interesse zu wecken. • Formulieren Sie dann eine **offene Frage**, die sich auf Ihre vorherigen Äußerungen bezieht.
Produktpräsentation/ Nutzenargumentation/ Einwandbehandlung/ Preisargumentation/ Serviceangebot/ Zusatzleistung	Hier liegt der größte Unterschied zum traditionellen Verkaufsgespräch: Der Kunde kann Sie und v. a. das Produkt nicht sehen; d. h. Sie müssen allein durch Ihre Stimme und Ihre Sprache den Kunden kompetent beraten. Achten Sie deshalb besonders auf die folgenden Aspekte: • Sprechen Sie **deutlich und artikuliert**. Machen Sie genügend Pausen, um sich zu versichern, dass der Kunde Ihnen folgen kann. • Sprechen Sie in einer **angenehmen Lautstärke und Tonlage**. • Formulieren Sie eher **kurze Sätze**. • Setzen Sie **Beispiele und Bilder** ein, um Ihr Angebot anschaulich zu präsentieren.
Verkaufs- und Gesprächsabschluss	• Achten Sie bei Telefonaten besonders auf einen **verbindlichen Gesprächsabschluss**. • Da in diesem Fall die Ware nicht direkt an den Kunden übergeben werden kann, ist es besonders wichtig, das weitere Vorgehen bzw. weitere notwendige Schritte wie z. B. die **Versendung der Ware** und die **Zahlungsmöglichkeiten** zu klären. • Versichern Sie sich auch, ob die **Versandanschrift** des Kunden korrekt ist.

LERNFELD 7

Tipp

Auch wenn der Kunde Sie am Telefon nicht sieht, achten Sie auf Ihre Körpersprache und -haltung: Sie hat einen direkten Einfluss auf Ihre Stimme, Stimmlage, den Ausdruck und die Tonlage.

Stehen oder sitzen Sie aufrecht. Sie klingen freundlicher und überzeugender!

4.2 Informieren und Beraten in einer fremden Sprache

Gerade im Geschäftskundenbereich kann es vorkommen, dass es sich um fremdsprachige Geschäftspartner handelt.

Nachfolgend werden typische Formulierungen, die immer wieder in Informations- und Beratungsgesprächen verwendet werden, in deutscher und englischer Sprache gegenübergestellt.

©treenabeena-fotolia.com

Telefonische Informations- und Beratungsgespräche	
Deutsch	**Englisch**
v. a. im Geschäftskundenbereich	
Guten Morgen Herr Brown, hatten Sie eine gute Anreise?	Good morning, Mr Brown. Did you have a good journey?
Vielen Dank, dass Sie sich für unser Gespräch Zeit nehmen.	It's good of you to make time available so that we can talk. Thank you.
Haben Sie sich entschieden?	Have you reached a decision?/ Have you decided what you want to do?
Welche Fragen kann ich Ihnen noch beantworten?	Is there any other question that you want me to answer?
Lassen Sie uns kurz das Angebot zusammenfassen.	Let's just state the main points of our offer.
Das Angebot sende ich Ihnen zu.	I will send you/let you have our offer shortly.
v. a. im Verbraucher-/Privatkundenbereich	
Was kann ich für Sie tun?	What can I do for you?
Wie kann ich Ihnen helfen?	How can I help you?/ What can I do to help you?
telefonische Informations- und Beratungsgespräche	
Guten Tag. Sie sprechen mit Melanie Rath von der FanGusto GmbH.	Good morning./Good afternoon. You're talking with Melanie Rath of FanGusto GmbH.
Spreche ich mit Herrn Steve Brown?	Is that Mr Brown speaking/on the phone?
Herr Brown, schön, dass ich Sie erreiche.	It's good to be able to talk to you, Mr Brown.
Wann kann ich Herrn Brown am besten erreichen?	How can I reach Mr Brown?/When do you think Mr Brown will be available?

LERNFELD 7

LF 2

4.3 Zusammenfassung und Aufgaben

Zusammenfassung

> **Gesprächsphasen**
>
> **Begrüßung und Gesprächseinstieg:** Diese Phase bedeutet, den Gesprächspartner freundlich zu begrüßen, ihn, wenn möglich, mit seinem Namen anzusprechen und ihm zu zeigen, dass er willkommen ist.
>
> **Bedarfsermittlung:** Sie beginnt mit offenen Fragen, geht dann zu geschlossenen Fragen über und endet mit der Zusammenfassung des Ergebnisses. Wichtig ist das aktive Zuhören.
>
> **Produktpräsentation:** z. B. optisch ansprechend und die Sinne berührend.
>
> **Verkaufsargumentation:** Sie baut auf den Bedürfnissen des Kunden auf. Der Nutzen des Produktes muss für ihn klar erkennbar sein.
>
> **Preisargumentation: Techniken** der Preisnennung berücksichtigen die Kosten-Nutzen-Relation, z. B. Sandwichtechnik, Verzögerungstechnik, Differenztechnik.
>
> **Einwandbehandlung:**
> - **Aufbau:** aktiv zuhören und Einwand analysieren → inhaltliche Bestätigung → eigene Argumentation darstellen → Ergebnis absichern
>
> - **Techniken** erleichtern den Umgang mit Kundeneinwänden, z. B. Plus-Minus-, Bumerang-, Gegenfrage-, Hypothesen- oder Referenztechnik.
>
> **Serviceangebote** bieten die Möglichkeit, sich von der Konkurrenz zu unterscheiden, im Hinblick auf Informationen, Bezahlung, Bequemlichkeit oder Sicherheit.
>
> **Zusatzleistungen** ergänzen das Produktangebot.
>
> **Kaufsignale** sendet der Kunde und müssen vom Verkäufer erkannt werden.
>
> Den **Verkaufsabschluss** kann man mithilfe von **Abschlusstechniken** gestalten, z. B. durch eine direkte, indirekte oder alternative Abschlussfrage oder eine Zusammenfassung.
>
> **Gesprächsabschluss:** Egal, ob der Kunde das Angebot angenommen hat oder nicht, auch am Ende des Gesprächs ist auf eine angenehme Gesprächsatmosphäre zu achten und der Kunde freundlich zu verabschieden.
>
> Dadurch, dass sich die Gesprächspartner bei **telefonischen Informations- und Beratungsgesprächen** nicht sehen, ergeben sich einige Besonderheiten. Deshalb sind z. B. ein deutlicher Ausdruck und verbindliche Absprachen von besonderer Bedeutung.

Aufgaben

1. Prüfen Sie folgende Aussagen auf ihre Richtigkeit. Die Antwort ist jeweils zu begründen.

   (1) Es ist egal, wie man den Gesprächspartner begrüßt. Wichtig wird das Gespräch erst, wenn es um die Information und Beratung geht.

   (2) Den Bedarf des Kunden ermittelt man am besten überwiegend mit offenen Fragen.

   (3) Die Vorteile eines Produktes sind immer die gleichen. Nur der Nutzen variiert in Abhängigkeit von den Kaufmotiven des jeweiligen Kunden.

   (4) Hat der Kunde einen Einwand gegen den Kauf des vorgeschlagenen Produktes, so sollte man das akzeptieren.

   (5) Serviceangebote verstärken die Kundenbindung.

   (6) Da man bei Telefonaten vom Gesprächspartner nicht gesehen wird, sind Körperhaltung und -sprache in solchen Fällen unwichtig.

2. Sie haben mit einem Geschäftspartner Ihres Ausbildungsbetriebes einen Termin zu einem Informations- und Beratungsgespräch vereinbart. Formulieren Sie Ihre Begrüßung.

3. Ein Neukunde interessiert sich für den Kaffee der FanGusto GmbH. Formulieren Sie zu jeder Phase der Bedarfsermittlung eine passende Äußerung, um Aufschluss über die Wünsche des Kunden zu bekommen.

4. Entwickeln Sie für ein Produkt Ihrer Wahl eine Nutzenargumentation.

5. Die FanGusto GmbH verkauft eine Aromadose zur Aufbewahrung von Kaffee mit einem neuartigen Verschluss-System, das garantiert, dass das Aroma des Kaffees deutlich länger als in anderen Boxen erhalten bleibt. Allerdings kostet die Dose auch 29,95 EUR. Nennen Sie den Preis unter Verwendung einer geeigneten Preisargumentationstechnik.

6. Nennen Sie die Kategorien, in die sich Serviceangebote mit jeweils einem Beispiel aus Ihrem Ausbildungsbetrieb einteilen lassen.

7. Nennen Sie Beispiele für Zusatzleistungen bei folgenden Produkten:

   a) Smartphone,

   b) Fahrrad,

   c) Winterjacke.

8. Ein Gesprächspartner ruft bei Ihnen im Ausbildungsbetrieb an.
   Formulieren Sie eine professionelle Meldeformel.

LERNFELD 7

5 Mit schwierigen Gesprächssituationen umgehen

Wenn Menschen in ihren Meinungen und Handlungen nicht übereinstimmen, können Auseinandersetzungen entstehen. Da dies häufig der Fall ist, sind diese etwas Alltägliches. Und obwohl solche Situationen oftmals als lästig, unbequem, stressverursachend und vielleicht auch angstmachend erlebt werden, sollte man sie nicht ignorieren. Besser ist es, sie im Vorfeld zu vermeiden oder einen akuten Konflikt zu lösen.

5.1 Umgang mit Konflikten

Von einem Konflikt spricht man im Fall von **Meinungsverschiedenheiten** oder der **Handlung** einer Person (oder Partei), die von der anderen als störend erlebt wird. Es genügt, wenn eine der beiden Parteien, die Situation als **beeinträchtigend** erlebt. D. h. auch eine Situation, die von einer Person nicht absichtlich oder unbewusst herbeigeführt wurde, kann zu einem Konflikt führen.

Beispiel

Frau Rath, Verkaufsleiterin der FanGusto GmbH, hat einen Gesprächstermin mit Herrn Schulze vom Hotel „Sonnenblick". Frau Rath soll ihm unterschiedliche Typen von Kaffeeautomaten für das Hotel vorstellen.

Während des Gesprächs schreibt Herr Schulze einige Kurznachrichten mit seinem Handy. Frau Rath fühlt sich dadurch gestört, weil sie das Gefühl hat, dass Herr Schulze ihren Ausführungen nicht aufmerksam genug folgt. Herr Schulz jedoch ist sich nicht bewusst, dass sein Verhalten als störend empfunden wird.

5.1.1 Konfliktsituationen und ihre Ursachen

Das **Eisbergmodell der Kommunikation** macht deutlich, dass eine Voraussetzung für das Gelingen von Kommunikation die Übereinstimmung von Sach- und Beziehungsebene sein muss. Es zeigt aber im Umkehrschluss auch, dass die Ursache für das Nichtgelingen von Kommunikation und eventuell daraus resultierend für das Entstehen von **Konflikten sachbezogen** und/oder **beziehungsbezogen** (basierend auf persönlichen Erfahrungen und Erwartungen des Menschen) ist.

■ Sachbezogene Ursachen

Das Eisbergmodell zeigt es: Mit gerade einmal ca. 20 Prozent hat die Sachebene Einfluss auf das Gelingen der Kommunikation und damit sind auch sachbezogene Ursachen von Konflikten überschaubar. Gibt es eine Meinungsverschiedenheit, die v. a. auf der Sachebene liegt, so kann das daran liegen, dass die Gesprächspartner

→ über **unterschiedliche Informationen** über die Sache verfügen oder

→ sie über dieselben Informationen verfügen, diese aber **jeweils anders bewerten**.

LERNFELD 7

■ Die für heute angekündigte Lieferung des Rohkaffees ist nicht eingegangen. Erbost kommt Mario Magrini, Leiter der Rösterei, in die Einkaufsabteilung: Wegen der nicht erfolgten Lieferung muss die Produktion gedrosselt werden. Er ist der Meinung, man sollte keine Ware mehr von diesem Lieferanten beziehen, da er unzuverlässig ist.

Cosima Diaz, Leiterin des Einkaufs, widerspricht ihm, indem sie sagt, dass dieser Lieferant bislang immer zuverlässig gewesen sei.

■ Im Laufe des Tages meldet sich der Lieferant: Ein Problem mit den Zollpapieren hätte die Lieferverzögerung hervorgerufen. Herr Magrini fühlt sich in seiner Meinung bestätigt: Hätte der Lieferant seine Zollpapiere ordnungsgemäß ausgefüllt, wäre es nicht zu der Verzögerung gekommen.

Frau Diaz ist jedoch der Meinung, dass ein Problem mit den Zollpapieren nicht unbedingt bedeuten müsse, dass der Lieferant diese falsch ausgefüllt hat.

Bei der Bewertung einer Information können auch persönliche Faktoren eine Rolle spielen, wie z. B. die Vorerfahrungen, die ein Mensch in ähnlichen Situationen gemacht hat. Hieran ist erkennbar, dass sich Konfliktursachen nicht immer eindeutig in sachbezogen oder persönlich bzw. beziehungsbezogen trennen lassen und dass ein nach außen erkennbarer Sachkonflikt durchaus auch persönliche, beziehungsbezogene Hintergründe haben kann.

©Rucie-fotolia.com

■ Beziehungsbezogene Ursachen

Auf der persönlichen Ebene von Gesprächspartnern kann es eine Reihe von Ursachen geben, die einen Konflikt auslösen können. Diese lassen sich in folgende Bereiche einordnen:

Beziehungsbezogene/persönliche Konfliktursachen	
Ursache	**Erläuterung**
Gefühle/ Bedürfnisse/ Beziehungsprobleme	Emotionale Interessen lösen den Konflikt aus, z. B. wenn sich die Person nicht anerkannt fühlt, neidisch auf den anderen ist, den anderen zu stark dominiert oder von ihm zu stark dominiert wird.
Werte	Unterschiedliche Wertvorstellungen führen zu Meinungsverschiedenheiten (sind oft auch Ursachen für kulturelle und interkulturelle Konflikte), z. B. Ordnung versus Freiheit, Rücksichtnahme auf andere versus Selbstverwirklichung.
intrapersonale Probleme	Die psychische Verfassung eines Menschen kann einen Konflikt verursachen, beispielsweise schon eine schlechte „Tagesform" oder auch ernste neurotische Störungen.
strukturelle Bedingungen	Die Hierarchieebenen, auf denen sich Gesprächspartner befinden, oder unterschiedliche wirtschaftliche Verhältnisse können dazu führen, dass Machtverhältnisse ungleich verteilt sind und einen Konflikt auslösen.

5.1.2 Anzeichen von Konflikten

Wichtig ist es, Konfliktsituationen möglichst frühzeitig zu erkennen und auf sie angemessen zu reagieren. Denn je länger man wartet, umso größer ist die Gefahr, dass sich der Konflikt verschärft und die Lösung des Konfliktes schwieriger wird.

■ Offene und verdeckte Konflikte

Unterschieden wird in **offene Konflikte**, die leicht erkennbar sind, und **verdeckte Konflikte**, die auf den ersten Blick nicht sichtbar sind. Verdeckte Konflikte sind oftmals auch schwieriger zu bearbeiten, da sie schwer „greifbar" sind.

Konflikte und ihre Anzeichen		
	offene Konflikte	**verdeckte Konflikte**
Anzeichen	• Die Meinung wird offen geäußert. • Das ablehnende Verhalten ist offensichtlich, z. B. in Form von Ignoranz, ablehnender Haltung, abwertender Gestik oder Mimik.	• Kritik wird versteckt, z. B. hinter Sarkasmus, Ironie, subtilen Anspielungen oder sie wird sogar geleugnet. • Dem Verhalten ist die Konfliktursache kaum zuzuordnen, z. B. im Fall von Rückzug, Schweigen oder Kontaktabbruch.

Aus dem Gesprächsverhalten lassen sich häufig auch Rückschlüsse ziehen, um welchen **Gesprächs- bzw. Kundentypen** es sich handelt. Je eher man auf diesen mit der passenden Strategie reagiert, umso besser lassen sich Konflikte vermeiden.

©fotohansel-fotolia.com

■ Gesprächsstörer

Konflikte verstecken sich häufig hinter „Kleinigkeiten", die aber große negative Auswirkungen haben können. Beispiel hierfür sind Aussagen bzw. Verhaltensweisen, die als Gesprächsstörer bezeichnet werden.

Gesprächsstörer		
Art	**Beispiel**	**Wirkung**
Verharmlosen	„Ach, Frau Müller, das ist doch alles gar nicht so schlimm."	Der andere fühlt mit seinen Problemen nicht ernst genommen.
Negativ bewerten	„Ihre Restaurantausstattung ist aber schon ziemlich veraltet."	Das Verhalten, eine Aussage, Eigentum des Gesprächspartners o. Ä. wird negativ bewertet. Er wird mit Ablehnung reagieren.

Gesprächsstörer		
Art	**Beispiel**	**Wirkung**
Überreden	„Na, kommen Sie schon. Kaufen Sie heute das Sonderangebot. Sie werden es nicht bereuen."	Der andere wird zu etwas überredet, was er eigentlich (noch) nicht möchte. Er wird mit Widerspruch oder Rückzug reagieren.
Befehlen	„Da müssen Sie sich schon noch heute entscheiden."	Dem anderen wird die Entscheidungsfreiheit genommen. Er wird wahrscheinlich Widerstand leisten.
Warnen oder Drohen	„Wenn Sie heute nicht bei unserem Angebot zugreifen, dann kann ich Ihnen nicht garantieren, dass wir es Ihnen morgen noch zu diesem Preis anbieten können."	Durch das Aufzeigen von negativen Folgen, soll der andere zu einer Entscheidung gedrängt werden. Auch hier ist Widerstand wahrscheinlich.
Vorwürfe machen	„Anstatt selbst zu versuchen die Maschine zu reparieren, hätten Sie mal besser vorher bei uns angerufen."	Die Vorwürfe wirken auf den anderen als Belehrung bzw. man suggeriert ihm Überlegenheit. Er wird abweisend oder wütend reagieren.

Die Gesprächsstörer gehen meist mit dem entsprechenden nonverbalen Verhalten, wie z. B. herablassenden Blick, verschränkten Armen oder Distanzverletzungen einher.

Tipp

Vermeiden Sie in Gesprächen auf jeden Fall Gesprächsstörer und herausforderndes nonverbales Verhalten!

LERNFELD 7

5.1.3 Strategien zur Konfliktvermeidung und -bewältigung

Der Grundsatz der Strategien basiert auf der Erkenntnis, die Schulz von Thun mit seinem **4-Ohren-Modell** beschrieben hat:

Der Mensch spricht und hört auf vier Ebenen. Stehen sich zwei oder mehr Gesprächspartner gegenüber, so muss man sich bewusst sein, dass diese vier Ebenen bei jedem unterschiedlich stark ausgeprägt sind. Das bedeutet, dass **genaue und möglichst lückenlose Informationen** und eine **offene Haltung** dem anderen gegenüber unabdingbar für konstruktive und erfolgreiche Gespräche sind, die dennoch Konflikte nicht in jedem Fall ausschließen können, aber zu einem positiven und konstruktiven Umgang mit ihnen beitragen.

©josef grimschnitz-fotolia.com

■ Gesprächsförderer

Genauso wie Gesprächsstörer schon als „Kleinigkeit" einen Konflikt auslösen können, kann es mit geringen Mitteln, den sogenannten Gesprächsförderern, gelingen, ein Gespräch positiv zu beeinflussen, Konflikte zu vermeiden oder sie leichter zu bewältigen.

Gesprächsförderer		
Art	**Beispiel**	**Wirkung**
Nachfragen	„Wie meinen Sie das?"	Das Nachfragen signalisiert dem anderen Interesse. Bei Unklarheiten gelingt es, zu verstehen, was sein Anliegen ist.
Zustimmen	„Ich gebe Ihnen Recht. Natürlich bietet auch unsere Konkurrenz gute Angebote."	Jeder strebt nach Anerkennung seiner Meinung. Mit solchen Äußerungen signalisiert man, dass man die Meinung des anderen verstanden hat, auch wenn man sie nicht (uneingeschränkt) teilt.
Denkanstöße geben	„Natürlich bietet auch unsere Konkurrenz guten Kaffee. Unser Röstverfahren ist jedoch schonender. Wie wichtig ist Ihnen die Bekömmlichkeit?"	Lässt sich gut mit dem Zustimmen kombinieren. Der andere wird aufgefordert, selbst über seine Beweggründe/Meinung nachzudenken und eine Entscheidung zu treffen.
Pausen	*Pause* ©PhotoSG-fotolia.com	Pausen können dazu dienen: • schwierige Situationen zu entspannen, • dem anderen (und sich selbst) Zeit zum Nachdenken zu geben und • auf Äußerungen des anderen angemessen zu reagieren.

Tipp

Nutzen Sie die Pausentechnik. Sie hilft Ihnen sehr in schwierigen Gesprächssituationen.

■ Gesprächsregeln

LF 2

Gesprächsregeln fassen die Techniken und Regeln der Gesprächsführung zusammen und haben zweierlei Funktion. Sie können dazu dienen,

→ Konflikte zu vermeiden oder

→ Konflikte nutzbringend zu lösen.

So unangenehm es auf den ersten Blick erscheint, sich in eine Konfliktsituation zu begeben, letztendlich können Meinungsverschiedenheiten und die positive Auseinandersetzung mit ihnen den Gesprächspartnern helfen, sich mit einer anderen Perspektive zu beschäftigen und eventuell zu neuen Lösungen zu kommen, auf die jeder für sich nicht gekommen wäre, weil er in seinem eigenen Denken verhaftet ist.

©fotomek-fotolia.com

Wichtige Gesprächsregeln sind:

- Zeigen Sie Interesse an Ihrem Gesprächspartner.
- Verhalten Sie sich ihm gegenüber wertschätzend, respektvoll und tolerant.
- Verhalten Sie sich authentisch (echt).
- Schenken Sie ihm Ihre uneingeschränkte Aufmerksamkeit.
- Lassen Sie Ihren Gesprächspartner ausreden.
- Hören Sie (aktiv) zu.
- Fragen Sie nach, bspw. wenn Sie etwas nicht verstehen.
- Geben Sie Ihrem Gesprächspartner (falls erwünscht!) eine Rückmeldung zu seinen Äußerungen.
- Halten Sie Blickkontakt beim Sprechen.
- Reden Sie nicht zu lange.
- Seien Sie ehrlich.

Da der angemessene und wertschätzende Umgang mit den Geschäftspartnern für ein Unternehmen ein wichtiger Schlüssel zum Erfolg ist, können solche Gesprächsregeln auch als **Leitfaden für den Umgang mit Kunden** genutzt werden und beispielsweise im Qualitätsmanagement-Handbuch hinterlegt sein.

■ Gewaltfreie Kommunikation

Die Fähigkeit und Bereitschaft sich in andere Menschen einzufühlen ist nach **Marshall B. Rosenberg**, amerikanischer Psychologe, eine Grundvoraussetzung für das Gelingen von Kommunikation.

Bezogen auf schwierige Gesprächssituationen, wie z. B. Konfliktsituationen, bedeutet das, wenn man sich empathisch verhält und das auch seinem Gesprächspartner verdeutlicht, werden die eigenen Bedürfnisse und Gefühle und die des anderen deutlich und eine Lösung des Konfliktes wird vereinfacht, weil man unter die Oberfläche des Konfliktes (des „Eisberges") schaut und auch diesen thematisiert. Im Grunde handelt es sich damit auch um eine Erweiterung der Techniken des aktiven Zuhörens und der Ich-Botschaften.

Die Gewaltfreie Kommunikation verläuft in **vier Schritten** und endet mit einer Bitte, die der andere eher bereit ist zu erfüllen als eine Forderung (vgl. auch Gesprächsstörer):

Situationsbeschreibung ohne Wertung	„Wir waren heute um neun Uhr verabredet. Sie kamen erst um zehn Uhr."
Äußern der (negativen) Gefühle	„Ich war auf unser Treffen um neun Uhr eingerichtet und habe mir für unser Gespräch zwei Stunden freigehalten. Durch die Verspätung fehlt uns nun Zeit, alles Wichtige zu besprechen, und das ärgert mich."
Beschreiben der eigenen Bedürfnisse	„Mir ist wichtig, dass ich genügend Zeit für meine Gesprächspartner habe. Ich plane mir diese Zeit sehr bewusst ein und stelle andere Aufgaben dafür hinten an."
Äußern der Bitte	„Ich bitte Sie deshalb, wenn Sie sich verspäten, mich telefonisch kurz zu informieren, dann kann ich meine Terminplanung meist auch kurzfristig noch ändern, die Wartezeit sinnvoll nutzen und habe dann auch noch Zeit für ein ausführliches Gespräch mit Ihnen."

■ Stressbewältigung

Die Strategien zur Konfliktvermeidung und -bewältigung helfen, in schwierigen Situationen so zu reagieren, dass diese relativ leicht und für alle Beteiligten zufriedenstellend gelöst werden können. Dennoch werden solche Gespräche häufig als anstrengend und „stressig" empfunden. Wichtig ist, sich nach der Bewältigung der Situation auch emotional aus dieser zu lösen und sie nicht noch weiter mit sich herumzutragen. Dabei helfen Stressbewältigungstechniken, wie z. B. Entspannungstechniken oder Sport. Welche für einen die Richtige ist, muss jeder für sich herausfinden, hilfreich können aber auch schon einfache Maßnahmen sein.

Tipps zur Stressbewältigung

■ **Dampf ablassen:**

Berichten Sie einer Kollegin oder einem Kollegen von der Situation und wie Sie sie bewältigt haben. Oder gehen Sie in einen anderen Raum und schimpfen Sie. Laufen Sie in der Mittagspause zügig einmal um den Häuserblock.

■ **Atmen und sich beruhigen:**

Atmen Sie drei- bis viermal tief ein und aus. Halten Sie dabei ca. vier Sekunden die Luft an. Wiederholen Sie die Übung bei Bedarf.

■ **Grenzen aufzeigen:**

Geben Sie schwierige Situationen auch einmal an Kollegen ab. Wenn Sie gerade ein Konfliktgespräch geführt haben, ist es hilfreich, nicht gleich wieder eine ähnliche oder generell eine schwierige Situation bewältigen müssen.

■ **Eigene Leistung sehen:**

Machen Sie sich bewusst, was Sie in der Situation geleistet haben. Seien Sie stolz auf sich.

■ **Sich belohnen:**

Tun Sie sich etwas Gutes. Das kann schon eine Pause, eine Tasse Kaffee oder am Abend ein Kinobesuch sein.

5.2 Umgang mit Beschwerden und Reklamationen

Der Begriff **Beschwerde** bezeichnet die ausgedrückte Unzufriedenheit eines Kunden. Von einer **Reklamation** spricht man, wenn noch ein juristischer Hintergrund eine Rolle spielt (z. B. im Fall von Kaufvertragsstörungen), bei der ein bestimmter Rechtsanspruch geltend gemacht werden kann. Oftmals gehen beide Fälle ineinander über.

Eine Beschwerde oder eine Reklamation scheint auf den ersten Blick eine unangenehme und vielleicht auch lästige Angelegenheit zu sein. Auf den zweiten Blick zeigt sich aber, dass solche Situationen häufig Chancen für das Unternehmen bieten, wenn angemessen reagiert wird.

Mitarbeiter, die für die Behandlung von Beschwerden zuständig sind, benötigen neben der fachlichen insbesondere eine hohe soziale Kompetenz, um angemessen und sensibel auf die Beschwerde des Kunden reagieren zu können. Folgende Anforderungen (auch **Soft Skills** genannt) sollte ein Mitarbeiter im Beschwerdemanagement erfüllen:

Anforderungen an Mitarbeiter im Beschwerdemanagement	
Soft Skill	**Erläuterung**
Kontaktfähigkeit	auf den Kunden offen zugehen
Authentizität	im Gespräch dem Kunden echt gegenübertreten
Sensibilität	ein Gespür besitzen, welches Verhalten dem Kunden entgegenkommt
Empathie	sich in die Lage des anderen hineinversetzen
Kritikfähigkeit	für Fehler (auch anderer) einstehen können
Selbstbeherrschung	auch in kritischen Situationen ruhig zu reagieren
Kommunikationsfähigkeit	mit dem Kunden offen, glaubwürdig und fachkompetent sprechen
eigenverantwortliches Handeln	selbstständig Lösungen anbieten

■ Berechtigte Reklamationen

Reklamiert der Kunde ein Produkt, das einen Mangel im rechtlichen Sinne aufweist, ist zu prüfen, welche Ansprüche er geltend machen kann.

Tipp

Informieren Sie sich noch einmal über die Rechte des Käufers bei gerechtfertigten Reklamationen.

■ Unberechtigte Reklamationen

LF 4

Es ist nicht davon auszugehen, dass die Kunden immer über die rechtlichen Vorschriften informiert sind und wissen, wann eine Reklamation im rechtlichen Sinne berechtigt ist. Ist ein gültiger Kaufvertrag zustande gekommen, so besteht z. B. in rechtlicher Hinsicht kein Recht des Käufers auf einen Rücktritt vom Vertrag (umgangssprachlich: Umtausch). Dennoch kann es für die Bindung des Kunden an das Unternehmen sinnvoll sein, sich **kulant** zu verhalten und das Produkt trotzdem zurückzunehmen.

Merke

5.2.1 Beschwerdeursachen

Häufig treten bei einer Beschwerde mehrere Gründe gleichzeitig auf.

Kundenbeschwerden lassen sich in der Regel drei Bereichen zuordnen:

Ursachen von Beschwerden			
Bereich	**produkt- bzw. dienstleistungsbezogen**	**mitarbeiterbezogen**	**abwicklungsbezogen**
Erläuterung	Im Zusammenhang mit dem Produkt oder der Dienstleistung, das bzw. die Grundlage der Geschäftsbeziehung ist, sind Probleme aufgetreten.	Bei der Interaktion zwischen dem Mitarbeiter des Unternehmens und dem Geschäftspartner gab es Unstimmigkeiten.	Im Rahmen des Abwicklungsprozesses der Geschäftsbeziehung kam es zu Schwierigkeiten.
Beispiele	• Sachmangel: ungenießbarer Kaffee • Preis-Leistungs-Verhältnis: zu teuer • enttäuschte Erwartungshaltung: Kaffeemaschine ist nicht bedienerfreundlich	• unfreundliche Beratung • mangelnde Kompetenz: Kaffeesorten falsch beschrieben • fehlendes Interesse an Beratung	• Lieferzeiten: Verspätung • Einhaltung von Zusagen: Prospekt wird nicht wie versprochen versandt • Bearbeitung: neue Kundenanschrift wurde nicht aktualisiert

LERNFELD 7

5.2.2 Phasen des Beschwerdegesprächs

Den Umgang mit Beschwerden empfindet oft nicht nur der Mitarbeiter des Unternehmens als belastend, das Gleiche gilt im Grunde auch für den Kunden. Denn er ist vielleicht verärgert, muss Forderungen stellen und versucht sein Recht (ob berechtigt oder nicht) durchzusetzen. Oftmals sind solche Situationen deshalb sehr angespannt. Um die Situation professionell zu bewältigen, sollte strukturiert vorgegangen werden.

Das Anliegen des Kunden verstehen und wahrnehmen	• Auch wenn der Kunde vielleicht etwas ungehalten ist, achten Sie auf **eine positive Beziehungsebene**. • Lassen Sie den Kunden ausreden und hören Sie aktiv zu. • Ermitteln Sie durch eine gezielte Fragetechnik (v. a. offene Fragen) den genauen sachlichen Hintergrund der Beschwerde.
Die emotionale Ebene klären	• Zeigen Sie **Verständnis** und **entschuldigen** Sie sich für die entstandenen Unannehmlichkeiten. • Begegnen Sie dem Kunden **wertschätzend**, indem Sie seine Sicht der Dinge bestätigen.
Eine akzeptable Lösung finden	• Finden Sie gemeinsam **mit dem Kunden** eine realistische und für beide Seiten akzeptable Lösung. • Treffen Sie **verbindliche Aussagen**. • Achten Sie auf **positive Formulierungen**. • **Bedanken** Sie sich beim Kunden für die Beschwerde.

Merke

Seien Sie dem Kunden gegenüber bei der Lösung des Problems kulant. Allerdings endet Kulanz spätestens dann, wenn dadurch die Geschäftsbeziehung dauerhaft zu einem wirtschaftlichen Verlustbringer werden würde.

Neben aktivem Zuhören und dem Zeigen von Verständnis gegenüber dem Kunden ist insbesondere das **positive Formulieren** eine wichtige Technik, um ungünstig klingende Aussagen (Negativaussagen) in einer neutralen Form auszudrücken. Mithilfe dieser Technik nehmen Sie aktiv Einfluss auf ein angenehmes und zielführendes Gesprächsklima.

Umwandlung von Negativaussagen in positive Formulierungen	
Negativaussagen	**positive Formulierungen**
„Da kann ich Ihnen leider nicht weiterhelfen."	„Mein Kollege, Herr Schmidt, ist da ein kompetenter Ansprechpartner für Sie. Ich werde ihn gerne rufen."
„Da müssen Sie allerdings drei Tage warten."	„Innerhalb von drei Tagen erhalten Sie das neue Gerät."
„Das kann gar nicht sein."	„Das ist neu für mich."
„Da haben Sie bestimmt etwas falsch gemacht."	„Welche Einstellung haben Sie an dem Kaffeeautomat vorgenommen?"
„Dafür kann ich nichts."	„Lassen Sie uns gemeinsam eine Lösung finden."
„Sie hätten die Gebrauchsanweisung genauer lesen müssen."	„Welcher Teil der Anleitung war Ihnen unklar?"

Auch wenn Sie nicht die Schuld an der Beschwerde des Kunden trifft, bleiben Sie Ihren Kollegen und dem Unternehmen gegenüber loyal: Geben Sie niemandem die Schuld, sondern finden Sie einfach eine Lösung für das Problem!

5.2.3 Berücksichtigung von kulturbedingten Besonderheiten

Kulturwissenschaftler unterscheiden Kulturen unter anderem im Hinblick auf zwei verschiedene Arten zu kommunizieren und sprechen in diesem Zusammenhang von direkter und indirekter Kommunikation.

In Deutschland **kommunizieren** die Menschen in der Regel **direkt**, d. h. die Beschwerden werden ausdrücklich und eindeutig geäußert. Der Kunde bringt seine Unzufriedenheit bei der Beschwerde deutlich zum Ausdruck.

Beispiel

©jojje11-fotolia.com

Beispiele für Länder, in denen die Menschen **direkt kommunizieren:**
Deutschland, USA, Schweiz, skandinavische Länder.

Menschen, die aus Kulturen stammen, die **indirekt kommunizieren**, werden Kritik nie direkt äußern und vermeiden ein direktes Nein. Das bedeutet, dass, wenn Geschäftspartner aus einer solchen Kultur unzufrieden mit der Leistung des Unternehmens sind, ist diese Unzufriedenheit nicht so leicht wahrnehmbar. Umso wichtiger ist es, bei solchen Gesprächspartnern sehr genau hinzuhören und deren Aussagen im Hinblick auf eventuelle Unmutsäußerungen sehr genau zu analysieren, um die Beschwerde zu erkennen.

Beispiel

Beispiele für Länder, in denen die Menschen **indirekt kommunizieren:**
mediterrane Nationen, arabische Länder, China, Japan, Korea.

5.2.4 Beschwerdemanagement als Instrument der Kundenbindung

Beschwerden und Reklamationen bieten jedem Unternehmen die große Chance, das Verhältnis zu seinen Kunden zu festigen und eine höhere Ebene der Kundenbindung zu erreichen. Gerade bei Reklamationen kann man dem Kunden demonstrieren, wie wichtig er für das Unternehmen ist. Untersuchungen haben bewiesen, dass die Kundenbindung bei zufriedenen Kunden geringer ist als bei Kunden, die mit einem Unternehmen ein Problem hatten, das für sie zufriedenstellend gelöst wurde. Denn vor allem im „Krisenfall" kann der Kunde erkennen, wie zuverlässig sein Geschäftspartner tatsächlich ist.

Andere Untersuchungen haben gezeigt, dass ein zufriedener Kunde seine positiven Erfahrungen gerne und freiwillig anderen Personen mitteilt.

Das zeigt, dass ein professionelles Beschwerdemanagement für die Kundenbindung und auch für die Kundenneugewinnung von großer Bedeutung ist. Es bedeutet aber auch, dass die Kunden nicht nur mit dem Beschwerdegespräch und der Lösung, sondern im Anschluss auch dauerhaft mit dem Unternehmen und seinen Leistungen zufrieden sein müssen. Um das zu erreichen, sind folgende Vorgehensweisen vorteilhaft:

LERNFELD 7

■ Dokumentation von Beschwerden

Über die Inhalte des Beschwerdegesprächs wird eine Aktennotiz verfasst.

Beispiel

■ Auswertung von Beschwerden

Im Rahmen des Qualitätsmanagements des Unternehmens werden die Beschwerden statistisch erfasst und ausgewertet, um dann ggf. Maßnahmen zu einer dauerhaften Verbesserung einzuleiten.

Beispiel

Folgende Gesichtspunkte von Beschwerden können erfasst und ausgewertet werden:

- ■ Zeitpunkt/Zeitraum der Beschwerden
- ■ Beschwerdeursachen
- ■ Lösungswege

LERNFELD 7

5.3 Zusammenfassung und Aufgaben

Zusammenfassung

Umgang mit Konflikten

Von einem **Konflikt** spricht man
- im Fall von Meinungsverschiedenheiten oder Handlungen,
- die als störend erlebt werden.

Es genügt, wenn eine Partei die Situation als beeinträchtigend erlebt.

Ursachen von Konflikten können
- **sachbezogen** (unterschiedliche Informationen oder unterschiedliche Bewertung der Informationen) oder
- **beziehungsbezogen** (auf Grundlage von Gefühlen, Bedürfnissen, Beziehungsproblemen, Werten, interpersonalen Problemen oder strukturellen Bedingungen) sein.

Anzeichen von Konflikten können
- leicht erkennbar, also **offen** oder
- schwer greifbar, somit **verdeckt** sein und
- in Form von **Gesprächsstörern** zutage treten.

Strategien zur Konfliktbewältigung

basieren auf der Erkenntnis, dass **genaue und lückenlose Informationen** und eine **offene Haltung** dem Gesprächspartner gegenüber die Grundlage für erfolgreiche Gespräche sind. Mögliche Strategien sind daher:
- der Einsatz von **Gesprächsförderern,**
- die Berücksichtigung von **Gesprächsregeln,**
- die Anwendung der **gewaltfreien Kommunikation** und
- von Techniken zur **Stressbewältigung.**

Umgang mit Beschwerden und Reklamationen

Eine **Beschwerde** ist die ausgedrückte Unzufriedenheit eines Kunden.

Von einer **Reklamation** spricht man, wenn ein bestimmter Rechtsanspruch geltend gemacht werden kann:
- **berechtigte Reklamation:** Das Produkt weist einen Mangel im rechtlichen Sinne auf.
- **unberechtigte Reklamation:** Für die Kundenbindung kann es sinnvoll sein, sich kulant zu verhalten und das Produkt trotzdem zurückzunehmen.

Beschwerdeursachen sind produkt- bzw. dienstleistungsbezogen, mitarbeiterbezogen und/oder abwicklungsbezogen.

Ein erfolgreiches **Beschwerdegespräch** sollte folgende **Phasen** durchlaufen: Wahrnehmung des Kundenanliegens → Klärung der emotionalen Ebene → Finden einer akzeptablen Lösung.

Unterschiedliche Kulturen haben unterschiedliche Arten zu kommunizieren:
- **direkte Kommunikation:** Beschwerden werden ausdrücklich geäußert.
- **indirekte Kommunikation:** Ausdrückliche Kritik wird vermieden.

Wichtige Aufgaben des Beschwerdemanagements sind außerdem die **Dokumentation** und **Auswertung** der Beschwerden.

LERNFELD 7

1. Prüfen Sie folgende Aussagen auf ihre Richtigkeit. Die Antwort ist jeweils zu begründen.

   (1) Von einem Konflikt spricht man nur dann, wenn alle Konfliktparteien sich von der Situation beeinträchtigt fühlen.

   (2) Konflikte haben immer sachbezogene oder beziehungsbezogene Ursachen.

   (3) Konflikte sind für die Beteiligten nicht immer leicht zu erkennen.

   (4) Gesprächsregeln, die als Leitfaden im Unternehmen, z. B. im Qualitätsmanagement-Handbuch, hinterlegt sind, sind hilfreich für die Vermeidung bzw. Bewältigung von Konflikten.

   (5) Für die Bewältigung von Konfliktsituationen ist es nach Marshall B. Rosenberg insbesondere wichtig, dass man sich auf seine eigenen Gefühle konzentriert.

   (6) Ein gutes Beschwerdemanagement dient immer auch der Kundenbindung.

   (7) Ist die Reklamation eines Kunden unberechtigt, so sollte man keinesfalls auf seine Forderungen eingehen.

   (8) Wenn Kunden unzufrieden mit der Leistung des Unternehmens sind, werden sie diese Kritik immer ausdrücklich äußern, um ihre Rechte geltend zu machen.

2. Beschreiben Sie einen Konflikt, den Sie im Ausbildungsbetrieb, in der Schule oder privat erlebt haben. Analysieren Sie ihn: Waren die Ursachen sachbezogen, beziehungsbezogen oder beides?

3. Gibt es bei Ihnen im Unternehmen Gesprächsregeln? Stellen Sie diese der Klasse vor.

4. Denken Sie an einen Konflikt, den Sie erlebt haben. Formulieren Sie die Beeinträchtigung, die Sie dort erlebt und empfunden haben gemäß den Schritten der gewaltfreien Kommunikation nach Marshall B. Rosenberg.

5. Mitarbeiter im Beschwerdemanagement sollten neben einer fachlichen auch eine hohe soziale Kompetenz besitzen.

   a) Nennen Sie die Soft Skills, die ein Mitarbeiter im Beschwerdemanagement besitzen sollte.

   b) Welche dieser Anforderungen können Sie erfüllen? Nennen Sie hierzu eine konkrete Situation, an der deutlich wird, dass Sie diese Kompetenzen besitzen.

6. Nennen Sie die Bereiche, denen sich die Ursachen von Kundenbeschwerden zuordnen lassen und dazu jeweils ein Beispiel aus Ihrem Erfahrungsbereich.

7. Wandeln Sie folgende Negativaussagen in positive Formulierungen um.

   a) „Wenn Sie den Bestellschein richtig ausgefüllt hätten, wäre das alles kein Problem."

   b) „Das habe ich Ihnen doch gerade schon einmal erklärt."

   c) „Sie haben das Gerät nicht richtig bedient."

6 Exkurs: Beurteilung von Gesprächen

Bei Informations-, Beratungs- und Beschwerdegesprächen gibt es viel zu beachten, wenn diese gelingen sollen. Deshalb ist es sinnvoll, solche Gespräche in Form von **Rollenspielen** zu üben und diese im Anschluss zu beurteilen, damit man im beruflichen Alltag sicherer mit solchen Situationen umgehen kann.

Zunächst können einzelne Phasen oder Techniken der verschiedenen Gesprächsarten geübt werden, z. B. die Begrüßung oder Fragetechniken, oder man beschäftigt sich mit einer bestimmten Situation.

Ein wichtiger Aspekt zur Beurteilung der Gespräche ist die Reflexion. Es ist deshalb von Vorteil, die Rollenspiele mit einer **Kamera** aufzuzeichnen. Diese Methode ermöglicht es, Selbst- und Fremdbild abzugleichen, allmählich sicherer im Umgang mit verschiedenen Gesprächssituationen zu werden, da man durch diese Erfahrungen wahrscheinliche Reaktionen des Kunden abschätzen und besser berücksichtigen kann.

©Andrey Zyk-fotolia.com

Tipp

Setzen Sie nach den Übungen Ihre Erfahrungen in der Praxis um.

6.1 Kriterienkatalog zur Beurteilung der Gespräche

Inhalt des ersten Ausbildungsjahres war u. a., Präsentationen sach- und fachgerecht mithilfe unterschiedlicher Methoden zu bewerten. Der Bewertungsbogen ist hierbei eine Möglichkeit der Beurteilung. Auch für Informations-, Beratungs- und Beschwerdegespräche lassen sich Kriterien für einen Bewertungsbogen entwickeln, die helfen, das Gespräch differenziert im Hinblick auf Stärken und Schwächen zu beurteilen.

Bei der Entwicklung eines Kriterienkataloges zur Beurteilung der Gespräche sollte überlegt werden, welche Aspekte für die Gesprächssituation oder die zu übenden Techniken der Gesprächsführung von besonderer Bedeutung sind. Die Kriterien werden festgelegt und daraus der Bewertungsbogen entwickelt. Man legt fest, ob alle Kriterien gleich oder unterschiedlich stark gewichtet werden sollen. Eine Skala wird bestimmt, also z. B. eine Einteilung nach dem Schulnotensystem von 1 bis 6 oder eine schlichtere Einteilung zwischen den Extremen „trifft zu" und „trifft nicht zu".

Beispiel

LERNFELD 7

Bewertungsbogen: Beschwerdegespräch					
Beurteilungskriterium	++	+	–	––	Bemerkungen
Das Anliegen des Kunden verstehen und wahrnehmen					
positive Beziehungsebene geschaffen					
Kunde kann ausreden					
Mitarbeiter hört aktiv zu					
gezielte Fragetechnik eingesetzt					
Die emotionale Ebene klären					
Verständnis gezeigt					
Entschuldigung ausgesprochen					
Wertschätzung gezeigt					
Eine akzeptable Lösung finden					
gemeinsam mit dem Kunden Lösung gefunden					
verbindliche Aussagen getroffen					
positive Formulierungen verwendet					
sich für Beschwerde bedankt					

Merke

Denken Sie daran: Damit die Zuschauer den Bogen während der Präsentation bzw. in kurzer Zeit nach der Präsentation ausfüllen können, sollte der Bogen auf nicht mehr als einer Seite konzentriert die wesentlichen Kriterien abfragen.

6.2 Feedbackregeln

Im ersten Ausbildungsjahr haben Sie gelernt, wie man angemessen Feedback gibt und wie man Feedback annimmt. Auch im Rahmen der Beurteilung von Gesprächen benötigen Sie diese Kompetenzen. Wiederholen Sie ggf. die Feedbackregeln und berücksichtigen Sie die Tipps.

Tipps zum Geben von Feedback

1. Stellen Sie klar, dass Sie Ihre individuelle Sicht der Dinge wiedergeben.
2. Benennen Sie zunächst die Stärken.
3. Seien Sie bei Kritik ehrlich, aber nicht verletzend.
4. Seien Sie konstruktiv, indem Sie Verbesserungsvorschläge mitliefern.

Tipps zum Annehmen von Feedback

1. Hören Sie Ihren Feedbackgebern genau zu.
2. Lassen Sie den anderen ausreden.
3. Fragen Sie bei Unklarheiten nach.
4. Nehmen Sie die Kritik an, rechtfertigen Sie sich nicht.
5. Entscheiden Sie, welche Kritikpunkte für Sie wichtig sind.

Personalwirtschaftliche Aufgaben wahrnehmen

1 – Ziele und Aufgaben der Personalwirtschaft beschreiben

2 – Den Personalbestand und Personalbedarf planen

©faras-fotolia.com

3 – Personal beschaffen

©Butch-fotolia.com

LEBENSLAUF

8 – Arbeitsverhältnisse beenden

Beendigung des Arbeitsverhältnisses

Vertragsablauf | Kündigung | Aufhebungsvert

liche Kündigung | außerordentliche K
Einhaltung | ohne Einhalt
ungsfrist | einer Kün

Das werden Sie hier lernen …

©Picture-Factory-fotolia.com

4 – Rechtliche Grundlagen bei der Personaleinstellung beachten und Arbeitsverträge schließen

©kwarner-fotolia.com

gen mahnt. L
Arbeitsrecht
bedarf

7 – Personalentwicklung planen und Personal beurteilen

©klickerminth-fotolia.com

beitszeugnis

6 – Maßstäbe der Entlohnung beachten und Löhne und Gehälter abrechnen

Entlohnungs-/Entgeltformen

Zeitlohn | Leistungslohn

Akkordlohn | Prämienlohn

5 – Personal betreuen und Aufgaben der Personalverwaltung wahrnehmen

Reif KG
Personaleinsatzplanung „Kassen"
von Montag, 27.05.20.., bis Samstag, 01.06.20..

Kasse 1	Delzig	Delzig	
se 2	Köhnen	Köhnen	Köhnen
	Feichter	Feichter	Feichter

12:00   14:00   16:00

Personalwirtschaftliche Aufgaben wahrnehmen

1 Ziele und Aufgaben der Personalwirtschaft beschreiben

©DOC RABE Media-fotolia.com

Personalwirtschaft kann einerseits als wissenschaftliche Teildisziplin der Betriebswirtschaftslehre verstanden werden und andererseits als betriebliche Funktion in Unternehmen, die das gesamte Spektrum personalwirtschaftlicher Gestaltungsmöglichkeiten umfasst.

Personalwirtschaft als **betriebliche Funktion** (wie Leitung, Beschaffung, Leistungserstellung, Absatz und Finanzierung) gehört zu den **Schlüsselfaktoren** für die Umsetzung und Erreichung wirtschaftlicher Ziele.

Merke

> Die **Personalwirtschaft** in Unternehmen bezeichnet die betriebliche Funktion, die die Gesamtheit aller mitarbeiterbezogenen Gestaltungs- und Verwaltungsaufgaben umfasst.

Neben dem Begriff Personalwirtschaft werden – häufig ohne trennscharfe Unterscheidung – weitere personalwirtschaftliche Grundbegriffe wie z. B. Personalmanagement, Personalwesen und Personalverwaltung verwendet.

■ Personalmanagement

©DOC RABE Media-fotolia.com

Im Rahmen des **Personalmanagements** (Human Resource Management) werden strategische Entscheidungen zur Steuerung der Personalwirtschaft getroffen, die vor allem die Umsetzung der Unternehmensziele im Blick behalten. In diesem Zusammenhang werden insbesondere Gestaltungskonzepte entwickelt, die Leitlinien für die Rahmenaufgaben der Personalwirtschaft (Personalpolitik, Personalcontrolling, Personalführung, Personalorganisation) festlegen.

Dabei ist zu berücksichtigen, dass die Personalwirtschaft sich längst nicht mehr auf ausführende Tätigkeiten beschränkt, sondern sich zunehmend zu einer Aufgabe des gestaltenden, unternehmerisch agierenden Managements entwickelt hat.

Gestaltungsentscheidungen im Rahmen der personalwirtschaftlichen Aufgaben (z. B. Entscheidung über Einstellung, Versetzung, Gehaltserhöhung, Fortbildung, Entlassung) sind grundsätzlich Aufgabe von **Unternehmensleitung** bzw. **Führungskräften.**

Ursachen für den **Bedeutungswandel des Personalmanagements** sind u. a.
→ Veränderungen am Arbeitsmarkt und Entwicklungen des Arbeitsrechts,
→ Wertewandel der Mitarbeiter und Verantwortung der Entscheidungsträger für aktives Fordern und Fördern und Betreuung der Mitarbeiter, für eine humane Arbeitsorganisation z. B. unter dem Aspekt von Work-Life-Balance,
→ technologische Veränderungen und Veränderungen der Arbeitsorganisation,
→ Bedeutung der Personalkosten und
→ Globalisierung der Märkte.

■ Personalwesen

Mit **Personalwesen** wird die **konkrete Umsetzung** der personalwirtschaftlichen Aufgaben in der betrieblichen Organisation bezeichnet (z. B. in größeren Betrieben über eine Personalabteilung). Konkrete Aufgaben des betrieblichen Personalwesens ergeben sich aus

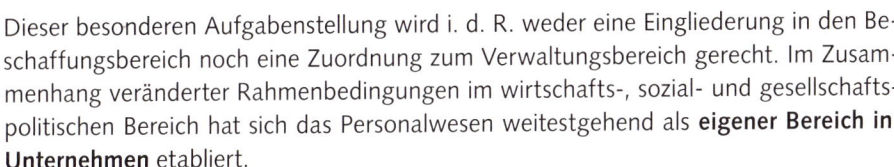

→ der Bereitstellung,

→ dem Einsatz und

→ der Betreuung

des Produktionsfaktors Arbeit bzw. der Mitarbeiter.

Dieser besonderen Aufgabenstellung wird i. d. R. weder eine Eingliederung in den Beschaffungsbereich noch eine Zuordnung zum Verwaltungsbereich gerecht. Im Zusammenhang veränderter Rahmenbedingungen im wirtschafts-, sozial- und gesellschaftspolitischen Bereich hat sich das Personalwesen weitestgehend als **eigener Bereich in Unternehmen** etabliert.

■ Personalverwaltung

Die Personalverwaltung übernimmt die **rein verwaltenden Funktionen** der Personalwirtschaft. Dazu gehören z. B.

→ Meldungen an die Krankenkasse,

→ Abwicklung einer Versetzung,

→ Erstellen einer Lohn-/Gehaltsabrechnung,

→ Abrechnung einer Fortbildung,

→ Ausfertigung eines Kündigungsschreibens.

Personalwirtschaft als betriebliche Funktion

Personalmanagement
Treffen von Gestaltungsentscheidungen im Rahmen der personalwirtschaftlichen Aufgaben

strategische Ebene

Personalwesen
Umsetzung der personalwirtschaftlichen Aufgaben in der betrieblichen Organisation

operative Ebene

Personalverwaltung
Durchführung der rein verwaltenden Funktionen der Personalwirtschaft

•• 1.1 Ziele der Personalwirtschaft

Die Personalwirtschaft verfolgt das Ziel, die Leistung des **Produktionsfaktors Arbeit** so zu lenken, dass dieser dem Unternehmen möglichst optimal zur Verfügung steht. Das bedeutet, dass **qualifizierte, leistungsfähige** und **motivierte Mitarbeiter** in der **benötigten Anzahl** zum **richtigen Zeitpunkt** am **richtigen Ort** zur Verfügung stehen.

Die personalwirtschaftlichen Entscheidungen und Maßnahmen haben sich den Unternehmenszielen unterzuordnen – insbesondere den wirtschaftlichen und sozialen Zielen (vgl. dazu auch LF 1, Kapitel 3.2).

→ **Wirtschaftliche Ziele** orientieren sich an ökonomischen Größen wie z. B. Kosten, Gewinn, Wettbewerbsfähigkeit, Wachstum.

→ **Soziale Ziele** berücksichtigen vor allem die Interessen und Ansprüche der Arbeitnehmer. Beispiele sind: Sicherung der Arbeitsplätze, menschenwürdige Arbeitsbedingungen, gerechte Entlohnung, Mitbestimmung.

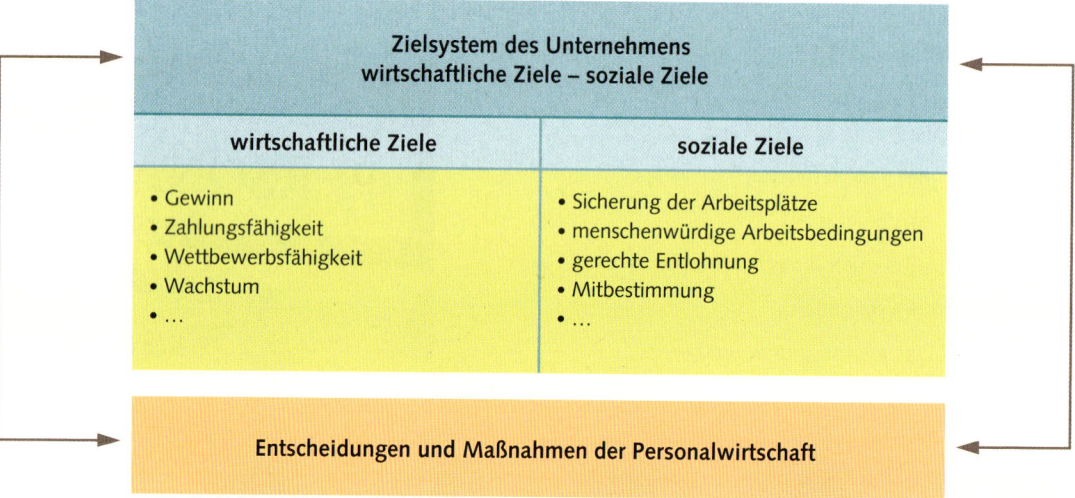

Zielsystem des Unternehmens
wirtschaftliche Ziele – soziale Ziele

wirtschaftliche Ziele	soziale Ziele
• Gewinn • Zahlungsfähigkeit • Wettbewerbsfähigkeit • Wachstum • …	• Sicherung der Arbeitsplätze • menschenwürdige Arbeitsbedingungen • gerechte Entlohnung • Mitbestimmung • …

Entscheidungen und Maßnahmen der Personalwirtschaft

Wirtschaftliche und soziale Ziele stehen häufig im Gegensatz zueinander (Zielkonflikt) und müssen dann gegeneinander abgewogen werden. Wie alle Ziele müssen auch sie in Abhängigkeit von äußeren Bedingungen (z. B. Konjunktur) konkretisiert und immer wieder überprüft werden.

LERNFELD 8

Beispiel

Die Umsetzung des Wunsches nach Gehaltserhöhung, verbessertem Kündigungsschutz, Reduzierung von Arbeitszeit bei vollem Lohnausgleich kann bei abflauender Konjunktur die Wirtschaftslage eines Unternehmens gefährden.

©DOC RABE Media-fotolia.com

Betriebliche Personalarbeit ist so zu gestalten, dass die Zielsetzungen möglichst in Einklang gebracht werden; Gegensätze sind auszugleichen und Synergieeffekte zu nutzen.

Dabei ist zu berücksichtigen, dass die **Mitarbeiter** in vielfältiger Beziehung zu ihrem Unternehmen stehen. Sie gelten als

Gestaltung und Verwaltung des Produktionsfaktors Arbeit

| wirtschaftliche Ziele | Ausgleich/ Synergie | soziale Ziele |

Optimale Versorgung mit dem Produktionsfaktor Arbeit

→ **Produktionsfaktor** und **Leistungsträger,**

→ **Kostenfaktor** (z. B. Lohnkosten und Lohnnebenkosten),

→ **Individuen** mit eigenen Interessen und Motiven (z. B. Arbeitszeit, Sicherheit, Arbeitsplatzerhaltung, Selbstverwirklichung),

→ **Gestalter** und **Entscheidungsträger** (z. B. Sachbearbeiter, leitende Angestellte, Führungskräfte),

→ **Gruppenmitglieder** (z. B. Auszubildende, Geschäftsleitung), u. U. mit Einbindung in Interessenvertretungen (z. B. Gewerkschaften),

→ **Rechtssubjekte** (Träger von Rechten und Pflichten im Rahmen von z. B. Arbeitsverträgen, Mitwirkungs- und Mitbestimmungsrechten, Arbeitsschutz und Sozialgesetzgebung).

©XtravaganT-fotolia.com

1.2 Aufgaben der Personalwirtschaft

Die vielfältigen Bezugspunkte der Personalwirtschaft bedingen eine Fülle von Einzelentscheidungen, die in der Regel aber nicht isoliert getroffen werden, sondern im Rahmen von **Gestaltungskonzepten.**

■ Rahmenaufgaben

Diese Konzepte berücksichtigen zunächst die sogenannten **Rahmenaufgaben** der Personalwirtschaft:

→ **Personalpolitik:** Festlegung von grundsätzlichen Leitlinien und Handlungsnormen im Zusammenhang mit dem Produktionsfaktor Arbeit, die sich auf nachgelagerte Entscheidungen im Personalbereich auswirken (z. B. Vorschlagswesen, Grundsätze wie „Aufstieg aus eigenen Reihen", „Frauenförderung" oder „Entlohnung nach Leistung");

→ **Personalcontrolling:** Durchführung und Kontrolle umfassender Personalplanung, Personalinformation und Personalsteuerung (z. B. Planungen im Personalbereich zur Erreichung wirtschaftlicher Ziele wie Senkung der Personalkosten, Kontrolle der Durchführung, Weitergabe von Ergebnissen, steuernde Eingriffe auf der Basis der Kontrollergebnisse);

©madpixblue-fotolia.com

→ **Personalführung:** Durchsetzung von Zielen und grundlegenden Strategien des Unternehmens bei den Mitarbeitern mithilfe des Einsatzes von **Führungsmitteln** (z. B. Zielvereinbarungen, Information und Berichterstattung, Prinzipien der Kooperation und Delegation, Personalentwicklungsmaßnahmen) und **Führungsstilen** (z. B. kooperativer oder autoritärer Führungsstil);

→ **Personalorganisation:** Organisation des Personalwesens, Erstellung von Organigrammen und Stellenplänen.

■ Kernaufgaben

Als **Kernaufgaben** der Personalwirtschaft werden unterschieden und im Folgenden in eigenen Kapiteln ausführlicher dargestellt:

→ **Personalbestands-** und **Personalbedarfsplanung:** Einflussgrößen, Methoden der Berechnung, Stellenplan;

→ **Personalbeschaffung:** interne und externe Beschaffung, Auswahl und Vertragsgestaltung;

→ **Personaleinstellung:** rechtliche Grundlagen, Arbeitsvertrag;

→ **Personalbetreuung** und **Personalverwaltung:** Personaleinführung, Personalakten, Datenschutz, Personaleinsatz;

→ **Personalabrechnung:** Lohnfindung, Abrechnung und Auszahlung von Löhnen und Gehältern;

→ **Personalentwicklung** und **Personalbeurteilung:** Maßnahmen der Bildung, Maßnahmen der Förderung, Organisationsentwicklung, Arbeitszeugnis;

→ **Personalfreistellung:** Beendigung des Arbeitsverhältnisses.

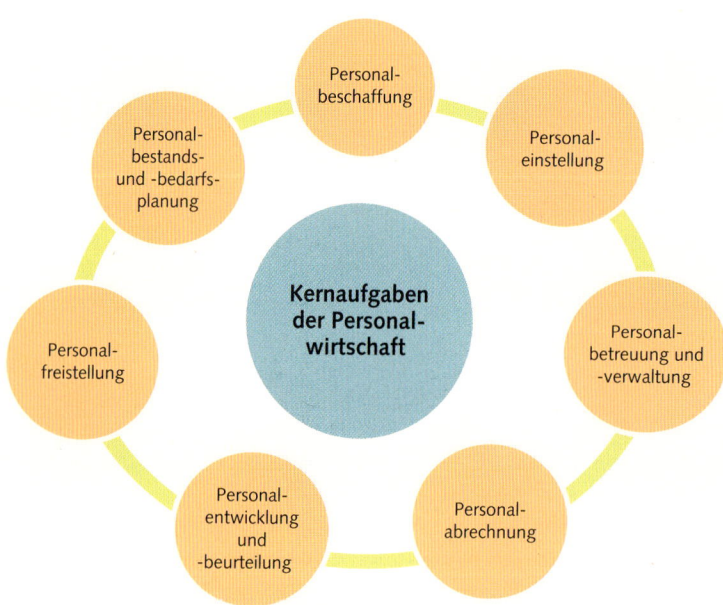

1.3 Zusammenfassung und Aufgaben

Zusammenfassung

Begriffe der Personalwirtschaft

Personalwirtschaft:
- wissenschaftliche Teildisziplin der Betriebswirtschaftslehre
- betrieblicher Funktionsbereich in Unternehmen

Personalmanagement:
Gestaltung der personalwirtschaftlichen Aufgaben zur Verwirklichung der Unternehmensziele

Personalwesen:
konkrete Umsetzung der personalwirtschaftlichen Aufgaben in der betrieblichen Organisation

Personalverwaltung:
Erfüllung der rein verwaltenden Funktionen der Personalwirtschaft

Ziele der Personalwirtschaft

Lenkung des Produktionsfaktors Arbeit:
- optimaler Einsatz der Mitarbeiter unter Berücksichtigung wirtschaftlicher und sozialer Ziele
- wirtschaftliche Ziele: z. B. Gewinn, Zahlungsfähigkeit, Wettbewerbsfähigkeit, Wachstum
- soziale Ziele: z. B. Sicherung der Arbeitsplätze, menschenwürdige Arbeitsbedingungen, gerechte Entlohnung, Mitbestimmung
- Ausgleich von Zielkonflikten und Nutzung von Synergieeffekten

Aufgaben der Personalwirtschaft

Rahmenaufgaben:
- Personalpolitik
- Personalcontrolling
- Personalführung
- Personalorganisation

Kernaufgaben:
- Personalbestands- und Personalbedarfsplanung
- Personalbeschaffung
- Personaleinstellung
- Personalbetreuung und Personalverwaltung
- Personalentwicklung und Personalbeurteilung
- Personalfreistellung

LERNFELD 8

1. Prüfen Sie folgende Aussagen auf ihre Richtigkeit. Die Antwort ist jeweils zu begründen.

   (1) Personalwirtschaft und Personalwesen sind gleichbedeutende Begriffe.

   (2) Gestaltungsentscheidungen im Rahmen der Personalwirtschaft werden auch als Personalmanagement bezeichnet.

   (3) Personalverwaltung ist grundsätzlich Aufgabe von Unternehmensleitung bzw. Führungskräften.

   (4) Wirtschaftliche Ziele beziehen sich insbesondere auf die Interessen und Ansprüche der Arbeitnehmer.

   (5) Personalpolitik und Personalentlohnung betreffen die Rahmenaufgaben der Personalwirtschaft.

   (6) Personalplanung und Personalbeschaffung zählen zu den Kernaufgaben der Personalwirtschaft.

2. Definieren Sie Personalwirtschaft als betriebliche Funktion.

3. Nennen Sie zentrale personalwirtschaftliche Gestaltungs- und Verwaltungsaufgaben.

4. Geben Sie Beispiele dafür, wie sich externe und interne Einflussgrößen auf personalwirtschaftliche Entscheidungen auswirken können.

5. Nennen Sie wesentliche Ziele der Personalwirtschaft.

6. Erklären Sie, was man unter Personalcontrolling versteht.

7. Beschreiben Sie die Eingliederung des Personalwesens in die betriebliche Organisationsstruktur Ihres Ausbildungsbetriebes.

8. Erläutern Sie, welche Stellung bzw. welchen Stellenwert die Ziele der Personalwirtschaft im Zielsystem des Unternehmens haben.

9. Mitarbeiter stehen in vielfältiger Beziehung zu ihrem Unternehmen; sie können z. B. Produktionsfaktor oder Kostenfaktor sein. Geben Sie weitere Beispiele an.

2 Den Personalbestand und Personalbedarf planen

Aufgabe der **Personalbedarfsplanung** ist es, den zukünftigen Personalbedarf in **quantitativer** Hinsicht (Anzahl der benötigten Stellen bzw. Mitarbeiter) und **qualitativer** Hinsicht (erforderliche Fähigkeiten, Fertigkeiten und Kenntnisse) unter Berücksichtigung von Einsatzarten, Einsatzorten und Bedarfszeitpunkten zu ermitteln. Eine kontinuierliche Personalbedarfsplanung trägt dazu bei, künftigen Personalengpässen und Personalüberhängen durch geeignete Maßnahmen entgegenzusteuern. So können sowohl unfreiwillige Vakanzen als auch ungeplante, kostenintensive Rekrutierungsmaßnahmen vermieden werden.

Voraussetzung für eine möglichst genaue Planung des Personalbedarfs ist es, dass der voraussichtliche Personalbestand bekannt ist. Deshalb ist vor der Personalbedarfsplanung zunächst eine **Personalbestandsplanung** durchzuführen, die feststellt, wie hoch die zu erwartenden **Ist-Werte** an Personal zu einem bestimmten Zeitpunkt voraussichtlich sein werden. Anschließend müssen **Soll-Werte** für den Personalbestand festgelegt und mit den zu erwartenden Ist-Werten verglichen werden. Aus der **Unter- bzw. Überdeckung** ergibt sich der **Personalbedarf**.

2.1 Personalbestandsplanung

Das Ziel der **quantitativen Personalbestandsplanung** ist es, den **voraussichtlichen Ist-Bestand** an Personal zu ermitteln. Denn erst, wenn bekannt ist, wie hoch der Personal**bestand** zu einem zukünftigen Zeitpunkt sein wird, kann festgestellt werden, welcher Personal**bedarf** entstehen wird.

Zur **Berechnung des voraussichtlichen Ist-Bestands** muss zunächst bekannt sein, wie viele Mitarbeiter aktuell beschäftigt sind **(aktueller Ist-Bestand)**. Von diesen Mitarbeitern werden möglicherweise einige das Unternehmen noch verlassen, z. B. aufgrund von Ruhestand, Kündigungen, Beförderungen, Fortbildung oder freiwilligem Wehrdienst. Durch die **Abgänge** verringert sich der voraussichtliche Ist-Bestand. Gleichzeitig kommen in der Zwischenzeit ggf. Mitarbeiter hinzu, z. B. durch Neueinstellung, Übernahme nach der Ausbildung, Beförderung, Rückkehr von Fortbildungen oder Rückkehr vom freiwilligen Wehrdienst. Diese **Zugänge** erhöhen den voraussichtlichen Ist-Bestand.

Abgänge und Zugänge sind zum Teil nur bedingt vom Unternehmen beeinflussbar (autonome Veränderungen):

→ **Autonome Abgänge** sind z. B. Kündigungen durch Arbeitnehmer, Mutterschutz, Inanspruchnahme von Elternzeit, Eintritt in den Ruhestand.

→ **Autonome Zugänge** sind z. B. Rückkehr aus der Elternzeit oder vom freiwilligen Wehrdienst.

Merke

Quantitative Personalbestandsplanung (Anzahl der Stellen)

   aktueller Ist-Bestand

− voraussichtliche Abgänge

+ voraussichtliche Zugänge

= **voraussichtlicher Ist-Bestand**

©Teteline-fotolia.com

©contrastwerkstatt-fotolia.com

LERNFELD 8

Abgänge und Zugänge können aber auch auf Initiativen des Unternehmens zurückgehen (initiierte Veränderungen):

→ **Initiierte Abgänge** sind z. B. Kündigungen durch den Arbeitgeber.

→ **Initiierte Zugänge** sind insbesondere Neueinstellungen, z. B. auch als Übernahme von Auszubildenden in ein Arbeitsverhältnis.

Mithilfe von **Personalstatistiken** kann der Personalbestand nach unterschiedlichen Strukturmerkmalen analysiert werden.

©StockWerk-fotolia.com

Zu den **quantitativen Unterscheidungsmerkmalen** gehören z. B.

→ Anzahl Vollzeit- und Teilzeitbeschäftigter,

→ Anzahl geringfügig Beschäftigter,

→ Anzahl Leiharbeitnehmer,

→ Anzahl befristet bzw. unbefristet Beschäftigter,

→ Anzahl Auszubildende,

→ Geschlechterverteilung.

Die quantitative Personalbestandsplanung ist durch eine qualitative Planung der Qualifikationsprofile von Mitarbeitern zu ergänzen.

©Pixelot-fotolia.com

Für die **qualitative Personalbestandsplanung** sind u. a. folgende Merkmale der Mitarbeiter zu berücksichtigen:

→ Schul- und Studienabschlüsse,

→ Berufserfahrung,

→ Auslandserfahrungen,

→ Sprachkenntnisse,

→ IT-Kenntnisse,

→ Fort- und Weiterbildungen.

2.2 Personalbedarfsplanung

Ist die Ermittlung des voraussichtlich vorhandenen Personal**bestands** abgeschlossen, kann die Planung des Personal**bedarfs** erfolgen.

Grundlage für die **Personalbedarfsplanung** sind die maßgeblichen Ziele der betrieblichen Gesamtplanung (z. B. Erweiterung oder Verringerung des Leistungsprogramms, Rationalisierung), die weiteren personalwirtschaftlichen Rahmenbedingungen (z. B. Elternzeiten) und die personalpolitischen Grundsätze (z. B. Bevorzugung von Teilzeitkräften).

Unter Berücksichtigung der jeweiligen Erfordernisse ist im Rahmen der **quantitativen Personalbedarfsplanung** zu überlegen, wie viele Mitarbeiter bzw. Stellen zu einem bestimmten (zukünftigen) Zeitpunkt benötigt werden, und der **voraussichtliche Soll-Bestand** an Personal muss entsprechend festgelegt werden. Diesem **Soll-Bestand** wird der zu erwartende **Ist-Bestand** gegenübergestellt; aus der so ermittelten **Unter- bzw. Überdeckung** ergibt sich der **quantitative Personalbedarf.**

Die **qualitative Personalbedarfsplanung** hat dann die Anforderungen an die jeweilige Tätigkeit zu berücksichtigen, die z. B. der Stellenbeschreibung zu entnehmen ist.

2.2.1 Einflussgrößen der Personalbedarfsplanung

Die Planung des Personalbedarfs ist von vielfältigen Faktoren abhängig, die teilweise nicht im Einflussbereich des Unternehmens liegen. Bezogen auf die Personalbedarfsplanung sind deshalb **interne** (betriebliche) und **externe** (der Umwelt des Unternehmens zuzuordnende) **Einflussfaktoren** zu beachten.

■ Interne Einflussfaktoren

Interne Einflussfaktoren der Personalbedarfsplanung werden durch innerbetriebliche Entscheidungen bestimmt und sind abhängig u. a. von

→ den grundsätzlichen **wirtschaftlichen Zielen**
  (z. B. geplantes Unternehmenswachstum, Umsetzung von Rationalisierungsmaßnahmen),

→ den **sozialen Zielen**
  (z. B. Arbeitsformen: Vollzeit-/Teilzeitarbeit),

→ den **qualitativen Anforderungen** durch das Leistungsprogramm
  (z. B. Mitarbeiterstruktur: ungelernte/gelernte Arbeit),

→ der **Arbeitsorganisation/Organisationsstruktur**
  (z. B. Grad der Technisierung, Rationalisierungsmaßnahmen, Outsourcing).

©Teteline-fotolia.com

Beispiel

©MK-Photo-fotolia.com

Aufgrund der steigenden Nachfrage nach Fitnessgeräten für den Heimgebrauch plant die Reif KG, ein Radmarkt mit Sitz im nördlichen Ruhrgebiet, einen Anbau auf dem Unternehmensgrundstück. In einer eigenen Abteilung soll eine umfangreiche Auswahl an Produkten für Training und Wellness zu Hause, ergänzt um Sportlernahrung, angeboten werden. Geplant ist auch, dass den Kunden jederzeit eine professionelle Beratung für den Einsatz und die Nutzung der Fitnessgeräte sowie für individuelle Trainingslösungen zur Verfügung steht.

Es sind verschiedene Auswirkungen dieser **innerbetrieblichen Entscheidungen** auf den Personalbedarf denkbar:

■ Aufgrund der Unternehmenserweiterung ergibt sich ein quantitativer Zusatzbedarf an Mitarbeitern.

■ Teilzeitkräfte werden bevorzugt, da sie gezielt in umsatzstarken Zeiten eingesetzt werden können (z. B. an Samstagen).

■ Mitarbeiter müssen über unterschiedliche Kompetenzen verfügen (z. B. Abteilungsleitung, Verkaufspersonal, Berater mit physiotherapeutischen Kenntnissen).

■ Für Rationalisierungsmaßnahmen können Mitarbeiter aus dem Stammhaus in die neue Abteilung versetzt werden.

■ Der Einsatz von Videos zur Einweisung in das Training an den Geräten kann den/die Mitarbeiter mit Fachkenntnissen unterstützen bzw. ersetzen.

LERNFELD 8

■ Externe Einflussfaktoren

Externe Einflussfaktoren der Personalbedarfsplanung können i. d. R. vom Unternehmen nicht beeinflusst werden. Dazu zählen z. B.

©StockWerk-fotolia.com

→ **demografische Entwicklung** (z. B. Erhöhung des Rentenalters auf 67 Jahre, Veränderung der Altersstruktur, Mangel an Nachwuchskräften),

→ die **gesamtwirtschaftliche Entwicklung** (z. B. gesamtwirtschaftlicher Konjunkturverlauf: stärkere versus geringere Nachfrage; Branchenentwicklungen: Aufgreifen von Trends versus Reduzierung/ Eliminierung von Produktgruppen),

→ **rechtliche und tarifliche Vorgaben, soziale Verantwortung** (z. B. Änderungen im Arbeits- und Sozialrecht: Elternzeit, Mindestlohn; Vereinbarungen im Tarifrecht: Kürzung der Wochenarbeitszeit, Verlängerung des Urlaubsanspruchs; Förderung von Inklusion),

→ **technischer Fortschritt** und Innovationen z. B. bei den Informations- und Kommunikationstechnologien (Selbstbedienungskassen, Einsatz von interaktivem Schulungsmaterial, …).

Beispiel

©Marco2811-fotolia.com

Aufgrund einer guten gesamtwirtschaftlichen konjunkturellen Entwicklung und der hohen Nachfrage nach Fitnessgeräten plant die Unternehmensleitung der Reif KG, drei neue Auszubildende für den Ausbildungsberuf Kaufmann/Kauffrau im Einzelhandel einzustellen.

Unterschiedliche **externe Einflussgrößen,** die berücksichtigt werden müssen, sind denkbar:

■ Es stehen nicht genügend Ausbildungssuchende zur Verfügung, die den Anforderungen entsprechen oder sich für den Ausbildungsberuf interessieren.

■ Die Prognose der gesamtwirtschaftlichen Entwicklung erweist sich als falsch.

■ Aus sozialer Verantwortung bzw. Verpflichtung heraus stellt die Reif KG jedes Jahr einen Ausbildungsplatz für einen schwerbehinderten Mitarbeiter zur Verfügung.

■ Der Betriebsrat schlägt vor, Frauen und Männer gleichermaßen zu berücksichtigen.

■ Zunehmend computergesteuerte Fitnessgeräte erfordern Mitarbeiter mit Kenntnissen im IT-Bereich.

2.2.2 Methoden der quantitativen Personalbedarfsplanung

Merke

aktueller Ist-Bestand

+ weiterer Bedarf

= **voraussichtlicher Soll-Bestand**

Im Rahmen der quantitativen Personalbedarfsplanung muss zunächst festgestellt werden, wie viele Stellen zukünftig als **Soll-Bestand** benötigt werden. Bei der **Berechnung des weiteren Bedarfs,** der über den aktuellen Ist-Bestand hinausgeht, unterscheidet man zwei Methoden:

→ **Kennzahlmethode** und

→ **Arbeitsplatz-** oder **Stellenplanmethode.**

■ Kennzahlmethode

Diese Methode der Personalbedarfsplanung richtet sich in der Regel nach dem **Arbeitsvolumen** und stützt sich als statistische Grundlage auf **betriebliche Kennzahlen** (z. B. Umsatz, Zeitbedarf für bestimmte Tätigkeiten). Voraussetzung dieser Methode ist, dass zwischen **Kennzahl** und der **gefragten Größe** ein erkennbarer und überprüfbarer **Zusammenhang** besteht.

Die Kennzahlmethode wird insbesondere angewandt, wenn bei schwankendem Arbeitsanfall (z. B. in der Produktion) unterschiedlich viele Stellen benötigt werden.

©faras-fotolia.com

■ Arbeitsplatz- oder Stellenplanmethode

Die **Arbeitsplatz-** oder **Stellenplanmethode** wird genutzt, wenn die Stellenbesetzung weitgehend unabhängig von betrieblichen Kennzahlen erfolgt (z. B. in der Verwaltung), weil ein unmittelbarer Zusammenhang zwischen einer betrieblichen Kennziffer (z. B. Umsatz) und dem benötigten Personal nicht gegeben ist oder nur mit unverhältnismäßig hohem Aufwand ermittelt werden könnte.

Die Personalbedarfsrechnung erfolgt dann mittels eines **Stellenplans.** Grundlage dafür ist der **betriebliche Organisationsplan** mit den verschiedenen Funktionsbereichen und Stellen. Stellenpläne haben in der Regel längerfristige Gültigkeit. Sie enthalten Angaben über die **Bezeichnung der Stelle,** die **Vergütungsgruppe,** den **Soll-Bestand** und **Ist-Bestand.** Daraus kann der **Bedarf** abgeleitet werden.

Stellenplan im Verkauf der Reif KG				
Stellenbezeichnung	Vergütungs-gruppe	Soll-Bestand	Ist-Bestand	Bedarf (Soll - Ist)
Abteilungsleitung Verkauf	III	1	1	–
Leitung (Fahrräder) Leitung (Bekleidung)	II	2	2	–
Verkäufer	I	14	12	2

Im Gegensatz zur Kennzahlmethode gelingt es mit diesem Verfahren z. B. über die Spalten Stellenbezeichnung und Vergütungsgruppe, **qualitative Aspekte** der Personalbedarfsplanung (z. B. Fachkenntnisse) in die Überlegungen mit einzubeziehen.

Durch Hinzufügen der Namen von Stelleninhabern bzw. der Kennzeichnung „unbesetzt" wird aus dem Stellenplan ein **Stellenbesetzungsplan.** Dieser kann als Organigramm oder in Tabellenform dargestellt werden.

©colours-pic-fotolia.com

LERNFELD 8

Stellenbesetzungsplan im Verkauf der Reif KG				
Stellenbezeichnung	Vergütungs-gruppe	Soll-Bestand	Ist-Bestand	Stelleninhaber
Abteilungsleitung Verkauf	III	1	1	Katharina Höger
Leitung (Fahrräder) Leitung (Bekleidung)	II	2	2	Simon Lange Nadine Epp
Verkäufer	I	14	12	(1) Katja Weiser … (12) Sandy Feichter (13) unbesetzt (14) unbesetzt

2.2.3 Berechnung und Klassifizierung des quantitativen Personalbedarfs

■ Berechnung des quantitativen Personalbedarfs

Grundsätzlich ergibt sich der quantitative **Personalbedarf** aus dem Unterschied zwischen dem zu einem bestimmten Zeitpunkt erwünschten Personalbestand (**voraussichtlicher Soll-Bestand**) und dem dann tatsächlich bestehenden Personalbestand (**voraussichtlicher Ist-Bestand**).

Beispiel

Eine Manufaktur für die Herstellung von hochwertigen Mountain-Bikes plant, ab September 20.. die Produktion auf 600 Fahrräder pro Monat auszuweiten. Pro Fahrrad wird eine Produktionszeit von 5 Stunden benötigt. In der Abteilung arbeiten zurzeit 17 Mitarbeiter in Vollzeit mit einer durchschnittlichen Arbeitszeit von je 168 Stunden pro Monat. Für Ausfallzeiten durch z. B. Krankheit, Urlaub sowie technische Gründe wird mit einem Zuschlag von 15 % gerechnet. Ende August 20.. werden 2 Mitarbeiter aus Altersgründen in den Ruhestand gehen, 3 Auszubildende werden dann als Vollzeitkräfte übernommen.

Berechnung des **voraussichtlichen Soll-Bestandes**:
Die Produktionszeit von insgesamt 3 000 Stunden erfordert bei einer Arbeitszeit von 168 Stunden pro Monat und Arbeiter 17,86 Mitarbeiter. 15 % Reserve entsprechen 2,7 Mitarbeitern. Der voraussichtliche Soll-Bestand für die Produktion von 600 Mountain-Bikes/Monat beträgt somit 21 Mitarbeiter/Stellen (gerundet).

Der **voraussichtliche Ist-Bestand** wird wie folgt berechnet (vgl. Kapitel 2.1):

aktueller Ist-Bestand	17 Stellen
– voraussichtliche Abgänge	2 Stellen
+ voraussichtliche Zugänge	3 Stellen
= voraussichtlicher Ist-Bestand	18 Stellen

Die Differenz zwischen dem zukünftig erforderlichen Personalbestand und dem zukünftig tatsächlich zur Verfügung stehenden Personalbestand beträgt 3 Stellen.

Quantitative Personalbedarfsplanung (Anzahl der Stellen)	
voraussichtlicher **Soll-Bestand**	21 Stellen
− voraussichtlicher **Ist-Bestand**	18 Stellen
= voraussichtlicher **Personalbedarf** (Über- bzw. **Unterdeckung**)	**3 Stellen**

Klassifizierung des Personalbedarfs: Es bestehen hier ein **Ersatzbedarf** von 2 Stellen (für die beiden ausscheidenden Arbeitnehmer) und ein **Neubedarf** von 1 Stelle.

■ Klassifizierung des quantitativen Personalbedarfs

Zur genaueren Bestimmung der **Art des Personalbedarfs** wird bei der quantitativen Personalbedarfsplanung unterschieden, ob ein **Ersatzbedarf, Neubedarf, Zusatzbedarf** oder gegebenenfalls ein **Bedarf zur Verminderung des Bestandes** vorliegt. Diese Unterscheidung ist hilfreich, um die Personalbedarfsplanung sinnvoll umsetzen zu können, indem z. B. zunächst kurzfristige Maßnahmen wie Mehrarbeit, Urlaubsverschiebungen oder befristetes Personalleasing ergriffen werden.

Merke

Ersatzbedarf:
durch Abgänge verursachter Bedarf (= **Ersatz** bereits vorhandener Stellen)

Neubedarf:
über die Abgänge hinaus langfristig bestehender Bedarf (= Bedarf an **dauerhaft neu** zu schaffenden Stellen)

Zusatzbedarf:
kurzfristiger, vorübergehender Bedarf an **zusätzlichen** Stellen (z. B. bei saisonalen Arbeitsspitzen)

2.2.4 Qualitative Personalbedarfsplanung

Die Personalbedarfsplanung hat sicherzustellen, dass die erforderlichen Arbeitskräfte nicht nur in quantitativer, sondern auch in qualitativer Hinsicht zum richtigen Zeitpunkt am richtigen Ort zur Verfügung stehen.

■ Anforderungsprofile

Eine optimale Stellenbesetzung zur Deckung eines Ersatzbedarfs oder eines Neubedarfs hat sich an den gewünschten **Qualifikationen** zu orientieren.

Zu unterscheiden sind z. B.

→ **ungelernte Arbeit:**
Tätigkeiten, die keine Berufsausbildung erfordern (z. B. Hilfskräfte, Handlanger);

→ **angelernte Arbeit:**
Tätigkeiten, die keine Berufsausbildung erfordern, jedoch Kenntnisse in bestimmten Arbeitsbereichen voraussetzen (z. B. angelernte Kassiererin, angelernte Pflegekraft);

→ **gelernte Arbeit:**
Tätigkeiten, die eine abgeschlossene Berufsausbildung erfordern (z. B. Kaufmann/Kauffrau für Büromanagement).

Weitere gängige – häufig nicht ganz trennscharfe – Möglichkeiten zur qualitativen Kategorisierung von Arbeit sind z. B. die Unterscheidung

→ nach der **Beanspruchung von Fähigkeiten:**
(vorrangig) **körperliche** oder **geistige** Arbeit;

→ nach dem **Grad an** (erforderlichen) **Qualifikationen:**
gering qualifizierte oder **hoch qualifizierte** Arbeit;

→ nach den damit verbundenen **Entscheidungsmöglichkeiten:**
leitende (dispositive) Arbeit oder **ausführende (exekutive)** Arbeit.

Eine Schlüsselstellung bei der Personalbedarfsplanung kommt **Anforderungsprofilen** zu. Diese sind umso aussagekräftiger, je präziser die allgemeinen Kompetenzen (fachlich, sozial, persönlich) tätigkeitsspezifisch konkretisiert und mit messbaren Indikatoren versehen werden.

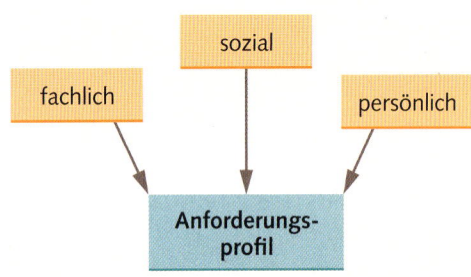

Beispiel

Anforderungsprofil Abteilungsleitung des Verkaufs
(Auszug: fachliche Kompetenzen)

Bildungsabschluss:
Allgemeine Hochschulreife

Ausbildung:
abgeschlossene Ausbildung im Einzelhandel

Studium:
staatlich geprüfter Betriebswirt oder vergleichbarer Abschluss

Berufserfahrung:
mehrjährige Abteilungsleitung im Handel

■ Stellenbeschreibung

Die grundsätzlichen Anforderungen lassen sich der **Stellenbeschreibung** entnehmen. Sie informiert **personenneutral** z. B. über die

→ **Stellenbezeichnung:** Name oder Nummer der Stelle,

→ **Stelleneinordnung:** Rangordnung in der Betriebshierarchie,

→ **Stellenvertretung:** zuständige Stelle für Vertretung z. B. bei Abwesenheit,

→ **Stellenziele:** Aufgabenbereiche und zu erreichende Ziele,

→ **Stellenverantwortung:** Notwendigkeit zur Übernahme besonderer Verantwortung,

→ **Stellenaufgabe:** selbstständig zu bearbeitende Einzelaufgaben,

→ **Stellenbefugnisse:** zugeteilte Kompetenzen bzw. Vollmachten und

→ **Stellenanforderungen:** z. B. fachliche, körperliche und soziale Fähigkeiten.

LERNFELD 8

Muster einer Stellenbeschreibung	
Stellenbezeichnung	Abteilungsleitung Rechnungswesen
Stelleneinordnung • Unterstellung • Überstellung • Gleichstellung	Geschäftsleitung Sachbearbeitungen Abteilungsleitungen
Stellenvertretung	Geschäftsleitung
Stellenziele	Dokumentation aller relevanten Zahlen in der Unternehmung, Analyse und Controlling der Entwicklungen in den einzelnen Abteilungen, Strategieplanung
Stellenverantwortung	Verantwortung für die Rechnungslegung des Unternehmens und Beratung in allen Abteilungen zur Entwicklung optimaler Problemlösungen für das Rechnungswesen
Stellenaufgabe (selbstständig zu bearbeitende Einzelaufgaben)	Koordination der Arbeitsabläufe in der Finanzbuchhaltung Rechnungslegung des Unternehmens (monatliche betriebswirtschaftliche Auswertungen, Controlling in allen Unternehmensbereichen, Erstellung des Jahresabschlusses) Berechnungen und Analysen zur Kosten- und Liquiditätsplanung
Stellenbefugnisse (zugewiesene Kompetenzen bzw. Vollmachten)	Teilnahme an regelmäßig tagenden Arbeitssitzungen der Geschäftsleitung mit den Ab-teilungsleitungen, Weisungsbefugnis innerhalb der Abteilung
Stellenanforderungen • Ausbildung • Erfahrung • Kenntnisse	• abgeschlossenes Studium der Wirtschaftswissenschaften (Schwerpunkt: Rechnungslegung der Unternehmung) • einige Jahre Berufserfahrung auf dem Arbeitsgebiet • Kenntnisse in Informationsverarbeitung

Stellenbeschreibungen sind für Unternehmen weiterhin eine wichtige **Grundlage für**

➜ die **Personalbeschaffung** (z. B. Hilfsmittel für Stellenausschreibung und Stellenbesetzung),

➜ die **Personalentwicklung** (z. B. Grundlage für tarifliche Einstufung und Leistungsbeurteilung) und

➜ den **Personaleinsatz** (z. B. Einordnung in die Betriebsorganisation).

Darüber hinaus ergeben sich auch Vorteile für Mitarbeiter, z. B.

➜ klare **Definition des Aufgaben- und Leistungsbereichs** und

➜ genaue **Kenntnis von Entscheidungsbefugnissen.**

©fotodo-fotolia.com

LERNFELD 8

2.3 Zusammenfassung und Aufgaben

Personalbestandsplanung (Feststellen des voraussichtlichen Personalbestands)

Quantitative Personalbestandsplanung (Berechnungsschema):

	aktueller Ist-Bestand
−	voraussichtliche Abgänge
+	voraussichtliche Zugänge
=	voraussichtlicher Ist-Bestand

Quantitative Personalbestandsplanung (Einflussfaktoren):
- **autonome Abgänge** (z. B. Kündigung durch Arbeitnehmer, Mutterschutz und Inanspruchnahme von Elternzeit, Eintritt in den Ruhestand)
- **autonome Zugänge** (z. B. Rückkehr aus Elternzeit/vom freiwilligen Wehrdienst)
- **initiierte Abgänge** (z. B. Kündigungen durch den Arbeitgeber)
- **initiierte Zugänge** (z. B. Neueinstellungen)

Qualitative Personalbestandsplanung berücksichtigt z. B.:
Schul- und Studienabschlüsse, Auslandserfahrungen, Fort- und Weiterbildungen, Berufserfahrung, Sprachkenntnisse, IT-Kenntnisse

Personalbedarfsplanung (Ermitteln des Personalbedarfs)

Quantitative/qualitative Personalbedarfsplanung (Einflussfaktoren):
- **interne:** z. B. wirtschaftliche Ziele, soziale Ziele, qualitative Anforderungen durch Leistungsprogramm, Arbeitsorganisation
- **externe:** z. B. demografische Entwicklung, gesamtwirtschaftliche Entwicklung, rechtliche und tarifliche Vorgaben, soziale Verantwortung, technischer Fortschritt

Quantitative Personalbedarfsplanung (Methoden):
- **Kennzahlmethode:** Berechnung des Arbeitsvolumens auf der Grundlage betrieblicher Kennzahlen (z. B. Umsatz, Zeitbedarf)
- **Arbeitsplatz- oder Stellenplanmethode:** Erstellung von Stellenplänen mit Angabe u. a. von Soll- und Ist-Bestand auf der Grundlage des betrieblichen Organisationsplans; Voraussetzung: Das Arbeitsvolumen entsteht unabhängig von betrieblichen Kennzahlen (z. B. in der Verwaltung).

Quantitative Personalbedarfsplanung (alternative Berechnungsschemata):

	voraussichtlicher Soll-Bestand			voraussichtlicher Soll-Bestand
−	voraussichtlicher Ist-Bestand		−	aktueller Ist-Bestand
=	voraussichtlicher Personalbedarf (Über- bzw. Unterdeckung)		+	voraussichtliche Abgänge
			−	voraussichtliche Zugänge
			=	voraussichtlicher Personalbedarf (Über- bzw. Unterdeckung)

Quantitative Personalbedarfsplanung (Klassifizierung):
- **Ersatzbedarf:** durch Abgänge verursachter Bedarf (= Ersatz bereits vorhandener Stellen)
- **Neubedarf:** über die Abgänge hinaus langfristig bestehender Bedarf (= Bedarf an dauerhaft neu zu schaffenden Stellen)
- **Zusatzbedarf:** kurzfristiger, vorübergehender Bedarf an zusätzlichen Stellen (z. B. bei saisonalen Arbeitsspitzen)

Qualitative Personalbedarfsplanung:

- **Unterscheidung von Arbeit nach Anforderungsprofilen:** ungelernte, angelernte, gelernte Arbeit; körperliche, geistige Arbeit; gering qualifizierte, hoch qualifizierte Arbeit; leitende (dispositive), ausführende (exekutive) Arbeit

- **Inhalte der Stellenbeschreibung:** z. B. Stellenbezeichnung, Stelleneinordnung, Stellenvertretung, Stellenziele, Stellenverantwortung, Stellenaufgabe, Stellenbefugnisse, Stellenanforderungen

Aufgaben

1. Prüfen Sie folgende Aussagen auf ihre Richtigkeit. Die Antwort ist jeweils zu begründen.

   (1) In der quantitativen Personalbedarfsplanung wird der Neubedarf durch die Abgänge von Mitarbeitern verursacht.

   (2) Übernahmen von Auszubildenden gelten als autonome Zugänge.

   (3) Der voraussichtliche Personalbestand ergibt sich aus dem aktuellen Personalbestand zuzüglich der voraussichtlichen Zugänge.

   (4) Wirtschaftliche Ziele des Unternehmens haben als externe Einflussfaktoren Auswirkungen auf den Personalbedarf.

   (5) Leiharbeit spielt bei der quantitativen Personalbedarfsplanung keine Rolle.

   (6) Die Kennzahlmethode dient der Berechnung des qualitativen Personalbedarfs.

   (7) Ausführende Arbeit wird auch als dispositive Arbeit bezeichnet.

   (8) Stellenbeschreibungen sind niemals personenneutral.

2. Geben Sie Beispiele für autonome und initiierte Veränderungen im Personalbestand.

3. Unterscheiden Sie Personalbestands- und Personalbedarfsplanung.

4. Nennen Sie qualitative Kriterien, die bei der Personalbestandsplanung zu berücksichtigen sind.

5. Nennen Sie betriebliche Kennzahlen, die zur Berechnung des Personalbedarfs herangezogen werden können. Beurteilen Sie deren Eignung.

6. Geben Sie Beispiele für fachliche, soziale und persönliche Kompetenzen.

7. Unterscheiden Sie: Ersatzbedarf, Neubedarf und Zusatzbedarf.

8. Erläutern Sie an Beispielen, wie sich interne bzw. externe Einflussfaktoren in Ihrem Ausbildungsbetrieb auf den Personalbedarf auswirken.

9. Erstellen Sie wahlweise für die Stelle Ihres aktuellen Ausbilders oder für Ihre eigene Stelle eine Stellenbeschreibung.

LERNFELD 8

©Trueffelpix-fotolia.com

3 Personal beschaffen

Aufgabe der **Personalbeschaffung** (Personalrekrutierung) ist es, für die Bereitstellung der lt. Personalbedarfsplan erforderlichen Mitarbeiter zu sorgen. Dabei ist sicherzustellen, dass die geforderten Arbeitskräfte in **qualitativer** und **quantitativer** Hinsicht zum **richtigen Zeitpunkt** am **richtigen Ort** zur Verfügung stehen.

3.1 Personalbeschaffungswege

Zur Stellenbesetzung stehen **interne** und/oder **externe Beschaffungswege** zur Verfügung. Mitarbeiter können also aus dem Unternehmen selbst oder von außen rekrutiert werden.

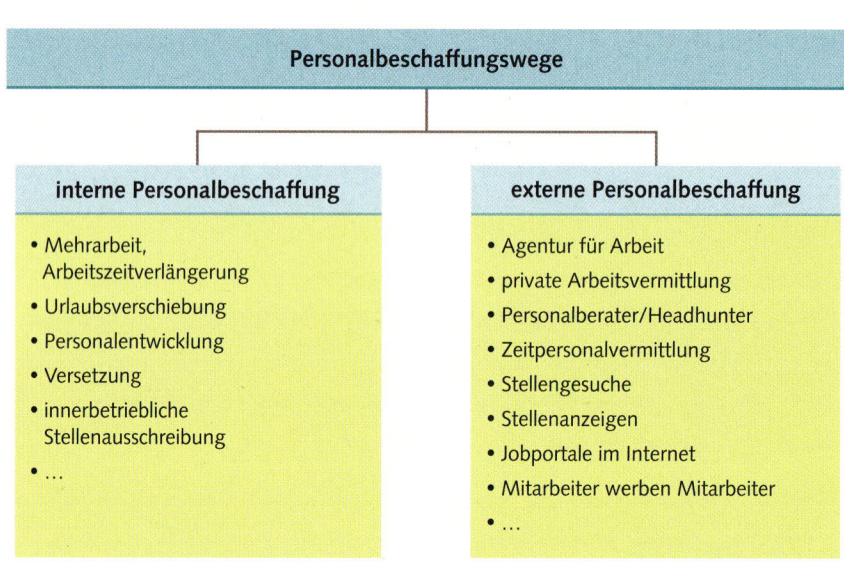

Personalbeschaffungswege	
interne Personalbeschaffung	**externe Personalbeschaffung**
• Mehrarbeit, Arbeitszeitverlängerung • Urlaubsverschiebung • Personalentwicklung • Versetzung • innerbetriebliche Stellenausschreibung • …	• Agentur für Arbeit • private Arbeitsvermittlung • Personalberater/Headhunter • Zeitpersonalvermittlung • Stellengesuche • Stellenanzeigen • Jobportale im Internet • Mitarbeiter werben Mitarbeiter • …

©XtravaganT-fotolia.com

Für die externe Personalbeschaffung hat sich das **Internet** mittlerweile zu einem bedeutenden Marktplatz für Stellensuchende und Stellenanbieter entwickelt. Im sogenannten **E-Recruiting** werden offene Stellen auf den Webseiten der Unternehmen oder in Karrierenetzwerken (z. B. XING) ausgeschrieben.

Innerbetrieblich gewinnt das **Intranet** als Mitarbeiterportal auch für z. B. innerbetriebliche Stellenausschreibungen eine immer größere Bedeutung.

3.1.1 Interne Personalbeschaffung

Eine interne Personalbeschaffung kann mit Personalbewegungen verbunden sein oder ohne Personalbewegungen stattfinden. Folgende Möglichkeiten können genutzt werden:

→ **Innerbetriebliche Stellenausschreibung:** Im Rahmen der internen Personalbeschaffung wird eine innerbetriebliche Stellenausschreibung durch geeignete Maßnahmen (z. B. Aushang am schwarzen Brett, Ankündigung im Intranet, Hausmitteilung) bekannt gemacht. Sie enthält Angaben u. a. über die Tätigkeit einschließlich der Anforderungen an den Bewerber, über Position und Eingruppierung/Vergütung und vorgesehenen Einsatzort.

Jeder interessierte Mitarbeiter, der über die gewünschten Voraussetzungen verfügt, kann sich auf die ausgeschriebene Stelle bewerben. Ist die Bewerbung erfolgreich, führt dies in der Regel zu **versetzungsbedingten Personalbewegungen.**

Innerbetriebliche Stellenausschreibung vom 03.01.20..

Bereich/Abteilung:	Verkauf/Radsportbekleidung
Stellenbezeichnung:	Abteilungsleitung
Zeitpunkt der Stellenbesetzung:	01.05.20..

Aufgabenbereich und Tätigkeiten:

Als Abteilungsleitung bilden Sie die Schnittstelle zwischen der Geschäftsleitung und den Mitarbeitern des Verkaufs.

Sie verstehen sich als Teamleitung, sind Ansprechpartner für alle Mitarbeiter im Verkauf Ihrer Abteilung und fördern ein gutes Arbeitsklima.

Sie nehmen die fachlich-organisatorischen Tätigkeiten des Tagesgeschäftes wahr, sorgen für eine optimale Kundenberatung und sind zuständig für die Koordination mit den anderen Abteilungen des Verkaufs.

Anforderungen:

Sie haben eine Ausbildung als Einzelhandelskaufmann/-kauffrau abgeschlossen.

Sie verfügen über eine mehrjährige Berufserfahrung im Verkauf unseres Unternehmens.

Sie besitzen exzellente Fachkenntnisse über unsere Warengruppen.

Ein souveränes Auftreten, Teamfähigkeit, Belastbarkeit und Durchsetzungsvermögen sowie ein hohes Einfühlungsvermögen und ausgeprägte Kundenorientierung sind Voraussetzungen für diese Stelle.

Eingruppierung: Vergütungsgruppe II

Bitte reichen Sie Ihre Kurzbewerbung bis zum 31.03.20.. bei der Geschäftsleitung ein. Als Ansprechpartner für Rückfragen steht Ihnen Herr Dirk König zur Verfügung.

→ **Mehrarbeit/Überstunden:** Mit dieser Möglichkeit lässt sich nur kurzfristiger Spitzenbedarf abfangen. Rechtliche Vorschriften (z. B. Arbeitszeitgesetz) sind zu beachten.

---

§§§

§ 93 BetrVG

Der **Betriebsrat** kann grundsätzlich eine innerbetriebliche Stellenausschreibung verlangen.

Ausnahme:

Dies gilt nicht bei Stellen leitender Mitarbeiter.

Entscheidung:

Sind gleichzeitig externe Bewerber vorhanden, so sind bei gleicher Qualifikation die internen Bewerber vorzuziehen.

LERNFELD 8

©FFCucina Liz Collet-fotolia.com

→ **Urlaubsverschiebung:** Ebenfalls nur kurzfristig kann mit dieser Maßnahme erhöhter Personalbedarf ausgeglichen werden. Im Rahmen der gesetzlichen Bestimmungen (z. B. Mindesturlaub und Berücksichtigung von Arbeitnehmerwünschen nach Bundesurlaubsgesetz) muss der Urlaub gewährt werden.

→ **Personalentwicklung:** Hier steht z. B. als Anpassungs- und Aufstiegsfortbildung der qualitative Aspekt der Personalbeschaffung deutlich im Vordergrund.

→ **Versetzung:** Bei betrieblichen Umstellungen wie z. B. Erweiterungen oder Rationalisierungen können Versetzungen vorgenommen werden. Bei der Erweiterung gewährleistet die Übernahme von Auszubildenden, dass nicht doch letztlich eine Stelle extern besetzt werden muss.

Bei der Nutzung interner Beschaffungswege sind Vor- und Nachteile gegeneinander abzuwägen:

Interne Personalbeschaffung	
Vorteile	**Nachteile**
• Motivation und stärkere Bindung an das Unternehmen durch Aufstiegsmöglichkeit • Betriebskenntnis mit kurzen Einarbeitungszeiten • Kenntnis von Fähigkeiten des Mitarbeiters • kostengünstige und zügige Besetzung • freie Stellen für nachrückende Mitarbeiter	• begrenzte Auswahlmöglichkeit • wegen Betriebsblindheit weniger Innovationen • häufig lediglich Verlagerung des quantitativen Bedarfs • Enttäuschung bei abgelehnten Mitarbeitern • Rivalität • ggf. Autoritätsdefizit

3.1.2 Externe Personalbeschaffung

Die externe Personalbeschaffung kann durch Einschaltung Dritter oder durch aktive Werbung des Unternehmens erfolgen.

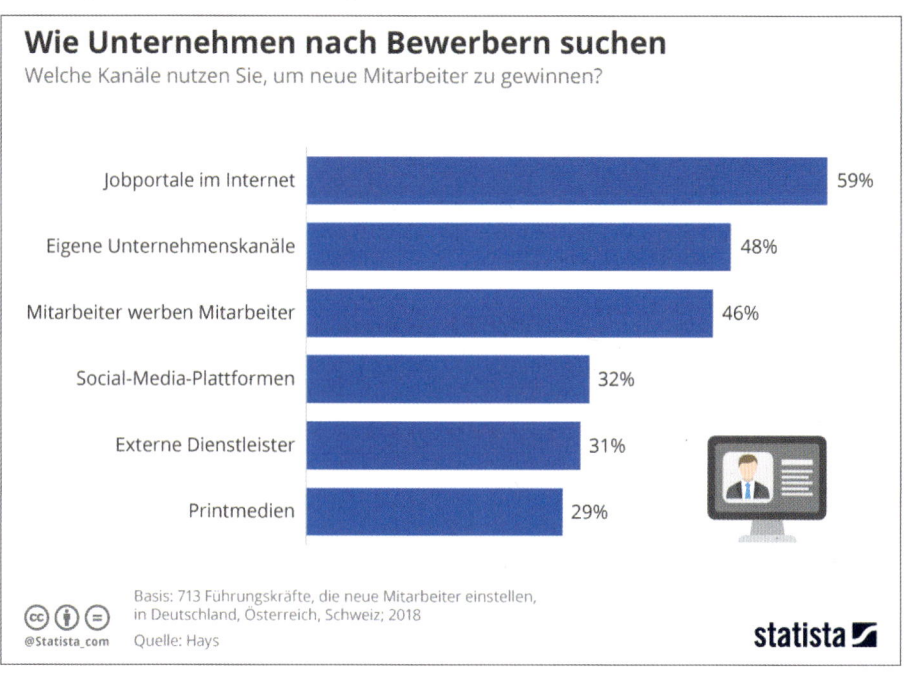

Wie Unternehmen nach Bewerbern suchen

Welche Kanäle nutzen Sie, um neue Mitarbeiter zu gewinnen?

Jobportale im Internet	59%
Eigene Unternehmenskanäle	48%
Mitarbeiter werben Mitarbeiter	46%
Social-Media-Plattformen	32%
Externe Dienstleister	31%
Printmedien	29%

Basis: 713 Führungskräfte, die neue Mitarbeiter einstellen, in Deutschland, Österreich, Schweiz; 2018
Quelle: Hays

@Statista_com

statista

Folgende **Beschaffungswege** können unter Berücksichtigung der Bedeutung der zu besetzenden Stelle und der Situation auf dem Arbeitsmarkt gewählt werden:

→ **Agentur für Arbeit:** registriert und verwaltet die ihr gemeldeten offenen Stellen und Stellengesuche, um durch den Abgleich von Stellenangeboten und -gesuchen zu erfolgreichen Stellenbesetzungen beizutragen;

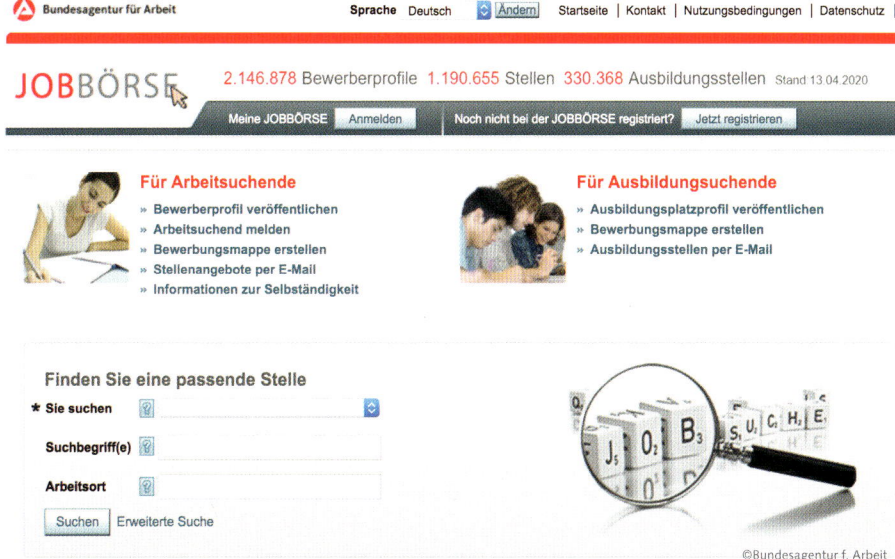
©Bundesagentur f. Arbeit

→ **Stellengesuche von potenziellen Bewerbern:** Auswertung von regionalen und überregionalen Zeitungen sowie von Fachzeitschriften; besonders leichte Identifizierung geeigneter Bewerber durch elektronische Medien mit ausgefeilten Suchfunktionen;

→ **Stellenanzeige:** Veröffentlichung des Stellenangebots in Printmedien und elektronischen Medien (z. B. regionale Tages- und Wochenzeitungen, Fachzeitschriften und Internet);

→ **Personalberater/Headhunter:** Beratung des Unternehmens bei der Suche meist nach Führungskräften und Spezialisten; Auswahl durch geschulte – auch psychologisch ausge-bildete – Experten mit spezifischen Arbeitsmarktkenntnissen; Verbesserung der Personalentscheidungen; vergleichsweise hohe Kosten;

©fotodo-fotolia.com

→ **Internet:** kostenlose Nutzung einer Vielzahl von Jobportalen (z. B. Jobscout, Stepstone, Monster, Jobbörse der Bundesagentur für Arbeit);

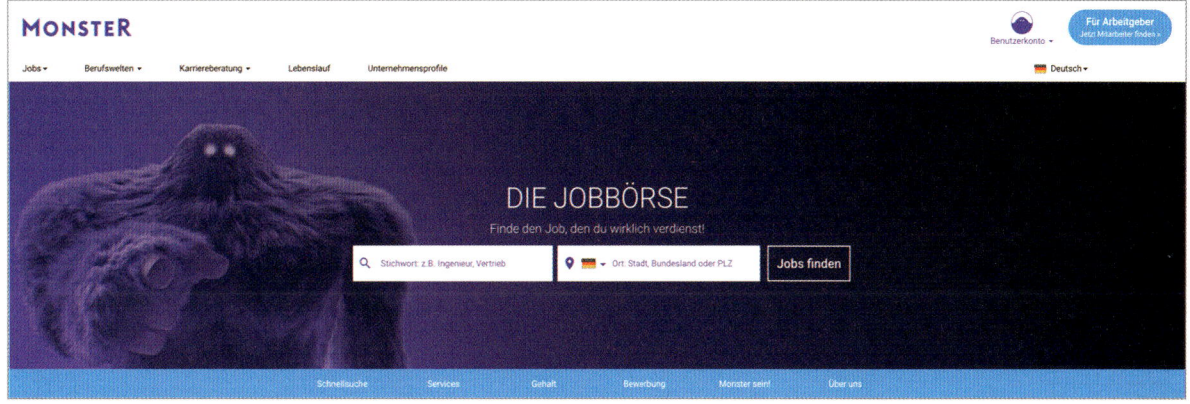
Quelle: www.monster.de

LERNFELD 8

303

→ **Mitarbeiter werben Mitarbeiter:** Rekrutierung neuen Personals aufgrund von Mitarbeiter-Empfehlungen; bei Einstellung zahlt das Unternehmen meist eine Prämie für die Empfehlung; sehr erfolgreiche, kostengünstige und zeitsparende Rekrutierungsmöglichkeit;

→ **Private Arbeitsvermittlung:** Zeitersparnis durch Delegieren der Beschaffungsaktivitäten vom Suchprozess über Stellenanzeigen bis hin zu den Einstellungsgesprächen;

→ **Zeitpersonalvermittlung/Personalleasing:** Vermittlung und Überlassung von Arbeitskräften auf Zeit (sog. Leiharbeiter) durch Agenturen mit einer Genehmigung im Rahmen des Arbeitnehmerüberlassungsgesetzes.

Die vertraglichen Beziehungen zwischen den Beteiligten zeigt folgende Grafik:

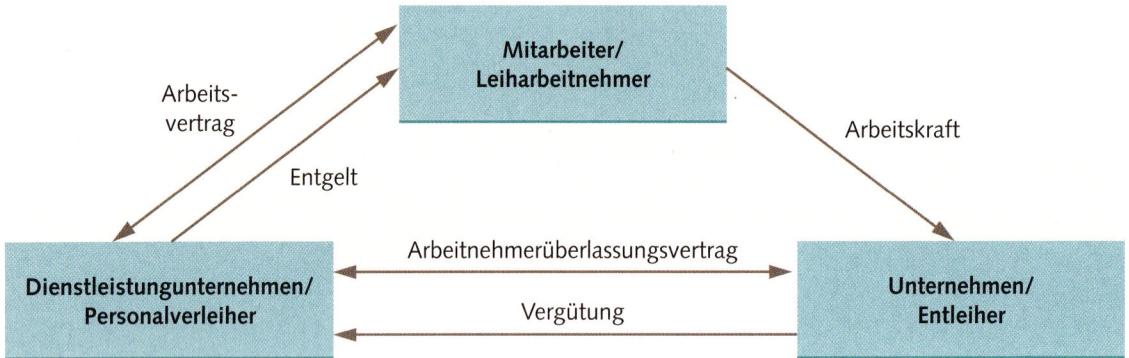

Gründe für den Einsatz von Zeitarbeit

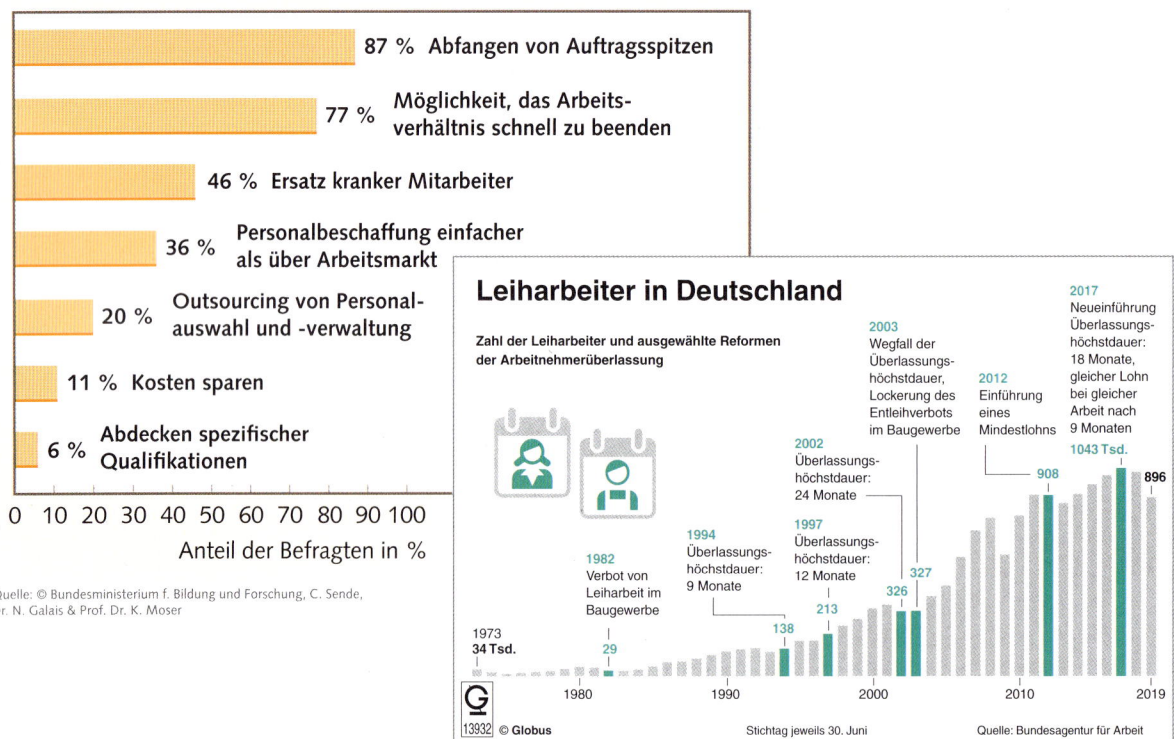

Anteil der Befragten in %

Quelle: © Bundesministerium f. Bildung und Forschung, C. Sende, Dr. N. Galais & Prof. Dr. K. Moser

Externe Personalbeschaffung	
Vorteile	**Nachteile**
• breite Auswahlmöglichkeit aus vielen Bewerbern • kaum Fortbildungskosten, da die Bewerber-qualifikationen bereits dem Anforderungsprofil der Ausschreibung entsprechen • neue Ideen, Impulse, Innovationen • ggf. Einbringung eigener Kontakte zu möglichen Geschäftspartnern • Vereinbarung einer Probezeit • ggf. größere Akzeptanz/Autorität als interne Bewerber	• zeitaufwändiges Verfahren • hohe Beschaffungskosten • Gefahr der Fehlbesetzung • Demotivation bei Interessenten aus dem eigenen Haus • ggf. erhöhte Fluktuation (wegen Übergehen interner Bewerber; bei Fehlbesetzung) • hohe Einarbeitungszeit • ggf. höhere Gehaltsansprüche

3.1.3 Stellenanzeige

Die **Stellenanzeige** hat eine hohe Bedeutung bei der Suche nach geeigneten Mitarbeitern. Sie ist ein immer noch häufig genutzter Weg im Rahmen der externen Personalbeschaffung. Dabei sind insbesondere Entscheidungen zu treffen hinsichtlich

→ des richtigen **Mediums** (z. B. Tageszeitung, Fachzeitschrift: regional/überregional, Internet),

→ des richtigen **Zeitpunkts** (z. B. 2 – 3 Monate vor Einstellungstermin),

→ der **Zielgruppe** (z. B. Mitarbeiter für einfache Tätigkeiten, spezialisierte Fachkräfte, Führungskräfte),

→ der **Kosten** (z. B. Größe und Platzierung),

→ der ansprechenden **Gestaltung** (z. B. klare Gliederung: Herausstellung des Unternehmens, der zu besetzenden Stelle, der Zukunftsperspektiven).

©M&S Fotodesign-fotolia.com

Reif KG
Rund ums Rad

Wir expandieren weiter!

Unser Radmarkt eröffnet demnächst eine weitere Filiale in Bochum. Zur Verstärkung unseres Teams suchen wir einen Mitarbeiter/eine Mitarbeiterin für die

Debitorenabteilung.

Neben einer abgeschlossenen Berufsausbildung zum Kaufmann/zur Kauffrau für Büromanagement oder zum/zur Steuerfachangestellten haben Sie mehrjährige Berufserfahrung im Handel gesammelt. Sie beherrschen gängige PC-Anwendungen, von Vorteil sind Kenntnisse in SAP-Software.

Neben einer leistungsgerechten Vergütung erwartet Sie ein moderner Arbeitsplatz in einem soliden, aber innovativen Unternehmen.

Ihre Bewerbung mit den üblichen Unterlagen richten Sie bitte an Frau Mücke (Personalabteilung).

Reif KG
Schlossgraben 30
45657 Recklinghausen
m.muecke@radmarkt-reif.de

Die **inhaltliche Gestaltung** einer Stellenanzeige kann sich an folgender Checkliste orientieren:

Checkliste für Stellenanzeigen (5-W-Regel)	
Wir sind ...	Selbstdarstellung/Firmenprofil: z. B. Firma, Branche, Unternehmensgröße, Standort, Produkte, Marktstellung, Betriebsklima, Führungsstil ...
Wir suchen ...	Stellenbeschreibung/Bezeichnung der ausgeschriebenen Stelle und Einsatzbereich: z. B. Sachbearbeiter, Produktionsleiter, Abteilungsleiter; Aufgabenbereich, Einsatzort ...
Wir erwarten ...	Anforderungsprofil des Bewerbers: z. B. Ausbildung, Abschlüsse, Berufserfahrung; fachliche Kenntnisse, persönliche Eigenschaften ...
Wir bieten ...	Leistungen des Unternehmens: z. B. tarifliche Einstufung, Möglichkeiten der Weiterbildung, Sozialleistungen ...
Wir bitten ...	Bewerbungsmodalitäten/Hinweise zur Bewerbung: z. B. Bewerbungsschreiben, Lebenslauf, Referenzen; Anschrift, Ansprechpartner ...

Da jede Stellenanzeige zugleich Werbeträger für das ausschreibende Unternehmen ist und die Aufmerksamkeit potenzieller Bewerber wecken soll, sind ebenso **formale Gestaltungshinweise** zu berücksichtigen.

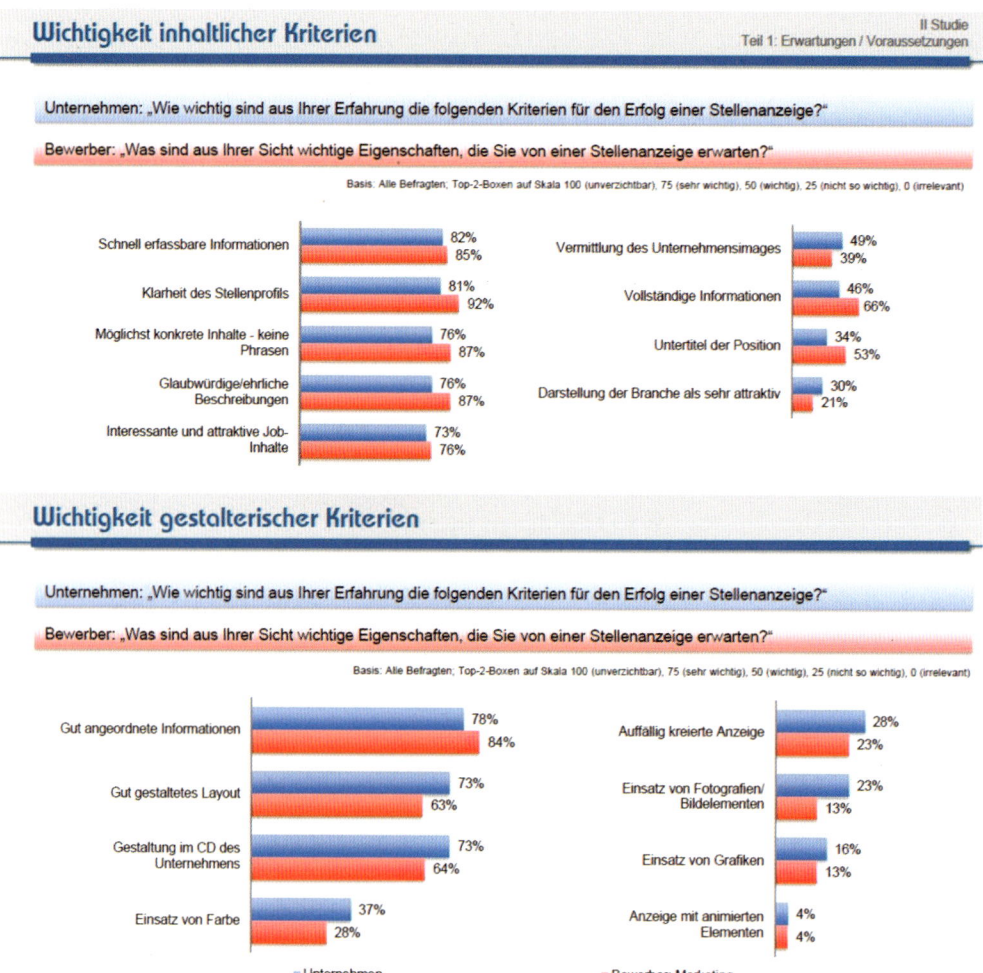

3.2 Bewerbung

Bewerbungen erfolgen i. d. R. ausführlich in schriftlicher Form (als Online-Bewerbung oder postalische Bewerbung) aufgrund einer Aufforderung in einer Stellenanzeige. Ein Bewerber kann sich aber auch unaufgefordert mit einer Anfrage nach zu besetzenden Stellen an ein Unternehmen wenden (sog. „Blindbewerbung"). Signalisiert das Unternehmen Interesse, wird eine ausführliche Bewerbung folgen.

3.2.1 Bewerbungsunterlagen

Die **Bewerbungsunterlagen** haben großen Einfluss auf die Vorauswahl. Ziel ist es, dem Stellenanbieter mit den Unterlagen ein **aussagefähiges Eignungsprofil** des Bewerbers mit seinen **individuellen Qualifikationen** und **Interessen** zu vermitteln (individualisierte Bewerbung).

Zunächst ist die **äußere Form** der Bewerbungsunterlagen entscheidend. Eine ansprechende Bewerbung mit sauberen, ordentlichen, qualitativ hochwertigen, fehlerfreien und vollständigen Dokumenten ist Voraussetzung für die weitere Prüfung mit der Chance, zu einem Vorstellungsgespräch eingeladen zu werden.

In eine **ausführliche Bewerbung** gehören üblicherweise:

→ **Anschreiben/Bewerbungsschreiben** (ggf. mit Benennung von Soft Skills),

→ **ggf. Deckblatt** (mit Lichtbild),

→ **Lebenslauf** (mit Lichtbild, falls auf ein Deckblatt verzichtet wird),

→ **Zeugnisse,**

→ **Referenzen,**

→ **ggf. Arbeitsproben.**

Das **Allgemeine Gleichbehandlungsgesetz** (AGG) aus dem Jahre 2006 schreibt vor, dass grundsätzlich niemand z. B. wegen seines Alters, seiner ethnischen Herkunft, seiner Religion, seines Geschlechts oder seiner Behinderung benachteiligt werden darf.

Für Bewerbungen bedeutet dies, dass umfangreiche Angaben zur eigenen Person sowie ein Bewerberfoto nicht erforderlich sind. Obwohl viele Unternehmen ihre Anforderungen an Bewerbungsunterlagen entsprechend anpassen, haben sich in der Praxis die sogenannten **anonymisierten Lebensläufe** noch nicht durchgesetzt.

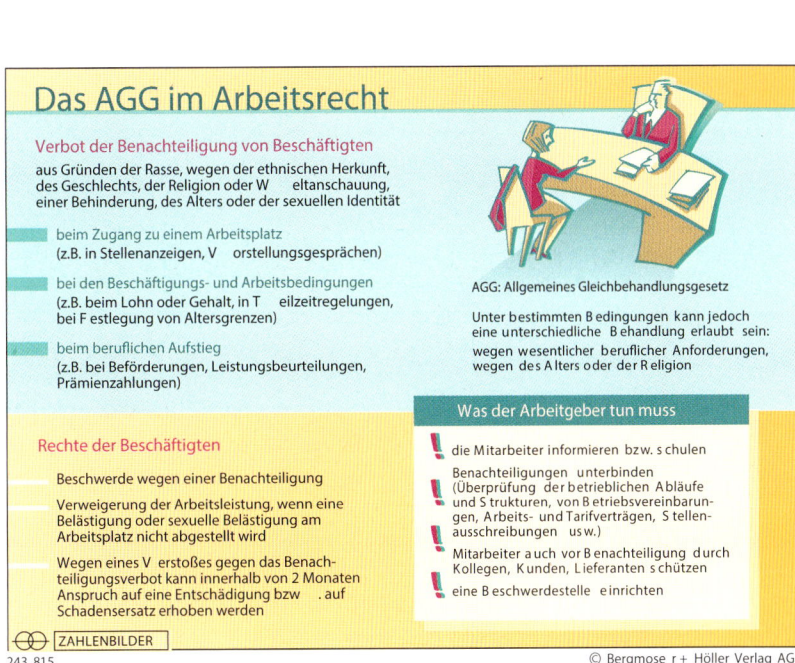

Das AGG im Arbeitsrecht

Verbot der Benachteiligung von Beschäftigten
aus Gründen der Rasse, wegen der ethnischen Herkunft, des Geschlechts, der Religion oder Weltanschauung, einer Behinderung, des Alters oder der sexuellen Identität

- beim Zugang zu einem Arbeitsplatz
  (z.B. in Stellenanzeigen, Vorstellungsgesprächen)
- bei den Beschäftigungs- und Arbeitsbedingungen
  (z.B. beim Lohn oder Gehalt, in Teilzeitregelungen, bei Festlegung von Altersgrenzen)
- beim beruflichen Aufstieg
  (z.B. bei Beförderungen, Leistungsbeurteilungen, Prämienzahlungen)

AGG: Allgemeines Gleichbehandlungsgesetz

Unter bestimmten Bedingungen kann jedoch eine unterschiedliche Behandlung erlaubt sein: wegen wesentlicher beruflicher Anforderungen, wegen des Alters oder der Religion

Was der Arbeitgeber tun muss

- die Mitarbeiter informieren bzw. schulen
  Benachteiligungen unterbinden (Überprüfung der betrieblichen Abläufe und Strukturen, von Betriebsvereinbarungen, Arbeits- und Tarifverträgen, Stellenausschreibungen usw.)
- Mitarbeiter auch vor Benachteiligung durch Kollegen, Kunden, Lieferanten schützen
- eine Beschwerdestelle einrichten

Rechte der Beschäftigten

- Beschwerde wegen einer Benachteiligung
- Verweigerung der Arbeitsleistung, wenn eine Belästigung oder sexuelle Belästigung am Arbeitsplatz nicht abgestellt wird
- Wegen eines Verstoßes gegen das Benachteiligungsverbot kann innerhalb von 2 Monaten Anspruch auf eine Entschädigung bzw. auf Schadensersatz erhoben werden

ZAHLENBILDER
243 815

© Bergmoser + Höller Verlag AG

3.2.2 Tipps zur Gestaltung der Bewerbung

Für die Gestaltung von Bewerbungsunterlagen sind grundsätzlich u. a. folgende Tipps zu beachten:

■ Anschreiben/Bewerbungsschreiben

Das **Anschreiben** ist oft das **wichtigste Element der Bewerbung,** sozusagen der „Türöffner", die „Visitenkarte" für den ersten Eindruck.

Es dient dazu, beim Stellenanbieter Interesse für ein weiteres Kennenlernen zu wecken, und sollte deutlich machen, aus welchem Grund die Bewerbung auf diese bestimmte Stelle erfolgt, warum Unternehmen und Bewerber zueinander passen.

Insbesondere ist es auch Ziel, mit der Herausstellung von Qualifikationen die besondere **Eignung des Bewerbers** zu vermitteln. Auf eigene Stärken kann hingewiesen werden, Übertreibungen und Überheblichkeit sind aber zu vermeiden.

Derzeit gehen allerdings einzelne Unternehmen dazu über, auf Anschreiben zu verzichten, da sie den echten Informationswert für gering halten und es (dringend gesuchten) Bewerbern so einfach wie möglich machen wollen.

Merke

Keine zweite Chance für den ersten Eindruck!

■ Deckblatt

Bei einer postalischen Bewerbung kann die **Bewerbungsmappe** als erste Seite ein gut gestaltetes **Deckblatt** enthalten, auf dem das Lichtbild wirksam platziert wird. Üblicherweise werden auf dem Deckblatt folgende Informationen erfasst:

→ Vor- und Nachname,
→ Adresse,
→ Telefonnummer und E-Mail Adresse,
→ Lichtbild (qualitativ hochwertig, kein Automatenfoto; angemessene Kleidung),
→ Überschrift (z. B. Bewerbung als Assistenz der Geschäftsleitung),
→ ggf. Anlagenverzeichnis für die beigefügten Dokumente.

Bei einer Online-Bewerbung kann ein virtuelles Deckblatt erstellt werden. Wird kein Deckblatt erstellt, sind die entsprechenden Informationen im Lebenslauf bzw. im Anschreiben unterzubringen.

■ Lebenslauf

Der **Lebenslauf** gibt Auskunft über die persönliche und berufliche Entwicklung des Bewerbers und lässt Rückschlüsse auf Interessen und Durchhaltevermögen zu.

In der Regel wird ein **tabellarischer Lebenslauf** verlangt, der übersichtlich und leicht lesbar ist. Enthalten die Bewerbungsunterlagen kein Deckblatt, so gehören das Lichtbild und persönliche Namens- und Adressangaben zum Lebenslauf. Dieser wird üblicherweise am PC verfasst und nur noch in seltenen Ausnahmefällen in handgeschriebener Form erwartet. Er sollte chronologisch angeordnet und lückenlos sein.

Tipp

Konkrete Angaben über Eltern, Kinder, Ehepartner, Parteizugehörigkeit etc. sind in der Regel nicht verlangt. Persönliches ist nur dann aufzunehmen, wenn es einen direkten Bezug zur Stelle hat und relevante Informationen im positiven Sinne liefert.

Der Lebenslauf sollte mit **Angabe der jeweiligen Zeiträume** folgende Informationen enthalten:

→ **persönliche Daten**
   (Vor- und Zuname, Geburtsdatum und -ort, Familienstand, Staatsangehörigkeit),

→ **Berufspraxis mit Tätigkeiten**
   (Arbeitsverhältnisse, Aufgabengebiete, Verantwortlichkeiten),

→ ggf. **Studium**
   (Studiengang, Hochschule, Abschluss),

→ **Berufsausbildung**
   (Art der Berufsausbildung, Ausbildungsbetrieb, Berufsabschluss),

→ **Schulbildung**
   (Schulen, Schulabschlüsse),

→ **Fort- und Weiterbildung**
   (berufliche und außerberufliche Fortbildung),

→ **Sonstiges**
   (z. B. besondere Kenntnisse: Sprachen, EDV/IT, Auslandsaufenthalte, Interessen),

→ **Ort, Datum, Unterschrift.**

> **Tipp**
>
> Überprüfen Sie, ob die Angaben im Lebenslauf mit den Angaben in den sonstigen Dokumenten (z. B. Zeugnissen) übereinstimmen.

Beispiel für einen Lebenslauf

Lebenslauf			
persönliche Angaben	Name: geboren: Staatsangehörigkeit: Familienstand:	**Frauke Michaelsen** 23.11.1973, Norderstedt deutsch verheiratet, keine Kinder	
Berufserfahrung	Dezember 2003 – [...]	Frigo Kühlgeräte GmbH, Köln Gruppenleiterin Controlling	
	Mai 1998 – November 2003	Drupa GmbH, Siegen Assistentin der Geschäftsleitung Aufbau eines EDV-gestützten Kostenrechnungssystems	
Studium	Oktober 1993 – April 1998	Westfälische Wilhelms-Universität, Münster Diplombetriebswirtin Schwerpunkt: Rechnungswesen, Rechnungslegung der Unternehmung	
Ausbildung	August 1991 – Juni 1993	GEROX GmbH Im- und Exporte, Neuss Kauffrau im Groß- und Außenhandel	
Schulbildung	August 1988 – Mai 1991	Wirtschaftsgymnasium an der Walter-Eucken-Kollegschule, Düsseldorf Abschluss: Allgemeine Hochschulreife	
	August 1983 – Juli 1988	Heinrich Heine Gymnasium, Düsseldorf	
Weiterbildung/ Sonstiges	• Kommunikation für Führungskräfte • Warenwirtschaftssystem im Großhandel unter SAP • verhandlungssicheres Englisch in Wort und Schrift		

Marl, 13.04.20..   *Frauke Michaelsen*

■ Zeugnisse

©StockWerk-fotolia.com

Zeugnisse dokumentieren den **schulischen** und **beruflichen Werdegang.** Es sollten jedoch nur Zeugnisse ausgewählt werden, die für die ausgeschriebene Stelle relevant sind.

→ **Schulzeugnisse** lassen Arbeitshaltung, Begabungen und Interessen erkennen und stehen bei Berufseinsteigern im Vordergrund.

→ **Einfache Arbeitszeugnisse** informieren über die bisherige berufliche Tätigkeit hinsichtlich der Art und Dauer.

→ **Qualifizierte Arbeitszeugnisse** beinhalten darüber hinaus eine Leistungsbeurteilung (Arbeitszeugnisse s. auch Teilkapitel 7.3).

Beispiel

Zeugnis (Auszug)

... Frau Michaelsen war in der Zeit vom 01.12.2003 bis 31.07.20.. in unserem Unternehmen beschäftigt.

In dieser Zeit unterstützte sie die Geschäftsleitung bei der Einführung und Betreuung eines EDV-gestützten Kostenrechnungssystems. Mit ihrer ausgezeichneten Fachkompetenz, einer weit überdurchschnittlichen Teamfähigkeit und ihrer ausgeprägten Kommunikationsfähigkeit hat Frau Michaelsen wesentlich zum Gelingen des Projekts beigetragen. Frau Michaelsen verlässt das Unternehmen auf eigenen Wunsch. Wir bedauern das Ausscheiden von Frau Michaelsen sehr und wünschen ihr für den weiteren Berufsweg alles Gute.

■ Referenzen

Referenzen sind **Empfehlungen von Auskunftspersonen,** die in der Regel vom Bewerber angegeben werden. Die Aussagekraft solcher Empfehlungen ist umstritten, da es sich häufig um subjektive Gefälligkeitsauskünfte handelt, die wenig über die tatsächlichen fachlichen Qualifikationen aussagen. Referenzen sollten deshalb nur in besonderen Fällen angeboten werden, z. B. wenn anerkannte Persönlichkeiten eine fundierte Auskunft über Führungskräfte abgeben.

■ Arbeitsproben

©vege-fotolia.com

Bei bestimmten Berufsgruppen können **Arbeitsproben** geeignet sein, eine Bewertung der Qualifikationen des Bewerbers vorzunehmen, z. B. Publikationslisten, Fachartikel, journalistische Beiträge, Werbetexte, Grafiken. Gefordert werden diese vor allen Dingen in kreativen und wissenschaftlichen Berufen.

3.2.3 Tipps zur Gestaltung von Online-Bewerbungen

Der überwiegende Teil der Bewerbungen wird aus Gründen der Arbeitserleichterung als Online-Bewerbungen abgewickelt. Dabei gehen Unternehmen unterschiedliche Wege: Die erforderlichen Bewerbungsunterlagen sollen entweder als **E-Mail** verschickt bzw. auf einem **Bewerberportal** hochgeladen oder die gewünschten Daten in eine vorbereitete **Formularmaske** eingegeben werden.

Neben den grundsätzlichen Tipps zur Gestaltung einer Bewerbung sind bei **Online-Bewerbungen** weitere Elemente zu beachten:

→ zum Absenden der Bewerbungsunterlagen eine **seriöse E-Mail-Adresse** ohne Spitznamen, Internet-Nicknames oder Geburtsdatum verwenden (angemessenes Format ist z. B. „VornameNachname@xyz", „NachnameVorname@xyz" oder „Vorname@Nachname"),

→ **aussagefähige Betreffzeile** formulieren,

→ alle geforderten **Dokumente in einer PDF zusammenführen** (Vorteile: Es können keine einzelnen Dateianhänge verloren gehen; Formatierungen bleiben erhalten; Dateigröße bleibt angemessen.),

→ **sinnvolle Benennung des PDF-Dokuments** (z. B. „Vorname Nachname - Bewerbung als …),

→ digitales **Bewerbungsfoto** in Fotografenqualität einfügen (nicht selbst einscannen),

→ **Etikette** bewahren: keine Abkürzungen, keine Smileys, keine „lässigen" Formulierungen o. Ä.; auf formale Richtigkeit der Unterlagen achten (u. a. Rechtschreibung, korrekte Ansprechpartner),

→ vor dem Absenden die E-Mail bzw. den Dateianhang nochmals auf **Vollständigkeit** überprüfen,

→ nicht vergessen, den **Dateianhang** mitzuschicken,

→ den vom Unternehmen geforderten **Kanal** benutzen (keine E-Mail schicken, wenn Hochladen von Dateien oder Ausfüllen eines Online-Formulars gefordert ist),

→ **Mailpostfach** und unbedingt auch **Spam-Filter** auf Rückantwort checken.

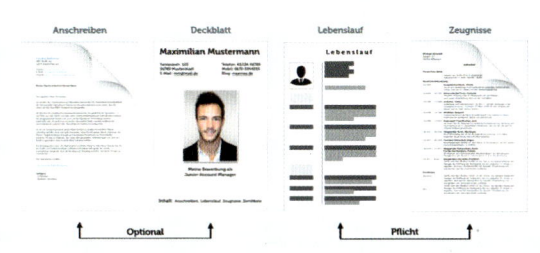

REIHENFOLGE DER UNTERLAGEN IN DER E-MAIL-BEWERBUNG

Dokumente im PDF-Anhang, maximal 5 MB zusammen

Die Reihenfolge sollte so gewählt werden, wie sie im Anlageverzeichnis erfolgt.

https://karrierebibel.de/wp-content/uploads/2017/02/Reihenfolge-Unterlagen-Email-Bewerbung.png

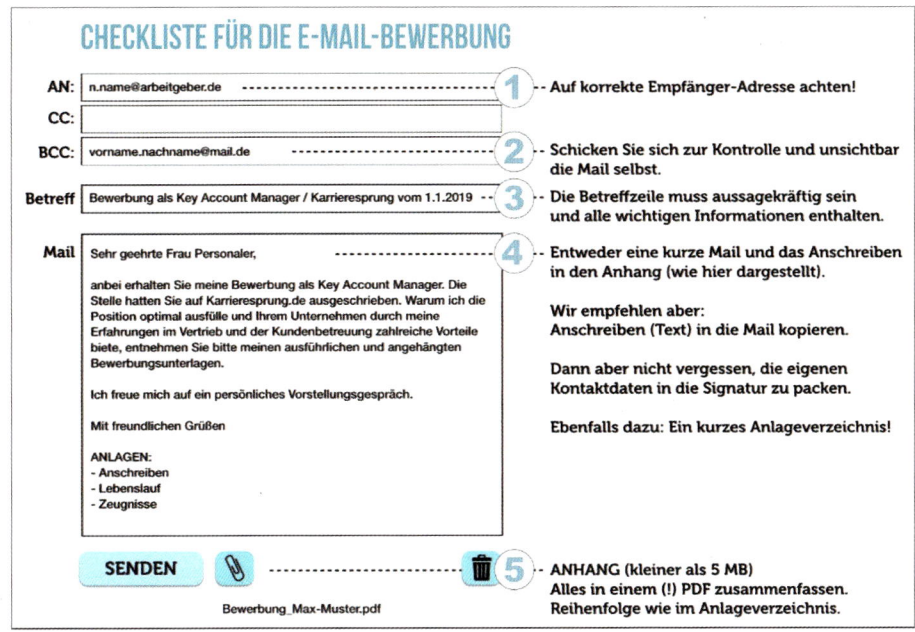

https://karrierebibel.de/wp-content/uploads/2017/02/E-Mail-Bewerbung-Checkliste-Aufbau-Muster-Grafik-Weiss.png

3.3 Personalauswahl

Der Prozess der **Personalauswahl** hat das Ziel, denjenigen Bewerber herauszufinden, der für die zu besetzende Stelle am besten geeignet ist. Die Auswahl ist mit großer Sorgfalt durchzuführen, um **Fehlbesetzungen** mit möglichen **hohen Folgekosten** zu vermeiden.

Liegen dem Unternehmen mehrere Bewerbungen vor, so wird zunächst eine grobe **Vorauswahl** anhand der Bewerbungsunterlagen vorgenommen. Mängel im äußeren Erscheinungsbild und in der Vollständigkeit der Unterlagen führen häufig schon zur Aussortierung und zu einer Absage. Die verbleibenden Bewerbungen werden einer weiteren Analyse hinsichtlich des persönlichen und beruflichen Hintergrunds unterzogen. Bewertungskriterien, die differenzierte Hinweise auf den Bewerber liefern, sind z. B.:

→ **Anschreiben** (Schreibstil, Rechtschreibung, Bewerbungsmotive, erforderliche Qualifikationen),

→ **Lebenslauf** (Berufserfahrung, Karrieresprünge, Lücken),

→ **Zeugnisse** (bisherige Tätigkeiten, Fähigkeiten).

Die Auswahlkriterien dürfen dem **Allgemeinen Gleichbehandlungsgesetz** nicht widersprechen; eine Auswahl „aus Gründen der Rasse oder wegen der ethnischen Herkunft, des Geschlechts, der Religion oder Weltanschauung, einer Behinderung, des Alters oder der sexuellen Identität" ist unzulässig (§ 1 AGG).

Für die Auswertung der Bewerbungsunterlagen kann ein **Bewertungsbogen** (ggf. auch in Form einer Nutzwertanalyse, vgl. Lernfeld 4) hilfreich sein.

Beispiel

Folgenden **Bewertungsbogen** empfiehlt die IHK für die Auswahl von Auszubildenden (Auszug aus der „Checkliste Bewerbungsunterlagen" der IHK Nord Westfalen):

Kriterien	Erreichte Punktzahl	Maximale Punktzahl
Begründung für die Ausbildungsplatzwahl		7
Fehlerfreiheit der Bewerbungsunterlagen		3
sprachliche Fähigkeiten (Anschreiben | Lebenslauf)		5
lückenloser Lebenslauf		3
berufsrelevante Zertifikate (Anhang)		5
schulischer Werdegang		4
ausbildungsrelevante Schulnoten		13
Summe		40

Einladung: ☐   Absage: ☐

Quelle: Leitfaden zur Bewerberauswahl der IHK Nord Westfalen

Aufgrund der Beurteilung können die Bewerber in drei Gruppen (auch A-, B- und C- Auswahl genannt) eingeteilt werden.

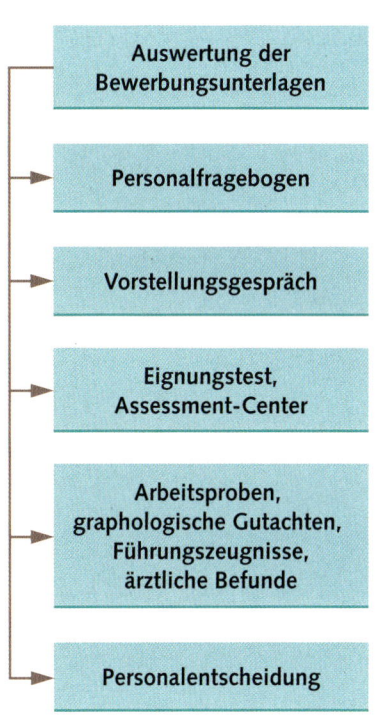

→ **Ungeeignete Bewerber (C-Auswahl):** Diese erhalten ein Ablehnungsschreiben. Möchte das Unternehmen dem Bewerber einen **Grund für die Absage** mitteilen, kommt als rechtmäßiger Ablehnungsgrund vor allem fehlende fachliche Qualifikation infrage. In jedem Fall ist unbedingt auf die Einhaltung des Allgemeinen Gleichbehandlungsgesetzes (AGG) zu achten, von dem nur in sachlich begründeten Fällen abgewichen werden darf (z. B. darf ein Frauenhaus gezielt nur weibliche Mitarbeiter einstellen). Die Bewerbungsunterlagen sollten bis mindestens 2 Monate nach dem Ablehnungsschreiben aufbewahrt werden, um bei Entschädigungs- oder Schadensersatzansprüchen nach dem AGG als Beweismittel dienen zu können.

Ohne schriftliche Zustimmung des Arbeitnehmers dürfen Bewerbungsunterlagen nach EU-Datenschutzgrundverordnung bzw. Bundesdatenschutzgesetz **maximal 6 Monate lang archiviert** werden (vgl. z. B. „Recht auf Löschung/Vergessenwerden", Art. 17 DSGVO), danach sind sämtliche Bewerbungsunterlagen zurückzusenden oder datenschutzkonform zu vernichten.

→ **Eingeschränkt geeignete Bewerber (B-Auswahl):** Sie entsprechen den Anforderungen nicht vollständig bzw. es fehlen noch Unterlagen. Ihnen geht ein Zwischenbescheid zu, gegebenenfalls die Aufforderung, weitere Unterlagen einzureichen.

→ **Eindeutig geeignete Bewerber (A-Auswahl):** Sie kommen in die engere Bewerberauswahl.

Für die **engere Bewerberauswahl** stehen folgende **Instrumente** zur Verfügung:

→ Personalfragebogen,

→ Vorstellungsgespräch,

→ Eignungstest, Assessment-Center und

→ sonstige Instrumente wie z. B. Arbeitsproben, grafologische Gutachten von Handschriftenproben, Führungszeugnisse, ärztliche Befunde.

■ Personalfragebogen

Im Rahmen des Auswahlverfahrens wird den Bewerbern, die geeignet und interessant erscheinen, häufig ein **Personalfragebogen** übersandt. Er soll die Auswahl erleichtern und Hinweise für ein Auswahlgespräch geben. In diesem Fragebogen werden die persönlichen und beruflichen Daten des Bewerbers festgehalten. Diese sind zwar im Wesentlichen schon aus den Bewerbungsunterlagen bekannt, werden nun aber systematisch in übersichtlicher, vorstrukturierter Form formularmäßig erfasst.

Personalfragebögen bedürfen nach Betriebsverfassungsgesetz der **Zustimmung des Betriebsrates.** Die Bestimmungen zum Datenschutz und zur Datensicherheit sind zu beachten. Es sind nur solche Fragen erlaubt, an denen der Arbeitgeber ein **berechtigtes** Interesse hat. Zulässige Fragen beziehen sich z. B. auf:

§ 94 BetrVG

→ **persönliche Angaben:** Name, Anschrift, Geburtsdatum, Staatsangehörigkeit; Familienstand, Beruf und Arbeitgeber des Ehegatten, Kinder, Bankverbindung, Krankenversicherung, Rentenversicherung, Schwerbehinderung u. a. m.;

LERNFELD 8

→ **schulischer und beruflicher Werdegang:** z. B. Schulzeugnisse, schulische Abschlüsse, Hochschulstudium bzw. Fachhochschulstudium, erlernter Beruf, Berufsabschluss, Tätigkeiten, Funktionen und Aufgabenbereiche, Fort- und Weiterbildung, Qualifikationen;

→ **sonstige Qualifikationen:** z. B. Sprachen, EDV-Kenntnisse, Führerschein;

→ **allgemeine Angaben/Bemerkungen:** z. B. gewünschter Eintrittstermin, Gehaltsvorstellungen, Referenzen.

Der Radmarkt

Reif KG
Rund ums Rad

Personalfragebogen	
Persönliche Angaben	
Familienname:	Vorname:
Straße, Nr.:	PLZ, Ort:
Geburtsdatum:	Familienstand:
Geschlecht:	Staatsangehörigkeit:
Geburtsland:	Schwerbehinderung (Grad):
Versicherungsnummer:	
Schulischer und beruflicher Werdegang	
Höchster Schulabschluss:	☐ ohne Schulabschluss ☐ mittlerer Schulabschluss ☐ Fachhochschulreife ☐ Allgemeine Hochschulreife
Ausbildung:	
Studium:	

■ Vorstellungsgespräch

Mit dem **Vorstellungsgespräch** wird das Ziel verfolgt, in einem persönlichen Gespräch **Entscheidungssicherheit zu erlangen,** welcher Bewerber zu der Stelle und zu dem Unternehmen passt und ob das Unternehmen für den Bewerber tatsächlich interessant ist.

→ Das **Unternehmen** kann den Kandidaten persönlich kennenlernen, seine Interessen und Wünsche genauer erfahren, seine fachliche Qualifikation und persönliche Eignung überprüfen und einschätzen und so feststellen, inwieweit er den Anforderungen entspricht.

→ Der **Bewerber** informiert sich über das Unternehmen, seinen zukünftigen Arbeitsplatz und das soziale Umfeld.

©Krzenon-fotolia.com

Das Vorstellungsgespräch wird in der Regel als Dialog geführt unter der Leitung eines Unternehmensvertreters (z. B. Personalleiter), gelegentlich auch als Einzel- oder Gruppeninterview. Es erfordert von allen Gesprächsteilnehmern eine gewissenhafte und individuelle Vorbereitung.

Seitens der **Unternehmung** ist festzulegen, wer an dem Gespräch teilnimmt und wie der Gesprächsablauf erfolgen soll. Eine genaue Kenntnis der Bewerbungsunterlagen und der Stellenanforderung sowie eine freundliche und störungsfreie Atmosphäre sind die Grundlage für ein erfolgreiches Gespräch.

Tipp

Unternehmen gehen verstärkt dazu über, die Social-Media-Profile ihrer Bewerber – insbesondere bei leitenden Positionen – zu prüfen und in die Entscheidung mit einzubeziehen.

©master2photofo-fotolia.com

Zu beachten ist, dass Fragen zu **persönlichen Belangen** nur gestellt werden dürfen, wenn sie bei objektiver Würdigung für die Tätigkeit relevant sind. Das Arbeitsrecht nennt **zulässige Fragen,** die von den Bewerbern wahr und vollständig beantwortet werden müssen, und unzulässige Fragen, deren falsche Beantwortung keine nachteiligen Folgen (z. B. fristlose Kündigung) haben darf. Grundsätzlich **unzulässig** sind alle Fragen zu Themen, die nicht in enger Beziehung zu der zukünftigen Tätigkeit stehen, z. B.:

Unerlaubte Fragen im Vorstellungsgespräch	
in der Regel für die Tätigkeit nicht bedeutsame Themen	**Ausnahmen**
• Gewerkschaftszugehörigkeit, Partei- oder Religionszugehörigkeit	• Bewerbung erfolgt bei Gewerkschaften, Parteien, staatlich anerkannten Religionsgemeinschaften.
• Schwangerschaft	• Tätigkeit darf aus gesundheitlichen Gründen von Schwangeren nicht ausgeübt werden.
• persönliche Vermögensverhältnisse	• Tätigkeit erfordert ein besonderes Vertrauensverhältnis.
• Vorstrafen	• Enger Bezug zur Tätigkeit liegt vor (z. B. entsprechender Führerscheinentzug bei Auslieferungsfahrer).
• frühere Pfändungen	• Gegenwärtig werden Pfändungen vorgenommen.

Bewerber sollten im Vorstellungsgespräch für eine **positive Selbstdarstellung** sorgen, indem sie über die Unternehmung umfangreich informiert sind (z. B. Größe, Angebotspalette, Marktstellung) und auf kritische Fragen zu den Bewerbungsunterlagen vorbereitet sind. Auftreten, Gepflegtheit, Kleiderwahl, Umgangsformen, Sprache, Körperhaltung, Blickkontakt etc. sind wesentliche Aspekte für die Entscheidung, ob ein Kandidat von der Persönlichkeit her in das Unternehmen passt.

©Trueffelpix-fotolia.com

Die Qualität von Bewerberfragen gibt den Unternehmensvertretern Hinweise auf Interesse und Motivation des Bewerbers und damit auf die Ernsthaftigkeit seiner Bewerbung. Eine Checkliste wichtiger Fragen kann u. a. folgende Punkte aufnehmen:

→ Anforderungen an das künftige Tätigkeitsfeld, Einarbeitungszeit;

→ aktuelle Stellenbeschreibung, Einbindung in die Gesamtorganisation;

→ Führungs- und Unternehmensgrundsätze bzw. -leitbilder, Beurteilungssysteme;

→ Entwicklungsmöglichkeiten, Gehalt.

Allgemein kann sich ein Vorstellungsgespräch an folgendem Leitfaden orientieren:

Leitfaden für den Ablauf eines Vorstellungsgesprächs

- **Begrüßung und Einleitung des Gesprächs/„Warm-up"**
  Vorstellung der Gesprächspartner, Dank für Bewerbung,
  Hinweis auf Vertraulichkeit …

- **Fragen zum persönlichen Hintergrund**
  Herkunft, Wohnort,
  familiäre und soziale Verhältnisse …

- **Fragen zum Lebenslauf/„Curriculum vitae"**
  schulischer Werdegang, beruflicher Werdegang, Praktika,
  Studium mit Studienschwerpunkten, Weiterbildung …

- **Fragen zur bisherigen beruflichen Tätigkeit und zu fachlichen Qualifikationen**
  Erfahrungen aus bisherigen Tätigkeiten, berufliche Stärken,
  fachliche Qualifikationen, fachliche Interessenschwerpunkte,
  berufliche Pläne, Gründe für Stellenwechsel …

- **Darstellung des Unternehmens**
  Branche, Größe, Mitarbeiter, Organisation des Unternehmens, Abteilung,
  Arbeitsplatz-/Stellenbeschreibung …

- **Diskussion der Vertragsbedingungen**
  Einkommen, Nebenleistungen, Urlaubsanspruch, Arbeitszeiten …

- **Verabschiedung**
  Vereinbarung der weiteren Vorgehensweise, Hinweis auf Erstattung der Auslagen,
  Dank …

Nach dem Vorstellungsgespräch schließt sich eine Auswertung an, die mithilfe eines vorbereiteten **Bewertungsbogens** durchgeführt werden kann. Danach wird die Entscheidung getroffen und der Bewerber im Interesse aller Beteiligten unverzüglich darüber informiert.

Bewertungsbogen für Bewerbungsgespräche (Beispiel)

Bewerbungsgespräch vom	
Stelle	
Name	
Alter	
Geschlecht	

Bewerbungsunterlagen	1	2	3	Bemerkungen
Anschreiben				
Lebenslauf				
Schulzeugnisse				
Arbeitszeugnisse				
Lichtbild				
…				

©Matthias Buehner-fotolia.com

Berufliche Tätigkeit und Qualifikation	1	2	3	Bemerkungen
Ausbildung				
Berufserfahrung				
Fachkenntnisse				
…				

Persönliche und soziale Kompetenzen	1	2	3	Bemerkungen
Verhalten im Gespräch				
Auftreten				
Urteilsfähigkeit				
Teamfähigkeit				
unternehmerisches Denken				
…				

Gesamturteil	
Eignung	
Vereinbarungen	
Eintrittstermin	
Gehalt	
…	

©underdogstudios-fotolia.com

■ Eignungstest

Eignungstests werden eingesetzt, um ergänzende Informationen über die fachliche, persönliche und intellektuelle Eignung von Bewerbern zu erhalten. Sie entstammen häufig der wissenschaftlich-psychologisch orientierten Diagnostik oder werden von den Unternehmen selbst entwickelt. Ihr Einsatz erfordert psychologisch geschulte Fachleute und ist nur mit Zustimmung des Bewerbers zulässig. Typische Eignungstests im Rahmen der Personalauswahl sind **Persönlichkeitstests, Leistungstests** und **Intelligenztests.**

©S. Kobold-fotolia.com

LERNFELD 8

Einstellungstest / Eignungstest online 🕐 29:39
Kaufmann / Kauffrau für Büromanagement
(Auszug)
Allgemeinwissen

Verschiedene Themen

Mit den folgenden Aufgaben wird Ihr Allgemeinwissen geprüft.
Sie erhalten jeweils eine Frage, zu der verschiedene Lösungsmöglichkeiten angegeben werden.

Beantworten Sie bitte die folgenden Aufgaben, indem Sie die richtige Antwort anklicken.

Frage 1

Welche Beziehung wird im Privatrecht geregelt?

○ Das Verhältnis zwischen Trägern der öffentlichen Gewalt und Privatpersonen.
○ Die Beziehung zwischen rechtlich gleichgestellten Rechtssubjekten.
○ Die Beziehung zwischen BGB und HGB.
○ Die Beziehung zwischen Staat und Bürger.
○ Keine Antwort ist richtig.

Frage 2

Welche Ansicht müssen Sie in Microsoft Office Programmen wählen, um zu sehen, wie ein Druck aussehen würde?

○ Vollbildlesemodus
○ Seitenlayout
○ Seitenansicht
○ Gliederungsansicht
○ Keine Antwort ist richtig.

Quelle: www.ausbildungspark.com

→ **Persönlichkeitstests** sollen Aufschluss geben über z. B. Interessen, Neigungen, Vorlieben, Charaktereigenschaften, Verhaltensweisen, Überzeugungen und Wertvorstellungen, Stärken und Schwächen.

→ **Leistungstests** werden in unterschiedlicher Ausprägung eingesetzt. Allgemeine Leistungstests erfassen generelle Leistungsmerkmale, die Bestandteil jeder Leistung sind, wie z. B. Belastbarkeit, Konzentrationsfähigkeit, Ausdauer. Fachliche Leistungstests ermitteln die fachliche Eignung, die für eine bestimmte Tätigkeit erforderlich ist, wie z. B. technisches Verständnis, motorische Fertigkeiten, Sprachkenntnisse.

→ **Intelligenztests** dienen der Untersuchung des intellektuellen Leistungsvermögens des Bewerbers. Intelligenz wird in diesem Zusammenhang häufig verstanden als Denkfähigkeit, d. h. als Fähigkeit, mit Hilfe seines Denkens Probleme selbstständig zu lösen und zu bewerten. Konkret messen Intelligenztests überwiegend Fähigkeiten wie sprachliches Verständnis, logisches Denken, Kombinationsfähigkeit, räumliches Vorstellungsvermögen, Rechtschreibkenntnisse, Rechenkenntnisse u. a. m.

Leistungs- und Intelligenztests werden gemeinsam auch als **Fähigkeitstests** bezeichnet.

■ Assessment-Center

Im Auswahlverfahren kann zudem ein **Assessment-Center** (engl.: psychologisches Testverfahren; Einstufungstest) genutzt werden. In diesem ein- oder mehrtägigen Verfahren stehen nicht die fachlichen Qualifikationen im Vordergrund, sondern es geht darum, die **Persönlichkeitsmerkmale** der Bewerber möglichst umfassend festzustellen. Das Verfahren ist kosten- und zeitaufwändig und wird deshalb insbesondere für die Personalauswahl **bei Führungs-** und **Führungsnachwuchskräften** angewandt.

Die Teilnehmer müssen einzeln oder gemeinsam eine Reihe von praxisbezogenen Aufgaben lösen und Übungen durchführen, die bestimmte Fähigkeiten und Verhaltensweisen erfordern und so Aufschluss z. B. über die Leistungsfähigkeit und über soziale Kompetenzen geben. Dazu zählen so genannte **Schlüsselqualifikationen** wie Organisationstalent, Entscheidungs- und Analysefähigkeit, Auffassungsgabe, Ausdauer, Belastbarkeit, Stressresistenz, Motivation, Einfühlungsvermögen, Kooperationsbereitschaft, Diskussionsfähigkeit, Führungsverhalten, unternehmerisches Denken u. a. m. Dabei werden die Teilnehmer von geschulten Beobachtern (Mitarbeiter der Unternehmung und/oder externe, unparteiische Psychologen) beurteilt. In die Bewertung fließen auch allgemeines Auftreten, Kleidung und Körpersprache ein.

©Contrastwerkstatt-fotolia.com

Typische Übungen im Assessment-Center

Es steht eine Vielzahl von Aufgaben und Übungen zur Verfügung, deren Auswahl sich an den Anforderungen der zu besetzenden Stelle sowie der Unternehmenskultur orientiert. Zu typischen Übungen eines Assessment-Centers gehören:

→ Selbstpräsentation,

→ „Postkorb",

→ Präsentation oder Kurzvortrag (im Plenum zu einem bestimmten Thema),

→ Gruppenarbeit (Bearbeitung einer vorgegebenen Aufgabenstellung/Fallstudie),

→ Gruppendiskussion (mit Vorgabe zum Thema und ggf. zur Rolle),

→ Rollenspiel (z. B. Mitarbeitergespräch),

→ Einzel- oder Gruppeninterviews (Bewerber werden nach einem einheitlichen Schema befragt; im Nachhinein ist ein Bewerbervergleich möglich.),

→ gesellige Runde (gemeinsames Essengehen – für Eindruck zu Manieren und informellem Kommunikationsverhalten; Erzählen und Zuhören).

Tipp

Mit einer überzeugenden Selbstpräsentation erarbeitet sich der Bewerber von Beginn an Sympathien. Die Selbstpräsentation sollte deshalb gut vorbereitet sein!

©fotodo-fotolia.com

„Postkorb"-Übung

Der „Postkorb" ist eine klassische Übung im Assessment-Center. Die Teilnehmer erhalten die Aufgabe, in knapper Zeit einen Postkorb einer Führungskraft mit Briefen, Mitteilungen, Faxen, Aktennotizen etc. (10 bis 20 Dokumente) zu bearbeiten. Zum Teil sind feste Abgabetermine vorgesehen. Die Erledigung kann durch zusätzliche Ereignisse gestört werden, sodass nicht alle Dokumente in der vorgesehenen Zeit bearbeitet werden können. Deshalb sind ständig **Entscheidungen** zu treffen:

→ Was ist wirklich wichtig?

→ Was muss sofort erledigt werden und was kann warten?

→ Was kann delegiert werden – an wen und bis wann erledigt?

→ Was muss unbedingt selbst bearbeitet werden?

→ Welche Termine sind einzuhalten?

Mit dem „Postkorb" sollen z. B. folgende **Kompetenzen** beurteilt werden:

→ Auffassungsgabe,

→ analytisches Denken,

→ emotionale Stärke/Stressresistenz,

→ Entscheidungsfähigkeit,

→ Planungs- und Organisationsfähigkeit.

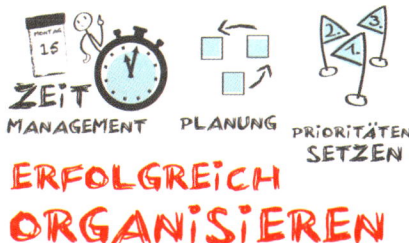

©Elnur-fotolia.com

©Elnur-fotolia.com

Beispiel

Situationsbeschreibung

Sie leiten die Abteilung Einkauf in der Reif KG. Sie sind verheiratet und haben zwei schulpflichtige Kinder. Aufgrund von mehrtägigen Außenterminen kommt das Familienleben oft zu kurz. Von Montag bis Mittwoch waren Sie auf der Eurobike, der internationalen Fahrradmesse. Bereits am Freitag werden Sie eine unaufschiebbare Geschäftsreise zu einem Hersteller ins benachbarte Ausland antreten.

Es ist Donnerstagmorgen. Sie erscheinen im Büro, um die Post der vergangenen Tage zu erledigen und Anordnungen für Ihre weitere Abwesenheit zu treffen. Der Postkorb ist ungewöhnlich voll. Sie haben für die Bearbeitung und Ihre Entscheidungen ca. 120 Minuten Zeit eingeplant.

Weiteres Szenario während der Bearbeitung

10 Minuten später klingelt das Telefon. Der Unternehmenschef möchte mit Ihnen noch Zielvorstellungen für den geplanten Besuch bei dem ausländischen Hersteller besprechen. Die Unterredung mit dem Chef reduziert die Bearbeitungszeit auf 90 Minuten.

Im Postkorb befindet sich eine Information der Schule, die Sie zur Ordnungskonferenz Ihres jüngsten Sohnes einlädt und die Bearbeitungszeit auf 30 Minuten reduzieren würde ...

3.4 Zusammenfassung und Aufgaben

Zusammenfassung

Personalbeschaffung

interne Personalbeschaffung:

- **Wege:** z. B. Mehrarbeit/Arbeitszeitverlängerung, Urlaubsverschiebung, Personalentwicklung, Versetzung, innerbetriebliche Stellenausschreibung
- **Vorteile:** z. B. Motivation und stärkere Bindung an das Unternehmen, Betriebskenntnis/kurze Einarbeitung, Kenntnis des Mitarbeiters, kostengünstig
- **Nachteile:** z. B. begrenzte Auswahlmöglichkeit, Betriebsblindheit, lediglich Verlagerung des Personalbedarfs, Enttäuschung bei abgelehnten Mitarbeitern, Rivalität, Autoritätsproblem

externe Personalbeschaffung:

- **Wege:** z. B. Agentur für Arbeit, private Arbeitsvermittlung, Personalberater, Personalleasing, Stellengesuche, Stellenanzeigen, Internet/Jobportale
- **Vorteile:** z. B. breite Auswahlmöglichkeit, neue Ideen/Impulse, neue Kontakte zu Geschäftspartnern, Probezeit, größere Akzeptanz als interne Bewerber
- **Nachteile:** z. B. zeitaufwändig, kostenintensiv, Gefahr der Fehlbesetzung, Demotivation bei internen Bewerbern, Fluktuation, Einarbeitungszeit, Gehaltsansprüche

Bewerbung

Formen der Bewerbung:

- schriftliche Bewerbung/mündliche Bewerbung

- Online-Bewerbung/postalische Bewerbung

- ausführliche Bewerbung/Kurzbewerbung

- individualisierte Bewerbung/anonymisierte Bewerbung (Beachtung des Allgemeinen Gleichbehandlungsgesetzes: keine persönlichen Angaben, kein Bild)

Bestandteile einer ausführlichen Bewerbung:

- Anschreiben/Bewerbungsschreiben

- ggf. Deckblatt (mit Bild)

- Lebenslauf (ggf. mit Bild, z. B. persönliche Angaben, Weiterbildung, Berufserfahrung, Studium, Ausbildung, Schulbildung)

- Zeugnisse

- ggf. Referenzen, Arbeitsproben

Personalauswahl

Bewertungskriterien für Bewerbungsunterlagen:

- **Anschreiben** (Schreibstil, Rechtschreibung, Bewerbungsmotive, erforderliche Qualifikationen)

- **Lebenslauf** (Berufserfahrung, Karrieresprünge, Lücken)

- **Zeugnisse** (bisherige Tätigkeiten, Fähigkeiten)

Instrumente zur Bewerberauswahl:

- **Personalfragebogen:** z. B. persönliche Angaben, schulischer und beruflicher Werdegang, Qualifikationen

- **Vorstellungsgespräch:** Begrüßung/Warm-up; Fragen z. B. zur Person, zum Lebenslauf, zur beruflichen Tätigkeit und zu Qualifikationen, zum Unternehmen, zu den Vertragsbedingungen; Auswertung und Entscheidung/Hilfsmittel: strukturierter Bewertungsbogen

- **Eignungstest:** Persönlichkeitstest, Leistungstest, Intelligenztest

- **Assessment-Center:** ein- oder mehrtägiges Auswahlverfahren zur Feststellung von fachlichen Qualifikationen und insbesondere Persönlichkeitsmerkmalen der Bewerber durch praxisbezogene Aufgaben und Übungen (z. B. Selbstpräsentation, „Postkorb"-Übung, Präsentation oder Vortrag, Gruppenarbeit und Gruppendiskussion, Rollenspiele, Interviews, gesellige Runden)

1. Prüfen Sie folgende Aussagen auf ihre Richtigkeit. Die Antwort ist jeweils zu begründen.

(1) Mehrarbeit und Urlaubsverschiebung sind kurzfristig zur internen Personalbeschaffung geeignet.

(2) Personalentwicklung wird auch als E-Recruiting bezeichnet.

(3) Es gibt für Unternehmen keine Verpflichtung zu einer innerbetrieblichen Stellenausschreibung.

(4) Personalberater und Zeitpersonalvermittlungen bieten die gleiche Dienstleistung für die externe Personalbeschaffung.

(5) Die Agentur für Arbeit hat ausschließlich die Aufgabe, die ihr gemeldeten offenen Stellen zu registrieren und zu verwalten.

(6) Es ist für Unternehmen grundsätzlich unvorteilhaft, Stellenanzeigen auch als Werbeträger zu nutzen.

(7) Auf ein gesondertes Anschreiben kann in einer Bewerbungsmappe verzichtet werden.

(8) Zu den persönlichen Angaben im Lebenslauf gehören Nennung der Eltern und Geschwister.

(9) Schulzeugnisse sind für eine Bewerbung eher unbedeutend.

(10) Eine Datenerhebung mittels Personalfragebogen findet immer erst nach erfolgter Einstellung statt.

(11) Im Vorstellungsgespräch sind Fragen zur Religionszugehörigkeit immer unzulässig.

(12) Persönlichkeitstests dienen der Untersuchung des intellektuellen Leistungsvermögens eines Bewerbers.

(13) Im Assessment-Center als Auswahlverfahren geht es insbesondere um die Feststellung von Persönlichkeitsmerkmalen.

(14) Selbstpräsentationen sind grundsätzlich kein Bestandteil eines Assessment-Centers.

2. Unterscheiden Sie Stellenbeschreibung und innerbetriebliche Stellenausschreibung.

3. Ordnen Sie der internen bzw. externen Personalbeschaffung begründet zu:

Urlaubsverschiebung, Personalberater, Stellenanzeige, Agentur für Arbeit, Versetzung, Personalleasing, Überstunden. Finden Sie ggf. weitere Beispiele.

4. Nennen Sie die Rechte des Betriebsrates bei der Ausschreibung von Stellen.

5. Erläutern Sie, was man unter Personalleasing versteht.

6. Geben Sie Tipps für die Gestaltung einer Stellenanzeige.

7. Welches sind die „üblichen Bewerbungsunterlagen", die von einem Bewerber eingereicht werden sollten?

8. Zeigen Sie, inwieweit anonymisierte Bewerbungen dem Verbot der Benachteiligung von Beschäftigten nach dem Allgemeinen Gleichbehandlungsgesetz (AGG) Rechnung tragen.

9. Beschreiben Sie, wie die Auswahl des geeignetsten Bewerbers i. d. R. erfolgt, wenn es mehrere Bewerber auf eine ausgeschriebene Stelle gibt.

10. Eignungstests werden eingesetzt, um ergänzende Informationen über die Eignung von Bewerbern zu erhalten. Unterscheiden Sie Persönlichkeitstests, Leistungstests und Intelligenztests. Klären Sie, welche Art von Tests Sie bei Ihren Bewerbungen um einen Ausbildungsplatz absolviert haben.

11. Welche Fragen seitens des Unternehmens sind in Vorstellungsgesprächen nicht zulässig? Diskutieren Sie, wie ein Bewerber mit „unzulässigen" Fragen um-gehen könnte bzw. sollte.

12. Beschreiben Sie eine Übung im Assessment-Center, die in besonderem Maße Aufschluss über die Stressresistenz des Bewerbers vermittelt.

13. Bringen Sie die folgenden Maßnahmen bei einem Bewerbungsverfahren in eine schlüssige Reihenfolge.

    (1) Aufgabe einer Stellenanzeige

    (2) Einladung zum Vorstellungsgespräch

    (3) Anfertigen einer Stellenbeschreibung als Grundlage für eine Stellenausschreibung

    (4) Entscheidung über den einzustellenden Bewerber

    (5) Veröffentlichung einer internen Stellenausschreibung

    (6) Eingang der Bewerbungsunterlagen

    (7) Aushändigen des Arbeitsvertrages

    (8) Prüfen der Bewerbungsunterlagen

    (9) Durchführen des Vorstellungsgesprächs

4 Rechtliche Grundlagen bei der Personaleinstellung beachten und Arbeitsverträge schließen

©Kwarner-fotolia.com

Ist die Entscheidung für einen Bewerber gefallen und soll ein Arbeitsverhältnis begründet werden, so sind für Arbeitgeber und Arbeitnehmer eine Reihe **arbeitsrechtlicher, betriebsverfassungsrechtlicher** und **tarifrechtlicher Vorschriften** zu beachten.

Dazu zählen z. B. das Arbeitsschutzgesetz, Arbeitszeitgesetz, Betriebsverfassungsgesetz, Personalvertretungsgesetz, Kündigungsschutzgesetz, Mutterschutzgesetz, Jugendarbeitsschutzgesetz, der Lohn- und Gehaltstarifvertrag, Mantel- bzw. Rahmentarifvertrag.

4.1 Rechtliche Grundlagen des Arbeitsverhältnisses

Bei der Gestaltung von Arbeitsverträgen sind insbesondere wesentliche Regelungen von Tarifverträgen und Betriebsvereinbarungen zu beachten sowie die Mitwirkungs- und Mitbestimmungsrechte einzelner Arbeitnehmer und des Betriebsrates. Dabei ist das Rang- und Günstigkeitsprinzip zu beachten.

Rangprinzip

Gesetze des Arbeitsrechts
z. B. BGB, Arbeitszeitgesetz, Jugendarbeitsschutzgesetz, Mutterschutzgesetz, Kündigungsschutzgesetz

↓

Tarifverträge

↓

Betriebsvereinbarungen

↓

Arbeitsverträge

4.1.1 Rang- und Günstigkeitsprinzip

■ **Rangprinzip**

Im Arbeitsrecht gilt zunächst das **Rangprinzip.** Es besagt, dass **ranghöhere Normen rangniedrigeren Normen grundsätzlich vorgehen** (z. B. in der Normreihenfolge: EU-Recht, Grundgesetz, Bundesgesetze, Landesgesetze, Tarifverträge, Betriebsvereinbarungen, Arbeitsvertrag).

§§§

Art 3 GG (Grundgesetz)
(3) Niemand darf wegen seines Geschlechtes, seiner Abstammung, seiner Rasse, seiner Sprache, seiner Heimat und Herkunft, seines Glaubens, seiner religiösen oder politischen Anschauungen benachteiligt oder bevorzugt werden. Niemand darf wegen seiner Behinderung benachteiligt werden.

Beispiel

Ein Verstoß gegen Art. 3 **Grundgesetz** (ggf. auch gegen Gleichstellungsgesetze) besteht, wenn die **Betriebsvereinbarung** vorsieht, dass bei Beförderungen männliche Mitarbeiter bevorzugt werden.

Für die Gestaltung von Arbeitsverträgen bedeutet das Rangprinzip, dass z. B. ein Arbeitsvertrag grundsätzlich zunächst nicht gegen die Bestimmungen des Tarifvertrages oder gar gegen bestehende Gesetze verstoßen darf.

§§§

Arbeitszeitgesetz (ArbZG)

§ 4 Ruhep ausen

Die Arbeit ist durch im voraus feststehende Ruhepausen von mindestens 30 Minuten bei einer Arbeitszeit von mehr als sechs bis zu neun Stunden und 45 Minuten bei einer Arbeitszeit von mehr als neun Stunden insgesamt zu unterbrechen.

Beispiel

Im **Arbeitsvertrag** wird vereinbart, dass Pausen mit maximal 15 Minuten flexibel nach Arbeitsanfall genommen werden. Wegen Verstoßes gegen das **Arbeitszeitgesetz** ist die arbeitsvertragliche Regelung **nicht wirksam.**

■ Günstigkeitsprinzip

Allerdings kennt das Arbeitsrecht auch das **Günstigkeitsprinzip,** das **Ausnahmen zum Rangprinzip** vorsieht, wenn die Bedingungen der rangniedrigeren Norm den Arbeitnehmer besserstellen. Z. B. darf im Arbeitsvertrag von den Tarifbestimmungen nur **zugunsten der Arbeitnehmer** abgewichen werden.

Beispiel

Im **Tarifvertrag** wird der Jahresurlaub mit 30 Werktagen vorgegeben. Im **Arbeitsvertrag** werden 36 Werktage Jahresurlaub vereinbart. Da der Arbeitnehmer bessergestellt wird, ist die arbeitsvertragliche Regelung **wirksam.**

Merke

Grundsätzlich ist die ranghöhere Norm einzuhalten **(Rangprinzip),** es sei denn, der Arbeitnehmer wird durch die rangniedrigere Norm bessergestellt **(Günstigkeitsprinzip).**

Tipp

§ 622 (4) BGB erlaubt, dass durch **Tarifverträge** abweichende Regelungen getroffen werden dürfen. Tarifverträge besitzen damit eine **Sonderstellung.** In ihnen sind **auch negative Abweichungen zulässig.** Z. B. können im Tarifvertrag sowohl längere als auch kürzere Kündigungsfristen als durch § 622 BGB vorgesehen vereinbart werden. Eine im Tarifvertrag dazu getroffene Regelung gilt (unabhängig von der gesetzlichen Regelung) unmittelbar und zwingend. Von tarifvertraglichen Regelungen darf einzelvertraglich aber wieder lediglich zugunsten des Arbeitnehmers abgewichen werden (vgl. § 4 TVG).

4.1.2 Tarifverträge

Tarifverträge regeln die Rechte und Pflichten der **Tarifvertragsparteien.** Dies sind auf der Seite der Arbeitgeber die **Arbeitgebervereinigungen/Arbeitgeberverbände** bzw. deren Spitzenvertreter und auf der Arbeitnehmerseite die **Gewerkschaften** bzw. deren Spitzenvertreter.

Tarifverträge werden von den Tarifvertragsparteien in eigener Verantwortung abgeschlossen. Das Recht der Gewerkschaften und Arbeitgeberverbände, Tarifvereinbarungen selbstständig ohne staatliche Einflussnahme, also autonom zu treffen, wird entsprechend als **Tarifautonomie** bezeichnet, die im Grundgesetz (GG) verankert ist und im **Tarifvertragsgesetz** (TVG) näher bestimmt wird.

§§§

Art 9 GG

(3) Das Recht, zur Wahrung und Förderung der Arbeits- und Wirtschaftsbedingungen Vereinigungen zu bilden, ist für jedermann und für alle Berufe gewährleistet.

§§§

§ 1 TVG

Der Tarifvertrag regelt die Rechte und Pflichten der Tarifvertragsparteien und enthält Rechtsnormen, die den Inhalt, den Abschluss und die Beendigung von Arbeitsverhältnissen sowie betriebliche und betriebsverfassungsrechtliche Fragen ordnen können.

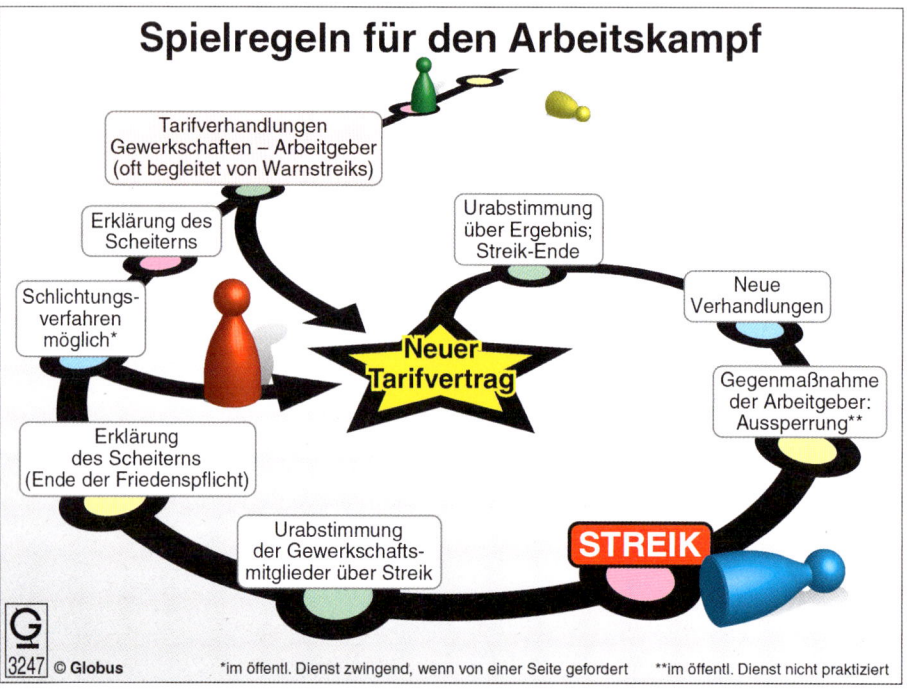

©Reimer-Pixelvario-fotolia.com

Zu den **Inhalten** von **Tarifverträgen** zählen z. B.

§ 5 TVG

→ Art und Höhe der Entlohnung, → Arbeitszeiten,

→ Dauer des Jahresurlaubs, → sonstige soziale Leistungen wie Urlaubsgeld.

Langfristig angelegte Regelungen werden in sogenannten **Mantel-** oder **Rahmentarifverträgen** vereinbart, **kurzfristige** Regelungen zum Lohn bzw. Gehalt in sogenannten **Lohn-** und **Gehaltstarifverträgen** bzw. **Entgelttarifverträgen.**

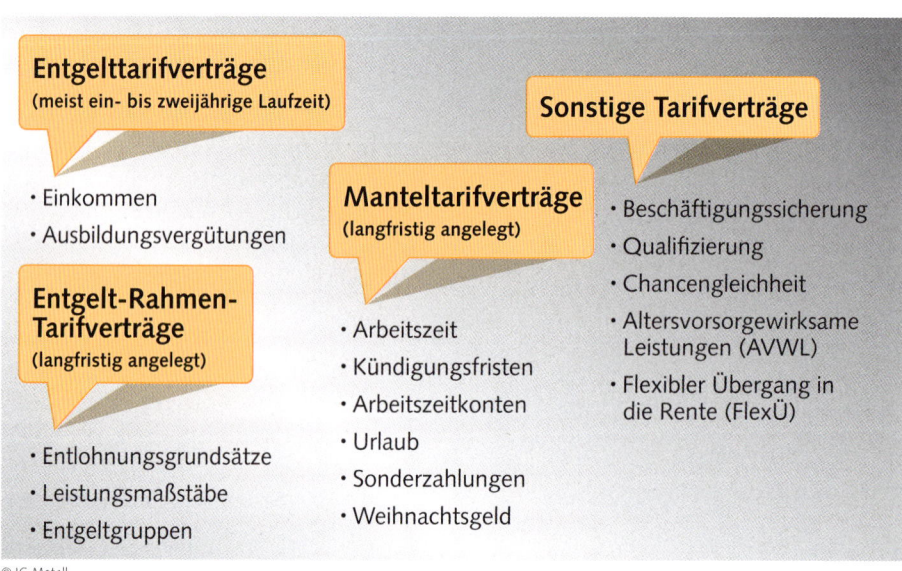

LERNFELD 8

An die Regelungen von Tarifverträgen sind sowohl auf Arbeitgeber- als auch auf Arbeitnehmerseite grundsätzlich nur die **Mitglieder** der Vertragsparteien gebunden.

Auf Antrag einer der Tarifvertragsparteien können bestimmte Tarifverträge vom Bundesministerium für Arbeit und Soziales oder vom jeweiligen Landesarbeitsministerium für allgemeinverbindlich erklärt werden. Mit der **Allgemeinverbindlichkeitserklärung** werden auch die nicht tarifgebundenen Arbeitgeber und Arbeitnehmer an die jeweiligen Rechtsnormen gebunden.

4.1.3 Betriebsvereinbarungen

Die **Betriebsvereinbarung** nach Betriebsverfassungsgesetz ist ein Vertrag zwischen **Arbeitgeber** und **Betriebsrat** mit der Festlegung von verbindlichen **Normen für betriebsinterne Regelungen.** Betriebsvereinbarungen sollen Tarifvereinbarungen den Verhältnissen des Betriebes anpassen.

©eccolo-fotolia.com

Jede Betriebsvereinbarung ist gemeinsam zu beschließen, schriftlich niederzulegen und von beiden Seiten zu unterzeichnen. Sie muss an geeigneter Stelle **im Betrieb ausliegen,** damit sich alle Arbeitnehmer über die vertraglichen Vereinbarungen informieren können.

Hinsichtlich der Inhalte muss zwischen **erzwingbaren** und **freiwilligen** Betriebsvereinbarungen unterschieden werden.

§ 77 BetrVG

In Angelegenheiten, in denen **Betriebsräte** ein **Mitbestimmungsrecht** haben, sind Vereinbarungen **erzwingbar.** Den Kernbereich dieser erzwingbaren Regelungen bilden die Mitbestimmung in sozialen Fragen und die wirtschaftlichen Mitbestimmungsrechte. Erzielen Arbeitgeber und Arbeitnehmer in strittigen Fällen keine Einigung, so können beide Seiten eine **Einigungsstelle** anrufen.

Erzwingbare Betriebsvereinbarungen können z. B. sein:

→ Ordnung des Betriebes und Verhalten der Arbeitnehmer,

→ Beginn und Ende der täglichen Arbeitszeit einschließlich der Pausen,

→ Verteilung der Arbeitszeit auf die einzelnen Wochentage,

→ Fragen der betrieblichen Lohngestaltung,

→ Grundsätze für das betriebliche Vorschlagswesen,

→ Sozialplan bei Betriebsänderungen und Personalabbau.

Freiwillige Betriebsvereinbarungen können sich grundsätzlich auf jeden Sachverhalt beziehen (z. B. kostenloses Kantinenessen für die Mitarbeiter). Es ist jedoch zu beachten, dass Angelegenheiten, für die gesetzliche oder tarifliche Regelungen bestehen (z. B. Verhütung von Arbeitsunfällen und Gesundheitsschädigungen), nicht Gegenstand von Betriebsvereinbarungen sein können; es sei denn, der Tarifvertrag lässt ausdrücklich ergänzende Vereinbarungen zu.

§ 77 BetrVG

LERNFELD 8

4.2 Arbeitsvertrag

§ 611 BGB

Der **Arbeitsvertrag** als eine Form des Dienstvertrages (entgeltliche Leistung von Diensten) ist die rechtliche Grundlage für die Beziehung zwischen Arbeitgeber und Arbeitnehmer. Er regelt die wesentlichen Rechte und Pflichten der Vertragsparteien.

4.2.1 Rechtliche Grundlagen und Inhalte des Arbeitsvertrages

■ Form des Arbeitsvertrages

©eccolo-fotolia.com

Der Abschluss eines Arbeitsvertrages ist grundsätzlich **formfrei**, d.h., ein Arbeitsvertrag kann auch mündlich abgeschlossen werden und kommt zustande, sobald zwei übereinstimmende Willenserklärungen vorliegen. Allerdings können Gesetze, tarifvertragliche Regelungen oder Betriebsvereinbarungen Schriftform vorsehen. Auch wegen der Beweissicherheit ist die **Schriftform,** insbesondere bei individuellen Regelungen, die über tarifliche Vorgaben (z. B. zur Probezeit) hinausgehen, jedoch zu empfehlen.

Unabhängig davon, dass bei Arbeitsverträgen der eigentliche Vertragsabschluss grundsätzlich formfrei erfolgen darf, regelt das **Nachweisgesetz** (NachwG) zum Schutz der Arbeitnehmer, dass die vereinbarten **„wesentlichen Vertragsbedingungen"** zumindest im Nachhinein **schriftlich** festgehalten werden müssen (Dokumentationsfunktion). Diese Verpflichtung trifft auch auf spätere Änderungen wesentlicher Vertragsbedingungen zu. Versäumt der Arbeitgeber dies, obliegt ihm die Beweislast für arbeitsvertragliche Vereinbarungen.

Was der Gesetzgeber als die „wesentlichen Vertragsbedingungen" definiert, ist im Nachweisgesetz klar geregelt:

§§§

§ 2 NachwG – Nachweispflicht

(1) Der Arbeitgeber hat spätestens einen Monat nach dem vereinbarten Beginn des Arbeitsverhältnisses die wesentlichen Vertragsbedingungen schriftlich niederzulegen, die Niederschrift zu unterzeichnen und dem Arbeitnehmer auszuhändigen. In die Niederschrift sind mindestens aufzunehmen:

  1. der Name und die Anschrift der Vertragsparteien,
  2. der Zeitpunkt des Beginns des Arbeitsverhältnisses,
  3. bei befristeten Arbeitsverhältnissen: die vorhersehbare Dauer des Arbeitsverhältnisses,
  4. der Arbeitsort oder, falls der Arbeitnehmer nicht nur an einem bestimmten Arbeitsort tätig sein soll, ein Hinweis darauf, daß der Arbeitnehmer an verschiedenen Orten beschäftigt werden kann,
  5. eine kurze Charakterisierung oder Beschreibung der vom Arbeitnehmer zu leistenden Tätigkeit,
  6. die Zusammensetzung und die Höhe des Arbeitsentgelts einschließlich der Zuschläge, der Zulagen, Prämien und Sonderzahlungen sowie anderer Bestandteile des Arbeitsentgelts und deren Fälligkeit,
  7. die vereinbarte Arbeitszeit,
  8. die Dauer des jährlichen Erholungsurlaubs,
  9. die Fristen für die Kündigung des Arbeitsverhältnisses,
  10. ein in allgemeiner Form gehaltener Hinweis auf die Tarifverträge, Betriebs- oder Dienstvereinbarungen, die auf das Arbeitsverhältnis anzuwenden sind.

Der Nachweis der wesentlichen Vertragsbedingungen in elektronischer Form ist ausgeschlossen.

©corrie-fotolia.com

§ 20 BBiG

■ Probezeit

Bei Arbeitsverhältnissen ist die Vereinbarung einer **Probezeit** nicht gesetzlich vorgeschrieben. Jedoch wird üblicherweise eine Probezeit vertraglich vereinbart. Sie dient dem gegenseitigen Kennenlernen und der Feststellung, ob Arbeitgeber und Arbeitnehmer mit dem Arbeitsverhältnis zufrieden sind und es weiterführen möchten.

Die zulässige Dauer einer Probezeit muss die Anforderungen an die Tätigkeit sowie die Belange des Arbeitnehmers angemessen berücksichtigen. In der Regel wird eine Probezeit **zwischen drei und sechs Monaten** vereinbart. Im Rahmen einer **Berufsausbildung** darf deren Dauer **vier Monate** nicht überschreiten (vgl. LF 1, Kapitel 1.4).

Innerhalb der Probezeit können beide Vertragsparteien das Arbeitsverhältnis ohne Angabe von Gründen kündigen. Allerdings ist die dafür vorgesehene gesetzliche **Kündigungsfrist von 2 Wochen** sowohl für Arbeitgeber als auch Arbeitnehmer einzuhalten.

§ 622, III BGB

■ Inhalte des Arbeitsvertrages

Der Arbeitsvertrag als Form des Dienstvertrages ist mit einer Reihe von Rechten und Pflichten für die Vertragspartner verbunden. Dazu zählen u. a.:

Übliche Rechte und Pflichten aus dem Arbeitsvertrag	
Pflichten des Arbeitgebers (Rechte des Arbeitnehmers)	**Pflichten des Arbeitnehmers (Rechte des Arbeitgebers)**
• Vergütung (z. B. Gehalt, Provision, Gewinnbeteiligung) • Fürsorge (Erhaltung der Gesundheit, Anmeldung zur Sozialversicherung, Gewährung von Urlaub) • Zeugniserteilung (einfaches oder auf Wunsch qualifiziertes Zeugnis mit Angaben über Führung und Leistung)	• Dienstleistung (gewissenhafte Erbringung der Arbeitsleistung), Aufrechterhalten der betrieblichen Ordnung • Treue- und Verschwiegenheit (Interessen des Betriebes wahren, über Geschäftsgeheimnisse schweigen) • Wettbewerbsverbot (ohne Einwilligung kein Handelsgewerbe, keine Geschäfte im Handelszweig des Arbeitgebers)

Ein Einzelarbeitsvertrag sollte folgende typische **Inhalte** erfassen:

Einzelarbeitsvertrag – typische Inhalte

- Namen und Anschriften der Vertragsparteien
- Beginn des Arbeitsverhältnisses (bei befristeten Arbeitsverhältnissen: Dauer des Arbeitsverhältnisses)
- Tätigkeit: kurze Charakterisierung oder Beschreibung
- Probezeit: Dauer
- Arbeitsentgelt: Zusammensetzung und Höhe einschließlich der Zuschläge, der Zulagen, Prämien und Sonderzahlungen sowie anderer Bestandteile des Arbeitsentgelts und deren Fälligkeit
- sonstige Leistungen: z. B. betriebliche Altersversorgung, Versicherungen, Dienstwagen
- Arbeitszeit: täglich, wöchentlich oder monatlich; Regelungen bei Mehrarbeit
- Urlaub: Dauer des jährlichen Erholungsurlaubs (unter Beachtung des Mindesturlaubs nach Bundesurlaubsgesetz und tarifvertraglicher Regelung)
- Kündigung: Vereinbarung von Kündigungsfristen unter Wahrung der gesetzlichen Mindestfristen und tarifvertraglichen Vereinbarungen
- Nebenbeschäftigung: Untersagung von Nebentätigkeiten, gegebenenfalls Informationspflicht des Arbeitnehmers
- Wettbewerbsverbot: Vereinbarung einer „Konkurrenzklausel" (nach Beendigung des Arbeitsverhältnisses keine zeitnahe Aufnahme einer Tätigkeit bei einem Konkurrenten)
- Arbeitsverhinderung: Leistungen des Arbeitgebers im Krankheitsfall; Informationspflichten des Arbeitnehmers
- allgemeine Hinweise: z. B. Anwendung von Tarifvertrag, Betriebs- und Dienstvereinbarungen, Gerichtsstand, Erfordernis der Schriftform bei Vertragsänderungen
- Unterschriften: beide Vertragsparteien mit Datum

LERNFELD 8

4.2.2 Arten des Arbeitsvertrages

Es können unterschiedliche Arten von Arbeitsverträgen vereinbart werden: **befristete** bzw. **unbefristete Arbeitsverträge** und **Teilzeitarbeitsverträge.**

■ Befristeter Arbeitsvertrag

Immer mehr Unternehmen bevorzugen **befristete Arbeitsverträge.** Arbeitgeber bleiben damit hinsichtlich ihrer Personalpolitik flexibel und unverbindlich, weil der Vertrag ohne Kündigung ausläuft. Insbesondere für Berufsanfänger ergeben sich mit einem befristeten Arbeitsvertrag häufig Chancen für einen Einstieg in eine berufliche Tätigkeit (z. B. nach abgeschlossener Ausbildung), die allerdings mit erheblichen Unsicherheiten verbunden ist.

©Marco2811-fotolia.com

Ein befristeter Arbeitsvertrag wird für eine bestimmte Zeit abgeschlossen. Für befristete Arbeitsverträge ist **Schriftform** vorgeschrieben.

Das TzBfG (Gesetz über Teilzeitarbeit und befristete Arbeitsverträge) sieht vor, dass eine **Befristung mit und ohne sachlichen Grund** vorgenommen werden kann. Ein sachlicher Grund liegt vor, wenn das Arbeitsverhältnis z. B. zur Vertretung anderer Mitarbeiter, zur Deckung eines vorübergehenden Bedarfs oder zum Zweck der Erprobung geschlossen wird. Liegt kein sachlicher Grund vor, ist eine Befristung nur bis zur Gesamtdauer von zwei Jahren zulässig; innerhalb der zwei Jahre können kürzere Verträge maximal dreimal verlängert werden.

Merke

§ 14 TzBfG

Eine kalendermäßige Befristung **ohne sachlichen Grund** ist bis zu einer Gesamtdauer von **zwei Jahren** erlaubt und darf innerhalb dieser Zeit **maximal dreimal verlängert** werden (Kettenbefristung).

Beispiel

Ein Personalsachbearbeiter der Reif KG wird für drei Jahre zur Pflege eines Angehörigen freigestellt. Zur Vertretung soll für diesen Zeitraum ein neuer Mitarbeiter mit einem befristeten Arbeitsvertrag eingestellt werden.

Die Befristung auf drei Jahre ist zulässig, da ein sachlicher Grund (Pflegeauszeit eines Mitarbeiters) vorliegt.

Bei Vorliegen von sachlichen Gründen ist eine Kettenbefristung grundsätzlich erlaubt.

Zu dieser Regelung gibt es allerdings **Ausnahmen:** Z. B. bei älteren Arbeitnehmern (Arbeitnehmer hat bei Beginn des Arbeitsverhältnisses das 52. Lebensjahr vollendet), die zuvor arbeitslos waren, darf bis zu fünf Jahren befristet werden oder bei neugegründeten Unternehmen bis zu vier Jahren.

Ein **befristetes Arbeitsverhältnis endet ohne Kündigung mit Ablauf der Frist,** sofern es nicht ausdrücklich (schriftlich) verlängert wird. Durch Abschluss eines endgültigen Arbeitsvertrages entsteht ein unbefristetes Arbeitsverhältnis.

■ Unbefristeter Arbeitsvertrag

Ein **unbefristeter Arbeitsvertrag** begründet ein Arbeitsverhältnis, das in der Regel mit einer Probezeit beginnt und nach deren Ablauf „automatisch" in ein unbefristetes Arbeitsverhältnis übergeht. Das Arbeitsverhältnis kann durch eine **ordentliche oder außerordentliche Kündigung** bzw. durch einen **Aufhebungsvertrag beendet** werden.

Muster für einen unbefristeten Arbeitsvertrag

Zwischen _____ (im Nachstehenden „Arbeitgeber" genannt)

und

Frau/Herrn _____ (im Nachstehenden „Arbeitnehmer" genannt) wird Folgendes vereinbart:

§ 1 Beginn des Anstellungsverhältnisses/der Tätigkeit

Der Arbeitnehmer wird mit Wirkung vom .... als .... eingestellt. Er ist verpflichtet, auch andere seinen Fähigkeiten entsprechende und gleichbezahlte Arbeiten zu verrichten. Die ersten ...... Monate des Anstellungsverhältnisses gelten als Probezeit.

§ 2 Vergütung

Die monatliche Bruttovergütung beträgt Euro .... Die Vergütung wird jeweils am Ende eines Monats gezahlt. Die Zahlung von etwaigen Sondervergütungen (Gratifikationen, Urlaubsgeld, Prämien etc.) erfolgt in jedem Einzelfall freiwillig und ohne Begründung eines Rechtsanspruchs für die Zukunft.

§ 3 Arbeitszeit/Überstunden

Die regelmäßige Arbeitszeit beträgt wöchentlich .... Stunden ohne die Berücksichtigung von Pausen. Der Arbeitnehmer ist verpflichtet, aus dringendem betrieblichen Anlass Überstunden zu leisten.

§ 4 Urlaub

Der Arbeitnehmer hat Anspruch auf bezahlten Erholungsurlaub von .... Arbeitstagen im Kalenderjahr. Die Festlegung des Urlaubs ist mit dem Arbeitgeber abzustimmen.

§ 5 Arbeitsverhinderung

Der Arbeitnehmer ist verpflichtet, dem Arbeitgeber die Arbeitsverhinderung und deren voraussichtliche Dauer unverzüglich mitzuteilen. Bei Arbeitsunfähigkeit infolge Erkrankung hat der Arbeitnehmer dem Arbeitgeber spätestens am dritten Tag der Erkrankung eine ärztliche Bescheinigung über die Arbeitsunfähigkeit mit Angabe der voraussichtlichen Dauer vorzulegen.

§ 6 Kündigung

Während der Probezeit können beide Parteien den Arbeitsvertrag mit einer Frist von .... Wochen zum Monatsende kündigen. Nach Ablauf der Probezeit ist eine Kündigung nur unter Einhaltung einer Frist von .... Monaten zum .... zulässig. Jede Kündigung bedarf der Schriftform.

§ 7 Nebentätigkeit

Während der Dauer der Beschäftigung ist jede entgeltliche oder unentgeltliche Nebenbeschäftigung, die zu einer Beeinträchtigung der vereinbarten Arbeitsleistung führt, untersagt.

§ 8 Tarifvertragliche Bestimmungen

Neben den Vereinbarungen im Arbeitsvertrag gelten insbesondere die Bestimmungen der jeweils gültigen Tarifverträge.

§ 9 Schlussbestimmungen

Nebenabreden und Änderungen des Vertrages bedürfen zu ihrer Rechtsgültigkeit der Schriftform. Eine etwaige Unwirksamkeit einzelner Vertragsbestimmungen berührt nicht die Wirksamkeit der übrigen Bestimmungen.

Ort, Datum   Ort, Datum

_____   _____

Arbeitgeber   Arbeitnehmer

LERNFELD 8

©DOC RABE Media-fotolia.com

■ Teilzeitarbeitsvertrag

Eine immer größere Bedeutung kommt den **Teilzeitarbeitsverträgen** zu. Aufgrund sich verändernder gesellschaftlicher Verhältnisse streben Beschäftigte häufig Teilzeitarbeit an, um Familie, Freizeit und Beruf nach den eigenen Bedürfnissen miteinander zu koordinieren. Gesundheitliche Gründe, Betreuung von Kindern und die Pflege von Angehörigen spielen dabei häufig eine Rolle.

Auch Unternehmen profitieren von Vereinbarungen über Teilzeitarbeit, indem sie die Arbeitszeiten flexibel an ihren Bedarf anpassen. Hinzu kommt, dass Arbeitnehmer, die weniger arbeiten, oft produktiver und motivierter sind.

Merke

Unter **Teilzeitarbeit** versteht man eine Beschäftigung, bei der die regelmäßige Wochenarbeitszeit eines Arbeitnehmers kürzer ist als die eines vergleichbaren vollzeitbeschäftigten Arbeitnehmers.

§ 4 TzBfG

Das **Benachteiligungs- und Diskriminierungsverbot** des Gesetzes über Teilzeitarbeit und befristete Arbeitsverträge besagt, dass Arbeitnehmer in Teilzeit nicht schlechter behandelt werden dürfen als Mitarbeiter in Vollzeit (z. B. bei tariflicher Arbeitszeitverringerung, betrieblicher Altersversorgung, Anspruch auf Sonderzahlungen wie Weihnachtsgeld).

§ 8 TzBfG

Nach Teilzeitarbeitsgesetz haben Arbeitnehmer einen **Anspruch auf Teilzeitarbeit** unter folgenden Bedingungen:

➜ Das Arbeitsverhältnis besteht länger als 6 Monate.

➜ Im Betrieb sind in der Regel mehr als 15 Arbeitnehmer beschäftigt. Diese Regelung gilt unabhängig von der Höhe der Arbeitszeit der Arbeitnehmer.

➜ Der Arbeitnehmer macht spätestens 3 Monate vor Beginn der Teilzeitarbeit die Verringerung und die gewünschte Verteilung der Arbeitszeit geltend.

➜ Betriebliche Gründe stehen einer gewünschten Vereinbarung nicht entgegen (z. B. unverhältnismäßig hohe Kosten für den Betrieb, Beeinträchtigung der Sicherheit im Betrieb).

Flexible **Arbeitszeitmodelle** ermöglichen die Organisation der Teilzeitarbeit, z. B.:

➜ Die Arbeitszeit kann um eine festgelegte Anzahl von Stunden pro Tag verringert werden.

➜ Die Anzahl der Wochenarbeitstage wird reduziert, an den übrigen Tagen wird Vollzeit gearbeitet (z. B. 4-Tage-Woche).

➜ Die Arbeitszeit wird flexibel dem Arbeitsbedarf angepasst.

Das Recht auf Teilzeit

Rechtsanspruch

Nach dem Teilzeit- und Befristungsgesetz haben Arbeitnehmer in Betrieben mit mehr als 15 Mitarbeitern Anspruch auf Verringerung der Arbeitszeit, wenn ihr Arbeitsverhältnis seit mindestens 6 Monaten besteht. Arbeitgeber müssen zustimmen, wenn keine betrieblichen Gründe dagegen sprechen.

SO FUNKTIONIERT'S

JETZT 38,5 h — WUNSCH 30 h

Antrag Mo.–Fr. je 6 h

Organisation, Ablauf, Sicherheit

Genehmigung ab 1.1.

Frau Meier arbeitet seit einem Jahr bei der Flexibel-AG (200 Mitarbeiter). Sie wünscht sich Teilzeit ab dem 1.1. des kommenden Jahres: 30 Stunden die Woche statt 38,5.

Fristgemäß teilt sie ihren Wunsch spätestens 3 Monate vorher, bis zum 1.10., der Flexibel-AG mit. Ihr Vorschlag: montags bis freitags je 6 Stunden.

Im Gespräch mit dem Arbeitgeber klärt sich, dass Organisation, Ablauf und Sicherheit im Betrieb nicht gestört würden.

Frau Meier erhält bis zum 1.12. (fristgemäß spätestens 1 Monat vor Beginn der beantragten Teilzeitarbeit) eine schriftl. Genehmigung zur Verringerung der Arbeitszeit ab dem 1.1.

Verbot der Diskriminierung

Teilzeitbeschäftigte dürfen nicht schlechter behandelt werden als vergleichbare Vollzeitbeschäftigte:

Gehalt und andere Geldleistungen (z.B. Urlaubsgeld) mindestens entsprechend dem Anteil der Arbeitszeit des Teilzeitbeschäftigten an der Arbeitszeit eines Vollzeitbeschäftigten

Rechenbeispiel:

Vollzeitbeschäftigter	monatliches Bruttogehalt	Teilzeitbeschäftigter (60 %-Stelle)
3 000 €		(3 000 × 60) ÷ 100 = 1 800 €

Weiterbildung

Teilnahme an Weiterbildungsmaßnahmen ist auch Teilzeitbeschäftigten zu gewähren.

Rückkehr in Vollzeit

Wurde die Teilzeit befristet, kann der Arbeitnehmer nach Ablauf der Frist wieder Vollzeit arbeiten.

Wurde die Teilzeit unbefristet vertraglich vereinbart, hat der Arbeitnehmer kein Recht auf Rückkehr in Vollzeit; bei der Besetzung einer frei werdenden Stelle ist er jedoch bei gleicher Eignung bevorzugt zu berücksichtigen.

Quelle: Teilzeit- und Befristungsgesetz

© Globus 5252

4.3 Zusammenfassung und Aufgaben

Rechtliche Grundlagen des Arbeitsverhältnisses

Rang- und Günstigkeitsprinzip

Rangprinzip: Ranghöhere Normen gehen rangniedrigeren Normen grundsätzlich vor. Ein Arbeitsvertrag darf z. B. nicht gegen geltende Tarifverträge verstoßen.

Günstigkeitsprinzip: Dieser Rechtsgrundsatz legt fest, dass bei voneinander abweichenden Normen nicht die ranghöhere, sondern die für den Arbeitnehmer günstigere Norm gilt.

Tarifverträge

Tarifautonomie: Abschluss von Tarifverträgen durch die Tarifvertragsparteien in eigener Verantwortung ohne Mitwirkung des Staates

Inhalte: Vereinbarungen über z. B. Art und Höhe der Entlohnung, Arbeitszeiten, Dauer des Jahresurlaubs, Urlaubsgeld

Arten:

- Mantel- oder Rahmentarifverträge mit längerfristigen Regelungen (z. B. Arbeitszeiten)
- Lohn- und Gehaltstarifverträge (Entgelttarifverträge) mit kürzeren Laufzeiten

Geltung: Grundsätzlich gelten Tarifverträge sowohl auf Arbeitnehmer- als auch auf Arbeitgeberseite nur für Mitglieder.

Allgemeinverbindlichkeitserklärung: Verpflichtung zur Übernahme der Tarifverträge auch für nicht tarifgebundene Arbeitgeber durch Erklärung des Bundesministeriums für Arbeit und Soziales bzw. des Landesarbeitsministeriums

Betriebsvereinbarungen

Vertrag zwischen **Arbeitgeber** und **Betriebsrat** mit der Festlegung von verbindlichen Normen für betriebsinterne Regelungen

Beispiele für Inhalte: Vereinbarungen über Ordnung des Betriebes, Verhalten der Arbeitnehmer, Arbeitszeit einschließlich der Pausen, betriebliche Lohngestaltung, betriebliches Vorschlagswesen

Arbeitsvertrag

Formvorschriften

Vertragsart: Form eines Dienstvertrages mit Regelungen von wesentlichen Rechten und Pflichten der Vertragsparteien; grundsätzlich keine Formvorschrift für den Abschluss, jedoch Schriftform empfehlenswert

Nachweisgesetz: schriftliche Niederlegung der im NachwG definierten wesentlichen Vertragsbedingungen durch den Arbeitgeber spätestens 1 Monat nach Beginn des Arbeitsverhältnisses erforderlich (Dokumentationsfunktion)

Rechte und Pflichten

Rechte Arbeitnehmer/Pflichten Arbeitgeber: z. B. Vergütung, Fürsorge (Erhaltung der Gesundheit, Anmeldung zur Sozialversicherung, Gewährung von Urlaub), Zeugniserteilung

Rechte Arbeitgeber/Pflichten Arbeitnehmer: z. B. Dienstleistung (gewissenhafte Erbringung der Arbeitsleistung), Treue- und Verschwiegenheit, Wettbewerbsverbot

Inhalte

z. B. Vertragsparteien, Beginn des Arbeitsverhältnisses, Tätigkeit, ggf. Dauer der Probezeit, Arbeitsentgelt und sonstige Leistungen, Arbeitszeit, Urlaub, Kündigungsfristen (unter Wahrung der gesetzlichen Mindestfristen und tarifvertraglichen Vereinbarungen), Nebenbeschäftigung, Wettbewerbsverbot

Arten von Arbeitsverträgen

Befristete Arbeitsverträge:

- Abschluss eines Arbeitsvertrages für eine bestimmte Zeit

- Schriftform erforderlich

- Befristung ohne sachlichen Grund i. d. R. bis zu einer Dauer von 2 Jahren und mit maximal dreimaliger Verlängerung

- Befristung mit sachlichem Grund: Kettenbefristung grundsätzlich erlaubt

- Beendigung des Arbeitsverhältnisses mit Fristablauf ohne Kündigung

Unbefristete Arbeitsverträge:

- Abschluss eines Arbeitsvertrages für eine unbestimmte Zeit

- Abschluss grundsätzlich formfrei, Schriftform empfohlen, NachwG beachten

- Beendigung des Arbeitsverhältnisses nur durch ordentliche oder außerordentliche Kündigung oder Aufhebungsvertrag

Teilzeitarbeitsverträge:

- Beschäftigung mit kürzerer Wochenarbeitszeit als die eines vergleichbaren Vollzeitbeschäftigten

- Anspruch von Arbeitnehmern auf Teilzeit unter bestimmten Bedingungen (z. B. Arbeitsverhältnis besteht mindestens 6 Monate; Betrieb beschäftigt mehr als 15 Mitarbeiter; Arbeitnehmer macht spätestens 3 Monate vorher den Wunsch geltend und betriebliche Gründe stehen einer gewünschten Vereinbarung nicht entgegen.)

- Organisation von Teilzeitarbeit durch flexible Arbeitszeitmodelle (z. B. 4-Tage-Woche, Reduzierung der Arbeitsstunden pro Tag, Anpassung an Arbeitsbedarf)

Aufgaben

1. Prüfen Sie folgende Aussagen auf ihre Richtigkeit. Die Antwort ist jeweils zu begründen.

    (1) Das Rangprinzip im Arbeitsrecht bedeutet, dass Tarifverträge Vorrang vor Gesetzen haben.

    (2) Das Günstigkeitsprinzip im Arbeitsrecht macht Ausnahmen zum Rangprinzip unter bestimmten Bedingungen möglich.

    (3) Kommt es bei Tarifverhandlungen in angemessener Zeit nicht zu einer Einigung, trifft die Bundesregierung für strittige Punkte eine Regelung.

    (4) Die Art und Höhe der Entlohnung wird im Manteltarifvertrag festgelegt.

    (5) Mit der Allgemeinverbindlichkeitserklärung werden auch nicht tarifgebundene Arbeitgeber verpflichtet, die Regelungen des Tarifvertrages zu erfüllen.

    (6) Gesetzliche Vorgaben für Betriebsvereinbarungen sind insbesondere im Tarifvertragsgesetz geregelt.

    (7) Für bestimmte Angelegenheiten kann der Betriebsrat eine Betriebsvereinbarung erzwingen.

    (8) Ein Arbeitsvertrag muss nicht schriftlich abgeschlossen werden.

    (9) Eine Probezeit in der Berufsausbildung muss vier Monate betragen.

    (10) Im Arbeitsvertrag kann die Dauer der Arbeitszeit ohne jegliche Einschränkung festgelegt werden.

    (11) Ein ohne sachlichen Grund befristeter Arbeitsvertrag darf nach gesetzlicher Regelung für eine Dauer von höchstens einem Jahr abgeschlossen werden.

    (12) Ein Arbeitnehmer muss u. a. länger als vier Monate im Betrieb beschäftigt sein, um einen Anspruch auf Teilzeitbeschäftigung zu haben.

2. Unterscheiden Sie das Rang- und Günstigkeitsprinzip im Arbeitsrecht.

3. Erläutern Sie, was man unter Tarifautonomie versteht.

4. Geben Sie drei Beispiele für Inhalte eines Manteltarifvertrages.

5. Nennen Sie Beispiele für Regelungen in Betriebsvereinbarungen. Finden Sie heraus, ob es in Ihrem Betrieb eine Betriebsvereinbarung gibt und was diese regelt.

6. Klären Sie, inwiefern für das rechtswirksame Zustandekommen eines Arbeitsvertrages Schriftform erforderlich ist.

7. Unterscheiden Sie zwischen befristetem und unbefristetem Arbeitsvertrag.

8. Erklären Sie an Beispielen, was mit dem Benachteiligungs- und Diskriminierungsverbot des Gesetzes über Teilzeit und befristete Arbeitsverträge (TzBfG) gemeint ist.

9. Erläutern Sie Vorteile von Teilzeitarbeit aus der Sicht von Arbeitnehmern und aus der Sicht von Arbeitgebern.

10. Nennen Sie drei Voraussetzungen, die erfüllt sein müssen, damit ein Arbeitnehmer einen Anspruch auf Teilzeitarbeit geltend machen kann.

LERNFELD 8

• 5 Personal betreuen und Aufgaben der Personalverwaltung wahrnehmen

©fotodo-fotolia.com

Nach Abschluss des Arbeitsvertrages ist ein neuer Mitarbeiter vom ersten Tag an zu betreuen, zu motivieren und an das Unternehmen zu binden. Er benötigt Informationen, um betriebliche Abläufe und Mitarbeiter mit ihren Zuständigkeiten kennenzulernen. Personalpapiere und Personalunterlagen sind der Personalverwaltung vorzulegen, die unter Berücksichtigung der Anforderungen des Datenschutzes die Personalakte führt. Der Personaleinsatz muss geplant werden.

• 5.1 Personaleinführung

Der **erste Arbeitstag** eines neuen Mitarbeiters ist häufig ein besonders wichtiger Tag für Arbeitnehmer und Arbeitgeber. Eine **freundliche Begrüßung** und eine gezielte Mitarbeitereinführung können einen erheblichen Einfluss auf seine Motivation und Aufgeschlossenheit sowie auf seine Leistung und Arbeitszufriedenheit ausüben. Man sollte genügend Zeit für **Einführungsmaßnahmen** einplanen, die zu einer Verringerung von Orientierungsproblemen führen und zum allgemeinen Wohlbefinden des Mitarbeiters beitragen. In Betracht kommen u. a. eine gezielte Bekanntmachung mit Arbeitskollegen und eine Klarstellung betrieblicher Besonderheiten.

Checkliste für Personaleinführung (Beispiel)

Vorbereitungen

- Stammbelegschaft informieren; ggf. Ansprechpartner (Mentor) einweisen

- Unterlagen für den neuen Mitarbeiter zusammenstellen

- Einarbeitungsplan festlegen

- Arbeitsplatz vorbereiten

- ...

Einführung des Mitarbeiters

- Begrüßung und Vorstellung (z. B. Kollegen, Vorgesetzte, Mentor)

- Betriebsführung

- Erläuterung der Arbeitsorganisation
  (z. B. Arbeitszeiten, Pausenzeiten, Essensmöglichkeiten, Dienstreiseformalitäten)

- Arbeitsschutzbelehrung

- Einweisung am Arbeitsplatz (technische Einweisung in z. B. Telefonanlage, PC)

- Besprechung des Einarbeitungsplans

- Konkretisierung anstehender Arbeitsaufträge

- ...

5.2 Personalverwaltung

Die Personalverwaltung ist für die **administrativen** und **routinemäßigen** Tätigkeiten zuständig, die im Zusammenhang mit der **Einstellung,** dem **Einsatz,** der **Entlohnung** und der **Beendigung von Arbeitsverhältnissen** anfallen. Dazu gehören u. a. die

→ Verwaltung und Bearbeitung von Vertragsunterlagen,

→ Bearbeitung von Steuer- und Sozialversicherungsunterlagen,

→ Erfassung und Verwaltung von Personalstammdaten,

→ Führung von Personalakten und Personaldateien,

→ Erfassung und Verwaltung von Arbeits-, Urlaubs- und Krankheitszeiten,

→ Verwaltung sonstiger Personaldaten und

→ Entgeltabrechnung.

©DOC RABE Media-fotolia.com

5.2.1 Personalpapiere und Personalunterlagen

Bevor ein neuer Mitarbeiter seine Tätigkeit aufnimmt, sind von der Personalabteilung eine Reihe von Daten zu erfassen und zu verarbeiten: Einzureichende **Personalpapiere** werden in Empfang genommen und **Melde-** und **Anzeigepflichten** erledigt; dem Arbeitnehmer werden Unterlagen zur Kenntnisnahme, Verwahrung und Nutzung ausgehändigt.

Checkliste für Personalpapiere und Personalunterlagen

Vorlagepflicht für Arbeitnehmer
- Rentenversicherungsunterlagen
- Sozialversicherungsausweis bzw. Schreiben der Versicherung mit Versicherungsnummer
- Mitgliedsbescheinigung einer Krankenkasse
- Urlaubsbescheinigung
- Arbeitserlaubnis ausländischer Arbeitnehmer
- gegebenenfalls ausstehende Bewerbungsunterlagen
- gegebenenfalls ärztliches Zeugnis
- gegebenenfalls Schwerbehindertenausweis
- ...

Einstellungsunterlagen für Arbeitnehmer
- Arbeitsvertrag
- Betriebsordnung
- Betriebs- bzw. Werksausweis
- Informationsmaterial
  (z. B. Sicherheitsvorkehrungen, Verhalten bei Unfällen, Raucherzonen)
- Schlüssel bzw. PIN-Codes
- Arbeitsmaterial, Werkzeuge etc.
- ...

LERNFELD 8

Zusätzlich muss der Arbeitgeber den Arbeitnehmer bei verschiedenen Organisationen und Institutionen anmelden, z. B. bei der **Krankenkasse**, der **Sozialversicherung** (Weiterleitung durch die Krankenkasse), dem **Finanzamt** und der **Berufsgenossenschaft.**

5.2.2 Personalakte und Personaldatenverwaltung

©DOC RABE Media-fotolia.com

Eine Hauptaufgabe der Personalverwaltung ist das **Anlegen** und **Führen der Personalakte.** Sie umfasst wichtige Dokumente und Vorgänge, die im Zusammenhang mit dem individuellen Arbeitsverhältnis stehen und für deren Aufnahme ein berechtigtes Interesse aus Arbeitgeber- oder Arbeitnehmersicht besteht. Aufgenommen werden so u. a. die persönlichen Stammdaten und Urkunden des Arbeitnehmers, Daten über die persönliche und berufliche Entwicklung sowie Einschätzungen der betrieblichen Leistungen.

■ Unterlagen der Personalakte

Grundsätzlich kann der Arbeitgeber frei entscheiden, welche Unterlagen in der Personalakte aufbewahrt werden; sie müssen – neben dem berechtigten Interesse – nur in einem inneren Zusammenhang mit dem Arbeitsverhältnis stehen. Zu den Inhalten zählen u. a.:

→ Bewerbungsunterlagen,

→ Personalbogen/Personalstammblatt mit Angaben zu den persönlichen Verhältnissen (Personalstammdaten),

©nmann77-fotolia.com

→ Arbeitsvertrag, Vertragsänderungen und Entgeltvereinbarungen,

→ Korrespondenzen mit dem Mitarbeiter,

→ Angaben zur Tätigkeit, Stellung im Betrieb und Beförderungen,

→ Fortbildungen,

→ Beurteilungen und Arbeitszeugnisse,

→ Urlaubs- und Krankheitszeiten,

→ Abmahnungen.

■ Einsichtnahme in die Personalakte

§ 83 BetrVG

Arbeitnehmer haben das **Recht zur Einsichtnahme** in ihre Personalakte – gegebenenfalls unter Hinzuziehung eines Betriebsratsmitgliedes. Im Beisein eines Mitarbeiters der Personalabteilung dürfen Abschriften angefertigt werden. Eine Entnahme von Dokumenten durch den Arbeitnehmer ist jedoch nicht gestattet.

Merke

Befinden sich **unrichtige Angaben** in der Personalakte, so hat der Arbeitnehmer das **Recht auf Entfernung oder Berichtigung.** Dieses Recht ist insbesondere im Zusammenhang mit unberechtigten Abmahnungen von Bedeutung.

■ Elektronische Personalakte

Die zeit- und kostenintensive Führung der „klassischen" Personalakte in Papierform wird zunehmend durch ein EDV-gestütztes Informationssystem ergänzt bzw. ersetzt. Mit der sogenannten **elektronischen Personalakte** können Personaldaten effizient verwaltet, ausgewertet und sicher (gemäß den Datenschutzbestimmungen) archiviert werden.

©DOC RABE Media-fotolia.com

Als **Vorteile** der elektronischen Personalakte gelten entsprechend:

→ Gewünschte Informationen zu Personalstammdaten, z. B. zu Gehalt, Urlaubs- und Fehlzeiten, Qualifikationen und Karriereplan sind **jederzeit in aktueller Form digital abrufbar.**

→ **Entlastungen der Personalarbeit** werden insbesondere erzielt, wenn die elektronische Personalakte komplett in das **Personalwirtschaftssystem** einschließlich der Personalabrechnung des Unternehmens integriert wird. Auf diese Weise können individuell benutzerorientierte Informationen (z. B. für Firmeninhaber oder Personalsachbearbeiter) für Lese- und Schreibzugriffe aufgerufen werden (z. B. Verwendung von Dokumentenvorlagen mit Übertragung der Daten aus dem Personalwesen).

→ Entfernungen zwischen unterschiedlichen Bearbeitungsstationen und damit zeitaufwändiger Transport spielen keine Rolle mehr. Das ermöglicht einen **schnellen und unkomplizierten Zugriff** sowie komfortable Recherchemöglichkeiten.

5.2.3 Datenschutz und Datensicherheit

Datenschutz dient dazu, analoge ebenso wie digitale **personenbezogene Daten** (z. B. Name und Anschrift, E-Mail-Adressen, Kontodaten, Gesundheitsdaten, Stundenzettel, Rechnungen) zu schützen. Jede **natürliche Person** hat ein **Recht auf Schutz ihrer Privatsphäre und auf informationelle Selbstbestimmung**, d. h., sie muss selbst bestimmen können, welche personenbezogenen Daten wem wann zugänglich gemacht werden. Das Recht auf Datenschutz ist gesetzlich geregelt in der EU-Datenschutzgrundverordnung (DSGVO) sowie im Bundesdatenschutzgesetz (BDSG).

Insbesondere in § 64 BDSG sind auch Regelungen zur **Datensicherheit** verankert. Ziel der Datensicherheit ist der Schutz **aller** Daten (personenbezogene und nicht personenbezogene) hinsichtlich

§ 63 BDSG

→ **Vertraulichkeit** (Sicherheit der Daten vor unberechtigtem Zugriff),

→ **Verfügbarkeit** (Sicherheit der Daten vor Vernichtung, Verlust, Zerstörung),

→ **Integrität** (Sicherheit, dass Daten vollständig und unverändert sind) und

→ **Belastbarkeit der Systeme** (Funktionssicherheit inkl. der Möglichkeit zur raschen Wiederherstellung der Daten bzw. des Zugangs zu den Daten).

Um absichtliche ebenso wie unbeabsichtigte Verstöße gegen die Datensicherheit möglichst auszuschließen, sind geeignete **technische und organisatorische Maßnahmen** zu ergreifen, z. B. Pseudonymisierung oder Verschlüsselung der Daten bzw. Datenträger, Verhinderung des unbefugten Zugriffs auf Daten z. B. durch Zugangskontrollen, Zugriffskontrollen, Eingabekontrollen).

LERNFELD 8

5.2.4 Datenschutz in Beschäftigungsverhältnissen

Die EU-Datenschutzgrundverordnung (DSGVO) und das Bundesdatenschutzgesetz (BDSG) erlauben grundsätzlich die Verarbeitung solcher personenbezogener Daten, die für die Begründung, Durchführung oder Beendigung von Beschäftigungsverhältnissen sowie für die Interessenvertretung der Beschäftigten erforderlich sind.

§§§

§ 26 BDSG I Datenverarbeitung für Zwecke des Beschäftigungsverhältnisses

(1) Personenbezogene Daten von Beschäftigten dürfen für Zwecke des Beschäftigungsverhältnisses verarbeitet werden, wenn dies für die Entscheidung über die Begründung eines Beschäftigungsverhältnisses oder nach Begründung des Beschäftigungsverhältnisses für dessen Durchführung oder Beendigung oder zur Ausübung oder Erfüllung der sich aus einem Gesetz oder einem Tarifvertrag, einer Betriebs- oder Dienstvereinbarung (Kollektivvereinbarung) ergebenden Rechte und Pflichten der Interessenvertretung der Beschäftigten erforderlich ist. [...]

Darüber hinaus dürfen personenbezogene Daten nur verarbeitet werden, wenn der Beschäftigte eine **freiwillige Einwilligung in Schriftform** abgegeben hat (vgl. § 26 II BDSG, Art. 7 DSGVO).

Merke

Personenbezogene Daten sind „alle Informationen, die sich auf eine identifizierte oder identifizierbare natürliche Person beziehen" (Art. 4 Nr. 1 DSGVO).

■ Schutz personenbezogener Daten

Jegliche Verarbeitung personenbezogener Daten muss einer besonderen Sorgfalt und Vertraulichkeit unterliegen; deshalb hat sie EU-weit den Anforderungen der **EU-Datenschutzgrundverordnung (DSGVO)** gerecht zu werden. Wo die DSGVO Spielräume für nationale Anpassungen lässt, wird mit dem **Bundesdatenschutzgesetz (BDSG)** der Rechtsrahmen für die Datenverarbeitung in Deutschland gesetzt.

Geltungsbereich

Art. 2 DSGVO
§ 1 BDSG

Die Datenschutzbestimmungen gelten gleichermaßen für öffentliche Stellen (z. B. Behörden des Bundes, der Länder und der Kommunen) wie für nichtöffentliche Stellen (z. B. Personen, Unternehmen, Vereine), es sei denn, die Datenerhebung und deren Nutzung erfolgt ausschließlich für persönliche oder familiäre Tätigkeiten (z. B. private Aufzeichnungen über Geburtstage, private Fotosammlungen).

■ Ziel der Datenschutzbestimmungen

Art. 4 I DSGVO
Art. 9 DSGVO

Ziel der Datenschutzbestimmungen ist es, das **Recht auf informationelle Selbstbestimmung** zu wahren, also den Einzelnen davor zu schützen, dass er durch Verarbeitung seiner personenbezogenen Daten (z. B. Name oder andere Kennung, Familienstand, religiöse oder weltanschauliche Überzeugung, Herkunft, genetische und biometrische Daten, Gesundheitsdaten, Vorstrafen) in seinem Persönlichkeitsrecht beeinträchtigt wird.

Personenbezogenen Daten dürfen deshalb nur verarbeitet werden, wenn z. B. eine **ausdrückliche Einwilligung** vorliegt oder die Person sie **selbst offensichtlich öffentlich gemacht** hat oder wenn gesetzlich geregelt ist, dass sie z. B. zur **Wahrung vertragsrechtlicher, arbeits- oder sozialrechtlicher oder lebenswichtiger Interessen** des Betroffenen erforderlich sind.

Art. 6 DSGVO
Art. 9 II DSGVO

■ Allgemeine Datenschutzgrundsätze

Die Datenschutzbestimmungen benennen **allgemeine Datenschutzgrundsätze** (z. B. Art. 5, Art. 47 DSGVO, § 71 BDSG), zu denen insbesondere zählen:

→ **Zweckbindung:** Personenbezogene Daten dürfen nur für festgelegte, eindeutige und legitime Zwecke erhoben werden.

→ **Datenminimierung/Datensparsamkeit:** Die Datenerhebung muss auf das jeweils notwendige Maß beschränkt sein.

→ **Datenrichtigkeit/Datenqualität:** Die Daten müssen sachlich richtig und erforderlichenfalls auf dem neuesten Stand sein.

→ **begrenzte Speicherfristen/Speicherbegrenzung:** Gespeicherte Daten dürfen nicht länger einer Person zuzuordnen sein, als es für den Zweck erforderlich ist.

→ **Integrität und Vertraulichkeit:** Durch geeignete technische Maßnahmen (z. B. Anonymisierung, Pseudonymisierung) und organisatorische Maßnahmen (z. B. Passwortschutz) muss eine angemessene Sicherheit der personenbezogenen Daten gewährleistet sein, d. h., sie sind vor unbefugter oder unrechtmäßiger Verarbeitung sowie vor unbeabsichtigtem Verlust, unbeabsichtigter Zerstörung oder Schädigung zu schützen.

©Jürgen Fälchle-fotolia.com

■ Datenschutzbeauftragter

Die **Pflicht zur Bestellung eines fachkundigen, internen oder externen Datenschutzbeauftragten** trifft Unternehmen je nach ihrer **Kerntätigkeit**. Sofern die Kerntätigkeit in der Durchführung von Verarbeitungsvorgängen besteht, welche aufgrund ihrer Art, ihres Umfangs und/oder ihrer Zwecke eine **umfangreiche regelmäßige und systematische Überwachung von betroffenen Personen** erforderlich machen (vgl. Art. 37 I b DSGVO), oder sofern die Kerntätigkeit in der **umfangreichen Verarbeitung besonderes sensibler personenbezogener Daten** besteht (vgl. Art. 37 I c DSGVO), muss ein Datenschutzbeauftragter gestellt werden.

Ergänzend bestimmt das BDSG (§ 38), dass ein Datenschutzbeauftragter zu benennen ist, wenn im Unternehmen in der Regel **mindestens zehn Personen ständig mit der automatisierten Verarbeitung personenbezogener Daten beschäftigt sind.** Von dieser Regelung ausgenommen sind Unternehmen, die personenbezogene Daten geschäftsmäßig zum Zweck der Übermittlung oder für Zwecke der **Markt- oder Meinungsforschung** übermitteln; diese haben **unabhängig von der Anzahl der mit der Verarbeitung beschäftigten Personen** einen Datenschutzbeauftragten zu benennen.

Sofern die Pflicht zur Bestellung eines Datenschutzbeauftragten besteht, unterliegen interne Datenschutzbeauftragte einem besonderen **Kündigungsschutz** (vgl. § 6 IV BDSG, § 38 II BDSG i. V. m. § 6 IV BDSG). Eine ordentliche Kündigung ist dann grundsätzlich unzulässig; es darf nur noch fristlos aus wichtigem Grund gekündigt werden. Der besondere Kündigungsschutz sorgt dafür, dass der Datenschutzbeauftragte seine Aufgaben möglichst unabhängig wahrnehmen kann.

LERNFELD 8

Zu den **Aufgaben des Datenschutzbeauftragten** (vgl. Art. 39 DSGVO) zählen:

→ Das **Hinwirken auf die Einhaltung aller relevanten Datenschutzvorschriften,** z. B. durch

– **Unterrichtung** des Verantwortlichen und der an den Verarbeitungsvorgängen beteiligten Mitarbeiter **über die Pflichten** im Rahmen der Datenschutzbestimmungen,

– **Zuweisung von Zuständigkeiten,**

→ **Überwachen der Einhaltung der Datenschutzbestimmungen,**

→ die **Zusammenarbeit mit der Aufsichtsbehörde.**

■ Pflichten des Verantwortlichen – Rechte des Betroffenen

Angesichts der Allgegenwärtigkeit und Brisanz der elektronischen Verarbeitung von personenbezogenen Daten haben die DSGVO und das BDSG über die allgemeinen Datenschutzgrundsätze hinaus zum Schutz der betroffenen Personen deren **Rechte** ausdrücklich definiert und den für die Erhebung Verantwortlichen gleichzeitig **Pflichten** auferlegt, die eine Durchsetzung dieser Rechte erleichtern sollen.

Pflichten des Verantwortlichen (Auswahl)		
Artikel	**Bezeichnung der Pflicht**	**Regelungen nach DSGVO**
Art 12 I 1 DSGVO	**Grundsatz der Transparenz**	Der Verantwortliche muss geeignete Maßnahmen treffen, um der betroffenen Person alle **Informationen,** die sich auf die Verarbeitung beziehen, **in präziser, transparenter, verständlicher und leicht zugänglicher Form** in einer **klaren und einfachen Sprache** zu übermitteln.
Art 12 II 1 DSGVO	**Unterstützung bei der Ausübung der Rechte der betroffenen Person**	Der Verantwortliche muss der betroffenen Person die **Ausübung ihrer Rechte** gemäß den Artikeln 15 bis 22 (vgl. unten) **erleichtern.**
Art. 13 DSGVO	**Informationspflicht bei Erhebung von personenbezogenen Daten bei der betroffenen Person**	Der für die Erhebung Verantwortliche muss der betroffenen Person zum Zeitpunkt der Erhebung der Daten alle Informationen zur Verfügung stellen, die notwendig sind, um eine **faire und transparente Verarbeitung** zu gewährleisten, z. B. den Namen und die Kontaktdaten des Verantwortlichen, die Kontaktdaten des Datenschutzbeauftragten, den/die Empfänger der Daten, die Dauer der Speicherung.
Art. 19 DSGVO	**Mitteilungspflicht im Zusammenhang mit der Berichtigung oder Löschung personenbezogener Daten oder der Einschränkung der Verarbeitung**	Der Verantwortliche muss allen **Empfängern,** denen die personenbezogenen Daten offengelegt wurden, jede **Berichtigung oder Löschung** der personenbezogenen Daten oder eine **Einschränkung der Verarbeitung mitteilen.** Ebenso hat der Verantwortliche die **betroffene Person** auf Verlangen über diese Empfänger zu **unterrichten.**

LERNFELD 8

Rechte der betroffenen Person (Auswahl)		
Artikel	**Bezeichnung des Rechts**	**Regelungen nach DSGVO**
Art. 15 DSGVO	**Auskunftsrecht**	Die betroffene Person hat ein Recht auf Auskunft, z. B. ob und **welche personenbezogenen Daten verarbeitet werden,** über die Verarbeitungszwecke, die Herkunft der Daten, die Empfänger der Daten und die geplante Dauer der Speicherung.
Art. 16 DSGVO	**Recht auf Berichtigung**	Die betroffene Person hat das Recht, von dem Verantwortlichen unverzüglich die **Berichtigung** sie betreffender **unrichtiger personenbezogener Daten** zu verlangen.
Art. 17 DSGVO	**Recht auf Löschung („Recht auf Vergessenwerden")**	Die betroffene Person hat das Recht, dass ihre personenbezogenen **Daten unverzüglich gelöscht** werden, z. B. wenn sie für die Zwecke, für die sie erhoben oder verarbeitet wurden, **nicht mehr notwendig** sind; ebenso wenn sie **unrechtmäßig verarbeitet** wurden oder die betroffene Person ihre **Einwilligung widerruft** oder **Widerspruch** gegen die Verarbeitung einlegt.
Art. 21 DSGVO	**Widerspruchsrecht**	Die betroffene Person hat z. B. das Recht, jederzeit Widerspruch gegen die Verarbeitung sie betreffender personenbezogener Daten zum Zwecke von **Direktwerbung** einzulegen; dies gilt auch für das **Profiling**[1], soweit es mit solcher Direktwerbung in Verbindung steht.
Art. 82 DSGVO	**Haftung und Recht auf Schadenersatz**	Entsteht der betroffenen Person wegen eines Verstoßes gegen die Datenschutzbestimmungen ein **materieller oder immaterieller Schaden,** so hat sie Anspruch auf Schadenersatz gegen den Verantwortlichen oder gegen den Auftragsverarbeiter.

---

[1] Der Ausdruck „Profiling" bezeichnet jede Art der automatisierten Verarbeitung personenbezogener Daten, die darin besteht, dass diese personenbezogenen Daten verwendet werden, um bestimmte persönliche Aspekte, die sich auf eine natürliche Person beziehen, zu bewerten, insbesondere um Aspekte bezüglich Arbeitsleistung, wirtschaftlicher Lage, Gesundheit, persönlicher Vorlieben, Interessen, Zuverlässigkeit, Verhalten, Aufenthaltsort oder Ortswechsel dieser natürlichen Person zu analysieren oder vorherzusagen (vgl. Art. 4 (4) DSGVO).

LERNFELD 8

5.3 Personaleinsatz

Im Rahmen des Personaleinsatzes müssen die **Dauer, Lage** und **Verteilung der Arbeitszeit** festgelegt werden. Diese sind abhängig von den wirtschaftlichen Erfordernissen in Unternehmen (z. B. Optimierung der Betriebsabläufe, Bedürfnisse der Kunden), von der Branche und Größe. Weiterhin sind die Bedürfnisse der Mitarbeiter nach Vereinbarkeit von Familie und Beruf, nach Gesundheit und Sicherheit am Arbeitsplatz zu berücksichtigen.

Unter Abwägung dieser Erfordernisse können sich Unternehmen für unterschiedliche **Arbeitszeitmodelle** entscheiden. Dabei sind die rechtlichen Vorgaben des Arbeitsschutzes und des Arbeitszeitgesetzes zu berücksichtigen.

5.3.1 Arbeitszeitmodelle

Aufgrund personalpolitischer Leitlinien oder betrieblicher Notwendigkeiten (z. B. Produktionsabläufe, Öffnungszeiten) sind in vielen Unternehmen feste/fixe Arbeitszeiten üblich. Die tägliche Arbeitszeit beginnt und endet zu jeweils vorher festgelegten Zeiten, häufig sind auch die Pausenzeiten vorgegeben.

Beispiel

In der Reif KG sind folgende Arbeitszeiten für die Werkstatt vorgegeben:

Montag bis Freitag: 09:00 Uhr bis 17:00 Uhr,
Pausen: 11:00 Uhr bis 11:15 Uhr und 14:00 Uhr bis 14:45 Uhr;

Samstag: 09:00 Uhr bis 14:30 Uhr,
Pause: 11:30 Uhr bis 12:00 Uhr.

Arbeitnehmer können sich auf den täglich gleichbleibenden Rhythmus einstellen und die Organisation des Tagesablaufes einschließlich der familiären Erfordernisse und Freizeitaktivitäten verlässlich planen. Allerdings lässt sich nicht immer ein Gleichgewicht zwischen den Vorgaben durch die betrieblichen Arbeitszeiten und den Anforderungen bzw. Bedürfnissen des Privatlebens herstellen.

Immer mehr Unternehmen reagieren darauf, indem sie **flexible Arbeitszeitmodelle** anbieten, die auch aus betrieblicher Sicht zu einem effizienten Personaleinsatz führen. Wirtschaftliche Not-wendigkeiten (z. B. Auftragsschwankungen, Schnelligkeit der Auftragsabwicklung, Kundenorientierung, Kommunikation mit internationalen Geschäftspartnern) erfordern mitunter flexible Arbeitszeiten. Außerdem sind mitarbeiterfreundliche Arbeitszeitmodelle ein wichtiger Faktor für die Motivation von Mitarbeitern und bei der Rekrutierung von Fachkräften.

In der folgenden Tabelle werden ausgewählte Arbeitszeitmodelle dargestellt:

Arbeitszeitmodelle	
Bezeichnung	**Organisation der Arbeitszeit**
Gleitzeit/ gleitende Arbeitszeit	Während einer Kernarbeitszeit (z. B. von 10:00 Uhr bis 16:00 Uhr) besteht Anwesenheitspflicht; Beginn und Ende der täglichen Arbeitszeit wird von den Mitarbeitern im Rahmen einer vorgegebenen Zeitspanne selbst bestimmt. Die gleitende Arbeitszeit kann mit oder ohne Zeitausgleich organisiert werden. Ist Zeitausgleich vorgesehen, können Minus- bzw. Plusstunden übertragen werden (z. B. auf den Folgemonat).
Teilzeitarbeit	Bei Teilzeitarbeit ist die Wochenarbeitszeit eines Arbeitnehmers kürzer als die eines vergleichbaren vollzeitbeschäftigten Arbeitnehmers. Die Arbeitszeit kann fest vereinbart oder flexibel dem Arbeitsbedarf angepasst werden (vgl. auch Kapitel 4.2.2.).
Vertrauens-arbeitszeit	Bei diesem Arbeitszeitmodell entfallen feste Anwesenheitspflichten. Der Arbeitgeber setzt ein hohes Vertrauen in die Leistungsbereitschaft des Mitarbeiters und gewissenhafte Erledigung der Arbeitsaufgabe. Das Modell eignet sich besonders für Projekte, die eigenverantwortlich von Mitarbeitern wahrgenommen werden.
Schichtarbeit einschließlich Nachtarbeit	Arbeitsprozesse führen häufig zu Betriebs- und Öffnungszeiten, die die Tagesarbeitszeit von Mitarbeitern überschreiten (z. B. in der Stahlindustrie, in Krankenhäusern, bei Ladengeschäften). Dann erfordert das System die Verteilung der Arbeitszeit auf mehrere Schichten (Zweischicht- oder Dreischichtbetrieb). I. d. R. müssen die Mitarbeiter sich dabei auf einen Schichtwechsel einstellen (z. B. Früh-, Spät- und Nachtschicht).
Minijob	Minijobs üben geringfügig Beschäftigte aus, deren monatliches Arbeitsentgelt regelmäßig 450,00 EUR pro Monat nicht übersteigt **(450-Euro-Minijob)** oder die im Laufe eines Kalenderjahres nicht mehr als drei Monate oder insgesamt 70 Arbeitstage arbeiten **(kurzfristiger Minijob)**.
Job-Sharing	Der Arbeitsplatz wird auf zwei **(Job-Sharing)** oder mehrere **(Job-Splitting)** Personen aufgeteilt. Aufgabenteilung und Organisation wird i. d. R. von den Mitarbeitern selbst übernommen, ggf. aber auch vom Unternehmen vorgegeben.
Arbeitszeit-konten	Bei Arbeitszeitkonten besteht grundsätzlich die Möglichkeit des Aufbaus und Abbaus von Arbeitszeit nach individuellen Vorgaben bzw. Vereinbarungen in den Unternehmen. Dabei werden i. d. R. Höchstarbeitszeiten (z. B. Woche, Quartal) und Höchstgrenzen für die Kontenstände vorgegeben. Als **Langzeitarbeitskonten** sind sie geeignet, Arbeitszeit für die Inanspruchnahme von Kinderpausen oder Sabbaticals anzusparen bzw. als **Lebensarbeitszeitkonten** einen gleitenden Übergang in die Rente/Pensionierung zu ermöglichen.

©DOC RABE Media-fotolia.com

©StockWERK-fotolia.com

LERNFELD 8

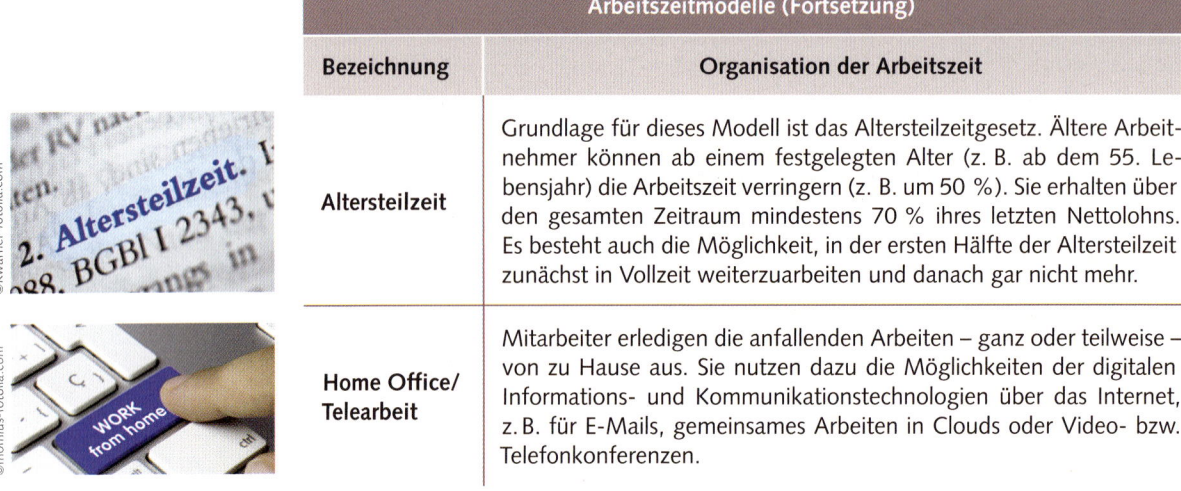

Arbeitszeitmodelle (Fortsetzung)	
Bezeichnung	**Organisation der Arbeitszeit**
Altersteilzeit	Grundlage für dieses Modell ist das Altersteilzeitgesetz. Ältere Arbeitnehmer können ab einem festgelegten Alter (z. B. ab dem 55. Lebensjahr) die Arbeitszeit verringern (z. B. um 50 %). Sie erhalten über den gesamten Zeitraum mindestens 70 % ihres letzten Nettolohns. Es besteht auch die Möglichkeit, in der ersten Hälfte der Altersteilzeit zunächst in Vollzeit weiterzuarbeiten und danach gar nicht mehr.
Home Office/ Telearbeit	Mitarbeiter erledigen die anfallenden Arbeiten – ganz oder teilweise – von zu Hause aus. Sie nutzen dazu die Möglichkeiten der digitalen Informations- und Kommunikationstechnologien über das Internet, z. B. für E-Mails, gemeinsames Arbeiten in Clouds oder Video- bzw. Telefonkonferenzen.

©Kwarner-fotolia.com

©momius-fotolia.com

Das Für und Wider von Homeoffice
Vor-/Nachteile für die Befragten am Arbeiten von Zuhause (in %)

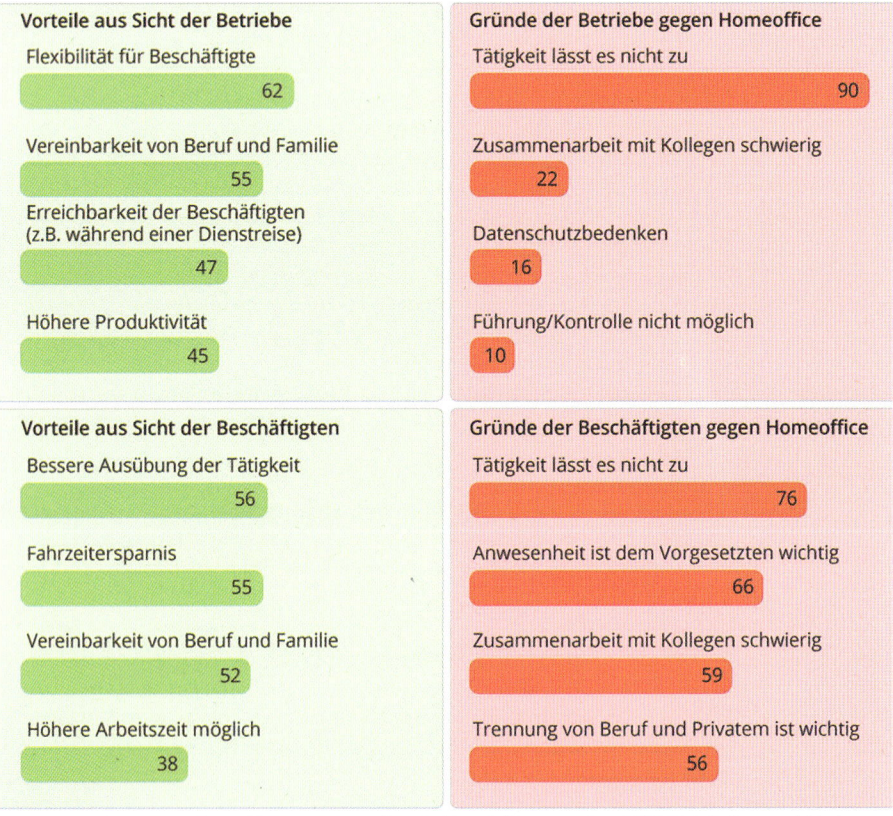

Vorteile aus Sicht der Betriebe

Flexibilität für Beschäftigte — 62

Vereinbarkeit von Beruf und Familie — 55

Erreichbarkeit der Beschäftigten (z.B. während einer Dienstreise) — 47

Höhere Produktivität — 45

Gründe der Betriebe gegen Homeoffice

Tätigkeit lässt es nicht zu — 90

Zusammenarbeit mit Kollegen schwierig — 22

Datenschutzbedenken — 16

Führung/Kontrolle nicht möglich — 10

Vorteile aus Sicht der Beschäftigten

Bessere Ausübung der Tätigkeit — 56

Fahrzeitersparnis — 55

Vereinbarkeit von Beruf und Familie — 52

Höhere Arbeitszeit möglich — 38

Gründe der Beschäftigten gegen Homeoffice

Tätigkeit lässt es nicht zu — 76

Anwesenheit ist dem Vorgesetzten wichtig — 66

Zusammenarbeit mit Kollegen schwierig — 59

Trennung von Beruf und Privatem ist wichtig — 56

Basis: Vorteile - IAB-Betriebspanel 2018 (n=5.196) und Beschäftigtenbefragung 2015 (n=1.327); Gründe dagegen - Linked Personnel Pannel-Betriebsbefragung 2016 (n=513) und -Beschäftigtenbefragung 2017 (n=4.830)

@Statista_com   Quelle: IAB

LERNFELD 8

Gesellschaftliche Entwicklungen und betriebliche Erfordernisse lassen erwarten, dass in Zukunft der **Trend** weg vom Arbeitstag mit starren Arbeitszeiten zugunsten der flexibleren Arbeitszeitmodelle weiter zunimmt.

5.3.2 Berücksichtigung wichtiger Rechtsregelungen beim Personaleinsatz

Bei der Gestaltung des Personaleinsatzes sind eine Reihe von Rechtsregelungen zum Schutz der Arbeitnehmer zu berücksichtigen. Dazu zählen insbesondere das Arbeitszeitgesetz, das Bundesurlaubsgesetz, das Schwerbehindertenrecht und das Mutterschutzgesetz.

■ Arbeitszeitgesetz

Das Arbeitszeitgesetz (ArbZG) dient der **Sicherheit** und dem **Gesundheitsschutz** der Arbeitnehmer. Es regelt insbesondere die Höchstdauer der zulässigen täglichen Arbeitszeit, die Länge und Zeitabschnitte von Ruhepausen und die Ruhezeit nach Beendigung der täglichen Arbeitszeit.

Hinsichtlich der Nacht- und Schichtarbeit bestimmt das Gesetz, dass die Arbeitszeit nach den gesicherten arbeitswissenschaftlichen Erkenntnissen über die menschengerechte Gestaltung der Arbeit festzulegen ist.

Tipp

Nähere Informationen zum Arbeitszeitgesetz finden Sie auch im Lernfeld 1, Teilkapitel 1.4.

LERNFELD 8

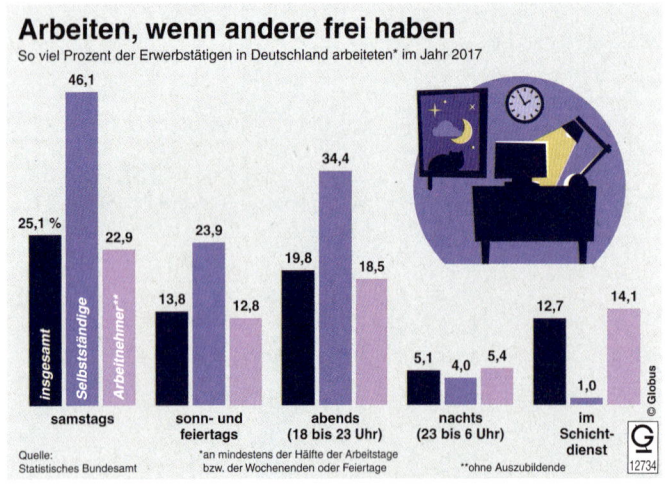

Arbeiten, wenn andere frei haben

So viel Prozent der Erwerbstätigen in Deutschland arbeiteten* im Jahr 2017

samstags: insgesamt 25,1 %, Selbstständige 46,1, Arbeitnehmer** 22,9

sonn- und feiertags: 13,8, 23,9, 12,8

abends (18 bis 23 Uhr): 19,8, 34,4, 18,5

nachts (23 bis 6 Uhr): 5,1, 4,0, 5,4

im Schichtdienst: 12,7, 1,0, 14,1

Quelle: Statistisches Bundesamt
*an mindestens der Hälfte der Arbeitstage bzw. der Wochenenden oder Feiertage
**ohne Auszubildende
© Globus 12734

§§§

Arbeitszeitgesetz

§ 6 Nacht- und Schichtarbeit (Auszug)

(3) Nachtarbeitnehmer sind berechtigt, sich vor Beginn der Beschäftigung und danach in regelmäßigen Zeitabständen von nicht weniger als drei Jahren arbeitsmedizinisch untersuchen zu lassen. Nach Vollendung des 50. Lebensjahres steht Nachtarbeitnehmern dieses Recht in Zeitabständen von einem Jahr zu. (...)

(4) Der Arbeitgeber hat den Nachtarbeitnehmer auf dessen Verlangen auf einen für ihn geeigneten Tagesarbeitsplatz umzusetzen, wenn

a) nach arbeitsmedizinischer Feststellung die weitere Verrichtung von Nachtarbeit den Arbeitnehmer in seiner Gesundheit gefährdet (…),

sofern dem nicht dringende betriebliche Erfordernisse entgegenstehen. Stehen der Umsetzung des Nachtarbeitnehmers auf einen für ihn geeigneten Tagesarbeitsplatz nach Auffassung des Arbeitgebers dringende betriebliche Erfordernisse entgegen, so ist der Betriebs- oder Personalrat zu hören. Der Betriebs- oder Personalrat kann dem Arbeitgeber Vorschläge für eine Umsetzung unterbreiten.

Arbeitszeiten sind i. d. R. auch in **Tarifverträgen** und **Arbeitsverträgen** geregelt. In diesen Fällen ist jeweils das Günstigkeitsprinzip zu beachten.

Die Bestimmungen zu Arbeitszeiten für Jugendliche sind dem **Jugendarbeitsschutzgesetz** (JArbSchG) zu entnehmen (vgl. Lernfeld 1, Teilkapitel 1.4).

■ Bundesurlaubsgesetz

©Gina-Sanders-fotolia.com

Das **Bundesurlaubsgesetz** (BUrlG) regelt den Anspruch von Arbeitnehmern auf bezahlten Jahresurlaub, den Umfang und die Bedingungen, unter denen der Urlaub zu gewähren ist. Bei der Festlegung des Urlaubs sind die zeitlichen Wünsche der Arbeitnehmer unter Berücksichtigung sozialer Gesichtspunkte und betrieblicher Belange zu berücksichtigen.

Beispiel

In der Reif KG werden die Urlaubswünsche der Mitarbeiter zu Beginn des Kalenderjahres gesammelt. Mitarbeiter mit schulpflichtigen Kindern erhalten ihren Urlaub bevorzugt in den Schulferien. Die Erfüllung weiterer Wünsche ist auch abhängig von der Dauer der Betriebszugehörigkeit. Es werden innerhalb des gleichen Zeitraums immer nur so viele Urlaubsanträge genehmigt, dass ein störungsfreier Betriebsablauf gewährleistet ist.

§§§

Bundesurlaubsgesetz

§ 3 Dauer des Urlaubs

(1) Der Urlaub beträgt jährlich mindestens 24 Werktage.

(2) Als Werktage gelten alle Kalendertage, die nicht Sonn- oder gesetzliche Feiertage sind.

§ 4 Wartezeit

Der volle Urlaubsanspruch wird erstmalig nach sechsmonatigem Bestehen des Arbeitsverhältnisses erworben.

§ 9 Erkrankung während des Urlaubs

Erkrankt ein Arbeitnehmer während des Urlaubs, so werden die durch ärztliches Zeugnis nachgewiesenen Tage der Arbeitsunfähigkeit auf den Jahresurlaub nicht angerechnet.

Das Arbeitsjahr 2020
Von den 366 Tagen des Jahres sind

Samstage **52**

Sonntage **52**

Arbeitstage **210,6**

Urlaubstage **30,9**

Krankheitstage **11,0***

Feiertage **9,5**

13563 © Globus

*Prognose
Durchschnitt für Deutschland
Quelle: Institut für Arbeitsmarkt- und Berufsforschung

Tipp

Jede Woche hat **6 Werk**tage (Montag - Samstag). Der gesetzliche Mindesturlaub von **24 Werk**tagen entspricht also einem Recht auf **4 Wochen** Urlaub.

Bei einer Arbeitswoche mit **5 Arbeits**tagen ist der gesetzliche Mindesturlaub von 4 Wochen entsprechend bei **20 Arbeits**tagen Urlaub erfüllt.

§ 616 BGB

Ein gesetzlicher Urlaubsanspruch steht Arbeitnehmern auch in besonderen Fällen zu. Das BGB nennt allerdings keine konkreten Anlässe. Nach der allgemeinen Rechtsprechung besteht ein Anspruch z. B. bei Tod naher Angehöriger, Hochzeit (eigene oder die der Kinder), Goldene Hochzeit von Eltern, Geburt, Umzug, Erkrankung eines Kindes. Dieser **Sonderurlaub** wird **vollständig bezahlt** und nicht auf den Jahresurlaub angerechnet, wenn er für eine „verhältnismäßig nicht erhebliche Zeit" in Anspruch genommen wird. Darüber hinaus besteht bei einer längerfristigen Erkrankung eines Kindes auch ein **unbezahlter Freistellungsanspruch.**

Beispiel

Ein Mitarbeiter im Verkauf der Reif KG beantragt frühzeitig einen Tag Sonderurlaub für die Goldene Hochzeit seiner Eltern. Die Hochzeit wird an einem Samstag veranstaltet, an dem die Reif KG wie üblich geöffnet hat.

Nach allgemeiner Rechtsprechung ist der Arbeitgeber verpflichtet, den Sonderurlaub bei voller Bezahlung zu gewähren.

Urlaub soll dem Arbeitnehmer frei verfügbare Zeit gewähren. Wird er während seines Urlaubs krank, und weist er dies durch ein ärztliches Attest nach, zählen die **attestierten Krankheitstage** nicht als Urlaubstage.

LERNFELD 8

§§ 3 ff. MuSchG

■ Mutterschutzgesetz

©Contrastwerkstatt-fotolia.com

Das **Mutterschutzgesetz** (MuSchG) dient dem Schutz der Mutter und ihres Kindes vor und einige Zeit nach der Geburt. Dazu ist es erforderlich, dass werdende Mütter unmittelbar nach Bekanntwerden der Schwangerschaft diese und den voraussichtlichen Termin der Entbindung dem Arbeitgeber mitteilen. Mit Kenntnis der Schwangerschaft entstehen für den Arbeitgeber bestimmte Pflichten. Er hat das Gewerbeaufsichtsamt bzw. den staatlichen Arbeitsschutz zu informieren, die die Einhaltung der Mutterschutzvorgaben sicherstellen. Dazu gehört auch, den Arbeitsplatz auf mögliche Gefährdungen zu untersuchen und gegebenenfalls eine Umgestaltung vorzunehmen.

Die konkreten Regelungen des Mutterschutzgesetzes beziehen sich u. a. auf:

→ grundsätzliche **Gefährdungen, Überforderungen und gesundheitliche Beeinträchtigungen** am Arbeitsplatz (§§ 9 - 15 MuSchG): Vorkehrungen zum Schutz von Leben und Gesundheit, keine schweren körperlichen Arbeiten;

Merke

Während eines Beschäftigungsverbots entstehen weiterhin Urlaubsansprüche, die zu einem späteren Zeitpunkt beantragt werden können.

→ **allgemeines Beschäftigungsverbot vor und nach der Entbindung** (§ 3 MuSchG)**:** keine Beschäftigung in den **letzten 6 Wochen vor der Entbindung** (Ausnahme möglich); keine Beschäftigung bis **8 Wochen nach der Entbindung** (zwingend);

→ **Beschäftigungsverbote für werdende Mütter** (§§ 4 - 6 MuSchG): grundsätzlich keine Akkord- und Fließbandarbeit, Mehrarbeit, Nacht- und Sonntagsarbeit;

©Contrastwerkstatt-fotolia.com

→ **Mutterschaftsleistungen** (§§ 18 - 25 MuSchG): Arbeitsentgelt bei Beschäftigungsverboten, Mutterschaftsgeld, Zuschuss des Arbeitgebers zum Mutterschaftsgeld;

→ **Kündigungsschutz** (§ 17 MuSchG): Kündigungsverbot während der Schwangerschaft und bis zum Ablauf von vier Monaten nach der Entbindung (Ausnahmen sind zu beachten!).

Tipp

Möchten Eltern nach der Geburt ganz oder teilweise auf ihre Erwerbstätigkeit verzichten, können sie zur Unterstützung unter bestimmten Bedingungen für einen gewissen Zeitraum **Elterngeld** beantragen: **Basiselterngeld** bis zu 14 Monate, **ElterngeldPlus** doppelt so lange in maximal halber Höhe.

■ Schwerbehindertenrecht

Rechtsgrundlage für das **Schwerbehindertenrecht** ist das **Sozialgesetzbuch** (SGB) mit Regelungen, die die Rechte von Schwerbehinderten betreffen.

Tipp

Grad wird häufig fälschlicherweise als Prozent bezeichnet.

Schwerbehindert ist eine Person, wenn ihr auf Antrag ein Grad der Behinderung (GdB) von der zuständigen Behörde (i. d. R. Versorgungsämter) aufgrund von Erkrankungen mit Einschränkungen der körperlichen Funktionen, geistigen Fähigkeiten oder psychischen Beeinträchtigungen zugewiesen wurde.

Schwerbehindert sind Menschen im Sinne des Gesetzes, wenn ein Grad der Behinderung von mindestens 50 vorliegt und ein Schwerbehindertenausweis ausgehändigt wurde.

Das Sozialgesetzbuch **verpflichtet** private und öffentliche Arbeitgeber mit mindestens 20 Arbeitsplätzen, **wenigstens 5 % der Arbeitsplätze mit schwerbehinderten Menschen zu besetzen.** Für jeden unbesetzten Pflichtarbeitsplatz ist eine **Ausgleichsabgabe** zu zahlen.

Schwerbehinderte genießen einen **besonderen Schutz** im Arbeitsleben und haben Anspruch auf bestimmte Förderungen:

→ **Verpflichtung der Arbeitgeber zur Zusammenarbeit mit der Bundesagentur für Arbeit und den Integrationsämtern:**

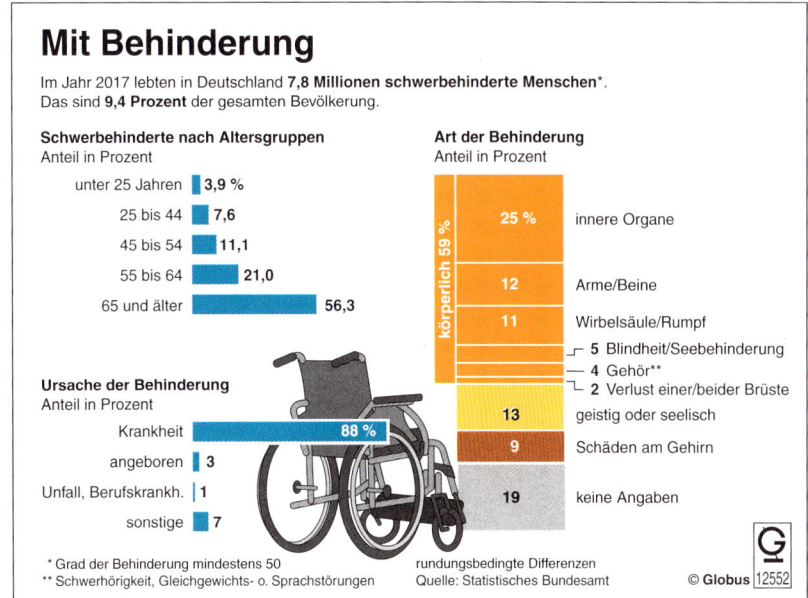

Mit Behinderung

Im Jahr 2017 lebten in Deutschland **7,8 Millionen schwerbehinderte Menschen***. Das sind **9,4 Prozent** der gesamten Bevölkerung.

Schwerbehinderte nach Altersgruppen
Anteil in Prozent

unter 25 Jahren	3,9 %
25 bis 44	7,6
45 bis 54	11,1
55 bis 64	21,0
65 und älter	56,3

Art der Behinderung
Anteil in Prozent

körperlich 59 %
25 %	innere Organe
12	Arme/Beine
11	Wirbelsäule/Rumpf
5	Blindheit/Seebehinderung
4	Gehör**
2	Verlust einer/beider Brüste
13	geistig oder seelisch
9	Schäden am Gehirn
19	keine Angaben

Ursache der Behinderung
Anteil in Prozent

Krankheit	88 %
angeboren	3
Unfall, Berufskrankh.	1
sonstige	7

* Grad der Behinderung mindestens 50
** Schwerhörigkeit, Gleichgewichts- o. Sprachstörungen

rundungsbedingte Differenzen
Quelle: Statistisches Bundesamt

© Globus 12552

Erteilung von Auskünften, die zur Durchführung der besonderen Regelungen zur Teilhabe schwerbehinderter Menschen am Arbeitsleben notwendig sind;

§§ 80 ff. SGB IX

→ **keine Benachteiligung Schwerbehinderter wegen der Behinderung:**
z. B. Anspruch auf Beschäftigung nach den vorhandenen Fähigkeiten und Kenntnissen;

→ **bevorzugte Berücksichtigung bei innerbetrieblichen Maßnahmen:**
z. B. berufliche Bildung zur Förderung des beruflichen Fortkommens;

→ **Erleichterungen im zumutbaren Umfang:**
z. B. zur Teilnahme an außerbetrieblichen Maßnahmen der beruflichen Bildung;

→ **behinderungsgerechte Einrichtung und Unterhaltung der Arbeitsstätten:**
z. B. Gestaltung der Arbeitszeit und der Arbeitsplätze, des Arbeitsumfeldes, der Arbeitsorganisation unter besonderer Berücksichtigung der Unfallgefahr;

→ **Ausstattung des Arbeitsplatzes:**
z. B. erforderliche technischen Arbeitshilfen.

§§ 85 ff. SGB IX

Schwerbehinderte Arbeitnehmer genießen darüber hinaus einen **besonderen Kündigungsschutz** ab sechs Monaten Beschäftigungsdauer. Die Kündigung des Arbeitgebers bedarf der vorherigen Zustimmung des Integrationsrates, der nach Stellungnahmen des Betriebsrates bzw. des Personalrates und der Schwerbehindertenvertretung sowie der Beteiligten auf eine gütliche Einigung hinwirkt.

§ 125 SGB IX

Weiterhin haben Schwerbehinderte Anspruch auf einen bezahlten **zusätzlichen Urlaub von fünf Tagen.**

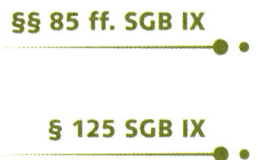

LERNFELD 8

5.3.3 Personaleinsatzplanung

©Jürgen Hüls-fotolia.com

Die konkrete **Personaleinsatzplanung** hat die Aufgabe, die vorhandenen Mitarbeiter auf die verschiedenen Arbeitsplätze zu verteilen. Dabei gilt – im Unterschied zur Personalbedarfsplanung – ein eher kurzfristiger Zeithorizont (z. B. täglich, wöchentlich, monatlich). Allerdings müssen auch längerfristige Perspektiven einbezogen werden (z. B. Jahresurlaub). Zu berücksichtigen sind dabei die **quantitativen, qualitativen, zeitlichen** und **örtlichen** Erfordernisse des Betriebes sowie unter Umständen die Interessen der Mitarbeiter.

Ziel der Personaleinsatzplanung ist eine wirtschaftliche Optimierung,

→ die einerseits die geplante **Leistungserstellung** (z. B. Verkaufs- bzw. Auftragsplanung) durch geeigneten Personaleinsatz gewährleistet;

→ die andererseits eine möglichst **effiziente Auslastung** der Mitarbeiter und Betriebsmittel sicherstellt (z. B. keine Unterauslastung und keine Überauslastung).

Die Personaleinsatzplanung setzt eine **Einschätzung der Einsatzerfordernisse** für den entsprechenden Zeitraum voraus.

Diese Einschätzung wird sich an **externen Kriterien** orientieren wie z. B. **erwartete Auftragslage, Umsätze** und **Kundenfrequenz.**

Intern sind u. a. Erfahrungswerte zum **Krankenstand** und die **Urlaubsplanung** zu berücksichtigen. **Wochentag** und **Uhrzeit** spielen bei der Planung des Personaleinsatzes häufig eine Rolle, z. B., wenn auf Schwankungen im Umsatz oder Berufsschulzeiten Rücksicht genommen werden muss.

In einem Personaleinsatzplan erfolgt eine namentliche Zuordnung von Mitarbeitern mit Zeitangaben. Dabei sind **Pausezeiten,** planbare **Abwesenheitszeiten** (z. B. Berufsschulzeiten), **rechtliche Regelungen** (z. B. zu Überstunden und Freizeitausgleich) und gegebenenfalls Wünsche von Mitarbeitern (z. B. für Kinderbetreuung) zu berücksichtigen.

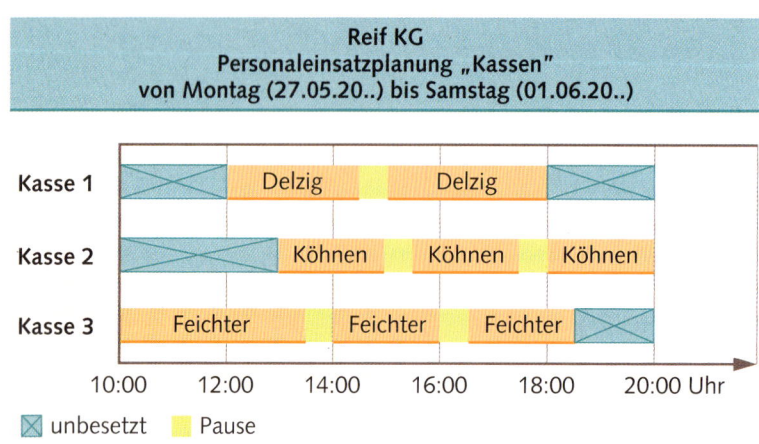

Flexible Arbeitszeitmodelle unterstützen die Personaleinsatzplanung bei schwankendem Personalbedarf.

Viele Unternehmen nutzen im Rahmen der Personaleinsatzplanung eine für die betrieblichen Abläufe geeignete Software zur Erstellung, Darstellung und Auswertung von Einsatzplänen.

Als Instrument zur Darstellung eines Personaleinsatzplans eignet sich z. B. ein Balkendiagramm.

LERNFELD 8

5.3.4 Personalstatistiken

Personalstatistiken sind als Informationsgrundlage geeignet, Durchführung und Kontrolle von Maßnahmen zur Personalbetreuung und Personaleinsatzplanung sowie grundlegende Entscheidungen der Unternehmensleitung zur Personalsteuerung zu unterstützen **(Personalcontrolling).** Sie bieten wertvolle Erkenntnisse für Planungen im Personalbereich zur Erreichung der wirtschaftlichen Ziele (z. B. Senkung der Personalkosten).

©ty-fotolia.com

Personalstatistiken können sich auf unterschiedliche Zeiträume beziehen (z. B. Monat, Quartal, Jahr), auf Dauer angelegt sein oder für bestimmte Anlässe erstellt werden. Sie dienen

→ der **Analyse innerbetrieblicher Entwicklungen**
(z. B. Zeitvergleich, Abteilungsvergleich, Vergleich mit Planwerten) und

→ dem **Vergleich mit externen Daten,** z. B. der Branche.

Qualitative Größen (z. B. Mitarbeiterzufriedenheit), die i. d. R. schwierig zu erheben sind, und eine Vielzahl **quantitativer Faktoren** (z. B. Fehlzeiten, Personalkosten) sind bevorzugter Gegenstand von Personalstatistiken.

Dazu zählen z. B. die Personalstrukturstatistik, Fehlzeitenstatistik, Krankheitsstatistik, Fluktuationsstatistik, Personalkostenstatistik, Lohn- und Gehaltsstatistik u. a. m.

→ Die **Personalstrukturstatistik** informiert über die Zusammensetzung der Belegschaft nach unterschiedlichen Merkmalen, z. B. Alter, Geschlecht, Familienstand, Dauer der Betriebszugehörigkeit, Qualifikationen (z. B. schulische und berufliche Vorbildung), Teilzeit-/Vollzeitbeschäftigung, Stellung im Unternehmen.

→ Die **Fehlzeitenstatistik** gibt Auskunft über die Fehlzeiten (z. B. durch Krankheit, Sonderurlaub, Fortbildungen) im Verhältnis zur Soll-Arbeitszeit.

→ Die **Krankheitsstatistik** erhebt die Anzahl der erkrankten Mitarbeiter im Verhältnis zur Gesamtzahl der Mitarbeiter für einen bestimmten Zeitraum und/oder bestimmte Abteilungen.

→ Die **Fluktuationsstatistik** stellt fest, wie viel Austritte durch Kündigung, Eintritt ins Rentenalter und sonstige Gründe im betrachteten Zeitraum im Verhältnis z. B. zur Mitarbeiteranzahl zu Beginn der Periode zu verzeichnen sind.

Beispiel: Personalstrukturstatistik		
Merkmal	**gesamt**	**in Prozent**
Beschäftigte (gesamt)	**34**	**100,0**
Männer	18	52,9
Frauen	16	47,1
Vollzeit	20	58,8
Teilzeit	8	23,5
Auszubildende	6	17,7
Alter der Mitarbeiter		
bis 20 Jahre	5	14,7
21 – 30 Jahre	15	44,1
31 – 40 Jahre	6	17,7
41 – 50 Jahre	4	11,8
51 – 60 Jahre	2	5,9
über 60 Jahre	2	5,9
Dauer der Betriebszugehörigkeit		
0 – 2 Jahre	8	23,5
3 – 5 Jahre	8	23,5
6 – 10 Jahre	12	35,3
11 – 15 Jahre	4	11,8
über 15 Jahre	2	5,9
Bildungsabschluss		
ohne Schulabschluss	2	5,9
mittlerer Schulabschluss	18	52,9
Fachhochschulreife	9	26,5
Allgemeine Hochschulreife	3	8,8
Fachhochschule/Hochschule	2	5,9

LERNFELD 8

©vege-fotolia.com

→ Die **Personalkostenstatistik** kann sich auf unterschiedliche kostenbezogene Bereiche beziehen, z. B. Personalkosten in Abteilungen, Unterscheidung nach Personalkostenarten wie tarifliche und freiwillige Leistungen, Aufwendungen für Ausbildung und Fortbildung, Personalkosten im Verhältnis zum Umsatz/Gewinn.

→ Die **Lohn- und Gehaltsstatistik** differenziert Aufwendungen z. B. für Arbeiter, Angestellte und Auszubildende, nach Vollzeit- und Teilzeitkräften, nach Abteilungen.

Zur Unterstützung bei der Erstellung von Personalstatistiken sind **Personalinformationssysteme** geeignet, die Vorlagen für die Erzeugung von aussagefähigen Ergebnissen und deren Darstellung liefern.

5.4 Zusammenfassung und Aufgaben

Zusammenfassung

Personaleinführung

Checkliste

Vorbereitungen: z. B. Stammbelegschaft informieren; ggf. Ansprechpartner (Mentor) einweisen, Unterlagen für den neuen Mitarbeiter zusammenstellen, Einarbeitungsplan festlegen, Arbeitsplatz vorbereiten

Einführung des Mitarbeiters: z. B. Begrüßung und Vorstellung, Betriebsführung, Erläuterung der Arbeitsorganisation, Arbeitsschutzbelehrung, Einweisung am Arbeitsplatz, Besprechung des Einarbeitungsplans, Konkretisierung anstehender Arbeitsaufträge

Personalpapiere und Personalakte

Personalpapiere

Vorlagepflicht für Arbeitnehmer: z. B. Rentenversicherungsunterlagen, Sozialversicherungsausweis, Mitgliedsbescheinigung einer Krankenkasse, Urlaubsbescheinigung, Arbeitserlaubnis ausländischer Arbeitnehmer, ausstehende Bewerbungsunterlagen, ggf. ärztliches Zeugnis, ggf. Schwerbehindertenausweis

Einstellungsunterlagen: z. B. Arbeitsvertrag, Betriebsordnung, Betriebs- bzw. Werksausweis, Informationsmaterial, Schlüssel bzw. PIN-Codes, Arbeitsmaterial, Werkzeuge

Personalakte und Personaldatenverwaltung

Unterlagen der Personalakte: z. B. Personalbogen/Personalstammblatt, Arbeitsvertrag, Korrespondenzen mit dem Mitarbeiter, Angaben zur Tätigkeit, Stellung im Betrieb und Beförderungen, Fortbildungen, Beurteilungen und Arbeitszeugnisse, Urlaubs- und Krankheitszeiten, Abmahnungen

Art der Personalakte: „klassisch" oder „elektronisch" (Vorteile bei Zugriff, Berechtigungsmanagement erforderlich)

Schutz personenbezogener Daten:

- Grundsätze nach DSGVO bzw. BDSG, z. B. Zweckbindung, Datensparsamkeit, Datenrichtigkeit, begrenzte Speicherfristen, Integrität und Vertraulichkeit

- Pflichten der Verantwortlichen, z. B. Transparenz, Information bei Erhebung

- Rechte der Betroffenen, z. B. Auskunft, Berichtigung, Löschung, Widerspruch, gegebenenfalls Schadenersatz

Personaleinsatz

Arbeitszeitmodelle

- **gleitendende Arbeitszeit:** Beginn und Ende der täglichen Arbeitszeit im Rahmen einer vorgegebenen Zeitspanne

- **Teilzeitarbeit:** kürzere Wochenarbeitszeit als bei einem vergleichbaren Vollzeitbeschäftigten

- **Vertrauensarbeitszeit:** keine festen Anwesenheitspflichten

- **Schichtarbeit:** Arbeitszeit in mehreren, ggf. wechselnden Schichten aufgrund von z. B. Betriebsabläufen

- **Minijob:** geringfügige Beschäftigung bis maximal 450,00 EUR/Monat oder für nicht mehr als drei Monate oder insgesamt 70 Arbeitstage/Kalenderjahr

- **Job-Sharing/Job Splitting:** Aufteilung eines Arbeitsplatzes auf zwei oder mehrere Personen

- **Arbeitszeitkonten:** Aufbau und Abbau von Arbeitszeit mit i. d. R. Höchstarbeitszeiten (ggf. Langzeitarbeitskonten)

- **Altersteilzeit:** Verringerung der Arbeitszeit ab einem festgelegten Alter bzw. Weiterarbeit in Vollzeit und früherer Einstieg in die Rente bei geringerer Entlohnung nach den Bedingungen des Altersteilzeitgesetzes

- **Home Office/Telearbeit:** Arbeitserledigung von zu Hause

Rechtsregelungen beim Personaleinsatz

- **Arbeitszeitgesetz:** Regelungen zur Arbeitszeit unter Berücksichtigung von Sicherheit und Gesundheitsschutz der Arbeitnehmer (z. B. Höchstdauer der täglichen Arbeitszeit)

- **Bundesurlaubsgesetz:** Regelungen zum Anspruch von Arbeitnehmern auf bezahlten Jahresurlaub (z. B. Mindestdauer des Jahresurlaubs)

- **Mutterschutzgesetz:** Regelungen zum Schutz der Mutter und ihres Kindes vor und nach der Geburt (z. B. Beschäftigungsverbote)

- **Schwerbehindertenrecht:** Regelungen zu Ansprüchen und zum Schutz von Schwerbehinderten im Arbeitsleben (z. B. Verpflichtung für Unternehmen zur Einstellung von Schwerbehinderten)

Personaleinsatzplanung und Personalstatistiken

Personaleinsatzplanung

- **Aufgabe:** Verteilung der Mitarbeiter auf die verschiedenen Arbeitsplätze

- **Einflussgrößen:** quantitative (z. B. Anzahl der vorhandenen Mitarbeiter) und qualitative (z. B. Qualifikationen) Voraussetzungen, wirtschaftliche Erfordernisse des Betriebes (z. B. Auftragsplanung, Unterauslastung bzw. Überauslastung), Interessen der Mitarbeiter (z. B. Urlaubswünsche)

- **Darstellung von Personaleinsatzplänen:** Diagramme (z. B. Balkendiagramm), Einsatz von Software

Personalstatistiken (Beispiele)

- **Personalstrukturstatistik:** Zusammensetzung der Belegschaft nach unterschiedlichen Merkmalen

- **Fehlzeitenstatistik:** Auskunft über individuelle Fehlzeiten

- **Krankheitsstatistik:** Anzahl der erkrankten Mitarbeiter im Verhältnis zur Gesamtzahl der Mitarbeiter

- **Fluktuationsstatistik:** Anzahl der Austritte im Verhältnis z. B. zur Mitarbeiteranzahl

- **Personalkostenstatistik:** Verhältnis von Personalkosten zu unterschiedlichen kostenbezogenen Bereichen

- **Lohn- und Gehaltsstatistik:** Unterteilung z. B. nach Aufwendungen für Arbeiter, Angestellte und Auszubildende; Vollzeit-/Teilzeitkräfte

Aufgaben

1. Prüfen Sie folgende Aussagen auf ihre Richtigkeit. Die Antwort ist jeweils zu begründen.

(1) Es ist empfehlenswert, neue Mitarbeiter mit einer gezielten Mitarbeitereinführung zu begrüßen.

(2) Mitarbeitern der Personalverwaltung ist die Verwaltung von Personalstammdaten nach geltendem Recht untersagt.

(3) Auf eine Urlaubsbescheinigung wird bei Einstellung eines Mitarbeiters i. d. R. verzichtet.

(4) Mitarbeiter haben grundsätzlich das Recht zur Einsichtnahme in die Personalakte und zur Entnahme von Dokumenten mit unrichtigen Angaben.

(5) Mit einem Berechtigungsmanagement kann ein unbefugter Zugriff auf eine Personalakte geschützt werden.

(6) Ein Mitarbeiter hat kein Recht zu erfahren, welche personenbezogenen Daten über ihn gespeichert sind.

(7) Bei gleitender Arbeitszeit können Minus- bzw. Plusstunden grundsätzlich verrechnet werden.

(8) Regelungen zur Altersteilzeit können frei vom Arbeitgeber und Arbeitnehmer ohne staatliche Einwirkung vereinbart werden.

(9) Das Arbeitszeitgesetz regelt die Höchstdauer der täglichen Arbeitszeit für jugendliche Auszubildende.

(10) Nach Bundesurlaubsgesetz beträgt die Mindesturlaubsdauer 24 Arbeitstage.

(11) Die konkrete Personaleinsatzplanung ist ausschließlich von der Auftragslage abhängig.

(12) Die Personalstrukturstatistik informiert über die Zusammensetzung der Belegschaft nach unterschiedlichen Merkmalen.

2. Zählen Sie die Ihnen bekannten Personalunterlagen auf und erklären Sie, welche Bedeutung der jeweiligen Unterlage zukommt.

3. Stellen Sie die Funktion der Personalakte dar. Geben Sie Vorteile einer elektronisch geführten Personalakte an.

4. Zeigen Sie auf, welche wesentlichen Regelungen hinsichtlich des Schutzes personenbezogener Daten nach der Datenschutz-Grundverordnung bzw. dem Bundesdatenschutzgesetz zu beachten sind.

5. Erklären Sie, was man unter dem Arbeitszeitmodell „Vertrauensarbeitszeit" versteht. Nehmen Sie Stellung zu den Chancen und Risiken dieses Modells.

6. Nennen Sie Möglichkeiten der Informations- und Kommunikationstechnologien bei der Durchführung von Telearbeit/Arbeit im Home-Office.

7. Geben Sie an, unter welchen Bedingungen ein Nachtarbeiter nach Arbeitszeitgesetz die Umsetzung auf einen Tagesarbeitsplatz verlangen kann.

8. Erklären Sie, inwiefern der gesetzliche Anspruch auf Mindesturlaub tatsächlich nur 20 Arbeitstage betragen kann.

9. Stellen Sie fest, ab welchem Zeitpunkt nach Mutterschutzgesetz dem Arbeitgeber Pflichten zum Schutz der Mutter und ihres Kindes entstehen.

10. Klären Sie, ob private Arbeitgeber verpflichtet sind, Schwerbehinderte einzustellen.

11. Zeigen Sie auf, welche Einflussgrößen bei der Personaleinsatzplanung zu berücksichtigen sind.

12. Erklären Sie, was man unter einer Fluktuationsstatistik versteht.

LERNFELD 8

6 Maßstäbe der Entlohnung beachten und Löhne und Gehälter abrechnen

Die Personalentlohnung umfasst alle Maßnahmen und Entscheidungen, die mit der Bereitstellung von finanziellen Leistungen des Unternehmens an die Mitarbeiter zusammenhängen. Dabei geht es insbesondere um eine möglichst **gerechte Lohnfindung**, um die **Art der Entgeltformen** sowie die Ermittlung der **Personalkosten** und deren Abrechnung im Rahmen der **Lohn- und Gehaltszahlungen.**

6.1 Lohngerechtigkeit

Mitarbeiter haben als Gegenwert für ihre Arbeitsleistung Anspruch auf eine möglichst gerechte Entlohnung für unterschiedliche Arbeitstätigkeiten. Was der Einzelne als angemessen empfindet, ist eine höchst subjektive Angelegenheit, bei der Aspekte wie z. B. **Schwierigkeitsgrad der Arbeit, erbrachte Leistung, Ausbildung** und **Familienstand** individuell bewertet werden.

Es stellt sich somit die Frage nach dem Verständnis von Lohngerechtigkeit. Da sich bisher objektiv überzeugende Beurteilungsmaßstäbe für eine absolute Lohngerechtigkeit nicht definieren lassen, versucht man über die Bildung von **Teilgerechtigkeiten (Ersatzgerechtigkeiten)** eine **relative Lohngerechtigkeit** herbeizuführen. Dabei zielen die meisten Teilgerechtigkeiten darauf ab, eine vom Sozialsystem Unternehmung akzeptierte **„unternehmensinterne" Entgelthierarchie** aufzubauen.

Als **Teilgerechtigkeiten** gelten:

→ **Anforderungsgerechtigkeit:** Sie berücksichtigt die unterschiedlichen Anforderungen bzw. Schwierigkeitsgrade der Arbeitsaufgaben (z. B. im Lager, im Verkauf, im Büro) unabhängig von der ausführenden Person. Im Rahmen von Arbeitsbewertungen (summarisches Verfahren oder analytisches Verfahren) wird die Arbeitsschwierigkeit gemessen.

Beispiel

Summarisches Verfahren:
Es bewertet die Arbeitsaufgabe als Ganzes und vergleicht sie mit Schwierigkeiten und Belastungen anderer Arbeitsaufgaben. So entsteht eine Rangfolge aller Arbeiten, die jeweils bestimmten Lohngruppen (z. B. Lohngruppenschema eines Tarifvertrages) zugeordnet werden.

Analytisches Verfahren:
Die Arbeitsaufgabe wird nach bestimmten Anforderungsarten (z. B. Fachkönnen, Anstrengung, Verantwortung, Arbeitsbedingungen) bewertet und jeweils mit Punktzahlen versehen. Die Summe der Punktzahlen gibt den Schwierigkeitsgrad an. Je höher die Punktzahl ist, desto höher ist die Vergütung für die Tätigkeit.

→ **Qualifikationsgerechtigkeit:** Sie berücksichtigt bei der Festlegung der Entgelthöhe die grundsätzliche Qualifikation des Arbeitnehmers.

→ **Leistungsgerechtigkeit:** Sie erfasst anhand von Leistungsbewertungen die quantitative und qualitative individuelle Leistung (z. B. Schnelligkeit, Zuverlässigkeit) des Arbeitnehmers. Das Verhältnis zwischen Normalleistung und tatsächlicher Leistung bestimmt den Leistungsgrad und wird in den Lohnformen (z. B. im Leistungslohn) berücksichtigt.

→ **Marktgerechtigkeit:** Sie orientiert sich an vergleichbaren Stellen auf dem Arbeitsmarkt.

→ **Sozialgerechtigkeit:** Sie bezieht die persönlichen Lebensumstände wie Familienstand, Alter, Kinder mit ein.

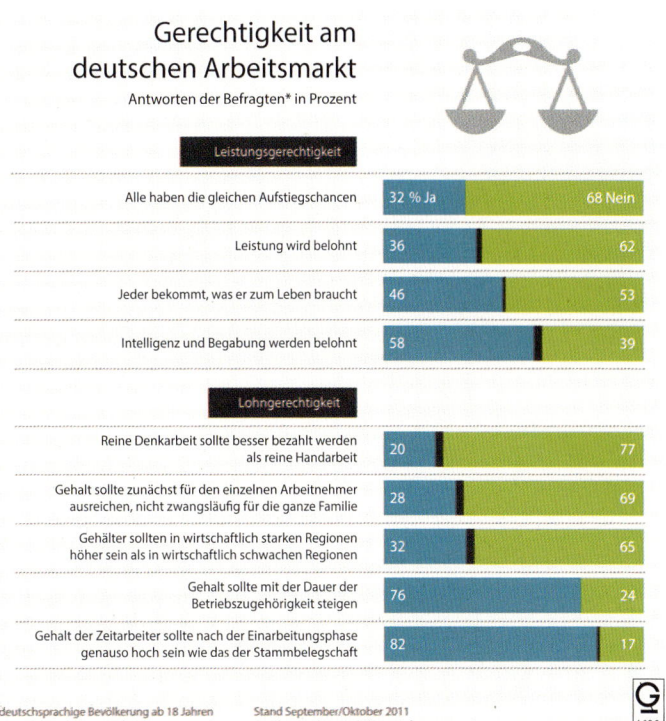

Gerechtigkeit am deutschen Arbeitsmarkt

Antworten der Befragten* in Prozent

Leistungsgerechtigkeit		
Alle haben die gleichen Aufstiegschancen	32 % Ja	68 Nein
Leistung wird belohnt	36	62
Jeder bekommt, was er zum Leben braucht	46	53
Intelligenz und Begabung werden belohnt	58	39

Lohngerechtigkeit		
Reine Denkarbeit sollte besser bezahlt werden als reine Handarbeit	20	77
Gehalt sollte zunächst für den einzelnen Arbeitnehmer ausreichen, nicht zwangsläufig für die ganze Familie	28	69
Gehälter sollten in wirtschaftlich starken Regionen höher sein als in wirtschaftlich schwachen Regionen	32	65
Gehalt sollte mit der Dauer der Betriebszugehörigkeit steigen	76	24
Gehalt der Zeitarbeiter sollte nach der Einarbeitungsphase genauso hoch sein wie das der Stammbelegschaft	82	17

*deutschsprachige Bevölkerung ab 18 Jahren an 100 Fehlende: k. A./weiß nicht

Stand September/Oktober 2011
Quelle: Bertelsmann Stiftung, infas

© Globus 4628

Unternehmen orientieren sich bei der Lohnfindung zwar u. a. an einer **Marktgerechtigkeit,** zahlen aber konkrete Entgelte auch unter Berücksichtigung **tariflicher Vorgaben** und oft abhängig von ihrer **Wirtschaftskraft.** In diesem Zusammenhang gewinnen Systeme, die die Mitarbeiter am Unternehmenserfolg beteiligen, zunehmend an Bedeutung.

©Felix Pergande-fotolia.com

6.2 Entgeltformen

Neben den **innerbetrieblichen Instrumenten** (z. B. Arbeitsbewertung, Leistungsbewertung) sorgen die **Rechtsgrundlagen** (Gesetze, Tarifverträge, Betriebsvereinbarungen) für eine verbindliche Regelung der Entlohnung mit Grundlöhnen, zu denen verschiedene tariflich vereinbarte oder auch freiwillige Zuschläge treten können.

In diesem Zusammenhang sind unterschiedliche Entlohnungs-/Entgeltformen definiert.

Merke

Der Begriff „Entlohnung" deutet noch auf die traditionelle/historische Unterscheidung von **Löhnen (für Arbeiter)** und **Gehältern (für Angestellte)** hin.

Im Arbeitsrecht ist diese Unterscheidung seit 2003 aufgehoben. Im Sinne der Gleichbehandlung von Arbeitern und Angestellten wird dort der Begriff **„Entgelt"** bzw. **„Arbeitsentgelt"** bevorzugt.

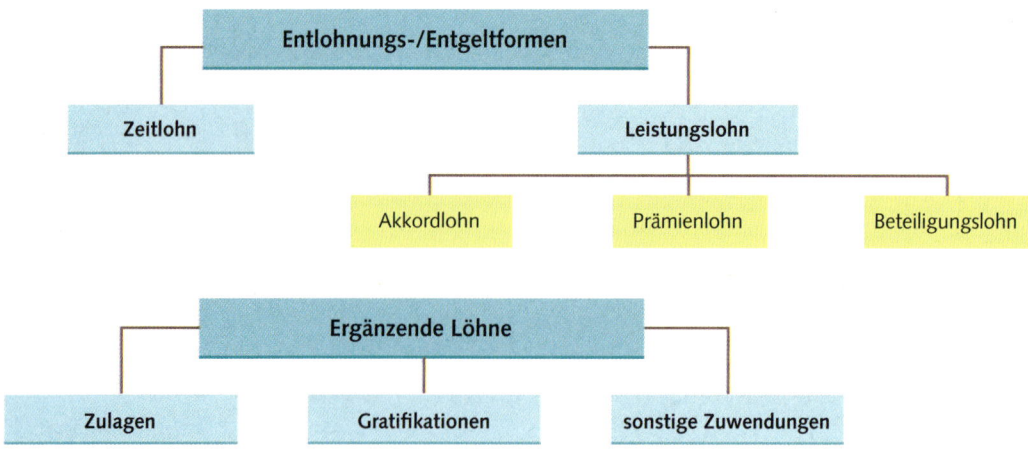

6.2.1 Zeitlohn

Beim **Zeitlohn** wird die Arbeit auf Basis der geleisteten Arbeitszeit vergütet (z. B. Stundenlohn, Monatslohn). Angestellte erhalten ein **Gehalt** (Sonderform des Zeitlohns), das in der Regel monatlich gleich hoch ausfällt.

Bei der Festlegung des Zeitlohns geht der Arbeitgeber von einer durchschnittlichen Leistung des Arbeitnehmers aus. Der Zeitlohn kann daher mit einer zusätzlichen **Leistungszulage** kombiniert sein. **Überstunden** muss der Arbeitgeber i. d. R. gesondert vergüten.

Der Zeitlohn findet vor allem **Anwendung,** wenn

©Kebox-fotolia.com

➔ eine quantitative Leistungsmessung nicht möglich bzw. sinnvoll ist (z. B. Leitungsaufgaben, Büroarbeit),

➔ die Arbeit quantitativ nicht beeinflussbar ist (z. B. Kontrollaufgaben, Maschinenbedienung),

➔ ein hoher Grad an Qualität und Genauigkeit gefordert ist (z. B. Präzisionsarbeiten),

➔ die Arbeit Kreativität und individuelle Gestaltungsfreiheit verlangt,

➔ erhöhte Aufmerksamkeit wegen Unfallgefahr notwendig ist.

Vorteile des Zeitlohns liegen für den Arbeitgeber insbesondere in dem **geringen Verwaltungsaufwand** und einer i. d. R. besseren **Qualität** der Arbeitsleistung aufgrund des fehlenden Zeitdrucks. Vorrangiger Vorteil aus Sicht des Arbeitnehmers ist das **feste, kalkulierbare Einkommen.**

Der entscheidende **Nachteil** beim Zeitlohn ist der **fehlende Anreiz,** eine überdurchschnittliche Leistung zu erbringen.

6.2.2 Leistungslohn

©Stefan Rajewski-fotolia.com

Im **Leistungslohn** ist das Leistungsprinzip deutlich stärker verankert durch den **unmittelbaren Leistungsanreiz** für den Arbeitnehmer, bei Steigerung der Arbeitsleistung mehr zu verdienen.

Von einer Steigerung der Arbeitsleistung profitiert aber auch das Unternehmen. Für das Unternehmen verändern sich bei Mehrleistung die variablen Kosten pro Stück grundsätzlich nicht. Eine Mehrleistung führt aber zu sinkenden Fixkosten pro Stück.

Die definitionsgemäß unabhängig von der produzierten Menge anfallenden Fixkosten werden auf mehr Produkte verteilt, die fixen Kosten pro Stück sinken entsprechend mit steigender Ausbringungsmenge **(Fixkostendegression)**. Wenn **bei steigender Produktionsmenge** die **variablen Kosten pro Stück gleich bleiben** und die **fixen Kosten pro Stück sinken,** heißt das: Die **Gesamtkosten pro Stück sinken** – es entsteht für das Unternehmen ein Vorteil und zwar in Form eines Kostenvorteils pro Stück.

Bei der Entscheidung für Leistungslohn ist jedoch darauf zu achten, dass ein **hohes Arbeitstempo** nicht zu **gesundheitlichen Beeinträchtigungen** des Arbeitnehmers führt. Auf Unternehmensseite besteht die Gefahr von **Qualitätseinbußen** und **Ausschuss.**

■ Akkordlohn

Beim **Akkordlohn** richtet sich die Entlohnung nach der **Menge** der geleisteten Arbeit. Um diese Lohnform anwenden zu können, muss die Art der Arbeit bestimmte Bedingungen erfüllen.

Voraussetzungen sind:

→ Die Arbeit ist wiederkehrend und frei von externen Störungen.

→ Die Arbeitsleistung ist vom Mitarbeiter beeinflussbar und sie ist leicht messbar.

©XtravaganT-fotolia.com

Der Akkordlohn sieht als Bestandteil in der Regel einen tariflich garantierten **Mindestlohn** und einen **Akkordzuschlag** vor, die zusammen den **Akkordrichtsatz** ergeben. Der Akkordrichtsatz entspricht dem **Grundlohn pro Stunde** des Akkordarbeiters bei Normalleistung.

Beispiel

Ein Mindeststundenlohn von 10,00 EUR zuzüglich 20 % Akkordzuschlag ergibt einen Akkordrichtsatz von 12,00 EUR/Stunde als Grundlohn.

Beim **Geldakkord (Stückakkord)** wird ein **fester Geldsatz pro Stück** (sogenanntes **Stückgeld**) gezahlt.

Beispiel

Der Akkordrichtsatz beträgt 12,00 EUR/Stunde (bei einem Mindeststundenlohn von 10,00 EUR) und die Normalleistung pro Stunde 10 Stück. Daraus wird ein Stückgeld von 1,20 EUR ermittelt.

Beträgt die Stundenleistung 12 Stück, so ergibt das einen Stundenlohn von 14,40 EUR.

Beträgt die Stundenleistung 8 Stück (≙ 9,60 EUR/Stunde), so wird der Mindeststundenlohn von 10,00 EUR angesetzt.

Bei einer Lohnberechnung nach dem **Geldakkord** ist die **Zeitvorgabe** für den Arbeitnehmer **nicht unmittelbar erkennbar.** Außerdem sind bei Tarifänderungen neue Berechnungen für die Akkordvorgaben erforderlich.

Diese Nachteile vermeidet der **Zeitakkord.** Es wird eine **Vorgabezeit pro Stück** aus der Normalleistung bestimmt und mit dem **Minutenfaktor** (Entgelt pro Minute) multipliziert. Der Mitarbeiter kann ständig vergleichen, ob er die Vorgabezeit einhält, über- oder unterschreitet.

LERNFELD 8

Die **Normalleistung** pro Stunde beträgt 10 Stück, die Vorgabezeit somit 6 Minuten pro Stück. Bei einem Akkordrichtsatz von 12,00 EUR ergibt sich ein Minutenfaktor von 0,20 EUR pro Minute. Beträgt die Stundenleistung z. B. 12 Stück, so wird ein Stundenlohn von 14,40 EUR (12 × 6 Minuten × 0,20 EUR) ermittelt.

■ Prämienlohn

©Styleuneed-fotolia.com

Der **Prämienlohn** besteht in der Regel aus einem leistungsunabhängigen Grundlohn und der leistungsabhängigen Prämie. Die Prämie dient der Steigerung der Arbeitsmenge oder der Arbeitsqualität. Der Prämienlohn kommt zur Anwendung, wenn genaue Akkordvorgaben nicht ermittelt werden können. Insbesondere durch die verstärkte Automatisierung von Fertigungsprozessen sind – quantitative – Leistungsspielräume immer weniger vorhanden. Beim Einsatz von Prämienlohn muss das Arbeitsergebnis aber vom Arbeitnehmer noch beeinflussbar sein.

Prämien kommen in unterschiedlichen Ausprägungen vor, z. B. als

→ **Mengenleistungsprämie:** Sie wird als Ersatz für Akkordlohn gezahlt, dessen Ermittlung zu aufwändig oder nicht möglich ist.

→ **Qualitätsprämie:** Sie fällt bei Minimierung von z. B. Ausschüssen und Nacharbeiten an.

→ **Ersparnisprämie:** Sie wird bei Einsparungen von z. B. Material, Energie und Instandhaltung entrichtet.

→ **Nutzungsprämie:** Sie ist zahlbar z. B. bei unterdurchschnittlichen Rüstzeiten und Reparaturzeiten.

■ Beteiligungslohn

Viele Unternehmen beteiligen ihre Mitarbeiter für die erbrachte Leistung zudem am Unternehmenserfolg. Damit verfolgen sie auch das Ziel, die Leistungsbereitschaft der Arbeitnehmer zu steigern und sie stärker an das Unternehmen zu binden.

Gängige Formen des Beteiligungslohns sind:

→ **Kapitalbeteiligung/Investivlohn:** Mitarbeiter werden am Eigenkapital des Unternehmens beteiligt (z. B. durch Belegschaftsaktien).

→ **Gewinn-/Umsatzbeteiligung:** Mitarbeiter werden mit einem bestimmten Prozentsatz am Gewinn bzw. Umsatz beteiligt (z. B. als Barauszahlung oder als Kapitalbeteiligung).

→ **Leistungsbeteiligung:** Mitarbeiter erhalten aufgrund ihrer erzielten Arbeitsleistung nach leistungsbezogenen Messgrößen eine vorher festgelegte Beteiligung.

6.2.3 Ergänzende Entgeltformen

SCHICHT ZULAGE
©LaCatrina-fotolia.com

Neben den Grundlöhnen werden häufig **weitere einmalige oder wiederkehrende Leistungen** in Form von Zulagen und Zuschlägen, Gratifikationen oder sonstigen Zuwendungen gewährt. Ein Anspruch kann gegebenenfalls durch Rechtsgrundlagen (z. B. Tarifvertrag, Arbeitsvertrag) begründet sein.

→ **Zulagen** und **Zuschläge** sind Geldleistungen des Arbeitgebers für besondere Leistungen des Arbeitnehmers, bei ungünstigen Arbeitsumständen oder aus sozialen Gründen: z. B. Erschwerniszulagen, Funktionszulagen wegen Übernahme zusätzlicher Verantwortung, persönliche Zulagen oder Sozialzulagen wie Kinder- oder Ortszuschläge; Zuschläge für Nachtarbeit, Überstunden oder Sonn- und Feiertagsarbeit.

→ **Gratifikationen** sind Sondervergütungen zu besonderen Anlässen wie z. B. Weihnachten oder Jubiläen. Ein Rechtsanspruch entsteht durch Tarifvertrag, Betriebsvereinbarung, Arbeitsvertrag oder wiederholte vorbehaltlose Gewährung. Davon abgesehen kann der Arbeitgeber nach freiem Ermessen bestimmen, ob und in welcher Höhe er eine Gratifikation zahlt.

©Marco2811-fotolia.com

→ **Sonstige Zuwendungen** werden zu unterschiedlichen Anlässen als geldliche Leistungen erbracht: z. B. Vermögenswirksame Leistungen, Urlaubsgeld, Weihnachtsgeld, Mietzuschüsse. In bestimmten Berufen oder Branchen werden diese auch als Sachbezüge gewährt, z. B. in Form von Verpflegung oder Unterkunft.

6.3   Lohn- und Gehaltsabrechnung

Die gesetzlichen und freiwilligen Bezüge, die der Arbeitnehmer für seine Arbeitsleistung erhält, sind Gegenstand der **Lohn- und Gehaltsabrechnung.**

Laufende und einmalige **Geldzahlungen** sowie **Sachbezüge** (z. B. Wohnung oder Firmenwagen werden zur Verfügung gestellt) und **geldwerte Vorteile** (z. B. verbilligte Überlassung von Waren, Bewirtungen, kostenlose Parkmöglichkeit für Firmenangehörige in einem Parkhaus) unterliegen grundsätzlich der **Lohnsteuer** und **Sozialversicherungspflicht.**

©XtravaganT-fotolia.com

Die **Beiträge zur Sozialversicherung** sind von **Arbeitgeber und Arbeitnehmer gemeinsam** aufzuwenden. Für den Arbeitgeber entstehen somit zusätzliche Personalkosten, die wie z. B. Sonderzahlungen (Weihnachtsgeld, Urlaubsgeld, Vermögenswirksame Leistungen) zu den sogenannten **Personalnebenkosten/Personalzusatzkosten/Lohnnebenkosten** gerechnet werden.

Vermögenswirksame Leistungen sind Geldzahlungen, die vom Arbeitgeber für den Arbeitnehmer in vom Gesetzgeber festgelegten langfristigen Sparformen (vgl. 5. Vermögensbildungsgesetz) angelegt werden.

Der Staat unterstützt diese Art der Vermögensbildung der Arbeitnehmer durch eine **Arbeitnehmersparzulage,** die beim Finanzamt beantragt und auf das betreffende Geldanlagekonto überwiesen wird. Die Gewährung der Arbeitnehmersparzulage ist

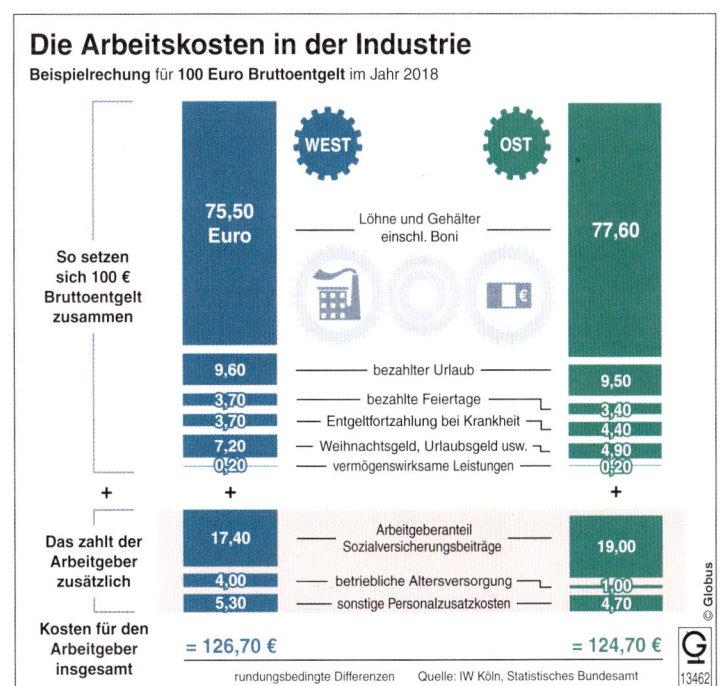

Die Arbeitskosten in der Industrie

Beispielrechnung für **100 Euro Bruttoentgelt** im Jahr 2018

WEST   OST

So setzen sich 100 € Bruttoentgelt zusammen

	WEST		OST
	75,50 Euro	Löhne und Gehälter einschl. Boni	**77,60**
	9,60	bezahlter Urlaub	9,50
	3,70	bezahlte Feiertage	3,40
	3,70	Entgeltfortzahlung bei Krankheit	4,40
	7,20	Weihnachtsgeld, Urlaubsgeld usw.	4,90
	0,20	vermögenswirksame Leistungen	0,20

+   +   +

Das zahlt der Arbeitgeber zusätzlich

	WEST		OST
	17,40	Arbeitgeberanteil Sozialversicherungsbeiträge	19,00
	4,00	betriebliche Altersversorgung	1,00
	5,30	sonstige Personalzusatzkosten	4,70

Kosten für den Arbeitgeber insgesamt

= 126,70 €   = 124,70 €

rundungsbedingte Differenzen   Quelle: IW Köln, Statistisches Bundesamt

© Globus   13462

LERNFELD 8

allerdings an bestimmte **Einkommensgrenzen** und an bestimmte Sparformen gebunden. Begünstigt werden **Wertpapierfonds** mit 20 % Arbeitnehmersparzulage bei einer maximalen Sparrate von 400,00 EUR/Jahr und **Bausparverträge** mit 9 % Sparzulage auf maximal 470,00 EUR/Jahr. Bei Bausparverträgen besteht wegen der geringeren Arbeitnehmersparzulage ggf. (unter Berücksichtigung von Einkommensgrenzen) ein zusätzlicher Anspruch auf eine **Wohnungsbauprämie.**

Je nach Tarifvertrag, Betriebsvereinbarung oder Einzelarbeitsvertrag werden die Vermögenswirksamen Leistungen **allein vom Arbeitnehmer, allein vom Arbeitgeber** oder **von beiden gemeinsam** aufgebracht. Sofern der Arbeitgeber eine Vermögenswirksame Leistung gewährt, beträgt sie monatlich zwischen 6,65 EUR (minimal) und 40,00 EUR (maximal). Denn da die Arbeitnehmersparzulage auf max. 470,00 EUR/Jahr gewährt wird, macht eine Sparrate über 40,00 EUR/Monat selten Sinn.

6.3.1 Abzüge vom Bruttoentgelt

Die Gesamtsumme aller **Zahlungen, die ein Arbeitnehmer für seine Arbeitsleistung erhält,** bezeichnet man als **Bruttoentgelt** (Bruttolohn/Bruttogehalt).

Der Arbeitgeber berechnet anhand der jährlich aktualisierten amtlichen Lohnsteuertabellen vom **steuerpflichtigen Bruttoentgelt** die **Abzüge für**

→ die **Lohnsteuer,**

→ den **Solidaritätszuschlag** und

→ die **Kirchensteuer**

und anhand der jeweils aktuellen Beitragssätze vom **sozialversicherungspflichtigen Bruttoentgelt**

→ die **Sozialversicherungsbeiträge** (Beiträge zur Krankenversicherung, Pflegeversicherung, Rentenversicherung Arbeitslosenversicherung).

Diese Beträge zieht der Arbeitgeber vom Bruttoentgelt ab und überweist die **Steuern an das Finanzamt** bzw. die **Sozialversicherungsbeiträge an die Krankenkasse.** Nach Abzug dieser Abgaben ergibt sich das **Nettoentgelt.**

§§§

§ 2 EStG
Der Einkommensteuer unterliegen
1. Einkünfte aus Land- und Forstwirtschaft,
2. … aus Gewerbebetrieb,
3. … aus selbstständiger Arbeit,
4. … aus nichtselbstständiger Arbeit,
5. … aus Kapitalvermögen,
6. … aus Vermietung und Verpachtung,
7. sonstige Einkünfte …

■ Lohnsteuer (LSt)

Die **Lohnsteuer** ist die Einkommensteuerart der Arbeitnehmer aus nichtselbstständiger Arbeit.

Das Einkommensteuergesetz (EStG) bestimmt, dass alle **natürlichen Personen, die im Inland einen Wohnsitz oder ihren gewöhnlichen Aufenthalt haben,** unbeschränkt **einkommensteuerpflichtig** sind. Es legt dazu den Umfang möglicher Einkommensarten fest.

Für bestimmte Einkünfte sieht das Einkommensteuergesetz (EStG) jedoch **Steuerfreiheit** bis zu einer Höchstgrenze vor, z. B. für Zuschläge, die für tatsächlich geleistete Sonntags-, Feiertags- oder Nachtarbeit zusätzlich zum Grundlohn gezahlt werden.

§§§

Nach Einkommensteuergesetz sind **Zuschläge,** die für tatsächlich geleistete Sonntags-, Feiertags- oder Nachtarbeit neben dem Grundlohn gezahlt werden, **steuerfrei** soweit sie

1. für Nachtarbeit 25 Prozent,
2. für Sonntagsarbeit 50 Prozent, …

des Grundlohns nicht übersteigen.

§ 3 EStG

Mit der Abführung der Einkommensteuer an das Finanzamt ist im Allgemeinen das Besteuerungsverfahren abgeschlossen, wenn nicht am Ende des Kalenderjahres eine (verpflichtende) **Veranlagung zur Einkommensteuer** in Betracht kommt, weil der Arbeitnehmer z. B. noch steuerpflichtige Nebeneinkünfte bezogen hat.

■ Solidaritätszuschlag (SolZ)

Der Solidaritätszuschlag wird seit 1991 zur Finanzierung der Kosten der deutschen Wiedervereinigung erhoben. Er wird als **Zuschlag auf die Lohn- bzw. Einkommensteuer** (auch Körperschaftsteuer und Kapitalertragsteuer) erhoben und beträgt aktuell **5,5 % der Einkommensteuer.**

Das Aufkommen aus dem Solidaritätszuschlag steht allein dem Bund zu. Als **Bundessteuer** ist er **nicht zweckgebunden** und kann nicht nur für den „Aufbau Ost", sondern für alle anfallenden Ausgaben verwendet werden. Seine Abschaffung wird insofern immer wieder kontrovers diskutiert.

©Kwarner-fotolia.com

■ Kirchensteuer (KiSt)

Die **Kirchensteuer** wird von Mitgliedern einer Religionsgemeinschaft zur Finanzierung ihrer Aufgaben erhoben. In Deutschland sind dies insbesondere die beiden großen christlichen Kirchen: die römisch-katholische und die evangelische Kirche. Unter bestimmten Voraussetzungen können auch andere Glaubensgemeinschaften Kirchensteuer erheben.

Der **Staat** zieht die Kirchensteuer zusammen mit der Einkommensteuer bzw. Lohnsteuer und dem Solidaritätszuschlag ein.

Der **Kirchensteuersatz** beträgt **8 % (Baden-Württemberg und Bayern)** bzw. **9 % (übrige Bundesländer)** vom Betrag der Lohn- bzw. Einkommensteuer.

©nmann77-fotolia.com

■ Sozialversicherungsbeiträge

Die Sozialversicherung ist ihrem Wesen nach ein Zusammenschluss von Beschäftigten in abhängiger Stellung zur Aufbringung der Mittel, die erforderlich sind, um sie und ihre Angehörigen gegen die Wechselfälle des Lebens bzw. deren Folgen bei Krankheit, Unfall, Pflegebedürftigkeit, Erwerbs- bzw. Berufsunfähigkeit, Invalidität und Tod zu schützen.

LERNFELD 8

Merke

Für **sozialversicherungspflichtig Beschäftigte** besteht eine **gesetzliche Versicherungspflicht.**

Es gibt viele Menschen, die sich nicht freiwillig gegen die Risiken des Lebens absichern würden, weil sie nicht die Einsicht, Bereitschaft und auch nicht die finanziellen Mittel dazu haben. Deshalb verpflichtet der Staat durch Gesetz die meisten Arbeitnehmer, sich an der Solidargemeinschaft der Sozialversicherung zu beteiligen.

Neben der **Sozialversicherung** als **Grundversicherung** kann eine Vielzahl weiterer Versicherungen die Risiken gegen fast alle Gefahren des täglichen Lebens für Betriebe und Privatpersonen abdecken. Mithilfe der **Individualversicherungen** kann sich jeder Einzelne (gegen Zahlung von Versicherungsprämien) frei entscheiden, wie er seinen persönlichen oder betrieblichen Versicherungsschutz gestaltet (z. B. mit Lebensversicherungen, Haftpflichtversicherungen, Hausratsversicherungen, Gebäudeversicherungen).

Die Beiträge zur **Sozialversicherung** bestehen aus der **Kranken-, Pflege-, Renten-** und **Arbeitslosenversicherung.** Sie sind grundsätzlich abhängig vom sozialversicherungspflichtigen Bruttoentgelt. **Beitragsbemessungsgrenzen** sorgen jedoch dafür, dass die Beiträge nur bis zu einer bestimmten Höhe des Arbeitsentgelts berechnet werden. Es gibt eine Beitragsbemessungsgrenze für die Kranken- und Pflegeversicherung und eine höhere Beitragsbemessungsgrenze für die Renten- und Arbeitslosenversicherung.

Merke

Die **Beitragsbemessungsgrenzen** (KV/PV bzw. RV/AV) geben das bei der Berechnung der Sozialversicherungsbeiträge **maximal zu berücksichtigende Bruttoentgelt** an.

©Denis Junker-fotolia.com

Zusätzlich ist auch die **Versicherungspflichtgrenze** zu beachten.

Merke

Die **Versicherungspflichtgrenze** gibt an, bis zu welcher Höhe des Bruttoarbeitsentgelts eine **Versicherungspflicht in der gesetzlichen Krankenkasse** besteht.

Übersteigt das Entgelt die Versicherungspflichtgrenze, können Arbeitnehmer unter bestimmten Bedingungen in eine **private Krankenkasse** wechseln.

Die Beitragsbemessungsgrenzen werden ebenso wie die Versicherungspflichtgrenze an die Lohn- und Gehaltsentwicklung angepasst und jährlich neu festgelegt.

6.3.2 Berechnung der Steuern

Zur Berechnung der Lohnsteuer ist zunächst das **steuerpflichtige Bruttoentgelt** zu ermitteln. Das steuerpflichtige Gesamtbrutto kann durch individuelle **Steuerfreibeträge** gemindert werden, die vom Arbeitnehmer beim Finanzamt beantragt werden müssen. Teilweise sind allgemeine Freibeträge schon in Form von Pauschalen in den Lohnsteuertabellen berücksichtigt.

■ Steuerfreibeiträge

Folgende Aufwendungen können steuermindernd **individuell** geltend gemacht werden:

→ **Werbungskosten** sind Aufwendungen zur Erwerbung, Sicherung und Erhaltung des Arbeitslohns, also Aufwendungen, die durch den Beruf veranlasst sind (z. B. Aufwendungen für Fahrten zwischen Wohnung und Arbeitsstätte, Aufwendungen für Arbeitsmittel wie Fachliteratur, Werkzeuge, Berufsbekleidung, Aufwendungen für eine berufliche Fortbildung).

©Kwarner-fotolia.com

→ **Sonderausgaben** sind Aufwendungen, die aus finanz-, sozial- und wirtschafts-
politischen Gründen das steuerpflichtige Einkommen vermindern. Sie stehen meist
im Zusammenhang mit der Lebensführung (z. B. Beiträge zu den gesetzlichen
und den privaten Rentenversicherungen, Beiträge zu gesetzlichen und privaten
Kranken-, Pflege- und Haftpflichtversicherungen sowie zu Lebensversicherungen).

→ **Außergewöhnliche Belastungen** sind Aufwendungen, die aufgrund besonderer
Umstände zwangsläufig anfallen. Das Finanzamt hilft in diesen Fällen durch eine
Steuerermäßigung, wenn die Ausgaben für die wirtschaftlichen Verhältnisse des
Steuerpflichtigen unzumutbar sind und nicht ersetzt werden (z. B. Krankheitskos-
ten, Kosten bei Sterbefällen, Sonderfälle wie Unterhalt für bedürftige Angehörige).

©MarcelS-fotolia.com

Arbeitnehmer können wählen, ob sie diese Steuerfreibeträge zur Berücksichtigung bei
der monatlichen Lohn- und Gehaltsabrechnung anmelden oder diese Aufwendungen
erst am Jahresende im Rahmen ihrer **Steuererklärung** geltend machen.

■ Lohnsteuerabzugsmerkmale (ELStAM-Verfahren)

Grundlage für die Berechnung der Steuerabzüge sind die **Lohnsteuerabzugsmerkmale.**
Dazu zählen Angaben über

→ **Familienstand und Zahl der Kinder,**

→ **Religionszugehörigkeit,**

→ **Steuerklassen,**

→ **Freibeträge.**

> **ELStAM =**
> Elektronische Lohn-
> SteuerAbzugsMerkmale

Das **elektronische Verfahren zum Lohnsteuerabzug (ELStAM-Verfahren)** stellt den
Kontakt zwischen Arbeitnehmern, Arbeitgebern und dem Finanzamt her. Der Arbeitgeber erhält die Lohnsteuerabzugsmerkmale direkt aus der **Datenbank der Finanzverwaltung** (Bundeszentralamt für Steuern). Dazu benötigt er nur das **Geburtsdatum**
und die steuerliche **Identifikationsnummer (Steuernummer)** des Arbeitnehmers. Än-
derungslisten der Daten von Arbeitnehmern werden vom Finanzamt monatlich zum
Abruf bereitgestellt und sollten von den Unternehmen vor der Abrechnung elektronisch abgeholt werden.

Melderechtliche Datenänderungen
(z. B. Heirat, Geburt eines Kindes)
senden die Gemeinden automatisch an die Bundeszentrale für
Steuern. Die Änderung weiterer
Stammdaten (z. B. Steuerklassen-
wechsel) muss vom Arbeitnehmer
beim Finanzamt beantragt werden.

Der Arbeitnehmer wird mit Beginn
des elektronischen Verfahrens
über seine erstmalig gebildeten
Lohnsteuerabzugsmerkmale informiert. Alle künftigen Änderungen
sind aus der Lohnabrechnung des
Arbeitgebers ersichtlich.

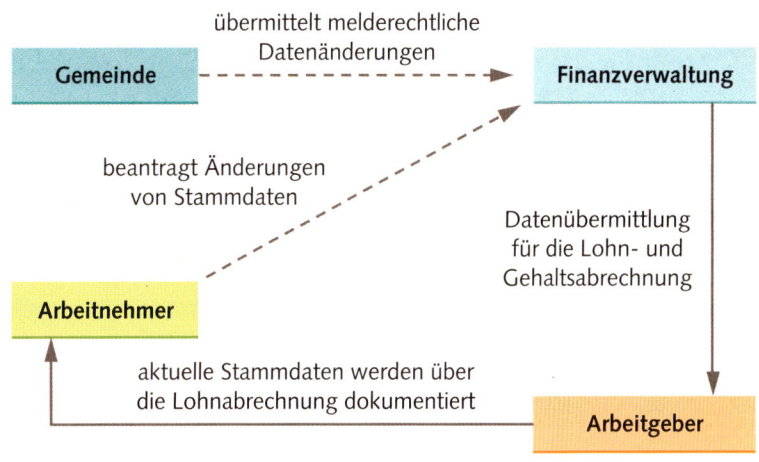

LERNFELD 8

■ Steuerklassen und Lohnsteuertabellen

Der Lohnsteuerabzug erfolgt auf der Grundlage von **Lohnsteuertabellen,** die nach Steuerklassen aufgeteilt sind. Die **Steuerklassen** berücksichtigen als persönliche Verhältnisse des Arbeitnehmers Familienstand und Kinderzahl. Für jedes Kind kann ein **Kinderfreibetrag** beantragt werden. Erzielen beide Ehepartner Einkommen, so kann sich jeder 0,5 Kinderfreibeträge pro Kind eintragen lassen.

©Marco2811-fotolia.com

Ehepaare können als **Doppelverdiener** die **Kombination der Steuerklassen** selbst bestimmen. Üblich ist es, die Steuerklassen so zu wählen, dass monatlich zunächst möglichst wenig Liquidität an das Finanzamt abfließt.

Bei etwa gleich hohen Einkünften ist dann die Steuerklasse IV für beide Arbeitnehmer zu empfehlen. Bei größeren Einkommensunterschieden (z. B. ein Ehepartner erzielt mindestens 60 % des gemeinsamen Einkommens), sollte der Besserverdienende die Steuerklasse III (geringere Abzüge) wählen. Für den Ehepartner kommt dann nur Steuerklasse V (höhere Abzüge) infrage.

Die Wahl der Steuerklassen beeinflusst allerdings lediglich die Höhe des **monatlichen Steuerabzugs,** nicht aber die maßgebliche **Jahressteuerschuld.** Diese wird im Rahmen der persönlichen Jahressteuererklärung abschließend festgestellt: Fehlende Lohnsteuerzahlungen werden dann nachgefordert, zu viel gezahlte Lohnsteuer wird erstattet.

> **Tipp**
>
> Ein Ehegatte ohne Einkommen besitzt keine Steuerklasse.

Steuerklassen	
Steuer-klasse	**Steuerpflichtige (z. B.)**
I	**Ledige, verwitwete** oder **geschiedene** Arbeitnehmer sowie verheiratete Arbeitnehmer, die von ihrem Ehegatten dauernd getrennt leben
II	Die in Steuerklasse I genannten Arbeitnehmer, wenn ihnen ein Entlastungsfreibetrag für **Alleinerziehende** zusteht
III	**Verheiratete Arbeitnehmer,** deren **Ehegatten kein Einkommen** beziehen **oder** auf Antrag in **Steuerklasse V** eingestuft wurden; Geschiedene Ehegatten in dem Kalenderjahr, in dem die Ehe aufgelöst wurde; Verwitwete Arbeitnehmer für das Kalenderjahr, das dem Todesjahr des Ehegatten folgt
IV	**Verheiratete Arbeitnehmer,** wenn **beide Ehegatten Arbeitslohn** beziehen, im Inland wohnen und nicht dauernd getrennt leben
V	**Verheiratete Arbeitnehmer,** wenn **beide Ehegatten Arbeitslohn** beziehen und **einer** auf Antrag in **Steuerklasse III** eingestuft wurde
VI	Arbeitnehmer, die aus **mehreren Arbeitsverhältnissen nebeneinander** Arbeitslohn beziehen

Mit der jeweils aktuellen **Lohnsteuertabelle** können unter Berücksichtigung der Steuerklasse die monatlichen Abzüge vom steuerpflichtigen Bruttoentgelt ermittelt werden. Die **Anzahl der Kinder** wird bei der Bemessung von **Solidaritätszuschlag** und **Kirchensteuer** mit einbezogen, für die Höhe der Lohnsteuer ist allein die Steuerklasse ausschlaggebend.

Tipp

In den Steuerklassen V und VI gibt es keinen Kinderfreibetrag.

MONAT 2 652,–*

Abzüge an Lohnsteuer, Solidaritätszuschlag (SolZ) und Kirchensteuer (8%, 9%) in den Steuerklassen

I – VI (ohne Kinderfreibeträge) — I, II, III, IV (mit Zahl der Kinderfreibeträge …)

Lohn/Gehalt bis €*	StKl	LSt	SolZ	8%	9%	StKl	LSt	0,5 SolZ	0,5 8%	0,5 9%	1 SolZ	1 8%	1 9%	1,5 SolZ	1,5 8%	1,5 9%	2 SolZ	2 8%	2 9%	2,5 SolZ	2,5 8%	2,5 9%	3** SolZ	3** 8%	3** 9%
2 654,99	I,IV	322,83	17,75	25,82	29,05	I	322,83	12,77	18,58	20,90	8,08	11,76	13,23	—	5,41	6,08	—	0,50	0,56	—	—	—	—	—	—
	II	277,91	15,28	22,23	25,01	II	277,91	10,45	15,20	17,10	5,30	8,60	9,67	—	2,76	3,11	—	—	—	—	—	—	—	—	—
	III	95,16	—	7,61	8,56	III	95,16	—	2,78	3,13																
	V	610,16	33,55	48,81	54,91	IV	322,83	15,22	22,14	24,91	12,77	18,58	20,90	10,39	15,12	17,01	8,08	11,76	13,23	5,11	8,52	9,59	—	5,41	6,08
	VI	644,66	35,45	51,57	58,01																				
2 657,99	I,IV	323,50	17,79	25,88	29,11	I	323,50	12,81	18,63	20,96	8,12	11,82	13,29	—	5,46	6,14	—	0,54	0,60	—	—	—	—	—	—
	II	278,58	15,32	22,28	25,07	II	278,58	10,48	15,25	17,15	5,41	8,64	9,72	—	2,80	3,15	—	—	—	—	—	—	—	—	—
	III	95,66	—	7,65	8,60	III	95,66	—	2,81	3,16																
	V	611,16	33,61	48,89	55,—	IV	323,50	15,26	22,20	24,98	12,81	18,63	20,96	10,43	15,17	17,06	8,12	11,82	13,29	5,23	8,57	9,64	—	5,46	6,14
	VI	645,66	35,51	51,65	58,10																				
2 660,99	I,IV	324,25	17,83	25,94	29,18	I	324,25	12,84	18,68	21,02	8,16	11,87	13,35	—	5,50	6,18	—	0,56	0,63	—	—	—	—	—	—
	II	279,33	15,36	22,34	25,13	II	279,33	10,52	15,30	17,21	5,53	8,69	9,77	—	2,84	3,20	—	—	—	—	—	—	—	—	—
	III	96,33	—	7,70	8,66	III	96,33	—	2,85	3,20																
	V	612,33	33,67	48,98	55,10	IV	324,25	15,30	22,26	25,04	12,84	18,68	21,02	10,46	15,22	17,12	8,16	11,87	13,35	5,35	8,62	9,69	—	5,50	6,18
	VI	646,83	35,57	51,74	58,21																				
2 663,99	I,IV	325,—	17,87	26,—	29,25	I	325,—	12,88	18,74	21,08	8,19	11,92	13,41	—	5,54	6,23	—	0,60	0,67	—	—	—	—	—	—
	II	280,—	15,40	22,40	25,20	II	280,—	10,56	15,36	17,28	5,66	8,74	9,83	—	2,88	3,24	—	—	—	—	—	—	—	—	—
	III	96,83	—	7,74	8,71	III	96,83	—	2,89	3,25																
	V	613,16	33,72	49,05	55,18	IV	325,—	15,34	22,32	25,11	12,88	18,74	21,08	10,50	15,28	17,19	8,19	11,92	13,41	5,48	8,67	9,75	—	5,54	6,23
	VI	647,83	35,63	51,82	58,30																				
2 666,99	I,IV	325,66	17,91	26,05	29,30	I	325,66	12,92	18,80	21,15	8,23	11,97	13,46	—	5,59	6,29	—	0,62	0,70	—	—	—	—	—	—
	II	280,66	15,43	22,45	25,25	II	280,66	10,59	15,40	17,33	5,78	8,79	9,89	—	2,92	3,28	—	—	—	—	—	—	—	—	—
	III	97,50	—	7,80	8,77	III	97,50	—	2,93	3,29																
	V	614,16	33,77	49,13	55,27	IV	325,66	15,38	22,37	25,16	12,92	18,80	21,15	10,54	15,33	17,24	8,23	11,97	13,46	5,60	8,72	9,81	—	5,59	6,29
	VI	648,83	35,68	51,90	58,39																				
2 669,99	I,IV	326,41	17,95	26,11	29,37	I	326,41	12,96	18,85	21,20	8,26	12,02	13,52	—	5,64	6,34	—	0,66	0,74	—	—	—	—	—	—
	II	281,41	15,47	22,51	25,32	II	281,41	10,62	15,46	17,39	5,91	8,84	9,95	—	2,96	3,33	—	—	—	—	—	—	—	—	—
	III	98,—	—	7,84	8,82	III	98,—	—	2,97	3,34																
	V	615,16	33,83	49,21	55,36	IV	326,41	15,41	22,42	25,22	12,96	18,85	21,20	10,57	15,38	17,30	8,26	12,02	13,52	5,71	8,76	9,86	—	5,64	6,34
	VI	649,83	35,74	51,98	58,48																				
2 672,99	I,IV	327,08	17,98	26,16	29,43	I	327,08	12,99	18,90	21,26	8,30	12,07	13,58	—	5,68	6,39	—	0,69	0,77	—	—	—	—	—	—
	II	282,08	15,51	22,56	25,38	II	282,08	10,66	15,51	17,45	6,03	8,89	10,—	—	3,—	3,37	—	—	—	—	—	—	—	—	—
	III	98,66	—	7,89	8,87	III	98,66	—	3,—	3,37																
	V	616,16	33,88	49,29	55,45	IV	327,08	15,45	22,48	25,29	12,99	18,90	21,26	10,61	15,43	17,36	8,30	12,07	13,58	5,85	8,82	9,92	—	5,68	6,39
	VI	650,83	35,79	52,06	58,57																				
2 675,99	I,IV	327,83	18,03	26,22	29,50	I	327,83	13,03	18,96	21,33	8,33	12,12	13,64	—	5,73	6,44	—	0,72	0,81	—	—	—	—	—	—
	II	282,83	15,55	22,62	25,45	II	282,83	10,70	15,56	17,51	6,14	8,94	10,05	—	3,04	3,42	—	—	—	—	—	—	—	—	—
	III	99,16	—	7,93	8,92	III	99,16	—	3,04	3,42																
	V	617,—	33,93	49,36	55,53	IV	327,83	15,49	22,54	25,35	13,03	18,96	21,33	10,64	15,48	17,42	8,33	12,12	13,64	5,96	8,86	9,97	—	5,73	6,44
	VI	651,83	35,85	52,14	58,66																				
2 678,99	I,IV	328,58	18,07	26,28	29,57	I	328,58	13,07	19,01	21,38	8,36	12,17	13,69	—	5,78	6,50	—	0,75	0,84	—	—	—	—	—	—
	II	283,50	15,59	22,68	25,51	II	283,50	10,73	15,62	17,57	6,18	8,99	10,11	—	3,07	3,45	—	—	—	—	—	—	—	—	—
	III	99,83	—	7,98	8,98	III	99,83	—	3,08	3,46																
	V	618,—	33,99	49,44	55,62	IV	328,58	15,53	22,59	25,41	13,07	19,01	21,38	10,68	15,54	17,48	8,36	12,17	13,69	6,10	8,92	10,03	—	5,78	6,50
	VI	652,83	35,90	52,22	58,75																				
2 681,99	I,IV	329,25	18,10	26,34	29,63	I	329,25	13,10	19,06	21,44	8,40	12,22	13,75	—	5,82	6,55	—	0,78	0,88	—	—	—	—	—	—
	II	284,16	15,62	22,73	25,57	II	284,16	10,77	15,67	17,63	6,21	9,04	10,17	—	3,11	3,50	—	—	—	—	—	—	—	—	—
	III	100,33	—	8,02	9,02	III	100,33	—	3,12	3,51																
	V	619,16	34,05	49,53	55,72	IV	329,25	15,57	22,65	25,48	13,10	19,06	21,44	10,72	15,59	17,54	8,40	12,22	13,75	6,16	8,96	10,08	—	5,82	6,55
	VI	653,83	35,96	52,30	58,84																				
2 684,99	I,IV	330,—	18,15	26,40	29,70	I	330,—	13,14	19,12	21,51	8,44	12,28	13,81	—	5,87	6,60	—	0,81	0,91	—	—	—	—	—	—
	II	284,91	15,67	22,79	25,64	II	284,91	10,81	15,72	17,69	6,24	9,08	10,22	—	3,15	3,54	—	—	—	—	—	—	—	—	—
	III	100,83	—	8,06	9,07	III	100,83	—	3,16	3,55																
	V	620,16	34,10	49,61	55,81	IV	330,—	15,61	22,70	25,54	13,14	19,12	21,51	10,75	15,64	17,60	8,44	12,28	13,81	6,19	9,01	10,13	—	5,87	6,60
	VI	654,83	36,01	52,38	58,93																				
2 687,99	I,IV	330,75	18,19	26,46	29,76	I	330,75	13,18	19,18	21,57	8,47	12,32	13,86	—	5,91	6,65	—	0,84	0,95	—	—	—	—	—	—
	II	285,58	15,70	22,84	25,70	II	285,58	10,84	15,78	17,75	6,28	9,14	10,28	—	3,19	3,59	—	—	—	—	—	—	—	—	—
	III	101,50	—	8,12	9,13	III	101,50	—	3,20	3,60																
	V	621,16	34,16	49,69	55,90	IV	330,75	15,64	22,76	25,60	13,18	19,18	21,57	10,79	15,70	17,66	8,47	12,32	13,86	6,23	9,06	10,19	—	5,91	6,65
	VI	655,83	36,07	52,46	59,02																				

©Auszug aus der Lohnsteuertabelle Monat, Stollfuß Medien, Bonn (Stand 2020)

6.3.3 Ermittlung der Sozialversicherungsabzüge

Die unterschiedlichen **Beitragssätze** zur **Kranken-, Pflege-, Renten-** und **Arbeitslosenversicherung** werden in der Regel jeweils **zur Hälfte vom Arbeitnehmer** (Arbeitnehmeranteil) **und vom Arbeitgeber** (Arbeitgeberanteil) getragen. Ausschließlich den Zusatzbeitrag zur Pflegeversicherung für Kinderlose nach Vollendung des 23. Lebensjahres trägt der Arbeitnehmer alleine.

LERNFELD

Beitragssätze und Beitragsbemessungsgrenzen (Stand 01.01.2020)		
Sozialversicherungszweig	**Beiträge in Prozent vom sozialversicherungspflichtigen Bruttoentgelt**	**monatliche Beitragsbemessungsgrenzen[1]**

Krankenversicherung (KV)	• **allgemeiner Beitragssatz** 14,6 %
	  – Arbeitnehmeranteil 7,3 %
	  – Arbeitgeberanteil 7,3 %
	• Auch der **individuelle Zusatzbeitrag** wird zur Hälfte vom Arbeitnehmer und zur Hälfte vom Arbeitgeber getragen.
		4 687,50 EUR
		
		(Versicherungspflichtgrenze: 5 212,50 EUR)

Pflegeversicherung (PV)	• **Beitragssatz** 3,05 %
	  – Arbeitnehmeranteil 1,525 %
	  – Arbeitgeberanteil 1,525 %
	• Besonderheit für **Sachsen**
	  – Arbeitnehmeranteil 2,025 %
	  – Arbeitgeberanteil 1,025 %
	• Zusatzbeitrag für **Kinderlose** nach Vollendung des 23. Lebensjahres (vom AN alleine zu tragen) 0,25 %
		4 687,50 EUR

Rentenversicherung (RV)	• **Beitragssatz** 18,6 %
	  – Arbeitnehmeranteil 9,3 %
	  – Arbeitgeberanteil 9,3 %
		6 900,00 EUR (West)
		6 450,00 EUR (Ost)

Arbeitslosenversicherung (AV)	• **Beitragssatz** 2,4 %
	  – Arbeitnehmeranteil 1,2 %
	  – Arbeitgeberanteil 1,2 %
		6 900,00 EUR (West)
		6 450,00 EUR (Ost)

[1] Ausschlaggebend ist das im gesamten Kalenderjahr durchschnittlich verdiente Bruttoentgelt.

6.3.4 Erstellen einer Lohn- und Gehaltsabrechnung

Für die Berechnung der monatlichen Lohn- und Gehaltszahlung können **Abzugstabellen** genutzt werden, die jeweils den Arbeitnehmeranteil der Sozialversicherungszweige ausweisen.

Die Abrechnung von Löhnen und Gehältern wird aber in der Regel mithilfe der **elektronischen Datenverarbeitung** erledigt. Ein Fülle von geeigneten Programmen steht zur Verfügung, die eine zuverlässige, schnelle und komfortable Ermittlung von Lohn- und Kirchensteuer, Solidaritätszuschlag sowie Arbeitnehmer- und Arbeitgeberanteil zur Sozialversicherung gewährleisten. Die Zahlung von steuerfreien Zuschlägen, Vermögenswirksamen Leistungen, geldwerten Vorteilen etc. werden berücksichtigt.

Alle wichtigen Unterlagen, die der Betrieb, das Finanzamt oder die Krankenkassen benötigen wie **Lohnkonten, elektronische Lohnsteueranmeldungen, Beitragsnachweise** und vieles mehr, können mit wenig Aufwand erstellt und gedruckt werden.

In den meisten Fällen ist die elektronische Datenverarbeitung in eine umfassende Unternehmenssoftware integriert. So können die Daten automatisch in die Finanzbuchhaltung übernommen und Zahlungsvorgänge online abgewickelt werden.

■ Aufbau einer Lohn- und Gehaltsabrechnung

Für die Erstellung einer **Lohn- und Gehaltsabrechnung** sind eine Reihe von Unterlagen erforderlich. Dazu gehören z. B.:

→ gültiger Tarifvertrag bzw. Arbeitsvertrag,

→ Personalstammblatt,

→ Lohnsteuerabzugsmerkmale,

→ Tabellen zur Ermittlung von Lohnsteuer, Kirchensteuer und Solidaritätszuschlag,

→ gegebenenfalls Lohnbelege.

Der Arbeitgeber muss für jeden Arbeitnehmer und für jedes Kalenderjahr ein **Lohnkonto** führen. Es enthält Angaben über z. B.:

→ persönliche Daten des Arbeitnehmers,

→ Bruttoarbeitslohn mit Zulagen und Zuschlägen,

→ steuerfreie Bezüge,

→ Abzüge:
  - Lohnsteuer, Solidaritätszuschlag, Kirchensteuer,
  - Krankenversicherung, Pflegeversicherung, Rentenversicherung und Arbeitslosenversicherung,
  - Vermögenswirksame Leistungen,

→ Vorschüsse,

→ Auszahlungsbetrag.

Beispiel

Gehaltsabrechnung für Mai 2020
Name: Christian Dross, Personal-Nr. 1731   Geburtsdatum: 03.05.1993

Bruttoentgelt lt. Arbeitsvertrag/Tarifvertrag	2 690,00 EUR
Steuerklasse	III
Steuerfreibetrag/Jahr	600,00 EUR
Kinderfreibetrag	1,0
Konfession/Bundesland	r. k./NRW
Zusatzbeitrag zur Krankenkasse	0,9 %
Vermögenswirksame Leistungen (Arbeitgeberanteil lt. Tarifvertrag)	25,00 EUR
Sparleistung lt. VL-Vertrag	40,00 EUR

Abgaben an die Sozialversicherung					
(Berechnungsgrundlage: sozialversicherungspflichtiges Bruttogehalt 2 715,00 EUR)					
Versicherungszweig	**Beitragssatz**	**Arbeitgeberanteil**	**EUR**	**Arbeitnehmeranteil**	**EUR**
Krankenversicherung + Zusatzbeitrag	14,6 % 0,9 %	7,75 %	210,41	7,75 %	210,41
Pflegeversicherung	3,05 %	1,525 %	41,40	1,525 %	41,40
Rentenversicherung	18,6 %	9,3 %	252,50	9,3 %	252,50
Arbeitslosenversicherung	2,4 %	1,2 %	32,58	1,2 %	32,58

LERNFELD 8

371

Gehaltsabrechnung (in EUR)

Monat:	Mai 2020		
Name:	Christian Dross	**Personal-Nr.:**	1731
Geb.-Datum:	03.05.1993	**Krankenkasse:**	AOK
Steuerklasse:	IV	**Kinderfreibetrag:**	1,0

Bruttoentgelt lt. Arbeitsvertrag/Tarifvertrag			2 690,00
+ Vermögenswirksame Leistung (AG-Anteil)			25,00
+ Sonderzahlungen/Zulagen			0,00
= **Sozialversicherungspflichtiges Bruttogehalt**			**2 715,00**
– Steuerfreibetrag		50,00	
= **Steuerpflichtiges Bruttogehalt**		**2 665,00**	
– Lohnsteuer		325,66	
– Kirchensteuer (9 %)		21,15	
– Solidaritätszuschlag		12,92	
Summe Steuern			**359,73**
– Krankenversicherung (AN-Anteil 7,75 %)		210,41	
– Pflegeversicherung (AN-Anteil 1,525 %)		41,40	
– Rentenversicherung (AN-Anteil 9,3 %)		252,50	
– Arbeitslosenversicherung (AN-Anteil 1,2 %)		32,58	
Summe Sozialversicherungen			**536,89**
= **Nettoentgelt**			**1 818,38**
– Sparleistung lt. VL-Vertrag			40,00
= **Auszahlungsbetrag**			**1 778,38**

©h-Lunke-fotolia.com

Merke

Die **Sozialversicherungsbeiträge** sind in der voraussichtlichen Höhe **spätestens am drittletzten Bankarbeitstag** des laufenden Monats fällig.

■ Überweisung der Abzüge

Überweisung der Sozialversicherungsbeiträge

Sämtliche Sozialversicherungsbeiträge müssen die Arbeitgeber bereits am **drittletzten Bankarbeitstag** des laufenden Monats an die **Krankenkassen** abführen, die die Beiträge zur Kranken- und Pflegeversicherung einbehalten und die Beiträge zur Renten- und Arbeitslosenversicherung an die entsprechenden Träger weiterleiten. Sind den Arbeitgebern die genauen Sozialversicherungsbeiträge noch nicht bekannt, ist eine **Schätzung** der voraussichtlichen Beitragshöhe erforderlich. Differenzen, die nach erfolgter Lohnabrechnung am Ende des Monats entstehen, werden im Folgemonat ausgeglichen.

Ziel dieser Regelung ist aus volkswirtschaftlicher Sicht, die Finanzsituation der Sozialversicherungsträger dadurch zu verbessern, dass die ihnen zustehenden Beiträge unverzüglich als liquide Mittel zur Verfügung stehen.

Der Arbeitgeber hat für jeden Abrechnungszeitraum einen **Beitragsnachweis** pro Arbeitnehmer zu erstellen und zwei Tage vor Fälligkeit der Beiträge (also am **fünftletzten Bankarbeitstag** des laufenden Monats) online an die Krankenkassen zu übermitteln. Dem Beitragsnachweis sind die **Höhe** und **Aufteilung** der zu zahlenden Gesamtsozialversicherungsbeiträge jedes Arbeitnehmers zu entnehmen.

Überweisung der steuerlichen Abzüge

Der Arbeitgeber muss dem Betriebsstättenfinanzamt (zuständiges Finanzamt) fristgerecht eine monatliche **Lohnsteuer-Anmeldung** mit **Angaben** zur **einbehaltenen Lohnsteuer**, zum **Solidaritätszuschlag** und zur **Kirchensteuer** einreichen.

Merke

Die **Lohnsteuer-Anmeldung** muss spätestens bis zum **10. Tag des Folgemonats** beim zuständigen Finanzamt eingereicht werden.

©Letizia-fotolia.com

Die Lohnsteuer-Anmeldung muss grundsätzlich auf **elektronischem Wege** übermittelt werden. Dazu kann das Portal ELSTER (**el**ektronische **St**euer**er**klärung) genutzt werden. Nur in wenigen Ausnahmefällen lässt das zu ständige Finanzamt die Abgabe noch in Papierform zu.

Mit der Lohnsteuer-Anmeldung besteht für den Arbeitgeber die Verpflichtung, die **Beträge termingerecht abzuführen.** Bei nicht fristgerechter Abgabe bzw. Zahlung kann das Finanzamt unter Berücksichtigung einer Schonfrist von 3 Tagen Säumniszuschläge berechnen.

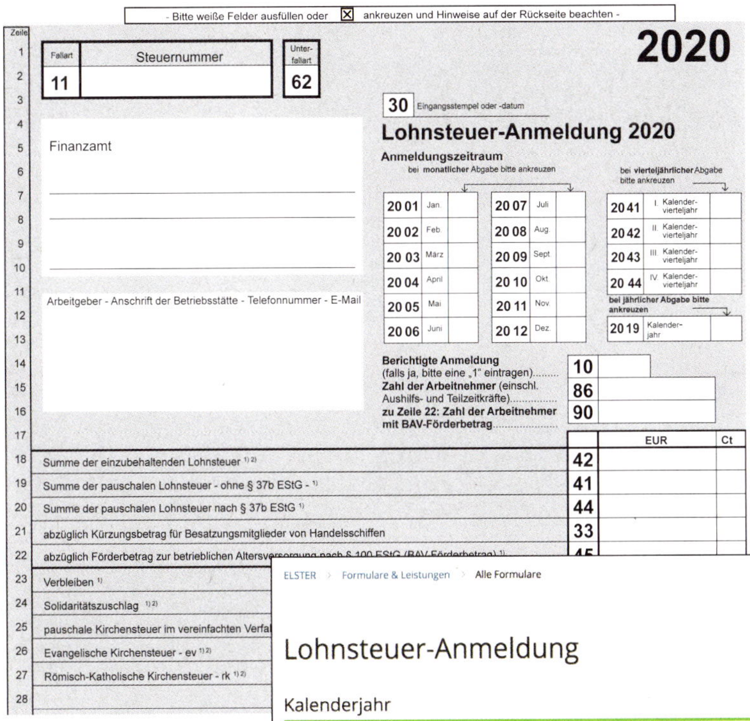

- Bitte weiße Felder ausfüllen oder ☒ ankreuzen und Hinweise auf der Rückseite beachten -

2020

Fallart	Steuernummer	Unterfallart
11		62

30 Eingangsstempel oder -datum

Lohnsteuer-Anmeldung 2020

Anmeldungszeitraum

bei **monatlicher** Abgabe bitte ankreuzen

20 01 Jan	20 07 Juli
20 02 Feb	20 08 Aug.
20 03 März	20 09 Sept
20 04 April	20 10 Okt.
20 05 Mai	20 11 Nov.
20 06 Juni	20 12 Dez.

bei **vierteljährlicher** Abgabe bitte ankreuzen

20 41	I. Kalendervierteljahr
20 42	II. Kalendervierteljahr
20 43	III. Kalendervierteljahr
20 44	IV. Kalendervierteljahr

bei jährlicher Abgabe bitte ankreuzen

| 20 19 | Kalenderjahr |

Finanzamt

Arbeitgeber - Anschrift der Betriebsstätte - Telefonnummer - E-Mail

Berichtige Anmeldung (falls ja, bitte eine „1" eintragen) ... **10**
Zahl der Arbeitnehmer (einschl. Aushilfs- und Teilzeitkräfte) ... **86**
zu Zeile 22: Zahl der Arbeitnehmer mit BAV-Förderbetrag ... **90**

		EUR	Ct
Summe der einzubehaltenden Lohnsteuer [1][2]	42		
Summe der pauschalen Lohnsteuer - ohne § 37b EStG - [1]	41		
Summe der pauschalen Lohnsteuer nach § 37b EStG [1]	44		
abzüglich Kürzungsbetrag für Besatzungsmitglieder von Handelsschiffen	33		
abzüglich Förderbetrag zur betrieblichen Altersversorgung nach § 100 EStG (BAV-Förderbetrag) [1]	45		
Verbleiben [1]			
Solidaritätszuschlag [1][2]			
pauschale Kirchensteuer im vereinfachten Verf...			
Evangelische Kirchensteuer - ev [1][2]			
Römisch-Katholische Kirchensteuer - rk [1][2]			

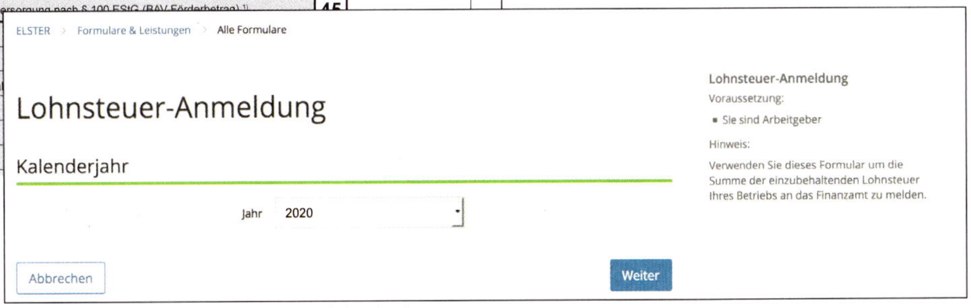

ELSTER > Formulare & Leistungen > Alle Formulare

Lohnsteuer-Anmeldung

Voraussetzung:

- Sie sind Arbeitgeber

Hinweis:

Verwenden Sie dieses Formular um die Summe der einzubehalten Lohnsteuer Ihres Betriebs an das Finanzamt zu melden.

Lohnsteuer-Anmeldung

Kalenderjahr

Jahr   2020

Abbrechen   Weiter

https://www.elster.de/eportal/formulare-leistungen/alleformulare/lsta

LERNFELD 8

6.4 Zusammenfassung und Aufgaben

Lohngerechtigkeit

Beurteilungsmaßstäbe

Beurteilungsmaßstäbe für eine **absolute Lohngerechtigkeit** lassen sich nicht überzeugend definieren, deshalb versucht man über die Bildung von Teilgerechtigkeiten (Ersatzgerechtigkeiten) eine **relative Lohngerechtigkeit** herbeizuführen.

Teilgerechtigkeiten:

- Anforderungsgerechtigkeit (unterschiedliche Anforderungen und Schwierigkeitsgrade der Arbeitsaufgabe)
- Qualifikationsgerechtigkeit (Qualifikation als Vorausleistung)
- Leistungsgerechtigkeit (quantitative und qualitative individuelle Leistung)
- Marktgerechtigkeit (vergleichbare Stellen am Arbeitsmarkt)
- Sozialgerechtigkeit (persönliche Lebensumstände)

Entgeltformen

Zeitlohn

Vergütung nach der Dauer der geleisteten Arbeitszeit

Leistungslohn

Akkordlohn:

- Entlohnung nach der Menge der geleisteten Arbeit
- Bestandteile (Akkordrichtsatz) = Mindestlohn + Akkordzuschlag
- Berechnung nach Geldakkord/Stückakkord oder Zeitakkord

Prämienlohn:

- leistungsunabhängiger Grundlohn + leistungsabhängige Prämie
- z. B. als Mengenleistungsprämie, Qualitätsprämie, Ersparnisprämie, Nutzungsprämie

Beteiligungslohn:

- Kapitalbeteiligung/Investivlohn
- Gewinn-/Umsatzbeteiligung
- Leistungsbeteiligung

Ergänzende Entgeltformen

Zulagen und Zuschläge: Entgelt für besondere Leistungen des Arbeitnehmers (z. B. Erschwerniszulagen)

Gratifikationen: Sondervergütungen zu besonderen Anlässen (z. B. Jubiläen), ggf. mit Rechtsanspruch

Sonstige Zuwendungen: Geld- oder Sachbezüge zu unterschiedlichen Anlässen (z. B. Mietzuschüsse)

Lohn- und Gehaltsabrechnung

Aufwendungen des Arbeitgebers

- **Geldzahlungen, Sachleistungen einschließlich geldwerter Vorteile:**
z. B. Arbeitslohn, Firmenwagen, Überlassung von Waren

- **Personalzusatzkosten:** z. B. Arbeitgeberbeitrag zur Sozialversicherung, Urlaubsgeld

- **Vermögenswirksame Leistungen:** Geldzahlungen, die vom Arbeitgeber in gesetzlich vorgegebenen Sparformen zur Vermögensbildung angelegt und vom Staat bis zu einer bestimmten Einkommensgrenze mit einer Sparzulage unterstützt werden

Abzüge vom Bruttoentgelt

- **Lohnsteuer:** Einkommensteuerart der Arbeitnehmer aus nichtselbstständiger Arbeit; wird im Wege des Abzugs vom Arbeitsentgelt erhoben

- **Solidaritätszuschlag** (5,5 % von der Lohnsteuer): Zuschlag auf die Lohnsteuer, ursprünglich zur Finanzierung der Kosten der deutschen Wiedervereinigung

- **Kirchensteuer** (8 % bzw. 9 % von der Lohnsteuer): Zuschlag auf die Lohnsteuer zur Finanzierung der Aufgaben der Kirchen/Religionsgemeinschaften

- **Sozialversicherungsbeiträge:** Beiträge an die Zweige/Träger der Sozialversicherung (Kranken-, Pflege-, Renten- und Arbeitslosenversicherung)

Berechnung der Steuern

- **Berechnung des steuerpflichtigen Bruttoentgelts für die Lohnsteuerermittlung:**
Bruttoentgelt abzüglich Steuerfreibeträge (Werbungskosten, Sonderausgaben, außergewöhnliche Belastungen)

- **Ermittlung von Lohnsteuer, SolZ, KiSt:** Diese Beträge werden auf Grundlage des steuerpflichtigen Bruttoentgelts der jährlich aktualisierten amtlichen Lohnsteuertabelle entnommen.

- **Lohnsteuerabzugsmerkmale:** Familienstand und Zahl der Kinder, Steuerklasse, Religionszugehörigkeit, Freibeträge

- **ELStAM:** elektronisches Verfahren zum Lohnsteuerabzug, stellt Kontakt zwischen Arbeitnehmern, Arbeitgebern und dem Finanzamt her

- **Steuerklassen:**

  I = alleinstehende Arbeitnehmer

  II = alleinstehende Arbeitnehmer mit Kind

  III = verheiratete Arbeitnehmer, deren Ehegatten entweder kein Einkommen bezieht oder in V eingestuft ist

  IV = verheiratete Arbeitnehmer, wenn beide Ehegatten Arbeitslohn beziehen

  V = verheiratete Arbeitnehmer, wenn beide Ehegatten Arbeitslohn beziehen und einer in III eingestuft ist

  VI = Arbeitnehmer mit mehreren Arbeitsverhältnissen

LERNFELD 8

Berechnung der Sozialversicherungsbeiträge

Die Sozialversicherungsbeiträge werden entsprechend den jährlich aktualisierten **Prozentsätzen** und **Beitragsbemessungsgrenzen** vom **sozialversicherungspflichtigen Bruttoentgelt** (Bruttoentgelt + Vermögenswirksame Leistungen vom Arbeitgeber) berechnet. Jeweils zu Jahresbeginn werden die aktuellen Daten für die Berechnung der Sozialversicherungsbeiträge u. a. im Internet veröffentlicht.

Überweisung der Abzüge

- **Sozialversicherungsbeiträge:** Überweisung spätestens am drittletzten Bankarbeitstag des laufenden Monats, Einreichung eines Beitragsnachweises spätestens am fünftletzten Bankarbeitstag des laufenden Monats
- **steuerliche Abzüge:** Lohnsteuer-Anmeldung und Überweisung der abzuführenden Lohnsteuer bis zum 10. des Folgemonats

Aufgaben

1. Prüfen Sie folgende Aussagen auf ihre Richtigkeit. Die Antwort ist jeweils zu begründen.

   (1) Für eine gerechte Entlohnung lassen sich objektive, anerkannte Beurteilungsmaßstäbe definieren, indem Teilgerechtigkeiten bestimmt werden.

   (2) Die Sozialgerechtigkeit als Maßstab für eine gerechte Entlohnung orientiert sich an der quantitativen und qualitativen Leistung eines Arbeitnehmers.

   (3) „Reine Denkarbeit sollte besser bezahlt werden als reine Handarbeit", so lautet eine Mehrheitsmeinung der Arbeitnehmer zum Thema „Lohngerechtigkeit".

   (4) Mitarbeiter in der Personalabteilung von Unternehmen erhalten i. d. R. einen Zeitlohn.

   (5) Zur Berechnung von Akkordlöhnen wird der Akkordrichtsatz festgelegt.

   (6) Der Prämienlohn gehört systematisch zu den ergänzenden Entgeltformen.

   (7) Unternehmen gewähren Gratifikationen grundsätzlich freiwillig.

   (8) Die gesamten Personalkosten von Unternehmen sind i. d. R. höher als die Summe aller Bruttoentgelte.

   (9) Das Sparen von Vermögenswirksamen Leistungen wird vom Staat immer durch eine Sparzulage unterstützt.

   (10) Die steuerlichen Abzüge bei der Berechnung des Nettoentgelts ergeben sich aus der Summe von Lohnsteuer und Solidaritätszuschlag.

   (11) Beitragsbemessungsgrenze und Versicherungspflichtgrenze der Krankenversicherung sind betragsmäßig identisch.

   (12) Aufwendungen für Fahrten zwischen Wohnung und Arbeitsstätte können steuermindernd geltend gemacht werden.

   (13) Zu den Lohnsteuerabzugsmerkmalen zählen Geschlecht und Alter der steuerpflichtigen Arbeitnehmer.

   (14) Verheiratete Arbeitnehmer können nur die Steuerklassen III, IV oder V haben.

(15) Der Arbeitgeberanteil zur Krankenkasse kann durch einen individuellen Zusatzbeitrag der Krankenkasse erhöht werden.

(16) In den Lohnsteuertabellen ist bei der Bemessung der Lohnsteuer die Anzahl der Kinder berücksichtigt.

(17) Ein Beitragsnachweis über die Sozialversicherung ist vom Arbeitgeber spätestens am drittletzten Bankarbeitstag des laufenden Monats bei der Krankenkasse einzureichen.

(18) Die Lohnsteueranmeldung muss spätestens am 10. Tag des Folgemonats dem zuständigen Finanzamt übermittelt werden.

2. Erklären Sie, was man bei der Bestimmung eines gerechten Lohnes unter einer Teilgerechtigkeit versteht.

3. Erklären Sie das analytische und das summarische Verfahren der Arbeitsbewertung.

4. Unterscheiden Sie Zeitlohn und Leistungslohn. Nennen Sie auch Möglichkeiten für ergänzende Löhne.

5. Erklären Sie, was man unter Personalnebenkosten/Personalzusatzkosten versteht.

6. Geben Sie an, welche Abzüge bei der Lohn- und Gehaltsabrechnung zu berücksichtigen sind.

7. Erklären Sie, inwiefern sich das Gesamtbruttoentgelt eines Arbeitnehmers vom steuerpflichtigen Brutto-entgelt unterscheiden kann.

8. Nennen Sie die Lohnsteuerabzugsmerkmale (ELStAM).

9. Beschreiben Sie das elektronische Verfahren zum Lohnsteuerabzug auf der Basis von ELStAM.

10. Unterscheiden Sie die Zweige des Sozialversicherungssystems mit den jeweiligen aktuellen Beitragssätzen.

11. Geben Sie an, unter welchen Bedingungen Ehepartner die Steuerklassenkombination III/V wählen sollten.

12. Ermitteln Sie die steuerlichen Abzüge unter folgenden Bedingungen: Bruttoentgelt pro Monat 2 743,00 EUR, VL 40,00 EUR lt. Tarifvertrag, Steuerfreibetrag pro Jahr 1200,00 EUR, Steuerklasse II, Kinderfreibetrag 1,0, rk (9 % Niedersachsen). Nutzen Sie zur Berechnung die Lohnsteuertabelle in Teilkapitel 6.3.2.

13. Ermitteln Sie für die Arbeitnehmerdaten aus Aufgabe 12 die jeweiligen Beiträge für die Sozialversicherung. Die Krankenkasse erhebt einen Zusatzbeitrag von 1,1 %.

14. Geben Sie an, welche Pflichten Arbeitgeber bei der Überweisung der steuerlichen Abzüge und der Sozialversicherungsbeiträge zu erfüllen haben.

LERNFELD 8

7 Personalentwicklung planen und Personal beurteilen

Unternehmen sind zur Erreichung der wirtschaftlichen Ziele (z. B. Wettbewerbsfähigkeit, Wachstum) auf leistungsfähige Mitarbeiter angewiesen. Neue Herausforderungen, Entwicklungen auf dem Arbeitsmarkt, technologische Entwicklungen, Kunden- und Lieferantenbeziehungen erfordern häufig Fähigkeiten, die mit den gegenwärtigen Qualifikationen nicht mehr optimal bewältigt werden können.

7.1 Personalentwicklung

Die Personalentwicklung hat die Aufgabe, die zukünftigen, häufig sich stetig wandelnden Anforderungen an den Produktionsfaktor Arbeit zu ermitteln und Maßnahmen zum **Erhalt sowie** zur **Schaffung eines leistungsfähigen Mitarbeiterpotentials** zu implementieren.

7.1.1 Ziele der Personalentwicklung

Der Bedarf zur Personalentwicklung muss strategisch in Orientierung an den mittel- und langfristigen Unternehmenszielen **und** unter Berücksichtigung der individuellen Bedürfnisse, Ziele und Qualifikationen der Mitarbeiter geplant werden.

Aus **Unternehmenssicht** zählen dazu z. B.

→ Sicherung von Fachkräften,

→ Anpassung an technologische Entwicklungen,

→ Verbesserung der Motivation und Leistungsfähigkeit von Mitarbeitern,

→ Bindung der Mitarbeiter und zur Vermeidung von Fluktuation.

Aus **Mitarbeitersicht** zählen dazu z. B.

→ berufliche Weiterentwicklung und Beförderung,

→ höheres Einkommen,

→ Arbeitsplatzsicherheit,

→ bessere Chancen bei Arbeitsplatzwechsel.

Neben der Vermittlung von **fachlichen, berufsspezifischen Qualifikationen** gewinnt die Entwicklung von **sozialen** und **personalen Kompetenzen** eine immer größere Bedeutung. Dazu gehören z. B. die Fähigkeit zu kooperativem Handeln, die Kommunikations- und Konfliktlösungsfähigkeit sowie Leistungsbereitschaft, Führungskompetenz und Motivation.

Ziel von Personalentwicklung ist also eine ausgeprägte berufliche Handlungskompetenz, die auch der Erfordernis des „lebenslangen Lernens" Rechnung trägt. Dabei gehen Unternehmen davon aus, dass ihre Mitarbeiter bei Eintritt in die Arbeitswelt bereits grundlegende Kompetenzen erworben haben.

7.1.2 Maßnahmen der Personalentwicklung

Maßnahmen der Personalentwicklung können **intern** und **extern** durchgeführt werden. Interne Veranstaltungen sind i. d. R. kostengünstiger, jedoch bieten externe Anbieter häufig die professionelleren Rahmenbedingungen und eine höhere Qualität.

Personalentwicklungsmaßnahmen dienen der **Erhaltung** und **Vertiefung** bereits erworbener Qualifikationen sowie der **Anpassung** an neue Entwicklungen und nicht zuletzt dem **Aufstieg** von Mitarbeitern in leitende Funktionen.

Bei der Maßnahmenplanung unterscheidet man u. a. die folgenden Entwicklungsbereiche: Maßnahmen der **Berufsbildung**, der **Förderung** und der **Arbeitsorganisation.**

Umfrage unter Ausbildungsbetrieben:

Wo Schulabgänger Defizite haben

Von je 100 befragten Unternehmen aus Industrie und Handel sehen so viele Mängel bei

Leistungsbereitschaft und Motivation	63
Belastbarkeit	58
mündl. und schriftl. Ausdrucksvermögen	57
Disziplin	52
elementaren Rechenfertigkeiten	46
Umgangsformen	38
Interesse und Aufgeschlossenheit	32
Teamfähigkeit	10

repräsentative Umfrage unter 12 467 Unternehmen in Deutschland vom 8. bis 31. Mai 2019
13406 © **Globus**   Mehrfachnennungen   Quelle: DIHK

■ Maßnahmen der Berufsbildung

Maßnahmen der Berufsbildung beziehen sich insbesondere auf

→ **Ausbildung:** duale Berufsausbildung nach Berufsbildungsgesetz (z. B. Ausbildung zum Kaufmann/zur Kauffrau für Büromanagement);

→ **Fort- und Weiterbildung:** Erweiterung der erworbenen Qualifikationen durch Angebote von z. B. Fachschulen (z. B. staatl. geprüfter Betriebswirt), von Kammern und freien Trägern der Weiterbildung (z. B. Personalfachkaufmann), von Hochschulen (z. B. Studium für beruflich Qualifizierte);

→ **Umschulung:** Aus- oder Weiterbildung für andere Arbeits-/Berufsbereiche, die vorher nicht Gegenstand der beruflichen Tätigkeit waren (z. B. Umschulung eines ausgebildeten Industriemechanikers auf Kaufmann für Büromanagement).

■ Maßnahmen der Förderung

Als Fördermaßnahmen kommen z. B. in Betracht

→ **Traineeprogramme:** Programme über einen Zeitraum von meist 12 - 24 Monaten insbesondere für Hochschul-/Fachhochschulabsolventen ohne klassische Berufsausbildung zum Kennenlernen der Organisationsstrukturen und Fachbereiche von Unternehmen (z. B. Einsatz eines Trainees in allen Abteilungen und Teilnahme an Schulungen zur Vorbereitung auf eine Führungsfunktion);

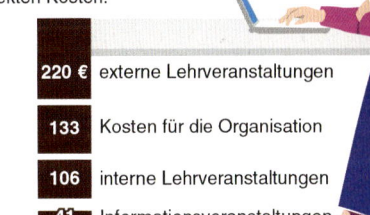

Weiter lernen

Die Unternehmen in Deutschland haben im Jahr 2016 33,5 Milliarden Euro in Weiterbildung investiert.

Das waren je Mitarbeiter **1067 Euro**

561 € direkte Kosten

506 € indirekte Kosten (bezahlte Arbeitszeit für Weiterbildung)

Aufteilung der direkten Kosten:

220 €	externe Lehrveranstaltungen
133	Kosten für die Organisation
106	interne Lehrveranstaltungen
41	Informationsveranstaltungen
29	Lernen im Arbeitsprozess
17	selbstgesteuertes Lernen mit Medien
15	sonstiges

Quelle: IW Köln (2017)

© Globus

12206

LERNFELD 8

379

→ **Mentorenkonzept:** Betreuung von neuen Mitarbeitern durch ausgewählte, erfahrene Kollegen (z. B. zur Herstellung von Kontakten, Einführung in fachliche Besonderheiten);

→ **Laufbahn- und Karriereplanung:** Vergewisserung über Stärken, Schwächen, Kompetenzen (z. B. Verhandlungsgeschick, sicheres Auftreten); Festlegung von Karrierezielen (z. B. Abteilungsleitung Einkauf), Prüfen von Zwischenzielen, ggf. Ändern des Karriereziels (z. B. regelmäßiger Einsatz im Einkauf);

→ **Coaching:** professionelle Beratung und individuelle Unterstützung durch einen Coach insbesondere für Personen mit Führungsverantwortung (z. B. Verbesserung der Reflexionsfähigkeit eigener Stärken und Schwächen oder bezüglich der Wahrnehmung der eigenen Rolle im Verhältnis zu unterstellten Mitarbeitern).

■ Maßnahmen der Arbeitsorganisation

Die Maßnahmen der Arbeitsorganisation betreffen Formen der Arbeitseinteilung wie z. B.

→ **Job Rotation:** regelmäßiger Arbeitsplatzwechsel zur Vermeidung von Monotonie am Arbeitsplatz (z. B. alle drei Monate Wechsel in eine andere Abteilung);

→ **Job Enlargement:** Erweiterung des Aufgabenfeldes um neue, mit dem Arbeitsbereich zusammenhängende Tätigkeiten auf der gleichen Qualitätsstufe (z. B. zusätzlich Warenauszeichnung durch Verkäufer);

→ **Job Enrichement:** Aufgabenbereicherung durch neue, qualitativ höherwertige Aufgaben (z. B. Durchführung von Schulungen durch Sachbearbeiter der Verwaltung);

→ **Gruppenarbeit** (teilautonome Gruppen): weitgehend selbstständige Erfüllung von Arbeitsaufgaben durch Kleingruppen (z. B. Regelungen der Arbeitszeiten, Pausen und Arbeitsverteilung im Fertigungsbereich „Montage von Fahrrädern").

7.1.3 Mitarbeitergespräche als Instrument der Personalentwicklung

Die **Beteiligung der Mitarbeiter** ist immer eingebunden in den Prozess der Personalentwicklung. Dies geschieht über systematische **Mitarbeitergespräche** mit dem Ziel, die Kommunikation und Kooperation zwischen Unternehmensleitung/Vorgesetzten und Mitarbeitern, das Arbeitsklima, die Mitarbeitermotivation und letztlich die Arbeitsqualität zu verbessern. Darüber hinaus geben Mitarbeitergespräche häufig wertvolle Hinweise für die Beurteilung von Mitarbeitern.

Mitarbeitergespräche dienen insbesondere dem **gegenseitigen Feedback** über alle Arbeitsbereiche und Entwicklungsmöglichkeiten des Mitarbeiters. Dazu zählen z. B.:

→ Erörterung von Schwachstellen, Problemen und Verbesserungsmöglichkeiten im Arbeitsbereich des Mitarbeiters,

→ Einschätzung der Aufgabenerfüllung (Selbsteinschätzung vor Einschätzung des Vorgesetzten), Probleme von Belastung und Möglichkeiten von Entlastung,

→ Überprüfung von Einsatz- und Arbeitsschwerpunkten,

→ Vereinbarungen über Arbeitsziele,

→ Erkundung der Entwicklungsmöglichkeiten und Fördererwartungen,

→ Aufzeigen von Fördermöglichkeiten,

→ Vereinbarungen über Fördermaßnahmen.

©DOC RABE Media-fotolia.com

Eine gute **Vorbereitung** durch den **Vorgesetzten** ist die Grundlage für die Effektivität von Mitarbeitergesprächen. Er kennt die Inhalte und Vereinbarungen vergangener Gespräche und hat sich umfassend über die Arbeitsleistung informiert (z. B. bei unmittelbaren Vorgesetzten, Kunden, Lieferanten). Im Vordergrund sollte aber die Aufforderung an den **Mitarbeiter** stehen, sich selbst einzuschätzen und die eigenen Entwicklungsziele zu definieren.

7.2 Personalbeurteilung

Mitarbeiterbeurteilungen (Personalbeurteilungen) sind Bewertungen von Mitarbeitern durch Vorgesetzte. Meist erfolgen solche Beurteilungen systematisch und in regelmäßigen Abständen, damit sie eine weitere Grundlage zur Professionalisierung von Personaleinsatz und Personalentwicklung bilden können. Sie sind ein wichtiges **Instrument der Personalführung** und unterstützen Entscheidungen in vielen Bereichen des Personalwesens. Dazu zählen z. B.:

→ Optimierung des Personaleinsatzes entsprechend der Kompetenzen der Mitarbeiter,

→ Steigerung der Motivation von Mitarbeitern,

→ Einordnung in Entgeltgruppen und Maßstab zur Gewährung von außertariflichen Leistungen,

→ Maßnahmen zur Förderung von Mitarbeitern,

→ Entscheidungshilfen bei Versetzungen, Beförderungen oder Kündigungen,

→ Grundlage für die Anfertigung von Arbeitszeugnissen.

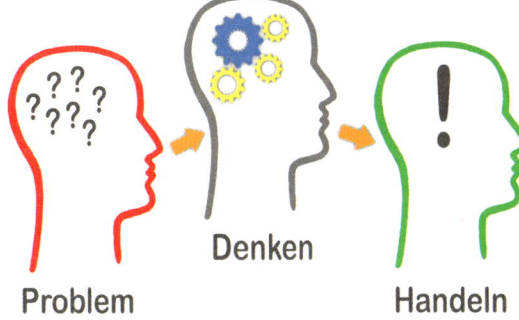

Problem   **Denken**   **Handeln**

©dp@pic-fotolia.com

Bei der Einführung und Festlegung von allgemeinen **Beurteilungsgrundsätzen** ist der **Betriebsrat** einzubeziehen.

Merke

Beurteilungsgrundsätze sind mitbestimmungspflichtig.   **§ 94 BetrVG**

LERNFELD 8

381

7.2.1 Beurteilungsarten

Als **Beurteilungsarten** sind die klassische **Leistungsbeurteilung**, die **Potenzialanalyse/ Entwicklungsbeurteilung** und die **Persönlichkeitsbeurteilung** zu unterscheiden.

Arten der Personalbeurteilung	
Beurteilungsart	**Kriterien**
Leistungs-beurteilung	Bei der Leistungsbeurteilung steht die tatsächlich erbrachte Leistung eines Mitarbeiters im Vordergrund. Diese lässt sich zum Teil aus vergangenheitsbezogenen objektiven Daten ablesen (z. B. Anzahl Kunden, Verkaufszahlen). Andere Leistungen sind i. d. R. nur subjektiv einzuschätzen (z. B. Fachwissen).
Potenzialanalyse/ Entwicklungs-beurteilung	Die zukunftsorientierte Potenzialanalyse beurteilt Mitarbeiter im Hinblick auf mögliche Führungsaufgaben. Sie wird deshalb insbesondere zur Personalentwicklung eingesetzt. Als Verfahren werden z. B. Tests oder Assessment-Center eingesetzt.
Persönlichkeits-beurteilung	Die Persönlichkeitsbeurteilung erfasst das Verhalten des Mitarbeiters gegenüber anderen Mitarbeitern und Vorgesetzten (z. B. Teamfähigkeit, Kooperationsfähigkeit, Konfliktfähigkeit).

7.2.2 Beurteilungsverfahren

In der Praxis werden unterschiedliche **Verfahren zur Personalbeurteilung** angewandt. Dazu zählen z. B. die **freie Beurteilung**, das **Skalenverfahren/Einstufungsverfahren** und das **Rangordnungsverfahren.**

Verfahren der Personalbeurteilung	
Art des Verfahrens	**Kriterien**
freie Beurteilung	Der Beurteilende entscheidet mehr oder weniger eigenständig (freie oder gebundene Merkmalsauswahl) über die Beurteilungskriterien und formuliert einen individuellen Text. Der Nachteil dieses Verfahrens liegt in der Aufwändigkeit, der Subjektivität der Beurteilungskriterien und der mangelnden Vergleichbarkeit.
Skalenverfahren/ Einstufungs-verfahren	In standardisierten Verfahren gibt der Beurteilende auf vorgegebenen Skalenwerten seine Beurteilung ab. Die Beurteilungsmerkmale sind vorher festgelegt (z. B. Arbeitstempo) und werden auf einer vorgegebenen Skala (z. B. sehr gut, gut, zufriedenstellend, mangelhaft) markiert. Die Aussagefähigkeit dieses Verfahrens ist insbesondere von der passenden Auswahl der Beurteilungskriterien abhängig.
Rangordnungs-verfahren	Verschiedene Mitarbeiter (z. B. paarweise oder als Gesamt-gruppe) werden miteinander verglichen und in eine Rangfolge eingeteilt. Das Verfahren ist zwar relativ einfach durchzuführen, kann sich aber auf den Teamgeist demotivierend auswirken.

In der Praxis der Personalbeurteilung liegen häufig **Mischkonzepte** vor, z. B. eine Kombination von standardisierten Skalenverfahren mit Ergänzungsmöglichkeiten für eine freie Beurteilung.

7.3 Arbeitszeugnisse

Der Arbeitnehmer hat insbesondere **am Ende des Arbeitsverhältnisses** grundsätzlich einen gesetzlichen **Anspruch** auf ein schriftliches Arbeitszeugnis, das ihm **zeitnah** erteilt und zur Abholung bereitgehalten werden muss. Gegebenenfalls besteht auch zu **einem früheren Zeitpunkt** bei berechtigtem Interesse (z. B. Bewerbung, Beförderung, Versetzung des Vorgesetzten) ein Anspruch auf ein Zwischenzeugnis.

§ 109 GewO
§ 16 BBiG

Der Arbeitnehmer muss ein Arbeitszeugnis **ausdrücklich verlangen**; der Arbeitgeber ist nicht verpflichtet, von sich aus aktiv zu werden.

Grundsätzlich können Beschäftigte wählen, ob ihnen ein **einfaches** oder ein **qualifiziertes Arbeitszeugnis** ausgestellt werden soll.

Das **einfache Arbeitszeugnis** dient in der Regel dazu, die Lückenlosigkeit der beruflichen Tätigkeit zu belegen, und enthält mindestens Angaben zur

→ Person,

→ Dauer der Beschäftigung und

→ Art der Beschäftigung.

©fotodo-fotolia.com

Das **qualifizierte Arbeitszeugnis** gibt zusätzlich Aufschluss über die unter Beweis gestellten Qualifikationen, über Verhalten und berufliche Entwicklung. Es enthält Angaben zur

→ Person,

→ Dauer der Beschäftigung,

→ Art der Beschäftigung und

→ Verhalten und Leistung.

Die Aussagen im Arbeitszeugnis müssen der **Wahrheit** entsprechen sowie verständlich und klar in der Formulierung sein. **Direkt negative Beurteilungen** sind aber **unzulässig.** In der Praxis hat sich deshalb ein sogenannter „**Zeugniscode**" mit positiven Formulierungen entwickelt, die auf die tatsächliche Bewertung des Arbeitnehmers schließen lassen.

©klickerminth-fotolia.com

LERNFELD 8

Arbeitszeugnis	
Formulierung	**Bedeutung**
Er/Sie hat sich im Rahmen seiner/ihrer Fähigkeiten eingesetzt.	Er/Sie hat getan, was er/sie konnte. Das war aber nicht viel - und viel ist dabei auch nicht rausgekommen.
Er/Sie hat alle Arbeiten mit großem Fleiß und Interesse erledigt.	Er/Sie war eifrig, aber eben nicht besonders tüchtig.
Er/Sie zeigte für seine/ihre Arbeit Verständnis.	Er/Sie war faul und hat nichts geleistet.
Er/Sie hat alle Arbeiten ordnungsgemäß erledigt.	Er/Sie ist ein/e Bürokrat/in; Eigeninitiative ist ein Fremdwort.
Er/Sie war wegen seiner/ihrer Pünktlichkeit ein gutes Vorbild.	Er/Sie war ein Totalausfall; die Leistungen waren völlig unzureichend.
Die Aufgaben, die ihm/ihr übertragen waren, erledigte er/sie zu unserer Zufriedenheit.	Ihm/Ihr konnten nur bestimmt (leichte) Aufgaben übertragen werden.
Er/Sie hat sich stets um Verbesserungsvorschläge bemüht.	Er/Sie ist ein Besserwisser, der seine Fachkenntnisse (soweit vorhanden) nicht in die Praxis umsetzen kann.
Er/Sie hat gewissenhaft gearbeitet.	Er/Sie ist zur Arbeit gekommen, hat aber nichts geleistet.
Im Kollegenkreis galt er/sie als toleranter/tolerante Mitarbeiter/in.	Mit seinen Vorgesetzten hatte er/sie Probleme.
Durch seine/ihre Geselligkeit trug er/sie zur Verbesserung des Betriebsklimas bei.	Deutlicher Hinweis darauf, dass er/sie im Dienst Alkohol trank.
Für die Belange der Belegschaft bewies er/sie Einfühlungsvermögen.	Er/Sie suchte sexuelle Kontakte im Betrieb.
Er/Sie wusste sich gut zu verkaufen.	Er/Sie war rechthaberisch und wichtigtuerisch.
Wir haben ihn/sie als zuverlässige/n Mitarbeiter/in kennen gelernt.	Er/Sie war nicht sehr beliebt.
Wir lernten ihn/sie als umgängliche/n Kollegen/Kollegin kennen.	Im Allgemeinen sah man ihn/sie lieber gehen als kommen.

In Anlehnung an: IG-Metall, http://www.igm-ulm.de

LERNFELD 8

Zusammenfassende Beurteilung	
Formulierungen	**Bedeutung**
Er/Sie erledigte seine/ihre Aufgaben stets zu unserer vollsten Zufriedenheit. Seine/Ihre Leistungen waren stets sehr gut. Er/Sie arbeitete stets gewissenhaft und pflichtbewusst und erledigte sämtliche Arbeiten sehr gut. Er/Sie hat unseren Erwartungen in jeder Hinsicht optimal entsprochen; wir waren mit ihm/ihr stets sehr zufrieden. Er/Sie war äußerst pflichtbewusst, zuverlässig und verschwiegen und erledigte die ihm/ihr übertragenen Aufgaben immer zu unserer vollsten Zufriedenheit. Seine/Ihre ausgezeichneten Leistungen haben unseren höchsten Ansprüchen jederzeit absolut entsprochen.	**sehr gut**
Er/Sie hat seine/ihre Aufgaben stets zu unserer vollen Zufriedenheit erfüllt. Seine/Ihre Leistungen waren sehr gut. Er/Sie erledigte seine/ihre Aufgaben gewissenhaft und pflichtbewusst und zu unserer vollsten Zufriedenheit. Seine/Ihre Leistungen fanden stets unsere volle Anerkennung. Wir waren mit seinen/ihren Leistungen immer sehr zufrieden. Er/Sie hat unseren Erwartungen in jeder Hinsicht bestens entsprochen. Er/Sie hat die ihm/ihr übertragenen Arbeiten zu unserer vollen Zufriedenheit erledigt.	**gut**
Wir waren mit seiner/ihrer Leistung jederzeit zufrieden. Er/Sie hat unseren Erwartungen in jeder Hinsicht entsprochen. Er/Sie erledigte seine/ihre Aufgaben stets pflichtbewusst und umsichtig, so dass wir mit seinen/ihren Leistungen voll zufrieden waren. Er/Sie hat die ihm/ihr übertragenen Arbeiten zu unserer Zufriedenheit erledigt.	**befriedigend**
Wir waren mit seinen/ihren Leistungen zufrieden. Er/Sie hat zufriedenstellend gearbeitet. Er/Sie hat unseren Erwartungen entsprochen. Seine/Ihre Leistungen haben unseren Anforderungen entsprochen. Er/Sie hat die ihm/ihr übertragenen Arbeiten im Großen und Ganzen zu unserer Zufriedenheit erledigt.	**ausreichend**
Seine/Ihre Leistungen entsprachen weitgehend unseren Erwartungen. Er/Sie erledigte die ihm/ihr übertragenen Arbeiten mit der ihm/ihr eigenen Sorgfalt und Genauigkeit. Er/Sie war stets bemüht, unseren Anforderungen gerecht zu werden.	**mangelhaft**

©Torbz-fotolia.com

In Anlehnung an: IG-Metall, http://www.igm-ulm.de

LERNFELD 8

Arbeitszeugnis mit sehr guter Beurteilung

Der Radmarkt

Reif KG
Rund ums Rad

Arbeitszeugnis

Frau Henrike Hoffmann, geboren am 06.10.1995 in Cottbus, war vom 01.09.20.. bis zum 30.06.20.. als Kauffrau für Büromanagement in der Personalabteilung unseres Radmarktes beschäftigt.

Die Reif KG gehört im Ruhrgebiet zu den führenden Anbietern von Fahrrädern, Fitness- und Heimsportgeräten, Fahrradzubehör und Fahrradbekleidung.

Die Aufgabengebiete von Frau Hoffmann umfassten:
- Koordination von Aufgaben und Arbeitsabläufen in der Personalverwaltung,
- Bearbeitung von Arbeits- und Fehlzeiten, insbesondere Urlaubs- und Krankmeldungen,
- Bearbeitung von Unfallmeldungen,
- Bearbeitung von mitarbeiterbezogenen Unterlagen,
- Abrechnung von Löhnen und Gehältern,
- Anwendung wichtiger arbeits- und sozialrechtlicher Bestimmungen,
- Vorbereitung von Personalbeurteilungen,
- Führen von Personalstatistiken,
- Durchführung von Arbeiten im Zusammenhang mit personellen Veränderungen.

Frau Hoffmann verfügt über ein ausgezeichnetes Fachwissen, das sie bei der Erledigung ihrer Arbeitsaufgaben stets erfolgreich nutzen konnte. Nach kurzen Einweisungen war sie fähig, ihr aufgetragene Aufgaben selbstständig und zielorientiert zu lösen; hierbei zeichnete sie sich durch eine überlegte, rationelle Arbeitsweise aus. Ihre ausgeprägte Arbeitsbereitschaft sowie ihr Anspruch, ihre Sachkenntnisse zu erweitern und zu vertiefen, verdienen es, besonders hervorgehoben zu werden.

Frau Hoffmann war äußerst pflichtbewusst, zuverlässig und absolut verschwiegen. Ein ruhiges, freundliches Wesen und gute Umgangsformen zeichneten sie in der Zusammenarbeit mit ihren Vorgesetzten und den Mitarbeitern des Radmarktes aus.

Insgesamt haben ihre ausgezeichneten Leistungen unseren höchsten Ansprüchen jederzeit absolut entsprochen.

Frau Hoffmann verlässt uns auf eigenen Wunsch, um ein Studium aufzunehmen.

Auf ihrem weiteren Lebensweg wünschen wir Frau Hoffmann alles Gute!

•• 7.4 Zusammenfassung und Aufgaben

Personalentwicklung

Ziele aus Unternehmenssicht:

- Sicherung von Fachkräften

- Anpassung an technologische Entwicklungen

- Verbesserung der Motivation und Leistungsfähigkeit von Mitarbeitern

- Bindung der Mitarbeiter und Vermeidung von Fluktuation

Ziele aus Mitarbeitersicht:

- berufliche Weiterentwicklung und Beförderung

- höheres Einkommen

- Arbeitsplatzsicherheit

- bessere Chancen bei Arbeitsplatzwechsel

Maßnahmen:

- Maßnahmen der Berufsbildung
  (z. B. Ausbildung, Fort- und Weiterbildung, Umschulung)

- Maßnahmen der Förderung
  (z. B. Traineeprogramme, Mentorenkonzept, Laufbahn- und Karriereplanung, Coaching)

- Maßnahmen der Arbeitsorganisation
  (z. B. Job Rotation, Job Enlargement, Job Enrichment, Gruppenarbeit)

Mitarbeitergespräche:

- Erörterung von Schwachstellen, Problemen und Verbesserungsmöglichkeiten im Arbeitsbereich des Mitarbeiters

- Einschätzung der Aufgabenerfüllung, Probleme von Belastung und Möglichkeiten von Entlastung

- Überprüfung von Einsatz- und Arbeitsschwerpunkten

- Vereinbarungen über Arbeitsziele (mit Definition und Kontrolle von Teilzielen; ggf. Neudefinition des Arbeitsziels)

- Erkundung der Entwicklungsmöglichkeiten und Fördererwartungen, Aufzeigen von Fördermöglichkeiten, Vereinbarungen über Fördermaßnahmen

Personalbeurteilung

Zweck der Personalbeurteilung:

- Optimierung des Personaleinsatzes in qualitativer Hinsicht

- Steigerung der Motivation von Mitarbeitern

- Einordnung in Entgeltgruppen und Maßstab zur Gewährung von außertariflichen Leistungen

- Maßnahmen zur Förderung von Mitarbeitern

- Entscheidungshilfen bei Versetzungen, Beförderungen oder Kündigungen

- Grundlage für die Anfertigung von Arbeitszeugnissen

Arten der Personalbeurteilung:

- **Leistungsbeurteilung:** Beurteilung der tatsächlich erbrachten Leistung

- **Potentialanalyse:** Beurteilung im Hinblick auf mögliche Führungsaufgaben

- **Persönlichkeitsbeurteilung:** Beurteilung des Verhaltens gegenüber Vorgesetzten und Kollegen

Verfahren der Personalbeurteilung:

- **freie Beurteilung:** Entscheidung über Beurteilungskriterien durch Beurteilenden und Formulierung eines individuellen Textes

- **Skalenverfahren:** standardisiertes Verfahren mit vorgegebenen Beurteilungsmerkmalen und Skalierungen

- **Rangordnungsverfahren:** Vergleich von Mitarbeitern und Einordnung in eine Rangfolge

Arbeitszeugnisse

Einfaches Arbeitszeugnis (Angaben):

- Person
- Dauer der Beschäftigung
- Art der Beschäftigung

Qualifiziertes Arbeitszeugnis (Angaben):

- Person
- Dauer der Beschäftigung
- Art der Beschäftigung
- Verhalten und Leistung

Aussagen im Arbeitszeugnis müssen der Wahrheit entsprechen sowie verständlich und klar formuliert sein, direkt negative Formulierungen sind unzulässig.

Aufgaben

1. Prüfen Sie folgende Aussagen auf ihre Richtigkeit. Die Antwort ist jeweils zu begründen.

   (1) Personalentwicklung orientiert sich ausschließlich an den Bedürfnissen von Mitarbeitern.

   (2) Unter einer Umschulung versteht man eine Weiterbildung im Bereich bereits erworbener Qualifikationen.

   (3) Als Mentoren zur Betreuung von neuen Mitarbeitern werden grundsätzlich interne Kollegen eingesetzt.

   (4) Job Enlargement bezeichnet eine Arbeitsorganisation, in der ein regelmäßiger Arbeitsplatzwechsel vorgenommen wird.

   (5) Selbsteinschätzungen von Mitarbeitern sind in Mitarbeitergesprächen nicht üblich.

   (6) Die Entwicklung von Kriterien zur Personalbeurteilung obliegt dem Betriebsrat.

   (7) Die Leistungsbeurteilung stützt sich auf vergangenheitsorientierte Daten.

   (8) Das Skalenverfahren bei der Personalbeurteilung zählt zu den standardisierten Verfahren.

   (9) Arbeitszeugnisse sollten Angaben zur Leistung des Mitarbeiters enthalten.

   (10) „Wir waren mit seiner/ihrer Leistung jederzeit zufrieden." Diese Formulierung im Arbeitszeugnis beschreibt eine sehr gute Leistung.

2. Geben Sie an, welche Vorteile Unternehmen von einer systematischen Personalentwicklung erwarten können.

3. Beschreiben Sie Maßnahmen der Personalentwicklung in Ihrem Ausbildungsbetrieb.

4. Erklären Sie, was man unter einem Traineeprogramm versteht.

5. Erläutern Sie den Unterschied zwischen den Fördermaßnahmen „Mentoring" und „Coaching".

6. Bilden Sie jeweils ein praxisbezogenes Beispiel für die Formen der Arbeitsorganisation „Job Enlargement" und „Job Enrichment".

7. Nennen Sie bezogen auf Ihren Ausbildungsbetrieb Kriterien für eine Leistungsbeurteilung der Auszubildenden.

8. Entwickeln Sie Kriterien, anhand derer sich die Qualität von Ausbildern messen ließe.

9. Erklären Sie das Rangordnungsverfahren der Personalbeurteilung.

10. Unterscheiden Sie „einfaches Zeugnis" und „qualifiziertes Zeugnis".

11. Formulieren Sie für ein Arbeitszeugnis je zwei Beispiele für eine sehr gute, eine mittelmäßige und eine schlechte Leistung.

8 Arbeitsverhältnisse beenden

Eine Vielzahl von Gründen kann zur Beendigung von Arbeitsverhältnissen führen: Arbeitnehmer haben das Renteneintrittsalter erreicht oder streben einen Betriebs- oder Berufswechsel an, Arbeitgeber nutzen die Möglichkeiten des Abbaus von Personal bei zu hohem Personalbestand, bei mangelnder Qualifikation der Mitarbeiter oder wenn das Vertrauensverhältnis zwischen den Parteien gestört ist.

8.1 Arten der Beendigung von Arbeitsverhältnissen

Ein Arbeitsverhältnis kann grundsätzlich durch **Vertragsablauf**, durch **Kündigung** oder durch **Aufhebungs-** bzw. **Auflösungsvertrag** beendet werden.

→ Handelt es sich um ein **befristetes Arbeitsverhältnis,** so endet dieses automatisch mit **Vertragsablauf.**

Merke

→ **Unbefristete Arbeitsverhältnisse** können von beiden Seiten unter Beachtung der gesetzlichen Vorgaben **gekündigt** werden.

Das Arbeitsverhältnis endet nicht automatisch mit Eintritt des regulären Rentenalters. Es bedarf einer Kündigung, es sei denn, eine entsprechende Befristung ist ausdrücklich vereinbart.

→ Zur Vermeidung einer Kündigung wird häufig ein **Aufhebungsvertrag** zwischen Arbeitgeber und Arbeitnehmer in gegenseitigem Einvernehmen geschlossen.

Für die Beendigung eines unbefristeten Arbeitsverhältnisses besteht grundsätzlich die Möglichkeit einer **ordentlichen Kündigung** mit Einhaltung einer Kündigungsfrist und, wenn schwerwiegende Gründe vorliegen, einer **außerordentlichen Kündigung** ohne Einhaltung einer Kündigungsfrist.

©Calado-fotolia.com

©Klickerminth-fotolia.com

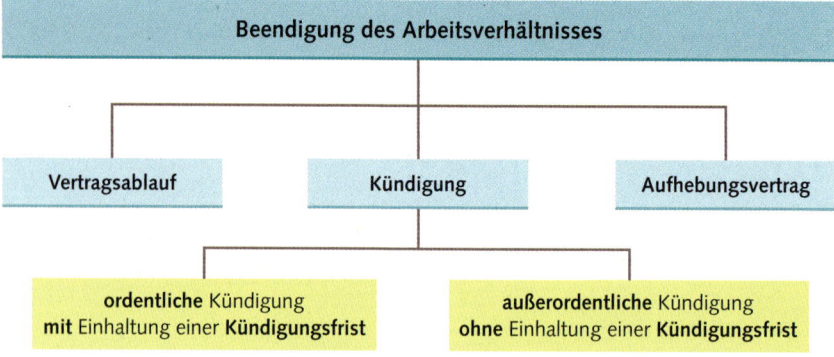

8.1.1 Ordentliche Kündigung

Eine ordentliche Kündigung kann durch den **Arbeitnehmer** ohne besonderen Grund unter **Berücksichtigung der Kündigungsfristen** wirksam erklärt werden (Grundsatz der **Kündigungsfreiheit**).

■ Kündigungsgründe

Das **Kündigungsschutzgesetz** (KSchG) schränkt den Grundsatz der Kündigungsfreiheit für den **Arbeitgeber** in Betrieben mit mehr als 10 Mitarbeitern bei Arbeitsverhältnissen, die länger als 6 Monate bestehen, allerdings ein. Danach kann das Arbeitsverhältnis **ordentlich** nur durch eine **sozial gerechtfertigte Kündigung** und unter **Einhaltung der Kündigungsfrist** wirksam beendet werden. Sozial gerechtfertigt sind Kündigungen, deren Gründe in der **Person** oder im **Verhalten** des Arbeitnehmers liegen oder die **betriebsbedingt** sind.

§§ 1 und 23 KSchG

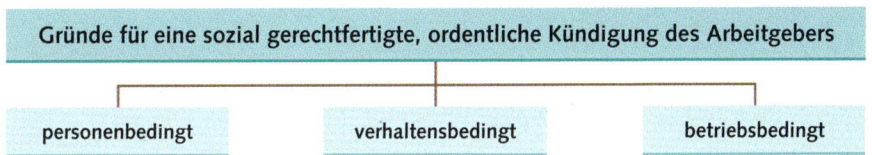

Gründe für eine sozial gerechtfertigte, ordentliche Kündigung des Arbeitgebers

personenbedingt   verhaltensbedingt   betriebsbedingt

Personenbedingte Kündigung

Bei einer personenbedingten Kündigung liegen die **Gründe** in der Person des Arbeitnehmers und **können von diesem in der Regel nicht verändert oder beeinflusst werden** (z. B. fehlende persönliche Eignung oder mangelnde fachliche Qualifikation, dauerhaft verminderte Leistungsfähigkeit, Krankheit). Damit die Kündigung wirksam wird, sind eine **Interessenabwägung** unter Berücksichtigung der Einzelfallumstände (z. B. erhebliche Beeinträchtigung des Betriebes, Dauer der Betriebszugehörigkeit des Arbeitnehmers) sowie – bei Krankheit – eine **negative Prognose** (dauerhafte Leistungsunfähigkeit) **erforderlich.** Außerdem ist nachzuweisen, dass eine **Weiterbeschäftigung** auf einem anderen freien Arbeitsplatz im Unternehmen nicht sinnvoll möglich ist.

©DOC RABE Media-fotolia.com

Beispiel

Die kaufmännische Auftragsbearbeitung wird auf ein Warenwirtschaftssystem umgestellt. Ein älterer Arbeitnehmer ist trotz intensiver Fortbildung nicht in der Lage, mit dem Warenwirtschaftssystem fehlerfrei zu arbeiten.

Verhaltensbedingte Kündigung

Wenn die Gründe im Verhalten des Arbeitnehmers liegen, spricht man von verhaltensbedingter Kündigung. Es handelt sich insbesondere um **Vertragspflichtverletzungen, die er ändern könnte, wenn er wollte** (z. B. Unpünktlichkeit, Arbeitsverweigerung, Beleidigungen, unentschuldigtes Fehlen, unerlaubte Internetnutzung, Diebstahl, Straftaten, Verletzung der Geheimhaltungspflicht). Bei verhaltensbedingter Kündigung ist grundsätzlich eine **vorherige Abmahnung erforderlich. Interessenabwägung** (z. B. Umfang der betrieblichen Nachteile durch Betriebsablaufstörungen oder erschwerte Durchsetzung der Arbeitsdisziplin und Grad des Verschuldens durch den Arbeitnehmer) und eine **Negativprognose** (nachweisliche Wiederholungsgefahr) sowie der **Ausschluss einer Weiterbeschäftigungsmöglichkeit** sind weitere Voraussetzungen für eine wirksame Kündigung.

Beispiel

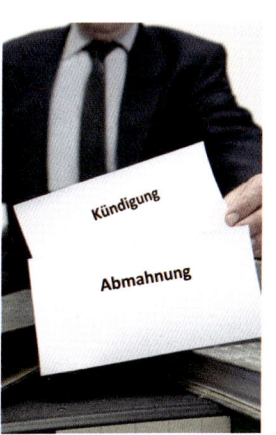

Ein Mitarbeiter tritt eigenmächtig seinen Urlaub an, obwohl keine Vertretung für seinen Arbeitsplatz zur Verfügung steht. Er ist bereits wiederholt ohne Genehmigung dem Arbeitsplatz ferngeblieben und hat Abmahnungen dafür erhalten.

©Joachim Lechner-fotolia.com

LERNFELD 8

Betriebsbedingte Kündigung

Betriebsbedingte Kündigungen werden ausgesprochen, wenn die **Gründe in dringenden betrieblichen Erfordernissen** liegen, die einer Weiterbeschäftigung des Arbeitnehmers entgegenstehen (z. B. Rationalisierung, Auftragsrückgang, Rohstoffmangel, Wegfall von Arbeitsplätzen und keine weitere Beschäftigungsmöglichkeit in demselben Betrieb). Eine Sozialauswahl ist zwingend zu beachten (vgl. Kündigungsschutz).

Beispiel

Das Traditionscafé der Stadt muss aufgrund der zunehmenden Konkurrenz durch Bäckereiketten und Systemgastronomiefilialen die Produktion einschränken. Zur Vermeidung einer Insolvenz wird Mitarbeitern gekündigt.

Merke

Sind im **Arbeitsvertrag** andere Regelungen zu den Kündigungsfristen vereinbart als im **Gesetz,** so gilt grundsätzlich die für den Arbeitnehmer **günstigere Regelung.**

■ Kündigungsfristen

Eine **ordentliche Kündigung** ist an die Einhaltung gesetzlicher und vertraglicher Kündigungsfristen gebunden. Ist im Tarifvertrag oder Arbeitsvertrag keine Vereinbarung über die Kündigungsfrist getroffen, so gelten für **Arbeitnehmer und Arbeitgeber** die **gesetzlichen Kündigungsfristen nach BGB**, für die **Kündigung durch den Arbeitgeber** zudem verlängerte Kündigungsfristen in Abhängigkeit von der Dauer des Beschäftigungsverhältnisses.

§ 622 BGB

Kündigungsfristen bei Arbeitsverhältnissen	
Betriebszugehörigkeit	**Kündigungsfrist**
Kündigung in der Probezeit	2 Wochen
Kündigung nach der Probezeit	4 Wochen zum 15. oder zum Ende eines Kalendermonats
verlängerte Kündigungsfristen (nur bei Kündigung durch den Arbeitgeber)	
Kündigung nach einer Betriebszugehörigkeit von	
2 Jahren	1 Monat zum Ende des Kalendermonats
5 Jahren	2 Monate zum Ende des Kalendermonats
8 Jahren	3 Monate zum Ende des Kalendermonats
10 Jahren	4 Monate zum Ende des Kalendermonats
12 Jahren	5 Monate zum Ende des Kalendermonats
15 Jahren	6 Monate zum Ende des Kalendermonats
20 Jahren	7 Monate zum Ende des Kalendermonats

8.1.2 Außerordentliche Kündigung

Eine außerordentliche Kündigung ist eine **fristlose Kündigung aus wichtigem Grund.** Das Arbeitsverhältnis kann vom Arbeitgeber oder Arbeitnehmer ohne Einhaltung einer Kündigungsfrist gekündigt werden, wenn Tatsachen vorliegen, aufgrund derer dem Kündigenden die Fortsetzung des Arbeitsverhältnisses bis zum Ablauf der Kündigungsfrist nicht zugemutet werden kann.

§ 626 BGB

Eine wirksame Kündigung muss **innerhalb von zwei Wochen nach Kenntnis** der für die Kündigung maßgebenden Tatsachen erfolgen. Der **Betriebsrat** ist zu hören.

Gründe für eine außerordentliche Kündigung können im **Verhaltens- oder Leistungsbereich** und im **Vertrauensbereich** liegen.

→ Zu Störungen im **Verhaltens- oder Leistungsbereich** gehören insbesondere (schuldhafte) Verletzungen der Arbeitspflicht (auf Seiten des Arbeitnehmers) oder der Vergütungspflicht (auf Seiten des Arbeitgebers). Eine wirksame Kündigung seitens des Arbeitgebers ist nur nach vorheriger erfolgloser **Abmahnung** möglich.

→ Zu Störungen im **Vertrauensbereich** gehören insbesondere strafbare Handlungen gegenüber dem Arbeitgeber (z. B. Diebstahl, Unterschlagung) und gegenüber anderen Mitarbeitern (z. B. Tätlichkeiten, sexuelle Belästigung). Eine vorherige **Abmahnung** ist rechtlich **nicht erforderlich,** wird aber häufig als letzte Möglichkeit genutzt.

fristlose Kündigung

©SZ-Designs-fotolia.com

Eine außerordentliche Kündigung kann auch in Form einer **Verdachtskündigung** vorliegen, wenn der Arbeitgeber den Verdacht hat, dass ein Arbeitsnehmer entweder eine strafbare Handlung oder eine schwerwiegende arbeitsrechtliche Pflichtverletzung (z. B. nicht datenschutzkonforme Entsorgung von vertraulichen Patientenakten im Altpapier) begangen hat.

Hier reicht schon die **begründete Vermutung** aus, dass ein Arbeitnehmer gegen arbeitsrechtliche Pflichten verstoßen hat (z. B. dringender Tatverdacht eines Diebstahls oder Betrugs). Die Kündigung wird in der Praxis meistens als außerordentliche Kündigung mit sofortiger Entlassung ausgesprochen.

Eine erfolgreiche Verdachtskündigung ist jedoch mit sehr **hohen Auflagen** verbunden, die der Arbeitgeber, neben Fristeinhaltungen, beachten muss. Unter anderem müssen die Vertragsverletzungen ein erhebliches Gewicht haben, der Arbeitnehmer muss gehört werden und das Fehlverhalten muss die Unternehmensinteressen massiv schädigen.

Auch bei außerordentlicher Kündigung besteht für Schwangere, Schwerbehinderte und Betriebsräte ein **besonderer Kündigungsschutz.**

8.2 Rechtliche Rahmenbedingungen

Eine Kündigung ist eine **einseitige Erklärung** des Arbeitgebers oder des Arbeitnehmers zur Beendigung des Arbeitsverhältnisses. Sie muss dem Vertragspartner in **schriftlicher Form** zugegangen sein, damit sie rechtswirksam ist (Übergabe-Einschreiben ist zu empfehlen.).

Unterschiedliche Rechtsvorschriften schützen den Arbeitnehmer vor ungerechtfertigten Nachteilen bei einer Kündigung.

Kündigung

Arbeitsrecht

©DOC RABE Media-fotolia.com

LERNFELD 8

■ Kündigungsschutz

Ein besonderer Kündigungsschutz besteht u. a. für folgende **Personengruppen**:

Besonderer Kündigungsschutz	
Personengruppen	**Regelungen**
Schwangere und Mütter nach der Entbindung	Kündigungsschutz während der Schwangerschaft und bis zum Ablauf von 4 Monaten nach der Entbindung
Eltern in Elternzeit	Kündigungsschutz während der Elternzeit ab dem Zeitpunkt des Antrages, höchstens jedoch ab 8 Wochen vor Beginn der Elternzeit; gilt gleichermaßen für Frauen und Männer
Betriebsräte, Jugend- und Auszubildendenvertreter	Kündigungsschutz während der Amtszeit und innerhalb eines Jahres nach Beendigung der Amtszeit
Schwerbehinderte	Kündigungsschutz ab 6 Monaten Beschäftigungsdauer; Kündigung nur nach Zustimmung des Integrationsrates möglich

§ 17 MuSchG

§ 18 BEEG

§ 15 KSchG

§§ 85 ff. SGB IX

§ 1 KSchG

Bei **betriebsbedingten Kündigungen** muss eine **Sozialauswahl** erfolgen, d. h. diejenigen Arbeitnehmer werden ausgewählt, die vom Arbeitsplatzverlust am wenigsten hart getroffen werden. Im Kündigungsschutzgesetz sind **verbindliche Kriterien** für die Sozialauswahl genannt:

→ Dauer der Betriebszugehörigkeit,
→ gesetzliche Unterhaltspflichten,
→ Lebensalter,
→ Schwerbehinderung.

§ 1a KSchG

Der Arbeitnehmer hat im Fall einer betriebsbedingten Kündigung Anspruch auf eine **Abfindung** in Höhe von 0,5 Monatsentgelten für jedes Jahr des Bestehens des Arbeitsverhältnisses.

§ 23 KSchG

Die genannten Regelungen des Kündigungsschutzgesetzes **gelten für Betriebe mit in der Regel mehr als 10 Mitarbeitern.**

■ Mitwirkung des Betriebsrates

§ 102 BetrVG

Bei jeder **Kündigung** hat nach Betriebsverfassungsgesetz der **Betriebsrat** grundsätzlich folgende **Mitwirkungsrechte**:

→ Der Betriebsrat ist vor jeder Kündigung zu hören.
→ Der Arbeitgeber hat ihm die Gründe für die Kündigung mitzuteilen.

Eine ohne Anhörung des Betriebsrates ausgesprochene Kündigung ist unwirksam.

Im Rahmen seiner Mitbestimmungsrechte (§ 102 BetrVG: Mitbestimmung bei Kündigungen) hat der **Betriebsrat** drei Möglichkeiten, auf eine ordentliche Kündigung zu reagieren. Er kann erstens der Kündigung **zustimmen** (auch durch Schweigen), zweitens unter Angabe von Gründen seine **Bedenken** schriftlich **äußern** oder drittens ihr schriftlich **widersprechen** (z. B. bei nicht ausreichender Berücksichtigung sozialer Gesichtspunkte).

Für das Äußern von Bedenken bzw. das Widersprechen hat der Betriebsrat bei ordentlichen Kündigungen eine **Frist** von 1 Woche einzuhalten. Bei außerordentlichen Kündigungen muss der Betriebsrat innerhalb von 3 Tagen seine Bedenken äußern, ein Widerspruch ist nicht möglich.

Stimmt der Betriebsrat der Kündigung zu oder äußert er Bedenken, **scheidet der Gekündigte** nach Ablauf der Kündigungsfrist **aus**.

Unabhängig von der Reaktion des Betriebsrats kann der Gekündigte innerhalb von 3 Wochen eine **Kündigungsschutzklage** beim Arbeitsgericht einreichen. **Bis zum Verfahrensablauf** wird er **nicht weiterbeschäftigt.** Gewinnt der Kläger den Kündigungsschutzprozess, wird er weiterbeschäftigt und erhält eine Lohnnachzahlung - oder ggf. eine Abfindung (ohne Weiterbeschäftigung).

Hat der Betriebsrat der Kündigung frist- und ordnungsgemäß widersprochen **und** der Mitarbeiter eine Kündigungsschutzklage eingereicht, so steht dem Mitarbeiter das **Recht auf Weiterbeschäftigung bis zum Verfahrensablauf** zu. Ist die Kündigungsschutzklage erfolgreich, wird der Gekündigte weiterbeschäftigt.

Soll aus **betriebsbedingten Gründen** eine größere Anzahl von Mitarbeitern entlassen oder versetzt werden (z. B. bei Verlegung des Betriebes), so ist – in Abhängigkeit von der Anzahl der Mitarbeiter – mit dem **Betriebsrat** ein Sozialplan zu vereinbaren.

§ 112 f. BetrVG

In einem **Sozialplan** können z. B. folgende Punkte geregelt werden:

→ Abfindungszahlungen
  (z. B. besondere Regelungen für Schwerbehinderte, ältere Arbeitnehmer),

→ Sicherung der Anwartschaften für die betriebliche Altersversorgung,

→ Übernahme erforderlicher Kosten für Fortbildung/Umschulung,

→ Regelungen zu Resturlaub und Urlaubsgeld,

→ Ausgleichszahlungen für Verdienstminderungen infolge von Versetzung,

→ Übernahme zusätzlicher Fahrtkosten bei Versetzungen,

→ Übernahme von Bewerbungskosten; bezahlte Freistellung zur Bewerbung,

→ Weiternutzung von betrieblichen Einrichtungen
  (z. B. Kindertagesstätten, Betriebswohnungen).

©DOC RABE Media-fotolia.com

■ Arbeitspapiere bei Beendigung eines Arbeitsverhältnisses

Bei Beendigung des Arbeitsverhältnisses sind verschiedene **Entlassformalitäten** zu beachten.

Dazu gehören z. B. die **Aushändigung**

→ der elektronischen **Lohnsteuerbescheinigung** bzw. der **Lohnabrechnung,**

→ des **Versicherungsnachweises**
  (Abmeldung bei der Krankenkasse durch Arbeitgeber),

→ einer **Urlaubsbescheinigung**
  (bereits genommener Urlaub wird beim nächsten Arbeitsverhältnis angerechnet),

→ einer **Arbeitsbescheinigung** mit Art, Beginn und Ende der Tätigkeit
  (u. a. zur Berechnung von Arbeitslosengeld).

©Bernd Leitner-fotolia.com

Häufig wird die Aushändigung der Arbeitspapiere mit einer **Ausgleichsquittung** verbunden, in der sich die Partner gegenseitig versichern, keine weiteren Ansprüche zu erheben. Insbesondere kann der Arbeitnehmer auch ein **schriftliches Arbeitszeugnis** verlangen.

LERNFELD 8

••• 8.3   Zusammenfassung und Aufgaben

Arten der Beendigung von Arbeitsverhältnissen

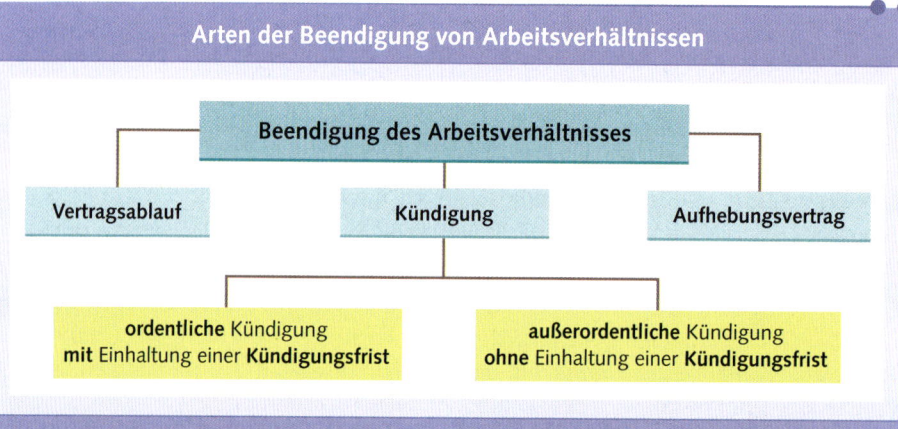

Kündigung

Ordentliche Kündigung

Kündigungsgründe:

- personenbedingt

- verhaltensbedingt

- betriebsbedingt

- **Kündigungsfristen:**

- in der Probezeit: 2 Wochen

- nach der Probezeit: 4 Wochen zum 15. oder zum Ende eines Kalendermonats

- bei längerer Betriebszugehörigkeit und Kündigung durch Arbeitgeber: verlängerte Kündigungsfristen in Abhängigkeit von der Dauer des Beschäftigungsverhältnisses (vgl. § 622 BGB)

Außerordentliche Kündigung (fristlose Kündigung)

Kündigungsgründe:

- Störungen im Verhaltensbereich (z. B. Arbeitspflicht) und Leistungsbereich (z. B. Vergütungspflicht)

- Störungen im Vertrauensbereich (z. B. Diebstahl, sexuelle Belästigung)

Rechtliche Rahmenbedingungen

Kündigungsschutz besonderer Personengruppen:

- Schwangere und Mütter nach der Entbindung, Eltern in der Elternzeit

- Betriebsräte, Jugend- und Auszubildendenvertreter

- Schwerbehinderte

Kriterien der Sozialauswahl bei betriebsbedingter Kündigung:

- Dauer der Betriebszugehörigkeit
- gesetzliche Unterhaltspflichten
- Lebensalter
- Schwerbehinderung

Mitwirkungsrechte des Betriebsrates bei Kündigungen:

- Anhörung vor jeder Kündigung
- Mitteilung des Arbeitgebers über Gründe der Kündigung
- mögliche Verhaltensweisen bei Kündigungen: Zustimmung, Bedenken äußern oder Widerspruch
- Vereinbarungen über Gestaltung eines Sozialplans bei Entlassung einer größeren Anzahl von Mitarbeitern

Arbeitspapiere bei Beendigung eines Arbeitsverhältnisses:

- elektronische Lohnsteuerbescheinigung bzw. Lohnabrechnung
- Versicherungsnachweis
- Urlaubsbescheinigung
- Arbeitsbescheinigung mit Art, Beginn und Ende der Tätigkeit
- Ausgleichsquittung
- Arbeitszeugnis

Aufgaben

1. Prüfen Sie folgende Aussagen auf ihre Richtigkeit. Die Antwort ist jeweils zu begründen.

   (1) Für befristete Arbeitsverhältnisse ist nur eine kurze Kündigungsfrist von 7 Tagen vorgeschrieben.

   (2) Für unbefristete Arbeitsverhältnisse sieht das Gesetz unterschiedliche Kündigungsfristen vor, die im Handelsgesetzbuch (HGB) geregelt sind.

   (3) Die zulässigen Kündigungsgründe bei ordentlicher Kündigung sind im Kündigungsschutzgesetz geregelt.

   (4) Voraussetzung für eine verhaltensbedingte Kündigung ist auch eine Negativprognose.

   (5) Bei einer Betriebszugehörigkeit von 4 Jahren beträgt die Kündigungsfrist für den Arbeitgeber einen Monat zum Ende eines Kalendermonats.

   (6) Eine schuldhafte Verletzung der Vergütungspflicht berechtigt zu einer fristlosen Kündigung durch den Arbeitgeber.

LERNFELD 8

(7) Betriebsräte genießen während ihrer Amtszeit einen besonderen Kündigungsschutz.

(8) Bei einer betriebsbedingten Kündigung ist die Dauer der Betriebszugehörigkeit zu berücksichtigen.

(9) Der Betriebsrat kann einer Kündigung begründet widersprechen.

(10) Bei Beendigung eines Arbeitsverhältnisses wird vom Arbeitgeber u. a. eine Urlaubsbescheinigung ausgestellt.

2. Unterscheiden Sie befristete und unbefristete Arbeitsverhältnisse hinsichtlich ihrer ordentlichen Beendigung.

3. Unterscheiden Sie: personenbedingte Kündigung, verhaltensbedingte Kündigung, betriebsbedingte Kündigung.

4. Erklären Sie weitere Gründe, die zu einer Beendigung des Arbeitsverhältnisses führen können.

5. Nennen Sie die allgemeinen gesetzlichen Kündigungsfristen für Kündigungen in der Probezeit und Kündigungen nach der Probezeit. Welche zusätzliche Regelung greift ab einer Betriebszugehörigkeit von zwei Jahren für den Fall, dass der Arbeitgeber kündigt?

6. Nennen Sie die rechtlichen Voraussetzungen für eine wirksame ordentliche Kündigung.

7. Stellen Sie fest, in welcher Frist eine wirksame außerordentliche Kündigung erfolgen muss.

8. Erläutern Sie, welche Gründe zu einer außerordentlichen Kündigung berechtigen.

9. Geben Sie an, welcher besondere Kündigungsschutz für Mütter/Eltern zu beachten ist.

10. Erläutern Sie die Mitwirkungsrechte des Betriebsrates bei einer Kündigung.

11. Bei Betriebsänderungen muss zwischen Arbeitgeber und Betriebsrat zum Ausgleich bzw. zur Milderung wirtschaftlicher Nachteile ein Sozialplan vereinbart werden. Stellen Sie fest, was das Betriebsverfassungsgesetz unter „Betriebsänderungen" versteht.

12. Erklären Sie, was unter einer Ausgleichsquittung zu verstehen ist.

13. Begründen Sie, warum bei Beendigung eines Arbeitsverhältnisses eine Urlaubsbescheinigung ausgehändigt wird.

L

Lebenslauf 308

Leistungslohn 360

Leistungsrechnung 131

Leistungstest 318

Liefererskonto 194

Liquidität 219

Lohnabrechnung 363

Lohngerechtigkeit 358, 359

-, Anforderungsgerechtigkeit 358

-, Leistungsgerechtigkeit 359

-, Marktgerechtigkeit 359

-, Qualifikationsgerechtigkeit 359

-, Sozialgerechtigkeit 359

Lohnnebenkosten 363

Lohnsteuer 364

Lohnsteuerabzugsmerkmale (ELStAM-Verfahren) . 367

Lohnsteuertabelle 368

M

Makler 117

Marketing 10

Marketing-Controlling 125

Marketinginformationsbedarf 18

Marketinginstrumente 18, 50, 123, 124

-, Kombination 124

Marketingkonzept 12

Marketingkonzeption 14

Marketing-Mix 123

Marketingstrategie 15

Marketingziel 14

Marktanalyse 18, 26

Marktanteil 18

Marktbeobachtung 26

Marktformen 72

Marktforschung 24, 26

-, Methoden 26

Marktforschungsdaten, Darstellung 39

Marktforschungsprozess 24

Marktpotenzial 18

Marktpreisbildung im Modell 64

Marktprognose 26

Marktsegmentierungsstrategie 16

-, demografisch 16

-, geografisch 16

-, psychografisch 16

-, verhaltensabhängig 16

Marktveranstaltung 119

Marktvolumen 18

Marktwachstum 55

Mehrwertsteuer 177

Modell des vollkommenen Marktes 68

Mutterschutzgesetz 350

-, Beschäftigungsverbot 350

-, Kündigungsschutz 350

-, Mutterschaftsleistungen 350

N

Nachlässe 191

Nutzenargumentation 255, 262

Nutzungsdauer 202

O

offene Frage 235

Öffentlichkeitsarbeit (Public Relations) 100

Oligopol 73

Online-Fragebogen 38

ordnungsmäßige Buchführung 133

-, Grundsätze 133

Z

ERTRÄGE	AUFWENDUNGEN	

5 Erträge | ## 6 Betriebliche Aufwendungen | ## 7 Weitere Aufwendungen

50 Umsatzerlöse
5000 Umsatzerlöse für
eigene Erzeugnisse
5001 Erlösberichtigungen
5050 Umsatzerlöse für
andere eigene Leistungen
5051 Erlösberichtigungen

51 Umsatzerlöse für Waren
5100 Umsatzerlöse für Waren
5101 Erlösberichtigungen

52 Erhöhung oder Verminderung des Bestandes an unfertigen und fertigen Erzeugnissen
5200 Bestandsveränderungen

53 Andere aktivierte Eigenleistungen

54 Sonstige betriebliche Erträge
5400 Mieterträge
5401 Nebenerlöse aus Vermietung und Verpachtung
5410 Sonstige Erlöse (z. B. aus Provisionen oder Anlageabgängen)
5420 Eigenverbrauch
5421 Entnahme von Gegenständen
5430 Andere sonstige betriebliche Erträge
5460 Erträge aus dem Abgang von Vermögensgegenständen
5480 Erträge aus der Herabsetzung von Rückstellungen
5490 Periodenfremde Erträge

55 Erträge aus Beteiligungen

56 Erträge aus anderen Wertpapieren

57 Sonstige Zinsen und ähnliche Erträge
5710 Zinserträge
5730 Diskonterträge

58 Außerordentliche Erträge

59 Frei

60 Aufwendungen für Roh-, Hilfs- und Betriebsstoffe und für bezogene Waren
6000 Aufwendungen für Rohstoffe/Fertigungsmaterial
6001 Bezugskosten
6002 Nachlässe
6010 Aufwendungen für Vorprodukte und Fremdbauteile
6011 Bezugskosten
6012 Nachlässe
6020 Aufwendungen für Hilfsstoffe
6021 Bezugskosten
6022 Nachlässe
6030 Aufwendungen für Betriebsstoffe/Verbrauchswerkzeuge
6031 Bezugskosten
6032 Nachlässe
6040 Aufwendungen für Verpackungsmaterial
6050 Aufwendungen für Energie
6080 Aufwendungen für Waren
6081 Bezugskosten
6082 Nachlässe

61 Aufwendungen für bezogene Leistungen
6140 Frachten und Nebenkosten
6150 Vertriebsprovision
6160 Fremdinstandhaltung
6170 sonstige Aufwendungen

62 Löhne
6200 Löhne

63 Gehälter
6300 Gehälter

64 Soziale Abgaben und Aufwendungen für Altersversorgung und für Unterstützung
6400 Arbeitgeberanteil zur Sozialversicherung
6420 Beiträge zur Berufsgenossenschaft

65 Abschreibungen
6520 Abschreibungen auf Sachanlagen
6540 Abschreibungen auf geringwertige Wirtschaftsgüter

66 Sonstige Personalaufwendungen
6690 Sonstige Personalaufwendungen

67 Aufwendungen für die Inanspruchnahme von Rechten und Diensten
6700 Mieten, Pachten
6750 Kosten des Geldverkehrs
6770 Rechts- und Beratungskosten

68 Aufwendungen für Kommunikation (Dokumentation, Information, Reisen, Werbung)
6800 Büromaterial
6810 Zeitungen und Fachliteratur
6820 Porto
6830 Telekommunikation
6850 Reisekosten
6860 Bewirtung und Repräsentation
6870 Werbung

69 Aufwendungen für Beiträge und Wertkorrekturen
6900 Versicherungsbeiträge
6920 Beiträge zu Wirtschaftsverbänden und Berufsvertretung
6930 Verluste aus Schadensfällen
6940 Sonstige Aufwendungen
6950 Abschreibungen auf Forderungen
6960 Verluste aus dem Abgang von Vermögensgegenständen
6980 Zuführungen zu Rückstellungen für Gewährleistung
6990 Periodenfremde Aufwendungen

70 Betriebliche Steuern
7020 Grundsteuer
7030 Kraftfahrzeugsteuer

71 Frei

72 Frei

73 Frei

74 Abschreibungen auf Finanzanlagen und auf Wertpapiere des Umlaufvermögens
7400 Abschreibungen auf Finanzanlagen

75 Zinsen und ähnliche Aufwendungen
7510 Zinsaufwendungen
7530 Diskontaufwendungen

76 Außerordentliche Aufwendungen
7600 Außerordentliche Aufwendungen

77 Steuern vom Einkommen und Ertrag
7700 Gewerbesteuer
7710 Körperschaftsteuer
7720 Kapitalertragsteuer

78 Frei

79 Frei

Werten üb. GuL abgeschlossen (handschriftlich)

ERGEBNISRECHNUNGEN

8 Ergebnisrechnungen

80 Eröffnung/Abschluss
8000 Eröffnungsbilanzkonto
8010 Schlussbilanzkonto
8020 Gewinn- und Verlustkonto

KOSTEN- U. LEISTUNGSRECHNUNG

9 Kosten- und Leistungsrechnung (KLR)

In der Praxis wird die Kosten- und Leistungsrechnung einschließlich Abgrenzungsrechnung gewöhnlich tabellarisch durchgeführt.